청소년
상담사 2급
최종모의고사

SD에듀
(주)시대고시기획

2024 청소년상담사 2급 최종모의고사

Always **with you**

사람의 인연은 길에서 우연하게 만나거나 함께 살아가는 것만을 의미하지는 않습니다.
책을 펴내는 출판사와 그 책을 읽는 독자의 만남도 소중한 인연입니다.
SD에듀는 항상 독자의 마음을 헤아리기 위해 노력하고 있습니다. 늘 독자와 함께하겠습니다.

현대사회는 학교폭력, 가출, 학업중단, 왕따, 집단 괴롭힘, 약물남용 및 청소년성매매 등 다양화되고 심각해지고 있는 청소년 문제에 현실적으로 대처하기 위한 전문상담인력의 필요성이 점차 커지고 있습니다. 이런 분위기 속에서 청소년상담사의 역할과 중요도 역시 나날이 증가하고 있는 추세입니다.

청소년상담사 국가자격제도의 목적은 일반상담과 차별화된 청소년 문제에 초점을 맞춘 전문상담자의 양성 및 청소년상담의 전문화와 상담사의 자질 향상, 그리고 청소년 문제에 대한 열의와 관심, 높은 자질을 지닌 인력을 선발하는 데 있습니다.

수험문화를 선도하는 1등 교육출판 **SD에듀**에서는 청소년상담사 자격증의 필요성을 이해하고, 이에 맞춰 청소년상담사 2급 시험을 준비하는 수험생 여러분들을 위해 〈**청소년상담사 2급 최종모의고사**〉 개정판을 출간하게 되었습니다. 본서는 최근 높아진 출제수준에 맞추어 수험생들이 최소 시간으로 최대 효과를 누릴 수 있도록 다음과 같이 구성하였습니다.

도서의 특징

❶ 최근의 출제경향에 맞추어 출제가능성이 높은 문제들만 엄선하여 수록하였으며, 최신 이론, 법령 등을 최대한 반영하여 수험생이 본서 한 권만으로도 고득점이 가능하도록 하였습니다.

❷ 선택과목의 난이도가 높아짐에 따라 필수과목과 똑같이 5회분의 모의고사를 구성함으로써, 필수과목에서 고득점하고도 선택과목 때문에 낙제하는 우를 범하지 않도록 하였습니다.

❸ 출제된 문제를 철저하게 분석하여 해당 문제와 관련한 핵심이론까지! 정답이 아닌 문항의 해설까지! 상세하고도 명쾌한 해설을 수록하였습니다.

❹ 꼼꼼한 검수와 반복된 교정으로 불필요한 오자, 오답을 미연에 방지함으로써 수험생들이 혼란 없이 집중하여 학습이 가능하도록 하였습니다.

이 책에는 청소년상담사, 직업상담사, 사회복지사, 임상심리사 등을 집필한 저자들의 탄탄한 실력과 수험서 전문 SD에듀 편집부의 노하우가 담겨있습니다. 정성들여 심혈을 기울인 본 수험서가 수험생의 합격에 조그마한 디딤돌이 되기를 희망하며, 청소년상담사 2급에 도전하는 모든 분들의 합격을 진심으로 기원합니다.

편저자 씀

이 책의 구성과 특징

최종모의고사 + 정답 및 해설

총 5회의 풍부한 모의고사를 수록하여 자신의 현 실력을 객관적으로 체크할 수 있도록 하였습니다. 모의고사 5회분을 풀면서 자신의 약점을 파악하고 보완한다면, 합격에 한 걸음 더 다가갈 수 있을 것입니다. 오답까지 설명해주는 친절하고도 상세한 해설을 통해 막힘없는 학습이 가능하게 하였습니다. 단지 정답/오답을 설명해주는 것이 아니라 주요 개념을 함께 설명하기 때문에, 별도의 오답노트를 작성하지 않아도 자신이 틀린 문제의 해설만 살펴보면 오답률을 줄일 수 있습니다.

특별부록 - 소책자(기출 키워드)

2023년 22회 기출문제를 바탕으로 총 8과목(필수4과목 + 선택4과목)의 주요 기출 키워드를 과목별로 선정하고 관련 이론들을 요약 · 정리하여 소책자로 수록하였습니다. 가장 최신의 기출문제 출제경향을 파악하고 이를 통해 학습의 방향을 가늠할 수 있도록 구성하였습니다. 시간과 장소에 구애받지 않고 틈새시간을 활용하여 반복적으로 학습함으로써 기출 키워드들을 자신의 것으로 만들어 보시길 바랍니다.

필수1 청소년상담의 이론과 실제

※ 2023년 22회 기출문제를 바탕으로 작성되었습니다.

01 방어기제 – 합리화

- 성취되지 않은 욕망에 대해 그럴듯한 핑계를 대고 현재 상태를 정당화하는 것이다.
- 여우가 높이 매달린 신 포도를 '저 포도는 시어서 안 먹는다.'라고 말하는 경우

> 면접 보았던 회사에서 떨어졌어요. 실망이 크고 부모님 뵐 면목이 없었는데 차라리 잘되었다는 생각이 들어요. 그 회사가 임금은 높지만 일을 엄청 많이 시키고, 알고 보니 회사의 복지도 좋지 않대요. 저는 제 시간을 가지고 수준이 맞는 데 가고 싶어요. 그 회사를 안 가서 더 좋아요.

02 청소년 문제의 분류

구 분	내 용	예
내현화(내재화) 문제	과잉통제로 느끼게 되는 불안, 우울, 신체적 증상 등의 문제	섭식장애, ...
외현화(외재화) 문제	과소통제로(통제되지 못하고) 표출되는 공격행동, 파과적 행동, 비행 행동 등의 문제	일탈, 약물 ...

03 인간중심 상담이론 – 충분히 기능하는 사람

- 창조적으로 살아간다.
- 개방적으로 체험한다.
- '자신'이라는 유기체에 대해 신뢰한다.
- 자신의 느낌과 반응에 따라 충실하고 자유롭게 산다.
- 자신의 선택에 따른 실존적인 삶을 추구한다.

04 교류분석 상담 과정

계약 → 구조분석 → 교류분석 → 게임분석 → 각본분석 → 재결단

2023년 기출 핵심 키워드를 알차게 담았다!

합격에 맛을 더해줄

기출 레시피

청소년상담사 2급

SD에듀

청소년상담사 FAQ

Q 청소년상담사 자격증은 어떤 자격증인가요?

청소년상담사는 청소년 기본법 제22조 제1항에 의거하여 실시되는 '청소년 상담'과 관련된 국내 유일의 국가자격증으로, 자격시험에 합격하고 연수기관에서 실시하는 100시간 이상의 과정을 마친 사람에게 여성가족부장관이 부여하는 자격증입니다.

Q 청소년상담사 자격증을 취득하면 어떤 곳에 사용될 수 있나요?

개인의 역량에 따라 국가 차원의 청소년 상담기관인 한국청소년상담복지개발원, 시·군·구 청소년지원센터를 비롯하여 청소년수련관, 청소년문화의 집, 사회복지관, 청소년쉼터, 청소년 관련 복지시설 및 청소년 업무지원부서 등에서 활동할 수 있게 됩니다. 그러나 청소년상담사 자격증을 취득한다고 해서 국가가 취업을 보장하는 것은 아닙니다.

Q 청소년상담사 자격의 취득 절차는 어떻게 되나요?

자격검정(필기시험, 면접시험, 응시자격서류 심사) ➡ 자격연수(100시간) ➡ 자격증 취득
필기시험은 과목별 5지 선다형 / 객관식 25문항으로 구성되어 있으며, 필기시험 합격예정자에 대하여 응시자격 증빙서류를 심사하게 됩니다. 면접시험은 응시자격 증빙서류 심사 합격자를 대상으로 개별면접 또는 집단면접으로 실시합니다. 면접시험까지 통과하시게 되면, 자격연수를 받으신 이후 자격증을 받으실 수 있습니다.

Q 필기시험 합격기준은 어떻게 되나요?

매 과목 100점 만점으로 하여 매 과목 40점 이상, 전 과목 평균 60점 이상을 득점한 자(절대평가 기준)입니다.

Q 연수는 언제까지 이수해야 하나요?

자격검정 최종 합격 이후 연수를 받아야 하는 기한이 제한되어 있지는 않습니다. 자격검정에 최종 합격한 연도에 연수를 받지 못하더라도 합격이 취소되지는 않으며, 연수를 받을 수 있는 해에 신청하여 받으면 됩니다(단, 신청한 회차에 100시간 이상 연수를 모두 이수해야 함).

Q 대학원에서 상담 관련 분야 전공을 수료했습니다. 응시자격이 되나요?

수료는 해당되지 않고, 학위를 취득한 경우 응시 가능합니다. 참고로 상담 관련 학과 박사학위를 취득하셨다면 1급, 상담 관련 학과 석사학위를 취득하셨다면 2급, 상담 관련 학과 학사학위를 취득하셨다면 3급 응시가 가능합니다.

Q 응시자격과 관련하여 상담 관련 학과란 어느 학과를 말하나요?

청소년상담사 기본 응시자격은 상담 관련 학과(분야) 학위가 있으시거나, 상담 실무경력이 있어야 합니다. 상담 관련 학과는 청소년학, 청소년지도학, 교육학, 심리학, 사회사업학, 사회복지학, 정신의학, 아동학, 아동복지학, 상담학과가 해당됩니다. 그 외의 경우 법령에 명시된 10개의 상담 관련 학과가 아니므로, 상담의 이론과 실제(상담원리 · 상담기법), 면접원리, 발달이론, 집단상담, 심리측정 및 평가, 이상심리, 성격심리, 사회복지실천(기술)론, 상담교육, 진로상담, 가족상담, 학업상담, 비행상담, 성상담, 청소년상담 또는 이와 내용이 동일하거나 유사한 과목이 재학 당시 전공 커리큘럼에 4과목 이상 개설되어 있는지를 학교 학과사무실 등을 통해 확인하셔야 합니다.

Q 작년도 서류심사에서 떨어졌습니다. 필기시험을 다시 봐야 하나요?

필기시험에 합격했다 하더라도 서류심사에 통과하지 못하였을 경우 내년도 필기시험에 다시 응시하셔야 합니다. 필기시험 합격예정자는 응시자격 증빙서류가 제출 · 승인되어야 필기시험이 최종 합격 처리됩니다.

자격상세정보

청소년상담사 개요

청소년상담기관인 한국청소년상담복지개발원, 시·도 청소년종합상담센터, 시·군·구 청소년상담센터를 비롯하여 청소년수련관, 청소년문화관, 사회복지관, 청소년쉼터, 청소년관련 복지시설 및 청소년업무 지원부서 등에서 청소년의 보호선도 및 건전생활의 지도, 수련활동의 여건조성 장려 및 지원, 청소년단체의 육성 및 활동지원, 청소년을 위한 지역사회의 유익한 환경의 조성 및 유해 환경의 정화활동 등의 직무를 수행합니다.

전문 상담자 양성	상담자 자질 향상	높은 자질을 지닌 인력 선발
청소년 문제에 초점을 맞춘 전문 상담자 양성	청소년상담사의 전문화와 상담자의 자질 향상	청소년 문제에 대한 열의와 관심, 높은 자질을 지닌 인력 선발

주최 · 주관기관

- **여성가족부** : 정책수립
- **한국산업인력공단** : 필기시험, 면접시험, 응시자격서류 심사
- **한국청소년상담복지개발원** : 자격시험 연수, 자격증 교부

2024년 시험일정

회 차	원서접수	필기시험	필기합격자 발표일	면접접수	면접시험 시행일	최종합격자 발표일
23회	8.12(월)~ 8.16(금)	10.5(토)	11.6(수)	11.18(월)~ 11.22(금)	12.9(월)~ 12.14(토)	25.4.2(수)

※ 시험일정은 변경될 수 있으니, 반드시 해당 홈페이지를 확인하시기 바랍니다(http://www.q-net.or.kr/site/sangdamsa).
※ 2024년 국가전문자격시험 시행일정 사전공고를 바탕으로 작성되었습니다.

청소년상담사의 역할

구 분	주요 역할	세부 내용
1급 청소년 상담사	청소년상담을 주도하는 전문가 (지도인력)	• 청소년상담 정책 개발 및 행정업무 총괄 • 상담기관 설립 및 운영 • 청소년들의 제 문제에 대한 개입 • 2급 및 3급 청소년상담사 교육 및 훈련
2급 청소년 상담사	청소년 정신을 육성하는 청소년상담사 (기간인력)	• 청소년상담의 전반적 업무 수행 • 청소년의 각 문제영역에 대한 전문적 개입 • 심리검사 해석 및 활용 • 청소년상담과 관련된 독자적 연구 설계 및 수행 • 3급 청소년상담사 교육 및 훈련
3급 청소년 상담사	유능한 청소년상담사 (실행인력)	• 기본적인 청소년상담 업무 수행 • 집단상담의 공동지도자 업무 수행 • 매체상담 및 심리검사 등의 실시와 채점 • 청소년상담 관련 의뢰체계를 활용 • 청소년상담실 관련 제반 행정적 실무를 담당

청소년상담사 양성현황

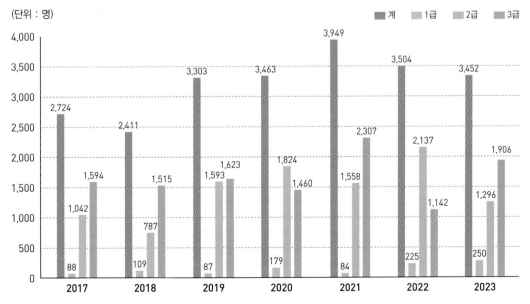

(단위 : 명)

범례: 계 / 1급 / 2급 / 3급

2017: 계 2,724, 1급 88, 2급 1,042, 3급 1,594
2018: 계 2,411, 1급 109, 2급 787, 3급 1,515
2019: 계 3,303, 1급 87, 2급 1,593, 3급 1,623
2020: 계 3,463, 1급 179, 2급 1,824, 3급 1,460
2021: 계 3,949, 1급 84, 2급 1,558, 3급 2,307
2022: 계 3,504, 1급 225, 2급 2,137, 3급 1,142
2023: 계 3,452, 1급 250, 2급 1,296, 3급 1,906

※ 출처 : 한국청소년상담복지개발원(2023)

자격상세정보

원서접수

인터넷 접수(큐넷 – 청소년상담사 홈페이지) www.q-net.or.kr/site/sangdamsa

응시자격

구 분	자격요건	비 고
1급 청소년 상담사	• 대학원에서 청소년(지도)학 · 교육학 · 심리학 · 사회사업(복지)학 · 정신의학 · 아동(복지)학 · 상담학 분야 또는 그 밖에 여성가족부령으로 정하는 상담 관련 분야의 박사학위를 취득한 사람 • 대학원에서 상담 관련 분야의 석사학위를 취득한 후, 상담 실무경력이 4년 이상인 사람 • 2급 청소년상담사로서 상담 실무경력이 3년 이상인 사람 • 제1호 및 제2호에 규정된 사람과 같은 수준 이상의 자격이 있다고 여성가족부령으로 정하는 사람	• 상담분야 박사 • 상담분야 석사 + 4년 • 2급 자격증 + 3년
2급 청소년 상담사	• 대학원에서 청소년(지도)학 · 교육학 · 심리학 · 사회사업(복지)학 · 정신의학 · 아동(복지)학 · 상담학 분야 또는 그 밖에 여성가족부령으로 정하는 상담 관련 분야의 석사학위를 취득한 사람 • 대학 또는 다른 법령에 따라 이와 동등한 학력을 인정받는 기관에서 상담 관련 분야 학사학위를 취득한 후, 상담 실무경력이 3년 이상인 사람 • 3급 청소년상담사로서 상담 실무경력이 2년 이상인 사람 • 제1호부터 제3호까지에 규정된 사람과 같은 수준 이상의 자격이 있다고 여성가족부령으로 정하는 사람	• 상담분야 석사 • 상담분야 학사 + 3년 • 3급 자격증 + 2년
3급 청소년 상담사	• 대학 및 「평생교육법」에 따른 학력이 인정되는 평생교육시설의 청소년(지도)학 · 교육학 · 심리학 · 사회사업(복지)학 · 정신의학 · 아동(복지)학 · 상담학 분야 또는 그 밖에 여성가족부령으로 정하는 상담 관련 분야의 학사학위를 취득한 사람 • 전문대학 또는 다른 법령에 따라 이와 동등한 학력을 인정받는 기관에서 상담 관련 분야 전문학사를 취득한 사람으로서, 상담 실무경력이 2년 이상인 사람 • 대학 또는 다른 법령에 따라 이와 동등한 학력을 인정받는 기관에서 학사학위를 취득한 후, 상담 실무경력이 2년 이상인 사람 • 전문대학 또는 다른 법령에 따라 이와 동등한 학력을 인정받는 기관에서 전문 학사학위를 취득한 후, 상담 실무경력이 4년 이상인 사람 • 고등학교를 졸업하고 상담 실무경력이 5년 이상인 사람 • 제1호부터 제4호까지에 규정된 사람과 같은 수준 이상의 자격이 있다고 여성가족부령으로 정하는 사람	• 상담분야 4년제 학사 • 상담분야 2년제 + 2년 • 타분야 4년제 + 2년 • 타분야 2년제 + 4년 • 고졸 + 5년

시험과목 및 시험시간 ※ 각 과목당 25문항, 객관식 5지선다

구 분	교 시	시험과목	시험시간
1급 청소년상담사 (5과목)	1교시(필수)	• 상담사 교육 및 사례지도 • 청소년 관련법과 행정 • 상담연구방법론의 실제	9:30 ~ 10:45 (75분)
	2교시(선택)	• 비행상담, 성상담, 약물상담, 위기상담 중 2과목	11:40 ~ 12:30 (50분)
2급 청소년상담사 (6과목)	1교시(필수)	• 청소년상담의 이론과 실제 • 상담연구방법론의 기초 • 심리측정 평가의 활용 • 이상심리	9:30 ~ 11:10 (100분)
	2교시(선택)	• 진로상담, 집단상담, 가족상담, 학업상담 중 2과목	11:40 ~ 12:30 (50분)
3급 청소년상담사 (6과목)	1교시(필수)	• 발달심리 • 집단상담의 기초 • 심리측정 및 평가 • 상담이론	9:30 ~ 11:10 (100분)
	2교시 (필수+선택)	• 학습이론(필수) • 청소년이해론, 청소년수련활동론 중 1과목	11:40 ~ 12:30 (50분)

합격기준

구 분	합격결정기준
필기시험	• 매 과목 100점을 만점으로 하여 매 과목 40점 이상 • 전 과목 평균 60점 이상 득점한 자
면접시험	• 면접위원(3인)의 평정점수 합계가 모두 15점(25점 만점) 이상인 사람 • 다만, 면접위원의 과반수가 어느 하나의 평가사항에 대하여 1점으로 평정한 때에는 평정점수 합계와 관계없이 불합격으로 함

※ 필기시험 및 면접시험 합격예정자는 응시자격 서류를 제출하여야 하며, 정해진 기간 내 응시서류를 제출하지 않거나 심사 결과
  부적격자일 경우 시험을 불합격 처리합니다.

자격상세정보

필기시험 시행현황

구 분		1급	2급	3급	전 체
2019년	응시자	390명	4,128명	5,667명	10,185명
	합격자	206명	1,769명	1,549명	3,524명
	합격률	52.82%	42.85%	27.33%	34.60%
2020년	응시자	470명	4,468명	5,822명	10,760명
	합격자	85명	2,050명	3,056명	5,191명
	합격률	18.09%	45.88%	52.49%	48.24%
2021년	응시자	677명	4,485명	5,608명	10,770명
	합격자	350명	2,802명	1,469명	4,621명
	합격률	51.70%	62.47%	26.19%	42.91%
2022년	응시자	646명	4,047명	5,526명	10,219명
	합격자	471명	1,854명	2,859명	5,184명
	합격률	72.91%	45.81%	51.74%	50.73%
2023년	응시자	734명	4,189명	4,851명	9,774명
	합격자	389명	2,253명	2,446명	5,088명
	합격률	53%	53.78%	50.42%	52.06%

※ 2023년 시행현황은 합격예정자 기준으로 작성되었습니다.

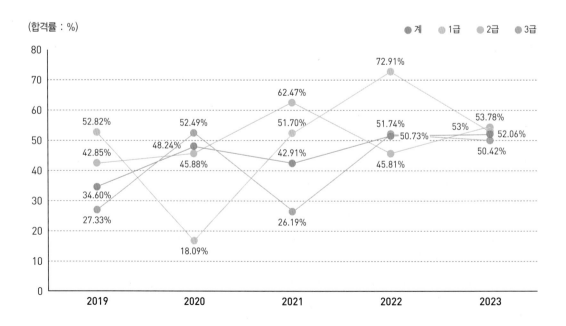

출제기준

01 | 필수과목　청소년상담의 이론과 실제

주요항목	세부항목
청소년내담자의 이해	• 청소년내담자의 특성 • 청소년 문제의 이해 • 발달과제와 문제
청소년상담이론 ★★★★	• 정신분석　　　　　　　• 개인심리학 • 행동주의 상담　　　　• 실존주의 상담 • 인간중심 상담　　　　• 게슈탈트 상담 • 합리정서행동 상담　　• 인지치료 • 현실치료/해결중심 상담　• 교류분석 • 여성주의 상담　　　　• 다문화 상담 • 통합적 접근
청소년상담의 기초 ★★★★	• 청소년상담의 의의　　• 청소년상담의 목표 • 청소년상담의 특성　　• 청소년상담자의 자질 • 청소년상담자의 태도　• 청소년상담자 윤리
청소년상담의 실제 ★★	• 상담의 시작　　　　　• 상담의 작업 • 상담의 종결　　　　　• 상담기술과 기법 • 상담의 유형　　　　　• 청소년 사례 통합관리 　(단회, 단기, 장기, 매체 등) • 지역사회안전망 운영
기 타	• 기타 청소년상담의 이론과 실제에 관한 사항

기출 키워드

#방어기제(합리화) #부적응(내재화 문제) #충분히 기능하는 사람 특징 #교류분석 상담 과정
#실존적 조건의 궁극적 관심사(I. Yalom) #접촉경계혼란 #행동주의 상담이론 #현실치료의 특성
#여성주의 상담 길리건(C. Gilligan) #청소년기 사고의 특징 #벡(Beck)의 인지치료
#엘리스(A. Ellis)의 합리정서행동상담 #상담의 종결 단계 #청소년상담의 목표 #청소년상담사의 전문적 자질
#심리검사 실시와 해석에 관한 윤리적 행동 #청소년상담사 윤리강령 #대면 접수면접 #상담기술(즉시성)
#상담기술(직면) #상담기법(단추 누르기) #사이버상담 #지역사회 청소년통합지원체계(CYS-Net)
#상담기술(명료화) #상담기법(현재 감정 및 신체의 자각)

※ 2023년 22회 기출문제를 바탕으로 작성되었습니다.

출제기준

02 | 필수과목 상담연구방법론의 기초

주요항목	세부항목	
상담연구의 기초	• 상담연구의 과학적 접근 • 전문적 글쓰기	• 상담연구의 패러다임
연구의 절차 ★★	• 연구문제 및 가설 설정 • 연구주제 선정 • 연구대상자 선정과 표집	• 연구구인의 조작적 정의 • 변인결정 및 측정도구의 선정 • 자료수집과 분석방법
연구의 타당도 ★★★★★	• 내적타당도 • 통계적 결론 타당도 • 검사도구의 신뢰도	• 외적타당도 • 검사도구의 타당도
실험설계 ★★★★★	• 실험연구의 개관 • 통계분석 절차 및 방법 • 집단 내 설계 • 준실험 설계 • 모의상담연구	• 상담성과 및 효과 연구 • 집단 간 설계 • 혼합설계 • 단일사례 연구설계 • 상관연구
질적연구 ★★★	• 현상학적 접근 • 사례연구 • 질적연구의 신뢰도와 타당도	• 근거이론 • 합의적 질적연구(CQR)
상담연구 윤리 ★	• 상담연구 윤리	
기 타	• 기타 상담연구방법론의 기초에 관한 사항	

기출 키워드

#과학적 연구의 특징 #연구방법 #과학으로서의 상담학 연구 #조작적 정의 #가설 및 가설검정
#표본추출기법 #척도 #양적연구 #변수 #준거 관련 타당도(Criterion-Related Validity)
#내적 일관성(Internal Consistency) 신뢰도 측정 방법 #외적 타당도 #측정의 신뢰도와 타당도
#통계적 가설검정 #분산분석(ANOVA) #실험설계의 내적타당도를 저해하는 변인 #사전-사후 측정 통제집단 설계
#피어슨(Pearson) 적률상관계수 #단순회귀 모형 #기대빈도의 합 #연구패러다임 #합의적 질적 연구법
#근거이론 방법론의 코딩순서 #중복게재(중복출판) #벨몬트 보고서(The Belmont Report)

※ 2023년 22회 기출문제를 바탕으로 작성되었습니다.

03 | 필수과목 심리측정 평가의 활용

주요항목	세부항목
심리검사 개론 ★★	• 심리검사 및 평가의 개념과 역사 · 총론 • 면접법과 행동평가법 • 심리검사의 분류, 선택, 시행 • 심리검사의 제작과 기본통계
심리검사 각론 ★★★★	• 지능검사 • 객관적 성격검사 • 투사적 검사
기 타	• 기타 심리측정 평가의 활용에 관한 사항

기출 키워드

#심리검사 #편차지능지수(편차 IQ) #엑스너(J. Exner) 종합체계 이전 방식 적용 기준 #심리평가를 위한 면담
#웩슬러(D. Wechsler) 검사배터리 차용 도구 #이야기식 기록 #벤더도형검사 2판(BGT-II)
#레이-오스테리스 복합도형(Rey-Osterrieth Complex Figure) #로샤(Rorschach)검사의 반응 내용
#로샤(Rorschach)검사 구조적 요약에서 람다(L ; Lamda) 값 #주제통각검사(TAT) #문장완성검사(SCT)
#집-나무-사람(HTP) #욕구-압력 분석법(Murray) #MMPI-2의 해리스-링고스(Harris-Lingoes) 소척도
#심리검사 도구와 평가목적 #습관적 수행(Typical Performance) #심리검사 제작 순서
#IQ 분포와 T 점수 분포 #표준편차와 정규분포 #K-WAIS-IV #K-WISC-IV에서 동형찾기 소검사
#K-WISC-IV 핵심 및 보충 소검사 #PAI 심리검사에서 대인관계 척도 #MMPI-2에서 F(B) 척도
#MMPI-2의 임상척도 #로샤(Rorschach)검사 구조적 요약의 소외지표(Isolation Index)

※ 2023년 22회 기출문제를 바탕으로 작성되었습니다.

출제기준

04 | 필수과목 이상심리

주요항목	세부항목	
이상심리학의 이론적 입장	• 이상심리학에 대한 주요 이론 Ⅰ	• 이상심리학에 대한 주요 이론 Ⅱ
이상심리의 분류 및 평가	• 이상심리의 분류 및 평가(진단)	• DSM-5의 개괄
신경발달장애 ★★★	• 지적장애(지적발달장애) • 자폐 스펙트럼 장애 • 특정 학습장애	• 의사소통장애 • 주의력결핍 및 과잉행동장애(ADHD) • 운동장애
조현병 스펙트럼 및 기타 정신병적 장애 ★★★	• 조현병(정신분열증) • 조현양상장애(정신분열형장애) • 망상장애	• 조현정동장애(분열정동장애) • 단기 정신병적 장애 • 조현형 성격장애(분열형 성격장애)
양극성 및 관련 장애	• 제1형 양극성 장애, 제2형 양극성 장애	• 순환성 장애(순환감정 장애)
우울장애 ★★★	• 지속성 우울장애(기분저하증) • 파괴적 기분조절 부전장애(파괴적 기분조절 곤란장애)	• 월경전불쾌감 장애
불안장애 ★★★	• 범불안장애(Generalized Anxiety Disorder) • 공황장애 • 선택적 함구증(무언증)	• 공포증 • 분리불안장애
강박 및 관련 장애 ★★★	• 강박장애 • 수집광(저장장애) • 피부뜯기 장애(피부벗기기 장애)	• 신체이형장애(신체변형장애) • 발모광(털뽑기 장애)
외상 및 스트레스 관련 장애 ★★★	• 외상 후 스트레스 장애 • 애착장애	• 급성 스트레스 장애 • 적응장애
해리장애 ★★★	• 해리장애(해리성 장애)의 이해 • 해리성 기억상실증	• 해리성 정체감 장애 • 이인증/비현실감 장애
신체증상 및 관련 장애	• 신체증상장애 • 전환장애	• 질병불안장애 • 인위성(허위성) 장애
급식 및 섭식장애 ★	• 이식증(Pica) • 회피적/제한적 음식섭취 장애 • 신경성 폭식증	• 되새김장애(반추장애) • 신경성 식욕부진증(거식증) • 폭식장애

배설장애	• 유뇨증	• 유분증
수면-각성장애	• 불면장애 • 기면증(수면발작증) • 일주기리듬 수면-각성 장애	• 과다수면 장애 • 호흡 관련 수면장애 • 수면이상증(Parasomnias, 사건수면)
성 관련 장애 ★★	• 성기능 부전 • 변태성욕 장애(성도착장애)	• 성별 불쾌감
파괴적, 충동조절 및 품행장애 ★★★	• 적대적 반항장애 • 반사회성 성격장애 • 병적도벽(도벽광)	• 품행장애 • 간헐적 폭발장애 • 병적방화(방화광)
물질 관련 및 중독 장애	• 물질 관련 장애	• 비물질 관련 장애(도박장애)
신경인지 장애	• 주요/경도 신경인지장애	• 섬 망
성격장애 ★★★	• A군/B군/C군 성격장애	
기 타	• 임상적 주의의 초점이 될 수 있는 기타의 상태 • 기타 이상심리에 관한 사항	

※ 시행처 출제기준은 이상심리 과목의 주요항목만 제시되며, 세부항목은 〈청소년상담사 2급 한권으로 끝내기〉 교재를 기준으로 작성하였습니다.

기출 키워드

#생물학적 이론 #이상행동의 기준 #정신장애의 평가 및 분류체계 #특정학습장애 #신경발달장애의 하위범주
#우울장애의 특징 #조현병 진단기준 #주요 우울장애의 특징 #불안장애의 하위범주 #양극성장애
#범불안장애의 특징 #공황장애 #강박 및 관련 장애의 하위범주 #해리성 기억상실 #악몽장애의 특징
#신경인지장애 #조현성 성격장애 #물질사용장애와 물질금단을 일으키는 물질 #신경성 식욕부진증
#성도착장애의 하위 유형과 특징 #의존성 성격장애의 특징 #파괴적, 충동조절 및 품행장애의 하위 유형과 특징
#아동학대와 방임 문제의 하위유형 #급성 스트레스 장애와 외상 후 스트레스장애의 진단기준 #전환장애의 특징

※ 2023년 22회 기출문제를 바탕으로 작성되었습니다.

출제기준

05 | 선택과목 진로상담

주요항목	세부항목
청소년 진로상담의 이론적 기초 ★★★★★	• 진로상담의 개관 • 진로선택이론 • 진로발달이론 • 진로의사결정이론 • 직업적응 및 진로전환이론 • 진로상담이론의 최근 경향 • 특수영역 진로상담 이론(진학, 직업능력, 다문화 등)
청소년 진로상담의 실제 ★★★★	• 진로상담의 과정 • 진로상담의 기법 • 진로심리검사 • 진로정보의 활용 • 개인/집단 진로상담과 프로그램의 실제 • 특수영역 진로상담실제(진학, 취업능력, 다문화 등)
기 타	• 기타 진로상담에 관한 사항

기출 키워드

#파슨스(F. Parsons)의 특성요인이론 #청소년 진로상담자의 역할 #홀랜드(J. Holland)의 직업성격유형이론
#사회인지진로이론(SCCT) #긴즈버그(E. Ginzberg)의 직업선택 3단계 #슈퍼(D. Super)의 진로발달 이론
#갓프레드슨(L. Gottfredson)의 제한 · 타협 이론 #다위스와 롭퀴스트(Dawis & Lofquist)의 직업적응이론
#윌리엄스(D. Williams)의 진로전환 증진요인 #타이드만과 오하라(Tiedeman & O'Hara)의 진로의사결정이론
#피터슨, 샘슨과 리어든(Peterson, Sampson & Reardon)의 인지정보처리이론
#크롬볼츠(J. Krumboltz)의 사회학습 진로이론 #사비카스(M. Savickas)의 진로적응도 #여성 진로상담
#진로상담의 과정 #진로가계도(Career Genogram) #생애진로사정(Life Career Assessment)
#진로상담에서 사용하는 검사 #커리어넷 직업적성검사 #진로정보 #진로집단상담 #장애인 진로상담
#다문화 진로상담 #진학상담 #진로상담 과정에서 나타나는 저항

※ 2023년 22회 기출문제를 바탕으로 작성되었습니다.

06 | 선택과목 **집단상담**

주요항목	세부항목

청소년 집단상담의 이론
★★★★★
	• 집단상담의 기초
	   – 정의, 목표, 치료적 요인
	• 집단역동의 이해 및 집단상담의 과정
	   – 초기단계, 중기단계, 종결단계
	• 집단상담의 제 이론
	   – 정신분석 접근, 개인심리학 접근, 행동주의 접근, 실존주의 접근, 인간중심 접근, 게슈탈트 접근, 합리정서행동 접근, 인지치료 접근, 현실치료/해결중심 접근, 교류분석 접근, 예술적 접근 등 기타 접근(심리극, 미술, 음악 등)
	• 집단상담자
	   – 집단상담자의 역할, 집단상담자의 기술, 집단상담자의 인성

청소년 집단상담의 실제 ★★★★	• 집단상담자의 기술 및 문제상황 다루기 • 청소년 집단상담의 계획 및 평가 • 청소년 집단상담의 특징 – 윤리와 규범, 참여자의 권리와 책임, 기타 특징 • 청소년 집단상담의 제 형태
기 타	• 기타 집단상담에 관한 사항

기출 키워드

#집단상담의 목표 설정 #자조집단 #집단상담의 치료적 요인 – 정화

#얄롬(I. Yalom)이 제시한 집단상담의 치료적 요인 #집단상담 초기단계에서 집단상담자의 역할

#신뢰가 높은 집단의 특징 #실존주의 집단상담 #행동주의 #정신분석 집단상담

#아들러(A. Adler)의 집단상담 기법 #현실치료 집단상담에서 집단상담자의 역할 #교류분석 집단상담

#합리적 정서 행동치료에 근거한 집단상담 기법 #게슈탈트 이론을 적용한 집단상담자의 개입

#코리(G. Corey)가 제시한 집단상담자의 인간적 자질 #집단상담자 반응 #청소년 집단상담의 이점

#초점 맞추기 #청소년 집단상담 #협동상담(공동지도력) #집단상담 평가 #학교 집단상담 계획

#청소년 집단원의 특징 #비구조화된 동질적 구성의 분산적 집단 #청소년 집단상담과 성인 집단상담의 특성

※ 2023년 22회 기출문제를 바탕으로 작성되었습니다.

출제기준

07 | 선택과목 가족상담

주요항목	세부항목
가족상담의 기초 ★★	• 가족상담을 위한 체계적 조망 • 가족상담의 기본개념 • 가족상담 과정 • 가족상담 기술 • 가족상담 윤리

가족상담의 이론과 실제
★★★★
	• 가족상담의 이론적 기초
	• 가족상담 이론
	  − 보웬의 체계적 가족치료, 구조적 가족치료, 경험적 가족치료, 전략적 가족치료,
	    해결중심 단기 가족치료, 이야기치료
	• 가족생활주기와 가족상담
	• 가족상담 사정과 평가
	• 가족상담 실제

청소년 가족−부모상담	• 청소년 가족 이해와 변화를 위한 개입전략 • 청소년 문제유형별 가족상담(폭력, 중독, 자살 등) • 청소년 가족−부모상담 사례
기 타	• 기타 가족상담에 관한 사항

기출 키워드

#보웬(M. Bowen)의 가족상담이론 #사티어(V. Satir)의 가족상담이론 #심리적 어려움
#사티어(V. Satir)의 의사소통 및 대처유형 #해결중심 단기 가족상담 #개인상담과 비교한 가족상담
#가족상담의 개념 #상담자가 취할 행동 #가족상담기법(과정질문) #해결중심 단기 가족상담의 질문기법
#가족생활주기 #가족체계이론 #가족상담 모델과 개입방법(이야기치료) #이야기치료의 기본 전제
#가족상담사의 윤리적 행동 #전략적 가족상담 #이야기치료에서 사용하는 기법 #가족상담의 기법(추적)
#가족상담 모델과 개입방법(해결중심 단기가족상담) #가족생활주기 #가족상담기법의 예 #가족사정
#가족상담의 초기과정 작업 #가계도 #구조적 가족상담 이론(가족의 재구조화)

※ 2023년 22회 기출문제를 바탕으로 작성되었습니다.

08 │ 선택과목 학업상담

주요항목	세부항목	
학업문제의 이해	• 학업문제의 특성 • 학습부진의 정의 및 특성	
학업관련 요인	• 인지적 영역 • 정의적 영역 • 환경적 영역	
학업 관련 문제 및 평가 ★★★★	• 호소문제 유형 • 학업관련 검사에 대한 이해	• 학업/학습관련 장애 • 진단 및 평가절차
학습전략에 대한 이해 및 실제 ★★★	• 학습전략의 종류 및 분류 • 인지 및 초인지 전략 • 상황별 학습전략(수업, 시험, 노트작성 등) • 학습전략 프로그램의 실제	
학업문제 상담 및 개입전략 ★★★★	• 학업상담의 특징 및 절차 • 주의집중력 문제 • 시험불안	• 학습동기 부족 • 학습부진 영재아 • 학습에서의 일반적인 부작용
기 타	• 기타 학업상담에 관한 사항	

기출 키워드

#낮은 이해력 #학습부진 및 유사개념 #로크와 라뎀(Locke & Lathem)의 목표설정이론
#학습자 개인에게 영향을 끼치는 환경 #학업성취의 인지적 요인 #학습전략 프로그램의 주제
#학습시간 관리전략 #학업적 미루기 대처전략 #주의력결핍 과잉행동장애(ADHD) 아동 상담
#학습전략의 범주 중 동기조절 #PQ4R 각 단계 #맥키치(W. McKeachie)가 제시한 학습전략 #노트필기 전략
#학업 관련 호소문제 유형 #DSM-5의 주의력결핍 과잉행동장애(ADHD) 진단의 부주의 증상
#학업 관련 표준화된 심리검사 선정 시 유의사항 #학업상담의 절차 중 상담구조화 #학습동기이론
#자기교시 훈련 #캔달과 브라스웰(Kendall & Braswell)의 자기교시 훈련 단계 #학습부진 영재아
#와이너(B. Weiner)의 귀인 요소와 차원 #발표불안을 증가시키는 원인 #시험불안 개입방법(자기대화하기)
#학습동기의 개인지향적 원인론 #반두라(A. Bandura)

※ 2023년 22회 기출문제를 바탕으로 작성되었습니다.

합격수기

청소년상담사 2급 합격수기

작성자 : 윤○○

2022년에 관련 직종으로 직장을 옮기면서 청소년상담사 자격증 취득을 목표로 세웠습니다.

그러나 연초 계획과는 달리 새로운 직장에 적응하느라 청소년상담사 자격증 공부를 병행하기가 쉽지 않았습니다. 그렇게 전혀 공부를 하지 못하고 답답한 시간이 흘러가면서 '올해는 시험을 포기해야겠다'라는 생각까지 하게 되었습니다.

그러던 중 우연한 기회로 인터넷에서 SD에듀 강의를 듣고 합격했다는 경험담을 접했습니다. 순간 '혹시 나에게도 도움이 될 수 있을까?'라는 생각을 하고, 바로 〈2022 청소년상담사 2급 퍼펙트 합격반〉 강의를 신청하였습니다.

교재와 함께 강의를 들으니 막연했던 내용들이 정리가 되기 시작했습니다.

우선 전체적인 흐름을 익히기 위해 1.5배속으로 모든 강의를 들었습니다.

그리고 교재를 정독하고도 이해되지 않는 부분은 다시 강의를 듣는 방법을 반복했습니다.

그렇게 이론을 공부하고 기출문제와 예상문제를 풀면서 시험을 준비한 덕분에 짧은 기간에 합격의 기쁨을 맛보게 되었습니다.

제가 합격을 하는 데 가장 도움이 많이 된 방법은 출·퇴근 시간에 차안에서 강의를 듣는 것입니다.

저는 직장과 거리가 멀어서 출·퇴근 시 30~50분 정도가 소요되는데, 매일 이 시간을 강의를 다시 듣는 시간으로 활용했습니다. SD에듀 강의는 핸드폰으로 들을 수도 있어서 매일 차 안에서 듣다 보니 자연스럽게 내용을 암기하게 되었습니다.

두 번째로 도움이 된 것은 기출문제 해설강의입니다.

최근 5년간 기출문제에 대하여 출제경향부터 구체적으로 설명이 잘 되어있었고, 강의 내용에 중요한 핵심을 다시 한번 정리해 주셔서 더 잘 이해할 수 있었습니다.

마지막으로 최종 합격에는 면접강의가 큰 도움이 되었습니다.

저는 실제 상담경력이 없었기에 면접에 대한 부담감이 너무 컸습니다. 그런데 면접에 대한 안내부터 사례까지 모든 내용이 들어있는 자료 제공과 사례에 대한 강의까지 제공해 주셔서 그 강의를 반복해서 들었던 것이 합격에 결정적인 도움이 되었습니다.

제가 청소년상담사 2급을 한 번에 합격한 비결은 SD에듀의 강의였다고 생각합니다. 그래서 요즘 주변에 합격의 비결을 묻는 사람들에게 강의를 꼭 들으라고 추천을 하고 있습니다.

이 기회를 빌어 강의를 제공해 주신 SD에듀에 감사의 인사를 전합니다^^

청소년상담사 2급 합격수기

작성자 : 박○○

저는 40대 후반 직장인으로 작년에 청소년상담사 2급 필기와 면접에 합격하고 3월 서류전형도 통과했습니다. 현재는 자격연수 준비중입니다. SD에듀와는 2020년 직업상담사 2급 강의부터 인연을 맺었습니다. 그 당시 6개월 정도 공부해서 필기와 실기를 한 번에 통과한 적이 있고, 청소년상담사 2급 시험은 인강을 들으며 작년부터 준비했습니다.

저는 대학원에서 상담을 공부하면서 시험을 같이 준비했습니다. 상담이론 베이스는 있어서 그리 어렵지는 않았습니다. 문제는 연구방법론과 심리검사 분야였는데, 특히 로샤·지능 검사 쪽에서 어려움이 많았습니다. 그래서 자신이 없는 두 과목 강의를 집중해서 꼼꼼히 들었습니다. 수강기간은 1년이지만 실질적인 공부는 3개월 정도로, 강의도 완강하지 않고 취약과목 위주로 들었습니다. 이처럼 자신이 주의 깊게 학습해야 할 부분이 무엇인지 점검하여 학습전략을 세우는 것이 중요할 것 같습니다.

자격시험은 기출문제를 많이 보는 것이 중요하다고 생각합니다. 문제를 푼다는 생각보다는 해설을 통해 이론을 익힌다는 기분으로 보았습니다. 기출문제 중에서도 여러 번 반복되거나 약간씩 변형되어 나오는 문제들이 특히 중요한데, 그 문제들만 따로 노트에 정리해서 복습했습니다. 시간이 없는 직장인이나 가정주부, 만학 수험생이라면 이론보다는 기출문제 해설을 먼저 보는 걸 추천드립니다.

해설을 봐도 이해가 되지 않는다면 그 부분만 찾아서 기본이론 강의를 들어보는 것을 추천드립니다. 아니면 본인이 취약한 과목이나 파트만 선택해서 듣는 것도 좋은 방법입니다. 물론 시간이 많다면 처음부터 끝까지 듣는 것이 가장 확실한 방법일 것이나, 합격을 위해서는 각자의 상황에 따라 전략적인 접근이 필요할 것입니다.

SD에듀 동영상 강의의 교수님들은 믿을 수 있는 심리상담 분야의 전문가이며, 핵심을 잘 짚어주시는 분들입니다. 교수님의 강의만 잘 듣고 따라가도 합격에는 큰 어려움이 없다고 생각합니다.

지금 당장의 필요만 생각할 것이 아니라, 미래를 위한 투자라 생각하고 국가자격증을 준비하는 것은 가장 확실한 노후 보장 수단이라 생각합니다. 힘들고 지치시겠지만 파이팅 하십시오. 여러분 모두의 건승을 기원합니다.

이 책의 목차

청소년상담사 2급 최종모의고사

최종
모의고사

끝까지 책임진다! SD에듀!

QR코드를 통해 도서 출간 이후 발견된 오류나 개정법령, 변경된 시험 정보, 최신기출문제, 도서 업데이트
자료 등이 있는지 확인해 보세요! 시대에듀 **합격 스마트** 앱을 통해서도 알려 드리고 있으니 구글 플레이나
앱 스토어에서 다운받아 사용하세요. 또한, 파본 도서인 경우에는 구입하신 곳에서 교환해 드립니다.

제1회 최종모의고사

↻ 정답 및 해설 p.315

교 시	문제형별	시 간	시험과목
1교시	A	100분	① 청소년상담의 이론과 실제 ② 상담연구방법론의 기초 ③ 심리측정 평가의 활용 ④ 이상심리

필수과목 01 청소년상담의 이론과 실제

01 사이버 상담에 관한 설명으로 옳지 않은 것은?

① 시간·공간 제약의 극복

② 상담의 연속성

③ 익명성으로 인한 자기개방성과 솔직성

④ 내담자의 자발적 참여

⑤ 양방향 커뮤니케이션이 이루어지지 않는 데서 오는 소통의 오해

02 상담의 종결단계에서 다루어야 할 내용을 모두 고른 것은?

> ㄱ. 상담 종결 관련 내담자의 감정 다루기
> ㄴ. 상담목표의 달성 정도 파악
> ㄷ. 추수상담에 대해 조언
> ㄹ. 내담자의 행동변화 요인(상담자 요인, 내담자 요인 등)을 평가

① ㄱ, ㄴ

② ㄱ, ㄷ

③ ㄴ, ㄷ

④ ㄴ, ㄷ, ㄹ

⑤ ㄱ, ㄴ, ㄷ, ㄹ

03 청소년기의 사회인지발달 특성으로 인해 나타날 수 있는 문제행동을 모두 고른 것은?

> ㄱ. 자신만은 괜찮을 것이라고 생각하며 위험한 행동을 일삼는다.
> ㄴ. 자신의 독특성에만 집중하여 자신과 타인의 관심사를 구분하지 못한다.
> ㄷ. 작은 일에도 화를 잘 내고 반항적이 되며, 쉽게 우울해지는 경향이 있다.
> ㄹ. 자신의 의견을 반드시 관철하려는 편협한 태도를 고집하는 경향이 있다.

① ㄱ, ㄷ   ② ㄴ, ㄹ
③ ㄱ, ㄴ, ㄹ   ④ ㄱ, ㄷ, ㄹ
⑤ ㄴ, ㄷ, ㄹ

04 청소년내담자의 일반적인 특징을 모두 고른 것은?

> ㄱ. 상담자에 대한 오해   ㄴ. 감각적 흥미와 재미의 추구
> ㄷ. 풍부한 인지능력   ㄹ. 한 가지 일에 관심 유지
> ㅁ. 언어 표현력의 부족

① ㄱ, ㄴ, ㅁ   ② ㄱ, ㄴ, ㄹ
③ ㄴ, ㄷ, ㅁ   ④ ㄴ, ㄹ, ㅁ
⑤ ㄷ, ㄹ, ㅁ

05 다음 중 청소년상담자의 전문적 자질에 해당되지 않는 것은?

① 시대감각 및 사회환경에 대한 풍부한 지식 겸비
② 상담을 효율적으로 진행하는 방법과 절차에 관한 이해
③ 상담 상황에서 지켜야 할 윤리규정의 숙지
④ 실제적인 상담기술 훈련을 포함한 지속적인 자기개발
⑤ 전문가적 소양과 레크리에이션에 관한 지식 겸비

06 키치너(K. Kitchener)의 윤리적 의사결정을 위한 도덕원칙으로 옳지 않은 것은?

① 공감성(Emphathy)   ② 무해성(Nonmaleficence)
③ 공정성(Justice)   ④ 자율성(Autonomy)
⑤ 성실성(Fidelity)

07 다음 보기의 내용과 같은 상담기법은?

> • 내담자 : 나는 선생님을 다 싫어하는 것은 아니에요. 단지 두 선생님, 특히 그 중에서도 한 선생님은 정말 견뎌내기 힘들어요.
> • 상담자 : 특별히 한 선생님을 싫어하는구나.

① 반영하기   ② 경청하기
③ 수용하기   ④ 질문의 사용
⑤ 바꾸어 말하기

08 해결중심 상담의 기본원리나 규칙으로 옳은 것은?

① 병리적인 문제에 관심을 두고 치료한다.
② 문제가 없으면 손대지 않는다.
③ 과거에 초점을 두어 내담자 문제에 대한 배경 분석이 이루어진다.
④ 내담자 문제의 배경 분석이 잘 이루어져야 한다.
⑤ 단순한 것보다 복잡한 방법을 사용한다.

09 다음 보기에서 상담자가 활용한 기법의 내용과 관련이 없는 것은?

> • 내담자 : 저는 제 친구의 행동을 이해할 수가 없어요. 어떤 때는 정말 좋은 친구인 것 같지만, 또 어떤 때는 서로 말도 안하려 하거든요.
> • 상담자 : 친구가 일관성이 없다는 말이구나.

① 내담자의 이야기를 듣고 나서 상담자가 자기의 표현양식으로 바꾸어 말해 주는 것은 상담에 도움이 된다.
② 내담자의 말 중에서 모호한 점이나 모순된 점이 발견될 때, 이를 명확히 하기 위해 다시 그 점을 상담자가 질문하는 것이다.
③ 바꾸어 말해 줌으로써 내담자의 입장을 상담자가 이해하려고 노력하고 있음을 전달할 수 있다.
④ 내담자가 한 말을 간략하게 반복함으로써 내담자의 생각을 구체화한다.
⑤ 내담자가 말하고 있는 바를 상담자가 올바로 이해하고 있는지 확인한다.

10 합리정서행동 상담(REBT)에서 비합리적 사고에 관한 특징으로 옳지 않은 것은?

① 논리적으로 모순이 많다.
② 삶의 목적 달성에 방해된다.
③ 경험적 현실과 일치한다.
④ 절대적이며 경직되어 있다.
⑤ 부적절한 정서와 부적응적 행동을 유도한다.

11 상담 구조화에 관한 설명으로 옳은 것을 모두 고른 것은?

> ㄱ. 상담에서 진행될 예상 회기를 알려준다.
> ㄴ. 상담자와 내담자의 공감적 탐색과 합의 과정을 통해 이루어진다.
> ㄷ. 상담이 효율적으로 진행되기 위해서는 많이 이루어질수록 좋다.
> ㄹ. 상담에 대한 내담자의 불안을 경감시킬 수 있다.
> ㅁ. 강의식으로 명확하게 전달해야 한다.

① ㄱ, ㄴ, ㄷ   ② ㄱ, ㄷ, ㄹ
③ ㄴ, ㄹ, ㅁ   ④ ㄷ, ㄹ, ㅁ
⑤ ㄱ, ㄴ, ㄹ

12 다음 보기에서 상담자가 활용하고 있는 상담기법은?

> • 내담자 : 이번 시험 때문에 밤을 새우며 준비했는데, 이렇게 성적이 떨어진 걸 보니 더이상 학교에 다니고 싶지 않아요. 노력해도 성적이 오르지 않는데 학교가 무슨 의미겠어요? 아무래도 학교를 그만둬야겠어요.
> • 상담자 : 꼭 학교가 인생의 전부는 아닐 수도 있으니 정 그만두고 싶다면 그렇게 하는 것도 네 선택이겠지.
> • 내담자 : 그 말씀은 학교를 그만두라는 것인가요?
> • 상담자 : A군은 "그래도 학교는 졸업해야지"라는 말을 듣고 싶어 하는 것 같아. 만약 결과가 좋지 않으면 다른 사람에게 책임을 돌릴 수 있도록 말이야.

① 과제부여   ② 수프에 침 뱉기
③ 초인종(단추) 누르기   ④ 마치 ~인 것처럼 행동하기
⑤ 스스로 억제하기

13 실존주의 상담에 관한 설명이 아닌 것은?

① 대표적인 학자로는 얄롬(I. D. Yalom), 메이(R. May), 프랭클(V. E. Frankl) 등이 있다.

② 상담의 초점은 내담자의 자아에 있다.

③ 실존주의 상담의 목적은 위기의 극복이 아닌, 인간 존재의 순정성 회복에 있다.

④ 현상학적 입장에 기반한다.

⑤ 온전한 대상관계를 형성하고 자아기능을 강화하여 현실적이고 수용적인 태도를 갖게 한다.

14 다음 중 상담에 관한 설명으로 옳은 것은?

① 경청, 명료화, 직면, 재진술 등은 상담 초기에서 활용되는 방법이다.

② 내담자의 문제, 원인 또는 관련 요인, 상담개입 방법을 체계적으로 설명하는 과정을 '사례명료화'라고 한다.

③ 해석 기법을 사용할 때 해석의 내용은 가능한 내담자가 통제·조절할 수 있는 것이 좋다.

④ 문제를 객관화시켜 표현해 보는 것을 '재구성' 혹은 '재규정'이라고도 한다.

⑤ 내담자가 아주 다양한 문제 증상들을 호소했을 때, 이러한 증상들을 몇 가지 중요한 공통된 것들로 묶어서 다루는 방법을 '문제의 구체화'라고 한다.

15 게슈탈트 이론의 '접촉-경계 혼란' 상태 중 어느 것에 속하는가?

> A양은 부모님에 대한 불만을 직접 표출하지 못하고, 매번 자신의 손톱을 물어뜯는 것으로 대신하고 있다.

① 반전(Retroflection) ② 투사(Projection)

③ 내사(Introjection) ④ 편향(Deflection)

⑤ 융합(Confluence)

16 합리정서행동 상담이론(REBT)의 인간관에 관한 설명으로 옳지 않은 것을 모두 고른 것은?

> ㄱ. 인간은 스스로 선택할 수 있는 자유의지를 가지고 있고, 자기의 행동에 대해 책임을 질 수 있다
>   고 보았다.
> ㄴ. 인간은 합리적 사고와 비합리적 사고의 잠재성을 모두 지닌다.
> ㄷ. 인간은 외부적 요인에 의해서 방해받기보다는 자기 자신에 의해서 방해받는다.
> ㄹ. 인간은 제한된 범위에서나마 자신의 미래를 변화시키고 통제할 수 있는 능력을 가진다.
> ㅁ. 인간은 선천적으로 자아실현을 향한 경향성을 갖고 있다.

① ㄱ, ㄴ   ② ㄱ, ㄹ
③ ㄴ, ㄹ   ④ ㄴ, ㄷ
⑤ ㄱ, ㅁ

17 다음의 내용이 설명하는 행동주의 상담기법으로 옳게 짝지어진 것은?

> ㄱ. 수업태도가 좋은 학생에게 숙제를 면제해 준다.
> ㄴ. 수업시간에 떠드는 학생에게 벌을 준다.
> ㄷ. 금주나 금연교육 시 폐암환자나 간암환자의 사진을 보여준다.

	ㄱ	ㄴ	ㄷ
①	부적 강화	부적 처벌	프리맥의 원리
②	정적 강화	부적 처벌	혐오치료
③	부적 강화	정적 처벌	혐오치료
④	정적 처벌	부적 강화	프리맥의 원리
⑤	부적 강화	정적 처벌	행동조성

18 다음 중 게슈탈트 상담이론에 관한 설명으로 옳지 않은 것은?

① 현상학, 실존주의의 영향을 많이 받았으며, 펄스(Perls)에 의해 개발되고 보급되었다.
② 게슈탈트라는 말은 '전체', '형태', '모습' 등의 뜻을 지닌 독일어이다.
③ '알아차림'은 게슈탈트의 해소에 관계하고, '접촉'은 게슈탈트의 형성에 관계한다.
④ '알아차림'과 '접촉'을 통해 전경과 배경을 교체한다.
⑤ '알아차림 – 접촉주기'의 각 단계에서 차단이 일어나는 것을 '접촉 – 경계 혼란'이라고 한다.

19 행동주의 상담이론에 관한 설명으로 옳은 것은?

① '정적 강화'는 바람직한 행동이 나타나면 위협적인 것들을 면제해 주는 것을 말한다.

② 행동주의적 접근은 상담에 있어 중요한 것으로 여겨지는 상담자와 내담자와의 관계를 매우 중시한다.

③ 행동주의적 접근에서는 내담자가 가지고 있는 현재의 문제에 대한 내력을 중요시한다.

④ 겉으로 드러나는 구체적인 행동을 소거하거나, 새로운 행동을 획득하도록 상담목표를 정한다.

⑤ 토큰경제는 충격적인 경험을 안전한 조건에서 다시 경험하게 하면 충격적인 정서 반응이 사라질 것이라는 가정 하에 사용된다.

20 로저스(Rogers)의 인간중심 상담이론에 관한 설명으로 옳지 않은 것은?

① 인간은 자기실현을 위해 끊임없이 노력하는 성장 지향적 성향을 가진다고 본다.

② 치료적 요소에는 수용적 분위기가 형성되어 있다.

③ 인간중심 상담이론의 궁극적 목적은 '충분히 기능하는 인간'이 되도록 돕는 것이다.

④ 공감이란 상담자가 내담자와 자신을 동일시하여 자기비밀을 공유하게 하는 것이다.

⑤ 상담의 과정이나 문제해결에 대한 내담자의 책임과 주체성을 강조한다.

21 '알아차림-접촉주기'의 진행순서가 올바르게 나열된 것은?

ㄱ. (물러남)배경	ㄴ. 접 촉
ㄷ. 감 각	ㄹ. 에너지 동원(흥분)
ㅁ. 알아차림	ㅂ. 행 동
ㅅ. 배경(으로 물러남)	

① ㄱ - ㄷ - ㅁ - ㄹ - ㅂ - ㄴ - ㅅ

② ㄱ - ㅁ - ㄷ - ㄹ - ㅂ - ㄴ - ㅅ

③ ㄱ - ㅁ - ㄹ - ㄷ - ㅂ - ㄴ - ㅅ

④ ㄱ - ㅂ - ㄷ - ㄹ - ㄴ - ㅁ - ㅅ

⑤ ㄹ - ㄱ - ㄷ - ㅂ - ㄴ - ㅁ - ㅅ

22 교류분석 이론에 관한 설명으로 옳지 않은 것은?

① 상담의 목적은 내담자의 자율성 성취에 있다.

② 금지령은 부모의 어린이 자아에서 자녀의 어린이 자아로 전달된 메시지 중 부정적인 경우를 말한다.

③ 내담자를 인생각본에 따르도록 하는 것을 목표로 한다.

④ 부모 자아상태, 어른 자아상태, 어린이 자아상태 등 3가지의 자아상태로 구성되어 있다.

⑤ 게임은 최소한 한 사람에게 나쁜 감정을 갖게 하고 끝내는 일련의 교류로서, 친밀감이 형성되는 것을 방해한다.

23 현실치료의 장·단점에 관한 설명으로 옳은 것은?

① 역기능적이고 자동적인 사고를 인식하고 도식을 재구성한다.

② 문제에 대한 깊이 있는 접근이 가능하다.

③ 자신의 행동에 대해 책임을 지지 않으려 하며, 자신을 다른 사람의 부적절한 행동에 의한 희생자라고 생각하는 사람에게 매우 효과적이다.

④ 창의적이고 추상적인 부분이 있어 이 부분은 실제적인 적용에 어려움이 있다.

⑤ 자율성을 성취하도록 하여 패배적인 인생각본에서 벗어나게 한다.

24 청소년상담에 관한 설명으로 옳은 것은?

① 최근 우리나라의 가장 흔한 청소년상담 문제는 부모 형제와의 갈등이다.

② 상담 대상은 청소년과 관련된 부모나 교사가 아닌 청소년을 대상으로 한다.

③ 내담자의 문제 해결을 위해 충고나 조언보다는 압력을 가하는 개입이 필요하다.

④ 청소년을 대상으로 하는 상담의 방법은 성인을 대상으로 하는 전통적인 방법과는 다르다.

⑤ 청소년은 획일화된 상담을 선호하지 않기 때문에 가급적 새로운 내용으로 진행한다.

25 다음 보기의 상담기법을 사용하는 이론은?

○ 생활자세(Life Position)	○ 자아상태(Ego State)
○ 각본분석(Script Analysis)	○ 게임분석(Game Analysis)

① 교류분석　　　　　　　　　　② 합리·정서 행동치료

③ 현실주의 상담이론　　　　　④ 인지치료

⑤ 게슈탈트 상담이론

01 자료수집방법 중 관찰연구에 관한 설명으로 옳지 않은 것은?

① 비참여관찰은 관찰대상의 환경 외부에서 관찰하는 것이다.
② 자연관찰은 생태학적 타당도가 높다.
③ 통제관찰은 실험실과 실제 환경에서 수행될 수 있다.
④ 실험실 관찰은 상황을 인위적으로 만들고 그 결과를 관찰할 수 있다.
⑤ 관찰의 조작성 여부에 따라 참여관찰과 비참여관찰로 구분할 수 있다.

02 가설에 관한 설명으로 옳은 것을 모두 고른 것은?

> ㄱ. 추상적이어야 한다.
> ㄴ. 이론적 근거가 있어야 한다.
> ㄷ. 검증이 가능해야 한다.
> ㄹ. 미래의 사실은 예측할 수 없다.

① ㄱ, ㄴ
② ㄴ, ㄷ
③ ㄱ, ㄴ, ㄷ
④ ㄴ, ㄷ, ㄹ
⑤ ㄱ, ㄴ, ㄷ, ㄹ

03 다음 중 논문의 본론에 기술되어야 할 내용으로 옳은 것은?

① 통계적 가설
② 연구의 관점과 방법
③ 연구의 목적과 범위
④ 연구의 필요성
⑤ 연구의 제한점

04 척도에 관한 설명으로 옳지 않은 것을 모두 고른 것은?

> ㄱ. 비율척도는 절대영점이 존재하지 않는다.
> ㄴ. 서열척도는 측정대상의 상대적 크기를 말할 수 있다.
> ㄷ. 등간척도는 승제의 연산이 가능한 척도이다.
> ㄹ. 명명척도는 사물을 구분하기 위해 부여되며, 독립변수 측정을 위해 주로 사용된다.

① ㄱ, ㄴ
② ㄴ, ㄹ
③ ㄱ, ㄷ
④ ㄴ, ㄷ, ㄹ
⑤ ㄱ, ㄴ, ㄷ, ㄹ

05 다음 중 연구윤리의 일반원칙이 아닌 것은?

① 이익의 원칙
② 신용의 원칙
③ 자율성의 원칙
④ 적합성의 원칙
⑤ 무피해의 원칙

06 사후검증 중 Tukey의 HSD 검증법에 관한 설명은 무엇인가?

① 개별평균의 모든 짝을 비교하는 방법이다.
② 검정력이 가장 낮은 보수적인 비교방법이다.
③ 집단별 사례 수가 다른 경우에 사용하는 방법이다.
④ 1종 오류 가능성이 가장 낮은 비교방법이다.
⑤ Newman-Keuls의 방법과 비슷하다.

07 다음 보기의 내용에 해당하는 연구에 관한 설명으로 옳지 않은 것은?

한 연구자가 아동기의 사회성 발달을 알아보기 위해 7세 100명, 10세 150명, 11세 150명을 동시에 무선표집하여 집단 간 특성을 비교하였다.

① 횡단연구에 해당한다.
② 한 시점에서 광범위하게 한번만 이루어지는 연구이다.
③ 표본연구이며 정태적 연구이다.
④ 연구마다 새롭게 표집된 표본에 관한 자료를 제공한다.
⑤ 같은 시기에 서로 다른 여러 연령집단을 대상으로 한다.

08 다음 보기의 설명에 해당하는 검사 타당도는?

> 인사 선발할 때의 적성검사 점수와 1년 정도 지난 후의 직무 만족도 및 업무 성과 간의 상관관계를 파악하였다.

① 교차타당도　　　　　　　　　② 내적타당도
③ 예언타당도　　　　　　　　　④ 외적타당도
⑤ 안면타당도

09 다음 보기의 설명에 해당되는 내용은 무엇인가?

> 아주 높은 점수나 낮은 점수는 피하고, 평정이 중간 부분에 지나치게 자주 모이는 경향을 의미한다.

① 관용의 오류　　　　　　　　　② 근접의 오류
③ 집중경향의 오류　　　　　　　④ 엄격성의 오류
⑤ 후광효과

10 모의 상담연구에 관한 설명으로 옳은 것은?

① 내적타당도가 낮다.
② 실험조건의 통제가 어렵다.
③ 윤리적인 문제가 많이 발생한다.
④ 연구결과를 실제 상담에 일반화하기 쉽다.
⑤ 연구자가 관심을 가지는 독립변인의 조작이 쉽다.

11 비확률표집 방법에 해당하지 않는 것은?

① 군집표집　　　　　　　　　　② 눈덩이 표집
③ 편의표집　　　　　　　　　　④ 의도적 표집
⑤ 할당표집

12 도시지역과 시골지역의 가족 수의 평균 차이가 있는지를 알아보기 위해 도시지역과 시골지역 중 각각 몇 개의 지역을 골라 가족 수를 조사하였다. 평균 차이 분석을 위해 사용할 수 있는 가장 적합한 통계분석 방법은?

① 독립표본 t-검정　　　　　　　　② 대응표본 t-검정
③ 카이제곱검정　　　　　　　　　④ F-검정
⑤ 회귀분석

13 세 가지 상담기법의 효과 차이를 검증하기 위하여 각 집단에 10명씩 총 30명을 무선배치 하였다. 분석결과가 다음과 같을 때 (A)에 해당하는 값은?

SV(변산원)	SS(제곱합)	F
집단 간	8	(A)
집단 내	54	–

① 1　　　　　　　　　　　　② 1.5
③ 2　　　　　　　　　　　　④ 2.5
⑤ 3

14 다중공선성의 진단방법 및 해결법에 관한 설명으로 옳은 것을 모두 고른 것은?

> ㄱ. 단순회귀분석에서도 발견된다.
> ㄴ. 분산확대인자(VIF)로 파악할 수 있다.
> ㄷ. 종속변수들 간의 상관관계를 구한다.
> ㄹ. 독립변수 사이의 상호의존도를 말한다.

① ㄱ, ㄴ　　　　　　　　　　② ㄴ, ㄹ
③ ㄱ, ㄴ, ㄷ　　　　　　　　④ ㄴ, ㄷ, ㄹ
⑤ ㄱ, ㄴ, ㄷ, ㄹ

15 기준변동설계(Changing Criterion Design)에 관한 설명으로 옳은 것은?

① 유사한 두 중재에 대하여 중다기초선설계를 동시에 실시하는 방식이다.

② 한 대상자에게 동시에 중재를 실시함에 따라 대상자가 중재들을 변별하기 어려울 수 있다.

③ 체계적으로 중재 간 균형을 맞추어 중다중재설계에서 보이는 중재 간 전이 문제를 해결한다.

④ 독립변인을 이용하여 종속변인의 점진적이고 단계적인 변화를 이루고자 할 때 사용된다.

⑤ 복수의 기초선을 측정하여 순차적으로 중재를 적용하는 방식이다.

16 공분산 분석의 기본가정으로 옳은 것을 모두 고른 것은?

> ㄱ. 공변인의 측정에 종속변수의 영향이 없어야 한다.
> ㄴ. 공변인의 측정은 측정의 오차 없이 이루어져야 한다.
> ㄷ. 공변인에 대한 종속변인의 회귀계수가 처치집단 간에 동일해야 한다.
> ㄹ. 공변인과 종속변인 간에 선형적 관계가 있어야 한다.

① ㄱ   ② ㄴ
③ ㄱ, ㄷ   ④ ㄴ, ㄷ
⑤ ㄴ, ㄷ, ㄹ

17 합의적 질적 연구법(CQR)에 관한 설명으로 가장 옳지 않은 것은?

① 분석과정에서 영역, 중심개념, 교차분석을 사용한다.

② 다양한 관점을 위해 여러 명의 평정자를 참여시킨다.

③ 상호적인 자료수집 방법을 사용한다는 점에서 실증주의적 입장을 취한다.

④ 자료의 의미를 결정할 때 합의를 통해 진행한다.

⑤ 반구조화된 자료수집 방법을 이용한다.

18 표본들을 집단으로 묶어 이들 집단들을 선택하고, 다시 선택된 집단 안에서 표본을 무작위 추출하는 표집방법은?

① 구조적 표집방법　　　　　　　② 층화표집방법
③ 집락표집방법　　　　　　　　④ 체계적 표집방법
⑤ 할당표집방법

19 우울증에 대한 두 상담기법의 상담 효과를 비교하기 위해 두 집단에 각각 40명씩 배치한 후, 집단별 상담에 각 상담기법을 적용하였고, 이를 상담 이전, 상담 중, 상담 종결의 세 시점에서 우울점수를 반복 측정하였다. 표는 수집한 자료에 대한 이요인 반복측정 분산분석을 실시한 결과이다. 이에 관한 설명으로 옳지 않은 것은? (단, 모든 자료는 소수점 넷째 자리에서 반올림한 것이다)

Source		SS	df	MS	F	p
피험자 간						
	집단	(A)	1	1.540	0.025	0.870
	오차	4721.480	78	60.530		
피험자 내						
	측정시점	1872.850	(B)	936.425	9.736	0.000
	A×B	758.580	(C)	379.290	3.943	0.020
오차 : 측정시점		11542.380	120			

① A는 B보다 작다.
② B의 값과 C의 값은 같다.
③ 두 프로그램의 효과는 유의수준 5%에서 유의미한 차이가 있다.
④ 두 프로그램의 효과는 유의수준 1%에서 유의미한 차이가 있다고 보기 어렵다.
⑤ 상담 이전 두 상담자에게 배치된 내담자들 사이의 우울 점수 평균에 차이가 있었다.

20 평균 100, 표준편차 15, 신뢰도 계수 0.6인 척도에 관한 설명으로 옳지 않은 것은?

① 측정의 표준오차는 $15\sqrt{0.4}$ 이다.
② 관찰점수 분산에 대한 진점수 분산의 비율은 0.6이다.
③ 이 척도의 규준집단에서 95%는 85~115점을 받았다고 볼 수 있다.
④ 관찰점수 분산에 대한 오차점수 분산의 비율은 0.4이다.
⑤ 이 척도에서 120점을 받은 사람의 진점수가 101~139에 있을 확률은 95%이다.

21 '남녀 월급 액수에는 차이가 있다'라는 주장을 검증하기 위하여 사회조사를 실시하였다. 조사결과 남자집단의 평균액수는 μ_1, 여자집단의 평균액수는 μ_2라고 한다면 귀무가설은?

① $\mu_1 > \mu_2$

② $\mu_1 < \mu_2$

③ $\mu_1 = \mu_2$

④ $\mu_1 \neq \mu_2$

⑤ $\mu_1 \leq \mu_2$

22 통계가설의 기각여부를 판정하는 가설검정에 관한 설명으로 옳은 것은?

① 표본으로부터 확실한 근거에 의하여 입증하고자 하는 가설을 '대립가설'이라 한다.

② 유의수준은 제2종 오류를 범할 확률의 최대허용한계이다.

③ 대립가설을 채택하게 하는 검정통계량의 영역을 '채택역'이라 한다.

④ 대립가설이 옳은데도 귀무가설을 채택함으로써 범하게 되는 오류는 '제1종 오류'이다.

⑤ 기각역 또는 임계역은 대립가설 H_1을 기각시키는 검정통계량의 관측값의 영역이다.

23 다음 보기의 내용에 적합한 가설검정법과 검정통계량은?

> 중량이 50g으로 표기된 제품 10개를 랜덤추출하니 평균 $\overline{x}$ = 49g, 표준편차 s = 0.6g이었다.
> 제품의 중량이 정규분포를 따를 때, 평균중량 μ에 대한 귀무가설 $H_0 : \mu = 50$ 대 대립가설 $H_1 : \mu < 50$을 검정하고자 한다.

① 정규검정법, $Z_0 = \dfrac{49-50}{\sqrt{0.6/10}}$

② 정규검정법, $Z_0 = \dfrac{50-49}{0.6/\sqrt{10}}$

③ t - 검정법, $T_0 = \dfrac{49-50}{\sqrt{0.6/10}}$

④ t - 검정법, $T_0 = \dfrac{49-50}{0.6/\sqrt{10}}$

⑤ t - 검정법, $T_0 = \dfrac{50-49}{0.6/\sqrt{10}}$

24 다음 보기의 사례에서 사용한 조사설계는?

> 저소득층의 중학생들을 대상으로 무작위로 실험집단과 통제집단에 각각 50명씩 할당하여 실험집단에는 한 달 간 48시간의 학습프로그램 개입을 실시하였고, 통제집단은 아무런 개입 없이 사후조사만 실시하였다.

① 통제집단 사전-사후검사 설계(Pretest-Posttest Control Group Design)
② 통제집단 사후검사 설계(Posttest-Only Control Group Design)
③ 단일집단 사전-사후검사 설계(One-Group Pretest-Posttest Design)
④ 정태집단 비교 설계(Static Group Comparison Design)
⑤ 순수실험설계(True Experimental Design)

25 다음 분산분석표의 빈칸에 들어갈 말로 알맞은 것은?

요 인	자유도	제곱합	평균제곱	F 값	유의확률
인 자	1	199.34	199.34	(C)	0.099
잔 차	6	315.54	(B)	–	–
계	(A)	514.88	–	–	–

	A	B	C
①	7	1893.24	9.50
②	7	1893.24	2.58
③	7	52.59	3.79
④	7	52.59	2.58
⑤	7	52.59	9.50

01 지능이론가와 그와 관련 이론으로 옳은 것을 모두 고른 것은?

> ㄱ. 가드너(H. Gardner) – 다중지능이론
> ㄴ. 스턴버그(R. Sternberg) – 삼원지능이론
> ㄷ. 젠센(A. Jensen) – 3수준 지능이론
> ㄹ. 써스톤(L. Thurstone) – 7가지 기초정신능력
> ㅁ. 스피어만(C. Spearman) – 2요인 이론

① ㄱ, ㄷ   ② ㄴ, ㅁ
③ ㄱ, ㄷ, ㄹ   ④ ㄱ, ㄴ, ㄹ, ㅁ
⑤ ㄴ, ㄷ, ㄹ, ㅁ

02 다음 보기의 사례에서 공통적으로 나타날 수 있는 MMPI-2 상승척도 쌍은?

> ○ 주요 증상 : 자폐적, 단편적, 사고내용 기괴, 피해망상과 과대망상 및 환각, 현실감 장애
> ○ 정서 : 정서 둔감화, 심한 열등감과 불안정감

① 1-3   ② 2-4
③ 2-9   ④ 6-8
⑤ 7-8

03 행동관찰법과 그 특징을 옳게 연결한 것은?

① 자연관찰법 – 관찰의 효율성을 높이기 위해 내담자가 문제행동을 보이는 상황을 조작해 놓고, 그 조건에서의 문제행동을 관찰하는 것이다.
② 유사관찰법 – 자신의 행동, 사고, 정서 등을 스스로 관찰하고 기록하는 것이다.
③ 참여관찰법 – 관찰대상의 주변인물 가운데 관찰자를 선정하여, 이 관찰자가 참여하여 행동평가를 하는 것이다.
④ 통제관찰법 – 관찰자가 환경 내에서 일어나는 내담자의 행동을 체계적으로 관찰하고 기록하는 것이다.
⑤ 자기관찰법 – 관찰할 행동을 미리 선정하고 내담자의 집, 학교, 병원 등에서 자연스럽게 나타나는 문제행동을 관찰하는 것이다.

04 주제통각검사(TAT)의 실시 방법으로 옳은 것을 모두 고른 것은?

> ㄱ. 의심이 많거나 저항이 강할 때 다른 검사를 먼저 시행하는 것은 고려하지 않는다.
> ㄴ. 검사 카드는 수검자의 성별과 연령에 따라 선택해야 한다.
> ㄷ. 필요한 정보가 있으면 수검자가 반응을 하고 있을 때 질문을 한다.
> ㄹ. 수검자의 지능이나 연령을 고려하여 지시문을 변경할 수 있다.

① ㄱ, ㄹ   ② ㄱ, ㄷ
③ ㄴ, ㄹ   ④ ㄱ, ㄷ, ㄹ
⑤ ㄴ, ㄷ, ㄹ

05 면접법에 관한 설명으로 옳지 않은 것은?

① 폐쇄형 질문은 수검자의 독특한 반응을 억제한다.
② 반구조화 면접은 면접자의 판단에 따라 질문 내용과 순서를 수정할 수 있다.
③ 구조화된 면접은 초보 면담자의 진단 신뢰도를 높인다.
④ 비구조화된 면접은 구조화된 면접보다 수동적이고 의존적인 수검자에게 더 유용하다.
⑤ 폐쇄형 질문은 성 또는 학대와 같은 문제를 확인하기에 적합하다.

06 심리검사를 제작하는 순서로 옳은 것은?

① 검사내용의 정의 – 검사방법 결정 – 문항작성 및 예비검사 – 신뢰도와 타당도 검증
② 검사방법 결정 – 문항작성 및 예비검사 – 검사내용의 정의 – 신뢰도와 타당도 검증
③ 신뢰도와 타당도 검증 – 검사방법 결정 – 문항작성 및 예비검사 – 검사내용의 정의
④ 문항작성 및 예비검사 – 신뢰도와 타당도 검증 – 검사내용의 정의 – 검사방법 결정
⑤ 검사내용의 정의 – 문항작성 및 예비검사 – 신뢰도와 타당도 검증 – 검사방법 결정

07 문장완성검사에 관한 설명으로 옳은 것을 모두 고른 것은?

> ㄱ. 자유연상을 토대로 하는 투사적 검사이다.
> ㄴ. 검사의 객관성을 위해 검사자는 문항에 대한 추가적인 질문을 해서는 안 된다.
> ㄷ. 언어발달이 완성되지 못한 아동에게는 적용하기 어렵다.
> ㄹ. 로샤(Rorschach) 검사나 주제통각검사(TAT)에 비해 덜 구조화되어 있다.

① ㄱ, ㄹ   ② ㄱ, ㄷ
③ ㄴ, ㄹ   ④ ㄱ, ㄷ, ㄹ
⑤ ㄴ, ㄷ, ㄹ

08 MMPI-A에서 청소년을 위해 개발된 4개의 내용척도가 아닌 것은?

① 낮은포부척도(A-las)
② 가정문제척도(A-fam)
③ 품행문제척도(A-con)
④ 학교문제척도(A-sch)
⑤ 소외척도(A-aln)

09 NEO-PI-R에서 다음 소척도의 점수가 상승했을 때, 이에 대한 해석으로 적절하지 않은 것은?

① N요인(신경증) - 정서적으로 안정되어 있지 못하며, 예민하고 과도한 욕망이나 충동이 일어난다.
② E요인(외향성) - 사람들과 만나기를 좋아하고, 적극적이고 자기주장을 잘하며, 열성적이고 낙천적이다.
③ O요인(개방성) - 세상에 대해 호기심이 많으며, 새로운 아이디어와 가치를 추구한다.
④ A요인(우호성) - 이타심이 있으며, 타인을 신뢰하고 솔직하고 순응적이다.
⑤ C요인(성실성) - 정해진 원칙을 정확히 적용하기를 힘들어하거나 주어진 목표달성을 하려는 의지가 부족한 특성이 있다.

10 로샤(Rorschach) 검사에 관한 설명으로 옳지 않은 것은?

① 잉크반점에서 평소 잘 사용되지 않는 부분을 보고 반응할 때 Dd로 채점한다.
② WSum6가 크면 기이한 사고와 언어를 사용하고 있음을 의미한다.
③ 반점의 한 부분에서 지각한 것을 전체 영역으로 일반화하면 FABCOM으로 채점한다.
④ 10장의 잉크반점으로 된 대칭형 그림카드로 구성되어 있다.
⑤ 로샤 카드는 형태와 색채는 물론 음영에 대한 지각적 속성까지 고려한다.

11 다음 보기의 내용에 해당하는 검사는?

○ 지능요인을 성격의 한 범주로서 평가하고 있는 검사이다.
○ 인간의 행동을 기술하는 수많은 형용사들에서 최소한의 공통요인을 추출한 요인분석 방법에 해당한다.

① NEO-PI-R
② MCMI-Ⅲ
③ 16PF
④ CPI
⑤ PAI

12 다음 보기의 내용에 해당하는 척도화 기법은?

> ○ 구인(Construct)에 대한 선호도를 표시하는 문항들을 모아 척도로 만들었다.
> ○ 대표적인 자극 또는 문항 중심의 척도화 방법이다.

① 의미변별 척도
② 강제선택형 척도
③ 리커트(Likert) 척도
④ 거트만(Guttman) 척도
⑤ 써스톤(Thurstone) 척도

13 투사적 검사의 장점으로 옳지 않은 것은?

① 결과의 신뢰도가 높다.
② 피검자의 반응이 다양하게 표현된다.
③ 피검자의 독특한 반응 양상을 볼 수 있다.
④ 의식화되지 않던 사고가 자극될 수 있다.
⑤ 수검자의 풍부한 심리적 특성 및 무의식적 요인이 반영된다.

14 심리검사의 실시 요령으로 옳지 않은 것은?

① 검사자는 검사요강에 제시된 검사 실시 관련 정보들을 숙지한 채 실제 검사장면에서 다양한 조건들을 정확하게 적용해야 한다.
② 검사 실시 과정 상의 전반적인 환경에 익숙해지기 위해, 검사 시행 전 검사자가 수검자의 입장에서 미리 해당 심리검사를 받아보는 것도 효과적이다.
③ 표준화된 심리검사에서 검사자가 임의로 지시문을 첨가하거나 자의적으로 해석하는 태도가 필요하다.
④ 검사자는 수검자의 응답에 영향을 미치지 않도록 과도한 친밀감이나 냉정함을 보이지 않도록 하며, 수검자를 어떤 특정한 방향으로 인도하려는 태도를 삼가야 한다.
⑤ 검사자는 최적의 환경에서 검사가 실시되도록 노력해야 한다. 적절한 채광 및 온도를 유지하고 소음이 발생하지 않도록 하며, 검사로 인한 수검자의 피로를 최소화해야 한다.

15 로샤(Rorschach) 검사의 카드 중 다음 보기의 내용에 해당하는 것은?

> ○ 색상은 무채색이며, 평범반응은 양탄자 또는 동물가죽이다.
> ○ 많은 사람들에 의해 성기의 상징으로 해석되므로, 이른바 '성 카드(Sex Card)'라고 불린다.

① 카드 Ⅳ　　　　　　　　　② 카드 Ⅴ

③ 카드 Ⅵ　　　　　　　　　④ 카드 Ⅶ

⑤ 카드 Ⅸ

16 다음 중 벨락(Bellak)이 제시한 TAT의 기본 가정에 해당하는 것을 모두 고른 것은?

> ㄱ. 정신적 결정론(Psychic Determination)
> ㄴ. 투사(Projection)
> ㄷ. 통각(Apperception)
> ㄹ. 내현화(Internalization)

① ㄱ, ㄴ, ㄷ　　　　　　　　② ㄱ, ㄷ

③ ㄴ, ㄹ　　　　　　　　　　④ ㄹ

⑤ ㄱ, ㄴ, ㄷ, ㄹ

17 길포드(Guilford)의 복합요인설에 의할 경우, 조작 차원(사고의 과정)에 해당하는 것을 모두 고른 것은?

> ㄱ. 시 각　　　　　　　　ㄴ. 수렴적 조작
> ㄷ. 함 축　　　　　　　　ㄹ. 기억파지
> ㅁ. 확산적 조작

① ㄱ, ㄷ, ㅁ　　　　　　　　② ㄱ, ㄴ, ㄹ

③ ㄴ, ㄷ, ㄹ　　　　　　　　④ ㄴ, ㄹ, ㅁ

⑤ ㄷ, ㄹ, ㅁ

18 삼원지능이론 중 성분적 지능에 해당하는 설명은?

① 새로운 지능을 획득하고, 이를 논리적 문제의 해결에 적용하는 분석적 능력 또는 정보처리능력을 말한다.

② 직관력과 통찰력을 통해 새로운 문제를 신속하게 처리하는 능력으로서 창의적 능력을 말한다.

③ 신기성을 다루는 능력과 정보처리의 자동화 능력을 포함한다.

④ 현실상황에 대한 적응 및 환경과의 조화를 이루는 융통적이고 실용적인 능력으로서의 실제적 능력을 말한다.

⑤ 환경에 적응하는 능력과 새로운 환경을 선택하는 능력을 포함한다.

19 한국판 웩슬러 아동용 지능검사(K-WISC-Ⅳ)의 특징으로 옳지 않은 것은?

① 6세 0개월~16세 11개월까지의 아동의 인지적 능력을 평가하기 위한 개별 검사도구이다.

② 15개의 소검사로 구성되어 있으며, K-WISC-Ⅲ와 동일한 10개 소검사에 5개의 새로운 소검사 (공통그림찾기, 순차처리, 행렬추리, 선택, 단어추리)가 추가되었다.

③ 3개의 소검사(토막짜기, 숫자, 동형선택)에서 9개의 처리점수를 제공한다.

④ 청각장애아 또는 듣는 데 어려움이 있는 아동의 평가 등에도 가능하다.

⑤ 다섯 가지 합산점수를 얻을 수 있으며, 아동의 전체적인 인지능력을 나타내는 전체검사 IQ를 제공한다.

20 PAI의 치료(고려)척도의 설명이 옳게 연결되지 않은 것은?

① STR(스트레스) - 개인이 현재 경험하고 있거나, 최근에 경험한 생활 상황적 스트레스를 평가하기 위한 척도

② SUI(자살관념) - 죽음이나 자살과 관련된 사고 및 구체적인 계획 등에 관한 생각을 평가하기 위한 척도

③ AGG(공격성) - 공격성, 분노, 적개심과 관련된 태도와 행동적 특징을 평가하기 위한 척도

④ RXR(치료거부) - 심리적·정서적 변화에 대한 개인적 관심과 관련된 속성과 태도를 평가하기 위한 척도

⑤ NON(비지지 척도) - 대인관계에서 관여하고 공감하는 정도와 거절적이고 불신하는 정도를 평가하기 위한 척도

21 표준화 검사의 제작과정 중 대략 5~10명의 수검자를 대상으로 수검과정에서의 느낀 점이나 예상 치 못한 반응, 문항에 대한 잘못된 해석가능성 등을 검토하는 단계는?

① 사전검사 설계단계   ② 문항준비단계

③ 예비검사단계   ④ 통계분석단계

⑤ 표준화 및 규준작성단계

22 K-WAIS-Ⅳ 작업기억지표(WMI)의 핵심 소검사로 옳은 것은?

① 숫 자   ② 행렬추론

③ 동형찾기   ④ 기호쓰기

⑤ 토막짜기

23 지능 및 인지검사에 관한 설명으로 옳지 않은 것은?

① 차례맞추기와 모양맞추기는 WAIS-Ⅳ에서 제외되었다.

② WAIS-Ⅳ의 언어이해 소검사에는 공통성, 어휘, 상식, 이해가 포함된다.

③ BGT는 시간의 제한을 주고 카드의 도형을 보고 그리게 하여 형태심리학적 평가를 한다.

④ K-ABC는 뇌의 좌반구와 우반구의 기능 차이에 초점을 두고 있는 검사이다.

⑤ K-WAIS-Ⅳ는 총 15개의 소검사로 구성되었다.

24 MBTI의 선호지표에 따른 성격유형 중 '감각형'의 특징으로 옳지 않은 것은?

① 오감을 통해 직접적으로 인식되는 정보에 주의를 기울이고 실제로 존재하는 것을 선호한다.

② 은유, 이상, 환상, 공상, 이미지 등과 연관된다.

③ 현재지향적이며, 세부적이고 진지한 관찰을 수행한다.

④ 정확한 일처리를 강조한다.

⑤ 숲보다는 나무를 보려는 경향이 있다.

25 로샤(Rorschach) 검사의 채점 중에서 다음 보기의 내용과 관련이 있는 기호는?

남들이 잘 보지 않는 부분이지만, 검사자의 판단상 그럴듯하게 보일 경우

① W   ② D

③ Dd   ④ S

⑤ V

01 다음 중 심리장애에 관한 설명으로 옳은 것은?

① 외상 후 스트레스 장애는 DSM-5 체계에서 불안장애에 해당된다.

② 친구가 사고 당하는 것을 목격한 후 극심한 불안을 느끼는 것은 범불안장애이다.

③ 강박장애와 밀접하게 연관된 방어기제는 투사이다.

④ 치매환자의 일반적인 지남력의 장애 순서는 '장소-사람-시간' 순이다.

⑤ 파괴적 기분조절곤란 장애는 우울장애에 속한다.

02 신체증상 및 관련 장애에 관한 설명으로 옳은 것은?

① 허위성 장애는 외적 보상이 쉽게 확인된다.

② 전환장애는 스트레스를 동반하며 치유기간이 오래 걸린다.

③ 신체증상 장애는 입원을 수반하는 신체증상이 존재한다.

④ 질병불안 장애는 심각한 질병에 걸렸다는 집착이 3개월 이상 지속된다.

⑤ 전환장애는 아동이나 청소년에게서 상대적으로 높은 발병률을 보인다.

03 강박 및 관련 장애에 관한 설명으로 옳지 않은 것은?

① 피부뜯기 장애는 반복적인 피부뜯기로 인한 피부 손상을 초래한다.

② 숫자 세기는 강박사고에 포함된다.

③ 저장장애에서 수집하는 물건은 실제 가치와 상관없다.

④ 강박행동은 반복적 행위뿐만 아니라 정신적 행위도 포함한다.

⑤ 신체이형장애는 신체적 외모에 이상이 있다고 생각하고 지나치게 집착하는 것이다.

04 다음 보기의 진단기준에 해당하는 성격장애를 순서대로 바르게 나열한 것은?

> ㄱ. 감정적 냉담, 고립 혹은 칭찬과 비평에 무관심함
> ㄴ. 거만하고 방자한 행동이나 태도
> ㄷ. 거절에 대해 매우 예민하고, 그로 인해 사회적으로 무기력한 모습

	ㄱ	ㄴ	ㄷ
①	조현형	자기애성	회피성 성격장애
②	조현성	반사회성	편집성 성격장애
③	강박성	자기애성	회피성 성격장애
④	조현형	반사회성	편집성 성격장애
⑤	조현성	자기애성	회피성 성격장애

05 변태성욕장애(Paraphilic Disorders)에 관한 설명으로 옳은 것은?

① 아동성애 장애(Pedophilic Disorder)는 성인이 되는 18세부터 진단할 수 있다.
② 접촉마찰 장애, 성정체감 장애, 성애물 장애는 변태성욕장애에 해당된다.
③ 반사회성 성격장애는 노출장애(Exhibitionistic Disorder)의 위험요인에 해당된다.
④ 물품음란 장애는 성적 흥분을 목적으로 이성의 옷을 바꿔 입는 것이다.
⑤ 관음장애(Voyeuristic Disorder)는 성적 호기심이 많은 16세부터 진단할 수 있다.

06 급성 스트레스 장애에 관한 설명으로 옳지 않은 것은?

① 외상 사건을 직접 경험한다.
② 반복적 · 불수의적 · 침습적으로 괴로운 외상 기억이 자꾸 떠오른다.
③ 자기 자신이나 주변에 대한 현실감이 떨어진다.
④ 각성 범주에 외상과 관련된 고통스러운 꿈이 포함된다.
⑤ 노출과 인지적 재구성을 통한 인지행동 치료가 증상을 완화시키는 데 효과적이다.

07 주의력 결핍 및 과잉행동 장애(ADHD)에 관한 설명으로 옳지 않은 것을 모두 고른 것은?

> ㄱ. 학령전기에 보이는 주요 증상은 과잉행동이다.
> ㄴ. 질문이 채 끝나기 전에 성급하게 대답하는 것은 과잉행동 증상이다.
> ㄷ. 증상이 지속되면 적대적 반항장애로 발전될 가능성이 높다.
> ㄹ. 증상이 일상적 기능을 방해하지 않으면 장애로 진단될 수 없다.
> ㅁ. 뇌의 행동과의 관계에서 볼 때 후두엽의 손상과 관계가 있다.

① ㄱ, ㄴ   ② ㄱ, ㄷ
③ ㄴ, ㄹ   ④ ㄴ, ㅁ
⑤ ㄹ, ㅁ

08 정신장애의 유형 중 DSM-5에 새롭게 추가된 진단명이 아닌 것은?

① 행위중독   ② 아동기 붕괴성 장애
③ 월경 전 불쾌장애   ④ 폭식장애
⑤ 초조성다리 증후군

09 다음 보기의 내용과 같은 원인으로 발생되는 장애는?

> ○ 지나치게 엄한 부모의 훈육, 편부모와 같은 좋지 않은 가족환경, 부모의 훈육이나 지도가 너무 없는 경우가 원인이 될 수도 있다.
> ○ 사회경제적으로 어려운 환경에 처해있는 것과 같은 사회심리적 요소도 중요한 원인 중 하나이다.
> ○ 공격성과 타인의 권리를 침해하는 것, 규칙을 지키지 않는 것으로 정의할 수 있다.

① 적대적 반항장애   ② 레트장애
③ 간헐적 폭발성 장애   ④ 품행장애
⑤ 자폐 스펙트럼 장애

10 다음 중 진정제에 해당되지 않는 물질은?

① 알코올 ② 헤로인

③ 모르핀 ④ 아 편

⑤ 코카인

11 조현병의 '양성 증상'에 관한 설명으로 옳지 않은 것은?

① 정상적 · 적응적 기능의 과잉 또는 왜곡이 나타난다.

② 망상 · 환각 · 환청, 와해된 언어나 행동이 나타난다.

③ 유전적 소인이나 뇌세포 상실에 의한 것으로 추정한다.

④ 스트레스 사건에 의해 급격히 발생한다.

⑤ 약물치료로도 쉽게 호전되며, 인지적 손상이 적다.

12 다음 보기의 증상에 해당하는 적절한 진단명은?

초기에 현저한 환청과 피해망상이 2개월 정도 나타나다가 주요 우울증 증상이 나타나고, 이후에 정신분열증적 증상과 주요 우울증의 증상이 공존한다. 그리고 기분 삽화가 없을 때에도 망상과 환각이 2주 이상 지속적으로 나타난다.

① 주요 우울장애

② 조현형 성격장애

③ 조현성 성격장애

④ 조현정동장애

⑤ 조현양상장애

13 다음 보기의 증상에 해당하는 적절한 진단명은?

> 때로는 흥분되어 기분이 들뜨고, 때로는 우울한 감정이 들면서 실패한 사람처럼 느껴지기도 한다. 조증이나 경조증 삽화에 해당되지는 않지만, 자신감이 넘치곤 한다. 들뜬 기분이 가라앉게 되면 주요 우울 삽화에는 해당되지 않았으나 잠을 잘 못자고, 무기력한 감정에 빠진다. 이런 기분의 기복이 2년 이상 지속된다.

① 지속성 우울장애   ② 제 I 형 양극성 장애

③ 제 II 형 양극성 장애   ④ 순환성 장애

⑤ 기분조절곤란 장애

14 의사소통 장애에 관한 설명으로 옳은 것은?

① 언어장애는 증상이 1년 이상 지속되어야 한다.

② 사회적 의사소통 장애와 자폐 스펙트럼 장애는 동시에 진단될 수 있다.

③ 언어장애는 수용성 결핍에 비해 표현성 결핍이 있을 때 예후가 더 나쁘다.

④ 말소리장애는 나이나 교육수준에 비해 부정확하거나 잘못된 발음을 하는 것이다.

⑤ 말소리장애는 심리적 원인이 아닌 발성기관의 결함에 의한 것이다.

15 다음 보기의 증상을 나타내는 정신장애에 관한 설명으로 옳지 않은 것은?

> ○ 두려운 사회적 상황을 회피하거나 또는 강한 공포와 불안을 지닌 채 견디어 낸다.
> ○ 공포, 불안, 또는 회피증상이 6개월 이상 나타날 경우 진단을 내린다.
> ○ 다른 사람들에게 자신의 불안증상을 나타내게 될까봐 두려워한다.
> ○ 공포가 대중 앞에서 말하거나 수행하는 것에 국한되는 경우 수행형 단독이라고 한다.

① 생활 전반에 걸쳐 만성적인 불안과 과도한 걱정을 나타내며 매사에 잔걱정이 많다.

② 무대공포나 적면증으로 나타날 수도 있다.

③ 이러한 증상을 가진 사람은 자신의 공포가 과도하고 비합리적이라는 사실을 알고 있다.

④ 주요 증상으로 인해 사회적·직업적 활동에 어려움을 느끼는 경우에 진단된다.

⑤ 환자들은 불안감을 일으키는 상황을 피하고자 끊임없는 노력을 한다.

16 주요 신경인지장애에 관한 설명으로 옳지 않은 것은?

① 여성, 고연령, 저학력, 가족력, 두부손상 과거력이 인지기능 저하와 관련이 높다.

② 주요 신경인지장애는 다양한 질환에 의해 유발될 수 있다.

③ 일련의 증상이 급격하게 나타나고, 그 원인을 제거하면 증상이 갑자기 사라지는 경우가 많다.

④ 알츠하이머병으로 인한 경우는 서서히 시작되고 점진적으로 진행된다.

⑤ 인지기능 손상의 증거가 환자나 보호자의 주관적 보고 또는 객관적 검사 중 하나에서 확인되면 진단이 가능하다.

17 DSM-5의 분류체계에서 파괴적, 충동조절 및 품행장애의 유형에 해당하는 것을 모두 고른 것은?

ㄱ. 적대적 반항장애   ㄴ. 악화된 정신증 증후군 ㄷ. 사회적 의사소통 장애   ㄹ. 도벽증 ㅁ. 방화증

① ㄱ, ㄴ, ㄷ   ② ㄱ, ㄴ, ㄹ

③ ㄱ, ㄹ, ㅁ   ④ ㄴ, ㄷ, ㄹ

⑤ ㄷ, ㄹ, ㅁ

18 성격장애의 일반적 진단기준으로 옳은 것을 모두 고른 것은?

ㄱ. 인 지   ㄴ. 태 도 ㄷ. 정 동   ㄹ. 충동조절 ㅁ. 수 면

① ㄱ, ㄴ   ② ㄱ, ㄷ

③ ㄱ, ㄴ, ㄹ   ④ ㄱ, ㄷ, ㄹ

⑤ ㄴ, ㄹ, ㅁ

19 다음 중 사회적 의사소통 장애에 해당되지 않는 것은?

① 맥락이나 듣는 사람의 필요에 맞추어 의사소통을 적절하게 변화시키는 능력

② 대화와 이야기하기에서 규칙을 따르는 능력

③ 명시적으로 표현되지 않은 것이나 언어의 함축적이거나 이중적 의미를 이해하는 능력

④ 언어적 · 비언어적 의사소통 기술의 사회적 사용에 지속적인 어려움

⑤ 추상적인 언어를 이해할 수 있는 융통성을 발휘하는 능력

20 신경성 식욕부진증(거식증)에 관한 설명으로 옳은 것은?

① 행동주의적 입장에서는 신체상의 왜곡된 지각으로 본다.

② 시상하부의 기능이상으로 인한 설정점(Set Point)이 상승한다.

③ 굶는 동안 엔도르핀의 수준 저하로 인해 기분이 상승한다.

④ 자가중독이론과 관련이 깊다.

⑤ 음식을 먹는 동안 음식섭취에 대한 통제력을 잃는다.

21 DSM-5는 부가적으로 '임상적 주의가 필요한 기타 문제'에서 한 개인이 처한 '범죄 또는 법체계와의 상호작용과 관련된 문제'들을 다루고 있는데, 이 범주에 해당하는 것은?

① 생의 주기 전환인 발달기

② 가족 양육과 관련된 문제

③ 이민, 군입대

④ 구속 또는 기타의 구금

⑤ 집단괴롭힘, 공갈의 표적

22 수면발작증 또는 기면증에 관한 설명으로 옳지 않은 것은?

① 격렬한 감정변화를 느끼고 난 후, 갑자기 운동근육이 이완되어 쓰러질 것 같은 상태가 한 시간 이상 지속된다.

② 잠에서 깨어나는 과정에서 렘(REM)수면이 반복적으로 나타난다.

③ 수면이 시작되거나 끝날 때 환각을 경험하거나 수면마비가 나타나기도 한다.

④ 주간에 깨어있는 상태에서 갑자기 저항할 수 없는 졸음을 느낀다.

⑤ 같은 날에 반복적으로 자거나 잠에 빠져들며, 이런 증상이 매주 3일 이상 나타난다.

23 주요 우울장애에 동반되는 세부 유형에 해당되지 않는 것은?

① 혼재성 양상 동반
② 주산기 발병 양상 동반
③ 계절성 양상 동반
④ 긴장증 양상 동반
⑤ 급속 순환성 양상 동반

24 이상행동 또는 정신장애와 연관된 용어와 그에 관한 설명으로 옳은 것은?

① 장애(Disorder) – 신체기관이 본래의 기능을 발휘하지 못하거나 정신능력에 어떤 결함이 있는 상태
② 증상(Symptom) – 객관적으로 관찰 가능한 질병이나 정신장애의 이상 징후와 징표에만 해당
③ 역학(Epidemiology) – 신체기관이 본래의 기능을 발휘하지 못하거나 정신능력에 어떤 결함이 있는 상태
④ 유병률(Prevalence) – 이상행동이나 정신장애의 발생 가능성을 증가시키는 어떤 조건이나 환경
⑤ 위험요인(Risk Factor) – 비정상성을 알려주는 관찰 가능한 징후

25 특정 학습장애에 관한 설명으로 옳지 않은 것은?

① 생물학적 원인으로 상당 부분 유전되는 것으로 보고되었다.
② 17세 이상인 경우, 과거 병력이 표준화된 평가를 대신할 수 있다.
③ 읽기 손상의 경우, 읽은 내용에 대한 기억력은 포함되지 않는다.
④ 쓰기 손상 동반의 경우, 작문의 명료도와 구조화가 포함된다.
⑤ 수학 손상 동반의 경우, 수학적 추론의 정확도는 포함되지 않는다.

교 시	문제형별	시 간	시험과목	
2교시	A	50분	① 진로상담 ② 집단상담 ③ 가족상담 ④ 학업상담	2과목 선택

선택과목 01　진로상담

01 청소년 진로상담의 목표에 관한 설명으로 옳지 않은 것은?

① 자신보다 먼저 타인에 대한 이해

② 정보 탐색 및 활용 능력 함양

③ 올바른 직업관과 직업의식 형성

④ 합리적인 의사결정 능력의 증진

⑤ 일과 직업세계에 대한 이해 증진

02 인간중심 진로상담에 관한 설명으로 옳지 않은 것은?

① 인간을 수동이 아닌, 능동적이고 현실적인 동시에 자아실현을 동기로 지닌다고 보았다.

② 상담과정에서 일차적 책임을 내담자에게 둔다.

③ 개인의 성격, 행동특성 등을 객관적 심리검사로 측정하고 평가한다.

④ 1940년대 초 미국의 심리학자 로저스(Rogers)에 의해 창안되었다.

⑤ 상담자의 태도를 기법보다 더 중요하게 여긴다.

03 진로상담의 필요성에 관한 설명으로 옳은 것을 모두 고른 것은?

> ㄱ. 현대사회의 다양한 일과 직업에 대한 객관적 이해
> ㄴ. 직업세계의 변화를 이해
> ㄷ. 직업기술의 이해와 습득
> ㄹ. 진로 선택과 결정, 실천과 적응, 변경 과정에 대한 도움

① ㄱ, ㄴ　　　　　　　　　　　② ㄷ, ㄹ

③ ㄱ, ㄴ, ㄷ　　　　　　　　　④ ㄱ, ㄴ, ㄹ

⑤ ㄴ, ㄷ, ㄹ

04 특성-요인이론의 단점에 관한 설명으로 옳지 않은 것은?

① 자기 통제가 가능하도록 한다.

② 어떤 직업의 성공여부에 대한 예언타당도의 문제가 제기될 수 있다.

③ 검사를 통한 개인의 특성평가 등에 대한 구인타당도의 문제가 제기될 수 있다.

④ 개인의 특성이 어떻게 발달하였는지, 왜 개인이 그런 특성을 가지게 되었는지에 대한 설명을 할 수 없다.

⑤ 이론이 그 자체적으로 효율적인 직업상담의 지침을 제공하지 못하고 있다.

05 특성-요인이론에 관한 설명으로 옳지 않은 것은?

① 자기분석, 직업분석, 과학적 조언을 통한 매칭을 주장하였다.

② 개인의 특성과 직업세계의 특징 간의 최적의 조화를 가장 강조하였다.

③ 미네소타 대학의 심리학자들은 특수 적성검사, 인성검사 등의 도구를 개발하여 특성-요인이론의 기초를 다졌다.

④ 직업선택은 인지적인 과정으로 개인의 특성과 직업의 특성을 짝짓는 것이 가능하다.

⑤ 표준화된 검사의 실시와 결과의 해석을 진로상담과정에서 강조한다.

06 진로발달평가상담(C-DAC) 모형에 해당하지 않는 것은?

① 내담자의 생애구조와 직업적 역할의 중요성 평가

② 직업적 자아개념과 생애주제에 대한 평가

③ 겔라트(Gellat) 이론에서 도출

④ 직업적 정체성에 대한 평가

⑤ 진로발달의 수준과 자원 평가

07 홀랜드(Holland)의 직업선택이론에 관한 설명으로 옳은 것은?

① RIE 코드가 RSE 코드보다 일관성이 높다.

② 탐구적 유형은 기계·도구·동물에 관한 체계적인 조작 활동을 좋아하고, 사회적 기술이 부족하다.

③ 실재적 유형에 맞는 대표적인 직업은 공인회계사, 사서, 경리사원 등이다.

④ 사회적 유형은 표현이 풍부하고 독창적이며 비순응적인 성격 특징을 보인다.

⑤ 관습적 유형은 지배적이고 통솔력·지도력이 있다.

08 홀랜드(Holland) 이론이 가지고 있는 문제점에 관한 설명으로 옳지 않은 것은?

① 개인적·환경적 요인만이 강조된다.
② 진로상담에 적용할 수 있는 구체적인 절차를 제공해 주지 못한다.
③ 인성요인의 발달과정에 대한 설명이 결여되어 있다.
④ 검사도구가 성적(性的) 편파적인 문제를 해결하지 못하고 있다.
⑤ 사람들이 자신의 환경 및 자기 자신이 변화하는 가능성을 고려하지 않는다.

09 초등학교의 진로상담에 관한 설명으로 옳지 않은 것은?

① 진로발달 측면에서 볼 때, 초등학생들은 '진로인식(Career Awareness) 단계'에 해당한다.
② 긴즈버그(Ginzberg)의 진로선택 3단계 중 '잠정적 단계'에 해당한다.
③ 현실 여건 혹은 자신의 능력이나 가능성을 고려하지 않고 독단적인 특정 직업을 택하게 되며, 그 직업에서 하는 일을 놀이 활동을 통해서 표출하려는 성향을 지닌다.
④ 자신의 흥미나 능력보다는 환상과 욕구를 중시하므로, 자신의 흥미에 관심을 가질 수 있도록 다양한 놀이나 활동을 하는 교육적 기회를 제공하도록 한다.
⑤ 자신에 대한 바른 이해와 일과 직업에 관한 바른 가치관이 형성될 수 있도록 개입하여야 한다.

10 크롬볼츠(Krumboltz)의 진로결정요인에 해당하지 않는 것을 모두 고른 것은?

ㄱ. 유전적 요인	ㄴ. 특별한 능력
ㄷ. 환경적 조건과 사건	ㄹ. 학습경험
ㅁ. 과제 접근기술	ㅂ. 자기개념

① ㄱ
② ㄴ, ㄷ
③ ㄹ, ㅁ
④ ㅂ
⑤ ㄱ, ㄷ, ㅂ

11 다위스(R. Dawis)와 롭퀴스트(L. Lofquist)의 직업적응이론에서 직업적응방식적 측면에 관련된 내용으로 옳지 않은 것은?

① 융통성 – 개인의 작업환경과 개인적 환경 간의 부조화를 참아내는 정도
② 인내성 – 환경이 자신에게 맞지 않아도 개인이 견뎌낼 수 있는 정도
③ 적극성 – 작업환경을 개인적 방식과 좀 더 조화롭게 만들어 가려고 노력하는 정도
④ 반응성 – 개인이 작업 성격의 변화로 인해 작업환경에 반응하는 정도
⑤ 민첩성 – 과제를 얼마나 일찍 완성하느냐의 정도

12 갓프레드슨(L. Gottfredson) 이론의 진로선택에 관한 설명으로 옳은 것은?

① 진로포부 발달단계의 마지막 단계는 안정성 확립 단계이다.
② 진로선택은 개인과 환경 간의 상호작용에서 일어난 학습경험으로 이루어진다.
③ 진로선택 과정은 축소와 조정을 통해 진로포부가 변화하는 과정이다.
④ 성격유형과 성역할의 기준으로 직업인지지도를 구성하였다.
⑤ 선택모형은 목표선택, 활동선택, 미래직업선택으로 설명된다.

13 브라운(D. Brown)의 가치중심적 진로접근 모형을 활용한 진로상담에서 상담자가 유의해야 할 사항이 아닌 것은?

① 면접 과정에서 내담자의 가치관을 확인한다.
② 양적 및 질적인 방법으로 가치관을 평가한다.
③ 직업탐색 프로그램을 활용하여 내담자의 가치와 진로를 연결해 준다.
④ 가치에 우선순위를 매기지 않는다.
⑤ 검사결과를 해석하고 그에 대해서 이야기를 나누는 것도 하나의 개입으로 생각할 수 있다.

14 수퍼(D. Super)의 진로발달이론에서 제시한 재순환에 관한 설명으로 옳지 않은 것은?

① 생물학적인 발달, 즉 연령의 발달과 일치하지 않는다.
② 성인기의 진로위기는 변화하는 환경에 적응하도록 재순환을 촉진한다.
③ 같은 조직에서 다른 영역의 직무를 새로 수행하는 것은 재순환으로 보지 않는다.
④ 개인은 하나 또는 그 이상의 단계를 재순환할 수 있다.
⑤ 진로발달은 가역적이기 때문에 재순환이 발생한다.

15 수퍼(D. Super)가 제안한 진로성숙의 개념에 관한 설명으로 옳지 않은 것을 모두 고른 것은?

> ㄱ. 진로성숙의 정도는 진로발달의 연속선 상에서 개인이 도달한 위치를 의미한다.
> ㄴ. 생애 역할과 자신을 둘러싼 환경의 변화에 대한 준비도를 말한다.
> ㄷ. 진로적응은 성인에게 진로성숙이라는 개념을 적용하기 위해 제안된 것이다.
> ㄹ. 진로성숙은 내적 지표인 만족과 외적 지표인 충족의 영역으로 구분된다.
> ㅁ. 진로성숙은 진로계획, 직업탐색, 의사결정, 직업세계에 대한 지식 등이 하위요인으로 구성된다.

① ㄱ, ㄴ   ② ㄴ, ㄷ
③ ㄹ, ㅁ   ④ ㄱ, ㄷ
⑤ ㄴ, ㄹ

16 샘슨(J. Sampson), 피터슨(G. Peterson), 렌즈(J. Lenz), 리어든(R. Reardon)의 인지정보처리 모델에서 일련의 행위를 형성하는 단계는?

① 의사소통   ② 분 석
③ 통 합   ④ 평 가
⑤ 실 행

17 직업 대안들을 배제하는 방식의 진로의사결정에 관한 설명으로 옳지 않은 것은?

① 갓프레드슨(L. Gottfredson), 티버스키(A. Tversky)의 이론이 이에 해당된다.

② 불확실한 상황에서 많은 진로선택을 줄여나가는 데 유용하다.

③ 현실적으로 가능한 직업을 선택하는 과정을 '제한'이라 한다.

④ 직업선택 시 희생되는 순서는 '흥미 – 권위 – 성 유형' 순이다.

⑤ 자아개념은 직업선택에서 중요한 요인이라고 하였다.

18 로(A. Roe)의 욕구이론에 관한 설명으로 옳은 것은?

① 청소년기의 부모–자녀 간의 관계에서 생긴 욕구가 직업선택에 영향을 미친다.

② 보울비(J. Bowlby)의 애착이론을 기반으로 한 이론이다.

③ 심리적 에너지가 흥미를 결정하는 중요한 요소라고 본다.

④ 성격과 직업분류를 통합하였고 직업군을 10가지로 분류하였다.

⑤ 진로발달의 3단계(환상기 – 잠정기 – 현실기)를 제시하였다.

19 윌리암슨(E. Williamson)이 제안한 상담과정의 6단계 중 1, 2, 3단계에 해당하는 내용을 고르고, 순서대로 올바르게 연결한 것은?

> ㄱ. 내담자의 장점과 단점, 원하는 직업분야의 정보를 수집·분석·평가하여 정보를 종합하였다.
> ㄴ. 내담자의 적성, 흥미, 가치관, 성격, 신체적 조건 등 개인 특성에 관한 정보를 분석하였다.
> ㄷ. 내담자와 부모님이 원하는 직업 사이의 불일치를 파악하고, 부모님의 영향을 받는다고 진단하였다.
> ㄹ. 상담자는 내담자가 자기 특성, 직업정보, 부모님의 영향을 건설적인 방향으로 활용하도록 상담을 진행하였다.
> ㅁ. 내담자가 고집스럽게 솔직한 의견을 요구하거나 심각한 실패나 좌절을 가져올 직업을 선택할 때 충고의 기법을 사용한다.

① ㄱ – ㄴ – ㄷ

② ㄱ – ㄴ – ㅁ

③ ㄴ – ㄱ – ㄷ

④ ㄴ – ㄷ – ㄹ

⑤ ㄷ – ㄱ – ㅁ

20 홀랜드(J. Holland)의 성격이론에 관한 설명으로 옳지 않은 것을 모두 고른 것은?

> ㄱ. 관습형은 기업경영인, 보험회사원, 연출가 등의 직업이 적합하다.
> ㄴ. 실재형은 기계, 도구, 동물에 관한 체계적인 조작 활동을 좋아한다.
> ㄷ. 일치성이란 사람의 직업적 흥미가 직업 환경과 어느 정도 맞는지를 의미한다.
> ㄹ. 미네소타 만족질문지(MSQ)를 활용하여 개인의 흥미와 직업 환경 간의 일치 정도를 평가한다.
> ㅁ. 육각형은 개인 내 성격의 일관성 정도를 나타내는 도형이다.

① ㄱ, ㄷ 　　　　　　　　② ㄴ, ㄹ
③ ㄷ, ㅁ 　　　　　　　　④ ㄱ, ㄹ
⑤ ㄱ, ㄴ

21 하렌(V. Harren)의 진로의사결정이론에 관한 설명으로 옳은 것은?

① 진로의사결정은 '인식단계 – 탐색단계 – 확신단계 – 실행단계'로 이루어진다.
② 자신의 적성보다 부모님의 의견에 따라 진로를 결정하는 유형은 '즉흥형'이다.
③ 개인의 자기효능감에 의해 진로선택에 제약을 받는다.
④ 진로 미결정은 정보 부족으로 인한 것과 성격적 원인에 의한 것으로 구분한다.
⑤ 거시분석적 관점에서 직업이 선택되는 과정을 다룬다.

22 진로상담이론과 주요 개념의 연결이 옳은 것을 모두 고른 것은?

> ㄱ. 홀랜드(J. Holland)의 성격이론 – 변별성
> ㄴ. 파슨스(F. Parsons)의 특성-요인 이론 – 직업매칭
> ㄷ. 해킷과 베츠(Hackett & Betz)의 사회인지 진로이론 – 진로각본
> ㄹ. 크롬볼츠(J. Krumboltz)의 사회학습 진로이론 – 자기효능감
> ㅁ. 하렌(V. Harren)의 진로의사결정이론 – 합리적·직관적·의존적 유형

① ㄱ, ㄴ, ㅁ 　　　　　　② ㄱ, ㄷ, ㅁ
③ ㄴ, ㄷ, ㄹ 　　　　　　④ ㄴ, ㄹ, ㅁ
⑤ ㄷ, ㄹ, ㅁ

23 사회인지 진로이론에서 제안한 진로상담전략이 아닌 것은?

① 자기효능감 변화 촉진하기

② 제외시킨 진로대안 확인하기

③ 진로장벽에 대한 인식 확인하기

④ 결과에 대한 비현실적 기대 확인하기

⑤ 가치와 진로 연결하기

24 인지적 정보처리이론의 특징에 관한 설명으로 옳지 않은 것은?

① 진로선택은 정의적 과정이 아닌, 인지적 과정에 달려있다.

② 진로를 선택한다는 것은 문제해결 행동이며, 이러한 문제해결 능력은 지식뿐만 아니라 인지적인 작용에 좌우된다.

③ 진로문제 해결은 자신과 직업 세계에 대한 지식을 동시에 처리할 수 있는 큰 기억 용량(High-Memory-Load)을 필요로 하는 과제이다.

④ 진로발달은 일련의 체계적인 기억구조(Schemata)로 이루어진 자신과 직업세계에 대한 지식구조에 있어서의 지속적인 성장과 변화를 포함한다.

⑤ 자신과 직업 세계에 대한 정보의 사려 깊은 통합에 기초한 독립적이고 책임성 있는 진로결정은 진로 문제의 해결 능력에 달려 있다.

25 다음 보기의 내용과 관련이 있는 학자는?

○ 진로발달에 대한 초기의 이론들은 대체로 사람들의 진로발달을 설명하였으나, 근래에 이르러 성 차이에 대한 설명이 시도되고 있다.

○ 자기효능감과 결과기대, 개인적 목표 등의 인지적 측면과 진로와 관련된 개인특성, 환경 그리고 행동요인들을 이론적 틀 안에 포함시켰다.

① 긴즈버그(Ginzberg)

② 브라운(Brown)

③ 수퍼(Super)

④ 파슨스(Parsons)

⑤ 해킷과 베츠(Hackett & Betz)

01 집단상담에 관한 설명으로 옳은 것은?

① 문제가 위급하고 원인과 해결방법이 복잡한 경우 개인상담보다 집단상담이 필요하다.

② 초보 집단상담자가 실시하기에 상대적으로 용이한 집단상담의 형태는 비구조적 집단이다.

③ 상담 중 갈등단계에 응집력이 발달한다.

④ 집단원들이 목적을 달성하기 위해 노력할 때 일어나게 되는 상호작용적 힘으로 집단의 성격과 방향에 영향을 미치는 것을 '집단 응집성'이라 한다.

⑤ 집단의 속성에는 공동목표와 역동적 상호작용이 포함된다.

02 집단상담자의 작업단계 과제에 관한 설명으로 옳지 않은 것은?

① 공감과 자기노출 기법을 활용하여 감정의 응어리를 털어놓도록 한다.

② 자신의 비효과적 행동패턴을 탐색하고 이해하도록 돕는다.

③ 자유롭게 대안을 제시하게 한 다음 적절한 대안행동을 선정하도록 한다.

④ 집단규범을 명시적 혹은 암시적으로 제시한다.

⑤ 신뢰감과 소속감을 형성하고 새로운 행동변화를 촉진한다.

03 정화(카타르시스)에 관한 설명으로 옳지 않은 것은?

① 감정표출과 관련된 감정과 감정표출 후와 관련된 인지를 다룬다.

② 상담자의 적절한 조치 및 지도가 수반되어야 한다.

③ 감정표출의 치료적 효과는 집단원의 문화적 배경에 따라 다르다.

④ 집단 내에서 뿐만 아니라 일상생활에서도 적용되도록 한다.

⑤ 집단상담의 응집단계에서 일어난다.

04 집단상담자의 태도 및 자질에 관한 설명으로 옳지 않은 것은?

① 비지배성, 무조건적 긍정적 관심

② 자신에 대한 각성

③ 심리적 에너지를 보충하기 위해 노력

④ 새롭게 등장한 최신 상담기법의 적용 및 활용

⑤ 집단원의 다양한 문화적 가치에 대한 수용적 태도

05 집단상담자의 기술 적용에 관한 설명으로 옳은 것을 모두 고른 것은?

> ㄱ. 집단상담자의 비언어적 메시지는 신뢰로운 분위기를 방해할 수 있다.
> ㄴ. 집단원의 생각과 느낌을 가장 잘 나타낼 수 있는 구체적인 단어를 찾아 말해준다.
> ㄷ. 집단상담자가 집단과정 중에 자기개방을 하지 않도록 한다.
> ㄹ. 집단원의 준비도를 고려하여 직면한다.
> ㅁ. 피드백은 구체적으로 관찰 가능한 행동에 대해 그 행동이 일어난 직후 적용하는 것이 효과적이다.

① ㄱ, ㄴ, ㅁ   ② ㄱ, ㄷ, ㄹ
③ ㄴ, ㄷ, ㄹ   ④ ㄴ, ㄹ, ㅁ
⑤ ㄱ, ㄴ, ㄹ

06 다음 보기의 집단상담 기법에 관한 설명으로 옳지 않은 것은?

> ○ "너는 더 좋은 대학을 가고 싶다 말하면서도 게임하는 것에 더 많은 시간을 들이는구나."
> ○ "너는 A와 친해지고 싶다고 말하면서도 정작 A가 말을 걸면 시선을 피하고 단답으로 응하는구나."

① 집단원의 말이나 행동이 일치하지 않거나 모순점이 있을 때 그것을 지적해주는 기법이다.
② 상대방에게 공격이나 위협으로 받아들여질 위험이 있다.
③ 적시성이 매우 중요한 기법이다.
④ 타인의 행동에 대해 자신의 반응을 상호 간에 솔직하게 이야기해주는 기법이다.
⑤ 집단원의 말 내용이 집단상담자가 느낀 바와 다를 때 사용하기도 한다.

07 다음 중 집단원의 권리로 옳지 않은 것은?

① 집단 참여 및 탈퇴의 권리
② 비밀을 보장 받을 권리
③ 솔직하게 개방할 권리
④ 말할 내용을 선택할 권리
⑤ 집단에 관한 충분한 사전 안내를 받을 권리

08 집단상담의 특성에 관한 설명으로 옳은 것은?

① 집단상담은 심각한 신경증적 갈등을 경험하는 집단원을 주요 대상으로 한다.

② 폐쇄적 질문은 위기상황에 유용하게 쓰일 수 있다.

③ 경청의 요소는 이해, 반응, 끈기이다.

④ 집단원 간의 부정적 감정표현은 응집력과는 관계가 없다.

⑤ 집단원 간 피드백 및 직면이 가능하게 되는 단계는 갈등단계이다.

09 다음 중 집단상담의 방법으로 옳은 것은?

① 초등학생인 경우, 한 회기에 90분 이상 진행될 수 있도록 준비한다.

② 15세 이전의 청소년의 경우, 동성집단보다는 혼성집단이 더 바람직하다.

③ 집단상담 진행과 관련한 상담자의 정보는 공개하지 않는다.

④ 집단원의 크기는 5명 이내가 적합하다.

⑤ 집단원으로 하여금 참여동기와 기대, 집단규칙 등에 대해 언어로 표현하게 하는 것이 좋다.

10 REBT에 관한 설명으로 옳은 것은?

① 집단원의 비합리적인 사고에 대해 논박하거나 직접적으로 맞서지 않는다.

② 집단원의 부정적 행동을 유발시킨 사건에 대해 체계적으로 분석하고 변화시킨다.

③ 내담자가 단시일 내에 호전될 수 있도록 한다.

④ 역설적 의사소통을 찾아 해결하도록 한다.

⑤ 두려움 때문에 하지 못하던 행동을 해봄으로써 자신의 생각이 비합리적이었음을 깨닫도록 한다.

11 게슈탈트 집단상담에 관한 설명으로 옳은 것을 모두 고른 것은?

> ㄱ. 인간생활을 형태의 점진적 형성과 소멸 과정으로 본다.
> ㄴ. 부적응행동의 원인을 각성과 책임의 결여로 본다.
> ㄷ. 집단 내에서의 활동과 상호작용이 집단상담자에 의해 주도적으로 진행된다.
> ㄹ. 맞닥뜨림, 심리극, 빈 의자 기법 등을 사용한다.
> ㅁ. 주요 개념은 '전경과 배경', '알아차림-접촉주기', '지금-여기' 등이다.

① ㄱ, ㄴ, ㄹ   ② ㄱ, ㄹ, ㅁ
③ ㄷ, ㄹ, ㅁ   ④ ㄱ, ㄴ, ㄷ, ㅁ
⑤ ㄴ, ㄷ, ㄹ, ㅁ

12 침묵에 대한 집단상담자의 대처 행동으로 옳은 것은?

① 집단원이 내면화 작업으로 침묵한다면, 적극적인 참여를 요구한다.
② 회기 초기에 침묵이 지속되면 집단상담자가 개입하여 해석을 내려주도록 한다.
③ 매 회기마다 활동을 사용하여 침묵이 발생하지 않도록 한다.
④ 침묵의 의미가 무엇인지 탐색해 볼 수 있는 기회를 제공한다.
⑤ 집단원이 침묵에 압박과 불안을 느낄 때는 상담사가 조정해야 한다는 책임감을 갖는다.

13 청소년 집단상담에 관한 내용으로 옳은 것은?

① 청소년은 상처받기 쉬우므로 또래 집단원의 피드백을 이용하지 않는다.
② 남성과 여성의 공동상담자 형태는 집단원에게 성 역할 모델을 제공하지 않고 중립적이어야 한다.
③ 비구조화 형태보다 구조화 혹은 반구조화 형태를 더 많이 활용한다.
④ 진로와 학습을 주제로 하는 집단상담에서는 교육이나 지도 형태보다는 내담자 위주의 상담이 바람직하다.
⑤ 일반적으로 성인 집단상담이 청소년 집단상담에 비해 집단상담자의 적극적인 역할과 자세가 요구된다.

14 집단상담의 발달과정 중 '응집단계'의 자기 표출에 해당하지 않는 것을 모두 고른 것은?

> ㄱ. 집단원들은 각자가 가지고 있는 생각과 감정, 그리고 집단활동에 대한 반응을 표출하도록 격려 받는다.
> ㄴ. 자신의 본래 모습을 기꺼이 다른 집단원들과 상담자에게 드러내는 것은 곧 그들을 신뢰한다는 의미가 된다.
> ㄷ. 억압되어 있거나 속으로 쌓여 있는 정서를 겉으로 표현함으로써 그러한 감정이나 동기로 인해 생긴 긴장을 해소하는 것을 가리킨다.
> ㄹ. 다른 집단원들에게 자신의 약점을 기꺼이 드러내면서 집단활동에 적극적으로 참여하는 자세는 바람직하지 않다.

① ㄱ, ㄴ   ② ㄷ, ㄹ
③ ㄱ, ㄷ   ④ ㄴ, ㄷ
⑤ ㄴ, ㄹ

15 정신분석적 집단상담에 관한 설명으로 옳은 것을 모두 고른 것은?

> ㄱ. 집단원의 성장과 발달을 저해하는 신경증적 갈등을 경감시켜서 집단원의 인격적 성숙을 도모한다.
> ㄴ. 해석은 애정, 욕망, 기대, 적개심 등 과거 중요한 사람에게 가졌던 감정을 상담자에게 느끼는 것이다.
> ㄷ. 집단상담자가 집단원들이 획득한 통찰을 실제 생활에 옮기도록 조력하는 것은 상담의 진행 단계 중 '훈습단계'이다.
> ㄹ. 집단원의 자유연상이 논리적 맥락에서 벗어나지 않도록 한다.
> ㅁ. 내담자가 스스로 직면할 수 없는 두려움과 불안에 대해 내담자가 버텨주기(Holding)와 간직하기(Containing)를 하도록 한다.

① ㄱ, ㄴ   ② ㄱ, ㄷ
③ ㄱ, ㅁ   ④ ㄴ, ㄷ
⑤ ㄴ, ㅁ

16 문제 상황에 대한 집단상담자의 대처행동으로 옳지 않은 것은?

① 지도자 역할을 하려는 집단원에게는 그런 행동이 집단에서 어떠한 영향을 주는지 발견하고 태도의 비효율성을 인식시킨다.
② 집단원이 지나치게 의존적일 때는 상담자가 의존의 욕구가 지속되지 않도록 거절을 표시해야 한다.
③ 주지화의 내용은 정서적인 면과 연결 짓지 않는다.
④ 독점하는 집단원에게 얻고자 하는 것과 관련된 역동이 무엇인지 탐색할 수 있게 한다.
⑤ 상처 싸매기를 하면서 집단원이 다른 참여자의 상처를 어루만져주는 경우, 집단상담자는 그와 같은 행동의 의미와 그에 따른 느낌을 성찰하도록 돕는다.

17 행동주의 집단상담에 관한 설명으로 옳은 것을 모두 고른 것은?

> ㄱ. 바람직한 행동 습득을 위해 역할연습과 숙제를 활용한다.
> ㄴ. 초기에 추상적인 삶의 가치를 포함하는 내용으로 행동계약한다.
> ㄷ. 바람직하지 못한 행동에 강화를 주지 않음으로써 그 출현빈도를 줄이는 기법을 홍수법이라고 한다.
> ㄹ. 상담자는 내담자의 문제를 파악하고 구체적으로 분석하며, 충분한 관계형성 후 상담기술을 적용한다.
> ㅁ. 집단원이 집단규범을 스스로 깨닫도록 조력한다.

① ㄱ, ㄹ   ② ㄱ, ㅁ
③ ㄴ, ㄷ   ④ ㄴ, ㄹ
⑤ ㄷ, ㅁ

18 집단상담의 '종결단계'에 관한 설명으로 옳은 것을 모두 고른 것은?

> ㄱ. 상담자는 내담자의 긍정적인 변화가 다른 부적응적인 행동에도 전이될 수 있도록 돕는다.
> ㄴ. 집단상담 이후에도 집단원들과 계속 만남을 유지하도록 하여 분리 감정을 느끼지 않도록 배려한다.
> ㄷ. 집단 경험을 되돌아보는 것은 집단상담에서의 '지금-여기'를 강조하는 것과 맞지 않으므로 피한다.
> ㄹ. 미해결된 문제에 대한 감정을 표현한다.
> ㅁ. 최종평가에 따라 상담을 종결할 것인지 추가적인 상담을 수행할 것인지 판단한다.

① ㄱ, ㄷ, ㅁ   ② ㄱ, ㄹ, ㅁ
③ ㄴ, ㄷ, ㄹ   ④ ㄱ, ㄴ, ㄹ
⑤ ㄷ, ㄹ, ㅁ

19 교류분석 집단상담에 관한 설명으로 옳지 않은 것은?

① 자신의 자아상태 거래양식의 특성을 이해하고 자아상태 오염을 제거하도록 노력한다.
② 생활 장면의 요구에 따라 모든 자아상태를 고르게 활용할 수 있는 능력을 개발한다.
③ 부적절한 생활각본(Life Script)을 버리고, 생산적인 생활각본을 지니도록 돕는다.
④ 구체적인 목표를 계약 형태로 문서화한다.
⑤ 게임분석은 과거의 경험적 자료들에 의한 자아구조의 혼합 등을 살피는 것이다.

20 다음 보기의 설명에 해당하는 집단상담 이론은?

○ 집단원을 사회적·목적 지향적 존재로 본다.
○ 내담자의 열등감과 우월감, 가족구도에 관심을 가진다.
○ 집단 내에서 일어나는 개인들의 '지금-여기'의 행동에 초점을 맞춘다.
○ 집단상담자의 주요 역할은 집단원에게 용기를 주는 것이다.
○ 사회적 관심과 생활양식을 다룬다.

① 실존주의 집단상담
② 게슈탈트 집단상담
③ 교류분석 집단상담
④ 인간중심 집단상담
⑤ 개인심리학 집단상담

21 게슈탈트 집단상담에 관한 설명으로 옳지 않은 것은?

① 인간생활을 형태의 점진적 형성과 소멸의 과정으로 본다.
② 집단원의 행동을 다른 사람과의 상호작용의 결과로 보고, 다른 집단원의 행동을 모델로 삼아 변화하도록 한다.
③ 집단 내에서의 활동과 상호작용이 집단상담자에 의해 주도적으로 진행된다.
④ '지금-여기', '접촉' 등이 주요 개념이다.
⑤ 뜨거운 자리, 순회하기 등의 기법을 사용한다.

22 다음 보기에서 설명하는 심리극의 구성요소에 해당하는 것은?

○ 주인공이 자신의 감정들을 탐구하는 과정에 직접 참가하는 적극적인 역할을 맡는다.
○ 주인공의 이야기를 보면서 자신이 겪은 비슷한 경험이나 느낌들, 매우 다르게 느꼈던 경험들에 대해 주인공을 지지하고 격려한다.

① 주인공
② 보조자아
③ 연출자
④ 관객
⑤ 무대

23 르웬버그와 돌고프(Loewenberg & Dolgoff)의 윤리적 원칙에 따른 우선순위에 관한 설명으로 옳지 않은 것은?

① 생명보호의 원칙이란 인간의 생명보호가 다른 모든 원칙에 우선한다는 것이다.

② 평등과 불평등의 원칙이란 인간이 개개인의 능력과 권력에 따라 동등하게 또는 차별적으로 취급받을 권리가 있다는 것이다.

③ 자율과 자유의 원칙이란 인간의 자유와 자율에 대한 권리는 소중하지만 무제한적인 것은 아니라는 것이다.

④ 최소 해악·손실의 원칙이란 내담자의 특정 문제해결을 위해 부득이 대안을 선택할 수밖에 없는 경우, 언제나 내담자에게 최소한의 유해한 것을 선택하도록 해야 한다는 것이다.

⑤ 진실성과 정보개방의 원칙이란 내담자의 인격과 사생활 보호를 위해 내담자의 비밀이나 사생활이 보호되어야 한다는 것이다.

24 다음 보기의 설명은 집단상담의 진행과정 중 어느 단계에 대한 설명에 해당하는가?

> ○ 자신이 원하는 것을 정확하게 이해할수록 그것을 얻을 수 있는 가능성도 높아진다.
> ○ 자신이 진정 원하는 바람이 무엇인지 적어보고, 가장 원하는 것부터 상대적으로 덜 중요한 바람까지 순서를 정해보고, 각각의 바람이 얼마나 실현가능한지도 생각해본다.

① 제1단계 – Want(바람)

② 제2단계 – Doing(행동)

③ 제3단계 – Evaluation(자기 행동 평가)

④ 제4단계 – Planning(계획)

⑤ 제5단계 – Activity(활동)

25 청소년 집단상담을 준비할 때 고려사항으로 옳은 것은?

① 청소년 집단상담은 구조적 집단상담의 형태로 진행하는 것이 좋다.

② 집단구성원들 간에 친밀할수록 자기 개방에 효과적이다.

③ 집단이 유지되기 위해서 집단은 동질적이어야 한다.

④ 집단원 간 친밀감 형성을 위해 사전면접은 집단으로 실시하여야만 한다.

⑤ 심각한 정서장애를 가진 학생을 집단상담에 참여하도록 권유한다.

01 가족상담의 특징에 관한 설명으로 옳은 것을 모두 고른 것은?

> ㄱ. 가족을 하나의 체계로 보는 것이 아니라 별개의 독립된 존재로 본다.
> ㄴ. 상담은 지지적·지시적 또는 해석적일 수 있다.
> ㄷ. 가족의 기능·역할·관계 상의 문제에 대해 실제 개입하는 일련의 조직적 상담과정이다.
> ㄹ. 가족상담의 초점은 내담자가 맺고 있는 이차적인 관계나 맥락이다.
> ㅁ. 상담자가 전 가족체계를 상담의 대상으로 여기고 실시하는 모든 형태의 상담이다.
> ㅂ. 개인의 증상이나 행동에 변화를 가져오도록 추구하는 접근방법이다.

① ㄱ, ㄴ   ② ㄱ, ㄹ, ㅂ
③ ㄴ, ㄷ   ④ ㄱ, ㄷ, ㄹ
⑤ ㄴ, ㄷ, ㅁ, ㅂ

02 사이버네틱스(Cybernetics) 이론에 관한 내용으로 옳지 않은 것은?

① 전문가의 객관적 입장을 강조하는 것이 1차 수준의 사이버네틱스이다.
② 정적 피드백은 현재의 상황이 더욱 활성화되도록 만들어 주는 과정이므로 일탈을 상승시킨다.
③ 사이버네틱스 이론은 체계가 지속적으로 안정상태를 유지하기 위해 과거에 성공했던 기억과 실패했던 기억을 비교분석하는 자동적 메커니즘을 정교화한 것이다.
④ 평형·균형과 같은 항상성을 추구한다.
⑤ 정적 피드백은 가족을 활성화시키는 반면, 부적 피드백은 문제 상황을 고착화하는 것이기 때문에 주의해야 한다.

03 가족상담과정에서 종결에 관한 설명으로 옳지 않은 것은?

① 가족이 상담에 대한 동기를 상실하면 종결하는 것이 바람직하다.
② 가족구성원이 상담을 통해 습득한 대처방법이나 행동방식을 계속 유지하는 경우 종결할 수 있다.
③ 상담효과가 없다고 판단했을 때는 종결을 고려할 수 있다.
④ 상담 초기에 설정한 상담목표가 이루어진 경우 종결할 수 있다.
⑤ 추후상담 계획은 종료단계에서 평가에 포함되지 않는다.

04 다음 보기의 가족상담 윤리에 해당되는 것은?

> 상담자는 자신의 치료적 개입이 내담자에게 도움이 된다고 판단되는 경우에만 치료적 관계를 지속해야 하고, 상담자가 다룰 수 없거나 다루기에 부적절한 경우 다른 치료서비스를 받도록 해야 한다.

① 다양성 존중
② 고지된 동의
③ 이중관계 금지
④ 자기결정권 존중
⑤ 치료 종결이나 의뢰에 대한 책임

제1회 최종모의고사

05 다음 보기의 내용은 어떤 이론에 관한 설명인가?

> ○ 브론펜브레너(U. Bronfenbrenner)가 개발한 이론이다.
> ○ 인간은 성장하면서 환경과 역동적 관계를 갖는다.
> ○ 인간은 생물학적 존재로서 환경을 구성할 뿐 아니라 환경에 의해 영향을 받는 상호 교환적인 위치에 있다.
> ○ 거시체계는 미시체계, 중간체계, 외적체계를 포함한다.

① 생태체계 이론
② 구조적 상담 이론
③ 경험적 체계 이론
④ 환경체계 이론
⑤ 사회구성주의 이론

06 보웬(M. Bowen)의 자아분화에 관한 설명으로 옳은 것은?

① 자기 가족의 정서적 혼돈으로부터 부분적으로 자유로워지는 과정을 말한다.
② 분화지수에서 '0'은 가족으로부터의 완전한 독립을 의미한다.
③ 자아분화 수준이 낮은 사람은 스트레스를 받을 때 더 유연하고 현명하게 사고한다.
④ 보웬은 삼각관계를 가장 안정된 관계체계로 보았다.
⑤ 자아분화의 억제가 상담의 목표이다.

07 가족상담 기술에 관한 설명으로 옳지 않은 것은?

① 재정의(Reframing)를 할 때는 가족이 새로운 시각의 개념을 믿고 따를 수 있도록 논리적 근거를 제시하는 것이 좋다.

② 재명명(Relabeling)은 부정적인 용어보다 긍정적인 용어를 사용한다.

③ 긍정적 의미부여(Positive Connotation)는 보웬(M. Bowen) 모델에서 나왔다.

④ 재정의, 재명명, 긍정적 의미부여는 문제를 바라보는 가족의 시각을 바꿈으로써 새로운 해결방안을 찾는다.

⑤ 증상활용은 가족의 어떤 증상에 초점을 두는 것이다.

08 일반체계 이론에 관한 설명으로 옳지 않은 것은?

① 체계는 부분의 합보다 크다.

② 버터란피(L. Bertalanffy)의 이론이다.

③ 개방체계에서는 네겐트로피가 낮다.

④ 가족체계에서 네겐트로피의 증대를 체계가 유연성이 있다고 본다.

⑤ 체계의 비합산성과 순환적 인과성을 가진다.

09 다음 보기에서 반영팀(Reflecting Team)에 대한 설명으로 옳지 않은 것을 모두 고른 것은?

> ㄱ. 노르웨이 정신과 의사인 안데르센(T. Andersen)이 발전시켰다.
> ㄴ. 협력적 모델(Collaborative Model)과 관련이 깊다.
> ㄷ. 1차적 사이버네틱스를 토대로 발전되었다.
> ㄹ. 상담자는 관찰자이고, 내담자는 관찰대상이라는 고정관계를 유지한다.
> ㅁ. 관찰자가 내담자의 가족에게 생각과 느낌을 전달하고, 또 이에 대한 참여자의 생각과 느낌을 관찰자에게 전달한다.

① ㄱ, ㄴ   ② ㄷ, ㄹ

③ ㄹ, ㅁ   ④ ㄷ, ㄹ, ㅁ

⑤ ㄴ, ㄷ, ㄹ

10 해결중심 단기치료에 관한 설명으로 옳은 것을 모두 고른 것은?

> ㄱ. 위니컷(D. Winnicut)의 단기 가족상담센터를 중심으로 발달되었다.
> ㄴ. 인지에 대한 강조와 더불어 사회구성주의의 영향을 받았다.
> ㄷ. 문제 중심으로부터 해결과 미래의 가능성으로 치료적 초점을 변화시켰다.
> ㄹ. 순환적 인과론을 기초로 자녀는 역기능적인 가족체계의 희생자라고 인식한다.
> ㅁ. 내담자가 치료에 가지고 오는 것과 가지고 있는 것을 활용하는 것에 주력한다.

① ㄱ, ㄴ, ㅁ
② ㄱ, ㄷ, ㄹ
③ ㄴ, ㄷ, ㅁ
④ ㄱ, ㄴ, ㄷ
⑤ ㄴ, ㄷ, ㄹ

11 밀란(Milan) 모델에 관한 설명으로 옳지 않은 것을 모두 고른 것은?

> ㄱ. 보스조르메니-내지(Boszormenyi-Nagy)의 이론을 바탕으로 하였다.
> ㄴ. 규칙 유지를 위한 복잡한 상호작용을 가족게임(Family Game)이라 명명하였다.
> ㄷ. 가족체계의 관계보다 가족구성원의 내면이나 감정에 초점을 맞춘다.
> ㄹ. 목표는 의식(Rituals)기법을 시행하게 하여 가족게임을 포기하게 하는 것이다.

① ㄱ, ㄴ
② ㄱ, ㄷ
③ ㄱ, ㄷ, ㄹ
④ ㄴ, ㄷ, ㄹ
⑤ ㄱ, ㄴ, ㄷ, ㄹ

12 경험적 가족상담에 관한 설명으로 옳은 것을 모두 고른 것은?

> ㄱ. 내담자의 주관적인 체험과 경험보다 가족내부와 외부의 체계를 중시한다.
> ㄴ. 치료과정에서 통합의 단계는 4단계이다.
> ㄷ. 자존감과 효과적 의사소통의 상호관련을 중시한다.
> ㄹ. 대표 학자 중에 휘태커(C. Whitaker)가 있다.
> ㅁ. 가족의 역기능 현상을 제거하여 안정된 현재 상황에 머무르게 한다.

① ㄱ, ㄴ
② ㄷ, ㄹ
③ ㄱ, ㄷ, ㅁ
④ ㄴ, ㄷ, ㄹ
⑤ ㄴ, ㄹ, ㅁ

13 구조적 가족치료의 상담 기법을 나열한 것으로 옳은 것은?

① 가계도, 기적질문, 외재화
② 증상을 강화하기, 실연화, 추적하기
③ 증상에 초점 맞추기, 예외질문, 증상 처방
④ 빙산 탐색, 불변의 처방, 순환질문
⑤ 긴장고조 기법, 가족조각, 코칭

14 구조적 가족상담에서 하위체계에 관한 설명으로 옳은 것을 모두 고른 것은?

ㄱ. 개인의 하위체계는 중복되지 않는다.
ㄴ. 부부 하위체계는 원가족의 영향을 받는다.
ㄷ. 건강한 부모–자녀 하위체계는 위계가 없다.
ㄹ. 건강한 가족은 부모 하위체계와 부부 하위체계가 기능적으로 분리되지 않는다.
ㅁ. 체계 내에서 특정한 기능이나 과정을 수행하는 전체 체계의 부분들이다.

① ㄱ, ㄴ
② ㄴ, ㅁ
③ ㄱ, ㄴ, ㄷ
④ ㄴ, ㄷ, ㅁ
⑤ ㄷ, ㄹ, ㅁ

15 부모의 이혼으로 외할머니와 살다가 아버지가 재혼하면서 재혼가정에 합류하게 되어 가족 적응의 문제로 상담을 받게 된 학생에 대한 접근방식으로 옳지 않은 것은?

① 친어머니에 대한 충성심 갈등을 다룰 수 있도록 돕는다.
② 새로운 가족체계에 대한 두려움을 수용해 준다.
③ 가족경계선을 재구조화 시키도록 돕는다.
④ 새로운 가족에 적응하도록 할머니와 연합의 관계를 형성한다.
⑤ 친어머니와 함께 사는 가족이 정상이라는 생각에 집착하지 않도록 돕는다.

16 보웬(M. Bowen)의 가족상담에 관한 설명으로 옳은 것은?

① 가계도 개발에 아이디어를 제공하였다.

② 핵가족 체계를 중심으로 가족문제를 분석한다.

③ 가족과 환경과의 상호작용은 가계도를 분석하는 범주에 해당된다.

④ 자기분화를 감소시키는 것이 치료의 궁극적 목표이다.

⑤ 자기분화 수준이 낮은 사람은 의사결정에 있어 합리적이다.

17 가족상담의 사정에 관한 설명으로 옳은 것을 모두 고른 것은?

> ㄱ. 동적 가족화는 함께 작품을 만드는 과정 속에서 가족 간 역동성을 파악하는 것이다.
> ㄴ. 언어적 보고만을 통해 수집한 가족에 대한 정보는 정확하지 않을 수 있다.
> ㄷ. 가계도를 통해서는 가족 구성원들 사이의 역동적인 양상을 파악할 수 없다.
> ㄹ. 가족조각은 신체적 표현 등을 통해 가족관계를 가시적으로 사정한다.
> ㅁ. 면접만으로 객관적 가족평가로 상호작용하는 연쇄과정의 추적이 가능하다.

① ㄱ, ㄴ   ② ㄴ, ㄷ

③ ㄷ, ㄹ   ④ ㄴ, ㄹ

⑤ ㄱ, ㄹ

18 분노·발작 증상을 하는 자녀에게 헐크놀이를 하도록 지시한 것은 가족상담 기법 중 어느 것에 속하는가?

① 추 적   ② 은유 과제

③ 가장(위장) 기법   ④ 증상 처방

⑤ 고된 체험(시련) 기법

19 다음 보기의 개념을 모두 포함하는 가족상담모델의 설명으로 옳지 않은 것은?

> 유산(Legacy), 원장(Ledger), 충성심(Loyalty), 회전판(Revolving Slate)

① '맥락적 가족치료'라고도 한다.
② 보스조르메니-내지(Boszormenyi-Nagy)가 주장하였다.
③ 증상 제거 및 현재의 행동 변화가 상담목표이다.
④ 개인의 이익은 집단을 위해 희생된다.
⑤ 인간에게 가장 기본이 되는 힘은 관계윤리(Relational Ethics)이다.

20 부부 상담에 관한 설명으로 옳은 것은?

① 가계도를 통하여 관계 내력을 진단하고 평가한다.
② 문제해결을 위해 자녀가 원하는 방향으로 목표를 설정한다.
③ 자신과 배우자의 원가족 및 친구와의 관계를 재정비하는 단계는 결혼전기이다.
④ 부부 간 합의에 의해서만 상담이 종결된다.
⑤ 원가족이나 가족구성원이 부부를 위하여 제시하는 상담목표는 고려하지 않는다.

21 경험적 가족상담모델의 의사소통 유형에서 보기의 내용이 설명하고 있는 것은?

> "이건 그냥 무조건 야단칠 일이 아니고요, 제가 왜 늦었는지에 대해 이성적으로 생각 좀 해 보세요."

① 가족규칙
② 초이성형
③ 독특한 결과
④ 척도질문
⑤ 산만형

22 구조적 가족상담의 슈퍼비전에 관한 설명으로 옳은 것은?

① 가족의 잘못된 위계질서를 수정하는데 주안점을 둔다.
② 가계도를 통하여 가족구성원 간 경계 등을 탐색하도록 한다.
③ 문제해결을 위한 전략을 세운다.
④ 장기치료를 요하는 사람에게 최면 원칙을 응용한 역설적 기법을 고안하였다.
⑤ 문제나 증상에 대해 결정론적 시각을 기초로 한다.

23 자신의 의사와는 무관하게 게임중독 문제로 어머니에 의해 상담에 의뢰된 학생의 경우, 상담자-내담자 관계 유형을 고려한 해결중심 단기치료의 첫 회기 개입에서 필요한 것은?

① 가족들과 자신의 문제를 상의해 보고 의논해 오도록 한다.
② 다음 회기에 올 때까지 게임 시간을 줄일 수 있도록 계획표를 짠다.
③ 상담에 온 것을 칭찬해주고 다음 상담에도 오도록 격려한다.
④ 일주일 중 이틀 동안 기적이 일어난 것처럼 행동하고 그때의 반응을 관찰한다.
⑤ 게임하고 싶을 때마다 운동하는 과제를 준다.

24 이야기치료에 관한 설명으로 옳지 않은 것은?

① 화이트(White)와 엡스톤(Epston)에 의해 발전되었다.
② 다양성·상대성·비본질주의를 강조하는 포스트모더니즘 사조 속에서 발전하였다.
③ 후기 구조주의의 시각과 관련이 있다.
④ 인간의 정체성이 청소년기에 형성되면 지속된다고 본다.
⑤ 치료자는 탈중심적(Decentralized)이고, 영향력(Influential) 있는 입장을 취한다.

25 가족상담 이론가와 관련 기법의 연결로 옳지 않은 것은?

① 스튜어트(R. Stuart) – 돌봄의 날(Caring Day)
② 드 세이저(S. de Shazer) – 척도질문(Scaling Question)
③ 화이트(M. White) – 불변처방(Invariant Prescription)
④ 베이트슨(Bateson)과 잭슨(Jackson) – 증상처방(Symptom Prescription)
⑤ 보웬(M. Bowen) – 과정질문(Process Question)

01 크랩(A. Krapp), 하이디(S. Heidi), 레닝거(K. Renninger)의 흥미에 관한 설명으로 옳은 것을 모두 고른 것은?

> ㄱ. 흥미발달 단계에서 호기심 어린 질문을 하는 단계는 제4단계이다.
> ㄴ. 교과내용, 학습방법 등과 같은 상황적·환경적 특성에 의해 생긴다.
> ㄷ. 개인적 성향이 특정한 맥락과의 상호작용을 통해 심리적 상태로 활성화된다.

① ㄱ   ② ㄴ
③ ㄱ, ㄴ   ④ ㄴ, ㄷ
⑤ ㄱ, ㄴ, ㄷ

02 학업문제와 관련한 여러 유형에 관한 설명으로 옳지 않은 것은?

① 학습부진아는 중요하지 않은 정보를 회상하는 데는 정상아와 큰 차이를 보이지 않는다.
② 학습부진아는 중요한 정보를 회상하는 데는 정상아보다 뒤떨어진다.
③ 학습장애아는 어느 특정영역의 수행에서 지체현상을 보인다.
④ 학습부진아는 국어, 수학을 포함한 전 영역에서 뒤떨어진다.
⑤ 학습과진아는 대인관계에 무관심한 반면, 학습부진아는 대인관계에서 적응적이다.

03 다음 중 개념에 관한 설명이 올바른 것은?

① 학습부진아는 지적능력의 저하로 인하여 학업성취가 뒤떨어지는 아동을 말한다.
② 개념적 유사성과 관념화는 두뇌의 우반구와 연관된 기능이다.
③ 지능은 학습의 정의적 영역에 속한다.
④ '읽기장애', '수학장애', '쓰기 표현 장애'는 DSM-5에서는 '특정학습장애'라는 하나의 진단명 하에 포함하였다.
⑤ 학습지진은 절대적인 기준을 준거로 하여 적절한 학업성취를 보이지 못한 경우를 말한다.

04 셀리그만(M. Seligman)의 학습된 무력감(Learned Helplessness)에 관한 설명으로 옳지 않은 것은?

① 인지적 왜곡을 유도한다.
② 결과를 통제하려는 동기를 증가시킨다.
③ 치료와 예방이 가능하다.
④ 스스로 어쩔 수 없다는 비수반성(Non-Contigency) 인지에 의해 형성된다.
⑤ 반복적 실패경험이 상황에 대한 통제성 상실을 초래한 상태이다.

05 학습전략에 관한 설명으로 옳지 않은 것은?

① 가장 보편적인 학업문제에 대한 개입전략이다.

② 절차적 지식은 포함되지 않는다.

③ 새로운 개념을 배울 때 구체적인 예를 떠올리는 것은 '정교화'에 해당한다.

④ 의식적일 수도 있고 무의식적일 수도 있다.

⑤ 낮은 수준의 정보처리 과정과 높은 수준의 정보처리 과정이 다 포함된다.

06 지적장애(정신지체)에 관한 설명으로 옳은 것을 모두 고른 것은?

> ㄱ. 경도 지적장애 아동은 사회성 교육을 적절하게 받을 경우 독립적 생활이 가능하다.
> ㄴ. 두 가지 이상의 적응기술 영역에 결함이 있다.
> ㄷ. 지능검사에서 IQ 85 이하일 때 지적장애로 판정된다.
> ㄹ. 지적장애 아동은 정상아동에 비해 인지적 능력은 낮지만, 사회성 기술은 차이가 없다.
> ㅁ. 중년기에 시작되는 경우도 있다.

① ㄱ, ㄴ   ② ㄴ, ㄷ

③ ㄱ, ㅁ   ④ ㄷ, ㄹ, ㅁ

⑤ ㄱ, ㄷ, ㄹ

07 다음 중 학업상담에 관한 설명으로 옳은 것은?

① 학업상담은 교사의 추천이나 요구보다는 본인의 요구에 의해 상담이 개시된다.

② 기초학습기능검사는 인지적 요인뿐만 아니라 비인지적 요인도 평가 대상에 해당한다.

③ 상담자의 역할은 상담관계에 대한 구조화에 포함되지 않는다.

④ 브레인스토밍을 사용할 때 진행자가 아이디어에 대한 피드백을 제공한다.

⑤ 학업상담 시 객관적 진단에 근거하여 자녀의 현 학업상태에 대해 수용할 수 있게 한다.

08 다음 중 학자와 이론의 연결이 옳은 것은?

① 와이너(Weiner) – 수렴적 사고와 주의집중에 적절한 다각적 발상 기법

② 실버(A. Silver), 하긴(R. Hagin), 듀언(D. Duane) – 학습문제의 원인 중 학습자 개인의 영역을 맥락적 · 인지적 · 정의적 요인으로 구분

③ 드 보노(de Bono) – 귀인이론

④ 콜먼(J. Coleman) – 가정의 사회경제적 지위가 학업성취에 미치는 영향

⑤ 벤더(Bender) – 언어적 자기교시를 통한 문제해결 전략을 제시

09 학습과 관련된 심리검사에 관한 설명으로 옳지 않은 것은?

① 한국판 학습장애평가척도(K-LDES)는 학습문제를 말하기, 읽기, 쓰기, 철자법의 4개 영역으로 범주화하고 있다.
② MLST 학습전략검사는 성격적 차원, 정서적 차원, 동기적 차원, 행동적 차원의 4개 차원으로 구성되어 있다.
③ 카우프만 아동용 지능검사(K-ABC)는 아동의 정신과정과 후천적으로 습득한 사실적 지식수준을 측정하기 위해 개발한 것이다.
④ 기초학습기능 수행평가체제(BASA)는 초등학교 1~3학년 아동을 대상으로 실제 학생들이 배우는 기초학습기능에 근거하여 학생의 수행정도를 평가하기 위해 개발한 것이다.
⑤ 학습흥미검사는 학급 유형별 흥미척도, 교과별 흥미척도, 타당도 척도로 구성되어 있다.

10 학업상담을 위해 사용될 수 있는 심리검사 중 다음 보기의 내용에 해당하는 것은?

> KNISE-BAAT(읽기), KNISE-BAAT(쓰기), KNISE-BAAT(수학)의 3개 소검사로 구성된 도구로서 유치원, 초등 1~6학년, 중학생 1~3학년의 현재 학년과 기초학력지수를 알아볼 수 있는 진단평가 검사도구이다.

① 한국교육개발원 기초학습기능검사
② BGT(Bender-Gestalt Test)
③ 기초학습기능 수행평가체제(BASA)
④ K-WISC-Ⅳ
⑤ 국립특수교육원 기초학력검사

11 초인지 전략의 결함에 속하지 않는 것을 모두 고른 것은?

> ㄱ. 읽기의 목적 결정, 주제 찾기, 이해했는가에 대한 점검, 이해가 전제되어야 한다.
> ㄴ. 자신이 청취한 내용을 잘 점검하지 못하는 경향이 있다.
> ㄷ. 기억을 돕기 위한 다른 전략을 생각해 내는 것에 어려움이 있다.
> ㄹ. 약호화된 정보를 처리하는 작업 기억에서 결함을 보인다.
> ㅁ. 실패를 능력 부족에 귀인시킨다.

① ㄱ, ㄴ
② ㄴ, ㄷ
③ ㄹ, ㅁ
④ ㄴ, ㄷ, ㄹ
⑤ ㄱ, ㄴ, ㅁ

12 국립특수교육원에서 실시하는 학습장애 아동의 선별에 관한 설명으로 옳지 않은 것을 모두 고른 것은?

> ㄱ. 학습장애 아동은 기억력이 떨어져 지시사항을 적절히 수행하지 못한다.
> ㄴ. 시각장애, 청각장애, 정신지체, 정서장애, 문화적 기회 결핍 등에 의해 학력이 지체된 아동이 학습장애에 포함된다.
> ㄷ. 학습장애 아동은 읽기를 할 때 낱말을 빠뜨리거나, 다른 말로 바꾸어 읽거나, 앞뒤 낱말을 바꾸어 읽는다.
> ㄹ. 학습장애 아동은 쓰기를 할 때 글자를 앞뒤, 상하로 바꾸어 쓰거나, 읽을 수 없을 정도의 난필로 쓴다.
> ㅁ. 학습장애 아동은 −1 표준편차 이상의 정상적인 지능을 지니고, 해당 학년수준에서 2년 이상 성취가 지체된 아동을 말한다.

① ㄱ, ㄴ   ② ㄴ, ㄷ
③ ㄷ, ㄹ   ④ ㄹ, ㅁ
⑤ ㄴ, ㅁ

13 다음 보기의 내용과 관련된 학자는?

> ○ 주전략 – 이해전략, 파지전략, 회상전략, 사용전략
> ○ 보조전략 – 설계(Planning), 계획(Scheduling), 집중력 관리(Concentration Management), 자기점검(Self−Monitoring)

① 웩슬러(Wechsler)   ② 반두라(Bandura)
③ 댄서로우(Dansereau)   ④ 앤드류(Andrews)
⑤ 비네(Binet)

14 노박(J. Novak) 등이 주장한 개념도의 교육적 활용 가능성으로 옳지 않은 것을 모두 고른 것은?

> ㄱ. 학습내용의 개념체계를 개념도로 정리함으로써 교사의 교수활동을 돕는다.
> ㄴ. 학습자가 이미 알고 있는 것이 아닌, 새로운 지식을 알도록 돕는다.
> ㄷ. 어떤 글이나 내용들로부터 의미를 추출하는 데 도움이 된다.
> ㄹ. 앞으로 학습할 방향과 최종 목표점을 알려주는 학습의 안내자 역할을 한다.
> ㅁ. 관련 없는 두 개 이상의 물건을 연결하여 아이디어를 산출하는 데 유용하다.

① ㄱ, ㄴ   ② ㄴ, ㅁ
③ ㄱ, ㄹ   ④ ㄴ, ㄹ
⑤ ㅁ, ㅂ

15 ADHD에 관한 설명으로 옳지 않은 것은?

① 복합형, 주의력 결핍 우세형, 과잉행동–충동 우세형의 세 하위유형으로 구분된다.

② ADHD는 가족력이 있으며, 몇몇 유전자가 이 질환의 발병과 관련 있을 것으로 보인다.

③ 흔히 지시를 완수하지 못하고 학업, 잡일, 직장에서 임무를 수행하지 못하는 것은 과잉행동–충동 우세형에 해당된다.

④ 신경전달물질인 도파민과 노르에피네프린이 뇌의 특정부위에서 적게 나타나는 것이 ADHD 발생에 영향을 미치는 것으로 추정된다.

⑤ 부주의 행동 특성 9개와 과잉행동 및 충동성 특성 9개로 구성된 총 18개의 행동증상을 통해 진단한다.

16 자기결정성 이론 중 다음 보기의 특성에 해당하는 조절은 무엇인가?

○ 특정 행동이 갖는 바람직한 측면을 받아들여 자신의 가치체계에 통합하여 발현된 행동이다.
○ 자기조절이 매우 성숙된 단계이다.

---

① 확인된 조절   ② 부과된 조절

③ 통합된 조절   ④ 동일시된 조절

⑤ 외적 조절

17 자기조절 학습의 요소 중 다음과 같은 학습자의 행동과 관계있는 것은?

시험 준비할 때 내용을 알 때까지 반복적으로 쓴다.

---

① 단기기억 속에서 정보가 사라지지 않게 하기 위한 전략으로 학습내용을 외우거나 소리 내어 읽는 것을 말한다.

② 교육목적이나 목표를 설정, 목적과 관련된 활동들을 나열하고 조정한다.

③ 계속적으로 학습결과를 기록하기 위해 노력한다.

④ 학습 평가에 대해 스스로 보상이나 벌을 제공한다.

⑤ 교과서나 시험지를 다시 읽어보려고 한다.

18 자기자원관리전략의 분류 중 '타인의 조력추구전략'에 해당하는 것은?

① 자기효능감을 높이는 노력에 대한 귀인
② 개인지도받기
③ 조직적인 장소 조성
④ 시간표 작성
⑤ 학습분위기 조성

19 주의집중 문제의 원인에 관한 설명으로 옳지 않은 것은?

① 공부방 구조, 색상, 조명 등에 의해 영향을 받지 않는다.
② 가족 환경 내에 불안이 크면 주의집중력이 저하된다.
③ 공부에 대한 과잉 스트레스로 인해 야기되는 심리적 부담감의 영향을 받는다.
④ 주의집중 문제의 원인은 대개의 경우 복합적이다.
⑤ 생물학적 원인과 환경적 원인 간의 상호작용에서 기인한다.

20 학습 관련 인지적 기초이론에 관한 내용으로 옳지 않은 것은?

① 과제를 수행할 때 무엇을 해야 하는지 아는 것을 '서술적 지식'이라고 한다.
② 사람마다 초인지적 지식과 기술에 차이가 있는 것은 개인의 학습량 및 학습속도의 차이와는 별개의 문제이다.
③ 상담에 대한 전략과 절차의 사용 시기, 그리고 그 이유에 대해 아는 것을 '조건적 지식'이라고 한다.
④ '서술적·절차적·조건적 지식'을 통합하여 전략적으로 적용하는 것을 '초인지'라고 한다.
⑤ 자동적으로 이루어지는 행동에는 초인지가 불필요할 수 있다.

21 다음 보기의 이론을 주장한 학자는?

○ 인지전략 ○ 상위(초)인지전략 ○ 자기자원관리전략

① 뮐러(Mueller)　　　　　　② 앤드류(Andrews)
③ 라이안(Ryan)　　　　　　④ 맥키치(Mckeachie)
⑤ 매슬로우(Maslow)

22 다음 중 학업상담과 관련한 개념 설명으로 옳은 것은?

① 학습동기의 자율성이 가장 높은 단계는 지적성취 추구단계이다.

② 숙달목표는 자신의 능력이 다른 사람의 능력과 어떻게 비교되느냐에 초점을 맞춘다.

③ 학습자가 학습결과를 평가할 수 있는 기회가 많으면 전이도가 높아진다.

④ 내재적 가치는 과제와 자신의 미래 목표와의 관계를 의미한다.

⑤ 처벌은 행동주의에서 동기를 설명하는 핵심개념이다.

23 시험불안에 관한 내용으로 옳지 않은 것은?

① 개인의 수행(시험)에 대한 평가에서 예견되는 실패에 대한 정서적 반응과 생리적 변화라고 정의할 수 있다.

② 적정 수준의 불안은 학습량을 감소시키며, 학습에 문제가 있는 내담자들의 경우는 학업에 대한 불안이 너무 지나쳐서 학습행동 및 시험 행동에 방해를 받는다.

③ 시험불안에 대해 개입방법으로 이완훈련이나 자기대화 연습이 있다.

④ 학업실패에 대한 지나친 걱정, 완벽주의적 성격, 부모나 가족의 지나친 기대, 자신감 부족, 기질적 원인으로 인한 것이다.

⑤ 실험불안의 증상으로는 생리학적 증상, 인지적 증상, 행동적 증상이 있다.

24 학습부진 영재아에 관한 설명으로 옳은 것을 모두 고른 것은?

> ㄱ. 완벽주의적 성향의 학생은 경쟁적인 상황을 즐긴다.
> ㄴ. 비언어적 영역에서 강점을 가지므로 학교에서 부적응할 확률이 높다.
> ㄷ. 형제가 모두 영재아일 때, 학습부진 영재아는 다른 형제의 영향을 받지 않는다.
> ㄹ. 학습에서의 실패 경험으로 파괴적 행동, 낮은 자기효능감 등의 문제를 보이기도 한다.
> ㅁ. 학급에서 지나친 경쟁은 자아존중감이 낮은 학습부진 영재아에게 영향을 준다.

① ㄱ, ㄴ, ㅁ   ② ㄴ, ㄷ, ㄹ

③ ㄴ, ㄹ, ㅁ   ④ ㄱ, ㄷ, ㄹ

⑤ ㄷ, ㄹ, ㅁ

25 비언어성 학습장애의 특징에 관한 설명으로 옳지 않은 것은?

① 심한 과잉행동   ② 새로운 상황에 대한 적응문제

③ 뛰어난 사회적 판단 및 상호작용   ④ 글 쓸 때의 운동문제

⑤ 뛰어난 음절읽기와 철자쓰기

제2회 최종모의고사

↻ 정답 및 해설 p.345

교 시	문제형별	시 간	시험과목
1교시	A	100분	① 청소년상담의 이론과 실제 ② 상담연구방법론의 기초 ③ 심리측정 평가의 활용 ④ 이상심리

필수과목 01 　청소년상담의 이론과 실제

01 청소년의 현대적 개념에 관한 설명으로 옳은 것을 모두 고른 것은?

ㄱ. 반항적이고 버릇이 없다.	ㄴ. 다양한 특성을 다양하게 이해해야 하는 존재이다.
ㄷ. 사려의 깊이가 낮고 충동적이다.	ㄹ. 권리와 책임의 소유자이다.
ㅁ. 감수성이 예민하고 감정적이다.	ㅂ. 보호와 자율의 대상이다.

① ㄱ, ㄴ, ㄷ
② ㄱ, ㄹ, ㅁ
③ ㄱ, ㅁ, ㅂ
④ ㄴ, ㄷ, ㅂ
⑤ ㄴ, ㄹ, ㅂ

02 청소년내담자의 특징으로 옳지 않은 것은?

① 독립에 대한 욕구와 의존탈피
② 자기중심성, 이상주의, 흑백논리
③ 남성호르몬인 안드로겐과 여성호르몬인 에스트로겐 분비 증가
④ 조숙과 만숙에 대한 사회문화적 반응에 영향
⑤ 사고의 미숙성, 부적응 행동 가능성

03 융(C. Jung)의 원형 중 의식과 무의식이 통합된 가장 완전한 인격의 통일을 지향하는 것은?

① 자아(Ego)　　　　　　　　② 자기(Self)

③ 그림자　　　　　　　　　④ 아니마

⑤ 페르소나

04 다음 중 청소년상담의 특징에 관한 설명으로 옳지 않은 것은?

① 자주 지각하는 학생의 경우 목표를 책임감 향상으로 잡는다.

② 상담목표에 청소년의 성장을 돕는 예방이 포함될 수 있다.

③ 상담은 면접 중심 상담뿐만 아니라 다양한 활동을 통해서도 이루어진다.

④ 상담 대상에는 청소년, 청소년과 관련된 부모나 교사 등이 포함될 수 있다.

⑤ 청소년상담은 청소년 관련 정책의 영향을 받는다.

05 다음 중 상담의 기본원리로 옳지 않은 것은?

① 개별화의 원리　　　　　　② 수용의 원리

③ 자기결정의 원리　　　　　④ 비판적 태도 금지의 원리

⑤ 비의도적 감정표현의 원리

06 청소년상담자에게 필요한 전문적 자질에 해당하지 않는 것은?

① 심리학적 지식 및 사회, 인류학적 지식

② 시대감각 및 사회 환경에 대한 지식

③ 상담자의 욕구보다 내담자의 욕구를 중시

④ 다양한 감정의 인식 및 삶의 역설적인 면 파악

⑤ 모든 문제를 해결할 수 있는 확신과 책임감

07 다음 보기의 내용이 설명하고 있는 상담기법의 특징이 아닌 것은?

> ○ 내담자가 표현한 기본적인 감정이나 태도 등을 상담자가 다른 참신한 말로 부연해 주는 것이다.
> ○ 상담자는 내담자의 내면을 잘 파악하여 거울에 비추듯이 그대로 되돌려 주려고 노력해야 한다.

① 의문문을 사용할 수 있다.

② 내담자가 주제에 초점을 맞출 수 있도록 비판적 시각에서 판단해 주어야 한다.

③ 내담자가 이야기한 것을 요약하고 싶을 때 사용할 수 있다.

④ 내담자가 한 말을 상담자가 이해한 말로 되돌려준다.

⑤ 내담자의 말에 대한 핵심을 표현해줌으로써 이해받고 있다는 경험을 줄 수 있다.

08 상담기법 중 '직면'에 관한 설명으로 옳은 것을 모두 고른 것은?

> ㄱ. 내담자의 자기 이해를 돕기 위한 것이다.
> ㄴ. 상담자는 내담자에게 말과 행동 사이의 불일치나 모순을 간접적으로 지적한다.
> ㄷ. 내담자가 보인 객관적인 행동과 인상에 대해 서술적으로 표현한다.
> ㄹ. 직접적이고 모험적인 자기 대면의 방법이다.
> ㅁ. 상담초기에 권장되는 방법이다.

① ㄱ, ㄷ, ㄹ 　　　　　　　　② ㄴ, ㄷ, ㄹ

③ ㄱ, ㄴ, ㄹ 　　　　　　　　④ ㄱ, ㄴ, ㅁ

⑤ ㄷ, ㄹ, ㅁ

09 방어기제의 유형에 관한 설명으로 옳은 것을 모두 고른 것은?

> ㄱ. 반동형성 – 미운 자식 떡 하나 더 주기
> ㄴ. 억압 – 어릴적 집단따돌림의 기억을 바쁘게 사회생활하면서 잊어버리는 경우
> ㄷ. 격리 – 게임만 하는 아이의 뺨을 때린 후 용돈을 뺏는 경우
> ㄹ. 역전이 – 예쁨을 독차지하던 아이가 동생이 태어나자 밤에 오줌을 싸는 경우
> ㅁ. 투사 – 자기가 화난 것을 의식하지 못한 채, 상대방이 자기에게 화를 낸다고 지각하는 경우

① ㄱ, ㄴ, ㄷ 　　　　　　　　② ㄱ, ㄴ, ㅁ

③ ㄴ, ㄹ 　　　　　　　　　　④ ㄷ, ㄹ, ㅁ

⑤ ㄱ, ㄴ, ㄷ, ㄹ, ㅁ

10 상담기법 중 '즉시성'에 관한 설명으로 옳은 것은?

① 내담자의 기능과 과거에 대한 구체적인 사실을 파악하기 위해 사용한다.

② 관계 즉시성은 현재 발생하고 있는 교류에 관해 논의하는 것을 말한다.

③ 상담과정을 방해하는 치료관계에서의 문제는 거론하지 않는다.

④ 예상되지 않았던 결과가 초래될 수 있다.

⑤ 상담자와 내담자가 서로에게 매력적으로 끌리기 시작할 때 즉시성은 효력이 없다.

11 다음 보기의 내용과 관련이 있는 상담기법은?

> 내담자의 자기 이해를 돕기 위하여 상담자의 눈에 비친 내담자의 행동특성 내지 사고방식의 스타일을 지적해 주어서 내담자가 상담자나 외부에 비친 자기의 모습을 되돌아보고 통찰의 순간을 경험하게 하는 직접적이고 모험적인 자기 대면의 방법이다.

① 직 면   ② 초점화
③ 재명명   ④ 요 약
⑤ 충고하기

12 프로이트(S. Freud)의 정신분석학 이론에서 정신의 3요소에 관한 설명으로 옳지 않은 것은?

① 의식 – 어떤 순간에 우리가 알거나 느낄 수 있는 모든 감각과 경험으로 특정 시점에 인식하는 모든 것이다.

② 의식 – 정신생활의 극히 일부분만이 의식의 범위 안에 포함된다.

③ 무의식 – 의식과 전의식의 교량역할을 하는 것이다.

④ 무의식 – 의식적 사고와 행동을 전적으로 통제하는 힘이다.

⑤ 전의식 – 현재는 의식하지 못하지만, 주의를 집중하는 경우 의식으로 가져올 수 있는 정신작용의 부분이다.

13 마샤(Marcia)의 청소년 정체성 이론에 관한 설명으로 옳지 않은 것은?

① 마샤(Marcia)는 개인의 자아정체감 상태를 '자신에 대한 탐구'와 '관여의 정도'에 따라 구분하였다.

② '정체감 성취'는 정체성 위기와 함께 정체감 성취에 도달하기 위한 격렬한 결정 과정을 경험하는 것을 말한다.

③ '정체감 혼란'은 정체성 위기를 경험하지 않았으며, 명확한 역할에 대한 노력도 없는 것을 말한다.

④ '정체감 유예'는 청소년이 자신의 능력과 사회적 요구, 부모의 기대 사이에서 고민하는 것을 말한다.

⑤ '정체감 유실'은 정체성 위기로 격렬한 불안을 경험하지만, 아직 명확한 역할에 전념하지 못하는 것을 말한다.

14 다음 중 학자와 이론이 옳게 짝지어지지 않은 것은?

① 길리건(Gilligan) – 여성 특유의 도덕적 사고를 분석하여 도덕성 발달과정을 단계화하였다.

② 아들러(Adler) – 동기유발의 근거인 열등감과 보상을 설명하였다.

③ 엘킨드(Elkind) – 자신의 우정이나 사랑 등을 타인도 똑같이 경험할 것이라 생각하는 '개인적 우화'를 제시하였다.

④ 벡(Beck) – 정서나 행동에 변화가 일어나도록 도식을 재구성하도록 격려하였다.

⑤ 글래서(Classer) – 모든 행동은 선택되는데 '활동하기'와 '생각하기'는 직접적인 통제가 가능하며, '느끼기'와 '생리반응'은 간접적인 통제가 가능하다고 보았다.

15 감정반영 기술에 관한 설명으로 옳지 않은 것은?

① 내담자의 내면세계에 접근하는 정도가 명료화나 직면보다 깊다.

② 내담자가 자기 스스로를 명료화하고 설명할 수 있게 돕는다.

③ 내담자의 감정 중 중요한 감정을 선별하여 현저한 감정을 끄집어내야 한다.

④ 내담자의 정서적 정화(Catharsis)를 고무시키는 것을 돕는다.

⑤ 내담자의 탐색을 돕는 중요한 기술이다.

16 다음 보기의 내용이 설명하는 개념은?

○ 부모가 제공했던 조건적이고 가치평가적인 관계와는 다른 새로운 관계를 제공한다.
○ 자기(Self)의 진정한 모습을 수용하여 실현경향성을 발현하도록 돕는다.
○ 현상학적 장은 경험적 세계 또는 주관적 경험으로 불리는 개념으로, 특정 순간에 개인이 지각하고 경험하는 모든 것을 의미한다.
○ 유기체적 경험을 왜곡 없이 지각하여 이를 자기개념에 통합할 수 있도록 돕는다.

---

① 인지치료　　　　　　　　　　② 현실치료
③ 교류분석　　　　　　　　　　④ 게슈탈트치료
⑤ 인간중심치료

17 합리적·정서적 상담모델(REBT)의 인간관에 관한 설명으로 옳지 않은 것은?

① 인간을 자기와 대화할 수 있고, 자기를 평가할 수 있으며, 자기를 유지할 수 있는 존재라고 결론지었다.
② 인간을 선천적으로 합리적인 잠재성과 함께 비합리적인 잠재성도 가지고 태어나는 것으로 본다.
③ 인간은 동시에 사고하고 느끼고 행동하며, 이들은 서로 중대한 영향을 주고받는다.
④ 인간은 자기 자신에 의해서 방해받기보다는 외부적 요인에 의해서 방해를 받는다.
⑤ 인간은 자신의 왜곡된 신념을 만드는 데 독특하며, 자신의 문제에 대해 계속해서 방해받도록 만드는 경향이 있다.

18 상호교류분석 상담에서 어린 시절에 만들어져 양친의 영향을 받아 발달하고, 그 후의 인생체험에 의하여 강화되고 고정화된 인생계획을 무엇이라고 하는가?

① 인생각본　　　　　　　　　　② 게 임
③ 이중자아　　　　　　　　　　④ 라켓감정
⑤ 초기결정

19 게슈탈트 상담모델에서 '접촉-경계'의 혼란 중 다음 보기의 내용과 관련이 있는 것은?

○ 말을 장황하게 하거나 초점을 흩트리는 행동
○ 말하면서 상대편을 쳐다보지 않거나 웃어버리는 것

① 내 사   ② 투 사
③ 반 전   ④ 융 합
⑤ 편 향

20 학업성적 때문에 열등감을 느끼는 학생에게 생활양식을 분석하고 격려하며, 사회적 관심을 갖도록 재교육하였을 때 적용된 이론은?

① 개인심리학   ② 인간중심 치료
③ 실존치료   ④ 현실치료
⑤ 정신분석

21 다음 보기의 내용은 어떤 상담기법에 해당하는가?

'나는 우울증 때문에 살고 싶지 않다'를 '우울증이 당신을 이 땅에서 살아갈 가치를 느끼지 못하게 하는군요'와 같이 표현해준다.

① 재진술   ② 초점화
③ 재구성   ④ 명료화
⑤ 외재화

22 사이버 상담의 상담기법에 관한 설명으로 옳은 것은?

① 정서적 표현에 괄호 치기 – 상담자가 내담자의 글에 대한 자신의 심정과 모습을 생생하게 시각화하여 표현하는 것
② 말줄임표 사용 – 문제나 상황에 대한 의미를 전달하고 심화시키기 위해 은유 등을 사용하는 것
③ 즉시성과 현시기법 – 글 속에 숨어있는 정서적 내용을 보여주며, 사실에 대한 대화를 주고받으면서 정서적 표현을 전달하는 것
④ 비유적 언어 사용 – 침묵하는 것을 나타내거나 눈으로 글을 읽고 있음을 나타낼 때 사용하는 것
⑤ 글씨체 사용 – 내담자가 보내온 것과 같은 글씨체나 크기를 사용하여 내담자와 내적 세계를 공유하거나 크기로 강조의 여부를 나타내는 것

23 상담과정 3단계 중 각 단계와 상담자의 역할이 옳게 짝지어진 것은?

① 상담 구조화하기 – 중기

② '해석' 기법을 사용하기 – 초기

③ 내담자의 자기탐색 및 통찰 – 종결

④ 심층적 공감 및 피드백 – 중기

⑤ 직면과 저항 다루기 – 초기

24 엘리스(Ellis)의 합리적 정서 행동상담(REBT)의 주요 기법이 아닌 것을 모두 고른 것은?

ㄱ. 논박하기	ㄴ. 인지적 과제주기
ㄷ. 불안을 장시간 경험	ㄹ. 홍수법
ㅁ. 알아차림	

① ㄱ, ㄴ   　　　　　　　② ㄷ, ㄹ

③ ㄹ, ㅁ   　　　　　　　④ ㄱ, ㄷ, ㅁ

⑤ ㄴ, ㄷ, ㄹ

25 개인심리학의 주요 개념인 '출생순위'에 관한 설명으로 옳은 것은?

① 외동은 자부심이 강하고 자기중심적이며, 독립적으로 일을 추진하려는 성향을 보인다.

② 출생순위와 심리적 출생순위는 항상 다르다.

③ 둘째는 보수적이며 규칙을 중시하는 성향을 보인다.

④ 반항적이고 질투가 심하며, 항상 이기려고 하고 추종자가 되기를 거부하는 것은 첫째의 부정적인 요소에 해당한다.

⑤ 항상 많은 자극과 많은 경쟁 속에 성장하게 되고, 형제를 앞지르고자 하는 욕구가 강한 것은 중간 아의 특징이다.

01 다음 보기의 내용에 해당하는 검증방법은?

> ○ 검증력이 가장 엄격하다.
> ○ 1종 오류의 가능성은 낮지만, 2종 오류가 일어날 확률이 높다.

① Tukey HSD 검증법

② Scheffe 검증법

③ Bonferroni 검증법

④ Newman-Keuls 검증법

⑤ Duncan 검증법

02 ○○○선생님은 체력증진 프로그램을 실시하고, 효과를 검증하고자 다음과 같은 단일집단 전후검사 설계를 활용하였다. 효과 검증을 위해 사용할 수 있는 가장 적합한 통계분석 방법은?

> O_1 X O_2
> (단, O_1 : 사전검사, X : 체력증진 프로그램, O_2 : 사후검사)

① 독립표본 t-검정   ② 공변량 분석

③ 대응표본 t-검정   ④ 회귀분석

⑤ 카이제곱 검정

03 공분산 분석의 기본가정으로 옳지 않은 것은?

① 피험자들은 처치 조건에 무선배치되어야 한다.

② 공변인의 측정은 측정의 오차 없이 이루어져야 한다.

③ 공변인과 종속변인 간에 선형적 관계가 있어야 한다.

④ 공변인에 대한 종속변수의 회귀계수가 처치집단 간에 유의하게 달라야 한다.

⑤ 공변인의 각 수준에서 종속변인의 조건분포는 정규분포를 이루어야 한다.

04 다음 보기의 내용에 관련된 표본추출 방법은?

> 남학생 300명, 여학생 200명이 재학 중인 어떤 고등학교에서 남녀 학생들의 컴퓨터 사용 정도와 그 요인들을 살펴보기 위해 설문조사를 실시하고자 한다. 연구자는 이미 남녀 학생 간의 컴퓨터 사용 정도의 차이가 큰 것을 알고, 전체 학생을 남녀 학생별로 나눈 후, 각 집단에서 남학생 100명, 여학생 100명을 단순무작위로 추출하였다.

① 할당 표본추출 방법
② 집락 표본추출 방법
③ 층화 표본추출 방법
④ 의도적 표본추출 방법
⑤ 연속 표본추출 방법

05 정규분포를 따르는 모집단에서 크기가 n인 표본과 크기가 $4n$인 표본을 임의로 추출하여 신뢰도 99%로 모평균을 추정하려고 한다. 크기가 n인 표본인 경우의 신뢰구간의 길이는 크기가 $16n$인 표본인 경우의 신뢰구간의 길이의 몇 배인가? (단, $P(|Z| \leq 2.58) = 0.99$)

① 4배
② 6배
③ 8배
④ 12배
⑤ 24배

06 Cronbach α계수에 관한 설명으로 옳은 것을 모두 고른 것은?

> ㄱ. Hoyt 신뢰도와 동일한 값이 산출된다.
> ㄴ. 속도검사에 적합한 신뢰도 추정 방법이다.
> ㄷ. 신뢰도가 낮을 경우 신뢰도를 낮추는 문항을 찾을 수 있다.

① ㄱ
② ㄴ
③ ㄱ, ㄷ
④ ㄴ, ㄷ
⑤ ㄱ, ㄴ, ㄷ

07 근거이론 연구에 관한 설명으로 옳은 것을 모두 고른 것은?

> ㄱ. 개방코딩은 일종의 분석 작업이다.
> ㄴ. 자료는 포화가 이루어질 때까지 계속 수집한다.
> ㄷ. 축코딩에서 정보의 범주를 만들어낸다.
> ㄹ. 연구결과의 일반화를 극대화하기 위해 확률표집이 선호된다.

① ㄱ, ㄴ
② ㄴ, ㄷ
③ ㄱ, ㄴ, ㄷ
④ ㄴ, ㄷ, ㄹ
⑤ ㄱ, ㄴ, ㄷ, ㄹ

08 연구설계의 타당도 종류와 그에 대한 위협요인으로 옳지 않은 것은?

① 외적 타당도 – 플라시보 효과, 호손효과
② 내적 타당도 – 통계적 회귀요인, 모방
③ 통계적 결론 타당도 – 낮은 통계적 검증력, 신뢰도 낮은 측정
④ 가설 타당도 – 선발과 처치의 상호작용, 시기와 처치의 상호작용
⑤ 구성개념 타당도 – 변인에 대한 단일조작적 편향, 한 가지 측정방법만을 사용

09 독립변인에 관한 설명으로 옳지 않은 것은?

① 조작변인은 실험자에 의해 조작된 변인이다.
② 보상변인을 칭찬의 횟수로 규정하면 양적 변인이다.
③ 여러 처치조건에 피험자들을 무선적으로 배치시키면 피험자 간 변인이 된다.
④ 독립변인의 구체적인 수준 간 비교에 관심을 가질 경우 고정변인이 된다.
⑤ 독립변인은 가설이 확인될 수 있도록 실험자가 의도적으로 변화시키는 변인이다.

10 표집방법과 그 종류의 연결이 옳은 것은?

① 비확률적 표집방법 – 행렬표집(Matrix Sampling)
② 확률적 표집방법 – 할당표집(Quota Sampling)
③ 확률적 표집방법 – 편의표집(Convenience Sampling)
④ 비확률적 표집방법 – 눈덩이표집(Snowball Sampling)
⑤ 비확률적 표집방법 – 비율층화표집(Proportional Stratified Sampling)

11 연구자의 윤리 중 '고지된 동의(Informed Consent)'에 관한 설명으로 옳지 않은 것은?

① 고지된 동의의 형태에는 구두 또는 서면 등이 있다.

② 참가자가 연구에 대한 충분한 설명을 들은 후에 참가에 동의하는 것을 의미한다.

③ 연구자는 연구참가자에게 실험의 한계점에 대해 분명히 말한다.

④ 연구자는 실험의 잠재적 위험과 목적을 명확하게 제시해야 한다.

⑤ 부모나 법적 보호자로부터 동의를 받은 미성년 참가자는 참가를 거부할 수 없다.

12 변인에 관한 설명으로 옳지 않은 것은?

① '교수방법과 성별은 학업성취도에 대해 상호작용 효과가 있다'라고 할 때, 성별은 매개변인이다.

② 인과관계의 원인과 결과의 관점에서 '독립변인 대 종속변인'으로 분류한다.

③ 관찰 및 측정여부에 따라 '관찰변인 대 잠재변인'으로 분류한다.

④ 독립변인은 모든 형태의 척도(명목, 서열, 등간, 비율)가 활용될 수 있다.

⑤ 가외변인(Extraneous Variable)은 종속변인에 영향을 미칠 것으로 예측되지만 통제하고자 하는 변인이다.

13 표본의 크기에 영향을 미치는 요인으로 옳지 않은 것은?

① 추정의 모호성

② 모집단의 동질성

③ 연구방법에 따른 연구유형

④ 자료분석방법

⑤ 통계적 검정력

14 연구가설에 관한 설명으로 옳지 않은 것은?

① 과학적으로 검증할 수 있어야 한다.

② 복잡한 가설일수록 좋은 가설이다.

③ 연구목적 혹은 내용에 대한 하나의 해답을 제안하는 것이어야 한다.

④ 가설에는 인과관계가 분명한 내용을 포함시킬 수 없다.

⑤ 실증적으로 검정이 가능하여야 한다.

15 외적 타당도에 관한 설명으로 옳은 것을 모두 고른 것은?

> ㄱ. 연구대상의 대표성이 외적 타당도에 영향을 준다.
> ㄴ. 연구대상의 조사 반응성은 외적 타당도를 저해할 수 있다.
> ㄷ. 연구결과의 일반화와 관련이 있다.
> ㄹ. 인과관계의 정도와 관련이 있다.

① ㄱ, ㄴ, ㄷ   ② ㄱ, ㄷ

③ ㄴ, ㄹ   ④ ㄹ

⑤ ㄱ, ㄴ, ㄷ, ㄹ

16 일주일에 게임을 다섯 시간 이상 하는 학생이 그렇지 않은 학생에 비해 안경을 쓰고 있을 확률이 높을 것이라는 가설을 검증하기 위해 200명의 학생을 대상으로 조사하였다. 검정통계량 χ^2값이 5.0이고 자유도에 따른 $P(\chi^2 \geq 5.0)$의 값이 아래와 같다고 할 때, χ^2검정에서의 유의 확률은?

자유도	1	2	3	4	5	6	7	8
$P(\chi^2 \geq 5.0)$	0.03	0.08	0.17	0.29	0.42	0.54	0.66	0.76

① 0.03   ② 0.17

③ 0.42   ④ 0.66

⑤ 0.76

17 조작적 정의에 대한 설명으로 옳지 않은 것을 모두 고른 것은?

> ㄱ. 한 구인에 다양한 조작적 정의가 존재한다.
> ㄴ. 측정 가능한 형태로 진술된다.
> ㄷ. 구체적일수록 반복연구의 수행은 어려워진다.
> ㄹ. 측정하고자 하는 구인과 논리적 관련성이 낮다.

① ㄱ, ㄴ   ② ㄱ, ㄷ

③ ㄷ, ㄹ   ④ ㄹ

⑤ ㄱ, ㄴ, ㄷ, ㄹ

18 비확률표집에 관한 설명으로 옳은 것을 모두 고른 것은?

> ㄱ. 표집틀이 없는 경우 사용된다.
> ㄴ. 연구자의 편견이 개입될 수 있다.
> ㄷ. 질적 연구에 빈번히 활용되는 방법이다.
> ㄹ. 연구결과를 일반화할 수 있다.

① ㄱ, ㄴ, ㄷ   ② ㄱ, ㄷ
③ ㄴ, ㄹ   ④ ㄹ
⑤ ㄱ, ㄴ, ㄷ, ㄹ

19 국회의원 후보 A에 대한 청년층 지지율 p_1과 노년층 지지율 p_2의 차이 $p_1 - p_2$는 6.6%로 알려져 있다. 청년층과 노년층 각각 500명씩을 랜덤 추출하여 조사하였더니, 위 지지율 차이는 3.3%로 나타났다. 지지율 차이가 줄었다고 할 수 있는지를 검정하기 위한 귀무가설 H_0와 대립가설 H_1은?

① $H_0 : p_1 - p_2 = 0.033, \ H_1 : p_1 - p_2 > 0.033$

② $H_0 : p_1 - p_2 > 0.033, \ H_1 : p_1 - p_2 \leq 0.033$

③ $H_0 : p_1 - p_2 < 0.033, \ H_1 : p_1 - p_2 \geq 0.033$

④ $H_0 : p_1 - p_2 = 0.033, \ H_1 : p_1 - p_2 < 0.033$

⑤ $H_0 : p_1 - p_2 > 0.033, \ H_1 : p_1 - p_2 \geq 0.033$

20 다음 보기의 내용에 해당하는 분석법으로 옳은 것은?

> 10명의 학생을 대상으로 3명의 교사가 7점 서열척도로 학생의 지도성을 평정한 결과, 세 측정값의 차이를 검정하는 데 가장 적합하다.

① 윌콕슨(Wilcoxon) 검정

② 콜모고로프-스미르노프(Kolmogorov-Smirnov) 검정

③ 크루스칼-발리스(Kruskal-Wallis) 일원분산분석

④ 맨-휘트니(Mann-Whitney) 검정

⑤ 프리드만(Friedman) 이원분산분석

21 다음 그림은 적용하는 상담기법이 다른 두 집단 A와 B에 20명의 내담자를 각각 10명씩 무선배치한 다음, 상담 후의 내담자 우울 척도를 상담기법 별로 요약한 것이다. 이에 관한 설명으로 옳지 않은 것은?

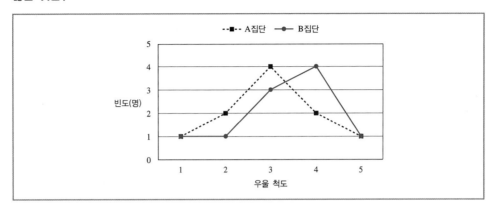

① A집단의 평균은 3이다.
② A집단은 평균과 중앙값이 같다.
③ B집단의 평균은 A집단의 평균에 비해 크다.
④ B집단의 중앙값이 A집단의 중앙값보다 크다.
⑤ A집단과 B집단의 왜도는 같다.

22 다음 보기의 내용에 해당하는 연구설계는?

○ ADHD 청소년의 주의력 향상을 위한 치료효과를 확인하기 위해 주의력 결핍 행동을 세 가지 행동으로 분류하였다.
○ 세 가지 행동의 기저선기간을 달리한 후 처치 개입하여 행동 각각의 기저선기간과 처치기간의 차이를 비교하였다.

① 일회적 집단설계
② AB 설계
③ 다중-기저선 설계
④ 가역 설계
⑤ 교대-처치 설계

23 다음 주어진 표는 5명의 학생의 성적순위 X와 체력순위 Y를 나타낸 것이다. X, Y 사이의 스피어만(Spearman)의 순위상관계수는?

학 생	학생1	학생2	학생3	학생4	학생5
학업순위(X)	1	2	3	4	5
체력순위(Y)	3	1	4	2	5

① -0.5 ② 0.5

③ -0.25 ④ 0.25

⑤ 0.75

24 통계적 가설의 기각여부를 판정하는 가설검정에 관한 설명으로 옳은 것은?

① 표본으로부터 확실한 근거에 의하여 입증하고자 하는 가설을 귀무가설이라 한다.

② 유의수준은 2종 오류를 범할 확률의 최대허용한계이다.

③ 대립가설을 채택하게 하는 검정통계량의 영역을 채택역이라 한다.

④ 대립가설이 옳은데도 귀무가설을 채택함으로써 범하게 되는 오류를 2종 오류라 한다.

⑤ 귀무가설이 거짓인데도 불구하고 귀무가설을 채택하는 과오를 1종 오류라 한다.

25 다음 표는 새로운 교육정책에 대해 성별에 따른 찬성여부의 차이를 알아보기 위해 남녀 100명씩을 랜덤하게 추출하여 조사한 결과이다. 이 자료로부터 남녀 간의 차이 검정을 위해서는 카이제곱 검정이 이용될 수 있다. 이에 관한 설명으로 옳지 않은 것은?

구 분	찬 성	반 대
남 자	40	60
여 자	60	40

① 가설검정에 이용되는 카이제곱 통계량의 자유도는 1이다.

② 찬성과 반대의견 외에 중립의견을 갖는 사람들이 존재한다면, 남녀 간 차이 검정을 위한 카이제곱 통계량은 자유도가 2로 늘어난다.

③ 검정통계량인 카이제곱 통계량의 기각역의 임계값이 유의수준 0.05에서 3.84라면, 남녀 간 차이 검정의 p값은 0.05보다 크다.

④ 남자와 여자의 찬성율비에 대한 오즈비(Odds Ratio)는 $\dfrac{P(\text{찬성}|\text{남자})/P(\text{반대}|\text{남자})}{P(\text{찬성}|\text{여자})/P(\text{반대}|\text{여자})}$

$= \dfrac{(0.4/0.6)}{(0.6/0.4)} = 0.4444$로 구해진다.

⑤ 카이제곱 통계량에 대한 유의확률이 유의수준보다 작으면 가설을 기각한다.

01 심리검사 유형에 관한 설명으로 옳지 않은 것은?

① 측정되는 내용과 검사 제작방법에 따라 투사적 검사와 객관적 검사로 나뉜다.

② 객관적 검사는 검사 과제가 비구조화 되어 있다.

③ 수검자 단위에 따라서 집단검사와 개인검사로 구분한다.

④ 수행방식에 따른 분류는 최대 수행검사와 습관적 수행검사가 있다.

⑤ 구조화 검사는 발견법칙적(Nomothetic) 검사라고 할 수 있다.

02 다음 중 검사문항 작성 시의 유의사항으로 옳지 않은 것은?

① 수검자가 사실적인 것으로 해석할 수 있는 문장은 삼간다.

② 부정적 감정을 표현하는 문항 수는 가급적 최소화한다.

③ 애매모호한 형용사의 사용은 가급적 삼간다.

④ 문장은 현재시제로 작성한다.

⑤ 문장은 가급적 짧고 이해하기 쉽도록 한다.

03 척도의 유형이 낮은 수준의 통계적 수준에서 높은 수준의 통계적 분석수준으로 바르게 연결된 것은?

ㄱ. 비율척도	ㄴ. 명명척도
ㄷ. 등간척도	ㄹ. 서열척도

① ㄱ - ㄴ - ㄹ - ㄷ　　　　　② ㄴ - ㄷ - ㄱ - ㄹ

③ ㄴ - ㄹ - ㄷ - ㄱ　　　　　④ ㄷ - ㄹ - ㄴ - ㄱ

⑤ ㄹ - ㄱ - ㄷ - ㄴ

04 지능검사의 실시에 관한 설명으로 옳지 않은 것은?

① 검사는 표준화된 절차를 따라 실시한다.

② 지시문이나 질문은 정해져 있지 않다.

③ 라포 형성과 유지를 위하여 노력한다.

④ 검사환경은 일정하게 하고 주변자극을 차단한다.

⑤ 원칙적으로 검사요강의 지시문을 그대로 따른다.

05 지능을 적응능력으로 본 학자들을 바르게 고른 것은?

> ㄱ. 게이츠(Gates)   ㄴ. 피아제(Piaget)
> ㄷ. 스피어만(Spearman)   ㄹ. 스턴(Stern)
> ㅁ. 핀트너(Pintner)

① ㄱ, ㄷ, ㅁ　　　　　　　② ㄱ, ㄴ, ㄹ
③ ㄴ, ㄷ, ㄹ　　　　　　　④ ㄴ, ㄹ, ㅁ
⑤ ㄷ, ㄹ, ㅁ

06 MMPI-2 재구성 임상척도(RC척도)의 T점수가 65점 이상 상승했을 때의 해석으로 옳은 것은?

① RCd – 전반적인 정서적 불편감이 사라진다.
② RC1 – 신체 건강에 대한 염려와 집착이 심하다.
③ RC3 – 상대방에 대해 과도한 믿음을 보인다.
④ RC6 – 편안하고 믿을 만한 대인관계를 맺는다.
⑤ RC8 – 불안, 짜증 및 부정적인 정서를 경험한다.

07 로샤(Rorschach) 검사의 우울증 지표(DEPI) 항목으로 옳은 것을 모두 고른 것은?

> ㄱ. MOR > 2 또는 주지화 > 3
> ㄴ. COP < 2 또는 소외지표 > .24
> ㄷ. Afr < .46 혹은 혼합반응 < 4
> ㄹ. CF + C > FC

① ㄱ, ㄴ　　　　　　　　② ㄱ, ㄷ
③ ㄱ, ㄴ, ㄷ　　　　　　④ ㄱ, ㄷ, ㄹ
⑤ ㄱ, ㄴ, ㄷ, ㄹ

08 성격평가질문지(PAI)에 관한 설명으로 옳지 않은 것은?

① 중복되는 문항이 없기 때문에 변별타당도가 높고 여러 가지 지표가 있어 유용하다.
② 27개의 결정문항이 있어 위기상황에 즉각적으로 개입할 수 있다.
③ 임상척도의 의미를 보다 정확하게 평가할 수 있다.
④ 타당도 척도, 임상척도, 치료척도, 대인관계 척도로 구성되어 있다.
⑤ '그렇다–아니다'의 양분법적 평정척도와 4점 척도를 사용하여 측정한다.

09 웩슬러 성인용 지능검사 4판(WAIS-Ⅳ)의 핵심 소검사에 해당하지 않는 것은?

① 산 수
② 어 휘
③ 무게비교
④ 행렬추론
⑤ 동형찾기

10 다음 중 웩슬러 지능검사의 특징으로 옳지 않은 것은?

① 개인검사로서 검사 과정을 통해 수검자의 문제와 관련된 진단적 단서를 얻을 수 있다.
② 인지적 검사로서 구조화된 객관적 검사에 해당한다.
③ 아동 및 청소년, 성인을 대상으로 하나, 문맹자에게는 적용할 수 없다.
④ 언어이해, 지각추론, 작업기억, 처리속도 4개의 소검사로 구성되어 있다.
⑤ 병전 지능수준을 추정함으로써 현재의 기능장애 정도를 양적으로 알 수 있다.

11 K-WISC-Ⅳ에서 역순(되돌아가기) 규칙이 있는 소검사를 모두 고른 것은?

ㄱ. 상 식
ㄴ. 기호쓰기
ㄷ. 단어추리
ㄹ. 행렬추리
ㅁ. 동형찾기

① ㄱ, ㄴ
② ㄱ, ㄷ
③ ㄱ, ㄴ, ㄹ
④ ㄱ, ㄷ, ㄹ
⑤ ㄴ, ㄹ, ㅁ

12 주제통각검사(TAT)에 관한 설명으로 옳지 않은 것은?

① 수검자의 그림에 대한 반응을 통해 성격 및 정서, 갈등, 콤플렉스를 이해할 수 있다.
② 30장의 그림카드와 1장의 백지카드로 구성되어 있다.
③ 자아와 환경관계 및 대인관계의 역동적 측면 등을 평가한다.
④ 사고의 형식적·구조적 측면을 밝힌다는 점에서 로샤 검사와 대비된다.
⑤ 검사 카드는 수검자의 성별과 연령에 따라 선택해야 한다.

13 WAIS-Ⅳ의 채점에서 다음 보기의 내용에 공통으로 해당하는 소검사는?

> ○ 단순한 시각정보를 빠르고 정확하게 훑어보고, 차례를 밝히고, 변별하는 수검자의 능력을 측정한다.
> ○ WAIS-Ⅳ를 다시 받을 때 상대적으로 연습효과에 취약한 소검사이다.

① 언어이해 소검사(VCI)　　　　　② 작업기억 소검사(WMI)
③ 지각추론 소검사(PRI)　　　　　④ 처리속도 소검사(PSI)
⑤ 전체척도 IQ

14 예언타당도와 관련된 통계치 및 분석방법으로 옳은 것을 모두 고른 것은?

> ㄱ. 고유치　　　　　　　　　　ㄴ. 생존분석
> ㄷ. 요인분석　　　　　　　　　ㄹ. ROC분석
> ㅁ. 로지스틱 회귀분석

① ㄱ, ㄷ　　　　　　　　　　　② ㄴ, ㅁ
③ ㄱ, ㄷ, ㄹ　　　　　　　　　④ ㄴ, ㄹ, ㅁ
⑤ ㄴ, ㄷ, ㄹ, ㅁ

15 다음 중 MMPI-2에 관한 설명으로 옳지 않은 것은?

① 정신과 환자 평가 이외에도 인사선발 및 인력관리에 활용할 수 있도록 문항을 수정하였다.
② 내용척도는 주로 명백 문항으로 구성되어 있어서 피검자의 수검태도를 고려하여 해석해야 한다.
③ 총 567문항으로 구성되어 있으며, 각 질문에 대하여 "그렇다", "아니다"로 응답한다.
④ 14~60세까지를 대상으로 한다.
⑤ 성격 문제를 탐지하는 총 5개의 성격병리 척도가 있다.

16 MMPI-2의 각 척도와 하위영역 소척도의 짝이 옳게 연결된 것은?

① 재구성 임상척도 – 반사회성 척도
② 내용척도 – 주관적 우울감 척도
③ 임상척도 – 분노 척도
④ 보충척도 – 외상 후 스트레스 장애 척도
⑤ 성격병리 척도 – 억압 척도

17 다음 보기의 내용이 설명하는 척도는?

> 갈등의 정도에 대한 지표로서, 특히 가정이나 권위적 대상 일반에 대한 불만, 자신 및 사회와의 괴리, 권태 등을 반영한다. 또한, 반사회적 일탈행동에 대한 지표로서, 반항, 충동성, 학업이나 진로문제, 범법행위, 알코올이나 약물남용 등을 반영한다.

① 척도 2 D(Depression, 우울증)
② 척도 3 Hy(Hysteria, 히스테리)
③ 척도 4 Pd(Psychopathic Deviate, 반사회성)
④ 척도 6 Pa(Paranoia, 편집증)
⑤ 척도 7 Pt(Psychasthenia, 강박증)

18 객관적 성격검사의 특징으로 옳지 않은 것은?

① 신뢰도와 타당도 수준이 비교적 높다.
② 검사의 시행・채점・해석이 쉽다.
③ 반응을 쉽게 왜곡할 수 있다.
④ 평가자에 따라 결과의 해석이 다양하다.
⑤ 문항 내용 및 응답의 범위가 제한적이다.

19 로샤(Rorschach) 검사의 변인에 대한 해석적 연결이 옳은 것을 모두 고른 것은?

> ㄱ. CF + C > FC : 정서조절의 어려움
> ㄴ. Blends < 4 : 정서적인 표현의 지나친 통제
> ㄷ. Adj D < 0 : 심리적 스트레스를 경험하지만, 통제가 어려움
> ㄹ. Isol/R > .24 : 사회적 상호작용에서 공격성 표현 예상
> ㅁ. An + Xy > 2 : 신체와 자기상에 대한 반추

① ㄱ, ㄴ, ㄷ
② ㄱ, ㄴ, ㄹ
③ ㄱ, ㄷ, ㅁ
④ ㄴ, ㄷ, ㅁ
⑤ ㄴ, ㄹ, ㅁ

20 써스톤(L. Thurstone)이 명명한 7가지 기초정신능력(Primary Mental Ability)이 아닌 것은?

① 단어유창성   ② 추 리

③ 지각속도   ④ 언어이해력

⑤ 추상적 사고능력

21 심리평가 과정에서 임상적 판단의 정확성을 높이는 방안으로 옳지 않은 것은?

① 기억에 의존하는 것이 아니라 정보를 최대한 상세하게 기록한다.

② 관련된 여러 가지 문헌 등을 참고하여 과거의 경향은 물론 새로운 경향도 파악한다.

③ 평가자는 자신의 판단에 대한 정확성을 피드백 받는다.

④ 평가자는 자신이 세운 가설에 대해 찬성의 자료와 반대의 자료를 함께 고려한다.

⑤ 바넘 효과(Barnum Effect)를 임상적 판단의 기초로 삼는다.

22 주제통각검사(TAT)에서 다음과 같이 반응할 가능성이 가장 높은 장애는?

○ 이야기 길이가 길고, 수정을 많이 한다.

○ 내용도 주로 인물들의 주저와 망설임으로 표현하는 경우가 많고, 주제도 부지런함과 복종, 완벽함이 강조된다.

○ 어떤 경우에는 객관적으로 나타난 세부적인 것만 기술하고 이야기를 만들 수 없다고 하기도 한다.

---

① 경조증   ② 우울증

③ 편집성 성격장애   ④ 강박장애

⑤ 히스테리성 성격장애

23 다음 중 MMPI-2에 포함된 성격병리 5요인 척도에 해당하지 않는 것은?

① 지배성
② 공격성
③ 내향성/낮은 긍정적 정서성
④ 부정적 정서성/신경증
⑤ 통제 결여

24 다음 중 HTP의 구조적 해석에 관한 설명으로 옳지 않은 것은?

① 하나의 그림을 완성하는 데 일반적인 소요시간은 대략 10분 정도이다.
② 인물을 그리는 경우 일반적인 순서는 '얼굴 – 눈 – 코 – 입 – 목 – 몸 – 팔 – 다리'이다.
③ 그림의 일반적인 크기는 종이의 2/3 정도이다.
④ 수검자가 그림을 빈번하게 지우는 경우 뇌기능장애나 정신병적 상태를 시사한다.
⑤ 수검자가 그림의 대칭성을 강조하는 경우 강박적·편집증적 성향을 나타낸다.

25 SCT의 해석 요인 중 '결정적 요인'에 해당하는 것은?

ㄱ. 신체적 요인	ㄴ. 지적 능력 요인
ㄷ. 가정적·성장적 요인	ㄹ. 정신역동적 요인
ㅁ. 대인적·사회적 요인	

① ㄱ, ㄷ, ㅁ
② ㄱ, ㄴ, ㄹ
③ ㄴ, ㄷ, ㄹ
④ ㄴ, ㄹ, ㅁ
⑤ ㄷ, ㄹ, ㅁ

01 이상심리학 주요 이론에 대한 설명으로 옳은 것은?

① 사회문화적 이론에 의하면, 이상행동은 생물학적·심리적·사회적 요인의 상호작용에 의해 나타난다.

② 인지행동 이론에 의하면, 이상행동을 제거하기 위해 소거, 강화, 처벌, 체계적 둔감법, 모방학습 등 기술을 활용한다.

③ 인본주의 이론에 의하면, 이상행동을 제거하기 위해 합리적 정서치료, 인지치료, 자기교습훈련 등의 기술을 활용한다.

④ 정신분석 이론에 의하면, 어린 시절 자기 욕구를 부모의 기대·가치와 맞추려는 조건적 수용으로 인해 부적응 상태가 초래된다.

⑤ 생물학적 이론에 의하면, 모든 정신장애는 신체적 원인에 의해 생겨나는 일종의 질병이다.

02 성격장애를 크게 A, B, C 군집으로 분류할 때, B군에 속하는 것으로 모두 고른 것은?

ㄱ. 연극성	ㄴ. 편집성
ㄷ. 의존성	ㄹ. 회피성
ㅁ. 경계선	ㅂ. 자기애성

① ㄱ, ㄴ, ㄷ　　　　　　　　　② ㄱ, ㅁ, ㅂ
③ ㄴ, ㄹ, ㅁ　　　　　　　　　④ ㄷ, ㅁ, ㅂ
⑤ ㄴ, ㄷ, ㄹ

03 다음 보기의 사례는 어떤 성격장애에 해당하는가?

청소년 A군은 누구와도 친밀한 관계를 가지려 하지 않고, 거의 모든 활동을 혼자 한다. 다른 사람의 칭찬이나 비난에 무관심하고, 자기감정을 거의 표현하지 않는다. 즐거움을 얻는 활동이 없기 때문에 때로 우울해 보이기도 한다.

① 조현성 성격장애　　　　　　② 편집성 성격장애
③ 연극성 성격장애　　　　　　④ 반사회성 성격장애
⑤ 자기애성 성격장애

04 우울장애의 귀인이론에 관한 설명으로 옳지 않은 것은?

① 실패의 원인을 과제의 난이도나 운 같은 외부적 요인으로 귀인하는 경우 우울감은 상대적으로 낮은 수준을 보인다.

② 실패의 원인을 노력 부족 등 불안정적 요인으로 귀인하는 경우 우울감은 상대적으로 단기화 된다.

③ 실패의 원인을 자신의 전반적인 능력 부족이나 성격 전체의 문제 등으로 귀인하는 경우 우울증이 일반화된다.

④ 실패의 원인을 자신의 능력 또는 노력의 부족, 성격상의 결함 등 내부적 요인으로 귀인하는 경우 우울감이 증폭된다.

⑤ 우울증 성향의 사람들은 자기 실패경험에 대해 '내부적·불안정적·전반적' 요인으로 귀인하는 경향이 있다.

05 주요 우울장애에 관한 설명으로 옳지 않은 것을 모두 고른 것은?

ㄱ. 남자보다 여자에서 더 흔한 장애이다.
ㄴ. 우울장애군(Depressive Disorders) 중에서 가장 심한 장애이다.
ㄷ. 우울 삽화 중 5개 증상 이상이 거의 매일 연속적으로 최소 2주 간 지속된다.
ㄹ. DSM-IV 의 '만성 주요 우울장애'와 '기분부전장애'를 합하여 DSM-5에서 새롭게 제시된 진단명이다.
ㅁ. 심한 분노폭발을 반복적으로 나타내며, 거의 매일 하루 대부분 짜증이나 화를 낸다.

① ㄱ, ㄴ   ② ㄷ, ㄹ
③ ㄱ, ㄷ   ④ ㄹ, ㅁ
⑤ ㄴ, ㅁ

06 공포증 치료 방법에 대한 설명으로 옳지 않은 것은?

① 공포자극을 불안 없이 대하는 타인을 관찰하도록 하여 공포증을 치료하는 '참여적 모방학습'을 활용할 수 있다.

② 불안과 공존할 수 없는 신체적 이완상태를 유도하는 '이완훈련법'을 활용하기도 한다.

③ 불안위계표를 작성한 후 위계별 이완과 불안을 반복적으로 짝지으면서 공포증을 감소시키는 '점진적 노출법'을 활용한다.

④ 공포증 치료에 효과적인 것은 볼프(J. Wolpe)가 개발한 '체계적 둔감법'이다.

⑤ 단번에 강한 공포자극에 직면시키는 홍수법을 활용할 수 있다.

07 조현병 발병에 관한 취약성-스트레스 모형에서 제시한 스트레스 요인에 해당하는 것은?

① 아동기의 산만성
② 언어성 지능의 상대적 저하
③ 영아기 운동협응 부족
④ 바이러스 감염
⑤ 어린 시절 부모의 학대

08 간헐적 폭발장애에 관한 설명으로 옳은 것은?

① 또래와는 별다른 어려움이 없는 경우가 많다.
② 지속적으로 부정적이며, 명령에 순종하지 않고, 권위적인 대상에게 적대적 행동을 보인다.
③ 장애로 인하여 직업을 잃고, 학교에 적응하지 못하며, 심할 경우 투옥되기도 한다.
④ 상해를 입히는 신체적 폭행을 포함하는 폭발 행동을 3개월 동안 주 2회 이상 보일 때 간헐적 폭발장애로 진단한다.
⑤ 공격적 행동을 하고 나서 죄책감을 느끼지 않으며, 오히려 편안한 모습을 보인다.

09 양극성 및 관련 장애에 관한 설명으로 옳은 것은?

① 순환성 장애는 청소년의 경우 적어도 2년 동안 다수의 경조증 기간과 우울증 기간이 있다.
② 제1형 양극성 장애는 순환성 장애로 발전될 확률이 높다.
③ 제2형 양극성 장애는 DSM-5 주요우울삽화 진단기준에 부합하고, 조증삽화가 적어도 1회 나타난다.
④ 순환성 장애는 불안증을 동반할 수 있고, 주요우울삽화와 경조증삽화가 나타난다.
⑤ 순환성 장애 주요 발병 시기는 청소년기나 성인기 초기이다.

10 신경성 폭식증에 관한 설명으로 옳지 않은 것을 모두 고른 것은?

> ㄱ. 우울증을 동반하는 경우가 많은 편이다.
> ㄴ. 신경성 식욕부진증에서 발전하기도 한다.
> ㄷ. 신경성 식욕부진증의 경우와 달리 주로 아동기에 발병한다.
> ㄹ. 다 먹고난 후 음식을 토하는 등 보상행동이 뒤따른다.
> ㅁ. 폭식행동이 평균적으로 1주일에 1회 이상, 3개월 동안 나타나고, 보상행동은 수반되지 않는다.

① ㄱ, ㄴ　　　　　　　　② ㄴ, ㄷ
③ ㄷ, ㄹ　　　　　　　　④ ㄹ, ㅁ
⑤ ㄷ, ㅁ

11 공황장애에 관한 설명으로 옳지 않은 것은?

① DSM-5의 분류기준에 의한 불안장애의 하위유형이다.

② 신체감각에 대한 파국적 오해석에 의해 유발되기도 한다.

③ 공황발작 이후 1개월 이상 공황발작과 관련된 두려움과 걱정을 나타낸다.

④ 공황발작 증상은 5분 정도 전조증상을 보이며, 10분 이내에 극심한 공포를 야기한다.

⑤ 뇌의 청반핵 민감성(Locus Ceruleus)이 장애 원인으로 작용한다.

12 다음 중 환각제에 해당되지 않는 물질은?

① 암페타민(Philopon)　　　　　　② 펜시클리딘(Phencyclidine)

③ 엘에스디(LSD)　　　　　　　　④ 메스칼린(Mescaline)

⑤ 엑스터시(Ecstasy)

13 망상장애 중 가장 높은 유병률을 보이는 하위유형은?

① 색정형　　　　　　　　　　　　② 과대형

③ 질투형　　　　　　　　　　　　④ 피해형

⑤ 신체형

14 다음 보기의 내용과 같은 특징을 보이는 성격장애는?

○ 극단적인 심리적 불안정성, 즉 대인관계나 자아상(Self-Image), 정동에 있어서 불안정성을 보인다.

○ 신경증적 상태와 정신병적 상태의 경계를 의미하는 것으로서, 평상시에도 위태로운 상태에 놓인 것처럼 보인다.

○ 타인으로부터 버림받는 것을 매우 두려워하며, 이성에 대해 강렬한 애정과 증오를 나타낸다.

---

① 의존성 성격장애　　　　　　　　② 경계선 성격장애

③ 자기애성 성격장애　　　　　　　④ 편집성 성격장애

⑤ 연극성 성격장애

15 급성 스트레스 장애의 진단기준에 해당되지 않는 것은?

① 침습증상   ② 해리증상

③ 회피증상   ④ 저항증상

⑤ 각성증상

16 해리장애에 관한 설명으로 옳지 않은 것을 모두 고른 것은?

> ㄱ. 해리장애는 견디기 힘든 외상적 경험이나 심리적 쇼크 또는 어떤 뇌손상이나 신체적 질병에 의해 초래되는 경우가 많다.
> ㄴ. 해리는 의식의 통합적 기능이 통일성을 상실한 나머지 연속적인 자아로부터 의식이 단절되는 현상을 뜻한다.
> ㄷ. 해리장애는 자신이 매우 낯설게 느껴지는 이인증, 외부 세계가 달라졌다고 느껴지는 비현실감을 유발하기도 한다.
> ㄹ. 해리현상은 강약을 떠나 몸에 해로운 증상이다.
> ㅁ. 해리성 기억상실증은 중요한 자서전적 정보를 회상하지 못하는 것으로서, 해리성 둔주가 나타날 수 있다.

① ㄱ, ㄹ   ② ㄱ, ㄷ

③ ㄴ, ㄹ   ④ ㄹ, ㅁ

⑤ ㄴ, ㄷ

17 다음 중 신경발달장애에 해당되지 않는 것끼리 묶인 것은?

① 아동기 발병 유창성 장애(말더듬증), 망상장애

② 상동증적 운동장애, 지적장애

③ 발달성 운동협응 장애, 특정 학습장애

④ 강박증, 양극성 장애

⑤ 틱 장애, 주의력 결핍 및 과잉행동 장애

18 도박중독에 관한 설명으로 옳지 않은 것은?

① DSM-5에서 물질 관련 장애(Substance-Related Disorders)에 포함된다.

② 고혈압이나 소화성 궤양, 편두통과 같은 질병을 수반하기도 한다.

③ 유전적 요인이나 신경전달물질과의 연관성에 대한 연구결과가 보고되고 있다.

④ 정신역동적 입장에서는 병적도박증을 공격적이거나 성적인 에너지를 방출하려는 욕구의 무의식적 표현으로 본다.

⑤ 학습이론에서는 다른 사람의 도박행동에 대한 모방학습과 간헐적으로 돈을 따는 강화에 의해서 유발된다고 보았다.

19 단기 정신병적 장애에 관한 설명으로 옳지 않은 것은?

① 증상 가운데 최소한 하나는 망상, 환각, 와해된 언어가 포함되어야 한다.

② 삽화 이후 병전 수준의 기능으로 완전히 복귀한다.

③ 증상 중 한 가지 이상이 하루 이상 1개월 이내로 짧게 나타난다.

④ 기존의 성격문제가 장애 발생의 취약성을 높이지 않는다.

⑤ 물질이나 일반적인 의학적 상태의 직접적인 생리적 효과로 인한 것이 아니다.

20 DSM이나 ICD에 의한 이상행동의 분류 및 진단에 관한 설명으로 옳지 않은 것은?

① 환자의 예후나 치료효과에 대한 선입견을 줄 수 있다.

② 연구자나 임상가에게 효과적인 정보를 제공해 주므로 임상적 활용도가 높다.

③ 개인의 특수성 및 환경적 영향을 중시한다.

④ 기본적으로 범주적인 질적 특성의 차이를 가정한다.

⑤ 자기충족적 예언(Self-Fulfilling Prophecy)의 결과가 초래될 수 있다.

21 외상 후 스트레스 장애의 발생 및 악화에 기여하는 위험요인으로 옳지 않은 것은?

① 자기 운명에 대한 외부적 통제소재

② 외상 기억 회피시도의 억제

③ 외상경험 자체의 특성

④ 친밀한 관계의 부족

⑤ 추가적인 생활스트레스

22 다음 보기에서 C양이 앓고 있는 장애는 무엇인가?

> C양은 수면 중에 잠자리에서 일어나 걸어다니는 일을 반복한다. 그러면서 막상 깨고 나면 아무 것도 기억하지 못한다.

① 일주기리듬 수면각성 장애

② REM수면 행동장애

③ 비REM 수면각성 장애

④ 악몽장애

⑤ 기면증

23 다음 중 적응장애에 관한 설명으로 옳은 것을 모두 고른 것은?

> ㄱ. 스트레스 사건이 발생하고 3개월 이내에 부적응 증상이 나타난다.
> ㄴ. 스트레스 요인이 종결되면, 증상은 종결 후 6개월 이상 지속되지 않는다.
> ㄷ. 적응장애와 동반되는 세부 양상은 우울 기분 동반, 불안 동반, 불안 및 우울 기분 동시 동반,
> 품행장애 동반, 정서 및 품행장애 동시 동반 등이다.
> ㄹ. 적응장애는 불안장애의 하위유형이다.
> ㅁ. 증상이 사별에 의해 나타나는 것이 아니다.
> ㅂ. 이전에 존재하던 정신장애가 악화되어 증상이 유발되기도 한다.

① ㄱ, ㄴ, ㄷ, ㄹ, ㅁ, ㅂ   ② ㄱ, ㄴ, ㄷ, ㅁ, ㅂ
③ ㄱ, ㄷ, ㄹ, ㅁ   ④ ㄴ, ㄷ, ㄹ, ㅂ
⑤ ㄱ, ㄴ, ㄷ, ㅁ

24 다음 보기의 내용에 해당하는 DSM-5의 장애는?

> 계모의 학대를 받고 보호소에 맡겨진 아동이 보호소에 방문하는 사람이면 누구에게나 달려가서 뽀
> 뽀하고 손을 잡고 곁에서 떠나지 않았다.

① 반응성 애착장애
② 외상성 애착장애
③ 탈억제 사회관여장애
④ 탈애착 사회관여장애
⑤ 외상성 애착 및 사회관여장애

25 이상심리학의 주요 개념에 관한 설명으로 옳은 것은?
① 중추신경계에서 위험에 대한 기민성을 활성화시키는 신경전달물질은 세로토닌이다.
② 이인증(Depersonalization) 장애는 청각적 증상은 경험하지 않지만, 거시증이나 미시증 등의
시각적 증상은 경험할 수 있다.
③ 자신이 기억하지 못하는 부분을 조작적으로 메우는 현상을 '기시현상'이라 한다.
④ 이상행동이나 정신장애의 발생 가능성을 증가시키는 조건이나 환경을 위험요인(Risk Factor)이
라고 한다.
⑤ 상동적 동작(Stereotypic Movement) 장애는 자해 행동을 나타내지 않는다.

교 시	문제형별	시 간	시험과목	
2교시	A	50분	① 진로상담 ② 집단상담 ③ 가족상담 ④ 학업상담	2과목 선택

선택과목 01　진로상담

01 진로발달단계를 고려할 때 중학생 진로상담의 목표로 적절한 것은?

① 전문적인 직업능력의 배양
② 구체적인 미래의 진로계획을 수립
③ 직업선택능력과 태도의 함양
④ 기본적 흥미와 잠재력에 관한 탐색
⑤ 궁극적인 가치관 수립에 노력

02 학교에서 실시되는 진로상담의 주요 원리로 옳지 않은 것은?

① 진로상담은 진학과 직업 선택에 초점을 맞추어 전개되어야 한다.
② 진로상담은 상담윤리강령에 따라 진행되어야 한다.
③ 개인차를 배제하고 동일한 진단으로 처치를 실시해야 한다.
④ 진로상담은 각종 심리검사의 결과를 기초로 합리적인 결과를 이끌어 낼 수 있도록 한다.
⑤ 진로상담은 진로발달이론에 근거하여 진행한다.

03 수퍼(Super)의 이론으로 옳은 것을 모두 고른 것은?

> ㄱ. 이론의 기저를 이루는 것은 자기효능감이다.
> ㄴ. 직업선택의 과정은 인간의 발달과정에 부합되며 누구든지 이 단계를 거친다고 본다.
> ㄷ. 개인의 직업발달을 자아실현과 생애발달의 과정으로 보았다.
> ㄹ. 정착, 공고화, 발전의 발달과업이 수행되는 것은 성장기 때이다.
> ㅁ. 진로유형, 진로성숙에 초점을 맞추면서 발달과정을 체계적으로 기술한다.

① ㄴ, ㄷ, ㅁ
② ㄱ, ㄴ, ㄷ
③ ㄴ, ㄹ, ㅁ
④ ㄷ, ㄹ, ㅁ
⑤ ㄴ, ㄷ, ㄹ

04 윌리암슨(Williamson)의 진로상담과정에서 '진단단계'에 관한 설명으로 옳은 것은?

① 내담자의 독특성이나 개별성을 강조하기 위해 사례연구를 활용하여 검사 자료를 수집하고 요약한다.

② 태도, 흥미, 적성 등에 관한 자료를 주관적 또는 객관적 방법으로 수집한다.

③ 내담자의 문제 및 뚜렷한 특징을 기술한 개인자료와 학문적·직업적 능력을 비교하여 문제의 원인을 탐색한다.

④ 현재와 미래의 바람직한 적응을 위해 무엇을 해야 할지를 내담자와 함께 이야기한다.

⑤ 문제해결을 위해 내담자가 고려해야 할 대안적 조치를 예측한다.

05 파슨스(Parsons)의 특성-요인이론 중 옳지 않은 것은?

> ㄱ. 개인의 특성과 직업의 요구가 일치할수록 직업적 성공 가능성이 크다.
> ㄴ. 특성-요인이론의 핵심적 요소에 주변 환경의 분석이 포함된다.
> ㄷ. 사람들은 신뢰할 수 있고 타당하게 측정될 수 있는 특성을 지니고 있다.
> ㄹ. '특성'은 특정 직무의 수행을 위해서 요구하는 조건을 의미한다.
> ㅁ. 직업선택은 직접적인 인지과정이며, 개인의 특성과 직업의 특성을 연결할 수 있다.
> ㅂ. 직업은 개인에게 성공적인 적응에 필요한 구체적인 특성을 갖출 것을 요구한다.

① ㄱ, ㄴ   ② ㄴ, ㅂ

③ ㄷ, ㄹ   ④ ㄴ, ㄹ

⑤ ㅁ, ㅂ

06 여성가족부가 만 9~24세 청소년의 학업 복귀 및 사회 진입을 지원하는 사업은?

① 취업성공패키지 사업   ② 드림스타트 사업

③ 꿈드림   ④ 유스빌드 사업

⑤ 뉴딜프로그램 사업

07 홀랜드(Holland) 유형의 구성개념과 설명이 옳지 않은 것은?

① 변별성 – 유형 간의 상대적 중요도의 관계를 의미한다.

② 계측성 – 육각형 모형에서 유형들(환경) 간의 거리는 그들의 이론적 관계와 반비례한다.

③ 일치성 – 개인의 흥미유형과 자신이 속한 직업환경 유형이 서로 부합하는 정도를 말한다.

④ 정체성 – 개인의 능력과 재능을 나타낸다.

⑤ 일관성 – 첫 두 문자가 육각형에 인접하여 나타날 때 높은 일관성을 보인다.

08 사회인지 진로이론에 관한 설명으로 옳지 않은 것은?

① 개인은 진로발달의 역동적 주체가 된다.

② 자기효능감, 결과기대, 목표선택 등의 인지적 요인을 중요하게 고려한다.

③ 진로선택과 수행에 영향을 미치는 성(Gender)과 문화적인 이슈에 민감하다.

④ 흥미모형, 선택모형 및 수행모형을 제시하였다.

⑤ 피터슨(Peterson), 샘슨(Sampson), 리어돈(Reardon)에 의해 개발된 것으로서, 인지적으로 정보를 처리하는 인간의 사고과정을 중요시한다.

09 홀랜드(J. Holland)의 성격이론에 관한 설명으로 옳지 않은 것은?

① 여섯 가지 종류의 환경이 있고, 각 환경에는 그 성격 유형에 일치하는 사람들이 머문다.

② 사회형과 예술형은 서로 매우 높은 상관관계를 보인다.

③ 관습형의 대표적 직업에는 컴퓨터 프로그래머, 사서 등이 있다.

④ 일관성이란 개인의 흥미유형과 개인이 몸담고 있거나 소속되고자 하는 환경의 유형이 부합하는 정도를 말한다.

⑤ 홀랜드 인성이론 적용 검사도구로는 VPI, SDS, VEIK, MVS, CDM 등이 있다.

10 생애진로사정(LCA ; Life Career Assessment)에 관한 설명으로 옳지 않은 것은?

① 아들러(Adler)이론에 기초하여 내담자의 정보를 수집하는 구조화된 면접기법이다.

② 진로사정, 일상적인 하루, 강점과 약점, 요약의 네 부분으로 구성되어 있다.

③ 면담은 30분 정도 짧게 할 수 있으나, 필요에 따라서는 몇 회기에 걸쳐 심도 있게 할 수도 있다.

④ 일상적인 하루는 내담자에게 자신의 전형적인 하루를 차근차근 설명하도록 함으로써 어떻게 일상생활을 조직하는가를 밝힌다.

⑤ 현실치료의 WDEP기법을 활용한다.

11 구성주의 진로이론에 관한 설명으로 옳지 않은 것은?

① 구성주의에서는 개인의 경험이 똑같으므로 외부 세계에 대한 지식도 매우 동일하게 인식한다.

② 대표적인 학자는 사비카스(Savickas), 카크런(Cochran), 한센(Hansen) 등이 있다.

③ 사비카스(Savickas)는 직업적 성격, 진로적응성, 생애주제 등 세 가지 구성요인으로 이론을 구성했다.

④ 진로유형 면접, 자서전 쓰기, 유언장 쓰기 등의 기법 등을 이용하여 자기주도적 학습 환경을 구성하는 데 기여한다.

⑤ 사비카스의 진로적응도 자원과 전략에는 관심, 통제, 호기심, 자신감 등이 있다.

12 로(Roe)의 욕구이론에 관한 설명으로 옳지 않은 것을 모두 고른 것은?

> ㄱ. 매슬로우(Maslow)의 욕구체계이론에 영향을 받았다.
> ㄴ. 개인이 갖고 있는 여러 가지 잠재적 특성의 발달에는 한계가 없다.
> ㄷ. 서비스직, 옥외 활동직, 예능직 등을 포함하여 흥미에 기초한 8가지 직업군을 제안하였다.
> ㄹ. 차가운 부모 – 자녀의 관계에서 성장한 사람은 사람과의 접촉이 많은 서비스 직종의 직업을 선호한다.
> ㅁ. 확신성, 안정성, 목적성의 정도를 기준으로 4단계의 직업수준을 제시하였다.

① ㄱ, ㄴ, ㄷ   ② ㄴ, ㄷ, ㄹ
③ ㄴ, ㄹ, ㅁ   ④ ㄴ, ㄹ, ㅁ
⑤ ㄱ, ㄷ, ㅁ

13 하렌(Harren)의 진로이론에 관한 설명으로 옳지 않은 것은?

① 개인의 진로결정 과정과 방법 및 진로결정에 영향을 미치는 요인을 설명한다.
② 진로의사결정 영향요인으로 자아개념과 의사결정 유형을 제안하였다.
③ 의사결정 유형을 합리적 유형, 직관적 유형, 의존적 유형으로 나누었다.
④ 진로결정 수준은 자신의 전공과 직업선택과 관련된 확신의 정도를 말한다.
⑤ 진로의사결정단계는 계획단계, 인식단계, 이행단계, 확신단계 순으로 이루어진다.

14 갓프레드슨(Gottfredson)이 제시한 직업포부의 발달단계 중 3단계에 해당하는 것은?

① 사회계층에 대한 관심이 생기면서 상황 속에서 자아를 인식한다.
② 외형적 관심 단계이며, 어른들의 흉내를 내고 직관적인 사고를 한다.
③ 남녀의 구분 등 정체감을 형성한다.
④ 타협의 과정이 시작되며 자기개념에 부합하는 직업을 탐색한다.
⑤ 고유한 내적 자아의 특성에 대한 개념을 갖는다.

15 다음 보기의 내용 중 옳은 설명을 모두 고른 것은?

> ㄱ. 유리천장, 다중역할 갈등은 장애인 진로문제의 특징이다.
> ㄴ. 자신이 좋아하는 직업을 알고 싶어하는 학생에게 직업전환실습을 실시한다.
> ㄷ. 정보는 그 자체보다는 이용 가치의 높고 낮음에 의해 중요도가 결정된다.
> ㄹ. 직업사전, 학과정보, 자격정보 등을 제공하고 있는 커리어넷은 교육부에서 운영하고 있다.
> ㅁ. 직업사전, 직업전망서, 직업분류 등을 통해 직업에 대한 정보를 얻을 수 있다.

① ㄱ, ㄴ
② ㄷ, ㄹ
③ ㄹ, ㅁ
④ ㄱ, ㄷ
⑤ ㄷ, ㅁ

16 다음 보기의 내용은 어떤 이론에 대한 설명인가?

> ○ 개인과 환경간의 상호작용을 통한 욕구충족을 강조한다.
> ○ 개인의 성격양식을 민첩성, 역량, 리듬, 지구력으로 설명한다.
> ○ 이 이론과 관련하여 개발된 검사도구에는 MIQ, JDQ, MSQ, MOCS Ⅲ, MSS가 있다.

① 직업적응 이론
② 생애진로발달 이론
③ 제한-타협 이론
④ 사회학습 이론
⑤ 진로의사결정 이론

17 진로사고검사(CTI)에 관한 설명으로 옳은 것은?

① 초등학생부터 대학생까지만 사용가능하다.
② 하위척도에는 목표선택, 직업정보, 문제해결, 미래계획이 포함된다.
③ 사회인지 진로이론에 근거하여 진로선택을 방해하는 생각, 비합리적 신념을 명료화하여 측정한다.
④ 진로와 관련된 다양한 진로탐색 활동을 성공적으로 수행할 수 있는지에 대한 확신성의 정도를 측정한다.
⑤ 진로결정에 있어서 개인차를 고려한 개별화된 진로서비스를 제공할 수 있다.

18 긴즈버그(Ginzberg)의 직업선택의 단계에서 직업선택 시 다양한 요인을 고려해야 함을 인식하는 단계는?

① 능력(Capacity)단계
② 탐색(Exploration)단계
③ 결정화(Crystallization)단계
④ 가치(Value)단계
⑤ 전환(Transition)단계

19 크롬볼츠(Krumbolts)의 진로결정요인과 관련 있는 것이 아닌 것은?

① 자기관찰 일반화
② 세계관 일반화
③ 신념의 일반화
④ 과제접근기술
⑤ 행위의 산출

20 이론과 진로심리검사가 바르게 연결되지 않은 것은?

① 수퍼(D. Super)의 진로발달이론 – 역할명확성검사/역할중요도검사(SI)
② 다위스(R. Dawis), 롭퀴스트(L. Lofquist)의 직업적응이론 – 미네소타 직업가치도검사
③ 샘슨(J. Sampson), 피터슨(G. Peterson), 렌즈(J. Lenz), 리어든(R. Reardon)의 인지정보처리모델 – 진로사고검사(CTI)
④ 홀랜드(J. Holland)의 진로선택이론 – 진로상황검사/진로정체감검사(MVS)
⑤ 크롬볼츠(J. Krumboltz) – 사회학습이론/직업가치관검사(WVI)

21 일반적성검사에 관한 내용으로 적절하지 않은 것은?

① 11개 지필검사와 4개 기구검사로 구성되어 있다.
② 검출되는 적성은 형태지각, 사무지각, 운동조절, 공간판단능력, 언어능력, 산수능력, 손 재치, 손가락 재치, 손운동 속도, 학습능력인 일반지능의 10개 요인이다.
③ 검사 결과는 요인별 표준점수에 의한 프로파일 형식으로 제공된다.
④ 몇 개의 적성요인에 대한 표준점수를 조합하면 개인이 어떤 유형의 직업에 적당한지에 대한 정보를 얻을 수 있다.
⑤ 수리력, 추리력, 공간관계, 언어추리, 기계추리, 사무능력, 언어철자, 언어문장의 8개 하위검사로 구성되어 있다.

22 미국의 진로발달학회(NCDA)에서 제시한 진로상담자의 역할이 아닌 것은?

① 개인상담과 집단상담을 진행하여 내담자의 삶과 진로목표의 구체화를 돕는다.

② 과제 부여, 계획 경험하기 등을 통해 탐색활동을 격려한다.

③ 내담자의 직장 내 성 역할 고정관념이 확립되도록 돕는다.

④ 개인의 진로계획을 지원한다.

⑤ 직업세계를 이해하도록 진로설계시스템, 직업정보시스템을 활용한다.

23 공인회계사가 되고 싶어하는 학생의 직업선호도검사 결과이다. 이를 바탕으로 진로상담을 진행할 때 옳은 것은?

흥미유형	R	I	A	S	E	C
원점수	40	10	6	33	26	22

① 관습형에 속하는 직업이 내담자의 흥미와 잘 맞는 것으로 판단된다.

② 숫자, 기록, 기계와 관련된 규칙적이며 순서에 따라 업무를 처리하는 분야에는 보수형의 사람들이 많다.

③ 논리적 · 분석적 · 합리적인 성격을 지니고 있다.

④ 2차 대안으로 사회적 유형을 탐색해 본다.

⑤ 내담자의 직업포부가 공인회계사이므로 일치성이 높음을 고려한다.

24 다음 중 흥미를 탐색하기 위해 개발된 검사가 아닌 것은?

① 미네소타 중요도검사(MIQ)

② 직업선호도검사(VPI)

③ 스트롱 흥미검사(SII)

④ 쿠더 흥미검사(KPR)

⑤ 홀랜드 진로탐색검사

25 진로심리검사 결과 해석에 관한 설명으로 옳지 않은 것은?

① 검사결과로 나타난 강점과 약점 모두가 객관적으로 검토되어야 한다.

② 검사결과는 가능성보다 확실성의 관점에서 제시되어야 한다.

③ 내담자가 검사결과를 잘 이해할 수 있도록 안내하고 격려해야 한다.

④ 검사결과는 내담자가 이용 가능한 다른 정보와 관련지어 제시되어야 한다.

⑤ 상담자와 내담자 모두에게 도움이 되는 정보를 제공해준다.

01 형태주의 집단상담 기법을 모두 고른 것은?

ㄱ. 시범보이기　　　　　　　ㄴ. 자기주장훈련 ㄷ. 뜨거운 자리　　　　　　　ㄹ. 차례로 돌아가기 ㅁ. 홍수법

① ㄱ, ㄴ　　　　　　　　　　② ㄴ, ㄷ
③ ㄷ, ㄹ　　　　　　　　　　④ ㄹ, ㅁ
⑤ ㄷ, ㅁ

02 로저스(Rogers)가 제안한 참만남 집단과정 15단계에 해당하는 것을 모두 고른 것은?

ㄱ. 참가자의 피로　　　　　　ㄴ. 부정적 감정의 표현 ㄷ. 신체적 에너지의 이완　　　ㄹ. 가면의 파괴 ㅁ. 직 면

① ㄱ, ㄴ, ㄷ　　　　　　　　② ㄱ, ㄷ, ㄹ
③ ㄴ, ㄷ, ㅁ　　　　　　　　④ ㄴ, ㄹ, ㅁ
⑤ ㄱ, ㄴ, ㄷ, ㄹ

03 대상관계이론에 관한 설명으로 옳지 않은 것은?

① 컨버그(Kernberg)와 코헛(Kohut)이 제시하였다.
② 자아구조를 욕동과 그 파생물의 결과물로 본다.
③ 대상관계표상은 아동과 양육자의 상호작용이 내면화된 결과이다
④ 각 발달과정에서 자아의 통합능력에 따라 내사, 동일시, 자아동일시 3가지 수준에서 이루어진다.
⑤ 경계선 장애를 중심으로 대상관계의 병리적 발달에 대해 집중적인 이론을 제공하고 있다.

04 교류분석(TA) 집단상담에 관한 설명으로 옳은 것은?

① 의사교류분석 – 문화적 적응을 돕는 상담기법
② 게임분석 – 계약기법을 통해 자율적 인간으로서의 책임감 고취
③ 인생각본분석 – 과거의 경험적 자료들에 의한 자아구조 혼합 분석
④ 구조분석 – 생의 초기부터 외적 사건들에 대한 해석을 기초로 형성
⑤ 의사교류분석 – 상보적·교차적·암시적 의사교류로 구분

05 교류분석 집단상담에 관한 설명으로 옳지 않은 것은?

① 인간의 약점이나 결함보다는 강점에 초점을 두는 이론이다.
② 적절한 초기결정 후에는 그 결정을 번복하지 못하며 새로운 결정을 내릴 수 없다.
③ 상담의 목적은 궁극적으로 개인생활을 '자기긍정–타인긍정'으로 변화시키는 것이다.
④ 인생각본은 생의 초기에 있어서 개인이 경험하는 외적 사태들에 대한 자신의 해석을 바탕으로 하여 결정·형성된 반응양식이다.
⑤ 스트로크(Stroke)는 넓은 의미에서 타인 존재의 인정을 뜻하는 모든 행위를 포함하는 개념이다.

06 다음 중 집단상담에 관한 설명으로 옳은 것은?

① 개방적 집단의 경우 응집성 형성과 발달에 유익하다.
② 집단상담자의 운영방식에 대한 집단원의 불만은 응집단계에서 다룬다.
③ 기관 의뢰 집단상담을 진행할 때, 집단 진행과 관련된 기관의 정책과 윤리지침은 기밀사항으로 한다.
④ 집단상담의 평가에 있어서 가장 중요한 요소는 정확성과 구체성이다.
⑤ 피드백 기법은 집단원이 준비되었을 때, 변화 가능한 것들에 대해서 구체적으로 하되 집단원이 행동한 직후에 한다.

07 작업 단계에서 치료적 요소를 촉진하기 위한 방법으로 옳지 않은 것은?

① 집단원이 침묵할 때 무조건적으로 수용한다.
② 집단원에 대한 격려, 수용 및 상담자의 자기개방에 대한 모델링의 기법이 사용된다.
③ 자기노출, 피드백과 맞닥뜨림은 작업단계의 필수요소이다.
④ 집단원이 자신의 비효과적인 행동패턴을 깨닫도록 한다.
⑤ 적절한 감정의 표출과 정화를 돕는다.

08 집단상담과 유사한 개념들에 관한 설명으로 옳지 않은 것은?

① 집단치료는 성격장애의 문제를 다루고 심각한 신경증적 갈등을 경험하는 집단원을 대상으로 한다.

② 집단치료는 현재나 미래보다는 과거에 더 강조점을 두지만, 현재의 문제나 병을 해결하고 치료하는 데 관심을 기울인다.

③ 집단지도는 정보를 제공하는 일종의 직접적이고 인지적인 과정이며, 교육적 경험의 내용을 주제로 취급한다.

④ 집단지도는 개인적·정서적 문제의 해결에 치중하고, 현재의 문제나 병을 해결하고 치료하는 데 관심을 기울이며, 개인의 성장과 변화를 목적으로 한다.

⑤ 집단훈련을 통해 구성원들은 공동의 목적을 가지고 필요한 정보를 얻는 동시에 집단상담과 같이 구성원 각자가 자신의 어려운 문제와 고민을 털어놓는다.

09 다음 중 집단의 유형이 올바르게 연결된 것은?

① 교육집단 – 잠재력 개발집단
② 자치집단 – 금연집단
③ 성장집단 – 청소년 성교육집단
④ 치유집단 – 암환자 가족모임
⑤ 사회화 집단 – 자기주장 훈련집단

10 다음 보기와 같은 특성을 지닌 집단에 관한 설명으로 옳지 않은 것은?

> ○ 집단 참여 오리엔테이션이 중요하다.
> ○ 집단원이 다양한 사람들과 어울릴 기회가 늘어난다.
> ○ 한 회기나 제한된 시간 내에 다루기 어려운 문제 탐색은 피하는 것이 좋다.

① 또래와 어울리면서 의사소통, 팀워크 등과 같은 사회적 기술을 익히는 것이 집단의 목적일 경우 적합하다.

② 결원이 생기면 새로운 집단원이 들어올 수 있다.

③ 비교적 장기적으로 운영하는 데 적합하다.

④ 집단 응집력이 결여될 수 있다.

⑤ 소수 의견이 집단의 논리에 의해 무시될 수 있다.

11 젠킨스(Jenkins)의 집단에 관한 평가내용이 아닌 것은?

① 집단토의나 활동의 성취도
② 성취 혹은 진전의 속도
③ 집단 자원의 활용도
④ 집단활동의 개선책
⑤ 집단의 특이수준

12 집단상담자의 역할을 모두 고른 것은?

> ㄱ. 집단원들의 보호 · 격려
> ㄴ. 집단의 목표 및 세부 계획의 수립
> ㄷ. 집단의 규준설정 및 구조화
> ㄹ. 집단과정 해석
> ㅁ. 집단원들을 선별하고 선발

① ㄱ, ㄴ, ㄷ   ② ㄱ, ㄴ, ㄹ
③ ㄱ, ㄷ, ㄹ, ㅁ   ④ ㄴ, ㄷ, ㄹ, ㅁ
⑤ ㄱ, ㄴ, ㄷ, ㄹ, ㅁ

13 다음 보기에서 설명하는 유형의 사람에게 가장 필요한 상담기법에 해당하는 것은?

> ○ 냉담하고 무관심하며 흥미가 없다.
> ○ 계획이나 목표 없이 이 일 저 일 표류한다.
> ○ 지나치게 순종적이다.

① 직 면   ② 예 증
③ 역할전환   ④ 가치관 명료화
⑤ 심적 지지

14 집단상담 및 청소년상담에 관한 설명으로 옳은 것은?

① 집단상담은 개인상담에 비해 참여자의 관여와 조절이 쉽고 상담이 더 깊어질 수 있다.

② 내담자가 사생활 관련 질문을 할 경우 집단규칙을 벗어나므로 주의를 준다.

③ 상담 시 내담자의 비밀은 어떠한 경우라도 예외 없이 보장되어야 한다.

④ 집단상담자는 집단원이 지나치게 질문만 계속할 때 집단원의 행동을 제한해야 한다.

⑤ 청소년 집단상담 마무리 활동으로 가치관 경매, 문장 완성 등이 있다.

15 집단상담자에 관한 설명으로 옳은 것은?

① 집단의 목적, 규정, 한계 등 집단의 틀(Frame)을 잡아 주는 것은 바람직하지 않다.

② 집단원이 지나치게 의존적인 행동을 보이는 경우 거절의 표시를 해야 한다.

③ 집단상담자의 전문적 자질에 개인상담 경험은 포함되지 않는다.

④ 집단상담 중 대화를 독점하는 집단원에게 주지화를 실시해보도록 한다.

⑤ 집단상담자의 '자기 노출하기'는 부정적 결과를 초래할 수 있다.

16 집단상담의 평가에 관한 설명으로 옳지 않은 것은?

① 일반적으로 집단상담 평가의 주체는 집단상담자이며, 평가대상은 집단원이다.

② 평가대상에 따라 집단원 평가, 집단상담자 평가, 집단상담 프로그램 평가, 집단상담 기관 평가 등이 있다.

③ 평가는 종결단계에서 이루어져야만 한다.

④ 집단상담 평가는 목적지향적 활동으로서, 일차적 목적은 목표관리에 있다.

⑤ 평가결과는 집단상담의 계획, 유지, 보완, 수정, 폐기 여부에 반영된다.

17 청소년 집단상담에 관한 설명으로 옳지 않은 것은?

① 15세 이후의 청소년에게는 혼성집단이 동성집단보다 더 바람직하다.

② 구성원의 친밀함이 자기 개방을 방해할 수도 있다.

③ 비구조적 집단상담의 형태로 진행하는 것이 더 효과적이다.

④ 내담자의 사생활과 비밀은 상담기관의 다른 상담전문가, 사무원에게도 보장되도록 한다.

⑤ 집단원으로 하여금 참여 동기와 기대, 집단규칙 등에 대해 언어로 표현하게 하는 것이 효과적이다.

18 다음 보기의 내용이 설명하는 활동순서 다음에 오는 내용으로 알맞지 않은 것은?

> ○ 상점에 들어가 문제들이 있는 상자들을 상상한다.
> ○ 열고 싶은 상자들을 열어 관찰한 후, 한 발짝 물러서서 자신의 반응을 자각해 본다.
> ○ 잠시 후 자신이 느낀 감정을 살펴보고 평소에 그런 감정을 느끼는 비슷한 상황을 떠올린다.

① 전반적인 감정을 정의한 다음, 그 감정에 대한 다양한 측면 및 요소들을 집단원과 함께 주의 깊게 분석한다.

② 집단원에게 유사한 감정을 느낀 비슷한 상황이 있었는지 떠올려 보도록 한다.

③ 집단원에게 부정적 감정을 자극하지 않는 비슷한 상황에 초점을 맞추도록 한다.

④ 같은 감정이 일어날 때까지 경험한 것을 회상하도록 한다.

⑤ 처음의 느낌을 다른 상황에서의 느낌으로 대체하도록 한다.

19 게슈탈트 집단상담 기법과 그 내용에 관한 설명이 옳게 짝지어진 것은?

① 신체활동 과장하기 – 상징적인 의미 파악보다 감정 정화가 목적이다.

② 환상대화법 – 집단원들이 돌아가면서 평소에 표현하지 않았던 것을 이야기한다.

③ 순회하기 – 내적 분열과 궁극적인 성격을 통합하여 자각한다.

④ 질문형을 진술형으로 고치기 – 미해결된 상황을 현재 상황과 통합하여 인식한다.

⑤ 꿈 작업 – 꿈의 내용을 기억하고, 그것이 마치 지금 일어난 것처럼 재현한다.

20 조하리(Johari)의 창 이론에 대한 설명으로 옳지 않은 것은?

① 세로 축은 자신이 아는 부분과 모르는 부분을 의미한다.

② 숨겨진 창은 비밀영역으로 나는 알지만 다른 사람에게는 알려지지 않은 정보이다

③ 열린 창은 공개영역으로 나도 알고 다른 사람에게도 알려져 있는 나에 대한 정보이다.

④ 네 창의 영역의 크기는 사람마다 다르며, 이를 분석하여 대상의 성향을 파악할 수 있다.

⑤ 대부분의 사람은 창의 네 영역을 모두 가지고 있지만 알코올 중독자는 보이지 않는 창이 존재하지
않는 경우가 많다.

21 아들러(Adler)의 개인심리학적 집단상담에서 집단원이 사용하는 자기보호 성향(Safeguarding Tendency) 기제에 관한 설명으로 옳지 않은 것은?

① 자존감을 지키기 위해 작동한다.

② 프로이트의 자기방어기제에 대응하는 개념이다.

③ 집단원 보호성향은 변명, 철회, 공격성으로 나타난다.

④ 사회적 상황에서 의식적 또는 무의식으로 작동한다.

⑤ 어린 시절의 가족경험에 의해 발달하는 개인이 지니는 독특한 삶의 방식을 말한다.

22 현실치료 집단상담에 관한 설명으로 옳지 않은 것은?

① 인간은 특정한 욕구를 가졌으며 그러한 욕구를 충족하기 위해 환경을 통제할 수 있다.

② 인간의 기본욕구를 생존, 소속, 힘, 자유, 재미로 본다.

③ 모든 문제가 존재하는 시기는 현재이며, 이들을 통제할 수 있는 것도 현재이므로 과거에는 관심을
두지 않는다.

④ 실존주의적 · 현상론적 관점을 강조한다.

⑤ '사고 – 행동 – 감정 – 생리 반응' 순으로 통제하기 쉽다.

23 집단상담을 위한 심리극에 관한 설명으로 옳은 것은?

① 보조자아는 심리극 장면에 첨가하는 주인공과 연출자, 관객 이외의 모두를 말한다.

② 보조자아가 주인공이 실제로 표현하기 주저하는 내면심리를 대신하여 표현하는 기법을 '거울기법'이라고 한다.

③ 집단지도자, 치료자, 교사 또는 상담자로서 일하고 있는 사람은 연출자를 맡을 수 없다.

④ 관객은 주인공이 자신의 감정들을 탐구하는 과정에 직접 참가하지 않는다.

⑤ 심리극의 구성요소는 주인공, 보조자아, 연출자, 관객, 작가이다.

24 집단원 선발에 관한 설명으로 옳지 않은 것은?

① 찾아온 후보자들을 일일이 면접한다.

② 질문지에는 집단에 기여할 수 있는 방법이나 집단에 대한 기대 등이 포함된다.

③ 교사나 병원 직원과 같은 의뢰원에 의한 선발도 가능하다.

④ 청소년의 경우 집단원 선정 시 부모나 보호자의 승인을 얻어야 한다.

⑤ 집단원을 선발할 때 청소년의 호소문제와 특성뿐 아니라 가족관계도 반드시 파악하여야 한다.

25 다음 보기의 내용과 관련된 설명으로 옳지 않는 것은?

> 실존적 요인, 희망의 주입, 보편성, 정보공유, 이타심, 사회화 기술의 개발, 동일시, 대인관계학습, 집단응집력, 정화, 1차 가족집단의 교정적 재현

① 얄롬(Yalom)이 제시한 집단상담의 치료적 요인이다.

② 실존적 요인은 삶의 안정성에 대한 인식이다.

③ 초기 아동기와 유사한 역동체험을 시도한다.

④ 대인관계학습에서 관계적 모델을 사용한다.

⑤ 자신들의 인생에 대한 궁극적인 책임은 스스로에게 있다는 것을 인식한다.

01 가족상담의 원리에 관한 설명으로 옳지 않은 것은?

① 가족상담의 기본이론은 체계이론이다.

② 가족상담은 세대 간의 역동과 성장에 초점을 둔 모델이다.

③ 상담자는 가족체계에서 그들의 역할과 기능의 관계를 고려하여야 한다.

④ 가족치료의 주된 관심 대상은 문제의 원인을 밝히는 것이다.

⑤ 가족상담을 위해서는 심리내적, 가족 간의 상호작용을 이해해야 한다.

02 가족상담에서 사전 동의에 관한 설명으로 옳지 않은 것은?

① 가족상담의 위험을 최소화할 책임이 상담자에게도 있음을 이야기한다.

② 계약상담자가 선택한 다양한 개입방법의 효율성을 설명한다.

③ 개인의 목표가 관계나 가족의 목표보다 우선시된다는 것을 알린다.

④ 예정된 상담의 횟수와 간격, 상담시간, 누가 참석할 것인가, 상담비용 등에 대해 설명한다.

⑤ 가족과 상담과정에서 다루어질 목적과 내용을 설명한다.

03 다음 보기와 같은 유형의 질문은 무엇인가?

> 밤에 자는 동안 기적이 일어나 지금 치료목표로 하는 문제가 해결되었다고 상상해봅시다. 잠자는
> 동안 무슨 일이 생겼는지 아무도 모릅니다. 아침에 눈을 떴을 때, 당신에게 무엇이 달라지면 지난
> 밤 동안에 기적이 일어났다고 생각하겠습니까?

① 남편이 결혼생활을 지속하고 싶은 정도는 몇 점일까요?

② 당신에게 변화가 일어난 것을 다른 가족들은 무엇을 보고 알 수 있습니까?

③ 문제가 발생하는 상황과 발생하지 않는 상황에 어떤 차이가 있나요?

④ 문제가 발생하지 않을 때 무엇을 합니까?

⑤ 당신을 오늘까지 지탱하도록 한 것은 무엇인가요?

04 다음 보기의 내용은 가족상담 중 어떤 개념에 해당하는가?

○ 개인이 정체성과 독자성을 억제하고 가족이 함께 해야 한다는 믿음으로 가족의 담장을 늘여가는 관계이다.
○ 겉으로는 가족 간에 갈등이 없지만, 내면적으로는 갈등이 존재하는 이중구조로 인해서 가족구성원들은 비현실성을 가지며, 결국 정신분열증으로 발전한다.

① 고무울타리(Rubber Fence)
② 경계선(Boundary)
③ 부적 피드백(Negative Feedback)
④ 체계의 전체성(Wholeness)
⑤ 유기체의 동일 결과성(Equifinality)

05 가족관계 관찰을 위한 상담사의 질문으로 적절하지 않은 것은?

ㄱ. 의사소통 패턴이 서로 주고받는 패턴인가? 일방적인가?
ㄴ. 가족에게서 파악될 수 있는 인지적 기능이 무엇인가?
ㄷ. 가족의 내적인 모습에서 무엇을 파악할 수 있는가?
ㄹ. IP(Identified Patient)의 문제행동은 어떤 성격적 장애 때문인가?
ㅁ. 어떤 하위체계가 이 가족에서 작용하고 있는가?

① ㄱ, ㄴ   ② ㄷ, ㄹ
③ ㄱ, ㄷ   ④ ㄹ, ㅁ
⑤ ㄷ, ㅁ

06 가족치료의 윤리원칙에 관한 설명으로 옳은 것은?

① 다중관계 금지는 상담자와 내담자 간의 친밀함의 위험성을 말한다.
② 치료가 치료자의 영역을 넘는 범위일 때 다른 치료서비스를 받도록 한다.
③ 고지된 동의에는 치료자의 치료 중단 권리를 포함한다.
④ 치료자는 모든 상담에 책임 있는 결정을 내려야 한다.
⑤ 상담 시작 전 내담자에 대한 완전한 비밀유지에 대한 입장을 요구한다.

07 초기 가족상담모델에 관한 설명으로 옳은 것은?

① 이야기치료, 해결중심 가족상담 등을 '체계론적 가족치료'라고 부른다.
② 부부가 서로 역할을 교환할 수 없다는 부부불균형(Marital Skew) 개념이 소개되었다.
③ 일반체계이론, 사이버네틱스(Cybernetics) 등이 도입되었다.
④ 내담자와 치료자 간의 상호작용을 중시하였다.
⑤ 환경과의 상호작용, 자율성을 강조하는 1차 사이버네틱스가 배경이 되었다.

08 구성주의와 사회구성주의가 가족상담에 미친 영향에 관한 설명으로 옳은 것은?

① 언어가 실재를 반영한다는 표상주의의 입장으로 변화하였다.
② 상담의 초점이 문제행동을 제거하는 것으로 변화하였다.
③ 모더니즘의 영향을 받았다.
④ 상담자의 전문적 역할이 중요해졌다.
⑤ 행동을 재명명하는 전략적 기법이 시도되었다.

09 초기 가족상담의 발전에 영향을 준 것이 아닌 것은?

① 부부상담   ② 아동상담소 운동
③ 사회복지실천의 영향   ④ 페미니즘(Feminism)
⑤ 집단역동운동

10 보웬(Bowen)의 가족상담 중 여러 기법에 관한 설명으로 옳은 것은?

① 탈삼각화 기법 – 가족원의 자아분화를 낮추는 기법이다.
② 관계실험 – 영화, 비디오테이프를 보여주거나 이야기를 들려주면서 가족의 방어적 태도를 최소화하고, 가족들에게 체계의 기능을 가르친다.
③ 자기입장(I-Position) 지키기 – 정서적 충동에 의해 반응하므로 권장되지 않는다.
④ 과정질문 – 내담자의 감정을 가라앉히고 정서적 반응에 의해 유발된 불안을 낮추며 사고를 촉진하는 기법이다.
⑤ 코칭 – 상담자가 가족문제를 해결하도록 지시하는 것이다.

11 가족상담자의 중기단계 역할로 옳지 않은 것을 모두 고른 것은?

> ㄱ. 계약과 교환관계 향상시키기
> ㄴ. 합류하기
> ㄷ. 가족체계 내의 특정 변화 강조하기
> ㄹ. 주변의 가족원 참여시키기
> ㅁ. 요 약

① ㄱ, ㄴ   ② ㄷ, ㄹ
③ ㄱ, ㅁ   ④ ㄴ, ㅁ
⑤ ㄴ, ㄷ

12 보웬(Bowen)의 '자기분화'에 관한 설명으로 옳은 것은?

① 내적인 불안을 인내할 수 있고, 다른 사람의 불안에 전염되지 않는 사람은 분화수준이 낮다.
② 분화수준이 높은 사람은 스트레스에 취약하여 병적으로 발전한다.
③ 분화수준이 높은 사람은 자신의 감정체계를 있는 그대로 받아들이면서도 이성적으로 대처하고 반응할 수 있으며, 친밀한 관계를 유지할 수 있다.
④ 분화수준이 높은 사람은 감정에 의해 지배되는 삶을 살거나 감정 반사적인 행동을 많이 한다.
⑤ 자아분화는 지적인 분화가 아닌, 정서적인 분화를 의미한다.

13 카터(Carter)와 맥골드릭(McGoldrick)의 가족생활주기에 관한 설명으로 옳은 것은?

① 가족생활주기의 첫 단계는 '가족이 형성되는 결혼' 단계이다.
② 수직적 스트레스는 발달적 요인과 외적요인으로 나뉜다.
③ 가족생활주기에 다세대적 관점을 포함시키고, 이혼과 재혼의 단계를 고려하였다.
④ 결혼전기에는 새로 부부가 되면서 요구되는 3가지 과업을 익혀야 한다.
⑤ 자녀독립기에는 조부모의 취약성과 자녀의 독립성을 고려해 가족경계의 융통성을 발휘해야 한다.

14 다음 보기의 내용과 연관된 이론은 무엇인가?

○ 가족구조	○ 하위체계	○ 경 계	○ 경계선

① 의사소통 가족상담모델
② 전략적 가족상담모델
③ 구조적 가족상담모델
④ 정신역동적 모델
⑤ 체계모델

15 미누친(Minuchin)의 구조적 가족상담에 관한 설명으로 옳지 않은 것은?

① 가족은 상호교류 유형을 통하여 상호작용하는 체계이다.
② 건강한 가족에서는 부모 하위체계와 부부 하위체계가 분리되어 존재한다.
③ 하위체계 속에는 '연합'과 '동맹'의 두 가지가 있다.
④ 체계로서의 가족이 구조와 기능에 균형을 유지하려는 속성을 가진다.
⑤ 합류(Joining)는 라포와 같다.

16 전략적 가족상담 모델의 상담기법 중 바르게 연결되지 않은 상담기법은?

① 재구성 기법 – 가족구성원이 문제를 다른 시각에서 이해할 수 있도록 돕는 방법이다.
② 긍정적 의미부여 – 가족들이 가지고 있는 증상행동이나 다른 성원들의 행동을 긍정적으로 재해석
   하는 것을 말한다.
③ 시련 기법 – 가족구성원이 현재 겪고 있는 고통과 같거나 더 심한 시련을 체험하도록 과제를 주어
   서, 그 증상을 포기하도록 유도하는 기법이다.
④ 역설적 기법 – 긴장 상황을 조성하고 반항심을 유발하는 대신에 놀이를 하는 기분으로 저항을
   우회한다.
⑤ 은유적 기법 – 가족구성원이 자신들의 문제를 상담자와 의논하기를 원하지 않을 때 유사한 다른
   문제에 대해 이야기하여 문제에 접근해 가는 방법이다.

17 전략적 가족상담이론 및 학파와 주요기법의 연결로 옳은 것은?

① 마다네스(Madanes) – 역설적 기법

② 헤일리(Haley) – 가장(Pretend) 기법

③ 파라졸리(Palazzoli) – 피드백 고리(Feedback Loop) 변화

④ MRI 학파 – 가족게임

⑤ 밀란(Milan) 학파 – 의례화

18 청소년기 자녀가 있는 가족상담에서 상담자의 개입으로 옳지 않은 것은?

① 청소년의 또래집단 행동에 대해서 초점을 맞추어야 한다.

② 청소년기 자녀가 부모로부터 분화를 시도하도록 돕는다.

③ 비행청소년의 가족상담에서는 또래의 특성 및 놀이문화, 학교생활, 지지체계 및 생태환경 등도 파악해야 한다.

④ 청소년들의 가장 큰 고민은 가족문제이므로 진로문제보다 먼저 다루어준다.

⑤ 청소년기 자녀와 부모의 갈등을 다룬다.

19 게임을 하는 자녀에게 부모의 반응에 대한 전략적 가족상담의 개념으로 옳은 것은?

> ㄱ. 게임시간이 너무 부족하다고 생각하니?
> ㄴ. 공부시간과 게임시간의 시간표를 같이 짜보도록 하자.

	ㄱ	ㄴ
①	행동수정	합리적 규칙
②	1차적 변화	2차적 변화
③	체계 변화	체계 변형
④	비난형 의사소통	초이성형 의사소통
⑤	명시적 규칙	암묵적 규칙

20 다음 보기의 내용에서 상담자가 시도하고 있는 개입기법은 무엇인가?

> 당신의 변화에 대해 배우자·자녀·부모는 어떻게 알 수 있겠습니까?

① 예외질문　　　　　　　　　　② 척도질문
③ 대처질문　　　　　　　　　　④ 기적질문
⑤ 상담 전 변화 질문

21 다세대 가족상담모델에 해당하지 않는 것은?

① 핵가족 감정체계　　　　　　　② 가족의 투사과정체계
③ 정서적 단절체제　　　　　　　④ 하위체계
⑤ 출생순위체계

22 다음 보기에서 상담자가 활용한 구조적·가족상담기법은?

> ○ 상담자가 부모에게 자녀에 대해 권위를 갖고 통제할 수 있는 규칙을 가질 수 있다고 먼저 힘을
> 　실어준다.
> ○ 다음에 방향을 바꾸어 자녀 편에 서서 자녀들이 자율성을 갖기 위해 부모와 타협할 권리가 있다
> 　고 지지해준다.

① 불균형(Unbalancing)　　　　　② 합류(Joining)
③ 재명명(Relabeling)　　　　　　④ 추적(Tracking)
⑤ 실연(Enacting)

23 이야기치료에서 외부증인집단에게 다음과 같이 묻는 상담기법은?

> "늦은 밤까지 게임을 하고 늦잠을 자서 아침 수업시간에 지각하거나 결석하는 것에 이름을 붙인다면 뭐라고 할까?"

① 역설적 개입(Paradoxical Intervention)
② 재정의하기(Reframing)
③ 공명하기(Resonance)
④ 외재화하기(Externalizing)
⑤ 모방(Mimesis)

24 해결중심 가족상담의 목표설정 방법으로 적절한 것은?

① 변화는 문제시 되는 행동을 처음부터 하지 않는 것을 목표로 한다.
② 나비효과처럼 작은 변화가 큰 변화를 가져올 수 있게 설정한다.
③ 청소년 자녀와 갈등이 많은 부모가 자녀와 싸우지 않기를 목표로 설정한다.
④ 기적질문을 통해 '백만장자의 꿈'을 이룰 수 있다는 희망을 준다.
⑤ 문제의 원인이나 성질을 파악하는 것이 해결을 아는 것보다 더 유용하다.

25 미누친(Minuchin)의 구조적 가족상담에 관한 설명으로 옳은 것은?

① 가족구조란 세대의 구성을 의미한다.
② 유리된 경계선은 독립되어 있지만 고립되어 있어 상호작용이 없다.
③ 합류(Joining)는 라포(Rapport)와 같은 개념이다.
④ '추적하기'는 가족에게 역기능적 가족성원의 교류를 실제로 재현시키는 것이다.
⑤ 명료한 경계선(Boundary)을 세대 간에 잘 전수시켜야 한다.

01 캐롤(Carroll)이 제안한 학교학습모형에서 다음 보기의 내용이 설명하는 요인은?

> ○ 학습에 필요한 시간으로 학습자 변인이다.
> ○ 최적의 학습조건 하에서 주어진 학습과제를 일정한 수준으로 성취하는 데 필요하다.

① 능 력　　　　　　　　　　② 적 성
③ 학습기회　　　　　　　　　④ 교수의 질
⑤ 학습지속력

02 주의집중력 향상을 위한 전략으로 옳지 않은 것은?

① 결손된 학습 내용을 보충하고 학습 능력을 높이도록 한다.
② 자기통제력 발달에 도움이 되는 내재적 언어를 가르친다.
③ 일과분석표를 미리 주어 매 시간대별 활동 내역을 적어 오도록 한다.
④ 주의집중을 방해하는 환경을 최대한 단순화하고 변화시킨다.
⑤ 학습전략을 향상시키려면 수학 관련 학습을 우선적으로 신장시킨다.

03 데시(Deci)와 라이언(Ryan)의 자기결정성 이론에서 다음 보기의 내용에 해당하는 동기유형은?

> ○ 자신이나 타인의 인정을 추구하며 죄책감이나 불안 혹은 자기 비난을 피하기 위하여 동기화 된 행동을 한다.
> ○ 교사가 자신을 좋은 학생으로 생각하기를 원하기 때문이라든지, 과제를 하지 않는 것을 스스로 용납하지 못하기 때문이라든지, 하지 않으면 수치스럽기 때문이라든지 등의 이유로 과제를 수행한다.

① 외적 조절(Extrinsic Motivation)
② 통합된 조절(Integrated Regulation)
③ 확인된 조절(Identified Regulation)
④ 내적 동기(Intrinsic Motivation)
⑤ 부과된 조절(Introjected Regulation)

04 로젠샤인(Rosenshine)과 스티븐스(Stevens)가 제시한 교사의 긍정적인 피드백 유형 중 과제를 잘하는지에 대한 평가 피드백에 해당되는 것은?

① 전략 피드백
② 수행 피드백
③ 동기 피드백
④ 귀인 피드백
⑤ 평가 피드백

05 귀인이론에 관한 다음 설명 중 옳지 않은 것은?

① 능력은 내적요인이고 안정적이다.
② 능력은 통제 불가능 요인이다.
③ 노력은 불안정 요인이다.
④ 높은 점수를 통제 불가능한 요인으로 귀인하면 자부심을 느끼게 된다.
⑤ 안정성의 차원은 미래에 대한 기대와 관련되어 있다.

06 다음 보기에서 사용하고 있는 시험불안에 관한 개입전략은?

> 명수는 "기말시험을 잘 볼 수 있을 거야"라고 시험 보기 전부터 마음속으로 굳게 생각했다.

① 자기대화(Self-Talk)하기
② 비합리적인 생각을 합리화하기
③ 자기구실 만들기
④ 이완훈련 하기
⑤ 사전학습 강화하기

07 에클스(Eccles), 윅필드(Wigfield)와 쉬펠레(Schiefele)가 제시한 자녀의 학습과 관련 있는 부모의 태도에 해당되지 않는 것을 모두 고른 것은?

> ㄱ. 학업에 대한 가치부여
> ㄴ. 잠재적인 성취 수준
> ㄷ. 학습장애물 극복전략의 필요성에 대한 신념
> ㄹ. 자녀의 학업수행에 대한 귀인
> ㅁ. 부모-자녀관계 인식
> ㅂ. 자녀의 능력에 대한 기대와 확신

① ㄱ, ㄷ
② ㄴ, ㅁ
③ ㄷ, ㄹ, ㅁ
④ ㄱ, ㄴ, ㄷ
⑤ ㄱ, ㄴ, ㅂ

08 지적장애(정신지체) 아동에 관한 설명으로 옳은 것은?

① 사회성 발달은 정상아와 차이가 없다.

② 실패의 원인을 자기에게로 돌려 부정적 자아개념을 형성한다.

③ 신체운동 기능은 정상아와 차이가 없다.

④ 지적장애는 지능검사가 IQ 80 이하일 때를 말한다.

⑤ 말할 때 의미적·개념적 측면보다는 형식적·순차적 측면에 초점을 맞추기 쉽다.

09 뇌의 기능과 부분의 연결이 옳지 않은 것은?

① 전두엽 – 감각정보

② 우반구 – 시·공간과 관련된 지각능력, 정서능력, 운동능력

③ 측두엽 – 글을 읽거나 말의 의미파악

④ 후두엽 – 시각능력

⑤ 좌반구 – 논리적·지적 사고와 같은 언어기능

10 다음 중 상위인지전략의 '계획전략'에 해당하는 것은?

① 시험을 치는 동안 문제 푸는 속도 체크하기

② 학습내용에 집중하기

③ 자신의 이해 정도를 스스로 평가해 보기

④ 무슨 내용에 대한 것인지를 대강 훑어보기

⑤ 이해하기 어려운 부분이 있으면 속도를 줄이기

11 로빈슨(H. Robinson)의 SQ3R에 해당되지 않는 것은?

① 책을 차분히 읽어가면서 책의 내용을 하나하나 확인한다.

② 책을 읽기 전에 각 장의 제목, 그림, 요약 등을 살펴본다.

③ 중요한 요점을 떠올리고, 이들 요점 간의 상호관계를 정리한다.

④ 책에 나오는 각 장 및 절의 소제목을 6하 원칙에 따라 의문문으로 바꾸어 본다.

⑤ 교사에게 모르는 내용을 질문한다.

12 시험불안 원인을 다음과 같이 설명하는 이론적 접근은?

> 자신의 능력을 평가절하여 시험을 제대로 보지 못할 것이라는 내적 대화를 하면서 걱정, 염려를 활성화시켜 결국 정보처리 속도가 떨어진다고 본다.

① 욕구이론 접근   ② 인지적 간섭모델 접근

③ 행동주의적 접근   ④ 인지적 결핍모델 접근

⑤ 정서적 모델 접근

13 다음 보기의 (ㄱ)과 (ㄴ)에 들어갈 말로 알맞은 것은?

> (ㄱ)은/는 특히 불안 및 우울 등 개인의 정서적 요인이나 가정불화 및 부적절한 교우관계 등 환경적 요인에 의한 것인 반면, (ㄴ)은/는 특히 대뇌의 특정 영역에서의 발달적인 기능장애에 의해 나타나는 것으로 알려져 있다.

	ㄱ	ㄴ
①	학습지진	학습부진
②	학습장애	학습지진
③	학습장애	학습부진
④	학습부진	학습장애
⑤	학습부진	학습지진

14 수학 학습에서 발생하는 문제와 정보처리 과정에 관한 설명으로 옳은 것은?

① 작은 공간에서 수 쓰기 어려움 – 운동문제

② 숫자 정렬의 어려움 – 순차적 처리능력 문제

③ 수를 세어서 합산하기 어려움 – 시공간적 처리문제

④ 단계의 순서를 잊어버림 – 주의문제

⑤ 수업시간 동안 주의 집중의 어려움 – 시각적 처리문제

15 발표불안의 원인으로 옳지 않은 것은?

① 사회적 기술부족   ② 유전적 영향

③ 부모의 엄격한 양육태도   ④ 무조건화된 학습의 결과

⑤ 비합리적 사고

16 하이디(Heidi)와 레닝거(Renninger)가 제시한 흥미 발달단계 중 다음 보기의 내용에 해당되는 단계는?

○ 시간이 지나도 특정한 주제에 대해 지속적인 흥미를 보임
○ 상당한 정도로 자발적 흥미를 보이며, 외적인 지원도 이를 유지하는 데 도움이 됨
○ 긍정적 감정, 지식의 증가 및 축적, 자기조절 및 자기성찰의 증가

① 상황적 흥미의 유지 단계
② 상황적 흥미의 소멸 단계
③ 상황적 흥미의 촉발 단계
④ 개인적 흥미의 등장 단계
⑤ 개인적 흥미로 자리잡음 단계

17 효과적인 노트필기 방법으로 옳지 않은 것은?

① 칠판에 쓰는 내용을 경청하면서 중요한 내용만 노트에 기록한다.
② 기록, 암송, 반성, 복습의 4R로 정리하여야 가장 효과적이다.
③ 날짜를 기록하고 과목을 구분하여 작성한다.
④ 자주 반복되는 내용은 약어를 사용한다.
⑤ 노트필기를 잘하기 위해 듣기 기술을 개선한다.

18 학습부진 영재아를 위한 상담방법으로 적절한 것은?

① 비언어적 환경보다 언어적 재능을 요하는 환경을 조성해 준다.
② 학습을 돕기 위해 개인교수 시 반드시 교사나 카운슬러가 담당하도록 한다.
③ 학습부진 영재아의 판별 시 추상적 사고능력의 확인은 불필요하다.
④ 영재아의 특성상 집단상담은 적합하지 않다.
⑤ 영상적 사고, 공간설계, 극적인 표현 등의 활동을 구성하는 것이 좋다.

19 학습동기가 매우 낮거나 없는 상태에 관한 설명으로 옳은 것은?

① 과거 수행에 가치를 둔다.
② 주변 세계에 호기심이 많고 겁이 없다.
③ 외부의 강화나 처벌에 예민하다.
④ 욕구위계에서 하위욕구를 먼저 충족시키고자 한다.
⑤ 실패에 대한 귀인을 내부에서 찾는다.

20 자기조절 학습전략에 관한 설명으로 옳은 것은?

① 자기 지향적 피드백의 습득 방법이 포함된다.

② 충동성이 높은 아동에게는 적용하지 않는다.

③ 다른 사람에게 도움을 청하기보다는 스스로 해결하는 능력을 기른다.

④ 앳킨슨과 시프린(Akinson & Shiffrin)은 개인, 환경, 행동의 3차원적 상호작용에 의해 발달한다고 보았다.

⑤ 새로 습득한 전략을 모든 과제나 상황에 적용한다.

21 학업상담에서 심리검사의 활용지침으로 옳은 것은?

① 심리검사와 행동관찰의 결과가 다를 때는 다른 검사를 실시한다.

② 학업상담은 일반상담과 달리 라포 형성을 요하지 않는다.

③ 내담자에게 불필요한 불안감이나 의혹을 안겨주지 않기 위해 검사의 목적이나 진행 방법은 알리지 않는다.

④ 심리검사는 객관타당한 결과로 학생의 특성을 명명할 수 있다.

⑤ 한 번에 너무 많이 검사하려고 하지 않는다.

22 다음 보기의 활동은 어떤 학습전략을 습득하기 위한 것인가?

> ○ 어떤 주제에 대해 공부할 때 내 생각을 나름대로 정리해 본다.
> ○ 내용이 복잡할 때는 도표를 그리거나 요약해본다.
> ○ 내 방식대로 공부한 내용을 정리해 놓는다.

① 시연전략　　　　　　　　　　② 정교화 전략

③ 노력관리 전략　　　　　　　　④ 조직화 전략

⑤ 공부환경관리 전략

23 기어리(Geary)가 제시한 수학 학습장애 중 기하학과 복잡한 문장제 문제의 해결에 가장 큰 영향을 주는 결함은?

① 절차적 결함
② 기억인출 결함
③ 시공간 결함
④ 음소인식 결함
⑤ 의미론적 결함

24 학습상담과 관련된 심리검사에 관한 설명으로 옳지 않은 것은?

① MLST 학습전략검사는 성격적 · 정서적 · 동기적 · 행동적 차원의 4개 차원으로 구성되어 있다.
② 한국판 학습장애평가척도(K-LDES)는 주의력, 생각하기, 말하기, 읽기, 쓰기, 철자법, 수학적 계산을 통해 아동의 학습문제를 진단한다.
③ ALSA 청소년 학습전략검사는 학습동기, 자기효능감, 학습기술(인지 및 초인지전략), 자원 관리 기술의 4개 소검사로 구성되어 있다.
④ 학업동기검사(AMT)는 학업동기척도, 학습전략척도, 정서척도, 타당도척도로 구성되어 있다.
⑤ 기초학습기능검사(KEDI-IBLST)는 정보처리, 셈하기, 읽기Ⅰ, 읽기Ⅱ, 쓰기의 5개 소검사로 구성되어 있다.

25 맥키치(McKeachie)가 분류한 '정교화 전략'에 해당되는 것은?

① 핵심 아이디어의 선택
② 개요화
③ 군집화
④ 매개단어법
⑤ 밑줄 긋기

제3회 최종모의고사

↻ 정답 및 해설 **p.378**

교 시	문제형별	시 간	시험과목
1교시	**A**	**100분**	① **청소년상담의 이론과 실제** ② **상담연구방법론의 기초** ③ **심리측정 평가의 활용** ④ **이상심리**

필수과목 01   청소년상담의 이론과 실제

01 엘킨드(Elkind)의 '상상적 청중'에 관한 설명으로 옳지 않은 것은?

① 대다수의 청소년들은 상상적 청중을 즐겁게 하기 위해 많은 힘을 들이며, 타인이 눈치 채지도 못하는 작은 실수로 고통스러워하기도 한다.

② 청소년들은 상상적 청중이 자신의 위신을 손상시킨다고 생각되면, 작은 비난에도 심한 분노를 보인다.

③ 상상적 청중은 시선끌기 행동, 즉 다른 사람들의 눈에 띄고 싶은 욕망으로부터 나온다.

④ 청소년은 연예인이나 스타와 같은 자신의 상상적 우상을 주인공으로 하고, 자신을 포함한 다른 사람들을 모두 구경꾼으로 생각한다.

⑤ 청소년의 유치함, 변덕스러움 그리고 요란한 옷차림 등은 상당 부분이 자신이 매력적이라고 믿는 것과 다른 사람들이 매력적이라고 생각하는 것을 구별하지 못하기 때문에 야기된다.

02 청소년기의 인지발달 특성에 관한 설명으로 옳지 않은 것은?

① 추상적 · 연역적 사고

② 자아정체감 형성

③ 상대론적 입장에서 사고

④ 인상형성이 급속도로 발달

⑤ 전환적 추론의 발달

03 다음 중 청소년상담자의 태도에 관한 설명으로 옳지 않은 것은?

① 심리검사, 진단분류체계에 대한 이해와 같은 전문성이 필요하다.

② 자신의 감정과 경험에 대해서 정서적 통찰력을 가지고 있어야 한다.

③ 일관성을 위하여 상담자는 내담자를 다른 상담자에게 의뢰해서는 안 된다.

④ 피드백을 통한 점검을 사용한다.

⑤ 필요에 따라 적극적이고 지시적인 태도와 직면의 방법도 사용한다.

04 다음 보기의 내용과 관련이 있는 상담의 기본원리는?

○ 내담자의 있는 그대로의 모습을 이해하고 다루어 나가는 원리이다.
○ 내담자의 일탈 태도나 행동을 허용한다는 것을 의미하지는 않는다.

① 개별화의 원리   ② 수용의 원리
③ 자기결정의 원리   ④ 비밀보장의 원리
⑤ 의도적 감정표현의 원리

05 브래머(Brammer)의 상담의 8단계 과정 중 다음 보기와 관련이 있는 단계는?

○ 심리적 조력관계의 본질, 제한점, 목표 등을 규정하고 상담자와 내담자의 역할과 책임, 그리고 가능한 약속 등의 윤곽을 명백하게 하는 단계
○ 구체적으로는 상담시간, 유료상담의 경우 상담요금, 공격적 욕구를 표현하는 행동의 한계점, 상담자 역할의 제한점 등을 논의하게 되는 단계

① 명료화의 단계   ② 구조화의 단계
③ 관계심화의 단계   ④ 탐색의 단계
⑤ 견고화의 단계

06 청소년상담의 기초 기법에 관한 설명으로 옳지 않은 것은?

① 적극적 경청 – 내담자의 내면적 감정을 반영하는 것으로서, 이를 통해 내담자의 감정을 충분히 이해하고 수용할 수 있다.

② 명료화 – 내담자의 말 속에 포함되어 있는 불분명한 측면을 상담자가 분명하게 밝히는 반응이다.

③ 수용 – 상담자가 내담자의 이야기에 주의를 집중하고 있고, 내담자를 인격적으로 존중하고 있음을 보여 주는 기법이다.

④ 해석 – 내담자가 새로운 방식으로 자신의 문제들을 볼 수 있도록 사건들의 의미를 설정해 주는 것이다.

⑤ 바꾸어 말하기 – 내담자의 이야기를 듣고 나서 상담자가 자기의 표현양식으로 바꾸어 말해 주는 것이다.

07 조언하기 또는 충고하기 기법에 관한 설명으로 옳지 않은 것은?

① 충고나 조언을 하기 전에 내담자가 어떤 시도나 노력을 해보았는지 확인한다.

② 내담자가 원할 때 충고하며 충고나 조언 후 내담자가 이를 제대로 이해했는지 확인한다.

③ 충고나 조언한 내용에 대해 즉각적인 피드백과 실행 후의 피드백을 받는다.

④ 실행가능성을 높이기 위해 가급적 내담자가 생각하지 못한 새로운 방식을 자주 사용한다.

⑤ 중·고등학생을 상담하는 경우는 다소간 지시적인 방법으로서 직접적인 조언과 정보를 제공하는 것이 유용할 수 있다.

08 개인심리학 상담이론 및 상담기법에 관한 설명으로 옳지 않은 것은?

① 아들러(Adler)는 사람들의 주요 문제가 '사회적 관심의 결여', '상식의 결여', '용기의 결여'의 3가지 측면의 결여로부터 유발된다고 전제하였다.

② 인간을 무의식적인 존재이자, 비합리적이고 결정론적인 존재라고 생각하였다.

③ 자신의 기본적인 과오를 인정하고 자아인식을 증대시키도록 함을 목표로 한다.

④ 역설적 개입은 내담자가 두려워하는 행동이나 사고를 의도적으로 과장하여 하도록 하는 기법이다.

⑤ '수프에 침 뱉기'는 내담자의 자기패배적 행동 뒤에 감춰진 의도나 목적을 드러내 밝힘으로써, 내담자가 그 행동을 하는 것을 주저하게 하는 기법이다.

09 행동주의 상담이론 및 상담기법에 관한 설명으로 옳지 않은 것은?

① 바람직하지 못한 행동을 소거하고, 보다 효과적이고 바람직한 새로운 적응행동을 학습·유지시키는 것을 상담의 목표로 한다.

② '모델링'은 타인의 행동을 관찰하고 학습하여 행동의 변화를 촉진하는 것으로서, 실물모델, 상징모델, 묵시적 모델이 있다.

③ 모델이 매력적일수록 효과가 크며, 실제 인물이 아닌 소설 속의 주인공도 모델로서의 역할이 가능하다.

④ 개개인에게 맞는 개별적인 상담목표를 강조하기 때문에 통일된 하나의 상담과정을 제시하기가 어렵다.

⑤ '체계적 둔감법'은 강화의 상대성을 이용한 것으로서, 선호하는 반응은 덜 선호하는 반응을 강화하여 행동의 발생빈도를 증가시킨다.

10 인지치료에서 제시한 인지적 오류와 그 예에 대한 설명으로 옳은 것을 모두 고른 것은?

> ㄱ. 선택적 추상화 – 발표를 한 후 대다수는 칭찬을 했지만, 소수의 사람들이 부정적 반응을 보인 것만 보고 자신의 발표가 실패한 것이라고 여기는 경우
> ㄴ. 개인화 – "내가 수능에서 시험을 망쳤기 때문에 여자친구와 헤어졌다."
> ㄷ. 파국화 – 길을 걷다가 개에게 물린 사람이 이제 곧 광견병으로 목숨을 잃게 될 것이라 생각하는 경우
> ㄹ. 과잉일반화 – 시사문제 토론에서 '내 의견에 동의하지 않는 사람은 모두 나의 적이야.'라고 생각하는 경우

① ㄱ, ㄴ, ㄷ   ② ㄱ, ㄷ

③ ㄴ, ㄹ   ④ ㄹ

⑤ ㄱ, ㄴ, ㄷ, ㄹ

11 마샤(Marcia)의 청소년 정체성 이론에 의할 경우, '정체감 유예' 상태에 해당하는 것은?

① 정체성 위기와 함께 정체감 성취에 도달하기 위한 격렬한 결정과정을 경험한다.

② 청소년은 어느 사회에서나 안정된 참여를 할 수 있고, 상황 변화에 따른 동요 없이 성숙한 정체감을 소유할 수 있다.

③ 청소년은 자신의 능력과 사회적 요구, 부모의 기대 사이에서 고민한다.

④ 정체성 위기를 경험하지 않았음에도 사회나 부모의 요구와 결정에 따라 행동한다.

⑤ 청소년은 일을 저지르지도, 책임을 지려하지도, 의심하지도 않으며, 어떻게 살아야 하는지에 대해서도 관심이 없다.

12 피아제(Piaget)의 인지발달이론 중 '자율적 도덕성'의 특징에 관한 설명으로 옳은 것을 모두 고른 것은?

> ㄱ. 성인이 정한 규칙에 맹목적으로 복종하는 시기이다.
> ㄴ. 행위의 결과보다 행위자의 의도에 따라 옳고 그름을 판단한다.
> ㄷ. 저지른 잘못이 크면 클수록 의도가 어떻든 간에 더 나쁘다고 생각한다.
> ㄹ. 규칙을 어겼다고 반드시 처벌받는 것은 아니며, 정상참작이 필요함을 인정한다.

① ㄱ, ㄴ
③ ㄱ, ㄹ
⑤ ㄴ, ㄹ

② ㄱ, ㄷ
④ ㄴ, ㄷ

13 엘킨드(Elkind)의 '개인적 우화'에 관한 설명으로 옳지 않은 것은?

① 인지적 능력이 완전히 발달하면서 일어나는 현상이다.
② 다른 사람이 경험하는 죽음이나 위험 혹은 위기가 자신에게는 일어나지 않을 것이라고 생각한다.
③ 청소년들은 자신이 다른 사람들과는 달리, 특별하고 독특한 존재라고 생각한다.
④ 자신의 사고, 감정, 경험 세계는 다른 사람과 근본적으로 다르다고 믿는다.
⑤ 청소년들에게 나타나는 개인적 우화는 자신감과 위안을 부여하는 긍정적인 측면보다 파괴적 행동을 통해 피해를 입는 부정적인 측면으로 나타날 가능성이 더 높다.

14 REBT의 원리에 관한 설명으로 옳지 않은 것은?

① 인지는 인간정서의 가장 중요한 핵심적 요소이다.
② 역기능적 사고는 정서장애의 중요한 결정요인이다.
③ 사고와 감정의 연관성을 기초로 사고의 분석에서부터 시작한다.
④ 행동에 대한 과거의 영향보다 현재에 초점을 맞춘다.
⑤ 신념은 변하지 않는 원칙이라고 본다.

15 벡(Beck)의 인지치료 절차에 따른 인지치료 상담과정의 8단계 순서가 바르게 나열된 것은?

> ㄱ. 과제를 부여하고 신념들과 생각의 적절성을 검증하게 한다.
> ㄴ. 원하는 목표설정 후 실천계획을 세우고 행동실천에 매진한다.
> ㄷ. 내담자가 느끼는 부정적 감정의 속성이 무엇인지 파악한다.
> ㄹ. 감정과 연관된 사고, 신념, 태도 등을 확인한다.
> ㅁ. 긍정적 대안 사고를 찾도록 유도한다.
> ㅂ. 내담자의 사고들을 1~2개의 문장으로 요약 정리한다.
> ㅅ. 부정적 사고의 중지와 긍정적 사고로의 전환 · 행동을 실천한다.
> ㅇ. 내담자를 도와 현실과 이성의 사고를 조사해보도록 개입한다.

① ㄷ - ㄹ - ㅂ - ㅇ - ㄱ - ㅁ - ㅅ - ㄴ
② ㄷ - ㄹ - ㄱ - ㄴ - ㅁ - ㅂ - ㅅ - ㅇ
③ ㅅ - ㅇ - ㄱ - ㄷ - ㄹ - ㅁ - ㅂ - ㄴ
④ ㄱ - ㅅ - ㅇ - ㅁ - ㄴ - ㄷ - ㄹ - ㅂ
⑤ ㅁ - ㅂ - ㄱ - ㄷ - ㄴ - ㄹ - ㅅ - ㅇ

16 형태주의(게슈탈트) 상담기법에 관한 설명으로 옳지 않은 것은?

① 상담자는 내담자의 생각이나 주장의 배후에 내재된 '지금-여기'에 체험되는 욕구와 감정을 자각하도록 도와야 한다.
② 현재 치료 장면에 없는 사람과 상호작용할 필요가 있는 경우에는 빈 의자 기법을 사용한다.
③ 상담자는 내담자에게 자신의 미해결 감정들을 회피하지 않고 직면하여 견뎌냄으로써 이를 해소하도록 도와야 한다.
④ 상담자는 내담자가 감정을 체험하지만 그 정도와 깊이가 약한 경우 행동이나 언어를 과장되게 표현하도록 하여서는 안 된다.
⑤ 상담자는 내담자에게 평소 행동과 반대되는 행동을 해보도록 요구함으로써 내담자가 억압하고 통제해온 부분을 표출하도록 해야 한다.

17 대상관계 이론의 인간관에 관한 설명으로 옳지 않은 것은?

① 인간을 소외된 상태로 보지 않으며, 환경과의 상호작용 속에서 파악하고자 하였다.
② 인간은 궁극적으로 선한 존재이다.
③ 인간은 마음속에 어떠한 과거 경험의 흔적을 가지고 있으며, 이것은 다른 대상과의 상호작용 과정에서 외부적 인간관계에 영향을 미치는 것이다.
④ 인간은 상대역을 필요로 하며, 자신에게 관심을 보여주는 대상을 끊임없이 추구한다.
⑤ 인간은 자율성을 통해 자기를 확인하려는 실천적 욕구와 의지를 가지고 있다.

18 다음 빈칸 안에 들어갈 철학자로 옳은 것은?

> 아들러는 (　　　)의 저서 「'마치 ～처럼'의 철학」으로부터 받은 영감에 근거하여 '가상적 목표' 개념을 형성하였다.

① 안스바허(H. Ansbacher)

② 바이힝거(H. Vaihinger)

③ 하이데거(M. Heidegger)

④ 헤링톤(G. Harrington)

⑤ 프로이트(S. Freud)

19 주인공의 표현되지 않은 내면의 생각, 감정 등을 주인공의 뒤에 서서 주인공처럼 표현하는 심리극 기법은?

① 역할교대　　　　　　　　　② 이중자아

③ 거울기법　　　　　　　　　④ 독 백

⑤ 미래투사

20 다음 보기의 상담기법과 가장 관련이 있는 것은?

> • 내담자 : 집에서는 부모님이 매일 학교성적을 가지고 잔소리가 심하시고, 학교에서는 선생님이 공부 잘하고 잘사는 애들만 편애하시는 것 같아서 집도 싫고 학교도 가기 싫어요.
> • 상담자 : 학교 수업을 빠지고 PC방에서 하루 종일 있었던 것은 학교와 집에 대한 불만의 표시였구나.

① 직 면　　　　　　　　　　② 해 석

③ 역설적 개입　　　　　　　④ 외재화

⑤ 자기개방

21 상담의 이론적 가정과 해당 이론에서 사용하는 주요 기법의 연결이 옳지 않은 것은?

① 비합리적 신념의 변화 – 논박하기
② 자기실현 경향촉진 – 소거
③ 학습된 경험의 재학습 – 홍수법
④ 환경과의 접촉을 통한 알아차림 – 과장하기
⑤ 무의식적 갈등의 의식화 – 자유연상

22 부모님에 대한 불만의 표시를 직접 표출하지 못하고 자해하는 경우, 게슈탈트 이론의 '접촉-경계 혼란' 상태는?

① 반전(Retroflection)
② 투사(Projection)
③ 내사(Introjection)
④ 편향(Deflection)
⑤ 융합(Confluence)

23 청소년기의 자아중심성 이론에 관한 설명으로 옳은 것은?

① 타인과의 의사소통보다는 독백과 같이 자기자신의 말만 하는 경향이 있다.
② 자신과 타인의 관념세계를 구분하지 못한다.
③ 사물을 볼 때 타인도 항상 자신이 보는 것과 똑같이 지각할 것이라고 생각한다.
④ 자아중심성에 빠진 청소년들은 물활론적 사고에 기반하여 모든 사물을 자기의 입장에서 본다.
⑤ 자신의 중요성을 과장되게 생각하고, 자신의 감정과 사고가 너무 독특하여 다른 사람이 이해할 수 없다고 생각하는 '상상적 청중'의 경향성을 지닌다.

24 다음 보기와 같은 순서를 따르는 상담기법과 관련 없는 내용은?

> ○ 1단계 – 내담자가 가진 문제나 어떤 대상에 관한 전반적인 느낌에 집중하게 한다.
> ○ 2단계 – 주의를 끄는 하나의 관심을 찾아내고, 그것에 주의를 기울이게 한다.
> ○ 3단계 – 하나의 감정에 주의를 유지하면서 감정으로부터 나타난 단어나 이미지를 떠올리게 한다.
> ○ 4단계 – 감정의 흐름에 주의를 기울이게 하며, 그것을 판단하지 말고 단지 경험하게 한다.
> ○ 5단계 – 현재 내담자의 문제에 관해 느껴지는 새로운 감정을 가져오게 한다.
> ○ 6단계 – 5단계를 거치면서 의식에 나타났던 단어나 이미지를 묘사하게 한다.

① 주제가 모호해지거나 산만해질 때 사용하는 방법이다.
② 내담자의 이야기 가운데 어떤 단어나 문장을 집어내어 되풀이해 줄 수 있다.
③ 한 가지 단어에 초점을 두는 것은 내담자가 계속 이야기하도록 하는데 효과적이다.
④ 상담자가 간접적인 유도를 하여 내담자의 횡설수설이 심해질 경우에 내담자의 말을 중단시켜서는 안 된다.
⑤ 주제의 방향을 바꿀 수 있다.

25 다음 보기의 상담이론에서 사용하는 주요 기법은?

> 상담자가 적절한 행동의 시범을 보이고 내담자로 하여금 속말(Self-Talk) 형태의 자기지시를 통해서 긍정적인 행동을 연습하고 실천하도록 돕는 기법이다.

① 전이 분석
② 수렁피하기
③ 자기지시 훈련
④ 비합리적 신념 논박하기
⑤ '지금-여기'의 체험에 초점 맞추기

01 사후비교검정 방법이 아닌 것은?

① Duncan 검정

② Scheff 검정

③ Tukey의 HSD 검정

④ Spearman-Brown 검정

⑤ Fisher LSD 검정

02 동년배 연구(Cohort Study)에 관한 설명으로 옳은 것을 모두 고른 것은?

> ㄱ. 연구마다 새롭게 표집된 표본에 관한 자료를 제공한다.
> ㄴ. 모집단을 대표할 수 있는 자료를 제공한다.
> ㄷ. 고정된 모집단에서 조사시점마다 표본을 다르게 추출하여 변화경향성을 분석한다.
> ㄹ. 특정시점에서의 집단 간 차이를 조사한다.

① ㄱ, ㄴ, ㄷ

② ㄱ, ㄷ

③ ㄴ, ㄹ

④ ㄹ

⑤ ㄱ, ㄴ, ㄷ, ㄹ

03 표본의 크기에 관한 설명으로 옳지 않은 것은?

① 표본의 크기는 표집 비용과 시간에 영향을 받는다.

② 한 변수 내의 범주의 수가 많을수록 표본의 크기는 커져야 한다.

③ 표본의 크기가 커질수록 비표집오차는 표집오차처럼 감소한다.

④ 표본의 크기는 모집단의 특성을 추정하는 정확성과 관계가 있다.

⑤ 표본의 크기가 작으면 통계적 검증력이 떨어지고 제2종 오류를 범하기 쉽다.

04 바람직한 가설에 관한 설명으로 옳지 않은 것은?

① 경험적으로 검증할 수 있어야 한다.

② 정(+)의 관계로 기술되어야 한다.

③ 간단명료하며 계량화가 가능해야 한다.

④ 이론과 연관되어야 한다.

⑤ 변수 간의 관계를 기술하여야 한다.

05 내용 타당도에 관한 설명으로 옳은 것을 모두 고른 것은?

> ㄱ. 주로 해당 영역 전문가에 의해 평가된다.
> ㄴ. 각 문항이 내용영역과 행동영역을 얼마나 잘 대표하고 있는지를 평가한다.
> ㄷ. 성취도 검사에서 특히 중요한 타당도이다.
> ㄹ. 이해타당도, 수렴타당도, 판별타당도로 분류할 수 있다.

① ㄱ, ㄴ, ㄷ   ② ㄱ, ㄷ
③ ㄴ, ㄹ   ④ ㄹ
⑤ ㄱ, ㄴ, ㄷ, ㄹ

06 다음 보기와 같은 특징을 갖는 표집방법은?

> ○ 확률적 표집방법이다.
> ○ 모집단을 일정한 기준에 따라 2개 이상의 동질적인 층(Strata)으로 구분하고, 각 층별로 단순무
>   작위 추출방법을 적용하는 방법이다.

① 유층표집(Stratified Sampling)
② 무선표집(Random Sampling)
③ 목적표집(Purposive Sampling)
④ 군집표집(Cluster Sampling)
⑤ 체계적 표집(Systematic Sampling)

07 변량분석(ANOVA)에서 동변량성 가정을 검증하는 방법으로 옳은 것을 모두 고른 것은?

> ㄱ. Hartley의 Fmax 검증법
> ㄴ. Bartlett 구형성 검증법
> ㄷ. Cochran 검증법
> ㄹ. Kolmogorov-Smirnov 검증법

① ㄱ, ㄴ, ㄷ   ② ㄱ, ㄷ
③ ㄴ, ㄹ   ④ ㄹ
⑤ ㄱ, ㄴ, ㄷ, ㄹ

08 단일대상연구에 관한 설명으로 옳지 않은 것은?

① 결과 해석이 용이하다.

② 목표행동의 민감한 변화는 한 번만 측정한다.

③ 기저선이 확립된 후에 처치를 가한다.

④ 한 개인의 행동을 살펴볼 수 있는 강력한 방법이다.

⑤ 시계열적인 반복관찰을 통해 개입 전과 개입 후의 상태를 비교한다.

09 다음 가설을 검증하기 위해 활용할 수 있는 가장 적합한 실험설계는?

> 교과태도에 대한 교수방법의 효과가 성에 따라 다를 것이다.

① 배속설계   ② 구획설계

③ 요인설계   ④ 피험자 내 설계

⑤ 라틴정방형 설계

10 모의상담연구에 관한 설명으로 옳지 않은 것은?

① 연구자가 계획한 대로 독립변인을 조작할 수 있다.

② 실험조건을 통제하면 외적 타당도가 저하된다.

③ 상담과정을 단순화시킴으로써 연구결과 해석이 용이해진다.

④ 연구결과를 일반화하는 데 유리하다.

⑤ 상담연구에서 발생하는 윤리적인 장애를 줄일 수 있다.

11 메타분석에서 각 연구의 효과크기(ES)를 옳게 제시한 것은?

구 분	통제집단 평균	실험집단 평균	통합 표준편차	ES
연구 A	4	8	2	(ㄱ)
연구 B	0.6	0.8	0.4	(ㄴ)
연구 C	2	4	0.5	(ㄷ)

	ㄱ	ㄴ	ㄷ
①	2.5	3	2
②	2	4	2
③	2.5	1	2
④	2	0.5	4
⑤	5	1	4

12 다음 보기의 절차에 따라 추정하는 타당도의 유형은?

> ○ 첫째, 피험자 집단에게 새로 제작한 검사를 실시한다.
> ○ 둘째, 일정 기간 후 검사한 내용과 관계가 있는 피험자들의 행위를 측정한다.
> ○ 셋째, 검사 점수와 미래 행위의 측정치와 상관정도를 추정한다.

① 내용(Content)   ② 동시(Concurrent)

③ 수렴(Convergent)   ④ 판별(Discriminant)

⑤ 예측(Predictive)

13 상담의 효과에 대한 연구를 할 때, 통계적 결론 타당도를 높이는 방법으로 옳지 않은 것은?

① 상담 매뉴얼을 활용한다.

② 참여 내담자의 수를 증가시킨다.

③ 신뢰도 높은 측정도구를 활용한다.

④ 자료가 정확해야 하며, 표본이 많이 확보되어야 한다.

⑤ 실시한 측정도구의 모든 하위요인에 대해 통계적 검증을 실시한다.

14 검사의 신뢰도를 높이기 위한 방법으로 옳은 것을 모두 고른 것은?

> ㄱ. 집단의 능력의 범위가 넓을 때보다 능력의 범위가 좁을 때 신뢰도가 높아진다.
> ㄴ. 검사내용의 범위를 포괄적으로 구성한다.
> ㄷ. 변별도가 높은 문항을 많이 쓴다.
> ㄹ. 적은 수의 문항보다 많은 수의 문항으로 구성한다.

① ㄱ, ㄴ, ㄷ   ② ㄱ, ㄷ

③ ㄷ, ㄹ   ④ ㄹ

⑤ ㄱ, ㄴ, ㄷ, ㄹ

15 다음 보기의 내용은 어떤 설계방식에 해당하는가?

> 수학 과외의 효과를 측정하기 위하여 유사한 특징을 가진 두 집단을 구성하고, 두 집단을 각각 수학 시험을 보게 하였다. 이후 한 집단에는 과외를 시키고, 다른 집단은 그대로 둔 다음 다시 수학 시험을 보게 하였다.

① 통제집단 사전-사후 실험설계
② 솔로몬 4집단설계
③ 통제집단 사후 특정설계
④ 집단비교설계
⑤ 비동일 통제집단설계

16 다음 보기의 내용에 알맞은 검증방법은?

> 도시 지역과 시골 지역의 가족 수의 평균에 차이가 있는지 알아보기 위해, 도시 지역과 시골 지역 중 각각 몇 개의 지역을 골라 가족 수를 조사하였다.

① χ^2-검증
② 더빈 왓슨검증
③ 독립표본 t-검증
④ F-검증
⑤ Z-검증

17 다음 중 보기의 내용에 해당하는 조사연구방법은?

> ○ 동일한 모집단에서 동일한 표본을 장기간 반복적으로 관찰하는 조사이다.
> ○ 기술적 조사, 종단조사에 해당한다.

① 실험조사
② 여론조사
③ 인구조사
④ 동년배조사
⑤ 패널조사

18 A중학교 3학년 학생 1,000명의 성적분포가 평균 80점, 표준편차 20점인 정규분포로 나타났다. 이 경우에 60점 이상 100점 이하의 점수를 얻은 학생은 약 몇 명인가?[단, $P(Z \leq 0.5) = 0.68$, $P(Z \leq 1.0) = 0.84$, $P(Z \leq 1.5) = 0.93$, $P(Z \leq 2.0) = 0.98$]

① 350 ② 680

③ 790 ④ 850

⑤ 870

19 네 개의 연구가설(H1, H2, H3, H4)을 검정한 결과 두 개의 가설(H3, H4)만 지지되었는데, 지지된 두 가설과 함께 새로운 가설들(H5, H6)을 다시 검정한 결과 H4만 지지되었을 때, 연구자가 내릴 수 있는 타당한 결론은?

① 가설 H5가 H6보다 더 타당하다.

② 가설 H1이 H6보다 더 타당하다.

③ 가설 H4가 H5보다 더 타당하다.

④ 가설 H2가 H6보다 더 타당하다.

⑤ 가설 H1이 H2보다 더 타당하다.

20 정규분포를 따르는 어떤 집단의 모평균이 10인지를 검정하기 위하여 크기가 25인 표본을 추출하여 관찰한 결과 표본평균은 9, 표본표준편차는 2.5였다. t-검정을 할 경우 검정통계량의 값은?

① 2 ② 1

③ 0 ④ -1

⑤ -2

21 다음 중 표본오차에 대한 설명으로 옳은 것을 모두 고른 것은?

> ㄱ. 표준오차로 측정할 수 있다.
> ㄴ. 신뢰도 수준을 높게 잡으면 표본오차가 작아진다.
> ㄷ. 표본오차는 표본값과 모수의 차이이다.
> ㄹ. 표본의 크기가 커지면 표본오차도 커진다.
> ㅁ. 표본오차에 영향을 주는 요인은 표본의 크기와 신뢰구간이다.

① ㄱ, ㄴ, ㄷ ② ㄱ, ㄷ, ㅁ

③ ㄴ, ㄷ, ㄹ ④ ㄴ, ㄹ, ㅁ

⑤ ㄷ, ㄹ, ㅁ

22 표본크기의 실제적 결정요인을 모두 고른 것은?

ㄱ. 모집단의 동질성	ㄴ. 표집방법 및 조사방법의 유형
ㄷ. 분석범주	ㄹ. 소요비용

① ㄱ, ㄴ, ㄷ   ② ㄱ, ㄷ

③ ㄴ, ㄹ   ④ ㄹ

⑤ ㄱ, ㄴ, ㄷ, ㄹ

23 외적 타당도 저해요인 중 실제로는 실험처치나 개입이 이루어지지 않았는데도 불구하고, 그것을 받은 것과 유사한 효과가 나타나는 것을 무엇이라 하는가?

① 플라시보 효과   ② 조사반응성

③ 표본의 대표성   ④ 선발요인

⑤ 검사요인

24 A척도(평균 40, 표준편차 5)의 예측타당도를 추정하기 위하여 준거척도 B척도(평균 10, 표준편차 1)와의 상관관계를 계산한 결과 0.5로 나타났다. 다음 중 옳지 않은 것은?

① A척도에서 타당하지 못한 점수의 분산 비율은 0.75이다.

② A척도에서 B척도와 공유하는 점수의 분산은 2.5이다.

③ A척도에서 B척도와 공유하지 않는 점수의 분산은 7.5이다.

④ A척도에서 B척도와 공유하는 점수의 분산 비율은 0.5이다.

⑤ A척도의 점수로 B척도의 점수를 예언할 때, 예언된 점수와 실제 점수 간 차이의 표준편차는 1보다 작다.

25 다음 결과를 논문에 제시할 때의 설명으로 옳은 것은?

구 분	SS	df	MS	p
집단 간	175	2	87.5	.02
집단 내	72	6	12	–
전 체	247	8	–	–

① 두 집단 간 유의한 차이가 없다[F(2, 6) = 7.29, p = .02].

② 두 집단 간 유의한 차이가 없다[F(2, 8) = 2.84, p = .02].

③ 세 집단 간 유의한 차이가 없다[F(2, 8) = 2.84, p = .02].

④ 두 집단 간 유의한 차이가 있다[F(2, 8) = 2.84, p < .05].

⑤ 세 집단 간 유의한 차이가 있다[F(2, 6) = 7.29, p < .05].

01 심리검사의 목적에 해당하는 것을 모두 고른 것은?

> ㄱ. 내담자에 대한 임상적 진단을 명료화·세분화한다.
> ㄴ. 문제의 증상 및 심각성 정도를 구체화한다.
> ㄷ. 내담자의 치료에 따른 반응을 검토한다.
> ㄹ. 내담자의 자아강도와 인지기능을 평가한다.
> ㅁ. 내담자를 적절히 치료한다.

① ㄱ
② ㄱ, ㄴ
③ ㄱ, ㄴ, ㄷ
④ ㄱ, ㄴ, ㄷ, ㄹ
⑤ ㄱ, ㄴ, ㄷ, ㄹ, ㅁ

02 심리평가보고서에 기록되는 내용이 아닌 것은?

① 작성자 및 내담자의 이름
② 평가도구 및 절차
③ 상담자의 신체적·정신적·정서적 기능
④ 내담자의 현재 상태에 대한 심리적 평가
⑤ 잠정적 결론을 유추하기 위한 과정

03 표준화 검사의 기능에 해당하는 것을 모두 고른 것은?

> ㄱ. 예언의 기능
> ㄴ. 원인의 진단
> ㄷ. 개성의 발견
> ㄹ. 교육의 기능

① ㄱ, ㄴ, ㄷ
② ㄱ, ㄷ
③ ㄴ, ㄹ
④ ㄹ
⑤ ㄱ, ㄴ, ㄷ, ㄹ

04 내적 일관성 신뢰도에 관한 설명으로 옳지 않은 것은?

① 동등한 것으로 추정되는 2개의 측정도구를 사용하여 평가하는 방법이 최근의 추세이다.

② 척도 내 문항들 간 상관관계를 분석하여 평가한다.

③ 가장 일반적인 신뢰도 평가방법이다.

④ 반분법은 내적 일관성 신뢰도를 평가하는 방법이다.

⑤ 크론바흐 알파(Cronbach's α) 계수를 사용하여 나타낼 수 있다.

05 최대수행검사에 관한 설명으로 옳은 것을 모두 고른 것은?

> ㄱ. 인지능력이나 발달 수준을 평가하기 위한 목적이다.
> ㄴ. 직업선호도 검사와 직업유형검사가 이에 속한다.
> ㄷ. 일반적으로 문항에 정답이 있으며, 응답에 시간 제한이 있다.
> ㄹ. 홀랜드(Holland) 직업유형검사가 이에 속한다.

① ㄱ, ㄴ, ㄷ   ② ㄱ, ㄷ

③ ㄴ, ㄹ   ④ ㄹ

⑤ ㄱ, ㄴ, ㄷ, ㄹ

06 다음 보기의 설명에 해당하는 척도로 옳은 것은?

> MMPI-2의 타당도척도 중 수검자가 자신의 심리적 문제를 축소하고 긍정적인 방향으로 보이고자 할 때 상승하는 척도

① L, F(P), VRIN   ② L, K, S

③ F, F(P), F(B)   ④ VRIN, TRIN, FBS

⑤ L, F, K

07 K-WAIS-Ⅳ에 관한 설명으로 옳지 않은 것은?

① 언어성 IQ, 동작성 IQ 구분 없이 전체 IQ를 산출하였다.

② 차례맞추기와 모양맞추기 소검사가 없어졌다.

③ 총 15개의 소검사로 구성되었다.

④ 일반적인 능력지표(GAI)를 추가하였다.

⑤ 동형찾기, 행렬추리를 보충검사로 추가하였다.

08 지능검사에 관한 설명으로 옳은 것을 모두 고른 것은?

> ㄱ. 웩슬러 지능검사는 집단용으로 개발되었다.
> ㄴ. 편차 지능지수는 웩슬러 검사 계열에서 사용하는 방식이다.
> ㄷ. 비율 지능지수는 연령별로 지능의 상대적 위치를 보여준다.
> ㄹ. 카우프만 아동용 지능검사는 16개의 하위검사로 이루어진다.

① ㄱ, ㄴ, ㄷ   ② ㄱ, ㄷ
③ ㄴ, ㄹ   ④ ㄹ
⑤ ㄱ, ㄴ, ㄷ, ㄹ

09 다음 보기의 내용과 관련된 MMPI-2 임상척도의 Harris-Lingoes 소척도로 옳은 것은?

> 중학교에 다니는 B군이 기말고사 성적을 받아보고 주의집중 및 판단력과 기억력 저하를 호소하였다.

① Pd1 가정불화   ② D4 둔감성
③ Hy3 권태-무기력   ④ Sc2 정서적 소외
⑤ Pa2 예민성

10 MMPI-2와 로샤(Rorschach) 검사에서 사회적·정서적 소외와 지각적 왜곡의 문제를 탐색할 수 있는 척도와 지표로 옳은 것은?

① F척도, EB   ② Sc척도, X-%
③ Pa척도, a:p   ④ Pt척도, EA
⑤ K척도, Afr

11 중학생 A군은 청소년 심리검사에서 30점이 나왔으며, 이 검사는 평균 22점, 표준편차 4, 표준오차 3이다. A군의 원점수를 평균 50점, 표준편차 10인 T점수로 환산한 것은?

① 60   ② 65
③ 70   ④ 75
⑤ 80

12 웩슬러 성인용 지능검사 4판(WAIS-IV)의 실시방법으로 옳지 않은 것은?

① 순서화 소검사는 되돌아가기 규칙이 적용되지 않는다.

② 숫자 소검사에서 숫자는 1초마다 하나씩, 마지막 숫자는 약간 띄어서 읽어준다.

③ 이해 소검사에서 문항에 제시된 단어의 의미는 수검자가 요청하면 설명한다.

④ 피검자의 요청으로 문제를 반복 설명할 수 있으며, 횟수 제한은 없다.

⑤ 피검자의 요청으로 문제를 반복 설명할 수 있으나, 시간은 처음 읽어준 후부터 잰다.

13 MMPI의 상승척도 쌍에 관한 해석으로 옳은 것은?

① 1-2 - 우울과 불안, 완벽주의

② 1-3 - 편집증적 경향, 사고장애

③ 1-9 - 신체 증상과 심한 마음의 고통

④ 2-7 - 자제력 상실에 대한 공포, 불안 · 우울

⑤ 3-8 - 사회적 부적응, 공격적 태도

14 로샤 검사를 실시하는 각 단계에 관한 설명으로 옳지 않은 것은?

① 자유연상단계 - 지시를 간단히 하고 상상력 검사라는 인상을 주지 않아야 한다.

② 질문단계 - 반응을 정확하게 기호화하고 채점해야 한다.

③ 질문단계 - 반응을 유도할 수 있는 질문은 피해야 한다.

④ 자유연상단계 - 피검자의 반응을 암시하거나 유도해서는 안 된다.

⑤ 한계음미단계 - 색채와 음영반응, 움직임 등에 대하여 직접적인 질문은 피한다.

15 투사적 검사의 특징에 관한 설명으로 옳지 않은 것은?

① '비구조적 검사'라고도 부른다.

② 성격에 대한 총체적인 접근을 통해 수검자 개인의 전체적인 성격을 그려내는 데 초점을 둔다.

③ 수검자의 반응에 제한이 가해지며, 검사 지시문 또한 매우 복잡하다.

④ 모호한 검사자극에 대한 수검자의 지각 및 해석 방식에서 수검자의 심리적인 특징이 표출된다.

⑤ 검사도구는 수검자에게 내재된 욕구, 갈등, 불안의 양상을 비롯하여 수검자의 사고방식이나 문제 해결방식을 표출하도록 하는 일종의 스크린이 된다.

16 주제통각검사(TAT)의 특징에 관한 설명으로 옳지 않은 것은?

① 주로 사고의 형식적·구조적 측면을 규명한다.

② 투사적 검사로서, 자아와 환경관계 및 대인관계의 역동적 측면 등을 평가한다.

③ 정신분석이론을 토대로 수검자 자신의 과거 경험 및 꿈에서 비롯되는 투사와 상징을 기초로 한다.

④ 수검자가 동일시할 수 있는 인물과 상황을 그림으로 제시하여 수검자의 반응양상을 분석·해석한다.

⑤ 수검자는 그림들을 보면서 현재의 상황과 그림 속 인물들의 생각 및 느낌과 행동, 그리고 과거와 미래의 상황들을 상상력을 발휘하여 이야기한다.

17 MMPI-2의 타당도 척도 중 K척도는 임상척도의 변별력을 높이기 위한 교정 목적으로도 사용된다. 다음 중 K척도의 점수를 반영하는 임상척도에 해당하는 것을 모두 고른 것은?

ㄱ. 척도 2 D	ㄴ. 척도 4 Pd
ㄷ. 척도 6 Pa	ㄹ. 척도 8 Sc

① ㄱ, ㄴ, ㄷ
② ㄱ, ㄷ
③ ㄴ, ㄹ
④ ㄹ
⑤ ㄱ, ㄴ, ㄷ, ㄹ

18 수검자가 다음과 같은 문항을 제시받았을 때, 이와 관련이 있는 척도는?

> ○ 나는 지하철 선로에 사람이 떨어진 걸 보면 지하철이 들어오고 있더라도 뛰어내려 구해줄 수 있다.
> ○ 나는 평소에 욕설을 거의 하지 않는다.

① ?척도
② L척도
③ F척도
④ K척도
⑤ D척도

19 다음 중 MMPI-2 결과에 대해 가능한 해석은?

> T점수 : L척도 = 55, F척도 = 75, K척도 = 55

① 자신의 문제를 인정함과 동시에 방어하고자 노력하지만, 문제해결을 못하고 만성적인 적응곤란을 경험하고 있다.
② 자신의 신체적·정서적 곤란을 인정하고 이런 문제를 스스로 해결할 능력 부족으로 도움을 요청한다.
③ 자기가 가진 바람직하지 못한 충동·감정 문제를 부인하거나 회피하며, 가능한 자신을 좋게 보이려 한다.
④ 일상생활의 여러 가지 문제를 해결할 능력이 있고, 현재는 별로 갈등이나 스트레스를 느끼지 않는 정상인들에게서 볼 수 있는 전형적인 형태이다.
⑤ 순박하고 덜 세련되어 있으면서도 좋게 보이려고 한다.

20 MMPI-2의 임상척도 중 흥미 양상이 남성적 성향에 가까운지 여성적 성향에 가까운지를 반영하는 척도는?

① 척도 4 Pd
② 척도 5 Mf
③ 척도 8 Sc
④ 척도 9 Ma
⑤ 척도 0 Si

21 NEO-PI-R에서 다음 소척도의 점수가 낮은 사람에 대한 해석으로 옳은 것은?

① O요인(개방성) - 세상에 대해 호기심이 많으며 새로운 아이디어와 가치를 추구
② E요인(외향성) - 사람들과 만나기를 좋아하며 적극적이고 자기주장을 잘하며 열성적이고 낙천적
③ N요인(신경증) - 정서적으로 안정되어 있지 못하며 예민하고 스트레스에 취약
④ A요인(우호성) - 이타심이 있으며, 타인을 신뢰하고 솔직하며 순응적
⑤ C요인(성실성) - 정해진 원칙을 정확히 적용하기를 힘들어하거나 주어진 목표를 달성하려는 의지가 부족한 특성

22 다음 보기의 사례에서 상승할 가능성이 가장 높은 MMPI-A 척도 쌍은?

> ○ 청소년 A군은 다른 사람이 화를 내도록 은근히 유도하며, 자신의 분노를 잘 드러내지 못한다.
> ○ 자신의 행동에 대한 통찰이 부족하고 자기중심적이다.

① 2-3
② 2-7
③ 3-4
④ 4-9
⑤ 6-9

23 다음 중 로샤 검사에 대한 설명으로 옳지 않은 것은?

① 로샤 검사는 대표적인 투사적·비구조적 검사로서, 지각과 성격의 관계를 상정한다.
② 추상적·비구성적인 잉크반점을 자극 자료로 하여 수검자의 학습된 특정 반응이 아닌 여러 가지 다양한 반응을 유도한다.
③ 개인이 잉크반점을 조직하고 구조화하는 방식이 근본적으로 그 사람의 심리적 기능을 반영한다고 본다.
④ 수검자는 그가 지각한 것 속에 자신의 욕구, 경험, 습관적 반응양식을 투사한다.
⑤ 로샤 검사는 객관적 검사로서 신뢰도 및 타당도가 검증된 검사이다.

24 HTP의 내용적 해석에서 사람의 얼굴 부위 중 기본적 성향 및 현재의 기분을 반영하는 것은?

① 눈
② 코
③ 입
④ 귀
⑤ 턱

25 웩슬러 성인용 지능검사 4판(WAIS-IV)의 소검사 중 다음 보기의 내용과 관련이 있는 것은?

> 정해진 제한 시간 내에 제시된 모형과 그림, 또는 그림만 보고 빨간색과 흰색으로 이루어진 토막을 사용하여 제시된 것과 똑같은 모양을 만들어야 한다.

① 토막짜기
② 행렬추론
③ 퍼 즐
④ 무게비교
⑤ 빠진 곳 찾기

01 DSM-5에서 A군 성격장애에 해당하는 것은?

① 히스테리 성격장애   ② 의존성 강박장애

③ 반사회성 성격장애   ④ 강박성 성격장애

⑤ 편집성 성격장애

02 다음 중 반응성 애착장애는 어디에 속하는 장애인가?

① 강박 관련 장애

② 해리 관련 장애

③ 외상 및 스트레스 관련 장애

④ 우울장애

⑤ 불안장애

03 다음 보기의 사례에 해당되는 진단명은?

> 중학교 2학년인 A양은 6개월 전 계단에서 다리를 헛디뎌 왼쪽 다리를 조금씩 절게 되었다. 동네 정형외과를 방문하여 검사를 하였으나 신체적 이상을 발견할 수 없었다. 증세가 나아지지 않아 대도시 종합병원을 다니며 검사를 해도 모두 정상이라고 나왔다.

① 전환장애   ② 통증장애

③ 질병불안장애   ④ 신체이형장애

⑤ 순환성 장애

04 다음 중 조현병 환자들이 나타내는 양성증상에 해당되는 것은?

① 정서적 둔마   ② 와해된 언어

③ 의욕 저하   ④ 언어의 빈곤

⑤ 무감동

05 반사회성 성격장애의 진단기준에 해당하지 않는 것은?

① 다른 사람의 권리를 침해하거나 무시한다.
② 충동적이고 미리 계획을 세우지 못한다.
③ 자책감이 결여되어 있다.
④ 스트레스에 의한 망상적 사고 또는 심한 해리 증상이 있다.
⑤ 자극과 민성과 공격성으로 육체적 싸움이 잦으며, 폭력 사건에 연루된다.

06 해리성 기억상실증에 관한 설명으로 옳지 못한 것은?

① 해리현상이 지나치거나 부적응의 양상으로 나타날 경우를 '해리장애'라고 한다.
② 개인의 중요한 과거 경험이나 정보를 기억하지 못하는 것이다.
③ 기억되지 않은 경험내용은 심리적 고통을 야기하는 정보이거나 충격적이었던 사건과 관련된 것인 경우가 많다.
④ 일반적 상식이나 지식과 같은 비개인적인 정보의 기억에는 손상이 없다.
⑤ 뇌손상이나 뇌기능장애로 유발되기도 한다.

제3회 최종모의고사

07 다음 내용 중 DSM-5의 일반적인 개정사항으로 옳은 것을 모두 고른 것은?

> ㄱ. 차원적 평가의 도입
> ㄴ. 환자의 인권 존중
> ㄷ. 범주적 평가 폐지
> ㄹ. 다축체계의 폐지

① ㄱ, ㄴ, ㄷ, ㄹ   ② ㄱ, ㄴ, ㄷ
③ ㄴ, ㄹ   ④ ㄴ, ㄷ, ㄹ
⑤ ㄱ, ㄴ, ㄹ

08 주의력 결핍 및 과잉행동장애(ADHD)의 특징으로 옳지 않은 것은?

① 아동기에 많이 나타나는 장애로서, 지속적으로 주의력이 부족하여 산만하고 과다활동, 충동성을 6개월 이상 지속적으로 보이는 상태를 말한다.

② 장애를 일으키는 과잉행동-충동 또는 부주의 증상이 10세 이전에 있었을 때 진단 가능하다.

③ 지능수준에 비해서 학업성취도가 저조하고 또래 아이들에게 거부당하거나 소외될 가능성이 높으며, 부정적 자아개념을 형성하고 정서적으로 불안정하며 공격적이고 반항적인 행동을 나타내는 경향이 있다.

④ 증상들을 치료하지 않고 방치할 경우 아동기 내내 여러 방면에서 어려움이 지속되고, 일부의 경우 청소년기와 성인기가 되어서도 증상이 남게 된다.

⑤ 같은 또래의 아동에 비하여 현저하게 부산한 행동을 보이며 안절부절못하고 충동적인 행동을 나타내기 때문에 가정이나 학교 생활에 큰 어려움을 겪을 수 있다.

09 정신장애 관련 용어에 관한 설명으로 옳지 않은 것은?

① 유병률(Prevalence) - 전체 인구 중 특정한 정신장애를 가진 사람들의 비율

② 장애(Disorder) - 신체기관이 본래의 제 기능을 발휘하지 못하거나 정신능력에 어떤 결함이 있는 상태

③ 증상(Symptom) - 좁은 의미에서 환자가 호소하는 질병의 표현

④ 역학(Epidemiology) - 특정한 이상행동과 정신장애의 심각도에 관한 연구

⑤ 위험요인(Risk Factor) - 이상행동이나 정신장애의 발생 가능성을 증가시키는 어떤 조건이나 환경

10 자폐 스펙트럼 장애에 관한 설명으로 옳지 않은 것은?

① 매우 제한적이고 고정된 흥미를 지니는데, 그 강도나 초점이 비정상적이다.

② 장애 증상들은 초기 발달기에 나타난다.

③ 동일한 것에 대한 고집·집착을 보이기도 한다.

④ 아동기 붕괴성 장애, 아스퍼거 장애, 레트 장애 등이 통합된 것이다.

⑤ 행동이나 언어 사용에 있어서 반복적인 양상을 보인다.

11 다음 중 틱(Tic) 장애에 대한 설명으로 옳은 것을 모두 고른 것은?

> ㄱ. 틱(Tic)은 '급작스럽고 빠르며 반복적이고 비율동적인 동작 또는 음성 증상'으로 정의한다.
> ㄴ. 지속성 운동 또는 음성 틱 장애는 14세 이전에 발병한다.
> ㄷ. 잠정적 틱 장애는 처음 틱이 나타난 시점으로부터 1년 이상 나타난다.
> ㄹ. 투렛 장애는 틱 장애 중 가장 심각한 유형으로서, 운동성 틱과 음성 틱이 동시에 나타난다.

① ㄱ, ㄴ   ② ㄱ

③ ㄴ, ㄹ   ④ ㄱ, ㄷ, ㄹ

⑤ ㄱ, ㄴ, ㄷ, ㄹ

12 DSM-5의 진단기준 중 범불안장애의 증상에 관한 설명으로 옳지 않은 것은?

① 일이나 학업수행과 같은 많은 사건이나 활동에서 과도한 불안과 걱정이 적어도 6개월 동안 나타난다.

② 걱정을 통제하기 어렵다고 느낀다.

③ 불안, 걱정 또는 신체적 증상이 심각한 고통을 유발하거나 사회적·직업적 또는 다른 중요한 영역의 활동에 현저한 장애를 초래한다.

④ 범불안장애는 제한된 주제에 국한되기보다는 다양하고 광범위한 주제의 불안을 포함한다.

⑤ 장애가 의사소통장애에 의해 잘 설명되지 않고, 전반적 발달장애, 조현병, 다른 정신증적 장애의 기간 중에만 발생되는 것은 아니다.

13 '조현병 스펙트럼 및 기타 정신병적 장애' 범주를 증상의 심각도와 지속기간을 기준으로 배열했을 때 옳은 것은?

> 심각도 낮음 ◄—————   —————► 심각도 높음

① 단기 정신병적 장애 – 조현형 성격장애 – 조현양상장애 – 망상장애 – 조현정동장애/조현병

② 조현양상장애 – 조현형 성격장애 – 단기 정신병적 장애 – 망상장애 – 조현정동장애/조현병

③ 조현양상장애 – 조현형 성격장애 – 망상장애 – 단기 정신병적 장애 – 조현정동장애/조현병

④ 조현형 성격장애 – 망상장애 – 조현양상장애 – 단기 정신병적 장애 – 조현정동장애/조현병

⑤ 조현형 성격장애 – 망상장애 – 단기 정신병적 장애 – 조현양상장애 – 조현정동장애/조현병

14 망상장애의 유형을 세분화할 경우 다음 설명 중 옳지 않은 것은?

① 색정형은 다른 사람이 자신을 사랑한다고 믿는 망상이다.

② 과대형은 확대된 가치, 힘, 지식, 정체감, 또는 신격화된 인물이나 유명인과의 특별한 관계에 대한 망상이다.

③ 피해형은 자신에게 누군가가(또는 친한 사람이) 악의적으로 행동한다는 망상이다.

④ 신체형은 몸의 일부에서 나쁜 냄새가 난다거나 벌레가 기어 다닌다는 망상이다.

⑤ 색정형과 신체형이 가장 높은 유병률을 보인다.

15 우울장애와 관련된 인지적 오류에 관한 설명으로 옳지 않은 것은?

① 파국적 사고 – 부정적 측면만 보고 최악의 상태를 생각한다.

② 과잉 일반화 – 어떤 상황에서 일어난 여러 가지 일 중에서 일부만을 뽑아내어 상황 전체를 판단하는 오류를 범한다.

③ 감정적 추리의 오류 – 충분한 근거 없이 막연한 감정에 근거하여 결론을 내린다.

④ 잘못된 명명의 오류 – 사람들의 특성이나 행위를 기술할 때 부적절한 명칭을 사용한다.

⑤ 개인화의 오류 – 자신과 무관한 사건을 자신과 관련된 것으로 잘못 해석한다.

16 DSM-5에서 회피성 성격장애의 진단기준에 해당하지 않는 것은?

① 충분한 근거 없이 타인이 자신을 이용하고 속인다고 의심한다.

② 호감을 주고 있다는 확신이 서지 않으면 사람과의 만남을 피한다.

③ 사회적 상황에서 비난당하거나 거부당하는 것에 대한 생각에 사로잡혀 있다.

④ 비난, 꾸중 또는 거절이 두려워서 대인관계가 요구되는 직업활동을 회피한다.

⑤ 자신을 사회적으로 무능하고 개인적인 매력이 없으며 열등하다고 생각한다.

17 주요 우울장애에 동반되는 세부 양상 유형을 모두 고른 것은?

ㄱ. 불안증	ㄴ. 주산기 발병
ㄷ. 비전형적 양상	ㄹ. 계절성 양상
ㅁ. 긴장증 양상	ㅂ. 급속 순환성
ㅅ. 멜랑콜리아 양상	

① ㄱ, ㄴ, ㄷ, ㄹ, ㅁ, ㅅ

② ㄱ, ㄴ, ㄹ, ㅁ, ㅂ, ㅅ

③ ㄱ, ㄷ, ㅁ, ㅂ, ㅅ

④ ㄱ, ㄴ, ㄷ, ㄹ, ㅁ

⑤ ㄱ, ㄷ, ㄹ, ㅁ, ㅅ

18 정신장애의 원인에 관한 '사회적 유발설'의 주장으로 옳은 것은?

① 정신장애는 생물학적·심리적·사회적 요인의 상호작용에 의해 나타난다.

② 정신장애를 겪게 되면 그 결과로 사회경제적 지위가 낮아진다.

③ 정신장애에 대한 사회적 낙인이 재활을 어렵게 한다.

④ 낮은 사회경제적 지위가 정신장애를 유발한다.

⑤ 생물학적 취약성과 사회적 스트레스의 결합이 정신장애의 발병률을 결정한다.

19 강박장애의 기저에 존재하는 인지적 특성으로 옳지 않은 것은?

① 강박행동의 수정에는 불안유발 자극에 대한 노출치료가 효과적이다.

② 강박장애 환자는 침투적 사고를 과도하게 중요한 것으로 인식하는데, 그 과정에서 '사고–행위 융합'이라는 인지적 오류가 개입된다.

③ 강박장애 환자들은 불확실성이나 불완전함을 참지 못하며, 완벽함과 완전함을 추구하는 특성을 지닌다.

④ 강박행동에 가장 효과적이고 많이 사용하는 방법은 노출법과 반응방지법이다.

⑤ 인지적 관점에서 강박 사고는 침투적 사고에 대한 책임감의 부정으로 설명된다.

20 범불안장애(Generalized Anxiety Disorder)에 관한 설명으로 옳은 것은?

① 자신의 염려와 걱정을 자각하고 이를 통제할 수 있다고 믿는다.

② 과도한 걱정과 불안이 6개월 이상 나타난다.

③ 유병률은 낮은 편이나 그에 비해 치료기관을 찾는 비율은 높다.

④ 인지적 특성으로 기억과제 수행에서 위협자극보다 중성자극을 더 잘 기억한다.

⑤ 인지적 관점에서는 불안촉발 조건자극이 광범위하게 일반화된 다중 공포증으로 설명된다.

21 의사소통장애에 관한 설명으로 옳은 것은?

① 청소년기에 발병하는 유창성 장애는 '말더듬증'이라고도 한다.

② 반복적 상동행동을 보인다.

③ 말소리 장애의 음성학적 문제에는 언어치료사 개입치료는 필요 없고, 수술을 통한 발성기관의 치료를 하면 된다.

④ 4세 이전에 언어장애와 정상적 언어발달의 변형 양상을 구분할 수 있다.

⑤ 사회적 의사소통장애 아동은 맥락에 따른 대화능력의 결손을 보인다.

22 다음 보기의 내용은 어떤 장애에 대한 설명인가?

> ○ 학교 규칙을 번번이 어긴다.
> ○ 기물을 파괴하고 물건을 훔친다.
> ○ 지나친 공격성을 보이고 문제행동을 일삼는다.
> ○ 복수심이 강하고 타인을 협박한다.

① 도벽증
② 품행장애
③ 적대적 반항장애
④ 반사회성 성격장애
⑤ 주의력결핍 및 과잉행동장애

23 신체증상장애에 관한 설명으로 옳은 것은?

① 병원을 찾아다니는 '진료추구형'과 의학적 진료를 회피하는 '진료회피형'으로 구분할 수 있다.
② 증상양상은 사회문화적 요인과는 관련이 없다.
③ 한 가지 이상의 신체적 증상을 호소하지만, 일상생활에 영향은 주지 않는다.
④ 전환장애, 허위성 장애는 신체증상 및 관련 장애에 포함된다.
⑤ 증상이 3개월 이상 지속될 때 신체증상장애로 판단된다.

24 배설장애에 관한 설명으로 옳지 않은 것은?

① 유뇨증은 주간형, 야간형, 주야간형으로 나뉜다.
② 유뇨증은 연속 3개월 동안 주 2회 이상의 빈도로 나타난다.
③ 연령수준에 따라 유병률이 변화한다.
④ 유뇨증은 일정 기간 분명하게 소변을 가린 후에 장애가 나타나기도 한다.
⑤ 유분증은 실제연령(또는 동등 발달수준)이 최소 5세 이상이 되어야 진단된다.

25 급식 및 섭식장애에 관한 설명으로 옳은 것은?

① 이식증은 비영양성·비음식 물질을 3개월 이상 지속적으로 먹는 경우를 말한다.
② 회피적/제한적 음식섭취 장애는 문화적인 관행으로 설명 가능하다.
③ 되새김장애는 1개월 이상 음식물의 반복적인 역류, 되씹기, 뱉어내는 행동을 하는 경우이다.
④ 신경성폭식증은 '제한형'과 '폭식/제거형'으로 구분한다.
⑤ 폭식장애는 폭식행동과 보상행동을 3개월 동안 평균적으로 주 1회 이상 나타낸다.

교 시	문제형별	시 간	시험과목	
2교시	A	50분	① 진로상담 ② 집단상담 ③ 가족상담 ④ 학업상담	2과목 선택

선택과목 01 진로상담

01 다음 중 타이드만과 오하라(Tiedeman & O'Hara)의 진로발달이론에 관한 내용으로만 묶은 것은?

> ㄱ. 직업발달 – 직업 자아정체감을 형성해 나가는 계속적 과정이다.
> ㄴ. 자아인식, 진로인식, 진로의사결정이라는 3가지 주요 요소를 포함하는 8단계의 진로발달 이론을 제시하였다.
> ㄷ. 직업정체감 – 개인이 자신의 제반 특성을 정확히 파악하고, 자신의 자아를 실현시킬 수 있는 일이 과연 무엇인가에 대한 자기 나름대로의 인식이다.
> ㄹ. 직업발달단계 – 의사결정과정을 통해서 직업의식이 발달하였다.
> ㅁ. 행동과 인지의 중요성을 강조하는 개인의 진로의사결정 방법에 관한 이론으로 진로결정을 학습된 기술로 보았다.

① ㄴ, ㄷ, ㅁ   ② ㄱ, ㄴ, ㅁ

③ ㄴ, ㄹ, ㅁ   ④ ㄱ, ㄹ, ㅁ

⑤ ㄱ, ㄷ, ㄹ

02 다음 보기의 내용은 무엇에 관한 설명인가?

> ○ 결정을 내릴 때 선호하는 접근방식을 말한다.
> ○ 직관적 · 의존적 · 합리적 의사결정으로 나뉜다.
> ○ 하렌(Harren)이 주장한 이론이다.

① 진로선택이론   ② 가치중심 진로모델

③ 진로의사결정이론   ④ 의사결정 접근이론

⑤ 인지적 접근이론

03 다위스(R. Dawis)와 롭퀴스트(L. Lofquist)의 직업적응이론에서 개인이 작업환경을 개인적 방식과 좀 더 조화롭게 만들려고 노력하는 적응방식적 측면은?

① 반응성(Reactiveness)
② 민첩성(Celerity)
③ 회피성(Avoidance)
④ 유연성(Flexibility)
⑤ 적극성(Activeness)

04 진로상담과정에서 내담자 저항의 형태로 적절하지 않은 것은?

① 책임지기를 두려워하여 진로의사결정을 미루는 태도를 보인다.
② 상담자의 유능성 또는 상담방법에 대해 비난한다.
③ 내담자 자신이 받은 교육이나 훈련 경험에 대한 전반적인 평가를 한다.
④ 자신이 바라지 않던 통찰을 하게 되는 것에 대한 두려움을 보인다.
⑤ 상담자와의 권력 차이로 충분히 자신을 드러내지 못하는 것에 대한 두려움을 보인다.

05 특성-요인상담의 특징에 관한 설명으로 옳지 않은 것은?

① 상담자 중심의 상담방법이다.
② 문제의 객관적 이해보다는 내담자에 대한 정서적 이해에 중점을 둔다.
③ 내담자에게 정보를 제공하고, 학습기술과 사회적 적응기술을 알려주는 것을 중요시한다.
④ 사례연구를 상담의 중요한 자료로 삼는다.
⑤ 상담관계에서 상담자는 완전하게 가치중립적인 입장을 취할 수는 없다.

06 진로상담가와 그의 이론이 바르게 연결되지 않은 것은?

① 파슨스(Parsons) - 특성-요인이론
② 하렌(Harren) - 의사결정유형이론
③ 해킷(Hackett) - 사회인지이론
④ 브라운(Brown) - 가치중심이론
⑤ 터크만(Tuckman) - 계획된 우연이론

07 보딘(Bordin)은 진로문제의 분류가 상담전략을 세우는 것에 도움이 되기 위해서는 진단에서 문제의 심리적 원인이 드러나도록 해야 한다고 주장하고, 진로문제의 진단에 대한 새로운 관점을 제시하였다. 다음 중 보딘이 주장한 5가지 분류에 해당하지 않는 것은?

① 의존성

② 정보의 부족

③ 외적 갈등

④ 선택에 대한 불안

⑤ 확신의 결여

08 홀랜드(Holland)의 흥미이론에서 개인의 흥미 유형과 개인이 몸담고 있거나 소속되고자 하는 환경의 유형이 서로 부합하는 정도를 무엇이라고 하는가?

① 일치성

② 일관성

③ 변별성

④ 정체성

⑤ 계측성

09 크롬볼츠(Krumboltz)의 사회학습이론에서 다음 보기의 내용과 관련이 있는 것은?

> 청소년 A는 난치병으로 1년 동안 병원에서 치료를 받고 완치된 후, 난치병 환자를 치료하는 의사가 되기로 진로를 결정하였다.

① 도구적 학습경험

② 연상적 학습경험

③ 환경적 조건과 사건

④ 유전적 요인과 특별한 능력

⑤ 과제접근기술

10 다위스(Dawis)와 롭퀴스트(Lofquist)의 직업적응이론에서 직업성격적 측면의 성격양식 차원에 해당하는 것은?

① 융통성

② 끈 기

③ 적극성

④ 민첩성

⑤ 반응성

11 수퍼(Super)의 이론에서 진로성숙(Career Maturity)의 하위요인에 관한 설명으로 옳지 않은 것은?

① 선택하고자 하는 직업의 일관성
② 선택하고자 하는 직업에 관한 정보수집 및 계획성
③ 진로선택과 직업정보를 위한 자료 이용의 효율성
④ 흥미의 성숙·유형화와 진로문제에서의 독자성
⑤ 흥미, 가치 등 개인 특성의 세분화

12 긴즈버그(Ginzberg)가 제시한 직업선택 과정 중 '잠정기'에 해당하지 않는 것은?

① 흥미단계   ② 능력단계
③ 가치단계   ④ 탐색단계
⑤ 전환단계

13 수퍼(Super)의 진로발달이론의 11가지 기본요소에 해당하지 않는 것은?

① 개인차
② 진로유형
③ 자아존중감
④ 동일시와 모델의 역할
⑤ 진로유형의 역동성

14 수퍼(Super)의 진로발달이론에 관한 설명으로 옳지 않은 것은?

① 긴즈버그(Ginzberg)의 진로발달이론을 비판하고 보완하면서 발전된 이론이다.
② 진로성숙은 가설적 구성개념이다.
③ 진로발달과정은 진로자아 개념의 발달과 실행과정이다.
④ 직업준비도는 환경과 조직의 요구에 상응하는 성공을 위한 핵심요소이다.
⑤ 진로적응성은 진로결정성, 진로확신성, 진로목적성, 진로준비성, 진로독립성, 가족일치성 등의 6가지로 구성된다.

15 갓프레드슨(Gottfredson)이 제시한 직업포부의 발달단계 중 '사회적 가치지향성 단계'에 해당하는 것은?

① 자신이 선호하는 직업에 대해서 보다 엄격한 평가를 할 수 있다.

② 직업에 대한 평가에 보다 많은 기준들을 갖게 된다.

③ 내성적인 사고를 통하여 자아인식이 발달하며, 타인에 대한 개념이 생겨난다.

④ 자아성찰과 사회계층의 맥락에서 직업적 포부가 더욱 발달한다.

⑤ 추상적인 사고를 하게 되고 개인적 흥미나 가치, 능력을 바탕으로 자신의 성격 유형에 관심을 갖게 되며, 그에 따른 직업분야를 탐색해 나가는 한편 진로포부 수준도 점차 현실화해 간다.

16 다문화 청소년과 진로상담을 할 때 주의해야 할 내용으로 옳지 않은 것은?

① 내담자 자신이 속해 있는 문화 특성에 관한 자각능력을 키운다.

② 진로목표 설정과 행동의 선택에 미치는 사회적 제약을 알린다.

③ 내담자 가족에서 주요 의사결정자가 누구인지 이해하도록 노력한다.

④ 여러 가지 대안적 지지체제를 만들어주려 노력한다.

⑤ 내담자의 문화와 개인적 요구에 맞는 목표와 과제를 설정하고 수행한다.

17 터크만(Tuckman) 진로발달이론에서 제일 마지막 단계는?

① 일방적인 의존성의 단계   ② 독립성의 단계

③ 자기결정의 단계   ④ 자율성의 단계

⑤ 상호관계의 단계

18 인지적 정보처리과정의 순서가 바르게 나열된 것은?

ㄱ. 의사소통	ㄴ. 실 행
ㄷ. 평 가	ㄹ. 통 합
ㅁ. 분 석	

① ㄱ - ㄴ - ㅁ - ㄷ - ㄹ   ② ㄱ - ㄹ - ㅁ - ㄴ - ㄷ

③ ㄱ - ㅁ - ㄹ - ㄷ - ㄴ   ④ ㄴ - ㄱ - ㄷ - ㄹ - ㅁ

⑤ ㄷ - ㄹ - ㄱ - ㄴ - ㅁ

19 브라운(Brown)이 제안한 진로발달에 관한 가치중심적 접근모델의 기본명제로 옳지 않은 것은?

① 개인이 우선권을 부여하는 가치들은 매우 많다.

② 가치는 환경 속에서 가치를 담은 정보를 획득함으로써 학습된다.

③ 생애만족은 모든 필수적인 가치들을 만족시키는 생애역할에 달려 있다.

④ 한 역할의 현저성은 역할 내에 있는 필수적인 가치들의 만족 정도와 직접 관련된다.

⑤ 생애역할에서의 성공은 많은 요인들에 의해 결정되는데, 이들 중에는 학습된 기술도 있고 인지적·정의적·신체적 적성 등도 있다.

20 다음 중 사회인지 진로이론의 학자로만 나열된 것은?

ㄱ. 렌트(Lent)	ㄴ. 긴즈버그(Ginzberg)
ㄷ. 수퍼(Super)	ㄹ. 브라운(Brown)
ㅁ. 해킷(Hackett)	

① ㄱ, ㄴ, ㄹ   ② ㄱ, ㄷ, ㅁ

③ ㄱ, ㄹ, ㅁ   ④ ㄴ, ㄷ, ㄹ

⑤ ㄷ, ㄹ, ㅁ

21 직업 혹은 의사결정을 위한 지식이 부족한 내담자 유형의 진술에 해당하는 것은?

① "나는 내가 올바른 방향으로 가고 있는지 알고 싶어요."

② "이제부터 무엇을 준비해야 할지 알고 싶어요."

③ "진로에 대한 결정은 내렸지만 불안해요."

④ "내가 무엇을 잘하고 좋아하는지 알 수가 없어요."

⑤ "이것도 하고 싶고 저것도 하고 싶어서 결정을 내리기가 어려워요."

22 홀랜드(Holland) 이론에 관한 설명으로 옳지 않은 것은?

① 대부분의 사람들은 실재적(R), 탐구적(I), 예술적(A), 사회적(S), 기업적(E), 관습적(C)의 여섯 가지 유형 중의 하나로 분류될 수 있다.

② E와 S형은 사물과 아이디어로 직업활동을 하며, R형과 I형은 사람들과 함께 일한다.

③ A형은 창의적·독창적·독립적이다.

④ C형은 보수적·실리적·의존적인 성향을 갖고 있다.

⑤ 대각선의 유형끼리는 비교적 대비되는 성격유형 특징을 갖고 있으며, 근접한 유형끼리는 상관이 높은 성격 특징을 갖는다.

23 크롬볼츠(Krumbolts)의 사회학습이론 중 평가에서 나타난 주요내용이 아닌 것은?

① 진로결정은 학습된 기술이다.

② 진로선택을 했다고 주장하는 사람들에게도 도움이 필요하다.

③ 내담자는 다양한 집단으로부터 나온다.

④ 어떠한 직업도 모든 개인에게 가장 좋은 것으로 보이지는 않는다.

⑤ 상담의 성공여부는 상담실에서의 내담자 반응에 의해 결정된다.

24 C-DAC(Career Development Assessment and Counseling) 모형에 관한 설명으로 옳지 않은 것은?

① 이 모형은 하렌(Harren)의 이론에서 도출되었다.

② 직업인으로서의 역할이 다른 역할들보다 얼마나 더 중요한 지에 대해 알게 해준다.

③ 생애역할의 우선순위를 결정할 수 있도록 돕는다.

④ 직업적 정체성에 대한 평가(가치, 능력, 흥미에 대한 평가)이다.

⑤ 진로상담을 통해 얻어진 검사결과의 사용방법에 관심을 둔다.

25 긴즈버그(E. Ginzberg)의 직업선택 단계 중 '현실기'에 해당하지 않는 것은?

① 취업기회의 탐색

② 직업적 선택의 구체화

③ 고도로 세분화·전문화된 의사결정

④ 흥미나 취미에 따라 직업을 선택

⑤ 직업 선택에서 내·외적 요인을 두루 고려

01 청소년 집단상담의 변화기능과 집단역동 치료효과에 관한 내용으로 옳지 않은 것은?

① 모방행동 – 집단상담에 참여하는 청소년들은 상담자나 다른 동료 참여자들의 바람직한 어떤 측면들을 모방하게 되어 개인상담보다 집단상담에서 모방과정이 보다 더 확산된다.

② 이타심 – 참여자들과의 대화를 통해 그들이 겪는 문제들이 그 자신만이 겪는 문제가 아님을 알고, 그들의 문제에 대해 좀 더 객관적으로 대처할 수 있게 된다.

③ 변화를 시도하는 자유 – 집단은 새로운 행동을 실제로 시도해 보기 위한 안전한 장소가 된다.

④ 인간관계 형성 기법의 학습 – 집단 참여자들은 집단상담을 통해서 인간관계 형성 능력을 기를 수 있다.

⑤ 피드백(Feedback) – 집단 참여자들은 다른 사람들로부터 피드백을 받음으로써 다른 사람들에게 보이는 그들의 행동효과를 점검한다.

02 집단상담자의 자질이 아닌 것은?

① 인간에 대한 선의와 관심   ② 집단상담에 대한 사명의식

③ 탈가치성과 자기주도적 리더십 ④ 상담이론에 대한 지식과 이해

⑤ 집단계획과 조직능력

03 집단 자체에 대한 평가 내용으로서 목표지향적인 방향성, 집단토의나 활동의 성취도, 성취 혹은 진전의 속도, 집단 자원의 활용도, 집단활동의 개선책을 주장한 학자는?

① 글래서(Glasser)   ② 엘리스(Ellis)

③ 로에저(Loeser)   ④ 젠킨스(Jenkins)

⑤ 슬라브슨(Slavson)

04 합리·정서행동(REBT) 집단상담에 관한 설명으로 옳지 않은 것은?

① 집단원의 부정적 행동을 유발한 사건에 대해 체계적으로 분석하고 변화시킨다.

② 역할연습과 자기주장과 같은 기법을 사용하고 이를 숙제로 내준다.

③ 논리적이고 경험적인 사고의 원리에 입각한 행동으로 대체하도록 도움을 주는 것이 상담 및 치료의 과정이다.

④ 집단원의 비합리적 신념을 능동적이고 지시적으로 도전하여 논박한다.

⑤ 인지적이고 활동적이며, 지시적인 교육방법을 주로 사용한다.

05 비밀보장과 관련된 쟁점에 관한 내용으로 옳지 않은 것은?

① 약물남용의 경우는 비밀보장의 원칙을 깨고 보호자에게 알려야 한다.
② 법원의 명령이 있는 경우에는 비밀보장을 지킬 의무가 없다.
③ 내담자의 사생활과 비밀은 상담기관의 다른 상담전문가, 사무원, 자원봉사자들에게 대해서도 보장되도록 최선의 노력을 다해야 한다.
④ 상담자는 집단원들에게도 비밀보장의 윤리적 책임이 있음을 알린다.
⑤ 상담자는 컴퓨터 파일형태로 된 내담자의 정보에 대해서 비밀보장의 한계를 고지할 의무는 없다.

06 교류분석 집단상담에 관한 특징으로 옳지 않은 것은?

① 구체적인 목표를 계약형태로 문서화한다.
② 초기결정에 반응하여 새로운 결정을 내림으로써 개인을 변화시킨다.
③ 집단원의 비합리적 신념을 능동적이고 지시적으로 도전하여 논박한다.
④ 집단원들이 자신의 자아상태 거래양식의 특성을 이해하도록 한다.
⑤ 자아상태 오염을 제거하도록 노력한다.

07 질문법과 관련된 예시로 옳지 않은 것은?

① 모호한 질문 – "누가 왜 그렇게 말했으리라 생각하나요?"
② 기적질문 – "당신의 변화에 대해 친구들은 어떻게 알 수 있을까요?"
③ 예외질문 – "문제가 발생하지 않은 때는 언제인가요?"
④ 유도질문 – "친구가 가출했다는 소식을 듣고 어떤 느낌이 들었는지 궁금하군요."
⑤ 이중질문 – "지금 이 상황이 당신에게 유리하다고 생각하나요? 또 사람들이 당신을 더 지지해줄 것이라 생각하나요?"

08 '피드백(Feedback) 주고받기'에 대한 설명으로 옳은 것을 모두 고른 것은?

> ㄱ. 피드백(Feedback)이란 타인의 행동에 대한 자신의 반응을 상호 간에 솔직하게 이야기해 주는 과정이다.
> ㄴ. 구체적으로 관찰 가능한 행동에 대해 그 행동이 일어난 직후 적용하는 것이 효과적이다.
> ㄷ. 변화 가능한 행동에 대해 피드백을 주어야 한다.
> ㄹ. 사실적인 진술을 통해 가치판단을 하고 변화를 모색한다.

① ㄱ, ㄴ, ㄷ
② ㄱ, ㄷ
③ ㄴ, ㄹ
④ ㄹ
⑤ ㄱ, ㄴ, ㄷ, ㄹ

09 다음 중 집단상담에 관한 설명으로 옳은 것은?

① 집단상담의 가장 적당한 모임시간은 60분이다.

② 집단평가의 방법으로 비공개 토의방식이 적당하다.

③ 아동으로 이루어진 집단상담의 경우, 서로의 경험을 교환할 수 있도록 다양한 연령층으로 구성하는 것이 효과적이다.

④ 집단상담의 5단계 발달과정 중 희망감의 고취, 지도, 그리고 보편성이 중요시 되는 단계는 시작단계이다.

⑤ 청소년의 경우 15세 이전에는 혼성집단이 더 바람직하다.

10 응집력이 높은 집단에서 관찰되는 집단원에 관한 설명으로 옳은 것을 모두 고른 것은?

> ㄱ. 집단규범을 잘 지키고, 집단규범 일탈자에게 압력을 가한다.
> ㄴ. 상호 의존적인 협동적 관계에서 공동으로 효과적인 집단활동을 할 수 있게 한다.
> ㄷ. 한 명의 집단원이 중도 탈락했을 때, 집단의 붕괴에 대하여 덜 민감하게 반응한다.
> ㄹ. 긍정적인 감정뿐만 아니라 부정적인 생각과 감정들까지도 솔직하게 자신을 드러내고, 더 많은 자기개방을 한다.

① ㄱ, ㄴ, ㄷ   ② ㄱ, ㄷ

③ ㄴ, ㄹ   ④ ㄹ

⑤ ㄱ, ㄴ, ㄷ, ㄹ

11 집단상담자의 행동으로 옳지 않은 것을 모두 고른 것은?

> ㄱ. 집단상담의 준비단계에서 집단상담자는 집단활동의 책임을 점차로 집단에 이양한다.
> ㄴ. 상담자의 적극적인 참여는 집단원의 참여 기회를 줄이고 집단원 간의 상호작용을 방해한다.
> ㄷ. 상담자의 자기개방은 집단원의 자기개방에 모델이 된다.
> ㄹ. 분명하고 명백한 기준을 제시하는 것은 집단의 진행에 도움이 된다.
> ㅁ. 갈등은 집단에 해가 되므로 최대한 노출되지 않도록 노력한다.

① ㄱ, ㄴ   ② ㄷ, ㄹ

③ ㄴ, ㄹ   ④ ㄴ, ㅁ

⑤ ㄴ, ㄷ, ㄹ, ㅁ

12 의사교류 분석적 모형의 집단 기술에 해당하는 것을 모두 고른 것은?

ㄱ. 심적 포화	ㄴ. 게임 분석
ㄷ. 구조 분석	ㄹ. 인생각본 분석

① ㄱ, ㄴ　　　　　　　　　　　② ㄱ, ㄴ, ㄷ
③ ㄴ　　　　　　　　　　　　　④ ㄴ, ㄷ, ㄹ
⑤ ㄹ

13 T-집단에 관한 내용으로 옳은 것은?

① 일상생활의 요구에 따라 자신의 모든 자아 상태의 거래가 활발하게 이루어지게 하는 능력을 개발하도록 돕는다.
② 실존적・인도주의적인 사상을 기초로 하여 발전한 것으로서, 소집단 활동이 주이며 개방성과 솔직성, 대인적 직면, 자기노출, 직접적인 정서적 표현을 격려한다.
③ 훈련을 위주로 형성된 소집단으로서 '훈련집단' 또는 '실험실적 접근'이라고도 한다.
④ 정서를 심화하기 위한 기법들을 도입하여 집단을 구조화하는 것으로서, 일종의 저항에 해당하는 봉쇄된 에너지를 보다 적극적인 행동으로 전환하도록 돕는다.
⑤ 인지적이고 활동적이며 지시적인 교육방법을 주로 사용한다.

제3회 최종모의고사

14 슬라브슨(Slavson)에 의한 집단상담자의 기능에 관한 설명으로 옳은 것을 모두 고른 것은?

ㄱ. 지도적 기능 – 집단이 뚜렷한 목적이나 결론을 가지고 있을 때 집단상담자는 지도적 기능을 수행한다.
ㄴ. 자극적 기능 – 억압, 저항, 정서적 피로, 혹은 흥미의 상실 등으로 인해 그 집단이 무감각 상태에 빠지거나 활기를 상실할 때 집단상담자는 자극적 기능을 수행한다.
ㄷ. 확충적 기능 – 집단의 의사소통이나 상호작용이 한 영역에 고착되어 있을 때, 이를 확장하는 데 힘쓴다.
ㄹ. 해석적 기능 – 해석이란 집단원들의 마음속에 숨은 무의식을 의식화하려는 집단상담자의 노력으로 볼 수 있다.

① ㄱ, ㄴ, ㄷ　　　　　　　　　② ㄱ, ㄷ, ㄹ
③ ㄴ, ㄷ　　　　　　　　　　　④ ㄴ, ㄷ, ㄹ
⑤ ㄷ, ㄹ

15 개인중심의 역할행동에 해당하지 않는 것은?

① 충고하기　　　　　　　　　　② 다른 사람들의 기분 맞추기
③ 상처 싸매기　　　　　　　　　④ 의사소통 촉진하기
⑤ 도움을 구걸하기

16 한센(Hansen), 워너(Warner), 스미스(Smith)가 주장한 생산 단계에서 집단상담을 통해 집단 참여자들은 사람들과 관계 맺는 방법을 배우고 인간관계 형성 능력을 기르는데, 이것은 무엇에 관한 설명인가?

① 직 면　　　　　　　　　　　② 대인관계 학습
③ 모험 시도　　　　　　　　　　④ 신뢰감
⑤ 참여 촉진

17 코리(Corey)의 집단발달 4단계 중 '과도기 단계'에 관한 설명으로 적절하지 않은 것은?

① 불안, 방어, 상담자에 대한 저항, 통제에 대한 투쟁, 집단원들 간의 갈등, 기타 여러 문제 행동들이 나타나는 단계로 요약할 수 있다.
② 저항과 갈등은 침묵과 참여부족, 독점적 행동, 이야기하기, 질문하기, 충고하기, 덮어두기, 적대행동, 의존심, 우월한 행동 취하기, 사교모임 갖기, 주지화, 감정화 등의 행동으로 나타난다.
③ 신뢰를 쌓고 현재 상황에 초점을 맞추도록 하는 단계로서, 상담자는 기초적인 규범을 탐색하고 집단원을 지지하는 상황을 설정한다.
④ 상담자는 저항을 감지하고 다루어야 하며, 집단규범 형성을 증진해야 한다.
⑤ 상담자는 규칙을 잘 지키도록 도와주는 집단규준의 증진자로서의 역할도 해야 한다.

18 '개인중심의 역할행동'에 따른 상담자의 역할에 관한 설명으로 옳지 않은 것은?

① 집단원이 독점의 행동을 하는 경우, 집단상담자는 그와 같은 행동이 집단활동에 어떠한 영향을 미치는지를 부드럽고 솔직하게 이야기한다.
② 집단원이 지나치게 의존적인 행동을 보이는 경우, 집단상담자는 의존의 욕구가 지속되지 않도록 거절의 표시를 해야 한다.
③ 집단원이 다른 사람들의 기분을 맞추는 행동을 하는 경우, 집단상담자는 그가 솔직하게 자신의 내면을 표현할 수 있도록 유도한다.
④ 집단상담의 초기에 침묵하는 집단원에게는 해석을 통해 적극적인 참여를 요구한다.
⑤ 집단원이 다른 참여자에게 충고를 하는 경우, 집단상담자는 그와 같은 충고를 하게 된 동기에 대해 스스로 탐색하도록 해주며, 그와 관련된 느낌을 취급하도록 돕는다.

19 게슈탈트 집단상담에서 다루는 저항의 유형에 관한 설명이 올바르게 연결되지 않은 것은?

① 내사 – 타인의 행동이나 가치관을 무비판적으로 받아들임으로써 상담자의 개입이나 규칙에 의문을 제기하지 않는 것이다.

② 투사 – 감당하기 힘든 내적 갈등이나 환경 자극에 노출될 때, 이에 압도당하지 않으려고 자신의 감각을 둔화시켜서 환경과의 접촉을 피하거나 약화시키는 것이다.

③ 반전 – 실제로는 다른 사람을 향한 느낌이나 충동을 자신을 향하게 하는 것으로써, 집단 초기 정서표현이나 참여를 주저하는 것이다.

④ 융합 – 자신의 의견 말하기나 자기표현을 어려워하는 것이다.

⑤ 자의식 – 사회적 관계에서 타인을 과도하게 의식하고, 자기 자신을 대상화하여 주의를 기울여 관찰하는 행동이다.

20 집단상담 계획을 위한 진행과정의 순서가 바르게 나열된 것은?

ㄱ. 욕구 파악	ㄴ. 사전 면담
ㄷ. 사전 검사	ㄹ. 사후 검사
ㅁ. 계획안 작성	ㅂ. 집단원 선정
ㅅ. 집단활동	ㅇ. 추후지도 및 평가

① ㄱ – ㄴ – ㅁ – ㄷ – ㄹ – ㅅ – ㅂ – ㅇ
② ㄱ – ㄹ – ㅁ – ㄴ – ㄷ – ㅂ – ㅅ – ㅇ
③ ㄱ – ㅁ – ㄴ – ㅂ – ㄷ – ㅅ – ㄹ – ㅇ
④ ㄴ – ㄱ – ㄷ – ㄹ – ㅁ – ㅅ – ㅂ – ㅇ
⑤ ㄷ – ㄹ – ㄱ – ㄴ – ㅁ – ㅅ – ㅂ – ㅇ

21 자기의 부정적 감정을 상대방이 실제로 가지도록 만드는 현상으로서, 자기의 부정적 감정이 다른 사람에게 실제로 있다고 믿고 그러한 행동을 하도록 만드는 현상을 무엇이라 하는가?

① 역전이 　　　　　　② 환 언
③ 투사적 동일시 　　　④ 공감적 반응하기
⑤ 문제축약

22 종결회기에서 심층적인 문제를 노출하는 집단원에 관한 상담자의 반응으로 옳지 않은 것을 모두 고른 것은?

> ㄱ. 집단원이 합의하면 시간을 가지고 다룰 수 있다.
> ㄴ. 유대관계의 분리에 대한 아쉬움과 함께 자기노출을 증가시키도록 격려한다.
> ㄷ. 개인상담으로 진행될 수 있도록 권하고 실행할 수 있는 용기를 준다.
> ㄹ. 이미 종결회기에 이르렀으므로 다른 집단원이 합의하더라도 시간을 가지고 다룰 수 없음을 통지한다.
> ㅁ. 종결회기여서 충분히 다룰 수 없음을 이해시키고 집단원의 행동을 제한한다.

① ㄱ, ㄴ   ② ㄱ, ㄴ, ㄷ
③ ㄱ, ㄹ   ④ ㄴ, ㄷ, ㄹ
⑤ ㄴ, ㄹ

23 집단상담에서 경험할 수 있는 심리적 위험과 관련된 쟁점이 아닌 것은?

① 집단상담은 개인상담에 비해 심리적 위험에 덜 노출되어 있다.
② 개인의 주도적인 선택권이나 자율권을 포기하게 되는 경우가 있다.
③ 강력한 집단경험을 한 후 무분별한 중대결단을 내리는 경우가 있다.
④ 과도한 개방으로 인해 급작스러운 심리적 혼란이 일어날 수 있다.
⑤ 집단상담자는 집단원들에게 집단원들도 비밀보장에 대한 윤리적 책임을 가지고 있다는 사실을 주지시켜야만 한다.

24 성장집단에서 집단규범 형성을 위한 상담자 역할에 해당하는 것이 아닌 것은?

① 자기개방의 격려   ② 솔직하고 자연스러운 언행의 촉진
③ 저항과 갈등의 격려   ④ 비생산적 행동에 대한 개입
⑤ '지금-여기' 자각의 촉진

25 다문화가정 청소년 집단상담 시 유의점으로 옳지 않은 것은?

① 다른 인종, 민족 집단에 대한 자신의 고정관념과 편견을 검토하고 교정한다.
② 집단원들이 다문화에 관심을 표현하지 않아도 문화적 차이를 고려하여 집단을 운영한다.
③ 다문화 집단의 문화적 유산 및 역사적 배경에 대한 지식을 습득한다.
④ 상담자는 기본 상담 역량과 다문화 역량을 갖춰야 하지만 지역사회 연계 역량까지 필요한 것은 아니다.
⑤ 집단원의 행동은 각 나라의 문화와 인종에 따라 각각 다르게 나타날 수 있으므로 이를 고려해야 한다.

01 다음 중 명료한 경계를 가진 가족의 특성으로 옳은 것은?

① 수시로 외부간섭을 받고 가족성원이 서로에 대해 잘 알지 못한다.

② '우리'라는 집단의식과 함께 '나 자신임'의 감정을 잃지 않는다.

③ 가족성원이 지나치게 밀착되어 있어 개인의 자아의식이 발달하지 못한다.

④ 가족성원 간에 지나치게 상호 작용하고 염려한다.

⑤ 가족성원 간의 애정, 지지, 따뜻함, 대화가 부족하지만 독립과 자율이 보장된다.

02 해결중심 가족치료이론의 주요 원리로 옳지 않은 것은?

① 내담자의 강점·자원·증상까지도 발견하여 치료에 활용한다.

② 건강한 것 대신에 병리적인 것에 초점을 둔다.

③ 탈이론적이고 규범에 얽매이지 않으며, 내담자의 견해를 존중한다.

④ 현재에 초점을 맞추며 미래지향적이다.

⑤ 내담자와의 협력관계를 중요시한다.

03 사이버네틱스에 관한 설명으로 옳지 않은 것은?

① 1차 사이버네틱스는 생명체가 환경과의 지속적인 상호작용으로 인해 생명을 유지해 나가는 유기체적 모델과 동일하다.

② 2차 사이버네틱스에서의 치료자는 관찰자인 동시에 관찰대상자의 역할을 한다.

③ 1차 사이버네틱스의 치료자는 자기 준거적인 특성으로 인해 절대적인 결정여부의 어려움이 존재한다.

④ 사이버네틱스는 기계와 살아있는 유기체 사이에서 자기조절 및 통제를 연구하는 것이다.

⑤ 2차 사이버네틱스는 후기 가족상담에 영향을 미쳤다.

04 가족구성원이 문제에 대한 단선적인 시각에서 벗어나 문제의 순환성을 인식하도록 유도하는 방법은?

① 은유적 기법　　　　　　　　　　② 재정의

③ 순환적 질문기법　　　　　　　　④ 역설적 기법

⑤ 시련 기법

05 전략적 가족상담모델의 주요 개념에 해당하는 것을 모두 고른 것은?

ㄱ. 권력과 통제	ㄴ. 가족규칙
ㄷ. 피드백 고리	ㄹ. 위 계

① ㄱ, ㄷ   ② ㄱ, ㄷ, ㄹ
③ ㄴ, ㄷ, ㄹ   ④ ㄴ, ㄹ
⑤ ㄷ, ㄹ

06 정신역동적 모델을 구체화한 내용으로 적절한 것을 모두 고른 것은?

ㄱ. 정신장애는 개인의 내적인 갈등의 산물이다.
ㄴ. 개인이 사용하는 과다한 방어(Defense)는 병리로 나타난다.
ㄷ. 신체 내의 과도한 긴장은 유기체 내의 정신신체적(Psychosomatio) 장애를 유발한다.
ㄹ. 불안을 감소시키고, 자아분화를 증가시키는 것이다.

① ㄱ, ㄴ   ② ㄱ, ㄴ, ㄷ
③ ㄴ, ㄷ   ④ ㄴ, ㄷ, ㄹ
⑤ ㄷ, ㄹ

07 사티어(Satir)의 경험적 가족상담의 내용으로 옳지 않은 것은?
① 자아에 대해 관심이 많았고, 인간의 잠재능력에 대해 긍정적 시각을 가졌다.
② 개인의 심리내적 과정을 이끌어내는 은유적 방법으로 빙산치료를 한다.
③ 가족역량요인과 가족유형요인을 활용하여, 가족기능 및 역기능의 정도에 따라 4가지 가족체계유형으로 분류하였다.
④ 감정에 대한 감정은 감정에 대한 판단을 의미한다.
⑤ 역기능적 원가족 삼인군 가족관계에서 유래된 쟁점을 이해하게 하였다.

08 주관적 가족평가방법에 해당하는 것을 모두 고른 것은?

ㄱ. 상 징	ㄴ. FEM
ㄷ. 합동가족화	ㄹ. 가계도

① ㄱ, ㄴ, ㄷ   ② ㄱ, ㄷ, ㄹ

③ ㄴ, ㄷ   ④ ㄴ, ㄹ

⑤ ㄷ, ㄹ

09 내담자의 내부 사정을 외면하고 이해를 배제하는 것으로서, 밖으로 드러난 실패나 장애·부족함 등을 객관화된 사실로 표현해 내는 외부적 관점에서의 서술을 가리키는 것은?

① 순환적 서술

② 빈약한 서술

③ 은유적 서술

④ 간접적 서술

⑤ 강화적 서술

10 경험적 가족상담이론에 관한 설명으로 옳은 것을 모두 고른 것은?

ㄱ. 개인의 역사적 분석에 초점을 두지 않는다.
ㄴ. 가족체계 내의 관찰할 수 있는 현재 상호작용관계에 초점을 맞춘 이론이다.
ㄷ. 헤일리(Hailey)는 개인이 그들 자신의 내적 경험을 개방하여 가족과 자유롭게 상호작용할 때에 개인뿐만 아니라 가족이 함께 기능하고 성장한다고 보았다.
ㄹ. 가족상담자들은 가족문제가 잘못된 의사소통에 기인한다고 생각하고, 치료적 개입을 통해 가족이 보다 바람직한 의사소통 기술을 습득하도록 도움을 주는 것을 목표로 한다.

① ㄱ, ㄴ, ㄷ   ② ㄱ, ㄴ, ㄹ

③ ㄴ, ㄷ   ④ ㄴ, ㄷ, ㄹ

⑤ ㄷ, ㄹ

11 세대 간 갈등이론 중에서 한 개인과 자신의 원가족 간의 미분화와 그것과 관련된 정서적 긴장을 설명한 것으로서, 극심한 정서적 분리의 양상을 의미하는 것은?

① 자아분화
② 다세대 간 전이과정체계
③ 정서적 단절체계
④ 가족의 투사과정체계
⑤ 삼각관계

12 가족상담 기초이론에서 가족이 어떠한 상황에서도 안정성을 유지하려는 속성을 무엇이라고 하는가?

① 역설적 의사소통
② 치료적 이중구속
③ 가족항상성
④ 대칭적 관계와 보완적 관계
⑤ 정상적 가족발달

13 다음 중 이야기 가족상담의 치료과정을 바르게 나열한 것은?

> ㄱ. 사람들은 이야기하는 가운데 새로운 경험을 맞이하도록 초청되며, 이러한 새로운 경험을 '독특한 결과'라는 용어로 표현한다.
> ㄴ. 문제에 이름을 붙이면 그것의 영향력을 탐구하고 더 나아가 더 큰 맥락에 올려놓고 해체할 수 있게 된다.
> ㄷ. 문제이야기와 대안적 이야기를 자유롭게 비교하며 선택과 평가의 준거로 삼는다.
> ㄹ. 표출적 대화를 통해 내담자가 자신의 정체성에서 문제 자체를 분리하며 생각하도록 한다.

① ㄱ - ㄴ - ㄷ - ㄹ
② ㄴ - ㄷ - ㄱ - ㄹ
③ ㄴ - ㄹ - ㄷ - ㄱ
④ ㄹ - ㄱ - ㄴ - ㄷ
⑤ ㄹ - ㄴ - ㄱ - ㄷ

14 가족재구성이라고도 하는데, 3세대를 대상으로 한 치료적 개입이 한 개인의 역기능적인 과거의 학습과 현재의 대처양식을 긍정적인 자원, 선택, 성장으로 전환하기 위해 설계된 기법은?

① 가족조각기법
② 시련기법
③ 가족재구조화
④ 원가족도표
⑤ 은유적 기법

15 역기능적 의사소통의 유형 중 '회유형'에 대한 내용으로 ㄱ과 ㄴ에 해당하는 것은?

> ㄱ. 내 잘못이다. 네가 없으면 난 아무것도 아니다.
> ㄴ. 나는 아무 가치가 없다.

	ㄱ	ㄴ
①	단 어	정 서
②	단 어	내면의 경험
③	정 서	내면의 경험
④	관 계	자 원
⑤	관 계	내면의 경험

16 다음 보기와 같은 이론을 주장한 학자는?

> 경험적 가족상담이론의 창시자로서, 조현병 환자와 가족에 대한 선구자적 연구를 하였으며 치료를 하나의 성장과정으로 보고, 치료목적은 개개인의 성장을 돕는 것과 그들이 가족 내의 상황 속에서 그렇게 성장할 수 있도록 돕는 것이라고 하였다.

① 엡스톤(Epston)
② 파슨스(Parsons)
③ 휘태커(Whitaker)
④ 드 세이저(De Sahzer)
⑤ 샤빈(Shavin)

17 가족상담의 의의에 관한 내용으로 옳지 않은 것은?

① 가족상담은 가족집단을 기초로 하여 그 가족이 지닌 장애요소를 완화하고 사회적 부적응 현상을 변화시킨다.

② 가족상담은 정신의학·심리학에서 각기 접근을 하고 있으며, 아동·청소년·노인·부부 간의 상담 등 폭이 넓다.

③ 미국정신의학협회(APA)에 따르면, 가족상담은 지지적·지시적 또는 해석적일 수 있고, 가족 중 한 사람의 정신장애는 다른 가족들에게는 존재하지 않는 별개의 문제'라고 정의한다.

④ 한국여성정책연구원에 의하면, 가족상담이란 '개인이나 가족의 문제해결을 위해 상담자가 가족을 체계로 보고 가족을 단위로 하여 가족의 기능, 역할, 관계상의 문제에 대해 실제 개입하는 일련의 조직적 상담과정'이라고 하였다.

⑤ 개인을 가족이라는 보다 큰 체계의 일원으로 보며, 가족구조의 변화를 초래함으로써 개인의 위치, 행동 및 정신 내적 과정의 변화를 유도한다.

18 카터와 맥골드릭(Carter & McGoldrick)의 가족발달단계 및 과업 유형에 관한 내용으로 옳지 않은 것은?

① 자녀청소년기 – 가족 내의 자녀에 대한 규정, 자녀의 발달과 관심의 변화에 대응하여 부모의 역할도 변화되어야 하며, 청소년 자녀가 가족의 체계에 자유롭게 출입할 수 있도록 가족의 경계선 설정에 유연하여야 한다.

② 결혼전기 – 자신에 대한 정서적·재정적 책임을 수용하고, 부모 – 자녀 관계의 분리로 인해 발생하는 혼란을 겪는 시기이다.

③ 자녀아동기 – 부부는 자녀를 위한 물리적·심리적 공간을 제공하며, 자녀양육과 집안일에 협동해야 한다.

④ 결혼적응기 – 새로 부부가 되면서 요구되는 가장 주요한 3가지 과업은 부부 간에 서로 만족할 수 있는 새로운 관계수립, 확대가족과의 관계 재조정, 부모기에 대한 결정이다.

⑤ 자녀독립기 – 부부체계가 다시 2인군 관계로 축소되면서 황혼기에 접어들며, 부부관계가 재정립되는 시기이다.

19 가족상담의 실제와 관련된 사항으로 옳지 않은 것은?

① 다른 가족원을 비난하는 경우 자신의 감정과 생각을 감정반사적이지 않게 표현하도록 한다.

② 가족원들이 상담자에게만 말하는 경우 가족 간의 상호작용이 중요하므로 직접 표현하도록 한다.

③ 다른 가족원을 대신해서 이야기해서는 안 된다는 규칙을 만들어 놓는 것이 효과적이다.

④ 가족상담 첫 회기에는 반드시 전체 가족원이 참여해야 한다.

⑤ 아무도 말하지 않는 경우에는 가족 상호작용이 원만치 않기 때문인지 자신의 생각과 감정을 억압하기 때문인지 원인을 파악한다.

20 가족상담의 종결을 고려하는 지표로 옳은 것을 모두 고른 것은?

> ㄱ. 외부에서 지원이 더이상 필요하지 않다고 판단되는 경우
> ㄴ. 가족이 상담에 대한 동기를 상실하였을 경우
> ㄷ. 상담사가 가족의 문제해결을 위해 노력했음에도 불구하고 상담효과가 없는 경우
> ㄹ. 상담목표가 달성되지는 않았지만, 가족기능에 약간의 변화가 있다고 판단되는 경우
> ㅁ. 상담 초기에 설정한 목표가 달성되었을 경우

① ㄱ, ㄷ
② ㄱ, ㄴ, ㄷ
③ ㄱ, ㄴ, ㄹ, ㅁ
④ ㄴ, ㄷ, ㄹ
⑤ ㄱ, ㄴ, ㄷ, ㅁ

21 폭력가정에서 자란 아동이 자라서 폭력을 대물림하는 경우를 나타내는 개념은?

① 충성심(Loyalty)
② 회전판(Revolving Slate)
③ 부모화(Parentification)
④ 동맹(Alliance)
⑤ 가족유산(Family Legacy)

22 개인상담의 특성에 관한 설명으로 옳은 것은?

① 기계론적 세계관에 기초한다.
② 우주는 상호 관련된 체계의 망으로, 본질적으로 상호 교류하며 역동적이다.
③ 상담의 대상은 가족성원의 관계 및 기능이 된다.
④ 가족원 개인의 행동문제의 객관적이고 정확한 진단과 사정을 하는 것이 어렵다.
⑤ 상담자는 조정자·안내자·조력자의 역할에 해당하며, 가족성원은 문제 해결자의 역할을 한다.

23 미누친(Minuchin)의 구조적 가족상담에 관한 설명으로 옳지 않은 것은?

① 주요 개념은 경계선, 제휴, 권력 등이다.

② 미누친은 1950년대 가족상담 기법이 빈곤가족에 적당하지 않아서 구조적 가족상담모델을 개발하였다.

③ 주요 기법은 과정질문, 치료적 삼각화, 관계실험 등이다.

④ 개인을 사회적인 존재로 보고, 개인을 둘러싼 구조에 초점을 맞추고 있다.

⑤ 상담사는 지도력을 가지고 가족체계에 합류하면서 상담자 자신을 치료도구로 활용한다.

24 다음 보기의 내용은 가족상담 중 어떤 것에 대한 공통적인 설명인가?

○ 카터와 맥골드릭(Carter & Mcgoldrick)이 제시한 가족체계에서의 수직적 스트레스원에 속한다.
○ 비버스(Beavers)의 가족체계모델에서 측정하는 내용 중의 하나이다.
○ 가족구성원 개인 혹은 가족원 간의 관계에 대한 잘못된 기대와 공유된 믿음이다.
○ 가족구성원들이 의심 없이 공유하여 현실 왜곡 혹은 현실 부정의 요소를 가지기도 한다.

① 가족신화(Family Myth)

② 가족규칙(Family Rule)

③ 가족투사과정(Family Projection Process)

④ 가족전체성(Family Wholeness)

⑤ 가족응집성(Family Cohesion)

25 이야기치료에 관한 설명으로 옳은 것은?

① 상담의 중심은 상담자이고 탈 영향력 있는 입장을 취한다.

② 내담자나 그의 가족에 대한 문제로 보고 문제에 집중한다.

③ 내담자는 문제의 관찰자이기보다 문제의 소유자이다.

④ 주관이고 본질주의를 강조하는 모더니즘 사조에서 발달하였다.

⑤ 새로운 대안적 이야기(Alternative Story)를 재구성하도록 돕는다.

01 학습과 동기유발의 4가지 기능에 관한 내용으로 옳은 것을 모두 고른 것은?

> ㄱ. 조절적 기능 – 어떤 특정한 과제를 수행할 때 필요한 일련의 행동을 조직하고 완성하는 자신의 능력에 대한 믿음에 따라서 학습동기가 좌우된다.
> ㄴ. 지향적 기능 – 행동의 방향을 어느 쪽으로 결정짓느냐는 동기에 따라 달라진다.
> ㄷ. 활성적 기능 – 동기는 행동을 유발하고 지속시켜 주며, 유발한 행동을 성공적으로 추진하는 힘을 주게 된다.
> ㄹ. 강화적 기능 – 행동의 수행이 행위자에 어떠한 효과를 미치는가에 따라 그 행동이 일어날 확률이 증가하기도 하고 감소하기도 한다.

① ㄱ
② ㄱ, ㄹ
③ ㄴ, ㄷ
④ ㄴ, ㄷ, ㄹ
⑤ ㄹ

02 로크와 라뎀(Locke & Latham)이 언급한 목표의 3가지 조건으로 바르게 묶인 것은?

① 근접성, 다양성, 난이도
② 구체성, 협동성, 근접성
③ 근접성, 구체성, 난이도
④ 주도성, 난이도, 구체성
⑤ 다양성, 주도성, 근접성

03 가네(Gagne)의 '학습조건이론'에 관한 설명으로 옳지 않은 것은?

① 행동주의 관점과 정보처리이론 관점을 절충한 것으로 볼 수 있다.
② 학습이란 인간의 성향(Disposition)이나 능력(Capability)의 변화가 일정기간 지속적으로 유지되는 상태를 말한다.
③ 학습에는 성장의 과정에 따른 행동 변화도 포함된다.
④ 기본적으로 해당 학습과제를 획득하기 위해서는 본질적인 내적 조건으로서 선수 학습이 되어 있어야 하며, 보조적인 내적 조건으로서 학습 동기가 준비되어 있어야 한다.
⑤ 내적 조건과 함께 교수 방법으로서의 외적 조건이 조화를 이룰 때 성공적인 학습이 발생하게 되는 것이다.

04 다음 보기의 이론을 주장한 학자로 바르게 짝지어진 것은?

○ 자기관찰(Self-Observation), 자기평가(Self-Judgment), 자기반응(Self-Reaction)으로 구성된 자기주도학습(Self-Regulated Learning)에 관한 이론과 모형을 발전시켰다.
○ 자기효능감 이론을 한 단계 더 발전시킨 이론이다.
○ 학습자들의 동기적 신념의 개선은 학습동기뿐 아니라, 학습자들이 구체적인 학습전략을 선택하고 사용하는 정보처리 방법과 질에도 영향을 미친다.

① Multon, Brown, Lent
② Andrews, Debus
③ Schunk, Zimmerman
④ Mueller, Dweck
⑤ Deci, Ryan

05 학업상담 방법의 내용으로 옳지 않은 것은?

① 가장 보편적인 학업문제에 대한 개입전략은 학습전략을 제시해주는 것이다.
② 학업상담에서는 학업 성취 결과가 마치 상담의 결과인 것처럼 되는 경우가 많다.
③ 학업문제가 다른 문제와 얽혀있는 경우, 다른 전략을 병행할 수 있다.
④ 학업상담 과정에서 부모와의 관계는 다루지 않는다.
⑤ 목표는 달성 가능한 수준으로 잡는다.

06 댄서로우(Dansereau)의 정보처리 과정에 해당하지 않는 것은?

① 조절전략
② 이해전략
③ 사용전략
④ 파지전략
⑤ 회상전략

07 다음 중 상위인지전략의 '계획전략'에 속하는 것은?

① 시험 치는 동안 문제 푸는 속도 체크하기
② 학습내용에 집중하기
③ 자신의 이해 정도를 스스로 평가해보기
④ 무슨 내용에 대한 것인지 대강 훑어보기
⑤ 이해하기 어려운 부분이 있으면 속도를 줄이기

08 귀인에 영향을 미치는 요인으로 옳은 것을 모두 고른 것은?

| ㄱ. 개인적 취향 | ㄴ. 지 능 |
| ㄷ. 일관성 | ㄹ. 성별의 차이 |

① ㄱ, ㄷ, ㄹ   ② ㄴ, ㄷ

③ ㄴ, ㄹ   ④ ㄷ, ㄹ

⑤ ㄱ, ㄴ, ㄷ, ㄹ

09 사례관리 중에서 병행에 관련된 내용으로 옳은 것을 모두 고른 것은?

ㄱ. 일시적으로 학습에 대한 의욕이 조금 올라가거나 학습태도가 좋아졌다고 해서 바로 좋아하거나 실망하기보다는 시간을 두고 내담자의 변화를 세밀하게 관찰한다.

ㄴ. 학업상담은 특별한 경우에 집단상담이나 정신과적 치료, 신체적 질병치료와 함께 진행할 수도 있고, 부모(혹은 가족)나 교사와의 상담과 병행할 수 있다.

ㄷ. 바람직한 변화가 시작되었을 뿐 아니라 만족스런 결과로 이어질 수 있을 때까지 지속적인 상담이 필요하다는 것을 염두에 두고 상담의 종결을 계획한다.

ㄹ. 가정 내 다른 문제가 개입된 경우 상담자 자신이 그와 같은 문제를 다룰 수 있는 능력이 있는지 검토하고, 보다 효과적으로 개입할 수 있는 상담기관 혹은 외부기관에 도움을 요청하여 조력을 받을 수도 있다.

① ㄱ, ㄷ   ② ㄴ, ㄹ

③ ㄴ, ㄷ   ④ ㄱ, ㄷ, ㄹ

⑤ ㄱ, ㄴ, ㄹ

10 토마스와 로빈슨(Thomas & Robinson)의 PQ4R의 단계에서 Review(복습하기)에 해당하는 것은?

① 시선을 다른 곳에 두거나 책을 덮고 자신의 언어로 표현한다.

② 머릿속으로 전체 내용을 그려본다.

③ 비교하고 대조해보며, 읽은 내용을 재조직하고 범주화한다.

④ 읽은 것을 요약하고 그전에 읽은 내용들과의 관계들도 포함시킨다.

⑤ 내용을 살펴보면서 정교화 질문들을 만든다.

11 학업문제의 분류 중 정의적 문제에 관한 것이 아닌 것은?

① 시험불안
② 집중력 부족
③ 공부 습관 미형성
④ 성적에 대한 집착
⑤ 공부에 대한 반감

12 학습부진의 정의에 관한 설명으로 옳은 것은?

① 지능 수준이 하위 3~25% 정도로서, 지능지수(IQ)로는 약 75~90 사이이다.
② 학습부진과 최소한의 학습능력은 상관이 없다.
③ 교육부는 학습부진을 기초학습부진과 교과학습부진으로 구분하고 있다.
④ 학습부진의 요건으로 환경보다 지능이 더 중요하다.
⑤ 교과학습부진은 해당 학년 교과 교육과정에 제시된 보통 수준의 목표에 도달하지 못한 경우이다.

13 학습부진아의 특성에 관한 설명으로 옳은 것은?

① 중요하지 않은 정보를 회상하는 데 정상아와 차이를 보인다.
② 어느 특정영역의 수행에서 지체현상을 보인다.
③ 정상아보다 장기기억력이 낮은 경향을 지닌다.
④ 과제의 수행결과에 대한 원인귀속을 내적으로 돌린다.
⑤ 사회지향적이며 자기비판적이고 부적절감을 가진다.

14 커크(S. Kirk)와 칼판트(J. Chalfant)가 제안한 학습장애의 하위 유형 중 학업적 학습장애가 아닌 것은?

① 읽기장애

② 글씨 쓰기장애

③ 수학장애

④ 철자/작문장애

⑤ 구어장애

15 학습부진아의 환경적 특징에 관한 설명으로 옳은 것은?

① 자기 판단력이 결여되어 새로운 상황이나 인물에 대한 적응력이 부족하다.

② 가정 내의 추상적 언어사용이 일반적이다.

③ 학습결과에 대한 피드백이 즉각적이며 과잉학습을 요구받는다.

④ 가족 간의 정서적 공감대가 형성되어 있지만 공부로 압박을 받는다.

⑤ 부모가 학습결과에 무관심하다.

16 다음 보기의 내용이 설명하고 있는 것은?

○ 중요한 개념이 있으면 쉬운 말로 풀어본다.
○ 주요 개념을 공부할 때는 내 말로 바꾸어 본다.
○ 학습내용을 실생활과 관련지어 공부한다.
○ 새로운 개념을 배울 때는 이해하기 쉽도록 구체적인 예를 떠올려 본다.
○ 어떤 주제를 공부할 때 내가 지금까지 알고 있는 것과 관련성을 찾아본다.

① 조직화 전략   ② 정교화 전략

③ 시연전략   ④ 계획전략

⑤ 조절전략

17 효율적인 시간관리 전략에 관한 설명으로 옳지 않은 것은?

① 짜투리 시간을 활용한다.
② 시간계획과 관리에서 먼저 점검해야 할 것은 학습목표이다.
③ 예상하지 못한 일이 생기지 않도록 빈틈없이 시간계획을 세운다.
④ 중요도가 큰 것을 먼저 한다.
⑤ 시간이 적게 걸리는 것부터 먼저 한다.

18 학업문제의 진단 절차에 관한 내용으로 옳은 것을 모두 고른 것은?

> ㄱ. 1단계 – 초기면접으로 신뢰관계를 형성하고 진단목적을 명확히 하는 단계
> ㄴ. 2단계 – 진단결과의 내용과 전달형태를 어떻게 할 것인지 결정하는 단계
> ㄷ. 3단계 – 진단내용이 정확한지 확인하고 제공된 해석에 대해 내담자가 자신의 사례와 연결 짓
>   도록 하는 단계
> ㄹ. 4단계 – 진단결과에 대한 피드백을 준비하는 단계

① ㄱ, ㄴ
② ㄱ, ㄴ, ㄷ
③ ㄴ, ㄷ
④ ㄴ, ㄷ, ㄹ
⑤ ㄷ, ㄹ

19 다음 보기의 내용은 무엇에 관한 설명인가?

> ○ 흔히 질문이 채 끝나기도 전에 성급하게 대답한다.
> ○ 흔히 차례를 기다리지 못한다.
> ○ 흔히 다른 사람의 활동을 방해하고 간섭한다.

① 과잉행동
② 복합형
③ 충동성
④ 주의력 결핍 우세형
⑤ 주의산만형

20 부모가 지지적인 가정환경을 조성하고 탐구하는 자세를 격려하며 적절한 학습자료를 제공하면 자녀의 지적 발달이 촉진될 수 있다고 본 학자는?

① 콜먼(J. Coleman)

② 굿맨(J. Goodman)

③ 미스(J. Meece)

④ 브로피와 굿(Brophy & Good)

⑤ 브라운(A. Brown)

21 상위인지전략의 '점검전략'에 해당하는 것을 모두 고른 것은?

> ㄱ. 학습내용에 집중하기
> ㄴ. 자신의 이해 정도를 스스로 평가해 보기
> ㄷ. 이해하기 어려운 부분이 있으면 속도를 줄이기
> ㄹ. 시험을 치르는 동안 문제 푸는 속도 체크하기
> ㅁ. 무슨 내용에 대한 것인지를 대강 훑어보기

① ㄱ, ㄴ, ㄹ   ② ㄱ, ㄷ

③ ㄴ, ㅁ   ④ ㄷ, ㄹ, ㅁ

⑤ ㄷ, ㅁ

제3회 최종모의고사

22 다음 보기의 내용은 무엇에 관한 설명인가?

> ○ 상담자는 면접기술뿐만 아니라 각종 표준화, 비표준화 검사들을 활용한다.
> ○ 가능하다면 학습과 관련된 인지적·정서적·환경적 요인을 다각도로 검토하고 측정할 필요가 있다.
> ○ 학습에 있어서의 문제가 발생되었다 하더라도 흔히 생각하는 것처럼 인지적 요인과 관련되어 있기보다는 정서적 요인이나 환경적 요인의 영향력도 매우 크다.
> ○ 학습자에 대한 효과적인 개입은 이와 같은 다양하고도 체계적인 진단에 근거할 때 더욱 적절한 것이 될 가능성이 높다.

① 학업상담의 방법   ② 상담구조화

③ 학업문제의 진단   ④ 상담목표의 설정

⑤ 개입전략설정 및 개입

23 성취동기와 학자의 연결로 옳지 않은 것은?

① 머레이(Murray) – 심리 발생적 욕구 중 하나로 성취동기를 제안하였다.

② 맥클랜드(McClelland) – 성취동기와 학업성취 사이에는 정적 상관이 있음을 보고하였다.

③ 콜브(Kolb) – 성취수준이 낮은 아동들을 대상으로 성취동기 훈련을 실시한 결과, 실험집단이 통제집단에 비해 학기말 성적이 높게 나타났다.

④ 앳킨슨(Atkinson) – 성취동기가 높은 학생은 중간 정도의 과제 또는 아주 어려운 과제를 선택하였다.

⑤ 와이너(Weiner) – 성취동기는 개인의 특성 및 환경이 아닌, 자신이 어떻게 생각하느냐에 따라 달라진다.

24 자기자원관리전략에 해당하는 것을 모두 고른 것은?

ㄱ. 목표설정	ㄴ. 집단학습
ㄷ. 자기강화	ㄹ. 창의적 노트정리

① ㄱ, ㄴ

② ㄴ, ㄹ

③ ㄱ, ㄴ, ㄷ

④ ㄱ, ㄷ, ㄹ

⑤ ㄱ, ㄴ, ㄷ, ㄹ

25 머서(Mercer)와 풀렌(Pullen)의 학습부진 평가유형 중 선별에 관한 설명으로 옳은 것은?

① 특정한 학생을 대상으로 평가를 실시한다.

② 모든 교과영역에서 학습에 어려움을 겪을 가능성이 있는 학생을 가려내기 위해 사용한다.

③ 학생의 개별화 교육 프로그램의 효과를 평가하는데 일차적인 목적을 두고 실시한다.

④ 충분히 시간을 갖고 개별적으로 실시한다.

⑤ 해당 학년 동안 여러 번 실시하거나 새로운 학생이 전학해 올 때 실시한다.

제4회 최종모의고사

↻ 정답 및 해설 **p.406**

교 시	문제형별	시 간	시험과목
1교시	**A**	**100분**	① **청소년상담의 이론과 실제** ② **상담연구방법론의 기초** ③ **심리측정 평가의 활용** ④ **이상심리**

필수과목 01 **청소년상담의 이론과 실제**

01 감정반영 기술에 관한 설명으로 옳은 것을 모두 고른 것은?

> ㄱ. 감정반영 기술은 내담자가 불안감을 떨치게 함으로써 고통을 피하도록 한다.
> ㄴ. 내담자의 정서적 정화(Catharsis) 고무를 돕는다.
> ㄷ. 상담자는 내담자의 모든 감정을 반영한다.
> ㄹ. 내담자가 자기 스스로를 명료화하고 설명할 수 있게 돕는다.
> ㅁ. 상담자는 언어적 행동보다 비언어적 행동에 주의를 기울여야 한다.

① ㄱ, ㄴ
② ㄷ, ㄹ
③ ㄴ, ㄹ
④ ㄴ, ㄷ, ㄹ
⑤ ㄱ, ㄴ, ㄹ

02 사이버 상담의 장점이 아닌 것은?

① 내담자의 자발적 참여
② 시간과 공간의 제약 극복
③ 다양한 정보 획득의 용이함
④ 익명성으로 인한 자기개방 증가
⑤ 응급상담 시 적극적 대처

03 다음 중 학자들과 그 내용의 연결이 옳은 것은?

① 콜버그(Kolberg) - 도덕성 발달 순서는 문화와 사람에 따라 차이가 있다.

② 로렌츠(Lorenz) - 각인은 전 생애동안 일어난다.

③ 에릭슨(Erikson) - 성인기의 직업탐색에 필수적인 과정인 역할실험은 이상이 높을수록 긍정적이다.

④ 반두라(Bandura) - 성격발달은 유전적 영향을 받지 않는다.

⑤ 벡(Beck) - 한 개인이 어떤 상황에서 내리는 즉각적이고 자발적인 평가는 자동적 사고이다.

04 청소년기의 정서적 특징에 관한 설명으로 옳은 것을 모두 고른 것은?

> ㄱ. 청소년기는 성적인 에너지를 증가시키고, 이성에 대한 본격적인 관심을 갖게 한다.
> ㄴ. 청소년들이 주로 사용하는 방어기제는 '부인(Denial)'이다.
> ㄷ. 정서적 경험에 대한 자각적 태도를 갖는다.
> ㄹ. 청소년기에 경험하는 정서 혹은 감정의 내용은 성인기의 그것과 거의 유사하나, 경험하는 강도는 낮다.

① ㄱ, ㄴ, ㄷ   ② ㄱ, ㄷ

③ ㄴ, ㄹ   ④ ㄹ

⑤ ㄱ, ㄴ, ㄷ, ㄹ

05 청소년상담에 관한 설명으로 가장 옳지 않은 것은?

① 청소년상담은 문제 발생 후 문제를 치료하는 데 중점을 두어 사후 조치를 주목적으로 한다.

② 청소년상담에는 청소년들에 대한 직접개입 및 지원, 자립이 포함된다.

③ 청소년내담자는 상담자에 대한 불신으로 반항적일 수 있고, 라포(Rapport) 형성이 어려울 수 있으므로 많은 시간과 노력이 필요하다.

④ 청소년은 주변인물인 부모, 교사로부터의 영향이 크므로 부모, 교사, 청소년지도자를 대상으로 한 상담·교육·자문이 필요하다.

⑤ 청소년은 또래의 영향을 크게 받으므로 청소년상담의 방법은 일대일 개인 면접뿐만 아니라 소규모 또는 대규모 형태의 집단교육 및 훈련, 컴퓨터나 전화 등을 이용한 매체상담 등 다양한 방법을 활용한다.

06 다음 보기의 내용은 개인심리학의 상담기법 중 어떤 것에 대한 설명인가?

> 내담자가 유쾌한 경험과 유쾌하지 않은 경험을 번갈아 가면서 생각하도록 하여 각 경험과 관련된 감정에 관심을 갖도록 한다.

① 격려하기
② 역설 기법
③ 수프에 침 뱉기
④ 초인종(단추) 누르기 기법
⑤ '마치 ~인 것처럼' 행동하기

07 청소년상담에 관련된 설명으로 옳은 것은?

① 실제 인물이 아닌 소설 속의 주인공은 청소년의 모델이 되기 어렵다.
② 사회성이 부족한 학생의 상담목표를 원만한 대인관계를 형성하는 것으로 정한다.
③ 내담자의 문화적 차이에 대한 이해는 청소년상담자의 인간적 자질에 속한다.
④ 청소년상담에서 부모 상담을 병행할 경우, 누가 내담자가 될 것인지를 명확히 하고 상담을 시작한다.
⑤ '비판적 태도의 금지원리'는 내담자가 자신의 감정을 자유롭게 표현할 수 있도록 상담자가 이를 격려하고 촉진하는 것(부정적 감정 포함)을 말한다.

08 다음 보기의 빈칸 안에 들어갈 알맞은 용어는?

> 피시(Fish)는 특정한 기술이나 방법이 아니라 내담자가 상담자에 대해서 갖는 기대와 쌍방 간에 이루어지는 일반적 관계의 심화만으로도 문제가 해결되고 행동의 변화가 이루어질 수 있다고 주장하며, 이러한 현상을 (   )(이)라고 명명하였다.

① 라포(Rapport)
② 게슈탈트 치료(Gestalt Therapy)
③ 피그말리온 효과(Pygmalion Effect)
④ 플라시보 치료(Placebo Therapy)
⑤ 투사(Projection)

09 아들러(Adler) 학파 개인심리학의 4단계 상담과정 중 3단계에 해당하는 것은?

① 적절한 치료관계를 형성하는 단계이다.

② 내담자의 역동성을 탐색하고 분석하는 단계이다.

③ 자기 이해와 통찰을 촉진하는 해석과정이다.

④ 내담자에 관한 객관적 정보뿐만 아니라 주관적인 인식을 탐색한다.

⑤ 해석을 통해 획득된 내담자의 통찰이 실행 행동으로 전환되게 하는 재교육 단계이다.

10 다음 보기의 내용이 설명하는 인지치료 기법은 무엇인가?

> 내담자의 문제에 인지적 왜곡이나 오류가 있음을 논박을 통해 밝혀내고, 질문을 통해 자기발견과 타당화의 과정을 거치게 되어 사건이나 행동의 의미를 재발견하는 기법

① 칸 기법 ② 소크라테스 질문법

③ 빈틈 메우기 기법 ④ 문제축약 기법

⑤ 모델링

11 다음 보기의 내용에 해당하는 상담이론은?

> ○ 글래서(Glasser)가 정신분석의 결정론적 입장에 반대하여 개발한 상담이론이다.
> ○ 인간은 자신의 욕구를 충족하기 위해 행동하며, 그러한 행동을 스스로 선택하고 결정한다.
> ○ 인간은 생존, 자유, 즐거움, 힘과 성취, 사랑과 소속감의 5가지 욕구를 가지고 있다.
> ○ 바람(Wants) - 행동(Doing) - 평가(Evalution) - 계획(Planning)의 상담과정을 따른다.

① 현실주의 ② 인간중심치료

③ 인지치료 ④ 행동치료

⑤ 개인심리학

12 상호교류분석 상담이론에서 '조건적 스트로크'에 해당하는 것은?

① "참 잘했어요."

② "정말 실망스럽네요."

③ "만약 공부를 열심히 한다면 용돈을 올려줄게."

④ "당신은 사랑받기 위해 태어난 사람입니다."

⑤ "그게 당신의 한계로군요"

13 다음 보기의 방어기제 중 도피형 기제에 해당하는 것은?

ㄱ. 억 압	ㄴ. 동일시
ㄷ. 합리화	ㄹ. 퇴 행
ㅁ. 승 화	ㅂ. 부 정

① ㄱ, ㄴ, ㄷ   ② ㄱ, ㄹ, ㅁ, ㅂ

③ ㄱ, ㄷ, ㄹ, ㅂ   ④ ㄴ, ㄷ, ㅁ

⑤ ㄴ, ㄹ, ㅂ

14 상담자 역전이에 관한 설명으로 옳은 것은?

① 역전이는 보통 환자에게서 많이 일어난다.

② 역전이가 일어나지 않도록 내담자와 거리두기를 해야 한다.

③ 외부의 대상을 자기 내면의 자아체계로 받아들이는 것을 말한다.

④ 상담자가 자각하지 못하면 상담에 큰 영향이 없다.

⑤ 내담자가 상담자로 하여금 어떤 감정을 느끼도록 의식적으로 유발하는 투사적 동일시를 역전이로 볼 수 있다.

15 마샤(Marcia)의 청소년 정체성 이론을 순서대로 바르게 나열한 것은?

ㄱ. 정체성 위기로 격렬한 불안을 경험하지만 아직 명확한 역할에 전념하지 못하며, 자신의 능력과 사회적 요구, 부모의 기대 사이에서 고민한다.	
ㄴ. 청소년은 일을 저지르지도, 책임을 지려하지도, 의심하지도 않으며, 어떻게 살아야 하는지에 대해서도 관심이 없다.	
ㄷ. 청소년은 외면적으로는 본인의 결단 지점을 통과한 것처럼 보이지만, 내면적으로는 통과하지 못한 상태이다.	

	ㄱ	ㄴ	ㄷ
①	정체감 유예	정체감 상실	정체감 혼란
②	정체감 성취	정체감 상실	정체감 혼란
③	정체감 상실	정체감 유예	정체감 혼란
④	정체감 혼란	정체감 상실	정체감 유예
⑤	정체감 유예	정체감 혼란	정체감 상실

16 게슈탈트 상담의 '접촉-경계' 혼란 상태에 관한 설명으로 옳은 것은?

① 내사 – 내담자들이 자신의 생각이나 욕구, 감정 등을 타인의 것으로 지각하거나 책임소재를 타인에게 돌리는 경우를 말한다.

② 반전 – 자신이 다른 사람이나 환경에 대하여 하고 싶은 행동을 자기 자신에게 하는 것, 혹은 타인이 자기에게 해주기를 바라는 행동을 스스로 자기 자신에게 하는 것을 말한다.

③ 편향 – 밀접한 관계에 있는 두 사람이 서로 간에 차이점이 없다고 느끼도록 합의함으로써 발생한다.

④ 투사 – 타인의 행동이나 가치관을 무비판적으로 받아들임으로써 자기 것으로 동화하지 못한 채 자신의 행동이나 사고방식에 악영향을 미치는 타인의 행동이나 가치관을 말한다.

⑤ 융합 – 감당하기 힘든 외부의 환경적 자극에 노출될 때, 이러한 경험으로부터 압도당하지 않기 위해 자신의 감각을 둔화시킴으로써 환경과의 접촉을 약화시키는 것을 말한다.

17 합리 · 정서행동 상담이론(REBT)에 관한 설명으로 옳지 않은 것은?

① 비합리적 사고를 합리적 사고로 대치하고자 하는 이론이다.

② 인간은 합리적인 사고를 할 수도 있고, 비합리적이고 왜곡된 사고를 할 수도 있다.

③ 합리적 사고는 부정적 정서를 유발하지 않는다.

④ 정서적 장애와 문제행동의 원인 및 그 해결방법을 명확하게 제시한다.

⑤ 지나친 인지적 접근방법으로서 인간의 정서적인 측면을 소홀히 하고 있다는 단점이 있다.

18 다음 보기의 내용과 관련 있는 이론은?

> ○ 자아의 적응체계 형성을 청년기 발달의 주요 지표로 간주하고, 청년기 발달을 2차 개체화 과정이라고 하였다.
> ○ 2차 개체화 과정은 청소년의 자아가 부모에게서 이탈하는 과정이다. 부모의 통제에서 벗어나는 것과 더불어 부모에 대한 현실적이고 합리적인 평가가 포함된다.

① 블로스(Blos)의 적응체계이론

② 설리반(Sullivan)의 대인관계이론

③ 융(Jung)의 분석심리학

④ 아들러(Adler)의 개인심리이론

⑤ 에릭슨(Erikson)의 심리사회이론

19 다음 보기의 내용이 설명하고 있는 개념은?

> 스키너(Skinner)가 쥐의 실험을 통하여 정립한 이론으로서, 이것을 통하여 인간은 외부세계를 예측하고 어떤 행동을 선택해야 할지 알게 된다.

① 조작적 행동 ② 변별자극
③ 반응행동 ④ 조작적 조건화
⑤ 강 화

20 다음 중 로저스(Rogers)의 성격이론에 관련된 주요 개념에 해당하지 않는 것은?

① 충분히 기능하는 사람 ② 지금-여기
③ 내적 준거틀 ④ 무조건적인 긍정적 존중
⑤ 자아의 창조적인 힘

21 상담 중기단계에서 상담자가 해야 할 주요 과제가 아닌 것은?

① 내담자가 자기문제에 대한 탐색과 통찰을 하도록 한다.
② 탐색 과정에서 깨달은 사실을 구체적인 행동으로 옮기도록 격려한다.
③ 상담진행 상태와 내담자 변화를 평가한다.
④ 내담자의 호소문제와 관련된 감정을 탐색하여 내담자의 문제를 이해하고 평가한다.
⑤ 조언과 해결책을 제시하는 것을 삼가고, 관찰한 내용을 피드백 해준다.

22 게슈탈트 치료기법에서 성격 변화의 단계 중 개인이 자신의 고유한 모습으로 살아가지 않고, 부모나 주위 환경의 기대역할에 따라 행동하며 살아가는 단계는?

① 피상층 ② 공포층
③ 교착층 ④ 내파층
⑤ 폭발층

23 선택(통제)이론에 관한 설명으로 옳지 않은 것은?

① 인간이 뇌의 작용을 통해 자신의 행동을 어떻게 통제하는지 설명하는 이론이다.

② 글래서(Glasser)는 우리가 인식하는 것보다 훨씬 더 많이 자신의 삶을 통제한다고 주장한다.

③ 인간은 기본적인 욕구를 충족시키기 위해 감각기관, 지각체계, 행동체계를 통해 환경을 통제한다.

④ 행동체계는 이제까지 욕구 충족에 도움이 되었던 조직화된 행동으로 구성되어 있다.

⑤ 인간의 전체 행동은 활동하기·생각하기·느끼기·생리기능의 4가지로 구성되며, 모두 직접적인 통제가 가능하다.

24 실존주의 상담이론의 인간관에 대한 설명으로 옳지 않은 것은?

① 인간은 이 세상에 우연히 내던져진 존재이며, 그러한 상황을 수용하거나 거부하는 것은 각 개인의 선택 여하에 달려 있다는 것을 인간실존의 특성으로 본다.

② 각 개인의 본질에 대한 책임은 자기 자신에게 있다.

③ 인간은 정적인 존재이다.

④ 인간은 언젠가는 죽을 수밖에 없는 존재라는 사실을 알고 있다.

⑤ 인간은 과거를 떨치고 일어나 즉각적인 상태에서 자신을 초월할 능력을 가지고 있다.

25 효과적인 상담 목표의 특성으로 옳지 않은 것은?

① 측정 가능한 행동 목표를 설정한다.

② 목표가 구체적이어야 한다.

③ 자기 파괴적인 행동에 관련된 것이어야 한다.

④ 행동적이고 관찰 가능한 목표이어야 한다.

⑤ 전문적 관점에서 상담자가 내담자와의 합의 없이 목표를 설정한다.

01 코호트 설계(Cohort Study)에 관한 설명으로 옳지 않은 것은?

① 시간이 경과해도 비슷한 특성을 보이는 실험 대상 집단들이 서로 다른 경험으로 인해 차이가 발생할 경우에 사용한다.

② 특정 경험을 같이 하는 사람들이 가지는 특성들에 대해 두 번 이상의 다른 시기에 걸쳐서 비교·연구하는 방법이다.

③ 독립변수 경험 정도에 따라 대상을 구획하는 것은 연구의 내적타당도를 높인다.

④ 실험집단과 통제집단을 구분하기 어려울 때 사용한다.

⑤ 시간에 따라 추적되는 대표적인 종단적 조사방법 설계이다.

02 양적연구 패러다임에 관한 설명으로 옳지 않은 것은?

① 가치 개입적이다.

② 객관적 실재가 존재한다고 가정한다.

③ 결과에 시간적으로 선행되거나 동시에 일어나는 원인이 실재한다.

④ 확률적 표집방법 외에 비확률적 표집방법도 사용할 수 있다.

⑤ 일반적으로 현상들 간의 관련성을 탐색한다.

03 유사실험설계(Quasi-Experimental Design)에서 진실험설계(True-Experimental Design)를 구분하는 제일 중요한 기준은 무엇인가?

① 사전과 사후검사의 실시
② 피험자 수의 확대
③ 실험집단과 통제집단의 구성
④ 무선할당
⑤ 독립변인의 수 증가

04 질적연구의 종류인 사례연구에 관한 설명으로 옳지 않은 것은?

① 복잡한 행동을 집중적으로 연구하지 못한다.

② 시간의 흐름에 따라 대상이 어떻게 변화하는지도 관찰할 수 있다.

③ 인과적 결론을 내리기 어렵고, 연구자의 주관이 개입될 수 있다.

④ 자료가 잘못된 기억에 의존할 수 있다.

⑤ 변인의 통제는 불가능하지만 변수들이 어떻게 작용하는지를 상세히 알 수 있다.

05 표본의 크기에 영향을 미치는 요인을 모두 고른 것은?

> ㄱ. 모집단의 동질성 ㄴ. 자료분석 방법
> ㄷ. 통계적 검증력 ㄹ. 연구자의 수

① ㄱ ② ㄴ
③ ㄷ ④ ㄱ, ㄴ, ㄷ
⑤ ㄱ, ㄴ, ㄷ, ㄹ

06 다음 보기의 내용이 설명하는 상담 연구윤리 원칙은?

> 상담연구는 상담의 기술, 체제, 이론의 개발과 검증과정에 기여하고 이를 더 발전시켜야 하며, 인류의 건강과 안녕에 기여해야 한다.

① 신용의 원칙 ② 무피해의 원칙
③ 연구자율성의 원칙 ④ 연구개발의 원칙
⑤ 이익의 원칙

07 유의수준에 관한 설명으로 옳지 않은 것은?

① 유의수준 0.01의 의미는 실제 영가설을 채택해야 하지만, 기각하는 경우가 100번 중의 1번 정도임을 의미한다.
② 가설검정에서 2종 오류는 유의수준과 일치한다.
③ 유의수준은 표본추출의 오류를 추정하는 핵심적 구성요소이다.
④ 유의수준이 증가함에 따라 조사자의 확신도 증가한다.
⑤ 유의확률이 유의수준보다 낮으면 영가설이 기각된다.

08 연구의 타당도에 관한 설명으로 옳은 것을 모두 고른 것은?

> ㄱ. 표본의 대표성을 확신할 수 없는 경우 외적타당도는 낮아진다.
> ㄴ. 현장연구는 외적타당도에서 유리하다.
> ㄷ. 반작용 효과는 내적타당도와 외적타당도 모두에 심각한 위협이 된다.
> ㄹ. 무선배치는 외적타당도를 높이지만 무선표집은 내적타당도를 높일 수 있다.

① ㄱ, ㄴ ② ㄴ, ㄷ
③ ㄷ, ㄹ ④ ㄱ, ㄴ, ㄷ
⑤ ㄱ, ㄴ, ㄷ, ㄹ

09 비확률표집 방법에 해당하는 것을 모두 고른 것은?

ㄱ. 계통표집	ㄴ. 할당표집
ㄷ. 군집표집	ㄹ. 편의표집

① ㄱ, ㄴ
② ㄱ, ㄷ
③ ㄴ, ㄹ
④ ㄱ, ㄴ, ㄷ
⑤ ㄱ, ㄴ, ㄷ, ㄹ

10 '수정된 중다 상관제곱(Adjusted R^2)'에 영향을 줄 수 있는 요인으로 옳은 것을 모두 고른 것은?

ㄱ. 독립변인의 수	ㄴ. 사례 수
ㄷ. 중다상관제곱(R^2)	ㄹ. 종속변인의 수

① ㄱ, ㄴ
② ㄱ, ㄷ
③ ㄱ, ㄹ
④ ㄴ, ㄷ, ㄹ
⑤ ㄱ, ㄴ, ㄷ

11 다음 실험연구에서 외적타당도를 저해하는 가장 큰 요인으로 옳은 것은?

> 아동의 자존감 향상 프로그램의 효과를 검증하기 위해 사회경제적 수준이 높은 지역에 위치한 특정 유치원 아동만을 대상으로 하여 그 효과성을 입증하였다.

① 통계적 회귀
② 실험상황에 대한 반동효과
③ 피험자 선발과 처치 간의 상호작용
④ 검사실시와 처치 간의 상호작용
⑤ 중다처치에 의한 간섭효과

12 다음 보기의 내용이 설명하는 내적 타당도의 저해요인은?

> 학생 50명에 대한 학습능력검사(사전검사) 결과를 근거로 학습능력이 최하위권인 학생 10명을 선정하여 학습능력 향상 프로그램을 시행한 후 사후검사를 했더니 10점 만점에 평균 3점이 향상되었다.

① 역사요인
② 통계적 회귀
③ 실험대상의 변동
④ 선정요인
⑤ 중다처치에 의한 간섭효과

13 다음 내용에서 연구자들의 가설에 포함된 변수들에 관한 설명으로 옳은 것을 보기에서 모두 고른 것은?

> 연구자들은 학생들의 학업부진이 비행친구와 사귀도록 만들고 이것이 비행으로 이어진다고 본다. 그러나 학업이 부진한 학생이라도 학교선생님의 관심을 받으면 비행가능성이 줄어들 수 있다고 본다. 그런데 학생들의 어릴 적 가정환경이 비행을 설명하는 가장 중요한 원인일 것이라는 또 다른 연구자들의 가설도 있다.

〈보 기〉
ㄱ. 학업부진은 독립변수이고, 비행은 종속변수이다.
ㄴ. 비행친구와의 사귐은 매개변수이다.
ㄷ. 선생님의 관심은 조절변수이다.
ㄹ. 어릴 적 가정환경은 외생변수이다.

① ㄱ
② ㄱ, ㄴ
③ ㄴ, ㄷ
④ ㄱ, ㄹ
⑤ ㄱ, ㄴ, ㄷ, ㄹ

14 가설에 관한 설명으로 옳지 않은 것은?

① 가설이란 둘 이상의 변수의 관계에 대한 검증된 진술이다.
② 가설은 확률적으로 표현된다.
③ 가설은 아직 진실 여부가 확인되지 않은 사실로서, 실증적인 확인을 위해 구체적이어야 하며, 현상과 관련성을 가져야 한다.
④ 가설은 간단명료하며, 계량화가 가능해야 한다.
⑤ 가설은 광범위한 범위에 적용 가능해야 한다.

15 어떤 연구가 부적절한 표집틀(Sampling Frame)을 사용하여 얻은 자료를 바탕으로 이루어졌다면, 그 연구결과는?

① 대표성을 결여하게 된다.
② 이론적인 적절성이 결여된다.
③ 정확한 가설을 설정하기 어렵다.
④ 정확한 측정을 어렵게 한다.
⑤ 검증이 어려워진다.

16 메타분석을 위한 통계치를 구하는 과정에서, 실험집단의 $\overline{X_E}$와 S_P가 각각 43과 10, 비교집단의 $\overline{X_C}$와 S_C는 30과 10으로 나타났을 때, 효과크기는 얼마인가? (단, $\overline{X_E}$는 실험집단 평균치, $\overline{X_C}$는 비교집단의 평균치, S_P는 실험집단의 표준편차, S_C는 비교집단 표준편차임)

① 1.3
② 3.0
③ 4.3
④ 7.3
⑤ 430

17 확률표집과 비확률표집에 관한 설명으로 옳지 않은 것은?

① 확률표집은 모집단으로부터 선택될 확률이 미리 알려지지 않은 경우 사용한다.
② 확률표집은 무작위적 표집을, 비확률표집은 인위적 표집을 한다.
③ 확률표집은 모수치 추정이 가능하지만, 비확률표집은 모수치 추정이 불가능하다.
④ 비확률표집은 확률표집보다 시간과 비용이 절약된다.
⑤ 비확률표집에는 편의표집, 유의표집, 눈덩이표집, 할당표집 등이 있다.

18 메타분석에 관한 설명으로 옳은 것을 모두 고른 것은?

> ㄱ. 동일한 연구들로부터 나온 연구결과를 통합한 분석방법이다.
> ㄴ. 메타분석이 개발되고 난 후 상담성과를 종합하는 연구가 처음 시작되었다.
> ㄷ. 개별연구에서 효과크기를 계산하여 평균을 산출한다.
> ㄹ. 적은 개별연구 결과를 근거로 가설을 검증하기 때문에 낮은 통계적 검증력을 갖는다.

① ㄱ, ㄴ
② ㄱ, ㄷ
③ ㄱ, ㄹ
④ ㄴ, ㄷ, ㄹ
⑤ ㄱ, ㄴ, ㄷ

19 다음 보기의 설명에 해당하는 과학적 연구의 특징으로 옳은 것은?

> ○ 원인과 결과가 있을 때 결과가 원인을 시간적으로 앞설 수 없음을 말한다.
> ○ 이치에 맞아야 하며, 합리적인 사고활동이어야 한다.
> ○ 연역법으로 이론을 도출하고, 귀납법으로 사실을 추론해 내는 과정을 거친다.

① 구체성   ② 논리성
③ 간결성   ④ 효용성
⑤ 수정가능성

20 다음 보기의 내용에 해당하는 검사 타당도는?

> 청소년의 창의성을 측정하기 위해 새로운 창의성 측정도구로 측정한 결과, 기존의 창의성 측정도구로 측정된 점수들 간의 상관이 높았음이 입증되었다.

① 구성타당도   ② 안면타당도
③ 수렴타당도   ④ 예언타당도
⑤ 준거관련타당도

21 다음 그림은 40명의 내담자를 두 집단으로 무선배치하고 각각 A와 B 상담기법을 적용하여 프로그램을 진행한 후, 상담에 대한 만족도를 조사한 것이다. 각 상담기법을 진행한 집단을 A집단과 B집단이라 하고, 5점을 가장 만족한 점수라 할 때, 아래 그림에 대한 설명으로 옳지 않은 것은?

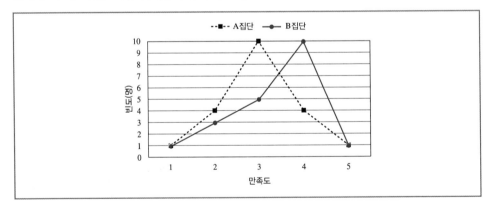

① A집단의 왜도는 표준정규분포와 같다.
② A집단의 중앙값은 3이다.
③ B집단의 중앙값은 A집단보다 크다.
④ A집단의 평균은 중앙값보다 크다.
⑤ 4점 이상을 만족한 사람이라 정의한다면 B집단이 A집단에 비해 만족한 사람이 많다고 할 수 있다.

22 다음 보기의 요약된 자료로부터 성별과 안경착용 여부, 두 변수의 독립성을 검정하기 위한 카이제곱 통계량의 값은?

구 분	안경착용	안경미착용
남 자	10	30
여 자	30	10

① 20   ② 30

③ 40   ④ 50

⑤ 60

23 다음 분산분석표에 관한 설명으로 옳지 않은 것은?

변 동	제곱합(SS)	자유도(df)	F
급간(Between)	10.95	1	–
급내(Within)	73	10	–
합계(Total)	–	–	–

① F 통계량의 값은 0.15이다.
② 두 개의 집단의 평균을 비교하는 경우이다.
③ 관찰치의 총 개수는 12개이다.
④ F 통계량이 임계값보다 작으면 각 집단의 평균이 같다는 귀무가설을 기각하지 않는다.
⑤ 급내 제곱합은 각 집단별로 그 내에서 각 평균과 각 관찰치 간 편차의 제곱합이다.

24 다음 중 측정의 신뢰도와 타당도에 관한 설명으로 옳은 것을 모두 고른 것은?

ㄱ. Cronbach's α 계수로 신뢰도를 계산한다.
ㄴ. 요인분석으로 내용타당도를 확인한다.
ㄷ. 측정도구의 문항수가 신뢰도에 영향을 준다.
ㄹ. 중다특성–중다방법으로 수렴–변별 타당도를 확인한다.

① ㄱ, ㄴ   ② ㄱ, ㄷ

③ ㄱ, ㄴ, ㄹ   ④ ㄱ, ㄷ, ㄹ

⑤ ㄴ, ㄷ, ㄹ

25 네 가지 학습법(A, B, C, D)의 효과 차이를 비교하기 위해 각 집단에 30명씩을 무선배치하고, 12주 간 3주마다 간이 시험을 통해 성적 변화를 살펴보았다. 실험 전에 우선 측정하고 매 3주마다 측정하여 총 다섯 번 측정했다고 할 때, 아래 표의 (a), (b), (c)에 들어갈 숫자의 합은? (단, 모든 자료는 소수점 넷째 자리에서 반올림한 것이다)

Source		SS	df	MS	F
피험자 간					
	집단	1.3	(a)	0.433	0.010
	오차	4722	116	40.707	
피험자 내					
	측정시점	687	(b)	171.750	5.221
	A×B	725	(c)	60.417	1.836
오차 : 측정시점		12000	456	26.310	

① 17
② 18
③ 19
④ 20
⑤ 21

01 심리검사 개발 시 고려할 타당도에 관한 설명으로 옳지 않은 것은?

① 수렴타당도는 개념타당도에 포함된다.

② 구성타당도는 요인분석을 통해 검사문항 간의 관계를 분석한다.

③ 안면타당도는 검사를 개발한 해당 전문가의 시각에 근거한다.

④ 예측타당도는 검사가 우선 실시되고 준거는 나중에 측정된다.

⑤ 수렴타당도는 단축형 검사를 개발한 경우 원검사와의 관련성을 알아볼 때 사용한다.

02 심리검사를 선택할 경우 고려할 사항으로 옳지 않은 것은?

① 검사의 신뢰도가 충분히 높은가를 고려한다.

② 미래행동의 예측이 가능한가를 고려한다.

③ 검사가 수검자의 교육수준에 적합한가를 고려한다.

④ 수검 대상자와 검사의 규준집단이 유사한가를 고려한다.

⑤ 측정하고자 하는 구성개념을 검사가 측정하는가를 고려한다.

03 심리검사의 발달과정에 관한 설명으로 옳은 것을 모두 고른 것은?

> ㄱ. 카텔(Cattell)이 '정신검사(Mental Tests)'라는 용어를 처음으로 제안하였다.
> ㄴ. 1921년 '로샤 검사(Rorschach Test)'가 개발될 당시는 20장의 카드로 구성되었다.
> ㄷ. 군대 베타(Army β) 검사는 제1차 세계대전 중 외국인이나 문맹자를 위해 개발되었다.
> ㄹ. 현대적인 의미의 최초 지능검사는 스탠포드-비네(Stanford-Binet) 검사이다.

① ㄱ, ㄴ, ㄷ   ② ㄱ, ㄷ

③ ㄴ, ㄹ   ④ ㄹ

⑤ ㄱ, ㄴ, ㄷ, ㄹ

04 다음 보기에 제시된 심리검사를 개발된 순서대로 옳게 나열한 것은?

> ㄱ. MMPI
> ㄴ. Stanford-Binet Intelligence Scale
> ㄷ. Wechsler-Bellevue Scale
> ㄹ. MBTI

① ㄱ - ㄴ - ㄷ - ㄹ
② ㄴ - ㄷ - ㄱ - ㄹ
③ ㄴ - ㄹ - ㄷ - ㄱ
④ ㄹ - ㄴ - ㄱ - ㄷ
⑤ ㄹ - ㄴ - ㄷ - ㄱ

05 Exner 종합체계에 따른 로샤(Rorschach) 검사의 채점에 관한 설명으로 옳지 않은 것은?

① S는 단독으로 기호화할 수 없다.
② 평범반응(P)을 기호화할 때 평가자의 주관적 기준에 따른다.
③ 잉크반점의 전체와 흰 공간을 사용한 경우 WS로 기호화한다.
④ 잉크반점 중 아주 작은 부분이 제외되어도 W로 기호화할 수 없다.
⑤ 사람들이 흔히 사용하는 부분에 대해 반응한 경우 D로 기호화한다.

06 성격검사에 관한 설명으로 옳지 않은 것은?

① MBTI에서 판단(J)과 인식(P)은 외부세계에 대한 태도와 관련된다.
② PAI의 치료 척도에는 공격성 척도와 자살관념 척도가 포함된다.
③ NEO-PI-R의 C에서 높은 점수를 보인 사람들은 목적지향적이다.
④ MMPI-2의 임상척도 중 범법행위나 약물남용을 반영하는 척도는 척도 5 Mf이다.
⑤ PAI의 BOR 척도에서의 높은 점수는 불안정한 대인관계를 시사한다.

07 지능 및 인지검사에 관한 설명으로 옳지 않은 것은?

① 모양 맞추기와 차례 맞추기는 WAIS-Ⅳ에서 제외되었다.
② WAIS-Ⅳ의 언어이해 소검사에는 공통성, 어휘, 상식, 이해가 포함된다.
③ K-ABC는 뇌의 좌반구와 우반구의 기능 차이에 초점을 두고 있는 검사이다.
④ BGT는 시간의 제한을 주고 카드의 도형을 보고 그리게 하여 형태심리학적 평가를 한다.
⑤ K-WISC-Ⅳ에서 시작점에 대한 연령 범위는 포괄적이다.

08 법정신감정을 목적으로 MMPI를 활용할 때, 해석 시 특히 유의해야 할 조합은?

① 6번, 8번, 9번 척도의 상승

② K척도, 6번, 8번, 척도의 상승

③ F척도, 1번, 3번 척도의 상승

④ F척도, F-K 지표, 8번 척도의 상승

⑤ L척도, 4번 척도의 상승

09 구조화된 면담기법의 특징에 관한 설명으로 옳지 않은 것은?

① 진단평가의 신뢰도를 높여줄 수 있다.

② 초보 면담자도 빠짐없이 질문할 수 있다.

③ 특정 증상의 유무에 대한 기록의 정확성을 높여준다.

④ 심리검사 자료로서의 신뢰도가 낮을 가능성이 있다.

⑤ 질문의 순서와 양이 결정되어 임상가의 임의대로 바꿀 수 없다.

10 행동평가법의 기본 전제로 옳은 것을 모두 고른 것은?

> ㄱ. 다요인결정론을 전제한다.
> ㄴ. 환경변화에 영향을 받는 외재적 특성을 전제한다.
> ㄷ. 상황이 달라지더라도 안정성 있게 유지되는 개인의 특성을 전제한다.
> ㄹ. 행동은 단편적인 요소들에 의해 구성되어 있다고 전제한다.

① ㄱ, ㄴ, ㄷ   ② ㄱ, ㄷ, ㄹ

③ ㄱ, ㄴ, ㄹ   ④ ㄴ, ㄷ, ㄹ

⑤ ㄱ, ㄴ, ㄷ, ㄹ

11 검사 문항의 변별력에 관한 설명으로 옳지 않은 것은?

① 문항변별지수의 값이 +1에 가까울수록 변별력이 낮은 문항이고, 0에 가까울수록 변별력이 높은 문항이다.

② 변별력이 있는 문항은 능력이 높은 피험자가 답을 맞힐 확률이 능력이 낮은 피험자가 답을 맞힐 확률보다 높은 문항이다.

③ 보통 문항변별지수는 -1.0에서 +1.0 사이의 값을 갖는다.

④ 변별지수는 상·하위 집단에 속한 수검자의 정답 백분율에 대한 차이값이다.

⑤ 문항변별도는 측정대상 능력의 상하를 예리하게 구분해주는 정도를 말한다.

12 관찰평가에 관한 설명으로 옳지 않은 것은?

① 호손(Hawthorne) 효과는 실험집단 참가자에게서 발생한다.

② 존 헨리(John Henry) 효과는 통제집단에서 나타나는 편향이다.

③ 실험연구에서 독립변인은 실험의 결과를 다르게 만드는 조건이다.

④ 관찰자 편향은 관찰자의 기대치가 실험의 관찰 결과에 반영되는 것이다.

⑤ 측정하고자 하는 변인이 분명할수록 할로(Halo) 효과는 증가한다.

13 MMPI-2의 상승척도 쌍에 관한 해석으로 옳지 않은 것은?

① 2-8 – 심한 불안과 우울, 자제력 상실에 대한 공포를 가지고 있다.

② 1-3 – 심리적인 문제가 신체적인 증상으로 전환되어 나타난다.

③ 4-7 – 충동적인 분노 표출과 자기 비난을 주기적으로 반복한다.

④ 8-7 – 불안하고 우울하며, 긴장하고 예민한 모습을 보인다.

⑤ 3-8 – 분노와 적개심을 충동적으로 행동화하는 것이 주된 문제이다.

14 주제통각검사(TAT)에 관한 설명으로 옳지 않은 것은?

① 16번 백지카드에는 수검자가 어떤 그림을 상상하고 있는지 말해달라고 요청한다.

② 수검자의 성별과 연령에 따라 카드를 선정한다.

③ 30장의 흑백그림카드와 1장의 백지카드 등 총 31장으로 구성되어 있다.

④ 욕구압력 분석법에서는 욕구와 환경의 압력 간 상호작용 결과를 분석한다.

⑤ 검사자는 수검자의 응답상 불완전한 부분이 있더라도 중간질문을 할 수 없다.

15 투사적 검사에 관한 설명으로 옳은 것을 모두 고른 것은?

ㄱ. 비구조화된 과제	ㄴ. 문항 내용 및 응답의 범위 제한
ㄷ. 상황 변인의 영향으로 객관성 결여	ㄹ. 수검자 방어의 어려움
ㅁ. 높은 신뢰도와 타당도	

① ㄱ, ㅁ

② ㄷ, ㄹ

③ ㄱ, ㄷ, ㄹ

④ ㄴ, ㄷ, ㅁ

⑤ ㄱ, ㄷ, ㄹ, ㅁ

16 허트(M. Hutt)의 BGT 평가항목 중 형태의 일탈(Deviation of Form)에 속하지 않는 것은?

① 폐쇄의 어려움
② 교차의 어려움
③ 곡선 모사의 어려움
④ 중첩의 어려움
⑤ 각도의 변화

17 지능을 다음과 같이 정의한 지능이론가는?

> 지능은 일정한 방향을 설정하고 이를 유지하는 경향성, 자신이 소망하는 바를 성취하기 위해 순응하는 능력, 자신이 도달한 목표를 아는 능력이다.

① 비네(Binet)
② 웩슬러(Wechsler)
③ 스피어만(Spearman)
④ 터만(Terman)
⑤ 프리만(Freeman)

18 로샤(Rorschach) 검사에서 결정인에 관한 해석으로 옳지 않은 것은?

① Y, YF, FY – 불안감, 무력감
② T, TF, FT – 애정 욕구
③ C, CF, FC, Cn – 정서 표현의 조정
④ rF, Fr – 자기초점, 자아중심성
⑤ C', C'F, FC' – 개념화, 욕구, 스트레스

19 K–WAIS–Ⅳ에 관한 설명으로 옳지 않은 것은?

① 총 15개의 소검사로 이루어져 있다.
② 빠진 곳 찾기는 지각추론에 해당하는 보충 소검사이다.
③ 순서화는 작업기억지표의 보충 소검사이다.
④ 이해는 언어이해지표의 보충 소검사이다.
⑤ 퍼즐은 K–WAIS–Ⅳ에서 제외된 소검사이다.

20 미네소타 다면적 인성검사(MMPI)의 특징으로 옳지 않은 것은?

① 이론적 제작 방법에 의해 고안된 것이다.

② 대표적인 자기보고식 검사이다.

③ 덜 숙련된 임상가라도 간편하고 정확한 해석을 할 수 있다.

④ 수검자는 각 문항에 대해 '그렇다' 혹은 '아니다'의 두 가지 답변 중 하나를 택하여 반응하도록 되어 있다.

⑤ 원점수를 T점수로 환산하여 평가한다.

21 HTP에서 그림단계의 순서로 옳지 않은 것은?

① 검사자는 백지 4장, 연필, 지우개, 초시계를 준비한다.

② 검사자는 수검자에게 그림을 잘 그리고 못 그리는 것이 중요하지 않으므로, 자유롭게 그릴 것을 요구한다.

③ 처음 집을 그리도록 할 때에는 용지를 세로로 제시하며, 이후 나무나, 사람, 반대 성(性)의 사람을 그리도록 할 때에는 용지를 가로로 제시한다.

④ 수검자가 사람을 그릴 때 전신을 그리도록 요구하며, 만화적으로 그리거나 뼈대만 그리지 않도록 한다.

⑤ 검사자는 내담자의 반응을 상세히 기록한다.

22 문장완성검사(SSCT ; Sacks Sentence Completion Test)의 특징으로 옳지 않은 것은?

① 자유연상을 토대로 하므로 수검자의 내적 갈등이나 욕구, 환상, 주관적 감정, 가치관, 자아구조, 정서적 성숙도 등을 효과적으로 파악할 수 있다.

② 언어표현을 사용하므로 수사법, 표현의 정확성 여부, 표현된 정서, 반응 시간 등이 중요한 의미를 지닌다.

③ 보통 50~60개 문장을 통해 수검자의 복합적인 성격 패턴을 도출해 낸다.

④ 수검자는 '예/아니요'와 같이 단정적으로 답을 강요당하지 않으며, 자신이 원하는 대로 답할 수 있다.

⑤ 언어발달이 완성되지 못한 아동에게도 쉽게 적용할 수 있다.

23 BGT의 시행방법 중 뇌기능 장애가 의심되는 경우, 이를 감별하기 위한 보충적인 자료로 활용되는 방법은?

① 모 사
② 변용묘사 또는 정교화
③ 연 상
④ 순간노출
⑤ 회 상

24 미네소타 다면적 인성검사(MMPI) 중 임상척도에 관한 설명으로 가장 옳지 않은 것은?

① 우울증 척도(D)의 점수가 높은 수검자는 우울하고 비관적이다.
② 남성성-여성성 척도(Mf)의 점수가 높은 남성 수검자는 남성적이고 공격적이다.
③ 경조증 척도(Ma)의 점수가 낮은 수검자는 소극적·통제적인 성향을 보인다.
④ 정신분열 척도(Sc)의 점수가 낮은 수검자는 현실적·실용적인 사고를 한다.
⑤ 강박증 척도(Pt)의 점수가 높은 수검자는 불안, 긴장, 초조하며 주의집중에 어려움이 있다.

25 마이어스-브릭스 성격유형검사(MBTI)에 관한 설명으로 옳지 않은 것은?

① 객관적 검사이다.
② MMPI와 같이 임상장면에서 비정상적인 행동 및 증상을 측정하기 위해 고안되었다.
③ 개인의 성격을 4개의 양극 차원에 따라 분류하고 있다.
④ 개인이 비교적 쉽게 응답할 수 있는 자기보고식 문항들로 구성되어 있다.
⑤ 총 95개의 문항으로 구성되어 있으며, 검사에만 약 30분 정도의 시간이 소요된다.

01 개인의 무의식적 · 심리적 갈등이 신체증상으로 나타나는 경향을 말하는 것으로써, 히스테리성 신경증(Hysterical Neurosis)이라고도 불리는 것은?

① 해리장애
② 전환장애
③ 가성장애
④ 공황장애
⑤ 적응장애

02 다음 중 정신분열 증상이 1개월 이상 6개월 이내로 나타나는 장애는?

① 조현형 성격장애
② 조현양상장애
③ 단기 정신병적 장애
④ 망상장애
⑤ 조현병

03 다음 중 심리적 장애와 관련된 자동적 사고의 주제가 서로 잘못 연결된 것은?

① 전환장애 – 구체적이고 회피 가능한 상황에서의 위험
② 우울증 – 자기 자신, 미래, 환경에 대한 부정적 견해
③ 경조증 – 자기 자신, 미래, 환경에 대한 긍정적 견해
④ 불안증 – 신체적 · 심리적 위협과 위험
⑤ 공황장애 – 신체나 정신적 경험에 대한 파국적 해석

04 조현병의 주요 증상과 관련성이 가장 적은 것은?

① 환각과 같은 지각장애가 나타난다.
② 와해된 언어 및 사고장애가 나타난다.
③ 무논리증 또는 무욕증과 같은 정서적 둔마가 나타난다.
④ 블루러(Bleuler)에 의하면, 1차 증상으로 양가성 자폐성과 함께 환각이 일어난다.
⑤ 슬픈 이야기를 하면서 무표정하거나 화를 내기도 하며, 망상증상이 나타난다.

05 DSM-5에서 부가적으로 다루고 있는 '임상적 주의가 필요한 기타 문제'에 해당하지 않는 것은?

① 병적 도벽
② 아동 성적학대 의심
③ 고용과 관련된 기타 문제
④ 혼자 살기와 연관된 문제
⑤ 문화 적응의 어려움

06 다음 중 전환장애의 주요 증상에 해당하지 않는 것은?

① 신체적 기능이나 협응기능의 손상
② 신체 일부의 마비나 기능저하
③ 목소리가 나오지 않는 불성증
④ 반복적인 음식물 역류와 되씹기
⑤ 음식을 삼키지 못하거나 목구멍이 막힌 듯한 느낌

07 다음 보기의 내용과 관련이 있는 것은?

○ 건망증, 기억력 장애, 작화증, 작어증 등의 증상을 특징으로 한다.
○ 지속적인 알코올 사용으로 인해 중추신경계에 손상이 발생하면서 기억력, 판단력, 주의력 등에 이상이 생기는 질병이다.
○ 기억 기능을 담당하는 해마가 손상되어 발생하는 것으로 알려져 있다.

① 해리성 장애
② 코르사코프 증후군
③ 틱 장애
④ 아스퍼거 증후군
⑤ 헌팅턴 질환

08 다음 보기의 환자는 어떤 진단 범주에 해당하는가?

> A양은 삼수생으로 처음에는 이 세상에 못할 일이 없는 것처럼 흥분하고 자신감이 넘치다가, 며칠 후에는 스스로를 아무것도 할 수 없는 무능한 존재라고 생각한다. 주변 사람의 시선에 아주 예민해 졌다가도 갑자기 둔감해진다. 그래서 일거수일투족에 일일이 신경 쓰며 조심하다가도, 갑자기 남들 이 놀랄 만큼 대담하게 옷을 입거나 행동한다. 불규칙한 생활로 수업에 들어가지 않는 경우가 많고, 거의 매일 술을 마시고 담배를 많이 피우며, 가끔은 담뱃불로 자신의 팔이나 다리를 지지기도 한다. 그동안 자살하고 싶은 생각도 여러 번 했었고, 실제로 약을 먹거나 면도칼로 손목을 긋는 일도 두 번 정도 있었다.

① 주요 우울장애 　　　　　　　② 알코올로 유발된 기분장애
③ 경계선 성격장애 　　　　　　　④ 반사회성 성격장애
⑤ 회피성 성격장애

09 신경인지장애에 관한 설명으로 옳지 않은 것은?

① 인지 결손은 섬망만 있는 상황에서만 발생하는 것이 아니다.
② 병인에 따라 알츠하이머병, 전두측두엽 변성, 루이소체병, 혈관 질환, 외상성 뇌손상, 물질/치료 약물 사용, HIV 감염, 프라이온병, 파킨슨병, 헌팅턴병, 다른 의학적 상태, 다중 병인 등을 명시 한다.
③ 주요 신경인지장애에서 인지 저하는 본인이 인식하지 못할 수 있다.
④ 경도 신경인지장애의 인지 결손은 독립적인 일상 활동을 어렵게 한다.
⑤ 주요 신경인지장애는 1가지 이상 인지적 영역에서 심각한 인지적 저하가 나타나는 경우이다.

10 특정공포증의 종류와 그에 관한 설명으로 옳지 않은 것은?

① '동물형'은 대개 아동기에 시작되는데 동물이나 곤충을 두려워하는 것이다.
② '자연환경형'은 폭풍, 높은 곳, 물과 같은 자연환경에 대한 공포이다.
③ '혈액 – 주사 – 상처형'은 피를 보거나 주사를 맞거나 기타 의학적 검사를 두려워하는 경우이다.
④ '상황형'은 교통수단, 터널, 다리, 엘리베이터, 비행기 등에 공포를 느끼는 유형이다.
⑤ '광장형'은 백화점, 영화관, 버스, 지하철 같은 장소에 대해 공포를 느끼는 유형이다.

11 자폐 스펙트럼 장애의 설명으로 옳은 것은?

① 상동적인 행동을 반복적으로 나타내는 장애는 포함하지 않는다.

② DSM-Ⅳ에서 전반적 발달장애에 포함되었던 레트장애, 소아기 붕괴성 장애, 아스퍼거 장애, 기타의 전반적 발달장애를 통합한 것이다.

③ 출생 후 부모의 성격이나 양육방식에 의해 주로 유발된다는 것이 입증되었다.

④ 대부분 3세 이전에 발병하고, 남자가 여자보다 3~4배 정도 더 많다.

⑤ 자폐증 아동과 정신지체는 연관성이 없다.

12 B군 성격장애에 관한 설명으로 옳은 것은?

① 사회적으로 고립되어 있고 기이한 성격특성을 나타낸다.

② 감정적이며 변화가 많은 극적인 성격특성을 나타낸다.

③ 반사회성 성격장애, 자기애성 성격장애, 강박성 성격장애로 구분한다.

④ 불안하고 두려움을 많이 느끼는 성격특성을 나타낸다.

⑤ 의존성 성격장애, 경계선 성격장애, 회피성 성격장애로 구분한다.

13 다음 중 물질 관련 장애에 포함되지 않는 것은?

① 카페인 중독   ② 펜시클리딘 사용장애

③ 환각제 지속성 지각장애   ④ 칸나비스 금단

⑤ 타바코 중독

14 지적장애에 관한 설명으로 옳은 것은?

① 중도의 정신지체는 교육이 가능한 범주로 독립적 생활 또는 지도나 지원에 의한 일상생활이 가능하다.

② 지적장애에 대한 최선의 치료는 예방이다.

③ 경도의 정신지체는 초등학교 2학년 지적 수준을 넘기기가 어렵다.

④ 정신질환과 후유증 및 사회적응에 대한 치료보다 먼저 지적장애 치료가 필수적이다.

⑤ 개인정신치료를 포함한 가족치료와 행동치료 시 약물치료는 권장되지 않는다.

15 변태성욕장애의 하위유형에 포함되지 않는 것은?

① 관음장애　　　　　　　　　　　② 성적피학장애
③ 복장도착장애　　　　　　　　　④ 여성극치감 장애
⑤ 마찰도착장애

16 정신장애 발병에 관한 취약성-스트레스 모형에서 취약성의 요인으로 옳은 것을 모두 고른 것은?

ㄱ. 부모나 가족의 병력	ㄴ. 직업의 변화
ㄷ. 바이러스 감염	ㄹ. 어린 시절의 학대
ㅁ. 뇌의 구조적 결함이나 신경 이상	

① ㄱ, ㄴ, ㄷ　　　　　　　　　　② ㄴ, ㄷ, ㄹ
③ ㄱ, ㄹ, ㅁ　　　　　　　　　　④ ㄱ, ㄴ, ㄷ, ㄹ
⑤ ㄱ, ㄴ, ㄷ, ㄹ, ㅁ

17 DSM-5에서 제시된 조증삽화의 주요한 증상들에 관한 설명으로 옳지 않은 것은?

① 자기존중감이 팽창하거나 지나치게 과장된 자신감을 느낀다.
② 수면에 대한 욕구가 증가한다.
③ 평소보다 말이 많아지거나 말을 계속한다.
④ 사고의 비약(Flight of Ideas)이 있거나 사고가 연이어 나타난다.
⑤ 주의산만으로 자질구레한 외부 자극에 쉽게 주의를 빼앗긴다.

18 배설장애의 DSM-5 진단기준으로 옳지 않은 것은?

① 유분증은 장애 행동이 주 1회 이상의 빈도로 적어도 3개월 동안 연속해서 일어난다.
② 유분증은 아동의 발달연령은 최소 4세이어야 진단이 가능하다.
③ 유분증은 변비 및 범람 변실금을 동반하는 경우가 있다.
④ 유뇨증은 장애 행동이 주 2회 이상 빈도로 적어도 3개월 동안 연속해서 일어난다.
⑤ 유뇨증은 아동의 발달연령이 최소 5세이어야 진단이 가능하다.

19 이상행동에 선행하는 부정적인 사건을 어떻게 해석하고 받아들이는지, 즉 선행사건에 대한 그 사람의 신념체계에 따라 이상행동이 유발된다고 보는 이론은?

① 정신분석적 접근방법 ② 인지적 접근방법
③ 생물학적 접근방법 ④ 인본주의적 접근방법
⑤ 사회문화적 접근방법

20 다음 보기의 내용과 관련이 있는 증상은?

> 고등학생 A는 낮에 갑자기 근육이 풀리고 힘이 빠지면서 참을 수 없는 졸림으로 인해 수업시간에 종종 수면상태에 빠지게 되는 수면장애를 겪고 있다.

① 불면증 ② 과다수면증
③ 기면증 ④ 호흡 관련 수면장애
⑤ 일주기 리듬 수면장애

21 적응장애에 관한 설명으로 옳지 않은 것은?

① 스트레스 사건에 대한 심리적 반응과 대처 방식이 개인마다 다르기 때문에 나타난다.
② 분명하게 확인할 수 있는 심리사회적 스트레스 사건에 대한 반응으로 나타나는 정서적 또는 행동적 증상을 말한다.
③ 부적응 증상이 스트레스 사건이 발생한 3개월 이내에 나타나야 한다.
④ 스트레스가 사라지더라도 증상은 소실되지 않는다.
⑤ 주요한 생활사건에 대한 적응 실패로 나타나는 정서적 또는 행동적 증상을 말한다.

22 DSM-5 체계에서 파괴적 기분조절 곤란장애의 진단기준으로 옳지 않은 것은?

① 6세 이상부터 성인에게까지 폭넓게 적용된다.
② 언어 또는 행동을 통하여 심한 분노 폭발을 반복적으로 나타낸다. 이러한 분노는 상황이나 촉발자극의 강도나 기간에 비해서 현저하게 과도한 것이어야 한다.
③ 분노 · 폭발은 발달수준에 부적합한 것이어야 한다.
④ 분노 · 폭발은 평균적으로 매주 3회 이상 나타나야 한다.
⑤ 분노 · 폭발 사이에도 거의 매일 하루 대부분 짜증이나 화를 내며 이러한 행동은 다른 사람에 의해서 관찰될 수 있다.

23 다음 장애에 관한 설명 중 옳은 것은?

① 우리나라에서 가장 많이 발생하는 정신질환은 주요 우울장애이다.

② 허위성 장애는 증상을 만들어냄으로써 어떤 현실적 이득을 취하려는 증상이 나타난다.

③ 질병불안장애는 불안장애의 하위유형에 속한다.

④ 알코올 의존단계 중 전조단계의 특징은 자주 과음하고 종종 망각현상이 일어나는 것이다.

⑤ 특정 학습장애의 특징은 지능이 떨어지고 자폐적인 측면이 있다.

24 다음 중 섬망(Delirium)의 증상이 아닌 것은?

① 시간과 장소에 대한 인식의 장애로서 지남력장애를 보인다.

② 인지기능에 일시적인 장애가 나타나는 것을 말한다.

③ 오랜 시간에 걸쳐서 진행되고 원인을 제거해도 사라지지 않는다.

④ 최근 기억에 대한 기억력장애가 두드러지게 나타난다.

⑤ 항콜린제(Anticholinergic) 등의 약물사용과 밀접한 연관이 있다.

25 다음 보기의 내용이 설명하고 있는 지적장애는?

> ○ 간단한 셈, 철자의 제한적 습득이 가능하다.
> ○ 밀착된 지도감독에 의한 단순작업 수행이 가능하다.

① 경계선 정도(Borderline)의 지적장애

② 가벼운 정도(Mild)의 지적장애

③ 중간 정도(Moderate)의 지적장애

④ 심한 정도(Severe)의 지적장애

⑤ 아주 심한 정도(Profound)의 지적장애

교 시	문제형별	시 간	시험과목	
2교시	**A**	**50분**	① **진로상담** ② **집단상담** ③ **가족상담** ④ **학업상담**	**2과목 선택**

선택과목 01   진로상담

01 진로상담에 관한 설명으로 옳은 것은?

① 평생 지속되는 과정으로, 각 개인이 자기가 설정한 진로목표에 접근해 가고 그 목표를 달성해 가는 과정을 말한다.

② 개인의 진로발달을 촉진하거나 진로계획, 진로·직업의 선택과 결정, 실천, 직업적응, 진로변경 등의 과정을 돕기 위한 활동을 의미한다.

③ 개인의 진로선택, 적응, 발달에 초점을 둔 교육으로 각 개인이 자기 일과 세계를 인식하여 자신에게 적합한 일을 선택하고, 잘 수행할 수 있도록 도와주는 활동이다.

④ 선택 가능한 직업의 결정, 각 직업의 조건들, 취업에 필요한 조건, 취업절차 등 보다 구체적인 수준에서 취업을 돕는 활동을 지칭한다.

⑤ 원래의 진로에서 다른 진로로 옮겨가는 것으로서, 주 동기는 이미 주어진 진로에서 더 이상 발전할 기회가 차단된 경우이다.

02 보딘(Bordin)의 정신역동적 직업상담기법에 해당하는 것을 모두 고른 것은?

ㄱ. 명료화	ㄴ. 소망·방어체계에 대한 해석
ㄷ. 종 합	ㄹ. 비 교

① ㄱ, ㄴ, ㄷ

② ㄱ, ㄴ, ㄹ

③ ㄴ, ㄷ, ㄹ

④ ㄴ, ㄹ

⑤ ㄷ, ㄹ

제4회 | 최종모의고사 **215**

03 윌리암슨(Williamson)의 진로선택문제에서 내담자가 자신의 선택의사를 표현할 수 없으며, 자신이 무엇을 원하는지조차 모른다고 대답하는 경우를 가리켜 무엇이라고 하는가?

① 불확실한 선택
② 어리석은 선택
③ 현명하지 않은 선택
④ 흥미와 적성의 불일치
⑤ 미선택

04 특성-요인이론에 관한 설명으로 옳지 않은 것은?

① 내담자의 자기이해, 자기지도, 자기성장의 촉진을 상담의 목표로 둔다.
② 대표적인 학자로 파슨스(Parsons), 윌리암슨(Williamson), 헐(Hull) 등이 있다.
③ 내담자 중심의 상담방법이다.
④ 내담자에게 정보를 제공하고 학습 기술과 사회적 적응기술을 알려주는 것을 중요시한다.
⑤ 내담자에 대한 정서적 이해보다 문제의 객관적 이해에 중점을 둔다.

05 A, B, C, D, E에 들어갈 단어를 순서대로 나열한 것은?

> 하렌(Harren)은 의사결정과정으로 인식, 계획, 확신, 이행의 네 단계를 제안하고, 이 과정에서 영향을 미치는 주요 요인으로 (A)와(과) (B)을(를) 제시하였다. 또한 효과적인 의사결정자는 적절한 (C)와(과) 분화되고 통합된 (D)을(를) 갖고 있으며, 합리적 유형을 활용하여 책임 있는 의사결정을 하고, 성숙한 대인관계와 분명한 (E)을(를) 가진다고 정의하였다.

	A	B	C	D	E
①	자아개념	의사결정유형	자아존중감	자아개념	목적의식
②	자아존중감	정서적 자각	진로성숙도	자아의식	직업관
③	자기조절	우유부단함	도덕성	자아	진로목표
④	자아효능감	진로성숙도	자아존중감	자율성	생활양식
⑤	정서조절	흥미유형	진로성숙도	자아의식	가치관

06 다음 보기에서 학생의 직업선호도검사 결과 해석으로 옳은 것은?

흥미유형	R	I	A	S	E	C
원점수	18	57	12	10	14	38

① 일관성(Consistency)이 높다.
② 일치성(Congruence)이 높다.
③ 변별성(Differentiation)이 높다.
④ 직업으로 교사를 추천한다.
⑤ 이타적이고 감정적이다.

07 홀랜드(Holland)의 이론의 장·단점에 관한 설명으로 옳지 않은 것은?

① 환경적 측정의 영역과 개인과 환경에 있어서의 상호작용의 이해, 개인행동의 이해라는 측면에서 탁월하다.
② 일반적인 홀랜드 모형, 특히 SDS(Self Directed Search)는 남녀를 차별하는 요소가 있다.
③ 이 이론에서는 인성이라는 요인을 중요시하고 있으면서도 인성 발달 과정에 대한 설명이 다소 결여되어 있다고 볼 수 있다.
④ 진로상담에 적용할 수 있는 절차를 구체적으로 제공해주고 있다.
⑤ 홀랜드와 그의 동료들은 인성특성에 관련되어 있는 직업적인 흥미를 이해하는 데 매우 중요한 공헌을 하였다.

08 로(Roe)의 직업분류에 관한 설명으로 옳은 것을 모두 고른 것은?

ㄱ. 각 직업에서의 곤란도와 책무성을 고려하여 8×4의 구조를 만들었다.
ㄴ. 로(Roe)는 미네소타 직업평가척도(MORS)에서 힌트를 얻어 흥미에 대한 다양한 요인분석에 관심을 돌리게 되었다.
ㄷ. 직업활동과 관련된 인간관계의 특성과 강도에 기초한 연속선상에 직업들이 배열될 수 있으며, 연속선상에서 가까이 위치한 군집들이 떨어진 군집보다 인간관계의 특성과 강도면에서 더 유사하다.
ㄹ. 로는 직업의 전 영역을 조사하기 위해, 기존의 분류체계들과는 다른 새로운 분류체계를 개발했다.

① ㄱ, ㄴ, ㄷ
② ㄱ, ㄷ
③ ㄱ, ㄷ, ㄹ
④ ㄴ, ㄷ, ㄹ
⑤ ㄴ, ㄹ

09 다음 중 개념과 설명이 옳게 짝지어지지 않은 것은?

① 로(Roe)의 직업 6단계 중 비숙련직은 특수한 훈련이나 교육을 필요로 하지 않는 일이다.

② 직업적응이론 중 적응방식적 측면은 융통성, 끈기, 적극성, 반응성 등을 포함한다.

③ 사회인지적 진로이론의 진로발달 결정요인에는 자기효능감, 성과기대, 목표, 진로장벽 등이 있다.

④ 수퍼(Super)의 직업발달이론에서 개인의 직업적 적응이란 사람들이 자신의 인성을 표현할 수 있는 적합한 환경을 추구하는 것이다.

⑤ 갓프레드슨(Gottfredson)이 제시한 직업포부의 발달단계는 추상적 사고력의 발달에 따라 4단계의 제한과정을 거친다.

10 수퍼(Super)의 생애기간과 생애공간이론(Life-Span Theory, Life-Space Theory)에 관한 설명으로 옳은 것을 모두 고른 것은?

> ㄱ. 아치웨이(Archway)의 상층부 중심에 자아개념을 배치하였다.
> ㄴ. 아치웨이(Archway)의 기둥은 발달단계와 삶의 역할을 의미한다.
> ㄷ. 개인(심리적 특징)을 왼쪽 기둥, 사회(경제자원, 경제구조, 사회구조 등)를 오른쪽 기둥으로 세웠다.
> ㄹ. 생애진로무지개는 사회적 관계 속의 다중적 생애역할이 부각되도록 하였다.
> ㅁ. 전 생애 동안 이어지는 진로발달의 횡단적 과정과 특정시기의 종단적 과정을 표현한다.

① ㄱ, ㄴ
② ㄱ, ㄹ, ㅁ
③ ㄴ, ㄷ, ㄹ
④ ㄱ, ㄷ, ㄹ, ㅁ
⑤ ㄱ, ㄴ, ㄷ, ㄹ

11 크롬볼츠(Krumboltz)의 사회학습이론에서 진로발달과정에 영향을 미치는 요인 중 '연상적 학습경험'에 해당하는 것을 모두 고른 것은?

> ㄱ. 이전에 경험한 감정적으로 중립인(Neutral) 사건이나 자극을 정서적으로 비중립적인 사건이나 자극과 연결할 때 일어난다.
> ㄴ. 사람들은 정적인 강화를 받게 되면 이와 관련된 행동을 반복하려는 경향을 보이는데, 이러한 행동을 반복하는 과정에서 관련된 기술을 보다 잘 숙지하게 되고, 행동 그 자체에 내적인 흥미를 갖게 된다는 것이다.
> ㄷ. 일반적으로 '선행사건 – 행동 – 결과의 순서'에 의해서 학습된다.
> ㄹ. 크롬볼츠의 이론에서 개인은 타인의 행동을 관찰하거나 책이나 TV 등의 매체를 통해 정보수집을 하는 것만으로도 새로운 행동이나 기술을 학습할 수 있게 되는 지적이고 훌륭한 정보처리자로 간주된다.

① ㄱ, ㄴ
② ㄱ, ㄹ
③ ㄴ, ㄷ
④ ㄴ, ㄹ
⑤ ㄷ, ㄹ

12 흥미의 탐색 방법에 관한 설명으로 옳지 않은 것을 모두 고른 것은?

> ㄱ. 꿈의 변천사를 통해 흥미의 변화를 탐색한다.
> ㄴ. 흥미는 단편적인 것에서 체계적·종합적인 것으로, 비항상적인 것에서 항상적인 것으로 변화한다.
> ㄷ. 흥미를 알아보는 방법으로는 체크리스트나 표준화 검사법이 가장 많이 이용되고 있다.
> ㄹ. 스트롱 흥미검사는 직업지도를 위해 제작되었다.

① ㄱ, ㄴ, ㄷ   ② ㄱ, ㄷ
③ ㄴ, ㄹ   ④ ㄹ
⑤ ㄱ, ㄴ, ㄷ, ㄹ

13 홀랜드(Holland)의 6가지 직업성격 유형의 연결이 올바르지 않은 것은?

① 예술적 유형(A) – 예술가, 작곡가, 음악가, 작가, 배우, 미술가, 무용가 등
② 사회적 유형(S) – 판사, 연출가, 영업사원 등
③ 실재적 유형(R) – 기술자, 자동차 및 항공기 조종사, 정비사 등
④ 기업적 유형(E) – 기업경영인, 정치가, 판사, 영업사원, 상품구매인 등
⑤ 탐구적 유형(I) – 과학자, 생물학자, 인류학자, 지질학자, 의료기술자, 의사 등

14 수퍼(Super)의 진로발달이론에 관한 설명으로 옳은 것을 모두 고른 것은?

> ㄱ. 진로성숙도의 측정은 진로계획 '태도'와 진로계획 '능력'의 두 가지 지표를 포함하고 있다.
> ㄴ. 대순환(Maxicycle) 단계의 탐색기는 환상기, 흥미기, 능력기로 나뉜다.
> ㄷ. 적절한 진로발달이론은 '선행연구 결과의 통합', '진로발달의 연속성 고려', '흥미·능력·가치 및 기회가 조절하는 과정의 기술'을 만족시켜야 한다.
> ㄹ. 소순환은 개인에 따라서 탐색기로 복귀하여 새롭게 순환하는 것을 의미한다.
> ㅁ. 탐색기는 욕구와 환상이 지배적이나 사회참여 활동이 증가하고 현실 검증이 생김에 따라 흥미와 능력을 중시하는 단계이다.

① ㄱ, ㄴ, ㄷ   ② ㄴ, ㄷ, ㄹ
③ ㄱ, ㄷ, ㄹ   ④ ㄴ, ㄷ, ㄹ, ㅁ
⑤ ㄱ, ㄴ, ㄹ, ㅁ

15 갓프레드슨(Gottfredson)의 '제한 – 타협이론'에 관한 설명으로 옳지 않은 것은?

① 자아발달의 과정에서 포부에 대한 점진적인 제한을 가하는 것이 직업선호를 결정한다.

② 사람들은 최선의 선택보다는 최고의 선택을 하며, 제한 과정에 이어 타협 과정이 진행된다.

③ 직업선택의 개인적 타협과정에서 성 유형, 권위, 흥미의 순서로 그 중요도를 매긴다.

④ 직업에 대한 흥미가 가장 먼저 희생되고, 두 번째는 직업의 권위수준, 마지막으로 성 유형이 희생된다.

⑤ 사회적 가치지향성은 사회계층에 대한 개념이 생기면서 상황 속에서 자아를 인식하게 되고 일의 수준에 대한 이해를 확장시킨다.

16 타이드만(Tiedeman)과 오하라(O'Hara)의 진로발달이론에서 '예상기'의 하위단계에 관한 설명으로 옳지 않은 것은?

① 자신의 진로목표를 설정하고 대안을 탐색해 보며, 그것을 성취할 수 있는 능력과 여건이 갖추어져 있는지에 대해 예비평가를 한다.

② 자기가 하고 싶어 하는 일과 그렇지 않은 것을 확실히 알게 되고, 구체적으로 의사결정에 임하게 된다.

③ 이미 내린 의사결정을 신중히 분석·검토하고 결정을 내리는 과정이다.

④ 개인이 수용적인 자세로 새로운 상황에 임한 후 일단 인정을 받으면 자신의 의견이나 주장을 강력하게 드러낸다.

⑤ 가치관과 목표, 가능한 보수나 보상 등을 고려하면서 개인은 구체적으로 자신의 진로를 준비하기 시작한다.

17 다음 보기에서 인지적 정보처리이론을 개발한 학자를 모두 고른 것은?

ㄱ. 피터슨(Peterson)	ㄴ. 리어든(Reardon)
ㄷ. 샘슨(Sampson)	ㄹ. 브라운(Brown)

① ㄱ, ㄴ
② ㄱ, ㄴ, ㄷ
③ ㄱ, ㄷ, ㄹ
④ ㄴ, ㄷ, ㄹ
⑤ ㄴ, ㄹ

18 인지적 정보처리이론에 관한 특징으로 옳지 않은 것은?

① 진로를 선택한다는 것은 문제해결 행동이며, 이러한 문제해결 능력은 지식뿐만 아니라 인지적인 작용에 좌우된다.

② 진로발달은 일련의 체계적인 기억구조로 이루어진 자신과 직업세계에 대한 지식구조에 있어서의 지속적인 성장 및 변화를 포함한다.

③ 자신과 직업세계에 대한 정보의 사려 깊은 통합에 기초한 독립적이고 책임성 있는 진로결정은 진로 문제의 해결능력에 달려 있다.

④ 진로의사결정에서 인지적 영역이 중요시되는 반면, 정의적인 측면은 배제된다는 한계를 가지고 있다.

⑤ 진로문제해결은 자신과 직업세계에 대한 지식을 동시에 처리할 수 있는 큰 기억용량(High-Memory-Load)을 필요로 하는 과제이다.

19 여성 진로상담에서 고려해야 할 사항으로 옳지 않은 것은?

① 경력단절의 가능성을 고려하여 다목적을 지향하는 단기적인 진로설계를 계획한다.

② 사회적 인식 개선을 위한 참여 기회를 활용하면서, 개인적 차원의 해결책도 모색한다.

③ 사회적 이슈들을 명시적으로 드러내어 문제화하고, 이를 다루는 현실적인 대응방법을 모색한다.

④ 여성 자신의 진로의식과 조직 마인드 부족, 편의주의적인 직장생활을 하려는 동기에 의한 것이 아님을 드러내도록 표현 능력을 증진시킨다.

⑤ '수퍼우먼 증후군'을 앓고 있는 여성들에 대한 인지적 재구조화를 시도하며, 불안을 유발하는 상황을 확인하여 행동을 수정하도록 돕는다.

20 한국직업사전에서 정의하는 직업의 개념 요소로 옳은 것을 모두 고른 것은?

ㄱ. 금전수입	ㄴ. 생계유지
ㄷ. 노동행위의 수반	ㄹ. 개성의 발휘 및 자아의 실현
ㅁ. 계속적인 활동	

① ㄱ, ㄴ, ㄷ

② ㄴ, ㄷ, ㄹ

③ ㄱ, ㄷ, ㄹ

④ ㄴ, ㄷ, ㄹ, ㅁ

⑤ ㄱ, ㄴ, ㄹ, ㅁ

21 수퍼(Super)의 이론 중 직업세계에서 자신의 위치가 확고해지고, 자신의 자리를 유지하기 위해 노력하며 안정된 삶을 살아가는 시기는?

① 탐색기   ② 확립기
③ 성장기   ④ 유지기
⑤ 쇠퇴기

22 진로상담의 절차가 바르게 나열된 것은?

ㄱ. 정보의 수집	ㄴ. 상담목표 설정
ㄷ. 상담자 – 내담자 관계 수립	ㄹ. 상담의 개입
ㅁ. 문제의 평가	ㅂ. 종결과 추수지도
ㅅ. 훈 습	

① ㄷ - ㄱ - ㄴ - ㄹ - ㅁ - ㅅ - ㅂ
② ㄷ - ㄱ - ㄴ - ㄹ - ㅅ - ㅁ - ㅂ
③ ㄷ - ㄱ - ㅁ - ㄴ - ㄹ - ㅅ - ㅂ
④ ㄷ - ㄴ - ㄱ - ㄹ - ㅁ - ㅅ - ㅂ
⑤ ㄷ - ㄴ - ㄹ - ㄱ - ㅁ - ㅅ - ㅂ

23 갓프레드슨(Gottfredson)의 이론에서 '사회적 가치지향성'에 관한 설명으로 옳은 것은?

① 자신의 상대적 능력에 대해 판단하기 시작하고 상대적 서열과 관련을 짓는다.
② 불도저, 야구공 등 사용하는 도구에 기초해서 직업을 이해한다.
③ 타협의 과정이 시작되며, 자기개념에 부합하는 직업을 탐색한다.
④ 자신이 선호하는 직업에 대해서 보다 엄격한 평가를 할 수 있다.
⑤ 직업을 이해할 때 자신의 성에 적합한지 살펴본다.

24 직업가치관에 관한 설명으로 옳은 것은?

① 가치관 경매활동은 가치관 명료화에 도움이 된다.

② 직업가치관은 직업포부보다 직무만족에 영향을 미친다.

③ 직업가치관검사는 커리어넷(http://www.career.go.kr)에서 할 수 있다.

④ 직업가치관검사는 진로목표가 분명한 내담자에게 더욱 유용하다.

⑤ WVI는 성인을 대상으로 하여 개발된 직업가치관 검사이다.

제4회 최종모의고사

25 중학생의 진로상담 방법으로 옳은 것을 모두 고른 것은?

> ㄱ. 자신의 진로계획을 위한 준비에 대해 확고한 신념을 지니고 있는 시기이므로, 상담에 대한 동기가 구체적이다.
> ㄴ. 진로전환을 탐색하고 효율적으로 조력한다.
> ㄷ. 상담의 정의적 측면을 이용하여 내담자로 하여금 자아개념을 이해하고, 긍정적 자아개념 형성과 이에 관한 긍정적인 가치관 및 태도를 갖도록 돕는다.
> ㄹ. 인지적으로 완전한 수준에 도달한 것이 아니고, 현재보다 효과적인 언어적·추상적 추리기술을 발달시키고 있는 중이므로, 도구를 활용한 구체적 방법의 활용을 병행한다.

① ㄱ, ㄴ ② ㄱ, ㄹ

③ ㄴ, ㄷ ④ ㄴ, ㄹ

⑤ ㄷ, ㄹ

01 집단의 속성으로 적절하지 않은 것은?

① 행동이나 태도의 변화를 위한 개인 목표를 가진다.

② 일정기간 지속적으로 모인다.

③ 자발적 참여를 통한 밀접한 상호작용을 경험한다.

④ 집단원이 따르게 될 집단의 규준이 발달되어야 한다.

⑤ 자기지도를 위한 능력을 발휘하여야 한다.

02 집단원들의 자기 인식을 증진하고, 자신의 사고를 변화시키는 것을 목적으로 하는 집단을 가리켜 무엇이라고 하는가?

① 사회화집단　　　　　　　　　　② 지지집단

③ 치유집단　　　　　　　　　　　④ 교육집단

⑤ 성장집단

03 집단상담의 장·단점에 관한 설명으로 적절하지 않은 것은?

① 서로의 관심사나 감정을 터놓고 이야기할 수 있기 때문에 보편성, 소속감, 동료의식을 발달시킬 수 있다.

② 청소년의 경우 개인적인 조언은 거부하거나 저항하지만, 동료들의 집단적인 공통의견은 잘 받아들이는 경향이 있어 타인과 상호교류 할 수 있는 능력이 개발되고, 문제해결적 행동을 보다 구체적으로 실천할 수 있게 된다.

③ 한 명의 상담자가 여러 내담자를 동시에 만나야 하기 때문에 시간 및 에너지, 또는 경제적인 면에서 비효율적이다.

④ 의심증이 심한 사람이나 지나친 적대 감정에 사로잡힌 사람이나 기타 심한 정서적 장애를 경험하고 있는 사람은 집단상담의 대상으로 적합하지 않다.

⑤ 집단상담에 대한 관심의 증가로 적절한 훈련이나 경험 없이 집단상담 지도자가 되는 경우가 있는데, 이는 부적절한 지도성의 문제를 야기할 수 있다.

04 집단상담이 부적합한 경우에 해당하는 것을 모두 고른 것은?

> ㄱ. 내담자 보호를 위해 비밀이 철저히 보장되어야 할 경우
> ㄴ. 내담자가 다른 사람과의 대화를 포함한 사회적 기술의 습득이 필요한 경우
> ㄷ. 내담자의 대인관계 기술이 극도로 효율적이지 못한 경우
> ㄹ. 자기 문제에 대한 검토·분석을 기피하고, 자기노출에 대해 필요 이상의 위협을 느끼는 경우
> ㅁ. 내담자가 말하는 것을 비정상적으로 두려워하는 경우

① ㄱ, ㄴ, ㄷ   ② ㄱ, ㄷ, ㅁ
③ ㄱ, ㄹ, ㅁ   ④ ㄴ, ㄷ, ㄹ
⑤ ㄴ, ㄹ, ㅁ

05 다음 보기의 내용이 설명하는 집단의 유형은?

> ○ 문화센터 강좌로 매주 1회의 형태로 실시한다.
> ○ 개인적·경험적 배경, 학력, 연령 등 서로 배경이 다른 집단원들로 구성된다.
> ○ 강사가 특정 주제를 가지고 계획과 절차에 따라 진행한다.

① 비구조화된 동질적 구성의 자기 성장집단
② 구조화된 동질적 구성의 집중적 집단
③ 구조화된 동질적 구성의 분산적 집단
④ 비구조화된 이질적 구성의 분산적 집단
⑤ 구조화된 이질적 구성의 분산적 집단

06 상담기술에 관한 설명으로 바르게 연결한 것은?

> ㄱ. 문제의 밑바닥에 깔려있는 혼동되고 갈등적인 것을 명확히 알도록 해준다.
> ㄴ. 집단원의 말이나 행동에 새로운 의미를 부여하여 새로운 인식의 틀을 제공한다.
> ㄷ. 집단원의 말과 행동에서 표현되는 감정·생각·태도를 다른 참신한 말로 하는 기술이다.

	ㄱ	ㄴ	ㄷ
①	반 영	해 석	직 면
②	명료화	해 석	반 영
③	구체화	반 영	해 석
④	반 영	명료화	직 면
⑤	구체화	해 석	직 면

07 게슈탈트 집단상담의 주요 개념 및 기법에 관한 설명으로 옳은 것을 모두 고른 것은?

> ㄱ. 미해결 과제란 완결되지 않은 게슈탈트를 의미하는 것으로서, 분노·원망·고통·슬픔·불안·
> 죄의식 등과 같이 명확히 표현되지 못한 감정을 포함한다.
> ㄴ. '어떻게'와 '무엇을'을 '왜'보다 더 중요시한다.
> ㄷ. '지금(Now)', '경험(Experience)', '각성(Awareness)', '현실(Reality)'에 초점을 둔다.
> ㄹ. 내담자가 이제까지 회피하고 있는 행동과 감정들, 반대되는 행동들을 해보도록 하여 억압하고
> 통제해 온 자신의 다른 측면을 접촉하고 통합할 수 있게 도와주는 것은 '반전기법'이다.
> ㅁ. 집단상담자가 문제의 해결을 희망하는 사람을 빈자리로 맞아들이며, 집단원과 집단상담자 두
> 사람이 문제해결의 결론에 도달했다고 느낄 때까지 적극적인 상호작용을 통해 직접적으로 문제
> 에 접근하는 기법은 '빈 의자 기법'이다.

① ㄱ, ㄴ, ㄷ
② ㄱ, ㄷ, ㅁ
③ ㄴ, ㄷ, ㄹ
④ ㄴ, ㄷ, ㄹ, ㅁ
⑤ ㄱ, ㄴ, ㄷ, ㄹ

08 다음 보기의 내용이 설명하고 있는 집단유형은?

> 실존적·인도주의적인 사상을 기초로 발전한 것으로써, T-집단의 집단상담자들이 기존의 인간관
> 계 훈련집단의 모형들에서 가지고 있던 유용성의 한계를 보완한다. 일반적으로 집중적인 고도의 친
> 교적 집단경험을 통해 태도 및 가치관, 생활양식의 변화 등을 포함하는 개인적 변화를 목표로 한다.

① 치유집단
② 성장집단
③ 지지집단
④ 참만남집단
⑤ 일반 토의집단

09 청소년 집단상담의 제 이론 중 형태주의적 접근에 관한 설명으로 옳은 것은?

① 정서 심화를 위한 기법들을 도입함으로써 집단을 구조화하며, '그것' 혹은 '그 사람'(3인칭) 대신
에 '나'(1인칭)를 사용하도록 함으로써, 계속적인 현재의 자기각성이 이루어지도록 한다.
② 모방에 의한 사회적 학습 또는 관찰학습이론이 집단상담에 효과적으로 적용될 수 있다.
③ 어떠한 사건에 대한 내담자 스스로의 확고한 신념이 단지 우연에 의한 것임을 인식시키며, 자유의
상황에서 내담자의 선택 및 그에 따른 책임을 강조한다.
④ 생각이 정서와 행동을 유도한다고 강조하였으며, 합리적인 생각은 적절한 정서와 적응적인 행동
을 초래한다고 하였다.
⑤ 스스로 삶을 더욱 효과적으로 통제할 수 있도록 하며, 결과에 대해 스스로 책임질 것을 강조한다.

10 집단상담자의 전문적 기술에 관한 설명으로 옳은 것을 모두 고른 것은?

> ㄱ. '공감적 반응'은 집단원의 입장에서 그의 느낌 또는 내적 경험을 이해하고, 이를 직접 말로 전달하는 것이어야 한다.
> ㄴ. '적극적 경청'은 집단원이 말한 내용을 좀 더 구체적으로 인식할 수 있도록 해준다.
> ㄷ. '자기노출하기'는 집단상담자가 상담을 효과적으로 이끌기 위해 상담에 참여한 집단원에게 자신에 대한 주관적인 정보를 노출하는 기술이다.
> ㄹ. 피드백을 주고받을 때에는 변화 가능한 행동에 대해 피드백을 주어야 하며, 가능한 경우 대안도 함께 제시해주는 것이 좋다.
> ㅁ. 유도질문, 모호한 질문, 기적질문 등은 집단상담 시 피해야 할 질문이다.

① ㄱ, ㄴ, ㄷ   ② ㄴ, ㄹ, ㅁ
③ ㄱ, ㄷ, ㄹ   ④ ㄴ, ㄷ, ㄹ, ㅁ
⑤ ㄱ, ㄴ, ㄷ, ㄹ, ㅁ

11 의사교류 분석적 모형에 관한 설명으로 옳지 않은 것은?

① 일생생활의 요구에 따라 자신의 모든 자아상태의 거래가 활발하게 이루어지게 하는 능력을 개발하도록 돕는다.
② 글래서(Glasser)에 의해 개발된 집단치료의 방법으로써 인간의 강점보다는 약점이나 결함에 초점을 두는 이론이다.
③ 집단원들이 각자 자신의 자아상태 거래 양식의 특성을 이해하도록 돕는다.
④ 집단원들이 건설적인 인생각본을 설계하도록 돕는다.
⑤ '교류분석'은 '상호교류분석' 또는 '의사교류분석'이라고도 한다.

12 의사교류 분석적 모형에서 시간을 구조화하는 6가지 방법에 해당하지 않는 것은?

① 의 례   ② 활 동
③ 개 방   ④ 친 교
⑤ 게 임

13 합리적인 사고를 하고 현실지향적인 행동을 하며, 내적 욕구와 외적 욕구를 중재하는 중재자로서의 역할을 하는 것을 가리켜 무엇이라고 하는가?

① 이상적 자아   ② 부모 자아
③ 어린이 자아   ④ 어른 자아
⑤ 현실 자아

14 현실치료적 접근 모형에 관한 설명으로 적절하지 않은 것은?

① 스스로 삶을 더욱 효과적으로 통제할 수 있도록 하며, 결과에 대해 스스로 책임질 것을 강조한다.
② 인간의 기본적 욕구를 생존, 소속, 힘, 자유, 재미로 보고, 실존주의적·현상론적 관점을 강조하며, '행동, 생각, 느낌, 생리작용'의 4요소로 이루어진 전체 행동을 강조한다.
③ 인간행동의 목적은 개인의 기본욕구에 따라 바라는 것과 그 환경으로부터 얻고 있다고 지각하는 것과의 차이나 불일치를 줄이는 데 있다.
④ 과거와 현재를 동시에 중요시하고 관심을 두면서 치료에 접근한다.
⑤ 개인의 행동 및 느낌과 환경을 통제 또는 선택하는 것은 자기 자신이라는 선택이론을 강조한다.

15 행동주의적 접근 모형에 관한 설명으로 적절하지 않은 것은?

① 기본적으로 내담자의 행동을 수정하려는 목적에서 고안된 것이다.
② 모방에 의한 사회적 학습 또는 관찰학습 이론은 집단상담에 방해가 되기 때문에 피해야 한다.
③ 문제란 학습과정을 통해 습득된 부적응 행동에 불과하므로, 그 부적절한 행동을 제거하고 보다 적절한 새로운 행동을 학습하도록 도움을 주는 과정이 바로 '상담'이다.
④ 행동수정 절차는 문제행동을 구체적으로 정의하고, 발달적·사회적 측면에서 구체적으로 정의하고, 행동수정을 위한 구체적 목표를 세워 행동수정 방법을 찾고 그것을 실제로 적용하는 것이다.
⑤ 정서적 학습에 초점을 둔 파블로프의 학습개념과 함께 유관강화를 통해 관찰 가능한 행동의 변화에 초점을 둔 스키너의 방법에 기초한다.

16 심리극(Psychodrama)에 사용되는 기법 중 주인공이 지켜보고 있는 가운데 보조자가 주인공의 역할을 대신함으로써, 주인공이 관중의 입장에서 자신의 행동을 이해하고 평가하도록 하는 기법은?

① 빈 의자 기법
② 이중자아 기법
③ 거울기법
④ 암전기법
⑤ 독백기법

17 개인심리학 접근 모형에 관한 설명으로 적절하지 않은 것은?

① 결정론적 인간관에 반대하여, 생물학적 본능보다는 사회적인 면을, 성격의 무의식적인 면보다는 의식적인 면을 강조하였다.
② 상담 목표는 사회적 관심을 증진시키고 패배감을 극복하여 열등감을 감소시키도록 돕는 것이다.
③ 포괄적 평가에 기초하여 아동기 역동을 탐색하며 가족구도 분석, 생활양식 분석 등이 주요 치료기법이다.
④ 인간을 주로 성적 동기보다 사회적 충동에 의해 동기화되는 사회적 존재로, 자기의 삶을 결정하는 창조적인 능력을 가진 존재로 본다.
⑤ 인간 존재의 불안의 원인을 본질적인 시간의 유한성과 죽음 또는 부존재의 불안에서 기인하는 것으로 보며, 이러한 불안을 오히려 생산적인 치료를 위한 재료로 활용하여 내담자의 변화를 이끌어낸다.

18 집단역동에 관계되는 요인들에 관한 설명으로 적절하지 않은 것은?

① 바람직한 의사소통 형태는 행동변화에 필수적인 요소이며, 의사소통의 양상이나 내용은 집단역동에 결정적인 영향을 미친다.
② 상담원과 집단원들 사이의 참여 정도에 따라서 집단의 역동이 달라진다.
③ 집단의 역사적 배경과 집단원의 특징은 집단의 역동과 무관하다.
④ 집단원들 간의 우정과 반감같은 사회적 관계유형도 집단역동에 영향을 미친다.
⑤ 명성이나 영향력, 실력, 능력 혹은 설득력 등에 따라 형성되고 눈에 잘 드러나지 않는 비공식적 하위집단은 집단활동에 부정적인 영향을 끼칠 수 있다.

19 비구조화 집단상담의 초기단계에서 다루어지는 것으로 적절하지 않은 것은?

① 허례적인 대화양식 나누기
② 하위집단(Subgroups)의 형성 방지
③ 집단원의 보호
④ 집단 활동에 대한 안내
⑤ 의사소통 및 상호작용 촉진

20 한 내담자가 개인상담과 집단상담을 동시에 참여하게 되는 상담모델에 관한 설명으로 옳은 것은?

① 심한 성격적 문제를 갖고 있을 때 단독상담이 연합(Conjoint)상담보다 효과적일 가능성이 크다.

② 병행상담과 연합상담 모두 단독상담보다 중도탈락자가 발생하는 비율이 높다.

③ 한 상담자에게 개인상담을 받고 다른 상담자에게 집단상담을 받는 것을 병행(Combined)상담이라 한다.

④ 아동기에 성폭행을 당했거나 수치심과 관련된 문제가 있는 내담자의 경우 정신역동적 연합상담이 단독상담보다 효과적일 가능성이 크다.

⑤ 둘 이상의 집단상담자가 협력해서 함께 상담하는 경우를 '혼합상담'이라 한다.

21 한센, 와이너와 스미스(Hansen, Warner & Smith)가 주장한 집단상담의 5단계 발달과정 중 시작 단계에서 집단상담자의 역할에 해당하는 것을 모두 고른 것은?

ㄱ. 목표설정 및 규범제정	ㄴ. 희망감 고취
ㄷ. 자기노출 감소	ㄹ. 직 면

① ㄱ, ㄴ   ② ㄱ, ㄷ

③ ㄴ, ㄷ   ④ ㄴ, ㄹ

⑤ ㄷ, ㄹ

22 코리(Corey)의 집단발달 4단계 중 '초기단계'에 관한 설명으로 옳은 것은?

① 상담자는 저항과 갈등을 적절히 다루어 작업 단계로 순조롭게 이행하도록 집단의 응집력을 높일 필요가 있다.

② 집단원은 높은 수준의 신뢰와 목표, 감정, 생각, 신념을 특징으로 한다.

③ 집단에서 경험하고 배운 것을 일상생활에 적용할 수 있으며, 자신을 보다 더 깊이 이해하고 타인을 수용하면서 살아갈 수 있다.

④ 집단원들이 자기 자신을 위해 어떻게 집단을 활용하며 다른 사람들을 돕기 위해 어떻게 자신의 생각과 기술을 활용할 것인가에 대해 분명히 알게 되었을 때가 이에 해당한다.

⑤ 근심과 불안, 걱정으로 구성원들이 서로 친밀하게 알려지도록 노력하고 집단의 한계를 찾으며, 집단의 규칙을 세우고 힘과 영향을 행사하며 개인과 집단의 목표를 정하는 기간이다.

23 집단과업 성취를 위한 집단중심의 역할행동으로 적절하지 않은 것은?

① 방향을 제시하기
② 의견을 묻고 제공하기
③ 상세히 설명하기
④ 활기를 띠게 하기
⑤ 상처 싸매기

24 효과적인 집단상담을 위해 집단의 크기를 고려한 내용으로 적절한 것을 모두 고른 것은?

> ㄱ. 집단의 적절한 크기의 기준은 대체로 그 구성원의 성숙도, 집단상담자의 경험, 집단의 유형, 탐색할 문제나 관심의 범위, 그리고 타인에 대하여 알고자 하는 집단원의 요구 등 여러 요인에 따라 다를 수 있다.
> ㄴ. 대부분의 전문가들은 5~15명의 범위 안에서 특히, 7~8명이 이상적인 수라고 보고 있다.
> ㄷ. 집단의 크기는 모든 집단원이 원만한 상호작용을 할 수 있을 정도로 커야하고, 동시에 모든 집단원이 정서적으로 집단활동에 관여하여 집단감정을 느낄 수 있을 정도로 작아야 한다.
> ㄹ. 연령이 어릴수록 다소 많은 수로 구성하고, 성인에 가까울수록 적은 수로 조직할 수 있다.

① ㄱ, ㄴ, ㄷ
② ㄱ, ㄷ
③ ㄱ, ㄹ
④ ㄴ, ㄷ, ㄹ
⑤ ㄴ, ㄹ

25 공동지도력의 장점에 관한 설명으로 옳은 것은?

① 한 지도자가 집단원들과 결탁하여 다른 지도자에 대항할 수 없도록 한다.
② 공동상담자의 인간적 성향과 이론적 배경이 상반될수록 집단에 도움이 된다.
③ 남성 상담자와 여성 상담자일 때는 역할을 구조화하기 힘들다.
④ 초보지도자의 훈련에는 적합하지 않다.
⑤ 공동지도자가 참석해 있으므로, 역전이를 어느 정도 방지할 수 있다.

01 가족상담의 이론적 기초에 관한 설명으로 옳지 않은 것은?

① '순환적 인과성'은 원인과 결과가 맞물려 반복되는 것을 말한다.

② '의사소통의 본질'은 감각을 다양하게 이용하는 방식으로 상징을 통하여 의미를 전달하는 것이다.

③ '디지털 양식의 의사소통'은 주로 신체를 통해서 전달되는 의사소통이며 많은 상징을 수반한다.

④ '부모화'란 어떤 자녀가 가족 내에서 부모나 배우자의 역할을 대신 수행하는 것을 의미한다.

⑤ '체계의 비합산성'이란 체계는 부분들을 단순히 합쳐 놓은 것보다 더 크다는 것을 의미한다.

02 신경성 식욕부진증 청소년 자녀가 있는 가족의 특성에 관한 설명으로 옳지 않은 것은?

① 가족들이 서로에게 과도하게 관심을 가지는 데서 비롯된다.

② 평온해 보이는 가족 이면에는 긴장감이 존재하지 않고 경계가 분명하다.

③ 부모의 갈등에 끼인 자녀는 문제를 해결하고자 증상을 강화시킨다.

④ 가족은 겉으로 보이는 조화를 유지하는 데 급급하여 갈등을 회피한다.

⑤ 가족 간 친숙한 상호교류 패턴이 고착되어 있어서, 변화의 필요성조차 부인해버리는 경우가 있다.

03 이야기치료의 치료기법 중 다음 보기의 내용이 설명하는 것은?

> ○ 내담자의 내부 사정을 외면하고 이해를 배제하는 것을 의미한다.
> ○ 밖으로 드러난 실패나 장애, 부족함 등을 객관화된 사실로 표현해 내는 외부적 관점에서의 서술
>   이라고 할 수 있다.
> ○ '내재화된 대화'라고 이야기한다.

① 문제를 표면화하기　　　　　　② 대안적 이야기 엮어가기

③ 정의예식　　　　　　　　　　④ 문제로부터의 분리

⑤ 빈약한 서술

04 해결중심 가족치료의 치료목표에 관한 설명으로 옳지 않은 것은?

① 우선 내담자에게 중요한 것이어야 하며, 협상을 통해 치료자에게도 중요한 목표를 설정하는 것이 이상적이다.
② 목표는 큰 것이어야 한다.
③ 상황적 맥락을 갖는 사회적 상호작용 용어로 기술된다.
④ 문제의 제거나 소멸이 아닌 성공의 긍정적 지표로 기술된다.
⑤ 목표는 최종 결과가 아닌, 처음의 시작이나 신호에 둔다.

05 해결중심 단기가족치료의 치료자─내담자 관계유형에서 '불평형'의 내용으로 옳은 것은?

① 치료자는 이러한 가족이 치료동기가 높기 때문에 이들 관계유형을 원하지만, 실제로는 비율이 높지 않다.
② 왜 치료받아야 하는지 이해하지 못하기 때문에 치료에 무관심하거나 이끌려왔다는 사실에 불평을 한다.
③ 내담자는 문제로 인해 고통 받고 있지만, 해결책을 찾는 단계에서는 수동적인 반응을 보인다.
④ 치료자는 불평형 가족을 치료에 활용할 수 있는 자원이라기보다 치료받아야 할 대상으로 생각한다.
⑤ 다른 사람을 위한 목표보다 자신을 위한 목표를 가지고 있을 때 발생한다.

06 개인상담과 비교했을 때, 가족상담에 관한 설명으로 적절하지 않은 것은?

① 내담자가 맺고 있는 관계나 맥락은 일차적인 초점이 아니다.
② 가족성원은 문제 해결자의 역할을 한다.
③ 가족성원과 가족기능상의 변화를 상담의 목표로 한다.
④ 상담의 대상은 가족성원의 관계 및 기능이 된다.
⑤ 상담자는 조정자·안내자·조력자의 역할에 해당한다.

07 다음 가족상담의 유형 중 보기의 내용이 설명하고 있는 것은?

> ○ 케이스의 변화에 따라 적절한 상담방법을 선택하면서 문제를 해결한다.
> ○ 원조방법의 객관화·표준화가 어렵다.

① 병행상담 ② 협동상담
③ 혼합상담 ④ 단기상담
⑤ 합동상담

08 가족상담이 부적합한 경우에 해당하는 것은?

① 가족의 방어기제가 완강할 경우
② 가족원 간의 의사소통에 문제가 있는 경우
③ 성적인 문제가 있는 경우
④ 자녀의 정서·행동적 문제 및 학교 부적응 등이 있는 경우
⑤ 가족의 죽음·이별·질병·실직 등의 위기극복이 필요한 경우

09 2차적 사이버네틱스에 관한 설명으로 옳지 않은 것은?

① 피드백 과정을 통해 모든 체계는 환경과의 상호작용이 이루어질 뿐만 아니라 더 높은 차원의 피드백 과정으로 전체 체계를 유지해간다는 것을 강조한다.
② 치료자는 인간이 실제로 구성하는 것을 사회적·문화적인 환경에 의해 구성한다.
③ 치료자의 개입기술을 더 중요시 여겼으며, 내담자와 치료자 간의 상호작용도 고려하지 않은 점에 대하여 비판의 대상이 된다.
④ 치료자는 자기준거적인 특성으로 인해 절대적인 결정여부의 어려움을 가진다.
⑤ 유기체란 상호작용뿐만 아니라 자율성과 자기조직의 원리 및 자기 준거성의 특성을 가지며, 피드백 과정에서도 다양한 수준이 있다는 것을 강조한다.

10 각 가족상담모델에서 제시하는 상담목표에 관한 설명으로 옳은 것은?

① 다세대모델 – 문제의 원인이나 문제의 성질을 파악하는 것보다 가족이 적용해 왔던 또는 적용가능한 해결책 등에 초점을 맞춘다.

② 밀란모델 – 문제를 유지시키는 긍정적 피드백 고리를 확인하고, 이러한 상호작용을 지지하는 규칙을 파악한다.

③ 전략적 모델 – 불안을 감소시키고, 자아분화를 증가시키는 것이다.

④ 해결중심모델 – 가족게임의 중단과 가족의 인식변화 및 가족체계의 변화를 목표로 한다.

⑤ 정신역동모델 – 주로 과거에 초점을 맞추면서 내담자의 전이와 저항을 주요 수단으로 활용한다.

11 정신역동적 모델에 관한 설명으로 옳지 않은 것은?

① 내적인 갈등을 제거하기 위하여 억압되어 있는 갈등의 해소에 주력하고, 갈등을 통찰하기 위하여 꿈의 분석, 자유연상, 저항의 처리, 전이 등의 방법을 동원하여 치료하는 것을 정신역동적 치료라 할 수 있다.

② 조현병 환자의 가족에 대한 연구를 통하여 분화의 개념과 삼각관계의 개념을 정립하게 되었다.

③ 가족을 대상으로 정신역동적 상담을 하는 것이며, 체계적 가족상담에 정신역동적 통찰과 개입을 선택적으로 도입한 모델이다.

④ 문제를 일으키는 정신세계의 역동성을 이해하여 이들 간의 갈등을 해소하고 문제의 증상을 감소시키는 심리치료가 필요하다는 이론이다.

⑤ 1970년대 개인 중심인 프로이트(Freud)의 이론에서 벗어나, 관계중심인 대상관계이론으로 이행하면서 주목받게 되었다.

12 다음 중 인지행동치료에 관한 내용으로 옳은 것은?

① 긍정적 연습과 행동형성   ② 역설적 명령 혹은 증상처방

③ 자유연상   ④ 빈약한 서술 찾아내기

⑤ 은유적 기법

13 다음 보기의 괄호 안에 들어갈 용어로 옳은 것은?

> ○ 정신역동적 모델의 상담기법 중 내담자로 하여금 마음속에 떠오르는 것이면 무엇이든지 이야기
> 하도록 하는 것으로서, 무의식적인 사건을 표면으로 끌어내기 위한 것으로 (ㄱ)(이)가 있다.
> ○ (ㄴ) 가족상담이론과 관련된 주요 개념에는 성숙, 자아존중감, 가족규칙이 있다.

	ㄱ	ㄴ
①	전 이	전략적
②	자유연상	경험적
③	감정이입	전략적
④	분 석	경험적
⑤	자유연상	전략적

14 의사소통이론의 기본 명제에 관한 내용으로 적절하지 않은 것은?

① 의사소통 유형은 의사소통이 일어나는 상황 내의 환류로 인해 반복되고, 따라서 문제 또한 유지된다.

② 의사소통은 끊임없이 이어지는 순환적 상호교환의 연속이다.

③ 모든 행동과 의사소통은 자신의 생각 안에서 검토되어야 한다.

④ 모든 의사소통에는 '내용'과 '관계'의 두 차원이 있으며, 내용측면은 정보를 전달하고 관계측면은 정보가 받아들여지는 방법을 전달한다.

⑤ 모든 체계가 '규칙'에 의해 규정되면 이러한 규칙으로 인해 '항상성'이 유지되고, 그 결과로 체계가 보존된다.

15 다음 보기의 내용은 어떤 상담이론을 설명한 것인가?

> ○ 문제의 발생 원인에는 큰 관심을 두지 않는다.
> ○ 가족의 잘못이나 과거의 실패를 고치려는 노력보다 과거의 성공이나 장점을 찾아내어 방안을 강구한다.
> ○ 과거와 문제에 관하여는 관심이 적고, 현재와 미래를 지향한다.

① 해결중심적 가족상담   ② 구조적 가족상담

③ 상호작용론적 가족상담   ④ 전략적 가족상담

⑤ 경험적 가족상담

16 전략적 가족상담모델에 관한 설명으로 옳지 않은 것은?

① 행동의 변화에는 관심이 없고, 인간의 행동이 왜 일어났는지에만 관심을 갖는다.

② 기본적으로 상담자가 가족문제를 해결하기 위한 전략을 설계하는데 주안점을 둔다.

③ 헤일리의 초기 상담이론은 관계규정에 의한 '의사소통'에 초점을 두었고, 후기에는 '가족의 위계질서'에 초점을 두고 발전했다.

④ 전략적 가족상담자에게 전략이란 말은 현재 문제를 가능한 한 빨리 그리고 효율적으로 해결하기 위해 상담자가 미리 계획한 구체적인 전략을 말한다.

⑤ 문제를 유지시키는 긍정적 피드백 고리를 확인하고, 상호작용을 지지하는 규칙을 파악하며 이러한 규칙을 변화시킬 수 있는 방법을 찾고자 하였다.

17 다음 보기의 대화는 전략적 가족상담모델의 상담기법 중 무엇에 해당하는가?

> • 치료자 : A의 우울증으로 누가 가장 괴로워하나요?
> • 가　족 : 어머니요.
> • 치료자 : 어머니가 A를 도울 때 누가 가장 지지해주고 동의하시나요?
> • 가　족 : 지금 A를 진료해주고 있는 정신과 의사예요.
> • 치료자 : 그럼 A를 도울 때 반대하는 사람은 누구인가요?
> • 가　족 : 아버지요. 아버지는 A가 원하는 것을 받아들여주면 안된다고 생각하세요.
> • 치료자 : 아버지의 생각에 동의하는 사람은 누구인가요?
> • 가　족 : 우리는 모두 A가 너무 어린아이 취급을 받는다고 생각해요. 할머니도 그렇게 생각하세요. 할아버지는 아마도 어머니와 같은 생각이시겠지만 돌아가셨어요.
> • 치료자 : 그럼 A가 우울해지기 시작한 시점이 할아버지가 돌아가시기 전인가요, 아니면 그 후인가요?
> • 가　족 : 아마도 할아버지가 돌아가시고 얼마 안 되어서인 것 같아요.
> • 치료자 : 그렇군요. 만약에 할아버지가 돌아가시지 않았다면, 지금 가족은 어땠을까요?
> • 가　족 : 할머니가 우리와 함께 사시지 않았을 테니까 어머니와 할머니가 그렇게 많이 싸우지도 않으셨을 거예요. 그럼 어머니도 항상 슬프지 않으셨겠죠.
> • 치료자 : 어머니와 할머니가 그렇게 많이 싸우지 않으시고 어머니도 항상 슬퍼하지 않으신다면, A는 어떻게 되었을 것 같아요?
> • 가　족 : 아마도 A는 지금보다 행복해졌을 것 같아요. 하지만 아마도 아빠와는 다시 싸웠을 거예요.

① 시련기법　　　　　　　　　　② 순환적 질문기법
③ 은유적 기법　　　　　　　　　④ 재구성 기법
⑤ 역설적 기법

18 경험적 가족상담이론에 관한 설명으로 옳은 것을 모두 고른 것은?

> ㄱ. 휘태커(Whitaker)는 개인이 그들 자신의 내적 경험을 개방하여 가족과 자유롭게 상호작용할 때에 개인뿐만 아니라 가족이 함께 기능하고 성장한다고 보았다.
> ㄴ. 개인의 역사적 분석에 초점을 두는 것이 아니라, 가족체계 내의 관찰할 수 있는 현재의 상호작용 관계에 초점을 맞춘 이론이다.
> ㄷ. 가족상담자들은 가족문제가 잘못된 의사소통에 기인한다고 생각하고, 치료적 개입을 통해 가족이 보다 바람직한 의사소통 기술을 습득하도록 도움을 주는 것을 목표로 한다.
> ㄹ. 사티어(Satir)는 휘태커와 함께 경험적 가족상담의 선구자로 일생을 가족상담에 전념하였으며, 자신의 독자적인 임상경험을 토대로 한 사티어의 경험적 가족상담 모델을 개발하였다.

① ㄱ, ㄴ, ㄷ   ② ㄱ, ㄹ
③ ㄴ, ㄷ   ④ ㄴ, ㄷ, ㄹ
⑤ ㄷ, ㄹ

19 가족상담 발달 초기에 조현병 환자 가족의 역기능을 설명하기 위해 제시된 개념으로 옳지 않은 것은?

① 이중구속   ② 분 화
③ 고무울타리   ④ 부부균열과 부부불균형
⑤ 문제로 가득 찬 대화

20 다음 설명 중 옳은 것은?

① 역기능적 의사소통 유형 중 '회유형'은 타인과 상황을 무시하고 자신을 중시한다.
② 부모가 전혀 역할을 할 수 없을 때 자녀가 부모역할을 전담하는 현상을 충성심(Loyalty)이라 한다.
③ 가족상담에서 '동맹'은 가족이 패가 나뉘는 것을 의미하고, '연합'은 여러 명의 가족원이 한 사람에게 대항하는 것을 의미한다.
④ 회전판(Revolving Slate)과 가족유산(Family Legacy)은 보웬(Bowen)의 다세대 가족치료 이론에서 다루어진다.
⑤ 순환질문(Circular Questioning)은 대안적 이야기를 재구성하도록 돕는다.

21 맥골드릭과 카터(McGoldrick & Carter)의 가족 생활주기 단계 중 자녀아동기에 해당하는 내용으로 옳은 것은?

① 자신과 배우자의 원가족 및 친구와의 관계를 재정비함으로써 부부체계를 형성하고 강화한다.

② 부부관계와 부모자녀 관계가 균형을 유지하고, 조부모가 역할을 맡을 수 있는 기회를 제공하는 것도 중요하다.

③ 자녀의 자립과 의존욕구 간의 갈등이 여러 문제행동으로 드러날 수 있다.

④ 다음 세대가 중추적 역할을 하도록 자신의 지혜와 경험이 활용될 수 있는 여지를 마련한다.

⑤ 자녀의 독립으로 가족성원의 증감이 진행되는 단계이다.

22 경험적 가족상담이론에서 가족조각기법의 절차가 바르게 나열된 것은?

> ㄱ. 앞 단계의 활동을 통해 서로의 느낌과 체험들을 이야기하도록 한다.
> ㄴ. 가족의 동의를 얻는 단계이다.
> ㄷ. 가족 중 한 명을 조각가로 선정하는 단계이다.
> ㄹ. 상담자는 4가지 역기능적 의사소통에 대한 조각상을 표현해 보도록 한다.
> ㅁ. 감정을 나누는 단계이다.
> ㅂ. 가족구성원들이 자신에게 맞는 방식으로 모두 자세를 취해보도록 한다.
> ㅅ. 조각을 만드는 단계로서 특별한 규칙은 없지만, 가족에게 조각을 만드는 사람의 지시에 따르도록 강조한다.

① ㄴ - ㄱ - ㄹ - ㅁ - ㄷ - ㅅ - ㅂ
② ㄴ - ㄷ - ㅁ - ㄱ - ㄹ - ㅅ - ㅂ
③ ㄴ - ㄹ - ㅂ - ㄱ - ㄷ - ㅅ - ㅁ
④ ㄴ - ㅁ - ㅂ - ㄷ - ㄱ - ㄹ - ㅅ
⑤ ㄴ - ㅂ - ㄱ - ㄷ - ㅁ - ㅅ - ㄹ

23 사회구성주의 시각에 관한 설명으로 옳지 않은 것은?

① 모더니즘의 중심 사상 중 하나이며, 내담자가 환경을 창조적으로 재구성하고 본인의 능력을 증가시켜 주는 요인을 사상적 기반으로 한다.

② 상담은 협동적이어야 한다.

③ 문제나 증상은 그 사람을 둘러싼 가족이라는 맥락 속에서 발생한다.

④ 현실(Reality)은 언어적 상호작용에 의해 이루어진다.

⑤ 가족기능의 정상성 판단기준에 관한 절대적 진실은 존재하지 않는다.

24 다음 보기에서 설명하는 보웬(Bowen)의 주요 개념은 무엇인가?

> ○ 스트레스의 해소를 위해 두 사람 간의 상호작용체계에 다른 가족성원을 끌어들임으로써 갈등을 우회시키는 것이다.
> ○ 이 관계는 불안이나 긴장, 스트레스를 감소시키는 데 일시적인 도움은 주지만, 가족의 정서체계를 혼란스럽게 만들어 증상을 더욱 악화시킨다.

① 정서적 단절체계　　　　　　　　　② 출생순위체계
③ 핵가족 감정체계　　　　　　　　　④ 삼각관계
⑤ 가족의 투사과정체계

25 해결중심적 가족상담모델에서 치료자 – 내담자 관계유형 중 '방문형'에 관한 설명으로 옳은 것을 모두 고른 것은?

> ㄱ. 치료받아야 할 필요성이나 문제해결 동기가 약한 사람으로, 일반적으로 배우자·부모·교사에 의해서 의뢰받는다.
> ㄴ. 자신을 위해서가 아니라 다른 사람을 위한 목표를 가지고 있을 때 발생한다.
> ㄷ. 치료자가 다른 사람의 요구와 결정을 따르는 것이 얼마나 힘들었는지 이해해 줄 때, 그들은 자신이 이해받고 있다는 느낌을 갖게 되며 이를 통해 치료자에 대한 신뢰와 치료목표를 협상할 수 있는 관계가 형성된다.
> ㄹ. 왜 치료받아야 하는지 이해하지 못하기 때문에 치료에 무관심하거나 이끌려왔다는 사실에 불평한다.

① ㄱ, ㄴ, ㄷ　　　　　　　　　　② ㄱ, ㄷ, ㄹ
③ ㄴ, ㄷ　　　　　　　　　　　　④ ㄴ, ㄷ, ㄹ
⑤ ㄷ, ㄹ

01 학습전략 중 '정교화 전략'으로 옳지 않은 것은?

① 주요 개념을 풀이하기
② 학습내용을 실생활과 연관 짓기
③ 구체적인 예를 떠올리기
④ 새로운 정보를 첨가하기
⑤ 선택적으로 노트정리하기

02 학습장애 진단에 사용하는 검사로 바르게 짝지어진 것이 아닌 것은?

ㄱ. BGT	ㄴ. LCSI
ㄷ. Rorschach 검사	ㄹ. K-ABC

① ㄱ, ㄴ   ② ㄱ, ㄷ, ㄹ
③ ㄱ, ㄴ, ㄹ   ④ ㄷ, ㄹ
⑤ ㄱ, ㄴ, ㄷ, ㄹ

03 자기통제력 향상을 위한 내재적 언어학습의 단계에 관한 설명으로 옳은 것은?

① 마이켄바움(Meichenbaum)과 굿맨(Goodman)은 내재적 모델링에서 시작해서 외형적 시연으로 끝나는 언어의 내재화 과정을 학습한다.
② 캔달(Kendall)과 브라스웰(Braswell)은 사회적 맥락에서의 문제해결 전략으로 언어적 자기교시를 통한 문제해결 전략을 반대한다.
③ 외현적 시연은 성인 교수자의 시연과 지도하에 아동이 자기통제언어를 소리 내어 말하도록 독려한다.
④ 외현적 모델링, 외현적 시연, 안내를 통한 외현적 모델링, 속삭임을 통한 시연, 내재적 시연의 순서로 진행된다.
⑤ 문제정의, 집중유도, 자기평가, 자기강화 등의 각 단계마다 외현적 모델링에서 시작해서 내재적 시연으로 끝나는 언어의 내재화 과정을 학습한다.

04 학습장애에 관한 설명으로 옳은 것은?

① 학습장애에서 가장 중요한 것은 약물치료이다.

② 경제적 결핍에 따른 학습결손도 이에 포함된다.

③ 지적장애(정신지체)로 인한 학습결손은 학습장애로 규정된다.

④ 학습장애의 한 특성인 학습전략 결함은 성인이 되면 대부분 해결된다.

⑤ 커크(Kirk)와 칼판트(Chalfant)는 주의집중, 기억, 인지기능, 사고기능, 구어기능을 발달적 학습장애로 보았다.

05 중재-반응모형(Responsiveness-To-Intervention)에 관한 설명으로 옳은 것은?

① '선(先)진단, 후(後)중재'의 원리에 바탕을 둔다.

② 선별검사, 교수 프로그램, 진전도 검사에서 마지막 집중적인 중재에도 반응하지 않는 학생들은 학습부진으로 판별된다.

③ 학업문제를 가진 학생들은 조기에 개입(중재)하지 않는다.

④ 환경적 요인에 의한 학습문제와 개인내적 요인에 의한 학습문제를 변별할 수 있다.

⑤ 아동이 효과적인 중재에 적절하게 반응할 때 이중 불일치가 발생한다.

06 학습부진의 요인을 분류할 때, 변화 불가능한 내담자의 개인 내 변인으로 옳은 것을 모두 고른 것은?

ㄱ. 지 능	ㄴ. 적 성
ㄷ. 불 안	ㄹ. 기 질
ㅁ. 또래관계	

① ㄱ, ㄴ

② ㄱ, ㄷ

③ ㄱ, ㄴ, ㄹ

④ ㄱ, ㄷ, ㄹ

⑤ ㄴ, ㄹ, ㅁ

07 ADHD에서 '과잉행동-충동 우세형'에 포함되는 증상으로 적절하지 않은 것은?

① 흔히 손발을 꼼지락거리거나 의자에 앉아서도 몸을 가만두지 못한다.

② 흔히 지나치게 수다스럽게 말을 한다.

③ 흔히 부적절한 상황에서 지나치게 뛰어다니거나 기어오른다.

④ 흔히 활동하거나 숙제하는데 필요한 물건들을 잃어버린다.

⑤ 흔히 '끊임없이 활동하거나' 또는 '무언가에 쫓기는 것'처럼 행동한다.

08 학습동기의 원인을 설명하기 위한 다양한 접근 중에서 개인 지향적 원인으로 옳은 것을 모두 고른 것은?

ㄱ. 정적강화	ㄴ. 자기결정성
ㄷ. 학습효능감	ㄹ. 귀인이론
ㅁ. 인지적 평형화 경향	

① ㄱ, ㄴ, ㄷ   ② ㄱ, ㄹ, ㅁ
③ ㄴ, ㄷ, ㄹ   ④ ㄴ, ㄷ, ㄹ, ㅁ
⑤ ㄱ, ㄴ, ㄷ, ㄹ

09 자기결정성 이론에서 상정하는 동기조절의 유형 중 다음 보기의 내용이 설명하는 것은?

○ 내적 흥미보다는 개인적 중요성이나 자신이 설정한 목표를 추구하기 위해 동기화된 행동이다.
○ 학습자는 그 과목에 대해 이해하기를 원해서 대학 진학을 중요하다고 생각하기 때문에, 새로운 것을 배우기 원해서와 같이 개인적 중요성이나 자신이 설정한 목표를 추구하기 위해 과제를 수행한다.

① 무동기   ② 내적 동기
③ 확인된 조절   ④ 외적 조절
⑤ 통합된 조절

10 기어리(D. Geary)가 제시한 수학학습장애의 유형을 모두 고른 것은?

ㄱ. 연산 절차상의 어려움을 겪는 장애
ㄴ. 수리적 정보의 시·공간적 표상에 어려움을 겪는 장애
ㄷ. 방향이나 시간개념상의 어려움을 겪는 장애
ㄹ. 단순 연산의 인출과 장기기억화의 어려움으로 인한 장애

① ㄱ, ㄴ   ② ㄱ, ㄷ
③ ㄱ, ㄴ, ㄹ   ④ ㄱ, ㄷ, ㄹ
⑤ ㄴ, ㄹ, ㅁ

11 와이너(B. Weiner)가 제시한 귀인의 차원에 관한 설명으로 옳지 않은 것은?

① 통제소재에 의한 구분은 어떤 일의 성공이나 실패에 대한 책임을 내적인 요인에 두어야 하는지 외적인 요인에 두어야 하는지에 대한 것이다

② 어떠한 일의 원인이 시간의 경과나 특정한 과제에 따라 변화하는가의 여부에 따라 안정과 불안정으로 분류된다.

③ 원인이 학생의 의지에 의해 통제될 수 있느냐의 여부에 따라 통제 가능과 통제 불가능으로 분류된다.

④ 사회적 지지에 따른 구분은 학습자의 성공과 실패가 사회적 지지에 따라 달라지는가를 기준으로 한다.

⑤ 통제소재에서 내적 요인으로는 능력, 외적 요인으로는 과제의 난이도를 예로 들 수 있다.

12 하이디(Heidi)와 레닝거(Renninger)가 제시한 흥미발달 단계 중 다음 보기의 내용이 설명하는 단계는?

○ 긍정적인 관심과 내용관련 지식의 축적이 이루어진다.
○ 호기심 어린 질문을 하게 되는 초기 단계이다.

---

① 상황적 흥미의 유지 단계

② 상황적 흥미의 소멸 단계

③ 상황적 흥미의 촉발 단계

④ 개인적 흥미의 등장 단계

⑤ 개인적 흥미로 자리잡음 단계

13 웩슬러 지능검사의 구성 중 '언어성'에 해당하는 것을 모두 고른 것은?

| ㄱ. 공통성 문제 | ㄴ. 이해문제 |
| ㄷ. 숫자 외우기 | ㄹ. 바꿔쓰기 |

---

① ㄱ, ㄴ

② ㄱ, ㄴ, ㄷ

③ ㄱ, ㄹ

④ ㄴ, ㄷ

⑤ ㄴ, ㄷ, ㄹ

14 기초학습기능검사에 관한 설명으로 적절한 것을 모두 고른 것은?

> ㄱ. 읽기, 쓰기, 말하기, 셈하기, 정보처리 등 학습을 수행하기 위해 가장 기본적으로 갖추어야 할 기초적인 학습 능력의 기능 여부를 말한다.
> ㄴ. 학습기초능력이 충분히 확보되지 않은 상태에서는 지속적인 학습부진을 극복하기 어렵다.
> ㄷ. 학습기초능력은 한두 과목에만 영향을 미친다.
> ㄹ. 내담자에게 기초학습의 결손이 있다면 무엇보다 결손된 기초학습을 보충해야 한다.

① ㄱ, ㄴ, ㄷ   ② ㄱ, ㄴ, ㄹ
③ ㄴ, ㄷ   ④ ㄴ, ㄷ, ㄹ
⑤ ㄷ, ㄹ

15 효과적인 학습장애 아동상담으로 옳지 않은 것은?

① 타이밍에 민감하여야 한다.
② 하나의 목표에 초점을 두도록 한다.
③ 각 수업이 끝날 때마다 요약과 명료화를 하도록 한다.
④ 다른 전문가의 개입은 상담목표에 혼선을 줄 수 있기 때문에 외부 전문가와의 연계는 배제한다.
⑤ 규칙적인 상담스케줄을 유지하지만, 문제가 심각해지면 자주 만날 수도 있다.

16 학습전략의 유형 중 학습자가 공부할 자료를 기억하고 이해하는데 사용하는 자료의 부호화, 즉 학습에 관한 전략과 정보의 인출에 관한 전략으로 시연, 정교화, 조직화 전략이 해당하는 것은?

① 시간관리 전략   ② 상위(초)인지 전략
③ 인지전략   ④ 타인의 조력추구 전략
⑤ 자기자원관리 전략

17 청소년기 학업장면에서 시험불안과 함께 가장 빈번하게 나타나는 발표불안(Speech Anxiety)의 원인을 모두 고른 것은?

ㄱ. 유전적 원인   ㄴ. 무조건화된 학습
ㄷ. 부모의 양육태도   ㄹ. 비합리적 사고
ㅁ. 가족과의 갈등

① ㄱ, ㄴ, ㄷ   ② ㄱ, ㄷ, ㄹ
③ ㄴ, ㄷ. ㅁ   ④ ㄴ, ㄷ, ㄹ
⑤ ㄷ, ㄹ, ㅁ

18 학습부진 영재아에 관한 설명으로 옳은 것은?

① 언어적인 면에서 강점을 가지고 있으므로 적절한 환경을 조성해준다.
② 정서적 지지를 경험할 수 있는 집단상담을 제공하는 것이 바람직하다.
③ 창의적인 학습부진 영재아는 단순 암기에 오랜 시간을 집중한다.
④ 학습부진아와 달리 파괴적 행동, 낮은 자기 효능감, 주의력 결핍 및 과잉행동은 보이지 않는다.
⑤ 특수교육 서비스 제공 여부를 고려할 수 있고, 이 경우 개인 교수는 교사나 카운슬러가 담당하는 것이 좋다.

19 기대-가치 이론에 관한 설명으로 옳은 것을 모두 고른 것은?

ㄱ. 과제가치는 교과목의 내용에 대한 흥미 및 교과목의 중요성과 관련한 학생들의 지각으로, '내재적 가치'란 과제와 자신의 미래의 목표와의 관계를 의미하며, '실용적 가치'란 학생들이 과제에 참여함으로써 느끼는 만족과 기쁨에 영향을 준다.
ㄴ. 기대-가치 이론은 자신이 학습을 통하여 성공할 것이라는 기대와 그 성공에 대하여 자신이 부여하는 가치를 곱한 것만큼 학습동기가 생긴다는 관점이다.
ㄷ. 성취동기가 낮은 학생은 아주 쉬운 과제와 아주 어려운 과제를 선택할 것인데, 그 이유는 아주 쉬운 과제는 별로 노력을 기울이지 않고도 성취할 수 있기 때문이고, 아주 어려운 과제는 성공 가능성은 희박해도 실패에 대한 변명이 가능하기 때문이다.
ㄹ. 성취동기가 높은 학생은 중간 난이도의 과제, 즉 달성 가능하면서도 성취감을 느낄 수 있는 과제를 선택할 것이다.

① ㄱ, ㄴ   ② ㄱ, ㄴ, ㄹ
③ ㄴ, ㄷ   ④ ㄴ, ㄷ, ㄹ
⑤ ㄷ, ㄹ

20 다음 중 좌뇌의 기능으로 옳지 않은 것은?

① 언어적인 지시와 설명에 잘 반응한다.

② 주지적이고 이름을 잘 파악한다.

③ 시각적인 자료에 잘 반응한다.

④ 언어를 구조화한다.

⑤ 청각적 자극에 잘 반응한다.

21 와이너(Weiner)가 체계화한 인지주의적 학습이론으로서, 인간 행동의 원인이 개인의 특성 및 환경이 아닌 자신이 어떻게 생각하느냐에 따라 달라진다는 관점에서 출발한 이론은?

① 귀인 이론

② ARCS 이론

③ 기대-가치 이론

④ 자기효능감 이론

⑤ 목표와 목표지향 이론

22 매슬로우(A. Maslow)의 욕구위계이론에 따른 내담자의 자존욕구를 탐색하기 위한 학업상담자의 활동으로 옳은 것은?

① 충분한 수면을 취하고 있는지 탐색한다.

② 교사와 또래들로부터 인정을 못 받고 있는지 탐색한다.

③ 부모의 이혼 등으로 가정에서의 안정감이 위협받고 있는지 탐색한다.

④ 학교폭력의 피해는 없는지 탐색한다.

⑤ 최대의 만족감과 행복함을 느끼는지 탐색한다.

23 학습동기를 유발하고 유지시키는 변인 중 '주의'와 관련된 전략으로 옳은 것을 모두 고른 것은?

| ㄱ. 성공의 기회 제시의 전략 | ㄴ. 지각적 주의환기의 전략 |
| ㄷ. 공정성 강조의 전략 | ㄹ. 다양성의 전략 |

① ㄱ, ㄴ   ② ㄱ, ㄷ

③ ㄴ, ㄷ   ④ ㄴ, ㄹ

⑤ ㄷ, ㄹ

24 학습전략을 정보의 획득, 저장, 유용화를 촉진시킬 수 있는 일련의 과정이나 단계라고 정의한 학자는?

① 와인스타인과 메이어(Weinstein & Mayer)

② 존스(B. Jones)

③ 코트렐(C. Cottrell)

④ 맥키치(W. Mckeachie)

⑤ 댄서로우(D. Dansereau)

25 학업문제 진단의 절차 중 예비단계에서 행해지는 내용으로 옳은 것은?

① 진단결과에 대한 피드백을 준비하는 단계이다.

② 초기면접으로 신뢰관계를 형성하고 진단목적을 명확히 하는 단계이다.

③ 진단을 통해 내담자가 발전하게 된 점을 정리하고 이를 문서화하여 내담자에게 제공하는 단계이다.

④ 진단결과의 내용과 전달 형태를 어떻게 할 것인지를 결정하는 단계이다.

⑤ 피드백을 제공하는 단계이다.

제5회 최종모의고사

↺ 정답 및 해설 **p.438**

교 시	문제형별	시 간	시험과목
1교시	**A**	**100분**	① **청소년상담의 이론과 실제** ② **상담연구방법론의 기초** ③ **심리측정 평가의 활용** ④ **이상심리**

필수과목 01　　　청소년상담의 이론과 실제

01 실존주의 상담에서 상담자의 역할에 관한 설명으로 옳은 것을 모두 고른 것은?

> ㄱ. 내담자로 하여금 자신의 잠재력을 깨닫게 하고 삶의 불안을 직면할 수 있도록 격려한다.
> ㄴ. 내담자 문제를 분석하고 설명해주는 역할을 한다.
> ㄷ. '지금 – 여기'의 현실을 강조하고, 내담자가 있는 그대로의 세상을 볼 수 있도록 도와준다.
> ㄹ. 내담자가 자신의 자유 선택과 그에 따른 책임을 인식하도록 함으로써 능동적인 삶에 이르도록
> 　 돕는다.

① ㄱ, ㄴ　　　　　　　　　　　　② ㄱ, ㄷ
③ ㄱ, ㄴ, ㄹ　　　　　　　　　　④ ㄱ, ㄷ, ㄹ
⑤ ㄴ, ㄷ, ㄹ

02 청소년내담자의 특징으로 옳은 것을 모두 고른 것은?

> ㄱ. 자기중심성, 이상주의, 흑백논리를 갖기 쉽고, 타인에 의해 의뢰된 내담자가 많다.
> ㄴ. 자아정체감이 형성·발전하는 동시에 정체감 형성의 위기를 경험한다.
> ㄷ. 사춘기가 되면 남성 호르몬인 안드로겐과 여성 호르몬인 에스트로겐 분비가 증가한다.
> ㄹ. 구체적 조작기에 들어서는 청소년기에는 인지능력이 급격히 발달한다.

① ㄹ　　　　　　　　　　　　　　② ㄱ, ㄴ
③ ㄱ, ㄴ, ㄷ　　　　　　　　　　④ ㄱ, ㄷ, ㄹ
⑤ ㄴ, ㄷ, ㄹ

03 마샤(Marcia)의 청소년 정체성 이론 중 다음 보기의 내용에 해당하는 것은?

> ○ 정체성 위기를 경험하지 않았으며, 명확한 역할에 대한 노력도 없다.
> ○ 다른 아이들이 왜 그렇게 고민하는지 모른다.

① 정체감 성취   ② 정체감 유예
③ 정체감 상실   ④ 정체감 혼란
⑤ 정체감 촉진

04 다음 보기의 내용에서 적용된 상담 이론은?

> 중학생인 혜민이는 공부를 잘했으나, 2학년이 되면서 성적이 많이 떨어져 공부에 대한 자신감이 없어졌다. 상담자는 혜민이의 생활양식을 탐색·분석하고 장점을 격려하며, 사회적 관심을 갖도록 재교육하였다.

① 정신분석   ② 개인심리학
③ 현실치료   ④ 실존치료
⑤ 인간중심

05 인간중심 상담의 성격구조에 관한 설명으로 옳지 않은 것은?

① 유기체는 자극에 대하여 경험적으로 반응하는 개인의 사상, 언행, 신체적인 모두를 포함한 전인격체로서의 개인을 말한다.
② '가치의 조건화'란 주요한 타인의 평가에 의해 유기체적 경험이 왜곡되는 것을 말한다.
③ 인간은 동일한 현상에 대해 같은 인식을 갖는 보편적 존재이다.
④ 부모의 가치 조건을 강요하여 긍정적 존중의 욕구가 좌절되고, 부정적 자아개념이 형성되면서 어려움이 발생된다고 보는 이론이다.
⑤ 인간은 자기실현을 위해 끊임없이 노력하는 성장지향적 성향을 타고난다.

06 행동주의 기법에 관한 설명으로 옳은 것은?

① 부적강화 – 바람직한 행동이 나타나면 위협적인 것들을 면제해 주는 것이다.

② 혐오치료 – 혐오스런 느낌이나 불안한 자극에 대한 위계목록을 작성한 다음, 낮은 수준의 자극에서 높은 수준의 자극으로 상상을 유도함으로써 혐오나 불안에서 서서히 벗어나도록 유도하는 것이다.

③ 타임아웃 – 불안이나 두려움을 발생시키는 자극들을 계획된 현실이나 상상 속에서 지속적으로 제시하는 기법이다.

④ 행동조성 – 바람직하지 못한 행동에 강화를 주지 않음으로써, 반응의 강도 및 출현 빈도를 감소시키는 것이다.

⑤ 프리맥의 원리 – 자기표현을 통해 다른 사람과 상호작용하는 방법을 습득하도록 하는 행동치료 기법으로서, 대인관계에서 비롯되는 불안 요인을 제거하기 위한 것이다.

07 개인심리학의 상담기법 중 내담자가 유쾌한 경험과 유쾌하지 않은 경험을 번갈아 가면서 생각하도록 하여 각 경험과 관련된 감정에 관심을 갖도록 하는 기법은?

① 격려하기
② 역설 기법
③ 수프에 침 뱉기
④ 단추 누르기 기법
⑤ '마치 ~인 것처럼' 행동하기

08 교류분석 이론에 관한 설명으로 옳은 것을 모두 고른 것은?

> ㄱ. 내담자가 자기 패배적인 인생각본에서 벗어나도록 하여, 자신의 삶에 대해 보다 충실할 수 있도록 하는 것을 상담의 목적으로 한다.
> ㄴ. 인간은 비합리적이고 결정론적인 존재이다.
> ㄷ. 두 사람 간 교류에 있어서 자극과 반응의 소통 양상에 따라 '상보교류', '교차교류', '이면교류'로 구분한다.
> ㄹ. 교류분석 상담에서 사용하는 기법은 생활자세, 자아상태, 각본분석, 게임분석 등이 있다.

① ㄱ, ㄴ, ㄷ   ② ㄱ, ㄷ, ㄹ
③ ㄴ, ㄹ   ④ ㄴ, ㅁ, ㅂ
⑤ ㄱ, ㄷ, ㄹ, ㅁ, ㅂ

09 청소년상담자에게 필요한 전문적 자질에 해당하지 않는 것은?

① 상담을 효율적으로 진행하는 방법과 절차에 관한 이해
② 시대 감각 및 사회 환경에 대한 지식
③ 다양한 감정을 인식할 수 있는 정서적 통찰력
④ 심리검사, 진단분류체계에 대한 이해
⑤ 실제적인 상담기술 훈련을 포함한 지속적인 자기개발

10 청소년상담자의 태도에 관한 설명으로 옳지 않은 것은?

① 내담자에 대한 관심과 애착을 긍정적으로 표현하여야 한다.
② 청소년의 발달 특성과 행동에 대한 이해를 지니고 있어야 한다.
③ 취약성이 전혀 없는 상담가처럼 행동하며 내담자의 모든 문제를 성실히 해결해준다.
④ 상담자가 말한 것을 청소년내담자가 이해하고 있는지 피드백을 통해 점검한다.
⑤ 상대방이 경험하고 있는 것에 관하여 정확하게 지각하고, 그 지각에 관해서 의사를 전달할 수 있는 능력이 있어야 한다.

11 인간중심 상담의 치료적 접근으로 옳은 것은?

① 행동변화계획
② 성장촉진적 관계
③ 꿈의 분석
④ 가족력 분석
⑤ 비합리적 신념의 탐색

12 상담 종결 시 다루어야 할 내용으로 옳지 않은 것은?

① 탐색 과정에서 깨달은 사실을 구체적인 행동으로 옮기도록 격려한다.
② 향후 계획에 대해 논의한다.
③ 상담종결과 관련된 내담자의 감정을 다룬다.
④ 종결 이후의 삶을 준비하며 이별의 과정을 다룬다.
⑤ 상담성과를 평가하고 점검한다.

13 상담의 윤리문제와 관련된 상담자의 자질에 관한 설명으로 옳지 않은 것은?

① 상담자는 내담자의 복지를 최대한으로 보장하기 위해 내담자의 요구를 우선적으로 다루어야 하며, 내담자의 복지를 위해 최선을 다하는 태도가 필요하다.

② 내담자가 상담자에게 털어놓는 정신적 고충, 가족관계, 외상, 생활 문제, 갈등 등에 관해 상담자는 의무감을 가지고 비밀을 보장해 주어야 한다.

③ 내담자 개인 및 사회에 피해가 가는 경우나 전문적 목적으로 비밀이 공개될 수 있는 조건에 대해서도 충분한 지식과 자문을 받는 것이 필요하다.

④ 상담자가 상담을 시작한 내담자는 끝까지 책임을 져야 하며, 비밀유지를 위해 다른 기관에 의뢰하거나 조언을 구하는 행위는 할 수 없다.

⑤ 상담자는 상담자와 내담자 사이에 발생하는 전이와 역전이를 효과적으로 다룰 수 있도록 자신의 정서상태를 안정되고 객관적으로 유지·조절하는 능력이 필요하다.

14 키치너(K. Kitchener)의 윤리적 상담을 위한 원칙에서 다음 내용에 해당하는 것은?

> 상담자는 내담자의 정신건강이나 복지에 최선을 다해서 그들이 긍정적 방향으로 성장할 수 있게끔 도와야 한다.

① 자율성(Autonomy) ② 무해성(Nonmaleficence)
③ 선의(Beneficence) ④ 성실성(Fidelity)
⑤ 공정성(Justice)

15 현실치료의 특징에 관한 설명으로 옳지 않은 것은?

① 통찰을 통한 변화보다는 적극적으로 욕구충족을 위하여 새로운 방법을 교육해 주는 것을 강조한다.

② 옳고 그름에 대한 가치판단을 자제한다.

③ 인간은 생존, 사랑과 소속, 힘과 성취, 자유, 즐거움의 5가지 욕구를 가지고 있다.

④ 바람(Wants) – 행동(Doing) – 평가(Evaluation) – 계획(Planning)의 상담과정을 따른다.

⑤ 책임은 다른 사람의 욕구충족을 방해하지 않는 범위에서 자신의 욕구를 충족시키기 위해 노력하는 것이다.

16 다양한 상담방법에 관한 설명으로 옳은 것을 모두 고른 것은?

> ㄱ. 사이버 상담은 내담자들이 자발적으로 참여하기 때문에 위기상황에 대한 즉각적인 파악이 가능하다.
> ㄴ. 음악치료에서 사용되는 음악은 내담자의 선호도에 따라 선정하는 것이 좋다.
> ㄷ. 미술을 심리치료의 도구로 활용하는 치료에서는 미술 재료의 제한을 두지 않는다.
> ㄹ. 전화상담을 통한 내담자의 음성의 질은 내담자의 감정과 태도 상태에 대한 정보를 제공한다.

① ㄱ, ㄴ, ㄷ   ② ㄱ, ㄷ
③ ㄴ, ㄹ   ④ ㄹ
⑤ ㄱ, ㄴ, ㄷ, ㄹ

17 상담의 구조화에 관한 설명으로 옳지 않은 것은?

① 올바른 상담이 되기 위해서는 강의식으로 명확히 전달한다.
② 상담이 문제를 직접적으로 해결할 것이라고 생각하는 내담자에게 효과적이다.
③ 상담에서 앞으로 진행될 예상 회기를 알려준다.
④ 상담에 관한 내담자의 불안을 줄여줄 수 있다.
⑤ 상담의 전 과정에서 필요에 따라 반복이 가능하다.

18 내담자의 저항에 관한 설명으로 옳은 것을 모두 고른 것은?

> ㄱ. 불안이 심하여 저항이 뚜렷할 때 해석해 준다.
> ㄴ. 상담자의 일방적인 과제 제시는 저항의 원인이 된다.
> ㄷ. 저항을 직면할 수 있는 자아강도가 없을 때 해석해 준다.
> ㄹ. 중요한 이야기를 하지 않고 화제를 돌리는 것은 저항의 한 예이다.

① ㄱ, ㄴ, ㄷ   ② ㄱ, ㄷ
③ ㄴ, ㄹ   ④ ㄹ
⑤ ㄱ, ㄴ, ㄷ, ㄹ

19 상담 중기의 탐색단계에서 상담자가 할 수 있는 바람직한 행동으로 옳지 않은 것은?

① 내담자가 자기문제에 대한 탐색과 통찰을 하도록 한다.
② 내담자의 호소문제와 관련된 감정을 탐색하여 내담자의 문제를 이해하고 평가한다.
③ 탐색 과정에서 깨달은 사실을 구체적인 행동으로 옮기도록 격려한다.
④ 조언과 해결책을 제시하는 것을 삼가고, 관찰한 내용을 피드백 해준다.
⑤ 내담자의 자신감과 변화된 행동을 지지한다.

20 벡(Beck)의 인지치료 상담이론에서 다음의 사례에 해당하는 인지상 왜곡은?

> ○○고등학교에 다니는 승주는 수학의 다른 부분은 모두 잘하는데 유독 함수 부분이 약해서 자신은 수학에 소질이 없다고 판단한다.

① 선택적 추상화   ② 임의적 추론
③ 과도한 일반화   ④ 개인화
⑤ 이분법적 사고

21 게슈탈트 상담자의 과제와 태도에 관한 설명으로 적절하지 않은 것은?

① 좌절과 지지 – 내담자의 자립적인 태도나 행동 그리고 의존적인 태도를 격려하고 지지한다.
② 존재허용적 태도 – 상담자의 가치관이나 계획에 따라서가 아니라, 내담자 스스로의 본성에 따라 자신의 존재를 실현해 나가도록 허용해 주어야 한다.
③ 현상학적 태도 – 상담자는 모든 상담행위를 내담자에게서 나타나는 생명현상의 흐름을 따라가면서 진행해야 한다.
④ 창조적 대응 – 상담자는 내담자가 갖고 있는 고정된 시각에 대안을 제시해줄 수 있어야 한다. 즉, 상담자는 내담자를 내담자 자신과는 다른 눈으로 볼 수 있어야 한다.
⑤ 저항의 수용 – 저항의 문제를 해결하는 방법은 상담자가 이해심과 인내심을 갖고서 내담자를 따뜻하게 대하는 동시에 저항행동을 계기로 상담자 자신의 행동을 다시 검토해 보는 것이다.

22 상담기법에 관한 설명으로 옳지 않은 것은?

① 반영 – 내담자가 표현한 기본적인 감정이나 태도 등을 상담자가 다른 참신한 말로 부연해주는 것이다.
② 해석 – 내담자 편에서 자기이해가 이루어지지 않았을 때 성급한 해석을 내리는 경우, 내담자가 방어적으로 나올 수 있으므로 해석의 시기에 유념해야 한다.
③ 직면 – 내담자의 자기이해를 돕기 위하여 상담자의 눈에 비친 내담자의 행동특성 내지 사고방식의 스타일을 지적하는 직접적이고 모험적인 자기대면의 방법이다.
④ 명료화 – 내담자의 말 중에서 모호한 점이나 모순된 점이 발견될 때, 다시 그 점을 상담자가 질문함으로써 내담자가 그 의미를 명백하게 하는 기술이다.
⑤ 나 전달법(I-Message) – 상대방에 대한 나의 판단을 마치 객관적인 사실처럼 말하는 방법으로서, 충고나 위협으로 인식되어 저항에 부딪칠 수 있으므로 자제해야 한다.

23 상담기법 중 '해석'에 관한 설명으로 옳지 않은 것은?

① 상담초기에 하는 것이 효과적이다.

② 내담자 스스로 해석하도록 도와주는 것이 바람직하다.

③ 내담자의 통찰을 촉진하는 데 목적이 있다.

④ 성급한 해석을 내리는 경우 내담자는 방어적으로 나올 수 있다.

⑤ 해석의 내용은 가능한 한 내담자가 통제하고 조절할 수 있는 것이 좋다.

24 다음 보기의 대화 내용에 사용된 상담자의 상담기법은?

> • 내담자 : 저는 제 친구를 이해할 수 없어요. 어떤 때는 나에게 친절하게 잘 해 주다가도 또 어떤
> 때는 저를 막 무시하고 함부로 대하거든요.
> • 상담자 : 그러니까 지금 그 친구가 일관성이 없다고 생각하는 거니?

① 반영하기   ② 경청하기

③ 수용하기   ④ 바꾸어 말하기

⑤ 질문하기

25 안나 프로이트(A. Freud)의 방어이론의 내용과 일치하지 않는 것은?

① 청소년 시기를 '자아정체감을 형성하는 시기 대 자아정체감의 혼란을 느끼는 시기'라고 표현하고
있다.

② 청소년기는 기본적으로 내적 갈등(Inter Conflict), 심적 불형평(Psychic Disequilibrium), 엉뚱한
행동(Erratic Behavior)이 지배하는 시기이다.

③ 청소년은 한편으로는 우주의 중심을 자신과 동일시할 정도로 아주 자기중심적인 면을 지니고
있는가 하면, 다른 한편으로는 자기희생과 헌신을 보이는 면이 있다고 보았다.

④ 청소년은 열정적인 사랑의 관계를 쉽게 맺기도 하지만 쉽게 깨기도 하며, 이기적이고 물질지향적
이기도 하지만 때로는 고고한 이상을 탐닉하기도 한다고 보았다.

⑤ 청소년은 남에 대해 전혀 고려하지 않지만 때로는 자기의 상한 감정에 대해 무척 분노하기도
하며, 가벼운 낙천주의와 극단적인 염세주의 사이를 왔다갔다한다고 보았다.

01 다음 보기와 같은 특성을 가지고 있는 질적연구 방법은?

> ○ 일반화하기 곤란하다.
> ○ 자료수집은 참여관찰, 면담, 저널, 각종 문서 자료 등 다양한 정보원을 통해 행해진다.
> ○ 현상이나 사회적 단위를 총체적으로 기술하고 설명하려고 노력한다.

① 사례연구
② 내러티브 연구
③ 현상학적 연구
④ 근거이론 연구
⑤ 문화기술지 연구

02 내적 타당도를 위협하는 저해요인으로 옳은 것을 모두 고른 것은?

> ㄱ. 역 사
> ㄴ. 통계적 회귀
> ㄷ. 도구사용
> ㄹ. 연구표본의 대표성

① ㄱ, ㄴ
② ㄱ, ㄷ
③ ㄱ, ㄹ
④ ㄴ, ㄷ, ㄹ
⑤ ㄱ, ㄴ, ㄷ

03 연구논문의 '논의' 부분에 포함될 내용으로 옳은 것을 모두 고른 것은?

> ㄱ. 연구결과에 근거하여 연구의 결론을 서술한다.
> ㄴ. 연구결과가 가설을 지지하는지의 여부를 밝힌다.
> ㄷ. 모든 결과를 나열하기보다는 의미 있는 부분들을 강조하여 서술한다.
> ㄹ. 결과가 제공하는 이론적, 실제적 함의를 제공한다.
> ㅁ. 연구결과에서 얻은 수치를 사용하여 결과 내용을 정리한다.

① ㄱ, ㄴ
② ㄱ, ㄷ
③ ㄱ, ㄴ, ㄹ
④ ㄴ, ㄷ, ㄹ, ㅁ
⑤ ㄱ, ㄴ, ㄹ, ㅁ

04 다음 보기의 내용이 설명하는 내적타당도 저해요인은?

> 사전검사에서 우울점수가 지나치게 높은 5명의 청소년을 선정하여 우울 감소 프로그램을 제공한
> 후 동일한 도구로 사후검사를 실시하였더니 이들의 우울점수가 낮아졌다.

① 후광효과　　　　　　　　　　② 도구효과
③ 플라시보 효과　　　　　　　　④ 통계적 회귀
⑤ 인과적 시간 순서

05 다음 보기의 내용에 해당하는 수행 절차는?

> ○ 연구특성상 기만의 사용이 정당화된 경우, 연구자가 실험 혹은 자료 수집을 마친 후 기만의 불가
>   피성, 기만으로 인한 오해나 불쾌감을 최대한 제거하기 위해 수행해야 한다.
> ○ 연구윤리의 일반원칙에서 '신용의 원칙'에 해당한다.

① 디브리핑(Debriefing)
② 디셉션(Deception)
③ 플라시보(Placebo)
④ 프라이버시(Privacy)
⑤ 포스트 혹(Post Hoc)

06 다음 보기의 설명에 해당하는 것은?

> ○ 수행이 척도의 하한에 있을 때 나타난다.
> ○ 문제가 너무 어려워서 학급에 있는 거의 모든 사람이 어떤 문제도 풀지 못하는 수학 시험일 수
>   있다.

① 천장(Ceiling) 효과
② 바닥(Floor) 효과
③ 호손(Hawthorne) 효과
④ 존 헨리(John Henry) 효과
⑤ 연구자 효과

07 다음 연구에서 집단의 효과와 검사시기의 효과를 알아보기 위해 사용하는 연구설계는?

> 우울증 환자를 대상으로 인지행동 집단상담과 정신분석 집단상담의 효과를 비교하고자 하였다. 피험자를 두 집단에 무선할당한 후, 사전검사, 집단처치, 사후검사를 각각 실시하였다.

① 무선요인 설계(Randomized Factorial Design)
② 혼합요인 설계(Mixed Factorial Design)
③ 무선구획 설계(Randomized Block Design)
④ 2요인 교차 설계(2-Factor Crossed Design)
⑤ 2요인 배속 설계(2-Factor Nested Design)

08 다음 실험에서 실험결과를 왜곡할 수 있는 요인으로 가장 통제하기 어려운 것은?

> 어린이 축구교실의 효과를 측정하기 위해서 단일집단 전후비교를 이용하여 축구 기술의 향상 정도를 측정하였다.

① 역사요인   ② 도구요인
③ 통계적 회귀   ④ 피험자 선택
⑤ 검사요인

09 과학적 방법의 윤리문제 중 연구내용 상의 윤리문제와 관련이 있는 것은?

① 과학자의 연구대상은 사회적 통념이 허용하는 범위 내의 것이어야 한다.
② 타당한 결과를 얻어내기 위해 연구대상으로서의 인간을 조작해야 하는 경우, 과학자가 어떠한 태도를 취해야 하는지의 문제이다.
③ 연구활동 중 습득한 사실들에 대해 어느 정도의 수준에서 비밀을 보장해야 하는지 의문을 가진다.
④ 개인의 프라이버시를 어떻게 보장할 것인지에 대한 문제이다.
⑤ 연구결과를 다른 목적에 사용할 수 있는지에 대한 문제이다.

10 반분신뢰도에 관한 설명으로 옳지 않은 것은?

① 재검사 신뢰도의 일종이다.
② 항목을 구분하는 방식에 따라서 신뢰도 계수의 추정치가 달라진다.
③ 스피어만-브라운 교정공식을 사용해야 된다.
④ 추정 과정에서 상관계수가 활용되며 다분문항에도 사용한다.
⑤ 홀짝법, 전후법 등에 따라 그 결과가 달라진다.

11 상관계수의 종류 중 파이(Phi) 계수에 관한 설명으로 옳은 것을 모두 고른 것은?

> ㄱ. 두 변수가 모두 이분변수일 때 두 변수 간의 상관관계를 나타내는 지수이다.
> ㄴ. 하나가 연속변수이고, 다른 하나가 이분변수일 때 사용하는 상관계수이다.
> ㄷ. 검사에서 총점과 문항 간의 상관계수를 구할 때 자주 사용된다.
> ㄹ. 등간척도 및 비율척도로 이루어진 변수들 간의 관계를 분석하는 상관계수이다.

① ㄱ
② ㄴ
③ ㄱ, ㄷ
④ ㄴ, ㄷ
⑤ ㄴ, ㄷ, ㄹ

12 5점 리커트 척도인 외향성 검사의 신뢰도 추정 방법으로 옳지 않은 것은?

① KR-20
② 반분 신뢰도
③ Cronbach의 알파(α)
④ 동형검사 신뢰도
⑤ 검사-재검사 신뢰도

13 미국에서는 인종 간의 지적 능력의 근본적 차이를 강조하는 "종모양 곡선(Bell Curve)"이라는 책이 논란을 불러일으킨 적이 있다. 만약 흑인과 백인의 지능지수의 차이를 비교하고자 할 때, 적합한 검정도구는?

① 카이제곱 검정
② 정규검정
③ F-검정
④ Z-검정
⑤ T-검정

14 표본추출에 관한 설명으로 옳지 않은 것은?

① 표본의 수가 많을수록 유의미한 결과가 나타난다.
② 단순 무작위표집은 모집단의 명부가 이미 존재하므로 난수표를 활용한다.
③ 층화표집은 모집단을 범주별로 나눈 다음, 각 범주에서 무작위표집을 하게 된다.
④ 할당표집과 같은 확률표집을 이용할 때 일반화가 쉽다.
⑤ 계통표집은 무작위표집의 한 방법으로 일정한 간격을 두고 사례를 선정한다.

15 심리검사의 신뢰도에 관한 설명으로 옳지 않은 것은?

① 신뢰도의 최대값은 1.0이다.

② 신뢰도는 검사점수의 일관된 정도를 의미한다.

③ 신뢰도는 검사를 한 번 실시해서는 산출할 수 없다.

④ 검사의 신뢰도는 검사의 타당도에 영향을 미칠 수 있다.

⑤ 신뢰도는 0~1의 값을 갖고, 값이 클수록 신뢰도가 높다.

16 표본에서 얻은 자료를 모집단 전체로 일반화하는 것에 영향을 미치는 요인을 모두 고른 것은?

ㄱ. 호손 효과	ㄴ. 표본 크기
ㄷ. 도구	ㄹ. 반응성
ㅁ. 통계적 회귀	

① ㄱ, ㄴ, ㄹ　　　　　　　　② ㄱ, ㄷ, ㅁ

③ ㄴ, ㄷ, ㄹ　　　　　　　　④ ㄴ, ㄷ, ㅁ

⑤ ㄷ, ㄹ, ㅁ

17 아래의 표와 같은 확률분포를 가진 확률변수가 있다. $V(X) = 2E(X)$합계라 할 때, 자연수 n의 값은? (단, $V(X)$ = 분산, $E(X)$ = 확률변수 X의 기댓값)

X	1	2	⋯	n	합 계
$p(X = x)$	$\frac{1}{n}$	$\frac{1}{n}$	⋯	$\frac{1}{n}$	1

① 13　　　　　　　　② 14

③ 15　　　　　　　　④ 16

⑤ 17

18 크기 $N = 300$명의 모집단에서 남자 $N1 = 212$명, 여자 $N2 = 88$명이다. 층화임의표집을 사용하여 남자 $n1 = 18$명, 여자 $n2 = 18$명을 추출하였다. 이들에 대하여 한국인으로서 자부심을 갖고 있느냐는 질문을 했고, 이에 대하여 "그렇다"고 대답한 사람은 남자가 15명, 여자가 6명이다. 모집단 전체에서 한국인으로서 자부심을 갖고 있는 사람의 비율을 추정한 것은?

① 0.14　　　　　　　　② 0.58

③ 0.68　　　　　　　　④ 0.74

④ 0.86

19 다음 보기의 내용에 해당하는 오류는?

> 문제학생 5명을 대상으로 심리상담의 효과를 조사한 결과 모두 효과가 없는 것으로 나타났으므로,
> "문제학생의 심리상담의 효과는 없다"라고 결론을 내렸다.

① 표집오류
② 체계적 오류
③ 생태학적 오류
④ 비체계적 오류
⑤ 과도한 일반화의 오류

20 다섯 가지 상담기법의 효과 차이를 검증하기 위해 각 집단에 10명씩 총 50명을 무선배치하였다. 분석결과가 다음과 같을 때 (A) + (B) + (C) 값은?

구 분	SS	df	MS	F
집단 간	(A)	4	2	(C)
집단 내	90	45	(B)	–

① 9
② 10
③ 11
④ 12
⑤ 13

21 400점 만점인 수능점수가 평균이 200점인 정규분포를 따른다고 가정하자. 350점 이상의 고득점자가 전체의 5% 정도 이내로 들어가도록 하려면 문제의 표준편차 근사값은? (단, 표준정규분포의 우측 확률에 대한 근사값은 $Z_{0.05} = 1.645$, $Z_{0.025} = 1.96$이다)

① 53점
② 72점
③ 85점
④ 88점
⑤ 91점

22 매출액(Y)과 광고액(X)은 직선의 관계에 있으며, 이때 상관계수는 0.90이다. 만일 매출액(Y)을 종속변수 그리고 광고액(X)을 독립변수로 선형회귀분석을 실시할 경우, 다음 중 추정된 회귀선의 설명력과 가장 가까운 값은?

① 0.99
② 0.81
③ 0.72
④ 0.64
⑤ 0.56

23 인터넷 중독 치료를 위해 다섯 가지 상담기법을 활용하였을 때, 성별에 따른 차이가 있는지 확인하기 위해 300명의 내담자를 대상으로 조사하였다. 카이제곱 검정 통계량이 5.0이고, 자유도에 따른 $P(\chi^2 \geq 5.0)$의 값은 아래 표와 같다고 할 때 유의확률은?

자유도	1	2	3	4	5	6	7	8
$P(\chi^2 \geq 5.0)$	0.03	0.08	0.17	0.29	0.42	0.54	0.66	0.76

① 0.17
② 0.29
③ 0.54
④ 0.71
⑤ 0.83

24 다음 중 아래의 분산분석표에 관한 설명으로 옳지 않은 것은?

요 인	제곱합	자유도	평균제곱	F 값	유의확률
처 리	3836.55	4	959.14	15.48	0.000
잔 차	1549.27	25	61.97	–	–
계	5385.83	29	–	–	–

① 분산분석에서 사용된 집단의 수는 5개이다.
② 분산분석에서 사용된 관찰값의 수는 30개이다.
③ 평균제곱은 제곱합을 자유도로 나눈 값이다.
④ 유의확률이 0이므로 처리집단별 평균에는 차이가 없다고 볼 수 있다.
⑤ F값은 처리의 평균제곱을 잔차의 평균제곱으로 나눈 값이다.

25 어떤 연구자가 한 도시의 성인 500명을 무작위로 추출하여 인터넷 이용이 흡연에 미치는 영향을 조사한 결과, 인터넷 이용량이 많은 사람일수록 흡연량도 유의미하게 많은 것으로 나타났다. 이를 토대로 인터넷 이용이 흡연을 야기시킨다는 인과적인 설명을 하는 경우 가장 문제가 되는 인과성의 요건은?

① 경험적 상관
② 허위적 상관
③ 통계적 통제
④ 시간적 순서
⑤ 객관적 지표

01 다음 중 심리평가의 인지기능에 대한 평가가 아닌 것은?

① 전반적인 지적 기능에 대한 평가

② 논리적·추상적 사고능력, 주의집중력 등에 대한 평가

③ 문제 상황이나 스트레스 상황에서의 인지적 대처양식에 대한 평가

④ 인지적 능력의 결함이나 장애, 취약성 등에 대한 평가

⑤ 검사결과 및 검사수행 시 나타난 정서적·행동적 양상에 대한 평가

02 심리검사의 개발 시기를 순서대로 바르게 나열한 것은?

> ㄱ. 로샤(Rorschach) 검사
> ㄴ. 비네(Binet) 검사
> ㄷ. 벤더게슈탈트 검사(BGT)
> ㄹ. 미네소타 다면적 인성검사(MMPI)
> ㅁ. 아동용 주제통각검사(CAT)

① ㄴ - ㄱ - ㄷ - ㄹ - ㅁ

② ㄴ - ㄱ - ㄹ - ㄷ - ㅁ

③ ㄴ - ㄹ - ㄱ - ㅁ - ㄷ

④ ㄷ - ㄴ - ㄱ - ㄹ - ㅁ

⑤ ㄷ - ㄹ - ㅁ - ㄱ - ㄴ

03 MMPI-2의 실시 및 해석에 관한 설명으로 옳은 것은?

① 검사자의 적절한 관리와 확인이 가능한 장소에서 실시하는 것이 바람직하다.

② 수검자가 문항의 뜻을 물을 경우 충분히 상의하고 상세하게 부연 설명해주는 것이 바람직하다.

③ 무응답 문항이 10개 이상 20개 미만이면 타당하지 않은 자료로 간주하여 더이상 해석하지 않는다.

④ 수검자는 최소한 중학생 수준의 읽기 능력이 필요하다.

⑤ 내용 소척도는 모척도의 T점수와 상관없이 해석할 수 있다.

04 HTP 검사에 관한 설명으로 옳은 것을 모두 고른 것은?

> ㄱ. 개인의 무의식이나 방어기제를 탐색하는 것이 가능하다.
> ㄴ. 언어표현에 어려움이 있는 사람들에게는 실시가 어렵다.
> ㄷ. 처음 집을 그리도록 할 때에는 용지를 가로로 제시한다.
> ㄹ. 검사는 사람, 집, 나무 순으로 전개한다.
> ㅁ. 그림의 크기는 용지의 2/3 정도가 일반적이다.

① ㄱ, ㅁ   ② ㄷ, ㄹ
③ ㄱ, ㄷ, ㄹ   ④ ㄱ, ㄷ, ㅁ
⑤ ㄱ, ㄷ, ㄹ, ㅁ

05 로샤 검사(Rorschach Test)의 실시 및 채점에 관한 설명으로 옳은 것은?

① 형태를 포함하지 않은 순수색채반응에도 조직화 활동점수(Z점수)를 줄 수 있다.
② 질문단계에서는 이전에 하지 못했던 새로운 반응들을 충분히 이끌어낸다.
③ 반응단계에서는 카드를 보고 연상되는 것에 대해 가능한 자세히 말하도록 지시한다.
④ 남들이 잘 보지 않는 부분이지만 검사자의 판단 상 그럴 듯하게 보일 경우는 DdS로 채점한다.
⑤ 반점의 크기나 모양에 기초하여 거리를 지각하면 FD로 채점한다.

06 MMPI의 다음 척도가 상승했을 때 공격성과 관련하여 적절하게 해석한 것을 모두 고른 것은?

> ㄱ. Hy – 간접 표현   ㄴ. Ma – 간접 표현
> ㄷ. Pd – 직접 표현   ㄹ. D – 자기로 향한 표현
> ㅁ. Hs – 직접 표현

① ㄱ, ㄹ, ㅁ   ② ㄱ, ㄴ, ㅁ
③ ㄱ, ㄴ, ㄷ   ④ ㄱ, ㄷ, ㄹ
⑤ ㄷ, ㄹ, ㅁ

07 자기보고식 성격검사에 관한 설명으로 옳지 않은 것은?

① NEO-PI-R에서 우호성(A)은 타인을 신뢰하고 관심을 가지는 정도를 의미한다.
② 성격평가질문지(PAI)는 문항을 중복시키지 않아 변별타당도가 높다.
③ 기질 및 성격검사(TCI)에서 인내력(Persistence)은 성격척도에 해당된다.
④ MBTI에서 감각형(S)-직관형(N)은 정보의 인식 및 수집 방식에 있어서 경향성을 반영하는 지표이다.
⑤ MMPI-2에서 L척도를 통해 세련되지 못한 방어적 태도를 탐색할 수 있다.

08 행동관찰에서 나타날 수 있는 오류의 원인에 관한 설명으로 옳지 않은 것은?

① 관찰내용이 명확하지 못해서 오류가 발생할 수 있다.

② 피관찰자가 관찰자를 의식하여 행동을 억제하는 경우 오류가 발생할 수 있다.

③ 동일한 평가를 내리는 정도의 일관성이 유지되지 못해 오류가 발생할 수 있다.

④ 관찰자가 상황에서 일어나는 행동을 사실적으로 기록할 때 오류가 발생할 수 있다.

⑤ 관찰의 기록과 분석 및 해석 과정에서 오류가 발생할 수 있다.

09 K-WISC-V의 5개의 지수영역 중 시각공간의 소검사를 모두 고른 것은?

ㄱ. 공통성	ㄴ. 산 수
ㄷ. 토막짜기	ㄹ. 퍼 즐
ㅁ. 행렬추리	

① ㄱ, ㄴ   ② ㄱ, ㄷ

③ ㄷ, ㄹ   ④ ㄱ, ㄴ, ㄷ

⑤ ㄴ, ㄷ, ㄹ

10 최대수행검사에 관한 설명으로 옳은 것은?

① 성격검사는 최대수행검사에 속한다.

② 개인이 평소에 전형적으로 보이는 행동을 측정하고자 하는 검사이다.

③ 주로 인지적 기능 또는 발달적 기능의 수준과 양상을 측정한다.

④ 정확한 측정을 위해 검사 실시 전 검사자는 최대한 수검자와의 상호작용을 지양한다.

⑤ 흥미, 태도, 인성, 가치관 등에서 전형적이고 대표적인 모습을 파악할 목적으로 실시하는 검사이다.

11 학습 관련 문제 진단을 위해 사용하는 검사와 그 설명으로 옳지 않은 것은?

① BASA - 학생들이 실제로 배우는 기초학습기능에 근거하여 수행정도를 평가하는 검사이다.

② LDSS - 학습장애 위험 가능성이 있는지를 평가하는 검사로 고위험군 선별에 사용하고 있다.

③ K-WISC-V - 시공간, 유동추론, 작업기억, 처리속도 등 4개 지표척도로 구성되어 있다.

④ ALSA - 학습동기, 자기효능감, 학습기술, 학습시간, 환경관리(자원관리기술) 등이 하위척도에 해당한다.

⑤ MLST - 학습의 다양한 요인을 확인 후 학습의 효율성을 높이기 위해 실시하는 검사로 학습문제를 수정, 개입하는데 활용하는 검사이다.

12 심리검사가 측정하는 심리적 속성에 관한 설명으로 옳지 않은 것은?

① 추상적이다.

② 수량화하는 도구로서 심리검사들이 개발되어야 한다.

③ 심리적 측정을 통해 객관화가 가능하다.

④ 조작적 정의를 통해 수량화해서 측정한다.

⑤ 직접적인 측정이 가능하다.

13 심리평가에 관한 설명으로 옳지 않은 것은?

① 수검자의 문제상황을 스스로 극복할 수 있는 계기를 마련한다.

② 수검자의 문제해결을 돕는 전문적 활동이다.

③ 수검자 주변에 대한 다양한 정보를 증가시킴으로써 이해의 폭을 넓힌다.

④ 표준방식에 따라 모든 수검자에게 정확하고 동일하게 진행된다.

⑤ 심리검사, 면담, 행동관찰 등의 다양한 방식으로 유효한 변화가 이루어지도록 한다.

14 기질 및 성격검사(TCI)에서 다음 보기의 내용에 해당하는 기질척도는?

> 보상이 없을 때 혹은 간헐적으로만 강화되는 경우에도 한 번 보상된 행동을 꾸준히 지속하는 경향성을 말한다.

① 위험 회피　　　　　　　　② 자극 추구

③ 자율성　　　　　　　　　④ 인내력

⑤ 사회적 민감성

15 MMPI-2의 특징에 관한 설명으로 옳지 않은 것은?

① 검사 대상자는 19세 이상의 성인 남녀이다.

② 동형 T점수를 사용하여 지표 간 백분위 비교가 가능하다.

③ 임상척도 간의 상관을 배제하기 위해 재구성 임상척도를 추가하였다.

④ 내용척도는 주로 '명백' 문항으로 구성되어 있어서 피검자의 수검 태도를 고려하여 해석해야 한다.

⑤ 성격병리 5요인에 공격성, 정신증, 통제결여, 부정적 정서성/신경증, 내향성/외향성 척도가 속한다.

16 HTP 검사에서 내용적 해석으로 옳지 않은 것은?

① 굴뚝 – 가족 내 관계, 애정욕구, 성적 만족감을 의미한다.

② 집 – 환경과의 직접적 접촉의 성질 및 상호작용의 정도를 의미한다.

③ 나무기둥 – 안정성 여부, 현실과의 접촉 수준을 의미한다.

④ 지붕 – 생활의 환상적 영역, 공상적 활동, 자기 자신에 대한 관념을 의미한다.

⑤ 가지 – 환경과의 상호작용, 타인과의 접촉 성향, 수검자의 자원을 의미한다.

17 편차지능지수에 관한 설명으로 옳지 않은 것은?

① 비네-시몽(Binet-Simon) 검사에서 사용하는 방식이다.

② 개인의 점수를 동일 연령의 다른 사람과 직접 비교하는 것이 가능하다.

③ 정규분포곡선에서 평균을 100, 편차를 15로 하여 환산한 것이다.

④ 프로파일의 해석을 통해 진단 집단의 특징을 파악할 수 있도록 해준다.

⑤ 개인의 어떤 시점의 지능을 동일 연령대집단에서의 상대적인 위치로 규정한 지능지수이다.

18 내적합치도를 확인할 수 있는 신뢰도 지수들로 옳은 것을 모두 고른 것은?

ㄱ. KR–21	ㄴ. KR–20
ㄷ. 동형검사신뢰도	ㄹ. Cronbach α 계수

① ㄱ, ㄴ   ② ㄱ, ㄹ

③ ㄱ, ㄷ, ㄹ   ④ ㄴ, ㄷ, ㄹ

⑤ ㄱ, ㄴ, ㄷ, ㄹ

19 (중)다특성–(중)다방법 행렬에 관한 설명으로 옳지 않은 것은?

① 다양한 특성을 다양한 방법으로 측정하여 얻어진 상호 상관계수표이다.

② 다양한 방법에 의해 측정된 특성들 간의 상관관계를 동시분석한다.

③ 행렬에서 대각선에 존재하는 상관계수 값은 검사–재검사 신뢰도를 나타내는 값이다.

④ 예언타당도를 제시하는 방법의 하나이다.

⑤ 캠벨과 피스크(Campbell & Fiske)가 고안한 구인타당도를 살펴보는 방법이다.

20 탐색적 요인분석의 절차로 옳은 것은?

ㄱ. 요인 수 추정	ㄴ. 요인 간 상관계수 산출
ㄷ. 요인구조 회전	ㄹ. 문항 간 상관계수 산출

① ㄱ - ㄴ - ㄷ - ㄹ
② ㄱ - ㄴ - ㄹ - ㄷ
③ ㄴ - ㄱ - ㄹ - ㄷ
④ ㄹ - ㄱ - ㄷ - ㄴ
⑤ ㄹ - ㄷ - ㄴ - ㄱ

21 로샤 검사의 채점 중에서 다음 보기의 내용과 관련이 있는 기호는?

> 반점의 단일하거나 구분된 부분이 관련이 있는 하나의 반응에 조직되어 묘사된 것으로서, 구체적인 형태특성으로 나타나는 경우

① W   ② +
③ v/+   ④ o
⑤ v

22 HTP 검사의 특징으로 옳지 않은 것은?

① HTP는 수검자의 무의식과 관련된 상징을 드러내줌으로써 더욱 풍부한 정보를 제공한다.
② HTP는 기존의 인물화 검사(DAP ; Draw-A-Person)에 의한 결과보다 더 많은 정보를 입수할 수 있으므로, 개인의 성격구조를 이해하는 데 효과적이다.
③ HTP의 집, 나무, 사람은 수검자의 연령과 지식 수준 등을 고려할 때 문맹자에게 실시하기에는 부적합하다.
④ 검사 자체가 간접적이므로, 수검자는 검사자가 요구하는 바를 알지 못하여 보다 솔직하고 자유롭게 반응한다.
⑤ 수검자의 그림은 모호하고 구조화되지 않은 것이므로 반응을 해석하는 데 어려움이 따른다.

23 MMPI의 채점 및 프로파일 작성에 대한 설명으로 옳지 않은 것은?

① 채점자는 수검자의 답안지를 세밀하게 살펴보며, 응답하지 않은 문항 또는 '예', '아니요' 모두에 응답한 문항을 표시해 둔다.

② 구멍 뚫린 채점판 또는 컴퓨터 채점 프로그램을 이용하여 채점한다.

③ 검사의 신뢰도와 타당도를 높이기 위해 K교정점수를 구하며, 이를 5가지의 특정 임상척도에 일정 비율 더해준다.

④ 14개 검사척도의 원점수를 T점수로 환산하며, 해당 값에 따라 프로파일 용지 위에 프로파일을 그린다.

⑤ 타당도 척도와 임상척도는 분리하며, 보통 ?척도는 환산점수 대신 원점수를 그대로 기입한다.

24 BGT의 실시단계 중 '투사적 검사의 경우'에 실시되는 단계가 알맞게 표시된 것은?

① 모사단계 – 변용묘사단계 – 연상단계

② 모사단계 – 회상단계 – 재모사단계

③ 순간노출단계 – 회상단계 – 한계음미단계

④ 순간노출단계 – 변용묘사단계 – 연상단계

⑤ 변용묘사단계 – 회상단계 – 재모사단계

25 주제통각검사(TAT)에서 다음에 해당하는 도판은?

> ○ 젊은 남자와 나이든 남자가 머리를 맞댄 채 무언가 이야기를 나누는 듯하다.
> ○ 주요 해석 : 부자 관계, 반사회적 · 편집증적 경향

① 3GF ② 6BM

③ 7BM ④ 7GF

⑤ 8BM

01 일반적 성격장애(Generalized Personality Disorder)의 DSM-5 진단기준으로 옳지 않은 것은?

① 사람 및 사건을 인지하는 방법이 현저하게 편향될 수 있다.
② 장애는 사회 상황의 전 범위에서 경직되어 있고 전반적으로 나타난다.
③ 장애는 오랜 기간 동안 있어 왔고, 최소한 청년기 혹은 성인기 초기부터 시작된다.
④ 일반적 성격장애는 직업적 영역에서 손상을 초래하지는 않는다.
⑤ 감정반응의 범위가 현저하게 편향될 수 있다.

02 조현성 성격장애의 특징으로 옳지 않은 것은?

① 사회적 관계로부터의 고립, 대인관계 기피현상을 보인다.
② 타인의 칭찬이나 비난에 무관심하다.
③ 사고와 언어가 괴이하거나 엉뚱하다.
④ 정서적인 냉담성을 가지고 있다.
⑤ 고립적이며 단조로운 정동을 보인다.

03 정체감 혼란, 충동적인 성관계, 반복적인 자살위협, 일시적인 해리증상 등을 보이는 극단적인 심리적 불안정성, 즉 대인관계나 자아상(Self-Image), 정동에 있어서 불안정성을 보이는 성격장애는?

① 적응장애
② 충동조절장애
③ 외상 후 스트레스 장애
④ 우울장애
⑤ 경계선 성격장애

04 다음 보기의 내용과 관련이 있는 장애는?

> 김씨는 길을 걸을 때 보도블록의 금을 절대 밟지 않으며, 만약 밟게 되면 무슨 큰일이 일어날 것처럼 불안해한다.

① 범불안장애(Generalized Anxiety Disorder)
② 공황장애(Panic Disorder)
③ 강박장애(Obsessive Compulsive Disorder)
④ 사회공포증(Social Phobia)
⑤ 공황발작(Panic Disorder)

05 간헐적 폭발성 장애에 관한 설명으로 옳은 것을 모두 고른 것은?

> ㄱ. 공격적 충동이 조절되지 않아 심각한 파괴적 행동으로 나타난다.
> ㄴ. 공격적 행동을 하고 나서 죄책감은 없고 오히려 편안하다.
> ㄷ. 자극사건이나 심리사회적 스트레스에 비해 공격성의 정도가 지나치게 높다.
> ㄹ. 폭발적인 행동을 하기 전에는 긴장감이나 각성상태를 먼저 느끼지 못한다.

① ㄱ, ㄴ, ㄷ   ② ㄱ, ㄷ
③ ㄴ, ㄹ   ④ ㄹ
⑤ ㄱ, ㄴ, ㄷ, ㄹ

06 우울장애와 관련된 인지적 오류가 아닌 것은?

① 선택적 추상화 – 어떤 상황에서 일어난 여러 가지 일 중에서 일부만을 뽑아내어 상황 전체를 판단하는 오류를 범한다.
② 의미확대 – 부정적 측면만 보고 최악의 상태를 생각한다.
③ 감정적 추리의 오류 – 충분한 근거 없이 막연한 감정에 근거하여 결론을 내린다.
④ 독심술적 오류 – 충분한 근거 없이 다른 사람의 마음을 마음대로 추측하고 단정한다.
⑤ 개인화의 오류 – 자신과 무관한 사건을 자신과 관련된 것으로 잘못 해석한다.

07 물질 관련 장애 중 흥분제의 종류가 아닌 것은?

① 코카인   ② 모르핀

③ 니코틴   ④ 카페인

⑤ 암페타민

08 불안하고 두려움이 많은 'C군 성격장애'에 포함되는 것은?

① 경계선 성격장애   ② 강박성 성격장애

③ 반사회성 성격장애   ④ 편집성 성격장애

⑤ 조현성 성격장애

09 해리성 기억상실에 관한 설명으로 옳지 않은 것은?

① 외상성 또는 스트레스성의 중요한 자전적 정보를 회상하는 능력의 상실이다.

② 뇌 손상이나 뇌 기능 장애가 아닌 심리적 요인에 의해 급작스럽게 발생한다.

③ 특별한 사건에 대한 선택적 기억상실이고 생활사 전반적 기억상실은 아니다.

④ 해리성 둔주와 함께 나타날 수도 있고, 그렇지 않을 수도 있다.

⑤ 언어 및 학습 능력, 일반적 지식, 비개인적인 정보에 대한 기억에는 손상이 없다.

10 조현병 스펙트럼 및 기타 정신병적 장애의 하위 유형으로 옳은 것을 모두 고른 것은?

ㄱ. 강박장애	ㄴ. 망상장애
ㄷ. 단기 정신병적 장애	ㄹ. 공황장애
ㅁ. 조현정동장애	

① ㄱ, ㄴ   ② ㄱ, ㄷ, ㄹ

③ ㄴ, ㄷ, ㅁ   ④ ㄱ, ㄴ, ㄷ, ㄹ

⑤ ㄱ, ㄴ, ㄷ, ㄹ, ㅁ

11 다음 중 강박장애에 관한 설명으로 옳지 않은 것은?

① 강박사고와 강박행동이 모두 존재할 때 진단된다.
② 원하지 않는 생각과 행동을 반복하게 되는 장애이다.
③ 강박행동은 불안 회피를 추구하는 우연 연합으로 설명된다.
④ 강박장애를 지닌 사람은 '사고 – 행위 융합'으로 불안이 상승된다.
⑤ 강박사고나 강박행동이 많은 시간을 소모하고, 일상생활에 명백히 지장을 준다.

12 우울증에 관한 아브람슨(Abramson)의 이론에 해당하는 다음 보기의 귀인방식은?

> 우울장애의 만성화 정도에 영향을 미치는 귀인방식이다.

① 실패경험에 대한 내부적 귀인
② 실패경험에 대한 안정적 귀인
③ 실패경험에 대한 전반적 귀인
④ 성공경험에 대한 예측 불가능 귀인
⑤ 성공경험에 대한 통제 불가능 귀인

13 DSM-5에서 다음 보기의 내용과 관련이 있는 장애는?

> 사춘기가 한창인 중학교 3학년 A양은 자신의 몸이 너무 뚱뚱해서 친구가 없다고 생각하여 음식을 거의 섭취하지 않고 있다. 사실 A양의 키는 165㎝, 몸무게는 37㎏으로 오히려 마른 편이다. 부모님은 마른 이유가 학업 스트레스라 생각하고 모든 음식을 다해 먹이지만, A양은 먹은 후에 거의 다 토해내곤 한다.

① 신경성 식욕부진증　　　　　② 신경성 폭식증
③ 폭식장애　　　　　　　　　④ 이식증
⑤ 반추장애

14 '지킬 박사와 하이드'에서처럼 한 명의 인물에 확연히 구분되는 두 가지 이상의 정체성, 인격이 존재하는 경우의 장애는?

① 해리성 기억상실
② 해리성 둔주
③ 해리성 정체감 장애
④ 이인성 장애
⑤ 해리성 섬망

15 영양분이 없는 물질이나 먹지 못할 것(예 종이, 천, 흙, 머리카락)을 적어도 1개월 이상 지속적으로 먹는 장애는?

① 이식증
② 반추장애
③ 유아기 또는 아동기의 섭식장애
④ 틱장애
⑤ 투렛장애

16 조현병과 동일한 임상적 증상을 나타내지만, 장애의 지속기간은 1개월 이상 6개월 이하이며 청소년에게 흔하다고 알려져 있는 정신증(Psychosis)은?

① 조현정동장애
② 조현양상장애
③ 망상장애
④ 조현형 성격장애
⑤ 단기 정신병적 장애

17 다음 보기의 사례와 관련이 있는 장애는?

> A는 귀엽고 작은 6학년 학생으로 말이 없고 조용하다. 그러나 4학년 겨울 방학 때부터 마치 새가 비명을 지르듯이 '아~', '오~' 하는 소리를 반복적으로 온 몸에 힘을 주며 내기 시작했다. 차분한 얼굴 모양새와는 달리 무언가 절규하는 듯한 느낌이 들 정도였으며, 동시에 자신을 때리거나 자신의 성기를 만지는 행위를 반복하였다.

① 운동 틱장애
② 근육 틱장애
③ 일과성 틱장애
④ 투렛장애
⑤ 반추장애

18 주의력 결핍 및 과잉행동장애(ADHD)에 관한 설명으로 옳지 않은 것은?

① 증상이 지속되면 적대적 반항장애로 발전될 가능성이 높다.
② 증상들을 방치할 경우 청소년기와 성인기까지 증상이 지속될 수도 있다.
③ 부주의 또는 과잉행동 – 충동 증상 가운데 6가지 이상 증상이 6개월 이상 나타난다.
④ 장애를 일으키는 과잉행동 – 충동 또는 부주의 증상이 7세 이전에 있었다.
⑤ 증상으로 인한 장애가 2가지 또는 그 이상의 장면에서 존재한다.

19 허위성 장애에 관한 설명으로 옳지 않은 것은?

① 외부로 드러나는 외적보상이 분명하여야 한다.
② 신체적 또는 심리적인 증상을 의도적으로 만들어내거나 위장한다.
③ 지속적으로 피학적·자기파괴적인 행동을 나타낸다.
④ 다른 사람을 향한 증오나 적개심을 내면화한다.
⑤ 검사결과에서 문제가 발견되지 않으면 다른 증상을 만들어 낸다.

20 이인증/비현실감 장애에 관한 설명으로 옳지 않은 것은?

① 지각적 통합 실패를 의미하는 해리 증상이다.

② 비현실감은 자신이 낯선 상태로 변했다고 느끼는 것이고, 이인증은 외부세계가 이전과 다르게 변했다고 느끼는 것이다.

③ 이인증/비현실감을 경험하는 동안 현실 검증력은 손상되지 않은 채로 남아 있다.

④ 사회적·직업적 또는 다른 중요한 기능 영역에서 장애를 초래한다.

⑤ 이인증/비현실감은 순간적으로 나타나기도 하고 수년 간 지속되기도 한다.

21 다음 보기의 증상을 나타내는 장애는?

> 단시간 내에(약 2시간 이내) 일반인들이 먹을 수 있는 양보다 명백히 많은 양을 먹고, 음식을 먹는 동안 음식 섭취에 대한 통제력을 잃는다. 또한, 체중 증가를 막기 위해 음식물을 토해내거나 설사약·이뇨제를 남용하거나 과도한 운동을 하기도 하며, 자신의 체중과 체형에 대하여 과도하게 집착하는 증상이 반복적으로 나타난다.

① 신경성 폭식증   ② 신경성 식욕부진증
③ 우울장애   ④ 급성 스트레스 장애
⑤ 강박성 성격장애

22 도박중독 장애에 관한 설명으로 옳은 것을 모두 고른 것은?

> ㄱ. 노름이나 도박을 하고 싶은 충동으로 반복적인 도박을 하게 되는 정신장애이다.
> ㄴ. 스스로 도박행동을 조절하거나 줄이거나 중지시키려는 노력이 거듭 실패로 돌아간다.
> ㄷ. 도박장애자들은 고혈압이나 소화성 궤양, 편두통과 같은 증상이 동반되는 경우가 많다.
> ㄹ. 여성 도박장애자들은 인생의 초반기부터 전조가 시작되는 경향이 있다.

① ㄱ, ㄴ   ② ㄱ, ㄷ
③ ㄱ, ㄴ, ㄷ   ④ ㄴ, ㄷ, ㄹ
⑤ ㄱ, ㄴ, ㄷ, ㄹ

23 파괴적 기분조절부전장애에 관한 설명으로 옳지 않은 것은?

① 언어 또는 행동을 통하여 심한 분노폭발을 반복적으로 나타낸다.

② 분노폭발은 평균적으로 매주 3회 이상 나타나야 한다.

③ 분노폭발 사이에도 거의 매일 하루 대부분 짜증이나 화를 낸다.

④ 증상이 15세 이전에 시작되어야 한다.

⑤ 이 진단은 6~18세 이전에만 적용될 수 있다.

24 다음 보기의 내용이 설명하는 장애의 종류는 무엇인가?

> B양은 자기 외모를 늘 다른 사람과 비교하면서 수시로 거울을 보고 과도하게 꾸미는 경향이 있다. 객관적으로 정상 외모를 가지고 있는데도 자신의 외모에 문제가 있어서 성형수술을 해야만 한다고 생각한다.

① 강박장애 ② 신체이형장애

③ 자기애성 성격장애 ④ 신체증상장애

⑤ 전환장애

25 수면 – 각성장애에 관한 설명으로 옳지 않은 것은?

① 수면 중 보행 현상은 REM수면 행동장애의 한 유형이다.

② 수면발작을 호소하는 환자의 상당수는 탈력발작(Cataplexy)이 동반되어 나타난다.

③ 과다수면 장애는 주요 수면 시간이 7시간 이상인데도 과도한 졸림을 호소한다.

④ 수면발작증을 치료하기 위해 메틸페니데이트나 암페타민과 같이 각성수준을 증가시키는 약물이 주로 처방된다.

⑤ 수면은 수면 중 눈을 빨리 움직이는 급속안구 운동이 나타나는지의 여부에 따라 REM수면과 비 REM수면으로 나뉜다.

교 시	문제형별	시 간	시험과목	
2교시	A	**50분**	① **진로상담** ② **집단상담** ③ **가족상담** ④ **학업상담**	2과목 선택

01　청소년의 진로상담에 관한 목표로 옳지 않은 것은?

① 일과 직업세계에 대한 이해를 증진시킨다.

② 일과 직업에 대한 올바른 태도와 가치관을 형성한다.

③ 합리적인 의사결정 능력을 증진시킨다.

④ 전문직업능력을 배양한다.

⑤ 개인의 특성을 탐색하여 자기이해를 증진시킨다.

02　다위스(Dawis)와 롭퀴스트(Lofquist)의 직업적응이론에 관한 설명으로 옳지 않은 것은?

① 직업적응과 관련되는 두 가지 중요한 개념으로 개인의 만족과 직업환경의 만족(충족)이 있다.

② 개인은 직업환경이 원하는 기술을 가지고 있고, 그 환경이 개인의 욕구를 충족시켜 줄 강화요인을 가지고 있을 때, 양자 간의 조화로운 상태로 본다.

③ 직업적응은 개인과 직업환경의 조화를 성취하고 유지하는 과정으로 이해한다.

④ 개인이 직업 환경에 적응하기 위해 필요한 적응방식 4가지에는 융통성, 끈기, 적극성, 반응성 등이 있다.

⑤ 개인-환경 간 부조화의 정도가 수용할 수 없는 범위이면, 부조화를 줄이려는 노력보다 이직을 고려한다.

03 진로발달이론에 관한 설명으로 옳지 않은 것은?

① 수퍼(Super)는 개인의 진로발달 과정을 자기실현 및 생애발달의 과정으로 보고, 여러 가지 생활영역에 있어서의 진로발달을 나타내는 생애진로무지개를 제시하였다.

② 브라운(Brown)이 제안한 진로발달에 관한 가치중심적 접근 모델은 인간행동이 개인의 가치에 의해 상당부분 영향을 받는다는 가정에서 출발한다.

③ 타이드만(Tiedeman)은 자아발달의 과정에서 포부에 대한 점진적인 제한을 가하는 것이 직업선호를 결정한다고 말하며, 자신의 포부를 실현하고자 할 때 개인이 현실과 조화를 이루는 과정에 관심을 두었다.

④ 긴즈버그(Ginzberg)는 직업선택의 과정이란 바람(Wishes)과 가능(Possibility) 간의 타협이기 때문에 비가역적이라고 주장하였다.

⑤ 터크만(Tuckman)은 자아인식, 진로인식 및 진로의사결정이라는 3가지 주요 요소를 포함하는 8단계의 진로발달 이론을 제시하였다.

04 수퍼(D. Super)의 진로발달이론의 기본가정으로 옳지 않은 것은?

① 인간은 능력, 흥미, 성격 등에 있어서 차이가 있다.

② 진로발달단계는 성장기, 탐색기, 확립기, 유지기, 쇠퇴기로 나눌 수 있다.

③ 진로발달이란 진로에 관한 자아개념의 발달이다.

④ 진로발달 성숙은 능력을 발휘하고 직업적 가치를 표현할 수 있는 환경에서 일어난다.

⑤ 직업의 선택과 적응은 일생을 통해 변화하는 일련의 계속적인 과정이다.

05 사회인지 진로이론에 관한 설명으로 옳지 않은 것은?

① 여성의 진로발달을 설명하기 위해 자기효능감 이론을 도입한 논문에서 기원한 이론이다.

② 제안한 진로상담전략으로는 제외된 진로대안 확인하기, 자기효능감의 변화 촉진 등이 있다.

③ 반두라(Bandura)의 이론을 적용하여 진로선택에서 자기개념의 역할을 강조한다.

④ 사회인지 진로이론의 대표자는 렌츠(Lent), 브라운(Brown), 해킷(Hackett) 등이 있다.

⑤ 문화, 성(Gender), 유전, 사회적 환경, 자기효능감 등이 개인의 진로관련 선택과 관련이 있다는 이론이다.

06 로(Roe)의 욕구이론에 관한 배경에 대한 설명으로 옳지 않은 것은?

① 직업에 관한 그의 연구 중 대부분이 직업행동과 성격의 관계에 대한 것이었지만, 직업행동에서 성격이 유일하고 가장 중요한 변인이라고는 생각하지 않았다.

② 매슬로우(Maslow)의 욕구위계에서는 상위 욕구일수록 충족시키고자 하는 욕구가 보다 강하다.

③ 로의 초기 경험과 대부분의 초기 연구는 임상심리학에 기초하며, 유명한 예술가들이나 연구자들에 관한 임상연구의 한 연장으로서 직업심리학에 관심을 갖게 되었다.

④ 이론적 관심은 성격이론과 직업분류라는 이질적인 영역을 통합하는 데 있다.

⑤ 로는 직업과 기본욕구 만족의 관련성에 대한 논의는 매슬로우의 욕구위계론을 바탕으로 할 때 가장 효율적이라고 보았기 때문에, 성격 이론 중 매슬로우의 이론이 가장 유용한 접근법이라고 생각하였다.

07 로(Roe)의 욕구이론에서 제시한 직업군의 주요 특징으로 옳지 않은 것은?

① 비즈니스직(Business) – 대인관계가 중요하며, 타인을 도와주기보다 설득하는 데 초점을 둔다.

② 기술직(Technology) – 대인관계는 상대적으로 덜 중요하며, 사물을 다루는 데 관심을 둔다.

③ 옥외활동직(Outdoor) – 대인관계는 중요하게 다루어지지 않는다.

④ 서비스직(Service) – 사람의 욕구와 복지에 관련된 직업군이다.

⑤ 단체직(Organization) – 조직 내에서 인간관계의 질을 강조하는 직업군이다.

08 특성-요인 이론에 관한 설명으로 옳지 않은 것은?

① 대표적인 학자로 파슨스(Parsons), 윌리암슨(Williamson), 헐(Hull) 등이 있다.

② 개인의 지능, 적성, 흥미, 포부, 학업성취, 환경 등의 개인특성과 관련된 이해를 중시한다.

③ 개인의 특성은 불안정하기 때문에 표준화된 심리검사를 통해 파악해야 한다고 본다.

④ 모든 직업은 그 직업에서 성공하는 데 필요한 특성을 지닌 근로자를 요구한다.

⑤ 개인의 특성과 직업의 요구 간에 매칭이 잘 될수록 성공 또는 만족의 가능성은 커진다.

09 홀랜드(Holland) 이론에 관한 설명으로 옳지 않은 것은?

① 홀랜드의 이론은 개인의 특성과 직업세계의 특징 간의 최적의 조화를 가장 강조하였다.

② 자기직업상황(MVS)은 개인과 환경의 정체성을 측정하는 검사이다.

③ 개인의 성격을 강조하였기 때문에 개인과 환경의 상호작용이 중요하지 않다고 본다.

④ 실재적 유형에 해당하는 대표적인 직업은 기술자, 자동차 및 항공기 조종사, 정비사, 농부, 엔지니어, 운동선수 등이 있다.

⑤ 탐구적 유형은 논리적·분석적·합리적이며, 정확하고 지적호기심이 많다.

10 홀랜드(Holland)의 인성이론의 검사도구로서 보기의 내용이 설명하고 있는 것은?

> ○ 직업환경과 성격특징을 대응시킨 6종류의 유형을 설정하고 각 유형의 점수를 구하는 것이다. 그 유형은 R(현실적), I(연구적), A(예술적), S(사회적), E(진취적), C(관습적)이다.
> ○ 우리나라에서는 1997년에 홀랜드(Holland)의 직업선호도검사를 한국판으로 개정하여 1998년부터 직업안정기관에서 사용하고 있다.

① 자기방향탐색

② 직업탐색검사

③ 직업선호도검사

④ 자기직업상황

⑤ 경력의사결정검사

11 다음 보기의 내용이 설명하고 있는 이론으로 옳은 것은?

> 특성-요인 이론의 성격을 지니는 복잡한 이론으로서, 개인의 특성에 해당하는 욕구와 능력을 환경에서의 요구사항과 연관지어 직무만족이나 직무유지 등의 진로행동을 설명하려고 한다.

① 직업적응이론　　　　　　　　② 제한-타협이론

③ 인성이론　　　　　　　　　　④ 욕구이론

⑤ 사회학습이론

12 갓프레드슨(Gottfredson)이 제시한 직업포부의 발달단계 중 '힘과 크기 지향성 단계'에 해당하는 적절한 나이는?

① 1~3세   ② 3~5세

③ 6~8세   ④ 9~13세

⑤ 14세 이후

13 학자와 주요 이론(개념)의 연결이 옳지 않은 것은?

① 로(Roe) – 직업을 8개의 군집으로 나누고, 각 군집은 6단계의 직업으로 분류

② 크롬볼츠(Krumboltz) – 진로결정요인을 환경적 요인과 심리적 요인으로 구분

③ 갓프레드슨(L. Gottfredson) – 흥미, 성역할, 결과기대에 따른 타협우선순위

④ 긴즈버그(Ginzberg) – 직업선택의 3단계를 환상기, 잠정기, 현실기로 분류

⑤ 터크만(B. Tuckman) – 8단계의 진로발달 이론을 제시

14 터크만(Tuckman)의 진로발달 8단계에서 '독립성의 단계'에 관한 설명으로 옳은 것은?

① 직업관을 갖기 시작하여 의사결정의 기본요인들을 현실적인 시각에서 탐색한다.

② 직업적 흥미와 목표, 작업조건, 직무내용 등에 관심을 가진다.

③ 가정에서 사용하는 도구들을 중심으로 하여 진로의식을 하게 된다.

④ 일의 세계를 탐색하고 의사결정에 대해 관심을 가진다.

⑤ 진로문제에서 자신의 적합성 여부, 교육조건, 선택가능성 등에 초점을 두기 시작한다.

15 진로발달평가상담(C-DAC) 모형의 4가지 평가에 해당하지 않는 것은?

① 생애역할 구조와 주요 직업역할을 평가

② 진로발달 수준과 자원을 평가

③ 가치, 흥미, 능력을 포함한 직업적 정체성에 대한 평가

④ 직업적 자기개념과 생애주제에 대한 평가

⑤ 안정적인 직업 진로 유형을 평가

16 진로상담이론과 주요 학자개념의 연결이 옳은 것은?

① 진로선택이론 – 홀랜드(Holland)

② 사회인지 진로이론 – 프로이트(Freud)

③ 가치중심 진로모델 – 피터슨(Peterson)

④ 진로의사결정유형이론 – 렌트(Lent)

⑤ 인지적 정보처리모델 – 크롬볼츠(Krumboltz)

17 다음 보기에서 설명하고 있는 진로선택에 대한 기본 명제와 관련된 이론은?

○ 가치는 환경 속에서 가치를 담은 정보를 획득함으로써 학습된다.
○ 생애만족은 모든 필수적인 가치들을 만족시키는 생애역할에 달려 있다.
○ 한 역할의 현저성은 역할 내에 있는 필수적인 가치들의 만족 정도와 직접 관련된다.

① 사회인지 진로이론   ② 가치중심 진로접근 모형

③ 자기효능감이론   ④ 인지적 정보처리이론

⑤ 직업포부 발달이론

18 다음 보기의 이론을 주장한 학자는?

○ 한 여성이 스스로 비전통적인 진로분야에서 성공에 대한 능력이 있다고 믿어도 긍정적이거나 매력적인 진로가 아닐 경우 여성은 그 진로를 추구하지 않게 된다.
○ 반대로 여성이 느끼기에 긍정적이거나 매력적인 진로일지라도 성공에 대한 능력을 믿지 않을 경우 여성은 그 진로를 추구하지 않게 된다. 기대와 유인가 둘 다 긍정적이어야 여성은 비전통적인 직업을 선택할 수 있다.

① 매틀린(Matlin)   ② 라이언스(Lyons)

③ 에클스(Eccles)   ④ 브룩스(Brooks)

⑤ 길리건(Gilligan)

19 하렌(Harren)의 진로의사결정이론에서 다음 보기의 내담자에게 해당하는 진로의사결정 유형은?

> 내담자는 어릴 적부터 정보고등학교를 가고 싶었다. 그러나 고등학교 입학지원서를 준비하는 동안 학교 정보를 수집하거나 확인하지 않고, 부모님이 지원하라는 일반고등학교에 지원하였다.

① 의존적 유형
② 즉흥적 유형
③ 합리적 유형
④ 회피적 유형
⑤ 직관적 유형

20 사비카스(M. Savickas)의 구성주의 진로이론의 주된 영역을 모두 고른 것은?

> ㄱ. 맥락적 성격
> ㄴ. 직업적 성격
> ㄷ. 생애주제
> ㄹ. 진로 적응성

① ㄱ, ㄴ
② ㄴ, ㄷ
③ ㄷ, ㄹ
④ ㄴ, ㄷ, ㄹ
⑤ ㄱ, ㄴ, ㄷ, ㄹ

21 긴즈버그(Ginzberg)가 주장한 직업선택의 3단계에서 '잠정기'의 하위단계 순서로 바르게 나열된 것은?

① 흥미단계 – 가치단계 – 능력단계 – 전환단계
② 흥미단계 – 능력단계 – 가치단계 – 전환단계
③ 가치단계 – 흥미단계 – 능력단계 – 전환단계
④ 가치단계 – 흥미단계 – 전환단계 – 능력단계
⑤ 가치단계 – 전환단계 – 흥미단계 – 능력단계

22 크롬볼츠(Krumboltz)의 이론에 관한 설명으로 옳지 않은 것은?

① 학습경험을 강조하는 동시에 개인의 타고난 재능의 영향을 강조하였다.
② 학습경험을 도구적 학습경험과 연상적 학습경험으로 크게 2가지 유형으로 가정하고 있다.
③ 학습경험, 유전적 요인, 환경적인 조건, 과제접근 기술에 의해 진로가 결정된다.
④ 삶에서 우연적 사건을 긍정적 또는 부정적 기회로 만들 수 있는 가능성이 개인에게 열려 있다고 전제한다.
⑤ 예기치 않은 사건들이 진로에 부정적으로 작용하는 경우는 없다.

23 자기효능감과 결과기대, 개인적 목표 등의 인지적 측면과 진로와 관련된 개인특성, 환경 그리고 행동요인들을 이론적 틀 안에 포함시키고, 이들 간의 관계를 설명하는데 기여한 이론은?

① 사회인지적 진로이론
② 자기효능감 이론
③ 인지적 정보처리이론
④ 생애진로발달이론
⑤ 가치중심적 진로접근 모형

24 윌리암슨(Williamson)의 상담모형 6단계 중에서 '분석단계'에 관한 설명으로 옳은 것은?

① 여러 자료로부터 개인의 특성에 관한 자료들을 주관적·객관적 방법으로 수집하고, 표준화 검사를 실시한다.
② 내담자의 독특성이나 개별성을 강조하기 위해 사례연구와 검사 자료를 수집하고 요약한다.
③ 개인의 교육적·직업적 능력과 특성을 비교하여 진로문제의 객관적인 원인을 파악한다.
④ 현재와 미래의 바람직한 적응을 위해 무엇을 해야할지를 내담자와 함께 이야기한다.
⑤ 내담자가 행동계획을 잘 실천하도록 돕고 결정과정의 적합성을 점검한 뒤 필요한 부분을 보충하기 위해 지도한다.

25 초등학생의 진로상담에 관한 특성으로 옳은 것을 모두 고른 것은?

> ㄱ. 현실 여건 혹은 자신의 능력이나 가능성을 고려하지 않고 독단적인 특정 직업을 택하게 되며, 그 직업에서 하는 일을 놀이 활동을 통해서 표출하려는 성향을 지닌다.
> ㄴ. 자신의 흥미나 능력보다는 환상과 욕구를 중시하므로, 자신의 흥미에 관심을 가질 수 있도록 다양한 놀이나 활동을 하는 교육적 기회를 제공하도록 한다.
> ㄷ. 이 시기는 수퍼(Super)의 직업발달과정 중 '확립기'에 해당한다.
> ㄹ. 현실적인 장애를 의식하지 못하기 때문에 자기가 원하는 것은 무엇이든지 할 수 있다는 환상적 믿음을 가지고 있으며, 자신의 욕구충족을 직업으로 동일시하는 경향을 가지고 있다.

① ㄱ, ㄴ, ㄷ
② ㄱ, ㄴ, ㄹ
③ ㄴ, ㄷ
④ ㄴ, ㄷ, ㄹ
⑤ ㄷ, ㄹ

01 청소년 집단상담에 관한 설명으로 옳지 않은 것은?

① 청소년 집단상담은 구조적 집단상담의 형태로 진행하는 것이 더 효과적이다.

② 집단에 참여한 청소년들이 각자의 느낌, 태도, 경험, 행동, 생각 등 그들의 관심사를 서로 나누는 가운데 성격의 변화와 발달이 이루어진다.

③ 한 명의 상담자와 여러 명의 청소년들이 일정 기간 동안 정기적으로 만나면서, 생활 과정에서 직면하는 문제나 사건 등 그들의 관심사에 대해 각자의 느낌, 반응, 행동, 생각들을 대화로 서로 교환한다.

④ 정신질환과 같은 비정상적이며 병적인 문제들을 주로 다루는 심리치료적 기능을 가진다.

⑤ 참여자 전원의 논의와 다수의 동의를 통해 구체적인 사항을 결정하며, 결정된 사항에 대해 참여자 전원이 지키도록 한다.

02 다음 보기와 같은 특성을 지닌 집단에 관한 설명으로 옳은 것은?

> ○ 새로운 성원의 아이디어나 자원을 활용할 수 있으며, 다른 관점으로의 피드백을 받을 수 있다.
> ○ 새 집단원들은 기존의 집단원을 모방하여 집단의 과정과 집단기술에 대하여 배울 수 있다.
> ○ 새로운 성원의 참여가 기존 성원의 집단과업 과정에 방해요소가 될 수 있다.

① 집단 참여 오리엔테이션이 중요하다.

② 같은 성원의 지속적인 유지로 인해 결속력이 매우 높다.

③ 안정적인 구성으로 집단성원의 역할행동을 예측할 수 있다.

④ 소수 의견이 집단의 논리에 의해 무시될 수 있다.

⑤ 새로운 정보의 유입이 이루어지지 않으므로 효율성이 떨어질 수 있다.

03 집단원과의 경험 공유를 통해 자기 자신이 다른 사람에게 아무리 많은 지도와 후원을 받는다고 해도, 자신들의 인생에 대한 궁극적인 책임은 스스로에게 있다는 것을 배우게 하는 치료적 요인은?

① 보편성   ② 응집력

③ 실존적 요인   ④ 희망의 주입

⑤ 이타심

04 2인의 공동상담자가 진행하는 집단상담에 관한 설명으로 옳은 것을 모두 고른 것은?

> ㄱ. 공동상담자의 인간적 성향과 이론적 배경이 상반될수록 집단에 도움이 된다.
> ㄴ. 공동지도자가 참석해 있으므로, 역전이를 어느 정도 방지할 수 있다.
> ㄷ. 상담자들이 각자 자신의 역할과 기능을 제대로 발휘하지 못하더라도 치료적 역할모델로서 기능할 수 있다.
> ㄹ. 집단원의 욕구를 충족시키기 위한 역할을 구조화하는 기회를 갖는다.

① ㄱ, ㄴ
③ ㄴ, ㄹ
⑤ ㄴ, ㄷ, ㄹ
② ㄴ, ㄷ
④ ㄱ, ㄴ, ㄷ

05 정신분석적 집단상담의 기법에 관한 설명으로 옳지 않은 것은?

① 전이 – 애정, 욕망, 기대, 적개심 등 과거 중요한 사람에게 가졌던 감정을 상담자에게 느끼는 것으로서, 상담자는 자신에게 표현된 내용들을 분석하고 해석하면서 내담자가 무의식적 갈등과 문제의 의미를 통찰하도록 돕는다.
② 자유연상 – 내담자에게 무의식적 감정과 동기에 대해 통찰하도록 하기 위해, 마음속에 떠오르는 것을 의식의 검열을 거치지 않은 채 표현하도록 격려하는 것이다. 또한 내담자는 자신의 감정과 경험을 개방함으로써 더 이상 자신의 감정과 경험을 억압하지 않은 채 자유로울 수 있다.
③ 훈습 – 내담자의 전이 저항에 대해 기대되는 수준의 통찰과 이해가 성취될 때까지 상담자가 반복적으로 직면하거나 설명함으로써, 내담자의 통찰력이 최대한 발달하도록 하며 자아통합이 이루어지도록 하는 것이다
④ 버텨주기 – 내담자가 막연하게 느끼지만 스스로는 직면할 수 없는 불안과 두려움에 대해 상담자의 이해를 적절한 순간에 적합한 방법으로 전해주면서, 내담자에게 의지가 되어주고 따뜻한 배려로써 마음을 녹여주는 것이다.
⑤ 투사적 동일시 – 차례로 돌아가면서 한 사람씩 택하여 모든 집단원들이 그 사람을 볼 때 마음에 연상되는 것이 있으면 무엇이든지 이야기하도록 하는 것이다.

06 교류분석 집단상담 기법을 모두 고른 것은?

> ㄱ. 재구조화(Restructuring)
> ㄴ. 재결정(Redecision)
> ㄷ. 각본(Script) 분석
> ㄹ. 가족구도(Family Constellation) 분석
> ㅁ. 게임(Game) 분석

① ㄱ, ㄷ, ㄹ
③ ㄷ, ㄹ, ㅁ
⑤ ㄱ, ㄴ, ㄷ, ㄹ, ㅁ
② ㄴ, ㄷ, ㅁ
④ ㄱ, ㄴ, ㄷ, ㄹ

07 로저스(Rogers)의 참만남집단의 15단계 과정에 관한 설명으로 옳지 않은 것은?

① 상담 초기에는 상담자의 뚜렷한 지시가 없으므로 혼돈, 좌절, 그리고 행동적이거나 언어적으로 '기웃거림'이 있다.

② 집단훈련의 시간적 집중성을 강조하면서 시간적 집중과 참가자의 피로가 오히려 있는 그대로의 모습을 드러내도록 한다고 보았다.

③ 각 집단원들은 집단의 요구에 반응하기 시작하고 가면과 가장을 벗어버리는데, 이 단계에서 집단은 보다 깊은 의사소통을 하려고 노력한다.

④ 집단 속에서 집단원들이 일반적으로 일상생활에서의 경우보다 더 가까워지고 보다 직접적인 접촉을 하기 때문에 진솔한 인간 대 인간의 관계가 이루어진다.

⑤ 집단의 신뢰성에 대한 의심과 자기노출의 위험에도 불구하고 사적 느낌의 노출이 시작되므로, 집단원들은 주저하면서도 양가감정으로 '그 때 그 곳'에서의 양식으로 묘사를 하는 경향이 있다.

08 형태주의적 집단상담 기법만을 모두 고른 것은?

```
ㄱ. 뜨거운 자리
ㄴ. 홍수법
ㄷ. 시범보이기
ㄹ. 질문형을 진술형으로 고치기
ㅁ. 책임지기
```

① ㄱ, ㄴ, ㄷ   ② ㄱ, ㄴ, ㅁ

③ ㄱ, ㄷ, ㄹ   ④ ㄴ, ㄷ, ㄹ

⑤ ㄱ, ㄹ, ㅁ

09 합리정서행동 상담 및 치료모형의 집단상담 기술 중 집단원의 비합리적인 용어 사용에 주목하여 비합리적인 생각과 합리적인 생각을 구별하도록 지도하는 방법은?

① 행동치료 방법   ② 감정적-환기적 방법

③ 역할놀이   ④ 인지적 치료법

⑤ 독서치료법

10 슬라브슨(Slavson)이 주장한 집단상담자의 기능으로 옳은 것을 모두 고른 것은?

> ㄱ. 집단이 뚜렷한 목적이나 결론도 없이 지나치게 피상적인 대화의 수렁에 빠져 헤어날 수 없는
>   경지에 도달했을 때 집단상담자는 지도적 기능을 수행한다.
> ㄴ. 집단의 의사소통이나 상호작용이 한 영역에 고착되어 있을 때, 이를 확장시키기 위해 힘쓴다.
> ㄷ. 집단상담자는 적절한 때에 내담자에게 해석해주고, 언어화를 통해 통찰하도록 돕는다.
> ㄹ. 집단상담자는 해석적 기능을 잘 이행할 수 있어야 하는데 이는 집단원들의 마음속에 숨은 무의
>   식을 의식화시키려는 집단상담자의 노력으로 볼 수 있다.

① ㄱ, ㄴ, ㄷ   ② ㄱ, ㄴ, ㄹ
③ ㄴ, ㄷ   ④ ㄴ, ㄷ, ㄹ
⑤ ㄷ, ㄹ

11 상보교류에 관한 설명으로 옳은 것을 모두 고른 것은?

> ㄱ. 다른 사람의 어떤 반응을 기대하기 시작한 교류에 대해 예상 외의 반응이 되돌아오는 것이다.
> ㄴ. 단지 두 개의 자아 상태만이 관련되며, 자극과 반응의 방향이 수평적이다.
> ㄷ. 표면적으로 당연해 보이는 메시지를 보내고 있는 것 같으나, 그 주된 욕구나 의도 또는 진의
>   같은 것이 이면에 숨겨져 있는 것이 특색이다.
> ㄹ. 어떤 자아상태에서 보내지는 메시지에 대해 예상대로의 반응이 되돌아오는 것이다.
> ㅁ. 인간관계의 측면에서 이러한 교류는 솔직하고 자연스러우며 이치에 맞는 것이라고 할 수 있다.

① ㄱ, ㄴ, ㄷ   ② ㄱ, ㄷ, ㄹ
③ ㄴ, ㄷ, ㄹ   ④ ㄴ, ㄹ, ㅁ
⑤ ㄷ, ㄹ, ㅁ

12 이야기치료에 관한 설명으로 적절하지 않은 것은?

① 단기적으로는 호소하는 문제의 감소를 목표로 하고 장기적으로는 내담자가 지배적인 문화로부터
   벗어나 자신이 선호하는 방향으로 자기의 이야기를 쓰는 데 있다.
② 사람을 문제와 분리하여 개인의 역사를 철저히 살펴 독특한 결과를 찾아 새로운 이야기를 구성하
   는 것이다.
③ 상담자는 중심에서 벗어나 영향력 있는 위치로 대화를 이끄는 것이 아니라 대화가 어느 방향으로
   갈지 알지 못하지만 호기심을 가지고 가정하는 대신 질문을 한다.
④ 치료의 과정은 '문제의 경청과 해체 – 대안적 정체성의 구축 – 대안적 이야기의 구축 – 톡특한 결
   과의 해체'의 순으로 이루어진다.
⑤ 내담자의 삶이나 문제를 분석하고 해결의 답을 제공하는 것이 아니라 호기심을 가지고 질문을
   하는 것으로 드러나지 않고 숨겨진 이야기를 끌어내는 것이다.

13 우볼딩(Wubbolding)의 WDEP 체계과정에 관한 설명을 차례대로 바르게 나열한 것은?

> ㄱ. 자신이 진정으로 원하는 것을 얻을 수 있도록 새로운 계획을 세운다.
> ㄴ. 자신이 진정 원하는 바람이 무엇인지 적어보고, 가장 원하는 것부터 상대적으로 덜 중요한 바람까지 순서를 정해보고, 각각의 바람이 얼마나 실현가능한지도 생각해본다.
> ㄷ. 하루의 일과를 꼼꼼히 리뷰해 보고, 다른 사람들과 어떻게 소통하고 있으며 시간은 어떻게 사용하고 있는지 등을 확인한다.
> ㄹ. 현재의 행동들이 자신이 진정으로 원하는 것을 얻는데 도움이 되는지 또는 해가 되는지 자기평가를 한다.

① ㄱ - ㄴ - ㄷ - ㄹ
② ㄱ - ㄴ - ㄹ - ㄷ
③ ㄴ - ㄷ - ㄹ - ㄱ
④ ㄴ - ㄷ - ㄱ - ㄹ
⑤ ㄷ - ㄴ - ㄹ - ㄱ

14 비구조화 집단상담 초기단계에 다루어지는 것으로 옳은 것을 모두 고른 것은?

> ㄱ. 오리엔테이션
> ㄴ. 집단의 분위기 조성
> ㄷ. 비효과적 행동패턴의 취급
> ㄹ. 감정의 정화
> ㅁ. 의사소통 및 상호작용 촉진

① ㄱ, ㄴ, ㄷ
② ㄱ, ㄷ, ㄹ
③ ㄱ, ㄴ, ㅁ
④ ㄴ, ㄹ, ㅁ
⑤ ㄷ, ㄹ, ㅁ

15 집단상담 평가에 관한 설명으로 옳지 않은 것은?

① 집단상담 평가는 목적지향적 활동으로서, 일차적인 목적은 목표관리에 있다.
② 집단상담의 평가에 있어서 가장 중요한 요소는 '정직성'과 '솔직성'이다.
③ 평가의 주체와 대상이 다르다는 것은 상담자와 집단원이 동반체제가 되어 집단상담을 진행해야 함을 의미한다.
④ 평가 내용에는 집단의 분위기, 응집성, 의사소통 형태, 인간관계 형태 등이 포함된다.
⑤ 집단상담의 평가는 매 회기마다 반드시 해야 하며, 평가 대상은 집단원이다.

16 행동주의 상담의 기본가정으로 옳지 않은 것은?

① 특정한 환경의 변화는 개인의 행동을 적절하게 변화시키는 데 도움이 된다.

② 강화나 모방 등의 사회학습 원리는 상담기술의 발전을 위해 이용될 수 있다.

③ 상담의 효율성 및 효과성은 상담 장면 밖에서의 내담자의 구체적인 행동 변화에 의해 평가된다.

④ 인간행동의 대부분은 학습된 것이므로 수정이 불가능하다.

⑤ 상담방법은 정적이거나 고정된 것 또는 사전에 결정된 것이 아니므로, 내담자의 특수한 문제를 해결하기 위해 독특한 방식으로 고안될 수 있다.

17 비자발적인 청소년의 참여동기 촉진방법으로 옳지 않은 것은?

① 집단원이 수용하는 경험을 하게 한다.

② 집단을 거부할 권리나 비밀유지를 고지한다.

③ 집단원의 욕구와 특성에 맞는 흥미롭고 창의적인 활동을 계획한다.

④ 명령이나 강제로 참여하게 된 집단원의 상담 참여도를 높이려면 상담 내용을 정확히 알려주는 것을 피한다.

⑤ 상담자는 비자발적인 청소년을 진실하게 대하고 시간을 충분히 준다.

18 다음 보기의 대화에서 집단상담자가 적용한 기술에 해당하는 것은?

> • 집단원 : "저는 매사에 의욕이 없고 우울한 마음이 들고 부정적인 생각을 항상 하게 돼요."
> • 집단상담자 : "저도 과거에 당신과 같은 우울증을 경험한 적이 있어요. 그래서 당신의 그와 같은 기분을 어느 정도 이해할 수 있을 것 같아요."

① 명료화하기   ② 직면하기

③ 연결짓기   ④ 저항의 처리

⑤ 자기노출하기

19 침묵하는 집단원에 대한 대처방안으로 옳지 않은 것은?

① 집단 초기에 성급한 해석을 내리는 경우, 침묵하는 집단원이 더 방어적으로 나올 수 있으므로 유념해야 한다.

② 침묵하는 집단원이 말을 할 수 있도록 적절한 조치를 취하는 것이 바람직하다.

③ 집단상담자는 침묵하는 집단원의 적극적인 참여를 유도하고 적절한 조치를 취하는 것이 바람직하다.

④ 표정·몸짓 등 비언어적 행동에 대해 언급하며 자연스러운 참여를 유도한다.

⑤ 침묵하는 집단원에 대한 지나친 관심보다 적절한 반응을 통해 참여할 수 있도록 유도해야 한다.

20 집단상담의 5단계 발달과정 중 '응집단계'에 관한 설명으로 옳은 것은?

① 적극적인 관심과 애착으로 나타나며, 집단상담자와 집단 그리고 자신을 서로 동일시하게 된다.

② 희망감의 고취, 지도, 그리고 보편성이 중요시된다.

③ 집단상담을 통해서 집단 참여자들은 사람들과 관계 맺는 방법을 배우고, 인간관계 형성 능력을 기를 수 있다.

④ 집단원들이 바람직하지 못한 행동에서 벗어나 새로운 행동을 학습함으로써 목표를 달성한다.

⑤ 집단원들이 서로 간에 부정적인 정서 반응을 나타내면서 집단 내적 갈등이 일어나게 되는데, 이는 집단상담의 과정상 필연적인 것이다.

21 집단상담자의 행동으로 옳은 것을 모두 고른 것은?

> ㄱ. 상담자의 자기개방은 집단원의 자기개방의 모델이 된다.
> ㄴ. 비자발적으로 상담에 참여하게 된 경우에는 강제적으로 집단상담을 하게 된 것에 대해 참여자 자신의 느낌과 생각을 이야기하는 기회를 주어야 한다.
> ㄷ. 집단의 방향 및 기준을 분명하고 명백하게 제시하는 것은 집단의 진행에 도움이 된다.
> ㄹ. 일반적으로 성인 집단상담은 청소년 집단상담에 비해 집단상담자의 적극적인 역할과 자세가 요구된다.

① ㄱ, ㄴ, ㄷ   ② ㄱ, ㄷ
③ ㄴ, ㄹ   ④ ㄹ
⑤ ㄱ, ㄴ, ㄷ, ㄹ

22 다음 보기의 설명에 해당하는 집단상담 이론은?

> ○ 인간생활을 형태의 점진적 형성과 소멸의 과정으로 본다.
> ○ 정서를 심화시키기 위한 기법들을 도입함으로써 집단을 구조화하며, '어떻게'와 '무엇을'을 '왜'보다 더 중요시한다.
> ○ '지금(Now)', '경험(Experience)', '각성(Awareness)', '현실(Reality)'에 초점을 둔다.

① 실존주의 집단상담   ② 게슈탈트 집단상담
③ 교류분석 집단상담   ④ 인간중심 집단상담
⑤ 개인심리학 집단상담

23 다음 보기의 내용이 설명하는 심리극의 기법에 해당하는 것은?

> 자신의 감정을 명확히 표현하지 못하는 주인공에게 매우 유효한 기법으로, 보조자가 주인공의 뒤에서 주인공의 또 다른 자아의 역할을 수행하며, 주인공이 실제로 표현하기 주저하는 내면심리를 대신하여 표현한다.

① 역할놀이　　　　　　　　　　　② 역할전환
③ 이중자아 기법　　　　　　　　　④ 미래투사 기법
⑤ 마술상점 기법

24 청소년 집단상담의 변화기능과 집단역동 치료효과에 관한 설명으로 옳지 않은 것은?

① 참여자들이 집단에서 불안감을 느낄 때 자신의 본래 모습과 느낌을 솔직하게 드러낸다.
② 집단상담에 참여하는 청소년들은 상담자나 다른 동료 참여자들의 바람직한 어떤 측면들을 모방하게 되어 개인상담보다 모방과정이 더 확산된다.
③ 집단 참여자들은 서로 지지, 위로, 제안, 통찰을 제공하며, 이러한 내용에 대해 진지하게 경청하고 수용한다.
④ 집단 참여자들은 다른 사람들로부터 피드백을 받음으로써 다른 사람들에게 보이는 그들의 행동효과를 점검한다.
⑤ 집단 참여자들은 집단상담을 통해서 인간관계 형성 능력을 기르는 방법을 배울 수 있다.

25 다음 중 집단상담자의 역할에 관한 설명으로 옳지 않은 것은?

① 집단의 규준을 정하고 구조화한다.
② 집단 흐름을 적절하게 통제한다.
③ 집단활동의 종결을 돕는다.
④ 집단원들의 강력한 모델이 된다.
⑤ 갈등은 최대한 노출하지 않는다.

01 가족상담의 특징에 관한 설명으로 옳은 것을 모두 고른 것은?

> ㄱ. 구성원 가족의 상호작용을 존중하면서 상담을 진행한다.
> ㄴ. 문제나 증상을 가지고 있는 가족구성원만 대상이 된다.
> ㄷ. 가족을 별개의 독립된 존재가 아닌 하나의 체계로 본다.
> ㄹ. 가족구조의 변화를 초래함으로써 개인의 정신내적 과정의 변화를 유도한다.

① ㄱ, ㄴ   ② ㄷ, ㄹ
③ ㄱ, ㄷ, ㄹ   ④ ㄴ, ㄷ, ㄹ
⑤ ㄱ, ㄴ, ㄷ, ㄹ

02 카터(Carter)와 맥골드릭(McGoldrick)의 가족생활주기에 관한 설명으로 옳지 않은 것은?

① 자신과 배우자의 원가족 및 친구와의 관계를 재정비함으로써 부부체계를 형성하고 강화하는 것은 '결혼적응기'이다.
② 가족생활주기의 첫 단계는 '아직 결혼하지 않은 자녀가 자신의 원가족을 떠나 결혼하기 이전까지' 단계이다.
③ 청소년 자녀를 둔 가족은 자녀의 독립성과 조부모의 취약성을 고려해 가족경계의 융통성을 발휘해야 하는 시기에 해당한다.
④ 결혼전기에는 원가족에서 분리하고, 친밀한 대인관계를 발달시킴으로써 자기 정체감을 확립시키는 것이 무엇보다 중요하다.
⑤ 부모나 조부모의 무능력과 죽음에 대처해야 하는 단계는 '노년기'이다.

03 사티어(Satir)의 경험적 가족상담이론에 관한 설명으로 옳지 않은 것은?

① 자존감과 효과적 의사소통의 상호관련을 중시한다.
② 주요기법으로는 빙산치료, 원가족 도표, 가족조각기법 등이 있다.
③ 가족상담자들은 자신을 개방적이고 솔직하며, 자발적인 정서표현의 모델로 활용한다.
④ 가족체계 내의 관찰할 수 있는 현재 상호작용관계에 초점을 맞춘 이론이다.
⑤ 경험적 가족상담자가 갖추어야 할 치료기법은 역설적 개입, 지시, 은유적 기법이다.

04 가족상담 이론가와 기법의 연결로 옳지 않은 것은?

① 사티어(Satir) – 원가족도표

② 미누친(Minuchin) – 가계도

③ 드 세이저(S. de Shazer) – 척도질문

④ 보웬(Bowen) – 과정질문

⑤ 엡스톤(Epston) – 이야기치료

05 가족상담모델과 상담기법에 관한 설명으로 옳은 것을 모두 고른 것은?

> ㄱ. 구조적 가족상담 – 증상을 강화하기, 유지하기, 추적하기, 모방하기
> ㄴ. 전략적 가족상담 – 역설적 개입, 긍정적 의미부여, 시련기법
> ㄷ. 보웬 가족상담 – 자아분화, 삼각관계, 핵가족 감정체계
> ㄹ. 정신역동적 가족상담 – 원가족 도표, 가족조각기법, 가족재구조화, 빙산탐색

① ㄱ, ㄴ ② ㄷ, ㄹ

③ ㄱ, ㄴ, ㄷ ④ ㄴ, ㄷ, ㄹ

⑤ ㄱ, ㄴ, ㄷ, ㄹ

06 보웬(Bowen) 가족상담에 관한 설명으로 옳지 않은 것은?

① 상담자는 가족융합으로부터 탈삼각화를 코치한다.

② 상담자는 '나의 입장(I-Position)'을 시범보이는 모델이 된다.

③ 행동장애를 '증가된 불안의 산물'로 본다.

④ 가계도 개발에 아이디어를 제공하였다.

⑤ 개인의 역사적 분석에 초점을 둔 이론이다.

07 가족상담모델 혹은 이론가와 주요 상담목표의 연결로 옳은 것을 모두 고른 것은?

> ㄱ. MRI모델 – 가족내 지속되는 악순환적 피드백 고리의 개선을 통한 증상 제거 및 행동 변화
> ㄴ. 헤일리(Haley) – 가족의 잘못된 위계질서의 수정
> ㄷ. 해결중심모델 – 가족의 역기능적 상호작용의 개선
> ㄹ. 보웬(Bowen) – 가족구성원의 분화수준 향상

① ㄱ, ㄴ   ② ㄷ, ㄹ
③ ㄱ, ㄴ, ㄹ   ④ ㄴ, ㄷ, ㄹ
⑤ ㄱ, ㄴ, ㄷ, ㄹ

08 가족상담 이론가의 주요 개념 혹은 기법의 연결로 옳지 않은 것은?

① 사티어(Satir) – 성숙, 자아존중감, 가족규칙
② 보웬(Bowen) – 핵가족 정서체계, 자아분화
③ 미누친(Minuchin) – 가족구조, 하위체계, 경계, 경계선
④ 베이트슨(Bateson) – 역설적 의사소통, 이중구속, 가족항상성
⑤ 헤일리(Haley) – 체계적 둔감화, 역설적 지시

09 가족상담이론 혹은 개념에 관한 설명으로 옳은 것은?

① 이야기치료는 새로운 대안적 이야기를 재구성하도록 돕는다.
② 독특한 결과는 시간에 걸쳐 가족행동을 제한하는 관계상의 합의를 말한다.
③ 순환질문은 가족원들을 내담자의 관점에서 보게 함으로써 문제의 순환성을 깨닫도록 한다.
④ 초이성형(Super-Reasonable)의 의사소통유형에서 무시된 요소는 상황이다.
⑤ 사티어(Satir)는 인간의 특성을 '심리적 존재'라고 전제하고, 심리적인 내면을 '역할극'에 비유하였다.

10 다음 보기의 상황을 설명하는 개념으로 옳은 것은?

> • 교사 : 학생이 숙제를 안 해 오니까 화가 나서 벌을 주게 되네요.
> • 학생 : 선생님이 벌을 주니까 속이 상해서 숙제를 안 해 오게 되네요.

① 더러운 게임(Dirty Game)
② 마침표 원리(Punctuation)
③ 만성불안(Chronic Anxiety)
④ 재정의(Reframing)
⑤ 흉내 내기(Mimesis)

11 생태체계이론에 관한 설명으로 옳은 것을 모두 고른 것은?

> ㄱ. 브론펜브레너(Bronfenbrenner)가 개발한 이론으로 생태이론과 체계이론이 합성된 용어이다.
> ㄴ. 생태학적 전이(Ecological Transition)는 삶의 전 영역에서 일어난다.
> ㄷ. 인간 행동이 성장하는 개인과 환경 사이의 상호작용의 산물이라고 보고 있다.
> ㄹ. 진화적 시간에 따른 유전적 변화에 의해서만 인간이 형성된다고 보았다.

① ㄱ, ㄴ, ㄷ
② ㄱ, ㄷ, ㄹ
③ ㄴ, ㄷ
④ ㄴ, ㄷ, ㄹ
⑤ ㄷ, ㄹ

12 가족상담의 원리에 관한 설명으로 옳은 것을 모두 고른 것은?

> ㄱ. 가족상담치료에서 주요 관심대상은 문제 또는 문제의 원인이다.
> ㄴ. 개인 간의 심리내적, 가족 간의 상호작용, 세대 간의 역동을 이해하고 성장에 초점을 둔 모델이다.
> ㄷ. 가족상담의 기본이론은 체계이론이다.
> ㄹ. 상담치료의 목적은 부정적이고 악순환적인 연쇄고리를 끊고, 긍정적인 연쇄고리를 만들어가는 것이다.

① ㄱ, ㄴ, ㄷ
② ㄱ, ㄷ, ㄹ
③ ㄴ, ㄷ
④ ㄴ, ㄷ, ㄹ
⑤ ㄷ, ㄹ

13 초기 가족상담모델에 관한 설명으로 옳지 않은 것은?

① 가족상담의 기본이론은 '체계이론'이며, 대표적인 배경이론으로는 사이버네틱스, 생태체계이론, 일반체계이론 등이 있다.

② 전략적 모델은 치료기법의 고안에 중점, 역설적 개입, 긍정적 의미부여, 의식기법 등을 사용한다.

③ 이야기치료는 정의예식과 외부증인집단 등의 기법을 사용하는 체계론적 가족치료이다.

④ 거짓으로라도 가족구성원 간에 친밀한 모습을 보여야 한다는 거짓상호성(Pseudo −Mutuality) 개념이 소개되었다.

⑤ 경험적 모델은 치료과정에서의 경험에 초점, 가족조각, 가족인형극, 가족미술치료, 가족 합동화 그리기 등의 기법을 사용한다.

14 다음 보기에서 1차적 사이버네틱스에 관한 설명으로 옳은 것을 모두 고른 것은?

> ㄱ. 생물체계와 사회체계에 있어서 순환적인 인과관계 및 피드백과 관련된 과학을 말한다.
> ㄴ. 치료자는 가족체계와 친밀한 관계 안에서 주관적인 내부의 관찰자 역할을 한다.
> ㄷ. 생명체가 환경과의 지속적인 상호작용으로 인해 생명을 유지해 나가는 유기체적 모델과 동일하며, 이러한 내용은 일반체계이론에서 주장한바와 유사하다.
> ㄹ. 살아있는 유기체란 환경과의 상호작용뿐만 아니라 자율성 및 자기조직능력이 풍부함에도 불구하고, 이러한 점을 간과하고 있다는 한계점을 가진다.

① ㄱ, ㄴ, ㄷ   ② ㄱ, ㄷ, ㄹ
③ ㄴ, ㄷ   ④ ㄴ, ㄷ, ㄹ
⑤ ㄷ, ㄹ

15 정신역동적 모델에 관한 설명으로 옳은 것을 모두 고른 것은?

> ㄱ. 가족상담의 대상은 개인이 되어야 하며, 가족구성원 모두가 될 경우 상담자가 혼란스러울 수 있으므로 상담대상에 포함되지 않는다.
> ㄴ. 경청, 감정이입, 해석 등의 정신분석학적 방법을 통해 가족구성원의 내면을 정화한다.
> ㄷ. 상담자는 가족의 대화 혹은 행동 속에 무의식적으로 억압되어 있는 과거의 잔여물에 대해 탐색하고, 성원들과 과거를 훈습한다.
> ㄹ. 내적·심리적 갈등의 해결, 가족 간의 무의식적인 대상관계를 분석함으로써 통찰과 이해, 성장의 촉진, 합리적인 역할분배를 강조한다.

① ㄱ, ㄴ, ㄷ   ② ㄱ, ㄹ
③ ㄴ, ㄷ, ㄹ   ④ ㄴ, ㄹ
⑤ ㄷ, ㄹ

16 다음 중 이야기가족치료에 관한 설명으로 옳지 않은 것은?

① 과거를 재조명하고 삶의 이야기를 다시 쓰도록 한다.

② 내담자들은 문제가 자신의 내면에 있음을 깨달아 문제를 내면화한다.

③ 상담자는 문제이야기를 해체하고 독특한 결과에 의미를 부여할 수 있게 한다.

④ 치료자는 억압적 권력구조의 영향을 해체하는데 민감해야 하는 존재로서, 탈 중심적이고 영향력 있는 위치를 고수해야 한다.

⑤ 새로운 대안적 이야기를 재구성하도록 한다.

17 전략적 가족상담 모델에 관한 설명으로 옳은 것을 모두 고른 것은?

> ㄱ. 헤일리(Haley)는 기능이 잘 되는 가족일수록 가족 내 위계질서가 나타나지 않는다고 주장하였다.
> ㄴ. 가족은 피드백을 통해 정보를 교환하면서 서로의 행동을 통제하거나 확장한다.
> ㄷ. 모든 인간의 상호교류는 관계를 정의하기 위한 권력투쟁이라고 하였다.

① ㄱ   ② ㄱ, ㄷ

③ ㄱ, ㄴ   ④ ㄴ, ㄷ

⑤ ㄱ, ㄴ, ㄷ

18 가족체계를 사정, 평가하는 도구 중 객관적(양적) 평가도구에 해당되는 것을 모두 고른 것은?

> ㄱ. BEAVERS 모델   ㄴ. 가계도
> ㄷ. ENRICH 검사   ㄹ. 동적 가족화(KFD)
> ㅁ. 무스(Moos)의 가족환경모델

① ㄱ, ㄴ   ② ㄴ, ㄹ

③ ㄱ, ㄷ, ㅁ   ④ ㄱ, ㄷ, ㄹ, ㅁ

⑤ ㄱ, ㄴ, ㄷ, ㄹ, ㅁ

19 미누친(Minuchin)의 구조적 가족상담에 관한 설명으로 옳은 것을 모두 고른 것은?

> ㄱ. 하위체계 속에는 많은 제휴가 일어나며, '연합'과 '동맹'의 두 가지가 있다.
> ㄴ. 합류를 촉진하는 방법은 추적, 모방, 유지 등이 있다.
> ㄷ. 감정에 대한 감정은 감정에 대한 판단을 의미한다.
> ㄹ. 개인의 심리내적 과정을 이끌어내는 은유적 방법으로 빙산치료를 한다.

① ㄱ, ㄴ　　　　　　　　　　　　② ㄴ, ㄹ
③ ㄱ, ㄷ　　　　　　　　　　　　④ ㄱ, ㄷ, ㄹ
⑤ ㄱ, ㄴ, ㄷ, ㄹ

20 다음 보기에서 상담자가 활용한 구조적 가족상담기법은?

> 상담자는 잠시 부모와 제휴하여 부모는 자녀에 대해 권위를 갖고 통제할 수 있는 규칙을 가질 수 있다고 지지한 다음에, 방향을 바꾸어 자녀 편에 서서 자녀들이 자율성을 갖기 위하여 부모와 타협할 권리가 있다고 지지해 줄 수 있다.

① 불균형(Unbalancing)
② 합류(Joining)
③ 재명명(Relabeling)
④ 추적(Tracking)
⑤ 실연(Enacting)

21 전략적 가족상담이론 및 학파와 주요기법의 연결로 옳은 것을 모두 고른 것은?

> ㄱ. 헤일리(Haley) – 역설적 개입
> ㄴ. MRI학파 – 협동치료
> ㄷ. 마다네스(Madanes) – 가장기법
> ㄹ. 밀란학파 – 의사소통기법

① ㄱ, ㄴ　　　　　　　　　　　　② ㄴ, ㄹ
③ ㄱ, ㄷ　　　　　　　　　　　　④ ㄱ, ㄷ, ㄹ
⑤ ㄱ, ㄴ, ㄷ, ㄹ

22 경험적 가족상담이론의 상담기법으로서, 가족 중 한 사람이 자신의 이미지에 따라 다른 가족을 공간에 배열한 후 신체적 표현을 요구하여 가족관계를 나타내는 무언의 동작표현으로서, 공간개념을 통해 가족체계를 상징적·비유적으로 묘사하는 것은?

① 역할극
② 가족조각 기법
③ 빙산 탐색
④ 원가족 도표
⑤ 가족재구조화

23 다음 보기에서 상담자가 시도하고 있는 개입기법은?

> 당신에게 변화가 일어난 것을 다른 가족들은 무엇을 보고 알 수 있겠습니까?

① 대처질문
② 척도질문
③ 예외질문
④ 기적질문
⑤ 상담 전 변화질문

24 다음 의사소통이론 중 보기의 예시와 관련된 것은?

> 말로는 반갑다고 하면서 눈으로는 냉담한 표정을 짓는 경우

① 대칭적 관계
② 이중구속
③ 가족항상성
④ 역설적 의사소통
⑤ 보완적 관계

25 해결중심 단기치료에 관한 설명으로 옳지 않은 것은?

① 병리적인 것 대신에 건강한 것, 성공한 것에 초점을 둔다.
② 문제 중심으로부터 해결과 미래의 가능성으로 치료적 초점을 변화시켰다.
③ 목표는 작고 간단한 행동이 아니라 크고 복잡한 행동이어야 한다.
④ 목표 달성은 힘들고 어려운 일이라고 인식한다.
⑤ 인지에 대한 강조와 내담자의 자율적인 협력을 중요시 한다.

01 다음 A학생이 보이는 시험불안에 관한 설명으로 가장 옳은 것은?

> 어머니와 함께 상담실을 찾은 A학생은 이번 시험은 꼭 잘 봐야 하지만, 시험을 잘 못 볼 것 같아 걱정을 하며 자신감이 없어 한다.

① 정서적 증상   ② 인지적 증상
③ 행동적 증상   ④ 신체적 증상
⑤ 기질적 증상

02 학습동기의 원인을 설명하기 위한 다양한 접근 중에서 '환경지향적 원인'에 해당하는 것을 모두 고른 것은?

> ㄱ. 조작적 조건형성 이론   ㄴ. 자기결정성
> ㄷ. 학습효능감   ㄹ. 고전적 조건형성 이론
> ㅁ. 인지적 평형화 경향

① ㄱ, ㄴ   ② ㄱ, ㄹ
③ ㄴ, ㄷ, ㅁ   ④ ㄱ, ㄷ, ㄹ, ㅁ
⑤ ㄱ, ㄴ, ㄷ, ㄹ, ㅁ

03 성취전략 유형에 따른 시험준비 행동 중 다음 보기와 같은 특성을 지닌 내담자가 사용하는 학습전략은?

> ○ 과거에 좋은 성적을 얻었음에도, 다가올 시험에 대해 좋은 성적을 얻지 못할 것이라는 비관적인 기대를 하면서 마주칠지도 모르는 곤란한 상황들을 예상하고 미리 대비한다.
> ○ 시험을 잘 보지 못할 것이라는 불안에 대처하기 위하여 더욱 열심히 준비하여 보통 수준 이상의 결과를 보인다.

① 방어적 비관주의 전략   ② 자기손상 전략
③ 낙관주의 전략   ④ 방관적 전략
⑤ 자기조절 전략

04 캐롤(Carroll)이 제안한 학교학습모형에 포함되는 것을 모두 고른 것은?

ㄱ. 적성	ㄴ. 교수의 질
ㄷ. 친구와의 관계	ㄹ. 통제력
ㅁ. 지속력	

① ㄱ, ㄴ   ② ㄴ, ㄹ
③ ㄱ, ㄴ, ㅁ   ④ ㄱ, ㄷ, ㄹ, ㅁ
⑤ ㄱ, ㄴ, ㄷ, ㄹ, ㅁ

05 주의집중력 향상을 위한 전략으로 옳지 않은 것은?

① 과제를 완수해 나가는 단계마다의 사고를 나누어서, 각 단계별로 필요한 언어를 내재화하는 과정을 통해 자신의 행동을 조절한다.
② 특정 능력 저하로 인해 특정 영역의 학습 장면에서 주의집중 능력이 저하되는 학습자의 경우, 특정 인지능력을 높이기 위한 노력을 병행한다.
③ 과거를 회상하고 미래를 예견할 수 있는 능력이 필요하다.
④ 생활을 단순화하여 정해진 시간에 정해진 활동을 하고, 가장 집중이 잘 되는 시간을 확보하는 습관을 들인다.
⑤ 자신의 과거경험 중 꾸준한 노력을 통해 즉각적인 보상을 받았던 경험을 현재에 적용하고, 미래의 행동을 조절한다.

06 데시(Deci)와 라이언(Ryan)의 자기결정성 이론에서 다음의 내용에 해당하는 동기유형은?

○ 자신이나 타인의 인정을 추구하며 죄책감이나 불안 혹은 자기 비난을 피하기 위하여 동기화된 행동을 한다.
○ 부과된 조절에 의해 동기화된 학습자는 교사가 자신을 좋은 학생으로 생각하기를 원하기 때문이라든지, 과제를 하지 않는 것을 스스로 용납하지 못하기 때문이라든지, 하지 않으면 수치스럽기 때문이라든지 등의 이유로 과제를 수행한다.

① 외적 조절(Extrinsic Motivation)
② 통합된 조절(Integrated Regulation)
③ 확인된 조절(Identified Regulation)
④ 내적 동기(Intrinsic Motivation)
⑤ 부과된 조절(Introjected Regulation)

07 로젠샤인(Rosenshine)과 스티븐스(Stevens)가 제시한 교사의 긍정적인 피드백 유형 중 '수행 피드백'에 관한 설명으로 옳은 것은?

① 과제수행의 정확성, 학습수정에 대한 피드백

② 과제를 잘하는지에 대한 평가 피드백

③ 열심히 해서 좋은 결과를 얻은 경우와 같은 피드백

④ 사용한 전략이 효과적이었는지에 대한 피드백

⑤ 비언어적 표현들로 학생들의 수행에 대한 가치판단을 제공하는 피드백

08 학습장애에 관한 설명으로 옳지 않은 것은?

① 주의집중력이 떨어지고 인지처리 과정에 문제가 있다.

② 학습장애의 한 특성인 학습전략 결함은 성인이 되면 대부분 해결된다.

③ 시각 및 청각적 정보처리의 문제로 인해 읽기나 쓰기를 하지 못한다.

④ 부정적 자아개념을 가지며, 좌절 극복 의지가 약하다.

⑤ 학습과 관련된 특정 뇌 기능에 이상이 있거나, 발육이 지연되어 나타나는 장애이다.

09 맥키치(McKeachie)가 분류한 인지전략 중 '정교화 전략'에 해당되지 않는 것은?

① 창의적 노트하기 ② 핵심 아이디어 선택

③ 응답하기 ④ 매개단어법

⑤ 질의하기

10 주의력 결핍 과잉 행동장애(ADHD)에 관한 설명으로 옳지 않은 것은?

① 부주의 행동 특성 9개와 과잉행동 및 충동성 특성 9개로 구성된 총 18개의 행동증상을 통해 진단한다.

② 표준화된 성취도 검사에서 또래보다 심각하게 낮은 점수를 받지는 않지만 생활에 어려움이 있다.

③ 충동적인 행동을 나타내기 때문에 가정이나 학교생활에 커다란 어려움을 겪을 수 있다.

④ 복합형, 주의력결핍 우세형, 과잉행동-충동 우세형의 3가지 하위유형으로 구분된다.

⑤ 학령전기에 보이는 주요 증상은 과잉행동이며, 여성보다 남성에게 더 흔하게 나타난다.

11 PQ4R의 단계에서 '암송하기'에 해당하는 것을 모두 고른 것은?

> ㄱ. 시선을 다른 곳에 두고 책을 덮은 뒤 주제나 세부적인 내용을 자신의 언어로 표현한다.
> ㄴ. 읽고 표시하면서 또한 주제, 논지의 전개, 매 단락에서 알아야 할 것을 질문한다.
> ㄷ. 소리 내어 크게 읽은 뒤 주제를 적고 정확하게 기록했는지 점검한다.
> ㄹ. 책에 표시하면서 특징들이 의미하는 것을 기록한다.
> ㅁ. 질문에 대한 답 정리, 읽은 내용들을 머릿속으로 구조화시킨다.

① ㄱ, ㄴ
② ㄱ, ㄷ
③ ㄱ, ㄴ, ㄷ
④ ㄴ, ㄷ, ㄹ, ㅁ
⑤ ㄱ, ㄴ, ㄷ, ㄹ, ㅁ

12 학교공포증에 관한 설명으로 옳지 않은 것은?

① 애매모호한 신체증상을 호소하면서 학교를 여러 번 결석하고 가기를 거부하는 증상을 말한다.
② 학교 상황에 대해 특별한 비판도 없이 학교에 가고 싶지 않은 이유를 대지 못한다.
③ 학교공포증을 유발하는 가장 중요한 요인은 지나친 의존심을 낮게 하는 가족 상호작용의 형태이다.
④ 학교공포증 아동들 중 분리불안에 의한 학교 거부인 경우, 대개 성적은 좋고 학교에서 특별한 문제가 없는 경우가 많다.
⑤ 학교거부증, 등교거부증, 학교기피증이라는 용어로 사용하기도 한다.

13 학습무동기 내담자와의 상담관계에서 상담목표 설정에 관한 설명으로 옳지 않은 것은?

① 궁극적인 상담목표는 학습동기 및 학업성취도 향상이다.
② 내담자의 특성 및 상황에 따라서 다양한 단기, 중기목표 설정이 필요하다.
③ 단기목표의 설정은 일상생활에서 자신의 노력으로 변화를 일으킬 수 있는 것이 바람직하다.
④ 중기목표의 설정은 학습과 관련된 성공경험에 초점을 맞추는 것이 필요하다.
⑤ 학습목표를 스스로 결정하기 어려울 때 타인에 의해서 설정하면 학습동기를 증가시킬 수 있다.

14 수학장애가 있는 아동 및 청소년들이 경험하는 어려움으로 옳은 것을 모두 고른 것은?

> ㄱ. 개념을 이해하고 명명하기
> ㄴ. 적절한 운동 협응하기
> ㄷ. 공식기호를 인식하기
> ㄹ. 구구단 외우기

① ㄱ, ㄴ   ② ㄴ, ㄹ
③ ㄱ, ㄷ   ④ ㄱ, ㄷ, ㄹ
⑤ ㄱ, ㄴ, ㄷ, ㄹ

15 주어진 정보를 부호화해서 저장하고 필요한 경우에 인출하는 인지전략을 정보처리 과정이라 한다. 댄서로우(Dansereau)의 정보처리 과정을 올바르게 구분한 것은?

① 조절전략, 파지전략, 회상전략, 사용전략
② 이해전략, 파지전략, 회상전략, 사용전략
③ 이해전략, 조절전략, 회상전략, 사용전략
④ 이해전략, 파지전략, 조절전략, 사용전략
⑤ 이해전략, 파지전략, 회상전략, 조절전략

16 학습부진 영재아를 위한 상담방법으로 옳지 않은 것은?

① 부모나 교사들이 합리적인 기대를 가지고 많은 격려를 하도록 교육과 연수를 실시한다.
② 특정한 능력이나 흥미에 대한 확인만이 아니라, 추상적 사고과정에서 평균 이상의 능력을 확인하여야 한다.
③ 정서적 지지를 경험할 수 있는 집단상담을 제공하는 것이 바람직하다.
④ 영상적 사고, 공간설계, 극적인 표현 등의 활동을 구성하는 것은 피한다.
⑤ 개인교수 프로그램과 같은 필요한 특수교육 서비스 제공 여부를 고려할 수 있다.

17 에클스(Eccles), 윅필드(Wigfield)와 쉬펠레(Schiefele)가 제시한 자녀의 학습과 관련 있는 부모의 태도로 옳지 않은 것은?

① 자녀의 학업수행에 대한 귀인
② 과제 난이도에 대한 인식
③ 교사의 능력에 대한 기대와 확신
④ 학업에 대한 가치부여
⑤ 실제적인 성취 수준

18 중재-반응모형(Responsiveness-To-Intervention)에 관한 설명으로 옳은 것을 모두 고른 것은?

> ㄱ. 학업문제를 가진 학생을 조기에 선별·개입하며, 선별검사, 교수 프로그램, 진전도 검사 등을 실시한다.
> ㄴ. 학습장애 진단과 평가결과는 개입(중재)과 상호역동적인 관계이다.
> ㄷ. '선(先)중재, 후(後)진단'의 원리에 바탕을 둔 중재와 평가과정이 강조된다.
> ㄹ. 일회적 평가 결과에 근거한 장애 진단을 지향한다.

① ㄱ, ㄴ   ② ㄴ, ㄹ
③ ㄱ, ㄷ   ④ ㄱ, ㄴ, ㄷ
⑤ ㄱ, ㄴ, ㄷ, ㄹ

19 기어리(Geary)가 제시한 수학 학습장애와 관련된 인지적 결함 중 다음 내용에 해당하는 것은?

> ○ 개념적 지식, 신경심리의 측면에서 나타나며, 연산문제를 해결하는 데 있어 오류를 많이 범한다.
> ○ 기초적인 수학 개념(예 수, 기호)에 대한 낮은 이해능력을 가지고 있으며, 이로 인하여 복잡한 절차가 요구되는 문제를 해결하는데 있어 발달지체를 경험하고, 절차적 오류를 탐색하는데 낮은 능력을 갖게 된다.

① 절차적 결함   ② 음소인식 결함
③ 기억인출 결함   ④ 의미론적 결함
⑤ 시공간 결함

20 벤더(Bender)가 제시한 학생의 주의집중 향상을 위해 교사가 사용할 수 있는 전략으로 옳지 않은 것은?

① 학급규칙과 학급일과표를 게시한다.

② 교실의 공간을 세밀하게 구조화한다.

③ 수업자료는 색상별로 제공한다.

④ 의도적인 산만함을 유도한다.

⑤ 주의집중이 필요할 때 교사가 사용하는 신호나 몸짓 등은 삼간다.

21 드 보노(de Bono)가 개발한 '인지사고 프로그램' 중 어떤 아이디어나 제안을 다룰 때 열린 마음의 태도로 다루게 하는 기법은?

① 체크리스트

② PMI(Plus-Minus-Interesting)

③ 브레인스토밍

④ 강제관련법

⑤ 가치내면화

22 데시(E. Deci)와 라이언(R. Ryan)의 자기결정성 이론 중 다음에 해당하는 동기조절의 유형은?

> ○ 내적 흥미보다는 개인적 중요성이나 자신이 설정한 목표를 추구하기 위해 동기화된 행동이다.
> ○ 자기결정성의 정도가 가장 높은 동기유형으로 이전에는 외적으로 조절되었던 가치나 목표를 자신의 것으로 수용하고 선택해서 행동을 하게 된다.

① 내적 조절(Internal Regulation)

② 외적 조절(External Regulation)

③ 동일시된 조절(Identified Regulation)

④ 통합된 조절(Integrated Regulation)

⑤ 투입된 조절(Introjected Regulation)

23 학습부진의 특성에 관한 설명 중 옳지 않은 것은?

① 학습부진아는 주의력이 부족하며 흥미의 범위가 좁고, 상상력·창의력·사고력이 부족하다.

② 학습부진아는 중요한 정보를 회상하는 데는 정상아와 큰 차이를 보이지 않는다.

③ 자기 판단력이 결여되어 새로운 상황이나 인물에 대한 적응력이 부족하다.

④ 가정내의 추상적 언어사용이 부족하고, 학습결과에 대한 피드백이 부족하거나 과잉행동을 요구 받는다.

⑤ 가족 간의 정서적인 공감대 형성이 부족한 상태에서 공부로 압박을 받는다.

24 맥키치 등(J. McKeachie et al.)의 학습전략 중 상위(초)인지전략을 모두 고른 것은?

ㄱ. 조절전략	ㄴ. 시간관리
ㄷ. 계획전략	ㄹ. 타인의 조력

① ㄱ, ㄷ　　　　　　　　　② ㄱ, ㄹ

③ ㄴ, ㄷ　　　　　　　　　④ ㄴ, ㄹ

⑤ ㄷ, ㄹ

25 발표불안을 겪는 내담자를 위한 개입방법으로 옳은 것을 모두 고른 것은?

ㄱ. 합리적으로 생각하기	ㄴ. 자기대화하기
ㄷ. 자극강도 높이기	ㄹ. 사전학습 강화

① ㄱ, ㄴ　　　　　　　　　② ㄷ, ㄹ

③ ㄱ, ㄴ, ㄹ　　　　　　　　④ ㄴ, ㄷ, ㄹ

⑤ ㄱ, ㄴ, ㄷ, ㄹ

우리가 해야 할 일은 끊임없이 호기심을 갖고
새로운 생각을 시험해보고 새로운 인상을 받는 것이다.

– 월터 페이터 –

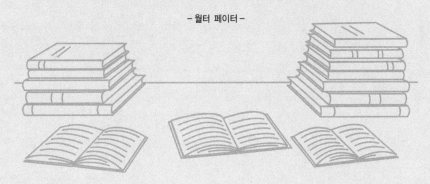

무언가를 위해 목숨을 버릴 각오가 되어 있지 않는 한
그것이 삶의 목표라는 어떤 확신도 가질 수 없다.

- 체 게바라 -

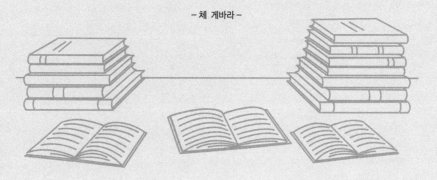

청소년상담사 2급 최종모의고사

정답 및 해설

아이들이 답이 있는 질문을 하기 시작하면 그들이 성장하고 있음을 알 수 있다.

- 존 J. 플롬프 -

끝까지 책임진다! SD에듀!

QR코드를 통해 도서 출간 이후 발견된 오류나 개정법령, 변경된 시험 정보, 최신기출문제, 도서 업데이트 자료 등이 있는지 확인해 보세요! **시대에듀 합격 스마트 앱**을 통해서도 알려 드리고 있으니 구글 플레이나 앱 스토어에서 다운받아 사용하세요. 또한, 파본 도서인 경우에는 구입하신 곳에서 교환해 드립니다.

제1회 정답 및 해설

필수과목 01 청소년상담의 이론과 실제

01	02	03	04	05	06	07	08	09	10
②	⑤	③	①	⑤	①	①	②	②	③
11	12	13	14	15	16	17	18	19	20
⑤	②	⑤	③	①	⑤	③	③	④	④
21	22	23	24	25					
①	③	③	④	①					

01 내담자 자신의 정보를 선택적으로 공개할 수 있고, 언제든지 상담을 중단할 수 있어 상담의 연속성이 불투명하다.

사이버 상담의 장·단점

장점	• 내담자의 자발적 참여 • 시간과 공간의 제약 극복 • 다양한 정보 획득의 용이함 • 익명성으로 인한 자기개방 증가 　(감정정화 기능)
단점	• 의사소통의 제약 • 응급상담 시 적극적 대처 곤란 • 신뢰문제 • 상담의 연속성 문제 • 대화예절의 파괴

02 **종결단계에서 상담자의 역할**
- 상담성과를 평가하고 점검한다.
- 내담자가 이전 단계에서 얻은 통찰을 실행으로 옮길 수 있도록 돕는다.
- 향후 계획에 대한 논의를 한다.
- 추수상담에 대해 조언을 해주고, 상담목표의 달성 정도를 파악한다.
- 내담자의 행동변화 요인 등을 평가한다.
- 상담 종결과 관련하여 내담자의 감정을 다루어야 한다.

03 ㄷ. '정서적 발달특성'에 대한 설명으로써, 청소년기는 성년기보다 더 강도 높은 정서적 경험을 한다. 정신분석적 입장에 따르면, 청소년기의 이러한 성적·공격적 에너지는 내면적으로는 매우 강하고 불안정한 형태로 경험되나, 청소년들은 그러한 강력한 욕구를 이해하고, 합리적으로 충족해 낼 수 있는 능력이 아직 발달하지 않았기 때문에 상당한 불안감·죄책감·수치감을 경험하게 된다.

04 ㄷ·ㄹ 청소년내담자는 인지능력이 부족하고, 한 가지 대상에 대한 관심을 지속적으로 가지지 못하며, 동시다발적 관심을 갖는다.

청소년내담자의 특성
- 상담동기의 부족
- 상담자에 대한 오해
- 지구력의 부족
- 인지적 능력의 부족
- 동시다발적 관심
- 감각적 흥미와 재미의 추구
- 주위 환경에 영향
- 언어 표현력의 부족
- 왕성한 변화를 이루는 발달시기

05 **청소년상담자의 전문가적인 자질**
- 전문가적 소양, 객관적 평가능력
- 심리학적 지식
- 사회학 및 문화인류학적인 지식
- 시대감각 및 사회환경에 대한 지식
- 상담이론에 관한 이해와 상담관련 업무지식
- 내담자의 문화적 차이에 대한 이해
- 심리검사, 진단분류체계에 대한 이해
- 상담을 효율적으로 진행하는 방법과 절차에 관한 이해
- 상담 상황에서 지켜야 할 윤리규정과 상담 관련 법의 숙지
- 실제적인 상담기술 훈련을 포함한 지속적인 자기개발
- 상담연계 기관에 관한 이해와 활용지침

06 키치너(Kitchner)의 윤리적 결정원칙
- 자율성(Autonomy)
- 무해성(Nonmaleficence)
- 선의(덕행, Beneficence)
- 공정성(정의, Justice)
- 충실성(성실성, Fidelity)

07 '반영하기'는 내담자가 표현한 기본적인 감정이나 태도 등을 상담자가 다른 참신한 말로 부연해 주는 시도라고 정의할 수 있다.

08 ① 병리적인 것 대신에 건강한 것에 초점을 둔다.
③ 내담자의 견해를 존중하면서 현재에 초점을 맞춘다.
④ 문제를 분석하지 않고 변화 자체를 치료를 위한 해결책으로 활용한다.
⑤ 일차적으로 단순하고 간단한 방법을 사용한다.

09 명료화(Clarification) 기법에 대한 설명으로써, 내담자의 문제를 거울에 비추어 보듯이 분명하게 하는 작업이다.

10 합리적 사고와 비합리적 사고의 비교

구 분	합리적 사고	비합리적 사고
논리성	논리적으로 모순이 없음	논리적으로 모순이 많음
실용성	삶의 목적달성에 도움이 됨	삶의 목적달성에 방해
현실성	경험적 현실과 일치	경험적 현실과 일치하지 않음
융통성	경직되어 있지 않음	절대적/극단적/경직되어 있음
파급효과	적절한 정서와 적응적 행동에 영향	부적절한 정서와 부적응적 행동 유도

11 ㄷ. 너무 자주 이루어지는 것은 혼란을 가져올 수 있으므로 바람직하지 않다.
ㅁ. 심리적 조력관계의 본질, 제한점, 목표 등을 규정하고, 상담자와 내담자의 역할과 책임, 그리고 가능한 약속 등의 윤곽을 명백하게 하는 것을 말하는 것이지 강의식으로 명확히 전달하는 것이 아니다.

12 '수프에 침 뱉기(수프 엎지르기)'는 내담자의 자기패배적 행동 뒤에 감춰진 의도나 목적을 드러내 밝힘으로써 내담자가 그 행동을 하는 것을 주저하게 하는 기법이다.

13 정신구조가 대상관계를 내면화하는 지속적인 과정을 통해 형성된다고 하는 자아심리학적 대상관계 이론에 해당된다.

14 ① 직면은 '중기단계'에서 나타날 수 있는 상담의 개입방법이다.
② '사례개념화'에 대한 설명이다.
④ 문제를 객관화시켜 표현해 보는 것은 '외재화'이다. 예를 들어, '나는 우울증 때문에 살고 싶지 않다'를 '우울증이 당신을 이 땅에서 살아갈 가치를 느끼지 못하게 하는 군요'와 같이 표현한다. '재구성(재규정)'은 내담자가 문제를 다른 시각에서 보거나 다른 방법으로 이해하도록 돕는 기술을 말한다.
⑤ 문제축약 및 단순화에 대한 설명이다.

15 반전(Retroflection)은 자신이 다른 사람이나 환경에 대하여 하고 싶은 행동을 자기 자신에게 하는 것, 혹은 타인이 자기에게 해주기를 바라는 행동을 스스로 자기 자신에게 하는 것을 말한다.

16 ㄱ·ㅁ 게슈탈트 상담의 인간관이다.

17 ㄱ. 부적강화 : 바람직한 행동이 나타나면 위협적인 것들을 면제해 주는 것이다.
ㄴ. 정적처벌 : 체벌과 같은 유해한 자극을 가함으로써, 바람직하지 않은 행동을 배제시키고자 하는 것이다.
ㄷ. 혐오치료 : 역조건 형성의 일종으로서, 바람직하지 못한 행동에 혐오자극을 제시함으로써 부적응적인 행동을 제거한다.

18 '알아차림'은 게슈탈트 형성과 관계있으며, 누구에게나 자연적으로 갖추어져 있는 능력이다. '접촉'은 게슈탈트의 해소와 관계있으며 에너지를 동원하여 실제로 환경과 만나는 행동이다.

19 ① '부적 강화'에 대한 설명이다. '정적 강화'란 반응을 높이기 위해 가시적 보상 혹은 사회적 보상 등의 자극을 제공하는 것을 말한다.
② 행동주의적 접근은 상담에 있어 중요한 것으로 여겨지는 상담자와 내담자와의 관계를 경시하고, 기술을 지나치게 강조한다.
③ 행동주의적 접근에서는 내담자가 가지고 있는 현재의 문제에 대한 내력을 경시한다.
⑤ '홍수법'에 대한 설명이다. '토큰경제'는 바람직한 행동들에 대한 체계적인 목록을 정해 놓은 후, 그러한 행동이 이루어질 때 그에 상응하는 보상을 하는 것이다.

20 '공감'이란 상담자가 내담자의 개인적인 자각적 세계에 철저하게 익숙해지는 것을 의미한다. 그러나 이때 상담자는 내담자와 자신을 동일시하지는 않는다. 또한 상담자는 내담자와 진실한 관계를 맺어야 하지만, 자기비밀에 대한 무조건적 개방은 후유증을 낳을 수 있기 때문에 주의해야 한다.

21 '알아차림-접촉주기'의 진행순서
(물러남)배경 → (유기체 욕구나 감정) 신체감각 → 알아차림(게슈탈트 형성, 전경으로) → (해소하기 위해) 에너지(흥분) 동원 → 행동(으로 옮김) → (환경과의) 접촉(게슈탈트 해소) → 배경(으로 물러남)

22 인생각본
어린 시절에 만들어져 양친의 영향을 받아 발달하고 그 후의 인생체험에 의하여 강화되고 고정화된 인생계획을 의미한다. 상담자는 내담자가 자율성을 획득할 수 있도록 하기 위하여 내담자를 인생각본에서 벗어나도록 하는 것을 목표로 삼는데, 이것을 '각본분석'이라고 한다.

23 ① 인지치료에 대한 설명이다.
② 문제에 대해 깊이 있는 접근보다는 피상적인 접근에 머문다.
④·⑤ 교류분석에 대한 설명이다.

24 ④ 청소년상담의 목표는 성인에게 활용되는 심리치료적인 측면보다는 청소년의 건전한 발달, 성장을 돕는 예방 및 교육적 측면과 위기에 처한 청소년들에 대한 직접개입 및 지원 자립이 포함된다. 또한, 개인상담이 많은 성인상담에 비해 청소년상담은 집단상담, 매체상담 등 다양한 활동을 통해 이루어진다.
① 최근 우리나라 청소년상담 문제의 전반적 경향에서 가장 큰 비중을 차지하는 것은 학업·진로와 관련된 고민이다.
② 상담 대상에는 청소년, 청소년과 관련된 부모나 교사 등이 포함될 수 있다.
③ 충고나 조언, 상담자의 개입방법은 신중을 기해야 한다.
⑤ 내담자가 생각하지 못한 새로운 내용으로 인해 내담자가 당황해 할 수 있다. 상담자는 내담자와 감정, 태도 및 신념을 공감하며 조언하는 것이 중요하다.

25 교류분석 상담기법

생활자세	기본적 생활자세 또는 인생태도란, 어릴 때 양친과의 상보교류를 바탕으로 하여 배양되는 자기나 타인 또는 세계에 대한 기본적인 반응태도 또는 그것에 기인하는 자기상이나 타인상을 말한다.
자아상태	교류분석 상담에서는 초기에 정신과 신체 간의 관계, 특히 인간의 직관에 흥미를 가졌고, 프로이트(Freud) 이론에서 분리되어 자아의 상태를 부모 자아, 어른 자아, 어린이 자아로 나누었으며, 이 자아상태를 관찰 가능한 현상으로 보았다.
각본분석	생활각본은 생의 초기에 있어서 개인이 경험하는 외적 사태들에 대한 자신의 해석을 바탕으로 하여 형성·결정된 환경에 대한 반응행동 양식이다.
게임분석	게임이란, 일련의 연속적 교류가 이루어진 결과로서, 두 사람이 모두 나쁜 감정으로 끝나는 심리적 교류이다.

01	02	03	04	05	06	07	08	09	10
⑤	②	①	③	④	①	④	③	③	⑤
11	12	13	14	15	16	17	18	19	20
①	①	③	②	④	⑤	③	③	⑤	③
21	22	23	24	25
③	①	④	②	③

01 ⑤ 참여관찰과 비참여관찰은 연구자가 관찰 대상에 대해 얼마나 참여하느냐의 여부에 따라 나누어진다. 관찰의 조작성 여부에 따라서는 통제관찰과 비통제관찰로 구분지을 수 있다.
① 참여관찰은 관찰대상의 환경 속에서 행동에 참여하면서 관찰하는 것이고, 비참여관찰은 관찰대상의 환경 외부에서 관찰하는 것이다.
② 자연관찰은 일상적인 환경에서 일어나는 자연적 관찰이다. 생태학적 타당도란 표본의 연구 결과가 다른 환경에도 일반화하는 정도를 말한다. 자연관찰이 생태학적 타당도가 높은 이유는 일상적 환경에서 관찰된 자연스러운 행동은 다른 일상적 환경에서도 비슷하게 나타날 확률이 높기 때문이다.
③ 통제관찰이란 미리 관찰할 행동과 시기·장소를 분명하게 정해놓고 관찰하는 것으로서, 실험실과 실제 환경에서 피험자의 행동을 정해놓고 관찰하는 것이 가능하다.
④ 실험실에서 실험에 참여할 때 연구자가 미리 준비한 상황 속으로 들어가 상황을 인위적으로 만들고, 그 결과를 관찰할 수 있다.

02 ㄱ. 가설은 아직 진실 여부가 확인되지 않은 사실로써, 실증적인 확인을 위해 구체적이어야 한다.
ㄹ. 현재 알려져 있는 사실의 설명뿐만 아니라 장래의 사실도 예측할 수 있어야 한다.

가설의 설정
• 가설은 아직 진실 여부가 확인되지 않은 사실로서, 실증적인 확인을 위해 구체적이어야 한다.
• 현상과 관련성을 가져야 한다.
• 가설은 확률적으로 표현된다.
• 가설이란 둘 이상의 변수의 관계에 대한 잠정적인 진술로서, 주목적은 문제의 해결이다.
• 가설은 간단명료하며 계량화가 가능해야 한다.
• 가설은 최소한의 이론적 근거가 있어야 한다.
• 가설은 보통 독립변수와 종속변수간의 관계의 형태로 표명된다.
• 현재 알려져 있는 사실의 설명뿐만 아니라 장래의 사실도 예측할 수 있어야 한다.
• 가설 설정 시 윤리성·창의성·실용성 등을 고려해야 한다.
• 모든 변수는 실증적 연구의 대상이 될 수 있어야 하며, 연구를 통해 진위여부를 검증해야 한다.
• 문제의 설정에서 제기된 의문에 대하여 하나의 가정적 해답을 제시하여야 한다.
• 경험적으로 검증하기 위해 변수의 조작적 정의가 필요하다.
• 가설은 특정문제에 해답을 주는 것이어야 한다.
• 가설에 정의가 포함되어서는 안 된다.
• 가설은 검증이 가능해야 한다.
• 가설은 논의의 여지가 있도록 진술되어야 하며, 반증될 수도 있어야 한다.
• 가설은 동의반복적이어서는 안 된다.

03 ① 모집단의 모수에 대한 주장이나 예상을 '통계적 가설'이라 하는데, 통계적 가설은 본론에 기술한다. 즉, 본론에서 주어진 연구문제와 관련된 선행연구, 이론을 고찰하여 연구문제에 대한 잠정적인 통계적 가설을 도출한다.
②·③·④·⑤ 서론에 기술되어야 할 내용이다.

서론에 기술되어야 할 내용

연구의 목적	해당 논문에서 밝히고자 하는 문제를 간결하면서도 명확하게 제시한다.
연구의 범위	한편의 논문에서 다룰 수 있는 범위는 한계가 있으므로, 필자가 선택한 문제 영역과 논의의 범위를 명시함으로써 연구결과에 대한 과잉일반화나 해석상의 오류가능성을 경고한다.
연구의 필요성	그 문제가 어떠한 의의가 있으며, 왜 논의되어야 하는가를 밝힌다.
연구의 관점과 방법	선정한 문제를 어떤 각도에서 접근하여 무슨 방법으로 다룰 것인지를 밝힌다.
연구의 제한점	연구에서 해결하지 못한 부분을 밝히고, 향후 연구의 방향을 제시한다.

04 ㄱ. 비율척도는 가장 포괄적인 정보를 제공하는 최상위 수준의 측정척도로서, 등간척도의 모든 정보를 제공하면서 절대 영점을 갖는다.
ㄷ. 등간척도는 비율적 의미(없음을 의미하는 절대영점)를 갖지 않기 때문에 승제의 연산이 가능하지 않은 척도이다. 그러나 가감의 연산은 가능하다.
ㄴ. 서열척도는 측정 대상의 분류뿐만 아니라 측정대상을 크기에 따라 순서적으로 배열하는 것으로 측정대상의 상대적 크기(강도)를 말할 수 있다.
ㄹ. 명명(명목)척도는 사물을 구분하기 위해 이름을 부여하는 척도로서, 일반적으로 독립변수를 측정할 때 주로 사용하며, 질적 변수(범주 변수)에 해당한다.

척도의 유형

명명척도 (Nominal Scale)	• 사물을 구분하기 위해 이름을 부여하는 척도(분류가 목적인 척도)이다. • 일반적으로 독립변수를 측정할 때 주로 사용된다. • 질적 변수(범주변수)에 해당한다. • 카테고리로 구분 가능한 것이나 개인정보(성별, 이름, 인종, 색) 등 측정에 주로 사용한다. • 상호 배타적이고 포괄적으로 설계되어 일대일 변화를 측정하도록 해야 한다. • 가감승제 연산을 사용할 수 없다. • 가장 낮은 수준의 측정에 해당된다.
서열척도 (Ordinal Scale)	• 측정치 간의 순위를 나타내는 것으로 측정 대상의 상대적 크기를 말할 수 있다. • 서열 간의 간격이 동일하지 않다. • 사회계층, 선호도, 수여 받은 학위, 변화에 대한 평가, 서비스 효율성 평가, 청소년상담사 자격등급 등의 측정에 이용된다. • 명목척도보다 우월한 척도이지만 '크기의 정도'를 알 수 없다.
등간척도 (Interval Scale)	• 서열을 정할 수 있을 뿐만 아니라 이들 분류된 범주 간의 간격까지도 측정할 수 있는 척도이다. • 등간척도로 측정될 수 있는 자료는 '어느 정도 크기로 크다 또는 작다'로 파악할 수 있다.
등간척도 (Interval Scale)	• 등간척도에서 가감의 연산은 가능하나 승제의 연산은 불가능하며, 물체의 상태를 측정한 어떤 값들의 간격이 의미를 가질 수 있을 때의 변수를 가리킨다. • 등간척도에서는 '0'에 대한 의미와 측정단위가 고정되지 않고 자의적이므로, 두 측정값의 비율을 비교하는 것이 무의미하다. • 지능, 온도, 시험점수 등이 해당된다.
비율척도 (Ratio Scale)	• 척도를 나타내는 수가 등간일 뿐만 아니라, 의미 있는 절대영점을 가지고 있는 경우에 이용되는 척도이다. • 절대영점이 있어 '몇 배 크다, 작다'를 정할 수 있으며, 사칙연산이 가능하다. • 연령, 무게, 키, 수입, 출생률, 사망률, 이혼율, 가족 수, 심리학과 졸업생수 등이 해당된다.

05 **연구윤리의 일반원칙**
• 무피해의 원칙 : 피험자는 연구에 참여함으로 인해 피해를 입어서는 안 된다.
• 이익의 원칙 : 상담연구는 상담의 기술·체제·이론의 개발과 검증과정에 기여하고, 이를 더 발전시켜야 하며, 인류의 건강과 안녕에 기여해야 한다.
• 자율성의 원칙 : 연구에 참여하느냐 안하느냐는 피험자의 자발적 의사에 의한다.
• 신용의 원칙 : 연구 시 불가피하게 기만이 사용된 경우에도 실험과 자료수집을 마친 후에 '디브리핑' 절차를 이행하는 등 피험자에게 한 약속을 지켜야 한다.

06 Tukey HSD 검정은 전체적인 F검정 대신 사용되는데, 평균의 차가 가장 큰 비교에 관한 가설이 기각 되었을 때, 개별평균의 모든 짝을 비교하는 사후 비교방법이다.

07 횡단연구와 종단연구

횡단연구	• 한 시점에서 광범위하게 한번만 이루어지는 연구이다. • 횡단적 연구라고 하는 이유는 상이한 특성 즉, 상이한 연령, 교육수준, 소득수준 등을 지닌 사람들이 폭넓게 표본으로 추출되기 때문이다. • 같은 시기에 서로 다른 여러 연령집단을 대상으로 하여 특정한 발달특성들에 대한 자료를 수집한 후, 이를 토대로 연령집단 간의 비교를 통해 발달적 차이 및 비교를 진행하는 연구방법이다. • 표본연구이며, 정태적 연구이다. • 모집단을 대표할 수 있는 자료를 제공한다. • 연구대상의 특성에 따라 집단을 분류하여 비교분석하므로, 표본의 크기가 클수록 좋다. • 인구연구, 여론연구 등이 해당된다.

종단연구	• 일정기간에 걸쳐서 반복적으로 동일 연구대상에 대한 자료를 수집하는 연구방법이다.
	• 현장연구이며, 동태적 연구이다.
	• 연구마다 새롭게 표집된 표본에 관한 자료를 제공한다.
	• 반복적으로 측정이 이루어진다.
	• 유형에 따라 서로 다른 시점에서 동일 대상자를 추적해 연구해야 하므로, 표본의 크기가 작을수록 좋다.
	• 유 형
	  – 패널조사 : 동일한 개체들의 자료를 추적조사 수집하는 연구
	  – 코호트연구 : 어떤 조건에서 동일한 경험(결혼, 입학, 출생 등)을 하는 집단에 대한 반복조사를 실시하는 연구
	  – 추세분석연구 : 시간의 흐름에 관계없이 동일계층을 반복연구하여, 그 계층의 변화를 탐구하는 연구(지역사회 욕구조사, 인구주택센서스)

08

① 교차타당도 : 동일한 모집단에서 표집된 두 독립적인 표본에서 예언변인과 기준변인과의 관계가 어느 정도 일관성이 있느냐 하는 정도를 의미한다. 예를 들면, 어떠한 표본에서 한 검사점수와 한 기준 변인 간의 상관계수와 회귀계수를 계산하고, 또다시 제2의 표본을 추출하여 이미 얻어진 회귀방정식을 적용하여 예언점수와 실제점수 간의 상관관계를 계산한다. 이렇게 하여 표본 간의 상관계수 값이 차이가 없다면, 교차타당도가 높다고 보여 진다.

② 내적타당도 : 이론적으로 정립된 논리적 인과관계의 타당성, 즉 종속변수의 변화가 독립변수에 의한 것인지 아니면 다른 조건에 의한 것인지 판별하는 정도를 말한다.

④ 외적타당도 : 조사의 결과를 보다 많은 상황과 사람들에게 적용시킬 수 있는 정도를 말한다.

⑤ 안면타당도 : 수검자에게 그 검사가 '타당한 것처럼 보이는가'를 의미하는 타당도로 수검자의 수검동기나 수검자세에 영향을 미치는 것이라고 볼 수 있다.

09

③ 집중경향의 오류 : 아주 높은 점수나 낮은 점수는 피하고, 평정이 중간 부분에 지나치게 자주 모이는 경향을 말한다.

① 관용의 오류 : 관찰 대상들이 관찰되는 변인에서 현저하게 다름에도 불구하고, 관찰자가 대부분의 관찰 대상들을 지나치게 좋은 점수를 주려고 하는 성향을 말한다.

② 근접의 오류 : 시간적 혹은 공간적으로 가깝게 평정된 특성들에 대한 평정결과는 서로 높은 상관을 갖게 되는 경향을 말한다.

④ 엄격성의 오류 : 평정자 평가기준을 높게 잡아서 부정적인 척도 부분만을 사용하는 경향을 말한다.

⑤ 후광효과 : 측정대상의 한 가지 속성에 강한 인상을 받아 이를 토대로 전체 속성을 평가한다.

10 모의 상담연구의 장·단점

장 점	• 실험조건의 통제가 용이하여 연구자가 계획한 대로 독립변인을 조작할 수 있다. • 연구문제와 관련이 없는 변인(가외변인)들을 무작위화 시키거나, 혹은 다른 방법으로 통제가 가능하다. • 모의상담 과정을 실제보다 단순화시켜 결과의 해석이 용이하다. • 상담연구에서 발생하는 윤리적인 장애를 줄일 수 있다.
단 점	• 실험조건을 통제하면 외적타당도가 저하된다. • 모의상담이 실제 상황보다 지나치게 단순화되므로, 연구결과를 일반화시키기 어렵다.

11 확률표집과 비확률표집

확률 표집	• 단순무작위 표집 • 계통표집 • 층화표집 • 군집표집(집락표집)
비확률 표집	• 가용표집 • 자원자 표집 • 의도적 표집 • 편의표집(임의표집) • 판단표집(유의표집) • 할당표집 • 누적표집(눈덩이 표집)

12 독립표본 t-검정과 대응표본 t-검정

독립표본 t-검정	두 집단 간의 평균 차이를 분석(남녀 간 급여 차이)
대응표본 t-검정	실험 전과 후의 차이 비교(광고시행 전과 광고시행 후의 판매량 분석)

13 전체 표본 수를 n, 실험 집단의 수를 k라 할 때 집단 간 자유도는 $k-1$이고, 집단 내 자유도는 $n-k$라 정의할 수 있다. 따라서 집단 간 자유도는 2이며 집단 내 자유도는 27이다. 이 때 (A)는 집단 간 분산을 집단 내 분산으로 나눈 값인데, 분산 값은 제곱합을 자유도로 나눈 값이므로 집단 간 분산은 $\dfrac{8}{2} = 4$이고, 집단 내 분산은 $\dfrac{54}{27} = 2$이다.

따라서 (A) $= \dfrac{4}{2} = 2$이다.

14 ㄱ. 다중공선성은 회귀분석에서 독립변수들 간에 강한 상관관계가 나타나는 문제이다. 좀 더 정확하게 말하면, 단일이 아닌 다중 회귀분석에서 문제가 된다고 봐야 한다.

ㄷ. 독립변수들 간의 상관계수를 구한다.

다중공선성 진단방법 및 해결법
• 독립변수들 간의 상관계수를 구한다.
• 분산확대인자(VIF ; Variance Inflation Factor)를 구하여, 이 값이 10이거나 10을 넘는다면 보통 다중공선성의 문제가 있다. 분산확대인자 방법은 다중공선성 진단 방법으로 독립변수 간에 강한 상관관계를 진단할 때 사용된다. 이 기준치가 10 또는 10 이상이 되면, 해당되는 독립변수는 제외시키도록 한다.
• 상관관계가 높은 독립변수 중 하나 혹은 일부를 제거한다.
• 변수를 변형시키거나 새로운 관측치를 이용한다.
• 자료를 수집하는 현장의 상황을 보아 상관관계의 이유를 파악하여 해결한다.

15 ④ 기준변동설계는 독립변인을 이용하여 종속변인의 점진적이고 단계적인 변화를 이루고자 할 때 사용한다. 미리 정해진 기준까지 목표 행동의 변화가 일어날 때 중재의 효과가 입증되며, 단계적으로 기준이 변해갈 때마다 행동이 기준에 맞게 변화됨을 보여줌으로써 중재효과의 반복을 보여줄 수 있게 된다.

① 평행중재설계에 대한 설명으로 독립적이지만 난이도가 유사한 행동에 대한 중재기법 간의 효과를 간접적으로 비교할 수 있는 연구설계이다. 이 설계는 두 중재에 대하여 중다기초선설계나 중다간헐기초선설계를 동시에 실시하는 것과 같은 방법을 사용한다.

② 대상자가 중재들을 변별하기 어려운 것은 동시 중재설계의 단점에 해당한다.

③ 교대중재는 한 대상자에게 여러 중재를 빠른 간격으로 교대로 실시하여, 그 중재들 간의 효과를 비교하는 설계이다. 중다중재설계에서 발생하는 중재 간 전이문제를 해결할 수 있는 장점이 있다.

⑤ 중다기초선설계는 여러 개의 기초선을 측정하여 순차적으로 중재를 적용하고, 그 이외의 조건을 동일하게 함으로써 목표행동의 변화가 오직 중재만에 의해 변화한 것임을 입증하는 설계이다.

16 공분산 분석의 기본가정

- 피험자들은 처치조건에 무선배치되어야 한다.
- 공변인의 측정에 처치효과의 영향이 없어야 한다.
- 공변인의 측정은 측정의 오차 없이 이루어져야 한다.
- 공변인과 종속변인 간에 선형적 관계가 있어야 한다(상관관계가 있어야 함).
- 공변인에 대한 종속변인의 회귀계수가 처치집단 간에 동일해야 한다.
- 공변인의 각 수준에서 종속변인의 조건분포는 정규분포를 이루어야 한다.
- 공변인의 각 수준에서 종속변인의 변량은 처치집단 간에 일정해야 하며, 공변인과는 독립적이어야 한다.

17 합의적 질적 연구법(CQR)

- 다양한 관점을 위해 여러 명의 평정자를 참여시킨다.
- 반구조화된 자료수집방법(개방형 질문)을 이용한다.
- 면접자료를 중심으로 연구참여자의 경험을 범주화하는 귀납적 연구방법이다.
- 자료의 의미를 결정할 때 합의를 통해 진행한다.
- 감사자가 1차 집단에서 초기 작업한 내용을 검토한다.
- 합의를 통해 자료의 의미를 영역, 중심개념, 교차분석의 절차로 판단한다.
- 질적연구의 타당성을 위협하는 가장 큰 문제는 연구자의 편견과 반응성이며, 연구자가 연구참여자에게 미치는 영향인 반응성에 대해서도 고려해야 한다.

- 질적연구의 타당성을 확보하는 방법으로 삼각검증(자료수집의 다양화), 참여자 선정에서 엄격한 기준제시, 다수평정자의 사용, 참여자 확인(도출된 결과를 참여자에게 확인하는 것), 양적인 자료들의 활용 등이 있다.

18

집락표집은 모집단 목록에서 구성요소에 대해 여러 가지 이질적인 구성요소를 포함하는 여러 개의 집락 또는 집단으로 구분한 후, 집락을 표집단위로 하여 무작위로 몇 개의 집락을 표본으로 추출한 다음, 표본으로 추출된 집락에 대해 그 구성요소를 전수조사하는 방법이다. 따라서 집단 구성이 동질적인 층화표집과 명확히 구분된다.

19

⑤ 상담 이전 두 상담자에게 배치된 내담자들 사이의 우울 점수 평균 차이의 유의확률은 0.870으로 충분히 크다. 따라서 상담 이전 두 집단의 내담자들 사이의 우울 점수 평균 차이는 유의한 차이가 없었다고 할 수 있다.

① A의 값은 $1 \times 1.54 = 1.54$이며, B의 값은 $\frac{1872.85}{936.425} = 2$이므로 A가 B보다 작다.

② C의 값은 $\frac{758.58}{379.29} = 2$이므로 B값과 같다.

③ 두 프로그램의 차이는 0.02의 유의확률을 가진다. 0.02는 유의수준 0.05보다 작으므로 유의수준 5%에서 유의미한 차이가 있다고 말할 수 있다.

④ 0.02는 유의수준 0.01보다 크므로 유의수준 1%에서는 두 프로그램이 유의미한 차이를 가지지 않는다.

20

$X = 85$일 때,

$$Z = \frac{X - \mu}{\sigma} = \frac{85 - 100}{15} = -1$$

$X = 115$일 때,

$$Z = \frac{X - \mu}{\sigma} = \frac{115 - 100}{15} = 1$$

따라서,

$$P(85 \leq X \leq 115) = P(-1 \leq Z \leq 1)$$

$P(Z \leq 1) = 0.8413$이므로,

$$P(0 \leq Z \leq 1) = 0.8413 - 0.5 = 0.3413$$

표준정규분포는 좌우대칭이므로,

$$P(-1 \leq Z \leq 1) = 0.3413 \times 2 = 0.6826$$

$$\therefore 68.26\%$$

21 '차이가 있다'라는 주장을 검증하기 위한 것이므로 양측검정을 이용한다. 이때, 귀무가설은 '차이가 없다'는 것이 되므로, $H_0 : \mu_1 = \mu_2$가 된다.

22 • 귀무가설 : 가설검정의 대상이 되는 가설로 일반적으로 기각될 것이 예상되어 세워진 가설이다.
• 대립가설 : 표본으로부터 확실한 근거에 의하여 입증하고자 하는 가설이다.
• 유의수준 : 제1종 오류를 범할 확률의 최대 허용한계이다.
• 채택역 : 가설검정에서 귀무가설을 기각할 수 없는 검정통계량 값의 영역이다.
• 제1종 오류 : 귀무가설이 옳음에도 불구하고 대립가설을 택하는 경우에 발생하는 오류이다.
• 기각역 : 귀무가설을 기각하게 되는 검정통계량의 관측값의 영역을 말한다.
• 제2종 오류 : 귀무가설이 실제로는 틀린데도 불구하고 그것을 옳은 것으로 잘못 받아들일 오류로서, 베타오류라고도 한다.

23 t-검정은 모집단의 분산이나 표준편차를 알지 못할 때 모집단을 대표하는 표본으로부터 추정된 분산이나 표준편차를 가지고 검정하는 방법이다. 모분산(σ^2)이 알려지지 않은 경우, 단일모집단 평균의 가설검정을 할 때에는 t-검정법을 이용하여 검정한다.

검정통계량 $t = \dfrac{\bar{x} - \mu}{s / \sqrt{n}} = \dfrac{49 - 50}{0.6 / \sqrt{10}}$

24 통제집단 사후검사는 우선적으로 배정된 두 집단 중 한 집단에 처치를 가한 후 사후검사를 실시하고, 또 다른 한 집단에는 사후검사만 실시하여 그 결과를 비교하는 방법이다.

25 $A = 1 + 6 = 7$

$B = \dfrac{SSE}{6} = \dfrac{315.54}{6} = 52.59$

$C = F = \dfrac{MSR}{MSE} = \dfrac{199.34}{B} = \dfrac{199.34}{52.59} \fallingdotseq 3.79$

필수과목 03 | 심리측정 평가의 활용

01	02	03	04	05	06	07	08	09	10
④	④	③	③	④	①	②	②	⑤	③
11	12	13	14	15	16	17	18	19	20
③	⑤	①	③	③	②	④	①	③	⑤
21	22	23	24	25					
③	①	③	②	③					

01 젠센(A. Jensen)의 유전지능이론
• 인종 간 지능의 고저(高低)가 유전자적 차이에서 온다고 분석하였다.
• 문화나 교육을 통한 지능은 유전적 요인보다 영향력이 낮다.

02 MMPI-2 상승척도

코드	내용
1-3/3-1	• 부인(Denial)의 방어기제를 사용하여 자신의 우울감이나 불안감을 잘 드러내지 않는다. • 주요 증상 : 사지의 통증이나 두통, 흉통 또는 식욕부진, 어지럼증, 불면증을 보인다. • 자기중심적인 동시에 의존적인 성향, 대인관계에 있어서 피상적이면서 이기적이다. • 임상진단 : 전환장애, 신체형장애, 통증장애
2-4/4-2	• 주요 증상 : 충동적인 행동화로 법률적인 문제를 일으켜 치료상황에 노출된다. • 정서 : 행동화 후에 우울감, 불안감, 무력감을 보인다. • 겉모습 : 유능, 편안한 사람 • 속모습 : 내향적, 부적절감, 만성적 적응문제 • 임상진단 : 반사회적 인격장애, 약물이나 알코올과 연관, 범죄행위, 우울장애 동반
2-9/9-2	• 주요 증상 : 우울증과 경조증적 성향을 동시에 나타낸다. • 정서 : 이들은 우울증적 특징들이 활발한 행동양상으로 어느 정도 은폐되기는 하였으나, 이것은 그들의 심한 흥분성 우울상태의 증거라 할 수 있다.

	• 임상진단 : 자기도취적으로 명상에 몰두, 정신병적 상태에 있음
6-8/8-6	• 주요 증상 : 자폐적, 단편적, 사고내용 기괴, 피해망상과 과대망상 및 환각, 현실감 장애를 보인다. • 정서 : 정서 둔감화, 심한 열등감과 불안정감을 보인다. • 대인관계 : 타인과 정서적으로 관계를 맺지 못하며 타인을 불신, 타인과의 깊은 관계 회피한다. • 임상진단 : 망상형 정신분열증, 분열성 성격장애
7-8/8-7	• 주요 증상 : 극심한 정서적 혼란, 자신의 심리적 문제 인정, 판단력 손상, 내성적, 반추적, 생각이 많다. • 정서 : 만성적인 불안정감, 부적절감, 열등감, 우유부단함을 보인다. • 대인관계 : 수동적 · 의존적인 성향 • 임상진단 : 정신분열증, 우울증, 강박장애, 외상 후 스트레스장애, 성격장애

03 행동관찰법의 유형

자연관찰법	• 관찰할 행동을 미리 선정하고 내담자의 집, 학교, 병원 등에서 자연스럽게 나타나는 문제행동을 관찰하는 것이다. • 관찰자가 환경 내에서 일어나는 내담자의 행동을 체계적으로 관찰하고 기록하는 방식이다. • 자연관찰법이 유사관찰법보다 자연스러운 상황에서 관찰하게 되므로, 외적타당도가 더 높다.
유사관찰법 (통제관찰법)	• 관찰의 효율성을 높이기 위해 내담자가 문제행동을 보이는 상황을 조작해 놓고, 그 조건에서의 문제행동을 관찰하는 것이다. • 예를 들어, 가족관계, 사회적 관계, 아동의 행동, 부부간 행동을 상담실에서 평가하거나 역할참여놀이 상황에서 평가하는 것이다. • 발생빈도가 낮고 자연스런 환경에서는 관찰하기 어려운 행동의 경우 유용하다. • 경제적이고 효율적이다.

참여관찰법	• 관찰대상의 주변 인물 가운데 관찰자를 선정하여, 이 관찰자가 참여하여 행동평가를 하는 것 즉, 내담자와 자연스런 환경에서 같이 생활하고 있는 사람이 관찰하여 보고하도록 하는 것이다. • 자연적 상황에서 자료수집이 가능하다. • 광범위한 문제행동과 환경적 사건에 적용 가능하다. • 비용이 적게 든다. • 관찰에 대한 반응성이 큰 행동의 경우 유용하다.
자기관찰법	• 개인이 미리 계획된 시간표에 따라 관찰행동의 발생이나 기타 특징에 대해 기록하는 것이다. • 자신의 행동, 사고, 정서 등을 스스로 관찰하고 기록하는 것이다. • 관찰에 대한 반응성이 문제된다. 즉, 스스로 관찰을 의식하여 증상이나 행동이 달라질 수 있다. • 자신에 대한 기록과 관찰을 왜곡할 수 있다는 단점이 있다.

04 ㄱ. 의심이 많거나 저항이 강하면 다른 검사를 먼저 시행하는 것이 반응을 이끌어내는 데 도움이 된다.
ㄷ. 수검자가 이야기를 전개하는 과정에서 하는 질문은 많은 기교를 필요로 하고, 수검자의 상상과 검사의 진행을 방해할 수 있으므로 경험이 부족한 초보자는 되도록 피하는 것이 좋으며, 꼭 필요한 경우라도 조심해서 질문해야 한다.

05 수동적이고 의존적인 수검자일수록 표준화된 방식에 따라 필요한 내용을 수집하는 구조화된 면접이 더 유용하다.

06 심리검사의 제작 절차
1. 제작목적의 설정
2. 검사내용의 정의
3. 검사방법의 결정
4. 문항작성
5. 예비검사
6. 문항분석 및 수정
7. 신뢰도와 타당도 검증

07 ㄱ. 문장완성검사(SCT)는 단어연상검사의 변형·발전된 형태로서, 다수의 미완성 문장들에 대해 수검자가 자신의 생각대로 문장을 완성하도록 하는 검사이다.

ㄷ. 수검자의 언어표현능력이 검사 결과에 영향을 미치므로, 언어발달이 완성되지 못한 아동에게는 적용하기 어렵다.

ㄴ. 검사문항의 작성이 매우 용이하며, 특히 다양한 상황에 부합하도록 검사 문항을 수정하거나 추가적인 질문을 할 수 있다.

ㄹ. 로샤(Rorschach) 검사나 주제통각검사(TAT)보다 더 구조화되어 있으므로, 몇몇 학자들은 투사적 검사로 보기 어렵다고 말한다.

08 청소년을 위해 개발된 4개 내용척도

- 소외(A-aln) : 점수가 높은 청소년은 다른 사람들과 큰 정서적 거리를 느낌
- 품행문제(A-con) : 점수가 높은 청소년은 자신이 절도, 좀도둑질, 거짓말, 기물 파손, 무례한 행동, 욕설, 반항적 행동을 했다고 말함
- 낮은 포부(A-las) : 점수가 높은 청소년은 성공하는 것에 대해 흥미를 보이지 않음
- 학교문제(A-sch) : 점수가 높은 청소년은 낮은 성적, 정학, 무단결석, 교사에 대한 부정적 태도, 학교 혐오 등을 나타냄

09 점수가 하락했을 때의 특징이다. 점수가 높은 사람은 목적 지향적이고, 조직력이 뛰어나며, 시간을 엄수하고 자신의 의무 이행에 철저하다.

NEO-PI-R 척도의 구성 및 내용

요인명	의 미	내 용
N요인 (신경증)	• 높은 점수의 사람은 정서적으로 안정되어 있지 못하며, 예민하고 스트레스에 취약 • 과도한 욕망이나 충동	• N1 – 불 안 • N2 – 적대감 • N3 – 우 울 • N4 – 자의식 • N5 – 충동성 • N6 – 심약성
E요인 (외향성)	• 높은 점수의 사람은 사람들과 만나기를 좋아하며, 적극적이고 자기주장을 잘함 • 열성적이고 낙천적이며, 직업세계에서 영업과 판매를 잘하는 사람들이 해당됨	• E1 – 온 정 • E2 – 사교성 • E3 – 주 장 • E4 – 활동성 • E5 – 자극 추구 • E6 – 긍정적 감정
O요인 (개방성)	• 높은 점수의 사람은 세상에 대해 호기심이 많으며, 새로운 아이디어와 가치를 추구함 • 자신의 감정에 민감하고, 창조적·탐구적인 일을 좋아함	• O1 – 상 상 • O2 – 심미성 • O3 – 감정개방 • O4 – 행동개방 • O5 – 사고개방 • O6 – 가치개방
A요인 (우호성)	• 이타심과 관련이 있으며, 타인을 신뢰하고 관심을 가지는 정도와 솔직하고 순응적인 정도를 의미함	• A1 – 온정성 • A2 – 신뢰성 • A3 – 관용성 • A4 – 이타성 • A5 – 겸 손 • A6 – 동 정
C요인 (성실성)	• 높은 점수의 사람은 목적지향적이고, 조직력이 뛰어남 • 시간을 엄수하고 자신의 의무 이행에 철저함	• C1 – 능력감 • C2 – 정연성 • C3 – 충실성 • C4 – 성취동기 • C5 – 자기통제 • C6 – 신중성

10 FABCOM은 두 가지 이상의 대상들이 부적절하게 관계 맺고 있는 반응을 보일 때 채점한다.

11 16PF의 의의

- 16PF(Sixteen Personality Factor Questionnaire)는 1949년 카텔(Cattell)이 자신의 성격이론을 입증하기 위해 고안한 검사도구이다.
- 16PF는 인간의 행동을 기술하는 수많은 형용사들에서 최소한의 공통요인을 추출한 요인분석 방법에 해당한다.

12 ⑤ 써스톤(Thurstone) 척도 : 등현등간척도라고도 하며, 조사자들이 어떠한 대상에 대해 가능한 많은 설명을 문장으로 만들어 놓고, 일정 수의 응답자들이 가장 많이 동의하는 문장을 찾아 이를 바탕으로 하여 척도에 포함될 적절한 문항들을 선정하여 척도를 구성하는 방법을 말한다.

① 의미변별 척도 : 관심대상 사물이나 현상을 염두에 두고 다양한 단어가 함축하는 의미를 평정하여, 그 사물이나 현상의 특성을 측정하는 척도이다.

② 강제선택형 척도 : 응답자들이 각 진술문에 대해 '매우 찬성, 찬성, 중립, 반대, 매우 반대'와 같은 5점으로 이루어진 선택 틀 중에서 하나의 답을 고르거나, 각 진술문들에 대해 '반드시 참이다'에서 '확실히 거짓이다'까지 이어지는 선택 중에서 하나의 답을 고르는 척도이다.

③ 리커트(Likert) 척도 : 매스 커뮤니케이션 조사연구에서 가장 보편적으로 이용되는 방식으로서, 5점 혹은 7점 척도로 이루어진 구성체에 관한 긍정과 부정의 의견을 담은 일련의 진술문들로 구성된 척도이다.

④ 거트만(Guttman) 척도 : 누적척도의 대표적인 형태로서, 태도의 강도에 대한 연속적 증가 유형을 측정하는 척도이다.

13 결과의 신뢰도는 투사적 검사보다 객관적 검사에서 높다.

투사적 검사의 장 · 단점

장 점	• 수검자의 독특한 반응을 이끌어 낸다. • 수검자의 방어적 반응이 어려우므로 솔직한 응답이 유도된다. • 수검자의 풍부한 심리적 특성 및 무의식적 요인이 반영된다. • 피검자의 반응이 다양하게 표현된다. • 의식화되지 않던 사고가 자극될 수 있다.
단 점	• 검사의 채점 및 해석에 있어서 높은 전문성이 요구된다. • 검사자나 상황 변인의 영향을 받아 객관성이 결여된다.

객관적 검사의 장 · 단점

장 점	• 신뢰도와 타당도 수준이 비교적 높다. • 검사의 시행 · 채점 · 해석이 용이하다. • 검사자나 상황 변인의 영향을 덜 받는다. • 검사자의 주관성이 배제되어 객관성이 보장된다.
단 점	• 사회적 바람직성(Social Desirability), 반응 경향성(Orientation), 묵종 경향성(Acquiescence)에 영향을 받는다. • 수검자의 감정이나 신념, 무의식적 요인을 다루는데 한계가 있다. • 문항 내용 및 응답의 범위가 제한된다.

14 표준화된 심리검사에서 검사자는 원칙적으로 검사요강의 지시문을 그대로 따라야 하며, 검사자가 임의로 지시문을 첨가하거나 자의적으로 해석하는 태도는 삼가야 한다.

15 카드 Ⅵ
• 이 카드는 무채색으로서, 평범반응은 양탄자 또는 동물가죽이다.
• 그림자 부분이 명확히 제시되어 다른 어떤 카드에서보다 그림자가 두드러지게 나타난다.
• 많은 사람들에 의해 성기의 상징으로 해석되므로 이른바 '성 카드(Sex Card)'라고 불리며, 이를 통해 수검자의 성에 대한 태도를 살펴볼 수 있다.
• 인간관계에서의 친밀성을 연상시키기도 하므로, 이를 통해 수검자의 대인관계에 대한 태도를 살펴볼 수 있다.

16 TAT의 기본가정(Bellak)
• 통각(Apperception) : 개인은 대상을 인지할 때 지각, 이해, 추측, 심상의 심리적 과정을 거쳐 대상에 대한 결론을 내린다. 이러한 과정에서 개인은 내적 욕구와 선행 경험을 토대로 새로운 지각에 대해 상상력을 발휘하게 된다.
• 외현화(Externalization) : 수검자는 전의식적 수준에 있는 내적 욕구와 선행 경험을 외현화 과정을 통해 의식화한다. 수검자는 반응시 즉각적으로 인식하지 못하더라도 질문 과정을 거치면서 그것이 자기 자신에 대한 내용임을 부분적으로 인식하기에 이른다.

- 정신적 결정론(Psychic Determination) : TAT를 비롯한 모든 투사적 검사는 자유연상의 과정을 포함하며, 검사결과의 해석에 있어서 정신적 결정론의 입장을 따른다. 즉, 수검자의 반응내용은 그의 역동적인 측면을 반영하므로, 수검자의 반응 모두 역동적인 원인과 유의미하게 연관된다는 것이다.

17 길포드(Guilford)의 지능구조

내용 차원 (사고의 대상)	시각, 청각, 상징, 의미, 행동
조작 차원 (사고의 과정)	평가, 수렴적 조작, 확산적 조작, 기억파지, 기억저장, 인지
결과 차원 (사고의 결과)	단위, 분류, 관계, 체계, 전환, 함축

18 스턴버그(R. Sternberg)의 삼원지능이론

성분적 지능	• 새로운 지능을 획득하고, 이를 논리적 문제의 해결에 적용하는 분석적 능력 또는 정보처리능력을 말한다. • 메타요소, 수행요소, 지식습득 요소를 포함한다.
경험적 지능	• 직관력과 통찰력을 통해 새로운 문제를 신속하게 처리하는 능력으로서 창의적 능력을 말한다. • 신기성(통찰력과 새로운 상황을 효과적으로 다루는 창의적인 능력)을 다루는 능력과 정보처리의 자동화능력을 포함한다.
상황적 지능	• 현실상황에 대한 적응 및 환경과의 조화를 이루는 융통적·실용적인 능력으로서, 실제적 능력을 말한다. • 환경에 적응하는 능력과 새로운 환경을 선택하는 능력을 포함한다.

19 K-WISC-Ⅳ는 3개의 소검사(토막짜기, 숫자, 선택)에서 7개의 처리점수를 제공한다.

20 대인관계에서 관여하고 공감하는 정도와 거절적이고 불신하는 정도를 평가하기 위한 척도는 대인관계척도 중 WRM(온정성)에 해당하는 설명이다.

PAI의 치료척도

AGG (공격성)	공격성, 분노, 적개심과 관련된 태도와 행동적 특징을 평가하기 위한 척도
SUI (자살관련)	죽음이나 자살과 관련된 사고 및 구체적인 계획 등에 관한 생각을 평가하기 위한 척도
STR (스트레스)	개인이 현재 경험하고 있거나, 최근에 경험한 생활 상황적 스트레스를 평가하기 위한 척도
NON (비지지)	사회적 관계의 가용성과 질을 포함한 지각된 사회적 지지의 부족을 평가하기 위한 척도
RXR (치료거부)	심리적·정서적 변화에 대한 개인적 관심과 관련된 속성과 태도를 평가하기 위한 척도

21 문항분석단계

예비검사 단계	일정한 검사상황에서 대략 5~10명의 수검자를 대상으로 수검과정에서의 느낀 점이나 예상치 못한 반응, 문항에 대한 잘못된 해석 가능성 등을 검토한다.
통계분석 단계	문항의 난이도, 변별도, 추측도 등에 대한 통계적 분석을 통해 구성된 문항들이 양질의 문항인지 확인한다.
문항선택 단계	문항의 적절성 여부를 통해 수검자의 특성을 유의미하게 반영할 수 있는 문항들로 검사를 구성한다.

22 ②·⑤ 지각추론, ③·④ 처리속도

K-WAIS-Ⅳ의 작업기억
- 숫자(Digit Span) : '바로 따라하기', '거꾸로 따라하기', '순서대로 따라하기'의 3가지 과제로 구성되며, 한 문항당 두 번의 시행이 포함된 각 8개의 문항으로 이루어져 있다.
- 산수(Arithmetic) : 총 34문항으로, 제한된 시간 내에 간단한 계산문제를 암산으로 풀도록 한다.
- 순서화-보충(Letter-Number Sequencing) : 숫자와 요일을 지시에 따라 순서대로 암기하도록 하는 과제로 구성되며, 한 문항당 세 번의 시행이 포함된 10개의 문항으로 이루어져 있다.

23 BGT검사는 도형을 모사하는데 특별한 시간제한을 두지 않는다. 벤더게슈탈트 검사(BGT ; Bender Gestalt Test)는 1938년 벤더(Bender)가 미국 정신의학협회(American Orthopsychiatric Association) 연구지에 「시각-운동 게슈탈트 검사 및 그 임상적 활용 A Visual-motor Gestalt Test and Its Clinical Use」이라는 논문을 통해 소개하였다.

24 인식기능 – 감각형(Sensing) / 직관형(Intuition)
이 선호지표는 정보의 인식 및 수집 방식에 있어서 경향성을 반영한다.

감각형 (S)	• 오감을 통해 직접적으로 인식되는 정보에 주의를 기울이고, 실제로 존재하는 것을 선호한다. • 실용적인 현실감각이 있으며, 실제 경험을 강조한다. • 현재지향적이며, 세부적이고 진지한 관찰을 수행한다. • 정확한 일처리를 강조하며, 숲보다는 나무를 보려는 경향이 있다.
직관형 (N)	• 육감을 통해 얻은 정보에 관심을 기울이고, 실제로 존재하는 것보다는 있음직한 것 혹은 있을 법한 것, 즉 숨어있는 의미를 알아차리는 것과 관련된 것을 선호한다. • 은유, 이상, 환상, 공상, 이미지 등과 연관된다. • 미래지향적이며, 아이디어를 강조한다. • 신속한 일처리를 강조하며, 나무보다는 숲을 보려는 경향이 있다.

25 로샤(Rorschach) 검사의 채점 – 반응영역

기 호	정 의	기준 내용
W	전체반응	반점 전체를 보는 경우
D	흔한 부분반응 또는 보통 부분반응	자주 사용되는 반점 영역을 보는 경우
Dd	드문 부분반응 또는 이상 부분반응	남들이 잘 보지 않는 부분이지만, 검사자의 판단상 그럴듯하게 보일 경우
S	흰 공간 부분이 사용되었을 경우의 공백반응 또는 간격반응	카드의 여백을 본 경우

필수과목 **04** 이상심리

01	02	03	04	05	06	07	08	09	10
⑤	⑤	②	⑤	③	④	④	②	④	⑤
11	12	13	14	15	16	17	18	19	20
③	④	④	④	①	⑤	③	④	⑤	④
21	22	23	24	25					
④	⑤	⑤	①	⑤					

01 ① DSM-5 체계에서 불안장애에 해당하는 것은 분리불안장애, 범불안장애, 공황장애, 선택적 무언증이다.
② 친구가 사고 당하는 것을 목격한 후 극심한 불안을 느끼는 것은 외상 후 스트레스 장애이다.
③ 강박장애와 밀접하게 연관된 방어기제는 고립, 대치, 취소, 격리 등이다.
④ 치매환자의 일반적인 지남력의 장애의 순서는 '시간 – 장소 – 사람' 순이다.

02 ① 꾀병은 의도적으로 증상을 만들거나 과장하는 목적을 지니고 있는 반면, 허위성 장애는 환자 역할을 하게 되는 것 이외에는 어떠한 현실적 이득이나 목적이 발견되지 않는다.
② 전환장애는 스트레스 요인이 동반되지 않을 때도 있으며, 보통 2주 이내의 짧은 기간에 증상이 완화된다.
③ 신체증상 장애는 일상에 중대한 지장을 일으키는 신체증상이 존재한다.
④ 질병불안 장애는 심각한 질병에 걸렸다는 집착이 6개월 이상 지속되는 것이다.

03 숫자 세기는 '강박행동'에 포함된다.

강박사고와 강박행동

강박사고 (Obsession)	• 심한 불안이나 곤란을 초래하는 반복적 · 지속적인 사고, 충동 또는 이미지들(침투적 사고)이 침입적이고 원치 않게 경험되며, 현저한 불안과 고통을 유발한다. • 그러한 사고, 충동, 이미지들을 무시하거나 억압하려고 노력하거나, 다른 사고나 행동으로 중화시키려고 노력한다.

강박행동 (Compulsion)	• 각 개인이 강박사고에 대한 반응으로서 해야만 한다고 느끼거나 엄격한 규칙에 따라 행하는 반복적인 행동(예 손 씻기, 순서매기기, 점검) 또는 정신적 행위(예 기도, 숫자 세기, 속으로 단어 반복하기)를 말한다. • 이같은 행동이나 정신적 행위는 불안 · 고통을 방지하거나 감소시키고, 무서운 사건이나 상황을 방지할 목적이어야 한다. 그러나 이러한 행동이나 정신적 행위는 현실상황에서 중화시키려고 계획된 실제적인 방법과는 관련이 없거나, 관련이 있더라도 명백히 지나친 것이다.

04 ㄱ. 조현성 성격장애 : DSM-5 성격장애의 분류 중 A군에 속한다. 그밖에 편집성, 조현형이 A군에 속한다. 조현형 성격장애는 조현성 또는 회피성 성격장애가 더 악화된 상태를 말한다.

ㄴ. 자기애성 성격장애 : DSM-5 성격장애의 분류 중 B군에 속한다. 그밖에 반사회성 성격장애, 연극성 히스테리, 경계선 성격장애, 자기애성 성격장애가 B군에 속한다.

ㄷ. 회피성 성격장애 : DSM-5 성격장애의 분류 중 C군에 속한다. 그밖에 의존성, 강박성, 회피성 성격장애가 C군에 속한다.

05 ① 아동성애 장애는 사춘기 이전의 아동(보통 13세 이하)을 대상으로 하여 성적 공상이나 성행위를 6개월 이상 반복적으로 나타내는 경우를 말한다.

② 성정체감 장애는 변태성욕장애에 해당되지 않는다. 노출장애, 관음장애가 이에 포함된다.

④ 복장도착장애에 관한 설명이며, 물품음란 장애는 무생물인 물건에 대하여 성적흥분을 느껴 집착하는 것을 말한다.

⑤ 관음장애는 대부분 15세 이전에 시작되며 만성화되는 경향이 있다.

06 급성 스트레스 장애의 각성 증상에는 수면 장해(Sleep Disturbance), 과잉 경계, 집중 곤란, 과도한 놀람 반응, 타인이나 물체에 대한 언어적 또는 신체적 공격으로 표현되는 과민한 행동과 분노 등이 있다.

07 ㄴ. 충동 또는 부주의 증상에 해당된다. 세부 사항에 주의를 기울이지 못하는 것뿐만 아니라 지시에 따르지 않는 것은 부주의 행동에 해당된다.

ㅁ. 뇌의 행동과의 관계에서 볼 때, 전두엽의 손상과 관계가 있다.

08 정신장애의 유형

삭제된 장애	신설된 장애
• 아스퍼거 장애 • 아동기 붕괴성 장애 • 정신분열증 하위유형 • 일반 의학적 상태로 인한 정신장애 • 성정체감 장애 • 주요 우울증 삽화의 사별배제 항목 삭제	• 자폐 스펙트럼 장애 • 저장장애(수집광) • 피부뜯기(피부벗기기) 장애 • 파괴적 기분조절곤란 (기분조절부전) 장애 • 월경전불쾌감 장애 • 폭식장애 • 중독장애 – 도박장애 • 초조성다리(하지불안) 증후군 • 회피적/제한적 음식섭취 장애 • 사회적 의사소통장애 • 성 불편증

09 품행장애

지나친 공격성, 타인을 해치는 행위, 자기 물건이나 남의 물건을 파괴하는 행동, 사기와 도둑질, 그 나이에 지켜야 할 규칙들을 빈번히 어기는 것 등을 특징으로 한다.

10 중독성 물질의 분류

흥분제	코카인, 암페타민(필로폰), 카페인, 니코틴
진정제	알코올, 아편, 모르핀, 헤로인
환각제	LSD, 메스칼린, 대마초, 살로사이빈, 엑스터시, 펜시클리딘
아편유사제 (Opioids)	아편, 코데인, 펜타닐, 헤로인, 하이드로 코데인, 메사돈, 모르핀

11 '음성 증상'에 관한 설명이다.

조현병의 증상

양성 증상 (Positive Symptom)	• 정상적 · 적응적 기능의 과잉 또는 왜곡을 나타낸다. • 도파민 등 신경전달물질의 이상에 의한 것으로 추정한다. • 스트레스 사건에 의해 급격히 발생한다. • 약물치료에 의해 호전되며, 인지적 손상이 적다. • 망상, 환각, 환청, 와해된 언어나 행동 등
음성 증상 (Negative Symptom)	• 정상적 · 적응적 기능의 결여를 나타낸다. • 유전적 소인이나 뇌세포 상실에 의한 것으로 추정한다. • 스트레스 사건과의 특별한 연관성 없이 서서히 진행된다. • 약물치료로도 쉽게 호전되지 않으며, 인지적 손상이 크다. • 무감동(감정적 둔마, 감소된 정서표현), 무언어증, 무의욕증 등

12 조현정동 장애는 정신분열증과 기분삽화(주요 우울 또는 조증 삽화)가 일정기간 동안 지속적으로 나타나는 경우를 말한다.

13 순환감정 장애(순환성 장애)
• 기분삽화에 해당되지 않는 경미한 우울 증상과 경조증 증상이 번갈아 가며 2년 이상(아동과 청소년의 경우는 1년 이상) 장기적으로 나타나는 경우를 말한다. 2년의 기간(아동과 청소년의 경우는 1년 이상) 동안 적어도 반 이상의 기간 우울 증상과 경조증 증상이 나타나야 하며, 아무런 증상이 없는 기간이 2개월 이하여야 한다.
• 조증 삽화, 경조증 삽화, 주요 우울증 삽화를 한 번도 경험한 적이 없어야 한다.

14 ① 언어장애는 일반적인 지능수준에도 불구하고 의사소통에 사용되는 말이나 언어의 사용에 결함이 있는 경우를 말하며, 증상의 기간과는 관계가 없다.
② 사회적 의사소통 장애는 DSM-5에서 처음으로 추가된 장애이다.

③ 수용성 언어장애가 있는 아동은 언어의 이해뿐만 아니라 표현에서도 결함을 보이며, 표현성 언어장애 아동은 일반적으로 언어의 이해는 문제가 없고, 단지 표현에만 문제를 갖는다.
⑤ 발화음장애(말소리장애)는 청각장애, 발성기관의 결함, 신경학적 장애. 인지장애와 같은 문제에 의해 유발될 수 있으나, 정서적 긴장과 불안, 사회적 상황에 대한 심리적 원인에 기인한 것일 수도 있다.

15 사회공포증(사회불안장애)에 대한 설명이며, 다른 사람에게 부정적인 평가를 받을지도 모른다는 불안과 함께 자신이 당황하게 되는 것에 대한 두려움을 느낀다.

16 신경인지장애의 진단으로 환자 자신, 환자의 상태를 잘 알고 있는 정보제공자, 또는 임상가가 기능의 유의한 저하가 있음을 보고 또는 표준화된 신경심리 검사결과, 또는 그렇지 못할 경우 수량화 할 수 있는 임상가 평정을 통해 지적 수행에서 실질적인 손상이 확인되어야 한다.

17 파괴적, 충동조절 및 품행장애의 하위유형으로 적대적 반항장애, 간헐적 폭발성 장애, 품행장애, 방화증, 도벽증, 반사회성 성격장애가 있다.

18 성격장애의 일반적인 진단기준은 개인이 속한 사회의 문화적 기대에서 심하게 벗어난, 지속적인 내적 경험과 행동 양식을 말한다. 이 양식은 인지, 정동, 대인관계 기능, 충동조절 중 2개(또는 그 이상) 영역에서 나타난다. 인지는 자신과 타인, 그리고 사건을 지각하고 해석하는 방식을 말하며, 정동은 정서반응의 범위, 강도, 불안정성, 그리고 적절성을 말한다.

19 사회적 의사소통 장애는 DSM-5에서 처음으로 추가된 장애로서, 인사하기나 정보 교환과 같은 사회적 목적을 위해서 맥락에 적절하게 의사소통을 하는데 어려움을 느끼는 상태를 말한다.

20 ① 인지적 입장에서는 신체상의 왜곡된 지각으로, 행동주의적 입장에서는 일종의 체중공포증으로 본다.

② · ③ 시상하부의 기능 이상으로 인한 설정점(Set Point)이 저하되고 엔도르핀이 상승한다.

⑤ 음식을 먹는 동안 음식섭취에 대한 통제력을 잃는 것은 신경성 폭식증에 관한 설명이다. 신경성 식욕부진증은 살을 빼려는 지속적인 행동, 체중 감소, 음식과 체중과 연관된 부적절한 집착, 살이 찌는 것에 대한 강한 두려움을 특징으로 한다.

설정점과 자가중독 이론
- 설정점 : '항상성'이라고도 불리며, 우리 몸이 특정 수준을 유지하려고 노력하는 일련의 경향을 말한다.
- 자가중독 이론 : 생물학적 입장으로 과도한 운동 뒤에 엔도르핀 수준의 증가로 신경성 식욕부진증 환자들은 입맛이 억제되고 긍정적 정서경험을 하는 의존성이 형성되어 절식행동과 과잉행동이 지속된다.

21 **DSM-5에서 임상적 주의가 필요한 기타 문제**
- 관계적 문제 : 가족 양육과 관련된 문제, 1차 지지집단과 관련된 기타 문제
- 아동학대와 방임 문제 : 아동 신체적 학대 확인/의심, 아동 신체적 학대와 관련된 기타 사항, 아동 성적 학대 확인/의심, 아동 성적 학대와 관련된 기타 사항, 아동 방임 확인/의심, 아동 방임과 관련된 기타 사항, 아동 심리적 학대 확인/의심, 아동심리적 학대와 관련된 기타 사항
- 성인 학대와 방임 문제 : 배우자나 동반자 신체적 폭력 확인/의심, 배우자나 동반자 신체적 폭력과 관련된 기타 사항, 배우자나 동반자 성적 폭력 확인/의심, 배우자나 동반자 성적 폭력과 관련된 기타 사항, 배우자나 동반자 방임 확인/의심, 배우자나 동반자 방임과 관련된 기타 사항, 배우자나 동반자 심리적 학대 확인/의심, 배우자나 동반자 심리적 폭력과 관련된 기타 사항, 배우자나 동반자가 아닌 사람에 의한 성인 학대 확인/의심 등
- 교육과 직업문제 : 학업이나 교육문제, 현재의 군대 배치 상태와 관련된 문제, 고용과 관련된 기타의 문제
- 주거와 경제문제 : 주거문제(노숙, 부적절한 주거, 이웃 · 세입자 및 임대주 등과의 불화, 기숙시설 문제), 경제문제(음식 · 식수부족, 극도의 가난, 적은 수입, 불충분한 사회보험이나 복지지원, 명시되지 않은 주거 혹은 경제문제)

- 사회환경과 관련된 기타 문제 : 생의 단계 문제, 혼자 살기와 관련된 문제(고아, 독신, 별거), 문화 적응의 어려움(이민, 군 입대), 사회적 배척이나 거부, 부정적 차별이나 박해의 표적(집단 괴롭힘, 공갈의 표적), 사회환경과 관련된 명시되지 않는 문제
- 범죄 또는 법체계와의 상호작용과 관련된 문제 : 범죄의 피해자, 불구속 상태의 민사 또는 형사소송에서의 유죄 판결, 구속 또는 기타의 구금, 출감과 관련된 문제, 기타 법적 상황과 관련된 문제
- 상담과 의학적 조언을 위한 기타 건강 서비스 대면 : 성 상담, 기타 상담 또는 자문
- 기타 정신사회적, 개인적 및 환경적 상황과 관련된 문제 : 종교적 또는 영적 문제, 원하지 않는 임신과 관련된 문제, 사회복지 제공자와의 불화, 테러나 고문의 피해자, 재앙 · 전쟁 및 기타 적대행위에 노출, 정신사회적 상황과 관련된 기타 문제
- 개인력의 기타 상황 : 심리적 외상의 기타 개인력, 자해의 개인력, 군대 배치의 개인력, 기타 개인적 위험 요인, 생활방식과 관련된 문제, 성인 반사회적 행동, 아동 · 청소년 반사회적 행동
- 의학적 치료 및 건강관리에 대한 접근과 관련된 문제 : 건강관리 기관이 없거나 가기 어려움, 기타 도움을 주는 기관이 없거나 가기 어려움, 의학적 치료를 멀리함

22 반복적인 수면 증상은 과다수면 장애에 해당된다.

23 '급속 순환성 양상 동반'은 양극성 및 관련 장애에 해당된다. 주요 우울장애는 '단극성 장애'라고도 하며, 양극성 장애로 설명되지 않아야 한다.

주요 우울장애에 동반되는 세부 유형
- 불안증 동반
- 혼재성 양성 동반
- 멜랑콜리아 양상 동반
- 비전형적 양상 동반
- 기분과 일치하는 정신병적 양상 동반
- 기분과 일치하지 않는 정신병적 양상 동반
- 긴장증 양산 동반
- 주산기 발병 양상 동반
- 계절성 양상 동반

24 ② 증상(Symptom) : 좁은 의미에서 환자가 호소하는 질병의 표현
③ 역학(Epidemiology) : 특정한 이상행동과 정신장애의 분포 양상에 관한 연구
④ 유병률(Prevalence) : 전체 인구 중 특정한 정신장애(예 우울증, 불면증)를 가진 사람들의 비율
⑤ 위험요인(Risk Factor) : 이상행동이나 정신장애의 발생 가능성을 증가시키는 어떤 조건이나 환경

25 수학 손상 동반의 경우, 수학적 추론의 어려움(양적 문제를 풀기 위해 수학적 개념, 암기된 연산값 또는 수식을 적용하는데 심각한 어려움)이 있는 것을 포함한다.

선택과목 01 진로상담

01	02	03	04	05	06	07	08	09	10
①	③	④	①	②	③	①	①	②	④
11	12	13	14	15	16	17	18	19	20
⑤	③	④	③	⑤	③	③	③	③	④
21	22	23	24	25
④	①	⑤	①	⑤

01 타인보다는 먼저 자신에 대한 올바른 이해를 확립하는 것이 청소년 진로상담의 목표에 해당한다.

02 인간중심 진로상담에서는 심리적 진단은 보조적 방법으로 사용한다.

03 ㄷ. 진로상담은 진로지도를 위한 수단의 하나로서, 개인의 진로발달을 촉진시키거나 진로과정을 돕는 활동으로 직업기술에 대한 훈련은 제공하지 않는다.

04 자기통제가 가능하게 하는 것은 특성-요인이론의 단점이 아니라 상담 목표에 해당한다.

05 홀랜드(Holland)의 인성이론에 대한 설명이다.

06 C-DAC(Career Development Assessment and Counseling) 모형은 수퍼(Super)의 발달이론의 개념을 사용하여 개발된 것이다.

07 ② 탐구적 유형은 정확하고 과학적이며, 지적인 사람들이 모여 있다.
③ 실재적 유형에 맞는 대표적인 직업은 기술자, 자동차 및 항공기 조종사, 정비사, 농부, 운동선수 등이다.
④ 사회적 유형의 특징은 친절하고 봉사적이며, 감성적이고 이상주의적이다.
⑤ 관습적 유형은 조심성 있고 세밀하며, 계획성과 책임감이 있다.

홀랜드(Holland)의 6각형 모델
일관성, 일치성, 차별성(변별성), 정체성, 계측성(타산성)의 차원에서 해석할 수 있다. 그 중 일관성은 유형들의 쌍이 얼마만큼 공통점을 가지고 있는지와 연관된 것으로써, 6각형 상에서 첫 두 문자가 서로 인접한 경우 일관성이 높은 것으로 보며, 반대로 서로 멀리 떨어져 있는 경우 일관성이 낮은 것으로 간주한다. 따라서 'RIE 코드'의 'RI'가 'RSE 코드'의 'RS'보다 더 인접해 있으므로, 일관성이 높다고 할 수 있다. 예를 들어, 'RI'는 높은 수준의 일관성, 'RA'는 중간 수준의 일관성, 'RS'는 낮은 수준의 일관성을 나타낸다고 볼 수 있다.

08 홀랜드(Holland) 이론에서는 성격만이 편파적으로 강조되어, 여러 가지 다른 중요한 개인적·환경적 요인이 도외시되고 있다.

09 초등학교 시기는 긴즈버그(Ginzberg)의 진로선택 3단계 중 '환상적 단계'에 해당하고, 수퍼(Super)의 이론에 따르면 '성장기'에 해당한다.

10 ㅂ. 수퍼(Super)의 생애진로발달 이론에서 가장 중요한 부분은 자기개념 이론으로서, 이는 개인의 속성과 직업에서 요구되는 속성을 고려하여 연결시켜 주는 것이라고 하였다.

11 민첩성은 직업성격적 측면의 성격양식 차원에 대한 설명이다.

다위스(R. Dawis)와 롭퀴스트(L. Lofquist)의 직업적응이론
- 직업성격적 측면 : 민첩성, 역량(속도), 리듬, 지구력
- 적응방식적 측면 : 융통성(유연성), 끈기(인내), 적극성, 반응성

12 ① 직업포부의 발달단계는 '힘과 크기 지향성(3~5세) → 성역할 지향성(6~8세) → 사회적 가치 지향성(9~13세) → 내적이며, 고유한 자아에 대한 지향성(14세 이후)'이다.
② 크롬볼츠(Krumboltz)의 사회학습이론에 대한 설명이다.
④ 갓프레드슨(L. Gottfredson)은 사람들이 공통적으로 가지는 직업의 이미지가 있으며, 그것은 비교적 인생의 초기단계에 형성된다고 보았다. 그것은 두 개의 축, '직업의 성별유형'과 '사회적 지위'로 구성되는 직업인지지도에 의해 확인된다고 보았다.
⑤ 사회인지적 진로이론에 대한 설명이며, 선택모형은 '흥미 – 목표의 선택 – 활동의 선택 – 수행 영역 및 성취'로 설명된다.

13 상담자는 면접과정에서 정서적인 문제들을 주의 깊게 살펴보아야 하며, 가치관을 평가하고 검사결과에 대해 해석하고 이야기를 나누어, 상담자의 우선순위가 높은 가치선택조건으로 생애역할 가치를 만족시키도록 한다.

14 재순환은 성장단계를 통해서 뿐만 아니라 업무변화에도 적용된다.

15 ㄴ · ㄹ 직업적응이론과 관련된 개념이다.
진로성숙도의 측정은 진로계획 '태도'와 진로계획 '능력'의 두 가지 지표를 포함하고 있다.

16 인지적 정보처리의 과정

의사소통 (Communication)	질문들을 받아들여 부호화하며 송출한다.
분석(Analysis)	한 개념적 틀 안에서 문제를 찾아 분류한다.
통합(Synthesis)	일련의 행위를 형성한다.
평가(Valuing)	성공과 실패의 확률에 관해 각각의 행위를 판단하고, 다른 사람에게 미칠 파급효과를 판단한다.
실행(Execution)	책략을 통해 계획을 실행한다.

17 현실적으로 가능한 직업을 선택하는 과정을 '타협'이라 한다.

갓프레드슨(L. Gottfredson), 티버스키(A. Tversky)
- 갓프레드슨(L. Gottfredson)의 포부의 제한과 타협은 자아발달의 과정에서 포부에 대한 점진적인 제한을 가하는 것이 직업선호를 결정한다는 것이며, 자신의 포부를 실현하고자 할 때 개인이 현실과 조화를 이루는 과정에 관심을 두었다.
- 티버스키(Tversky)의 관점에 따른 배제모델은 대안의 여러 특성들을 동시에 고려, 불확실한 상황에서 의사결정이 가능하도록 도우며, 많은 진로선택들을 줄여나가는 데 유용하다.

18 ③ 흥미에 기초하여 직업군집과 각 군집별 직업목록을 작성하였다.
① 아동기의 부모-자녀간의 관계에서 생긴 욕구가 직업선택에 영향을 미친다.
② 매슬로우(Maslow)의 욕구위계론을 바탕으로 할 때 가장 효율적이라고 보았다.
④ 로(Roe)는 직업군을 8가지로 분류하였다.
⑤ '환상기 – 잠정기 – 현실기'라는 진로발달에서의 3단계를 제시한 것은 긴즈버그(Ginzberg)이다.

19 ㄹ · ㅁ 상담단계에 해당한다.
윌리암슨(E. Williamson)의 상담모형 6단계
분석(ㄴ) → 종합(ㄱ) → 진단(ㄷ) → 예측 → 상담 → 추후지도

20 ㄱ. 관습형에 적합한 직업은 공인회계사, 경제분석가, 은행원 등이다.
ㄹ. MSQ(Minnesota Satisfaction Questionnaire, 미네소타 만족도 질문지)는 직무만족의 원인이 되는 일의 강화요인을 측정하는 도구로서 능력의 사용, 성취, 승진, 활동, 다양성, 작업 조건, 회사의 명성, 인간자원의 관리체계 등의 척도로 구성되어 있다.

21 ① 진로의사결정은 '인식단계 – 계획단계 – 확신단계 – 실행단계'로 이루어진다.
② 자신의 적성보다 부모님의 의견에 따라 진로를 결정하는 것은 '의존형'의 유형이다.
③ 해킷과 베츠(Hackett & Betz)의 자기효능감 이론이다.
⑤ 직업이 선택되는 구체적인 과정과 그 선택에 미치는 선행요소를 설명하는데 초점을 맞춘다는 점에서 '미시분석'이라 할 수 있다.

하렌(V. Harren)의 진로의사결정 유형

합리적 유형	자신과 상황에 대한 정확한 정보를 수집하고, 신중하고 논리적으로 의사결정을 수행해 나가며, 의사결정에 대한 책임을 자신이 진다.
직관적 유형	의사결정의 기초로 상상을 사용하고, 현재의 감정에 주의를 기울이며, 정서적 자각을 사용한다.
의존적 유형	의사결정에 대한 개인적 책임을 부정하고, 그 책임을 외부로 돌린다.

22 ㄷ. 해킷과 베츠(Hackett & Betz)의 사회인지 진로이론 : 자기효능감, 결과기대, 목표
ㄹ. 크롬볼츠(J. Krumboltz)의 사회학습 진로이론 : 유전적 요인과 특별한 능력, 환경적 조건과 사건, 학습경험, 과제접근기술

23 가치중심적 진로접근모형에 속한다.

사회인지 진로이론(SCCT ; Social Cognitive Career Theory)
여성의 진로발달을 설명하기 위해 자기효능감 이론을 도입한 논문에서 기원된 이론으로서, 자기효능감과 결과기대, 개인적 목표 등의 인지적 측면과 진로와 관련된 개인 특성, 환경 그리고 행동요인들을 이론적 틀 안에 포함시키고, 이들 간의 관계를 설명하는 데 기여한 이론이다.

24 진로의사결정에서 인지적 영역이 중요하지만, 그 과정에서 정의적(Affective)인 측면도 인정되므로, 진로선택은 인지적 과정과 정의적 과정의 상호 작용의 결과이다.

25 대표적 이론은 반두라(Bandura)의 사회학습이론을 토대로 한 해킷과 베츠(Hackett & Betz, 1981)의 자기효능감 이론이다.

선택과목 02 집단상담

01	02	03	04	05	06	07	08	09	10
⑤	④	④	④	④	④	③	②	⑤	⑤
11	12	13	14	15	16	17	18	19	20
④	④	③	②	②	③	①	②	⑤	⑤
21	22	23	24	25					
②	④	⑤	①	①					

01 ⑤ 집단의 속성으로는 공동목표, 집단원의 의욕과 참여, 집단규준의 발달, 역동적 상호작용, 자기 지도를 위한 능력이 있다.
① 문제가 위급하고 원인과 해결방법이 복잡한 경우 개인상담이 필요하다.
② 초보 집단상담자가 실시하기에 상대적으로 용이한 집단상담의 형태는 구조적·폐쇄적·동질적 집단이다.
③ 집단이 갈등단계를 넘어서면 부정적인 감정이 극복되고, 조화롭고 협력적인 집단 분위기가 발전되면서 점차 집단원들 간에 응집력이 발달하게 된다.
④ '집단 역동성'에 대한 설명이다.

02 '초기단계'에서의 과제이다.

03 집단에서의 감정표출 경험을 적절한 조치 및 지도 없이 일상생활에 그대로 적용해 보도록 권유한다면 오히려 내담자에게 부정적인 효과가 나타날 수 있다.

04 집단상담자는 집단상담에 대해 전문적인 교육과 훈련과정을 이수하고, 일련의 임상실습을 마친 전문가이다. 집단상담자가 검증되지 않은 기법과 운영방식을 상담에 적용하는 것은 또 다른 문제를 야기할 수 있다.

05 ㄱ. 집단상담자의 비언어적 메시지는 언어적 메시지만큼 큰 영향력을 갖고 있기 때문에 신뢰를 형성하는 데 도움을 준다.
ㄷ. '자기개방'은 자신에 대해 이해하고 수용한 자신을 그대로 나타내 보이는 것으로써, 타인의 개방을 촉진시켜 상호 이해의 폭을 넓히고, 친밀한 유대를 유지할 수 있다. 특히, 스트레스 상황에서 친밀한 유대는 정서적 지지, 편안함, 안정감을 제공한다.

06 ④ 타인의 행동에 대해 자신의 반응을 상호 간에 솔직하게 이야기해주는 피드백 과정이다.
①·②·③·⑤ 직면하기 기법에 대한 옳은 설명이다.

07 **집단원의 기본 권리**
• 집단에 참여할 권리
• 비밀보장을 받을 권리
• 집단을 탈퇴할 권리
• 개인정보를 보호받을 권리
• 말할 내용의 선택의 권리
• 집단에 관한 충분한 사전 안내를 받을 권리

08 ② '폐쇄적 질문'은 대답할 수 있는 범위를 한정하여 그 범위 내에서만 대답을 요구하며 위기상황에 유용하게 쓰인다.
① '집단치료'에 대한 설명이다. 집단상담은 비교적 정상범위에 속하는 사람들을 대상으로 한다.
③ 경청의 요소는 청취, 이해, 반응, 기억이다.

④ 긍정적 감정뿐만 아니라 부정적인 감정까지도 솔직히 자신을 드러냄으로써 응집력이 발달할 수 있다.
⑤ 집단간 피드백 및 직면이 가능하게 되는 단계는 '생산단계'이다.

09 ① 초등학생의 집단상담 시간은 1회 30분 정도가 좋으나, 고학년들은 45분 정도도 괜찮다.
② 청소년 초기에는 성적인 정체감에 몰두하여 다른 동성의 또래들과 비교하려는 욕구가 강하므로, 혼성집단보다는 동성집단이 더 바람직하다.
③ 집단상담 진행과 관련한 상담자의 정보를 제공한다.
④ 대부분의 전문가들은 5~15명의 범위 안에서 특히 7~8명을 이상적인 수라고 보고 있다.

10 ① 집단원의 비합리적 신념을 능동적이고 지시적으로 도전하여 논박한다.
② 행동주의 집단상담에 대한 설명이다. 합리정서행동(REBT) 집단상담은 인지적이고 활동적이며, 지시적인 교육방법을 주로 사용한다.
③ 해결중심 단기치료에 해당한다.
④ 의사소통 가족상담모델에 대한 설명이다.

11 ㄹ. 게슈탈트 기법에는 뜨거운 자리, 순회하기, 신체활동 과장하기, 빈 의자 기법, 꿈 작업, 환상 대화, 반전기법 등이 있다.

12 ① 집단원이 내면화 작업으로 침묵한다면, 집단원 중에 함께 나누고 싶은 마음을 전한다.
② 집단 초기에 성급한 해석을 내리는 경우 침묵하는 집단원이 더 방어적으로 나올 수 있으므로 유념해야 한다.
③·⑤ 침묵하는 중에도 많은 느낌과 생각이 진행될 수 있기 때문에 침묵이 진행되는 동안 압박감을 느끼지 않도록 해야 하며, 집단원이 스스로 침묵을 깨고 발언하도록 기다려주어야 한다. 또한, 집단원이 침묵에 대해 아무리 압박감을 느낄지라도 지도자인 자신이 먼저 말해야 한다는 압박감을 느끼지 않아야 한다.

13 ③ 청소년들은 모호한 집단상황에 부담을 느끼므로, 회기 내용을 구체화하여 진행하도록 한다. 일반적으로 구조적 집단상담은 역동적인 활동을 많이 하므로 활동적인 청소년에게 좋다.
① 청소년은 또래의 영향을 많이 받기 때문에 집단원의 피드백을 적극 활용한다.
② 남성과 여성의 공동상담자 형태는 집단원에게 성역할 모델을 제공한다.
④ 진로와 학습을 주제로 하는 집단상담에서는 교육이나 지도 형태로 진행하는 것이 좋다.
⑤ 일반적으로 청소년 집단상담이 성인 집단상담에 비해 집단상담자의 적극적인 역할과 자세가 요구된다.

14 ㄷ. '정화(Catharsis)'에 대한 설명이다.
ㄹ. 다른 집단원들에게 자신의 약점을 기꺼이 드러내면서 집단활동에 적극적으로 참여하는 자세는 변화에 필수적이다.

15 ㄴ. '전이'에 대한 설명이다. '해석'은 내담자가 새로운 방식으로 자신의 문제들을 돌아볼 수 있도록 사건들의 의미를 설정해 주고, 자신의 문제를 새로운 각도에서 이해할 수 있도록 그의 생활경험과 행동, 행동의 의미를 설명하는 것이다.
ㄹ. 집단원에게 무의식적 감정과 동기에 대해 통찰하도록 하기 위해, 마음속에 떠오르는 것을 의식의 검열을 거치지 않은 채 표현하도록 격려한다. 논리적 맥락에서 벗어나지 않게 되면 집단원의 감정과 경험이 억압될 수 있다.
ㅁ. '버텨주기'와 '간직하기'는 상담자가 내담자에 대해 품는 따뜻한 배려이다.

16 '주지화'란 정서적으로 위협이 되는 상황을 추상적이고 지적인 용어를 사용함으로써 초연하게 보이려는 시도를 말한다. 집단원이 주지화의 특징을 보이면, 집단상담자는 정서적인 면과 연결지어 감정을 표현하도록 촉진하는 것이 바람직하다.

17 ㄴ. '행동계약'은 일정한 목표를 정해놓은 후 그 목표의 달성여부에 따라 강화물을 제공하는 기법이다.

ㄷ. 홍수법은 공포의 대상에 지속적으로 노출시킴으로써 결국에는 그 공포를 극복하게 되는 기법이다. 바람직하지 못한 행동에 강화를 주지 않음으로써 그 출현빈도를 줄이는 기법은 소거이다.
ㅁ. 집단상담자는 집단원 스스로 집단규범 또는 집단원들의 행동기준을 설정하고 따르도록 집단원들을 적극적으로 교육한다.

18 ㄴ. 집단상담 이후 상담자는 모든 집단원들에게 분리 감정을 충분히 토로하게 하여, 자신감을 가지고 떠날 수 있게 해야 한다.
ㄷ. 집단원들과 함께 지금까지 진행되어 온 집단과정을 되돌아보는 한편, 실생활 적용에 대해서도 토의한다.

19 '구조분석'에 대한 설명이다. '게임분석'은 숨겨진 일련의 암시적·이중적 의사거래를 분석하는 것으로서, 암시적인 의사교류를 게임의 종류 및 만성부정감정의 유형과 연관지어 분석한다.

교류분석 집단상담의 특징
• 교류분석에서 가장 기본적인 개념이 성격구조의 3가지, 부모·어른·어린이 자아상태이다.
• 집단원들이 각자 자신의 자아상태 거래 양식의 특성을 이해하고 집단원들이 건설적인 인생각본을 설계하도록 돕는다.

20 **개인심리학 집단상담**
아들러(Adler)에 의해 개발된 성격이론과 심리치료 이론체계이다. 그는 인간을 총체적이고 창조적이며, 책임 있고 통합적인 존재로 보았다. 아들러는 인간을 사회적인 존재로 파악하며, 모든 인간의 행동은 열등감을 극복하고 우월성을 성취하려는 방향을 취한다고 주장하였으며, 인간의 행동을 목적적이고 목표지향적이라고 보았다. 아들러에 의하면, 인생의 목표는 인간을 동기화시키며, 특히 열등감은 우리에게 지배성·우월성·완전성을 추구하도록 동기화시킨다는 것이다.

21 행동주의 집단상담에 관한 설명이다. 행동주의 집단상담에서 개인이 학습한 행동은 환경과의 상호작용, 특히 의미 있는 다른 사람들과의 상호작용의 결과라고 보았다.

22 심리극의 구성요소

주인공	심리극 공연의 주체가 되는 사람으로 각본에 따른 연기가 아닌, 자신의 실생활을 자발적으로 묘사하는 것이다.
보조자아	극 중 주인공의 상대역을 하고, 주인공의 역할이나 연출자 역할만큼이나 극의 진행에 실질적인 부분을 차지한다.
연출자	주인공이 자신의 문제를 탐구하기 위해 심리극을 할 수 있도록 극을 이끌어가는 사람이다. 집단지도자, 치료자, 교사 또는 상담자로 일하고 있는 사람이 맡으며, 주인공이 자신을 드러낼 수 있도록 분위기를 조성한다.
무 대	행동표현이 일어나는 장소이며, 심리극을 위한 수단이 되며 생활의 표현과 자기 자신의 문제를 펼치는 장소이다.

23 '진실성과 정보개방의 원칙'이란 상담자가 내담자에게 진실된 태도를 유지해야 하며, 관련 정보는 공개해야 한다는 것이고, 사생활 보호와 비밀보장의 원칙이란 내담자의 인격과 사생활 보호를 위해 내담자의 비밀이나 사생활은 보호되어야 한다는 것이다.

24 우볼딩(Wubbolding)의 WDEP 체계과정

제1단계 Want(바람)	• 자신이 원하는 것을 정확하게 이해할수록 그것을 얻을 수 있는 가능성도 높아진다. • 자신이 진정 원하는 바람이 무엇인지 적어보고, 가장 원하는 것부터 상대적으로 덜 중요한 바람까지 순서를 정해보고, 각각의 바람이 얼마나 실현가능한지도 생각해본다.
제2단계 Doing(행동)	• 현재 자신의 행동을 관찰한다. • 하루의 일과를 꼼꼼히 리뷰해보고, 다른 사람들과 어떻게 소통하고 있으며 시간은 어떻게 사용하고 있는지 등을 확인한다.
제3단계 Evaluation (자기 행동 평가)	• 두 번째 단계에서 관찰한 자신의 행동들이 자신에게 어떤 도움 혹은 해가 되는지 평가한다. • 현재의 행동들이 자신이 진정으로 원하는 것을 얻는데 도움이 되는지 또는 해가 되는지 자기평가를 한다.
제4단계 Planning(계획)	• 자신이 진정으로 원하는 것을 얻을 수 있도록 새로운 계획을 세운다. • 계획은 구체적이고(언제, 무엇을, 어디서, 얼마나 할 것인가) 현실적이어야 하며, 즉시 실행할 수 있는 것이어야 한다(오늘 당장 할 수 있는 일은 무엇인가?). • 반복해서 할 수 있는 계획을 세우는 것이 좋다.

25 ② 친밀할수록 쉽게 상호작용하여 긍정적인 관계를 맺을 수 있으나, 오히려 자기 개방을 방해할 수도 있다.
③ 집단이 유지되기 위해서 집단은 동질적이면서 이질적이어야 한다.
④ 사전면접은 일대일 면접을 실시하여 학생이 집단의 특성과 목적에 적절할지를 평가한다.
⑤ 집단상담은 정상 범위에서 심하게 일탈하지 않는 사람들을 대상으로 이루어진다. 정신병자나 심각한 정서적·성격적 문제를 가지고 있는 사람은 제외된다.

01	02	03	04	05	06	07	08	09	10
⑤	⑤	⑤	⑤	①	①	③	③	②	③

11	12	13	14	15	16	17	18	19	20
②	②	②	②	④	①	④	③	③	①

21	22	23	24	25
②	②	③	④	③

01 ㄱ. 가족상담이란 가족을 별개의 독립된 존재가 아닌 하나의 체계로 보며, 그 체계 속의 상호 교류 양상에 개입함으로써 개인의 증상이나 행동에 변화를 가져오도록 추구하는 접근방법이다.
ㄹ. 가족상담의 초점은 내담자의 문제해결을 위해서 내담자의 가족관계나 맥락을 일차적으로 고려한다.

02 정적 피드백은 현재의 상황이 더욱 활성화되도록 만들어 주는 과정이므로 일탈을 상승시킨다. 반면, 부적 피드백은 환경이 변할 때 가족을 원래의 평형 상태인 일정한 체계를 유지하도록 체계의 일탈을 최소화하는 과정이다.

사이버네틱스(Cybernetics) 이론
• MIT 공대의 수학자인 위너(N. Weiner)에 의해서 개발된 이론이다.
• 가족치료에 있어서 사이버네틱스는 기계의 자동제어장치 원리를 가족체계에 도입·응용한 것이다.
• 피드백 망(Feedback Loops)이라는 제어체계가 있다.
• 사이버네틱스 이론은 항상성(Homeostasis)을 추구하고 있는데, 이는 프로이트(Freud) 이론에 저항성을 가지고 만들어진 것으로서, 평형·균형(Equilibrium)과 같은 맥락의 것이다.

03 상담자는 자신의 개입이 가족에게 도움이 된다고 판단되는 경우에만 상담의 관계를 지속해야 하고, 종결에 대한 가족의 욕구는 존중되어야 한다. 상담자는 가족상담의 종결 전에 목표달성의 여부, 변화의 여부 등을 전반적으로 평가하고, 추후 상담계획도 평가에 포함되어야 한다.

04 ① 다양성 존중 : 상담자는 내담자의 연령, 성별, 인종, 종교, 성적 선호, 장애 등을 이유로 내담자를 차별하지 않는다.
② 고지된 동의 : 치료를 시작하기 전 내담자로 하여금 자신의 권리와 책임에 대해 충분히 이해한 상태에서 치료에 동의하도록 하는 절차를 말한다.
③ 이중관계 금지 : 상담자는 객관성과 전문적인 판단에 영향을 미칠 수 있는 다중관계는 피해야 한다. 특히, 상담자가 내담자의 상사이거나 지도교수 혹은 평가를 해야 하는 입장에 놓인 경우라면, 그 내담자를 다른 전문가에게 의뢰해야 한다.
④ 내담자의 자기결정권 존중 : 상담자는 내담자가 책임 있는 결정을 내릴 수 있도록 도와야 한다.

05 **생태체계 이론**
• 브론펜브레너(U. Bronfenbrenner)가 개발한 이론으로 생태학 이론과 일반체계 이론의 두 개념을 포함한다.
• 인간과 환경 간의 상호작용을 강조하며, 환경과 인간을 하나의 총체로 간주한다.
• 인간발달단계에 대해 거시적인 접근을 하는데 거시체계는 미시체계, 중간체계, 외적체계를 포함한다.
• 개인이 속한 사회의 이념이나 제도, 즉 정치, 경제, 문화 등의 광범위한 사회적 맥락을 의미한다.

06 ② 분화지수에서 '100'은 가족으로부터의 완전한 독립을 의미한다.
③ 스트레스를 받을 때 더 유연하고 현명하게 사고하는 사람은 자아분화가 높은 사람이다.
④ 보웬은 삼각관계를 가장 불안정한 관계체계로 보았으며, 실제로 삼각관계가 불안이나 긴장, 스트레스를 감소시키는 데 일시적인 도움은 줄 수 있지만, 가족의 정서체계를 혼란스럽게 만들어 증상을 더욱 악화시키는 것으로 보았다.
⑤ 보웬 가족치료의 목표는 불안을 감소시키고 자아분화를 증가시키는 것으로서, 자기분화는 치료목표인 동시에 성장목표이다.

07 긍정적 의미부여(Positive Connotation)는 밀란(Milan)학파의 가족치료기법으로서, 가족들이 가지고 있는 증상행동이나 다른 성원들의 행동을 긍정적으로 재해석하는 것을 말한다.

08 개방 체계에서는 네겐트로피가 높다. 네겐트로피는 엔트로피와 반대의 경향으로서, 이는 체계 속에서 질서와 법칙성을 유지시키며, 체계를 유지하고 발전을 도모하여 생존하는 힘이 된다.

09 ㄷ. 2차적 사이버네틱스를 토대로 발전되었다.
ㄹ. 상담자는 관찰자이며, 내담자는 관찰대상이라는 고정된 관계를 변화시켰다.

10 ㄱ. MRI의 단기치료센터에서 활동했던 김인수·드 세이저 등이 위스콘신 주의 밀워키에 단기가족상담센터를 설립하면서 발전하게 되었다.
ㄹ. 밀란의 체계모델에 대한 내용으로 자녀는 부부 간의 표출되지 않은 적대감의 희생양으로 보고, 관심의 초점을 역기능적인 부부관계로 옮긴다.

11 ㄱ. 밀란 모델은 헤일리의 전략적 가족치료와 MRI의 단기 가족치료이론을 바탕으로 하였다.
ㄷ. 모든 행동을 내면이나 감정에 연결짓지 않고, 가족체계 내의 행동연쇄과정의 일부로 이해한다. 즉, 문제해결은 관계 내에서 일어나야 한다.

12 ㄱ. 내담자의 주관적인 체험과 경험을 중시한다.
ㄴ. 치료과정에서 변화가 자신과 조화를 이루고, 자리를 잡기 시작하면서 새로운 자신의 일부가 되는 통합의 단계는 5단계이다.
ㅁ. 가족의 역기능 체계를 개방적이고 건강한 기능체계로 바꾸는데 기여하는 기법이다.

13 **구조적 가족치료의 상담기법**
• 합류를 촉진하는 방법 : 적응하기, 추적하기, 흉내내기(모방하기)
• 교류의 창조 : 실연화, 구조화(계획화)

• 교류의 재구성 : 재정의, 긴장고조, 과제부여, 증상활용(예 증상에 초점두기, 증상을 강화하기, 증상을 의도적으로 등한시하기, 증상에 새로운 명칭붙이기, 증상 유지)

14 ㄱ. 가족 내에서 세대, 성, 흥미 등에 따라 형성되며, 개인은 동시에 여러 개에 속하여 각각의 역할과 권력을 가지게 된다.
ㄷ. 건강한 부모 – 자녀 하위체계는 위계구조를 확립하는 것이며, 그렇지 못할 경우 역기능적으로 될 가능성이 크다.
ㄹ. 건강한 가족에서는 부모 하위체계와 부부 하위체계가 분리되어 존재한다.

15 새로운 가족에 적응하도록 외할머니와 협력관계를 유지하기 위한 방법 모색이 필요하다. 연합은 두 사람이 제3자에 대항하기 위해 제휴하는 관계를 말한다.

16 ② 여러 세대에 걸친 가족정서 과정을 탐색한다.
③ 가계도를 분석하는 4가지 범주 및 차원
• 결혼상태 및 형제 순위 같은 가족구성과 구조
• 생활주기에 따른 변화와 적응
• 세대를 통해 반복되는 유형
• 가족구조나 역할에서의 균형 및 불균형
④ 보웬 치료의 목표는 자기(자아)분화이며, 이는 독립성과 연결성이 균형 잡힌 심리적 통합인 동시에 개인이 타인과 건강한 접촉을 유지할 수 있는 능력을 의미한다.
⑤ 자아분화 수준이 낮은 사람은 합리적으로 의사결정을 하지 못하며, 감정반사적인 행동수준에 머무른다.

17 ㄱ. 가족이 함께 작품을 만들어 가도록 하는 방법은 '합동가족화'이며, '동적가족화'는 가족이 무엇인가 하고 있는 그림을 통해 가족집단의 역동관계를 파악하는 방법이다.
ㄷ. 가계도에 구성원의 성, 연령, 병력 외에도 감정적 관계가 표시되어 있으면 역동적인 양상을 파악할 수 있다.
ㅁ. 관찰과 면접으로 가족 상호작용의 반복적 연쇄과정을 파악한 후 역기능적 연쇄과정을 수정할 수 있다.

18 가장기법(위장기법)
- 긴장상황을 조성하고 반항심을 유발하는 대신에, 놀이를 하는 기분으로 저항을 우회한다. 예컨대, 분노·발작 증상을 나타내는 자녀에게 '헐크놀이'를 하도록 지시한다.
- 아이가 성공적으로 헐크 흉내를 내면, 부모는 자녀를 돕는 것처럼 행동한다. 분노·발작도 위장, 걱정도 위장이기 때문에 가족상황은 긴장되고 심각한 싸움에서 쾌활한 가상적 게임으로 변형된다.

19 가족원들의 재접속(Rejunction)을 통해 관계를 개선하는 것에 목표를 둔다. 맥락적 가족치료의 장점은 자신의 가족에게 일어난 부정적 연결고리에 대한 통찰을 통해 용서와 관대함이 이루어지게 되고, 이러한 부정적 채무가 정지될 때 높은 치료 효과를 볼 수 있다.

20 ② 문제해결을 위해 부부가 변화하는 방향으로 목표를 설정한다.
③ 자신과 배우자의 원가족 및 친구와의 관계를 재정비하는 단계는 결혼적응기이다.
④ 부부간 합의에 의한 종결이 불가능할 수도 있다.
⑤ 원가족이나 가족구성원이 제시하는 내용도 고려하여야 한다.

21 ② 초이성형 : 조용하고 침착하나 행동의 폭이 매우 좁다. 다른 사람과 대화할 때 바른 말들만 하며, 말의 속도는 대단히 느리다.
① 가족규칙 : 시간에 걸쳐 가족행동을 제한하는 관계상의 합의를 말한다.
③ 독특한 결과 : 이야기를 하는 가운데 맞이하는 새로운 경험을 말한다.
④ 척도질문 : 문제의 심각성 정도나 치료 목표, 성취 정도의 측정 등을 수치로 표현한 질문이다.
⑤ 산만형 : 의사소통에서 다른 사람의 말과 행동에 상관없이 행동하는 것을 말한다.

22 ①·③·④ 전략적 가족상담모델에 대한 설명이다.
⑤ 문제나 증상에 대해 반결정론적 시각을 가진다.

구조적 가족상담의 수퍼비전
- 가족의 구조 변화를 위해 어떻게 효율적으로 접근했는지 본다.
- 가계도를 통하여 가족구성원 간 경계 등을 탐색하도록 한다.
- 가족구성원이 보여주는 사고와 행동에서 구조 패턴을 보도록 한다.
- 가족의 잘못된 구조 패턴을 발견하고 이를 해결하기 위해 새로운 구조 패턴을 탐색하게 한다.
- 가족구조를 파악하기 위해서는 행동을 관찰하게 하여야 한다.

23 내담자는 치료자 - 내담자 관계유형 중에 방문형(Visitor Type)이다. 방문형은 치료 받아야 할 필요성이나 문제해결 동기가 약한 사람으로, 일반적으로 배우자·부모·교사에 의해서 의뢰받는다. 이런 경우 첫 회기 때에는 상담에 온 것을 칭찬해 주고, 다음에 또 오도록 격려해 주어야 한다.

24 이야기치료에서 인간의 정체성은 주변 사람, 사회제도, 더 큰 권력과의 관계 속에서 만들어지는 것이므로, 청소년기에 형성되더라도 그 정체성이 개인에게 부정적 영향을 미치는 경우에는 해체작업을 통해 그 억압적 영향을 약화시킬 수 있을 것이라고 가정한다.

25 불변 처방은 밀란모델의 치료기법이다(파라졸리, 프라타).

선택과목 **04** 학업상담

01	02	03	04	05	06	07	08	09	10
④	⑤	④	②	②	①	⑤	④	①	⑤
11	12	13	14	15	16	17	18	19	20
③	⑤	③	②	③	③	①	②	①	②
21	22	23	24	25
----	----	----	----	----
④	③	②	③	③

01 ㄱ. 호기심 어린 질문을 하는 단계는 제3단계로서, 긍정적 관심과 내용관련 지식의 축적이 이루어지며, 호기심 어린 질문을 하게 되는 초기단계이다.

하이디(Heidi)와 레닝거(Renninger)가 제시한 흥미발달 단계
• 제1단계 : 상황적 흥미의 촉발
• 제2단계 : 상황적 흥미의 유지
• 제3단계 : 개인적 흥미의 등장
• 제4단계 : 개인적 흥미로 자리잡음

02 학습부진아는 대인관계에 있어 거절감이나 고립감을 느끼기 쉽고, 무관심하거나 비판적이다.

학습과진아와 학습부진아
• 학습과진아는 학업 지향적인 반면, 학습부진아는 사회 지향적이다.
• 학습과진아는 불안이 덜한 반면, 학습부진아는 상대적으로 불안수준이 높은 편이다.
• 학습과진아는 목표에 대해 현실적인 반면, 학습부진아는 목표에 대해 비현실적이다.
• 학습과진아는 자신을 수용하고 낙관적인 반면, 학습부진아는 자기 비판적이고 부적절감을 가진다.

03 ① 잠재력에 비하여 학업성취 수준이 현격하게 뒤떨어지는 아동을 학습부진아라 한다.
② 개념적 유사성과 관념화는 두뇌의 좌반구와 연관된 기능이다. 그림과 패턴의 감지, 공간통합, 얼굴인지가 두뇌의 우반구와 연관된 기능이다.
③ 동기, 자아개념, 흥미, 불안은 정의적 요소이며, 지능은 인지적 영역이다.
⑤ 학습지진은 지적능력의 저하로 학습 성취가 뒤떨어지는 것을 말한다.

04 학습된 무력감 상태에서는 자신이 할 수 있는 통제에 대한 지각을 인지적으로 왜곡시킴으로써 상황을 개선하고자 하는 의지를 상실하거나 결과를 통제하려는 동기를 감소시킨다.

학습된 무력감(Learned Helplessness)
• '학습된 무력감'을 최초로 제안한 학자는 셀리그만(M. Seligman)이다.
• 자신이 통제할 길이 전혀 없는 스트레스를 오랜 기간 받거나 계속해서 실패할 경우, 반복된 실패 경험이 상황에 대한 통제성 상실을 초래한 상태이다.
• 자신이 할 수 있는 통제에 대한 지각을 인지적으로 왜곡시킨다.
• 위와 같은 이유로 상황을 개선하고자 하는 의지를 상실하거나 결과를 통제하려는 동기를 감소시킨다.
• 반응과 혐오적인 결과 간에 비수반성(Non-Contigency) 인지를 학습하는 것으로, 행동과 그 결과 사이에 관련이 없다고 인식될 때 나타난다.
• 통제 불가능한 상황에서 혐오자극의 반복적 노출로 발생할 수 있다.

05 절차적 지식이란 특정한 것을 행하는 '방법'에 대한 지식으로서, 여러 가지 기호나 상징을 사용하여 환경과 상호작용할 수 있는 능력을 말하며 학습전략에 포함된다.

06 ㄷ · ㅁ 지적장애는 18세 이전에 발병하고, 지능검사 결과 지능지수 70 혹은 그 이하이면서 행동적응력이 낮아 교육수행능력이 불리한 장애를 말한다.
ㄹ. 지적장애 아동은 다른 사람과 상호작용도 부족하고 빈약한 자아개념으로 사회성 발달에 어려움이 있다. 실제적인 적응행동의 결함으로 신변처리기술이나 사회적 관계와 행동에 제한성을 가진다.

07 ⑤ 학업상담 시 가장 먼저 취할 수 있는 접근으로 문제점을 파악하여 내담자의 기대수준을 파악하고 조절해 준다.
① 학업상담은 본인보다 교사의 추천이나 요구에 의해 개시된다.
② 기초학습기능검사는 인지적 요인을 측정하는 것이다.

③ 상담관계에 대한 구조화에는 상담자의 역할, 내담자의 역할, 관계의 성격 등이 포함된다.

④ 브레인스토밍(Brainstorming)에서는 어떠한 내용의 발언이라도 그에 대한 비판을 해서는 안 되며, 오히려 자유분방하고 엉뚱하기까지 한 의견을 출발점으로 하여 아이디어를 전개시켜 나가도록 하고 있다. 이를테면, 일종의 자유연상법이라고도 할 수 있다.

08 ④ 콜먼(J. Coleman) : 가정의 사회경제적 지위(부모의 교육수준, 부의 직업, 가족 수입 등)가 학생의 학업성취에 미치는 영향은 절대적이며, 이에 비해 학교의 물리적 환경, 교사의 질 등 학교요인은 그 영향력이 상대적으로 미미하다고 주장하였다.

① 와이너(Weiner) : 귀인이론 → 성공이나 실패에 대해 자신의 행동에 대한 원인을 귀속시키는 경향성에 대한 이론이다.

② 실버(A. Silver), 하긴(R. Hagin), 듀언(D. Duane) : 학습문제와 관련된 요인으로 인지적 · 정의적 · 환경적 요인으로 구분하였다.

③ 드 보노(de Bono) : PMI기법 → 어떤 아이디어나 제안을 다룰 때 열린 마음의 태도로 다루게 하는 기법, 수렴적 사고와 주의집중에 적절한 다각적 발상 기법이다.

⑤ 벤더(Bender) : 학생의 주의집중 향상을 위해 교사가 사용할 수 있는 전략을 제시하였다.

09 한국판 학습장애평가척도(K-LDES)는 주의력, 생각하기, 말하기, 읽기, 쓰기, 철자법, 수학적 계산을 통해 아동의 학습문제를 진단하는 것이다.

10 ① 한국교육개발원 기초학습기능검사 : 유치원부터 초등학교 6학년에 이르는 학생들을 대상으로 기초능력 정도를 평가하는 검사이다.

② BGT(Bender-Gestalt Test) : 투사검사로 9개의 도형을 제시하여 수검자가 해당 도형들을 어떻게 지각하여 재생하는지 관찰함으로써 성격을 추론할 수 있으며, 수검자에 대한 정신병리적 진단 및 뇌손상 여부도 탐지할 수 있다.

③ 기초학습기능 수행평가체제(BASA) : 초등학교 1~3학년 아동을 대상으로 실제 학생들이 배우는 기초학습기능에 근거하여 학생의 수행정도를 평가하기 위해 개발되었다.

④ 한국판 웩슬러 아동용 지능검사(K-WISC-Ⅳ) : 6세 0개월~16세 11개월까지의 아동의 인지적 능력을 평가하기 위한 개별 검사도구이다.

11 초인지 전략의 결함은 정보를 기억하기 위한 다양한 전략을 생각해 내는 것이 어려우며, 청취한 내용을 잘 점검하지 못한다는 것이다. 또한, 읽기의 목적결정, 주제 찾기, 이해했는가에 대한 점검, 이해가 안 되었을 때 다시 읽기와 훑어보기 등을 하지 못한다. 따라서 초인지 전략의 사용을 위해서는 자신의 학습을 모니터링하며 상황에 맞는 전략을 적용하는 것이 필요하다.

12 ㄴ. 시각장애, 청각장애, 정신지체, 정서장애, 문화적 기회 결핍 등에 의해 학력이 지체된 아동은 학습장애에서 제외한다.

ㅁ. 학습장애 아동은 -2 표준편차 이상의 정상적인 지능을 지니고, 연령수준에 적합한 일반적인 교수-학습방법에 따라 학습을 경험하고서도 읽기, 쓰기, 수학적 추리 및 계산과 같은 영역에서 성취수준이 해당하는 학년 수준에서 2년 이상 지체되어 특별한 지원을 지속적으로 요구하는 아동을 말한다.

13 댄서로우(Dansereau)는 학습전략을 분류하는 여러 가지 모형 중 가장 대표적인 모형을 제시한 학자로서, 학습전략은 정보를 획득, 저장, 활용하는 것을 촉진시킬 수 있는 일련의 과정 또는 단계라고 정의하였다.

14 노박(J. Novak) 등이 정리한 개념도의 교육적 활용 가능성

• 학습자가 이미 알고 있는 것을 탐색한다.

• 앞으로 학습할 방향과 최종 목표점을 알려주는 학습의 안내자 역할을 한다.

• 어떤 글이나 내용의 의미를 추출하는 데 도움을 준다.

• 학습내용의 개념체계를 개념도로 정리함으로써 교사의 교수활동을 돕는다.

15 주의력 결핍 우세형에 해당한다.

주의력 결핍 과잉행동장애(ADHD)
- 아동기에 많이 나타나는 장애로서, 지속적으로 주의력이 부족하여 산만하고 과다활동, 충동성을 6개월 이상 지속적으로 보이는 상태를 말한다.
- 부주의에 관한 증상(주의력 결핍 우세형)
  - 흔히 세부적인 면에 대해 면밀한 주의를 기울이지 못하거나, 학업, 작업, 또는 다른 활동에서 부주의한 실수를 저지른다.
  - 흔히 일을 하거나 놀이를 할 때 지속적으로 주의를 집중할 수 없다.
  - 흔히 다른 사람이 말을 할 때 경청하지 않는 것으로 보인다.
  - 흔히 지시를 완수하지 못하고, 학업, 잡일, 작업장에서의 임무를 수행하지 못한다(반항적 행동이나 지시를 이해하지 못해서가 아님).
  - 흔히 과업과 활동을 체계화하지 못한다.
  - 흔히 지속적인 정신적 노력을 요구하는 과업(학업 또는 숙제 등)에 참여하기를 피하고 싫어하며 저항한다.
  - 흔히 활동하거나 숙제하는 데 필요한 물건들(장난감, 학습 과제, 연필, 책 또는 도구 등)을 잃어버린다.
  - 흔히 외부의 자극에 의해 쉽게 산만해진다.
  - 흔히 일상적인 활동을 잊어버린다.

16 ①·④ 확인된 조절(동일시) : 내적 흥미보다는 개인적 중요성이나 자신이 설정한 목표를 추구
② 부과된 조절 : 자신이나 타인의 안정을 추구하며, 죄책감이나 불안 혹은 자기비난을 피하기 위한 동기화된 행동
⑤ 외적 조절 : 외적 보상이나 압력, 혹은 제약에 순응하기 위한 행동

17 ① 반복 시연에 관한 설명으로 연령에 따라 자발적인 시연전략 사용수준이 달라지는 데 8세경에 비자발적으로 학습내용을 시연하다가 12세경 자발적으로 시연을 하기 시작한다.
② 목표설정과 계획에 대한 학습자의 행동이다.
③ 기록과 심사에 대한 학습자의 행동이다.
④ 자기결론에 대한 학습자의 행동이다.
⑤ 자료 검토에 대한 학습자의 행동이다.

18 자기자원관리전략(Resource Management Strategies)

시간관리전략	시간표 작성, 목표 설정
공부환경관리전략	장소 정리, 조용한 장소 확보, 조직적인 장소 조성
노력관리전략	자기효능감을 높이는 노력에 대한 귀인, 학습분위기 조성, 자기강화
타인의 조력추구전략	교사, 동료로부터 조력을 추구, 집단학습, 개인지도받기 등

19 주의집중 문제의 원인
- 가족 환경 내에 불안이 크면 주의집중력이 저하된다.
- 공부에 대한 과잉 스트레스로 인해 야기되는 심리적 부담감의 영향을 받는다.
- 주의집중 문제의 원인은 대개의 경우 복합적으로 생물학적 원인과 환경적 원인 간의 상호작용에서 기인한다.
- 부모의 관심 부족이나 방임, 부모의 과도한 교육적·문화적 자극에 영향을 받는다.

20 학습상황에서 가장 중요하게 기억해야 할 인지적 개념은 '초인지'와 '개인차'이다. 사람마다 초인지적 지식과 기술에 차이가 있는 것은 곧 개인의 학습량 및 학습 속도 차이가 있기 때문이다.

21 맥키치(Mckeachie)의 학습전략
- 인지전략(Cognitive Strategies) : 자료의 부호화, 즉 학습에 관한 전략과 정보의 인출에 관한 전략으로 시연전략, 정교화전략, 조직화전략 등이 포함된다.
- 상위(초)인지전략(Metacognitive Strategies) : 계획, 조정, 관리 및 수정하는 전략이다. '계획전략'은 목표설정, 훑어보기, 질문생성을 사용하는 전략이고, '점검전략'은 자기검사, 시험전략을 사용하는 전략이며, '조절전략'은 독서속도 조절, 재독서, 복습, 수검전략을 사용하는 전략이다.
- 자기자원관리전략(Resource Management Strategies) : 과제에 대한 관여의 양과 질에 영향을 미치는 자원을 통제하는 전략으로 시간관리전략(시간표 작성, 목표설정), 공부환경관리전략(장소 정리, 조용한 장소 확보, 조직적인 장소 조성), 노력관리전략(자기효능감을 높이는 노력에 대한

귀인, 학습 분위기 조성, 자기강화), 타인의 조력 전략(교사, 동료로부터 조력을 추구, 집단학습, 개인지도 받기) 등이 포함된다.

22 ① 학습동기의 자율성이 가장 높은 단계는 지적자극추구단계이다.
② 자신의 능력이 다른 사람의 능력과 어떻게 비교되느냐에 초점을 맞추는 것은 수행목표이며, 숙달목표는 학습목표이다.
④ 실용적 가치에 대한 설명이다.
⑤ 강화는 행동주의에서 동기를 설명하는 핵심개념이다. '강화'는 반응이 다시 발생할 빈도를 증가시키는 것이고, '처벌'은 이전의 부적 행동의 빈도를 줄이는 것이다.

23 적정 수준의 불안은 학습량을 증가시킨다.

시험불안의 원인

내적원인	낮은 지적능력, 학업에 대한 실패감 내지는 성공감 결여, 비효과적인 학습방법, 충동성, 불안에 대한 높은 감수성 등
외적원인	학벌위주의 사회, 높은 교육열, 부모의 지나친 기대로 인한 성적에 대한 압박감

24 ㄱ. 완벽주의와 이상주의는 반복적인 실패를 낳고, 자신의 능력에 비해 낮은 목표를 설정함으로써 실패만을 회피하려는 양상 또는 무기력증을 초래하여 결국 부정적인 자아개념을 낳을 수 있다.
ㄷ. 형제가 모두 영재아일 때, 학습부진 영재아는 열등감으로 낮은 자아존중감, 낮은 자기개념 등의 양상을 보일 수 있다.

25 사회성 인지의 결함으로 인하여 사회적 맥락에서 상황을 파악하는 능력이 떨어져 사회적 관계형성 능력이 떨어지는 경우가 대부분이다.

제2회 정답 및 해설

↻ 최종모의고사 제2회 **p.65**

필수과목 01 청소년상담의 이론과 실제

01	02	03	04	05	06	07	08	09	10
⑤	①	②	①	⑤	⑤	②	①	②	④
11	12	13	14	15	16	17	18	19	20
①	③	⑤	③	①	⑤	④	①	⑤	①
21	22	23	24	25					
⑤	⑤	④	③	①					

01 '청소년' 개념의 변천

고전적 개념	• 반항적이고 버릇이 없다. (이유 없는 반항) • 사려의 깊이가 낮고 충동적이다. • 감수성이 예민하고 감정적이다. • 책임감이 부족하고 비타협적이다. • 성에 대한 관심이 높다.
현대적 개념	• 요구·기대·근심·희망이 복합된 존재이다. • 다양한 특성을 다양하게 이해해야 하는 존재이다. • 권리와 책임의 소유자이다. • 보호와 자율의 대상이다. • 사이버문화와 정보화의 주역이다.

02 사춘기를 경험하면서 청소년들은 부모를 비롯한 성인들로부터 독립하고자 하는 욕구와 의존하려는 욕구의 갈등을 경험하게 된다.

03 융(C. Jung)의 의식과 무의식

구 분		내 용
의 식	자 아	의식의 주체로서 의식적 지각, 기억, 사고 및 감정으로 구성
무의식	집단 무의식 (원형)	
	자 기	의식과 무의식이 통합된 가장 완전한 인격의 통일을 달성하기 위해 노력하는 원형
	아니마	무의식 속에 존재하는 남성의 여성적인 측면
	아니무스	무의식 속에 존재하는 여성의 남성적인 측면
	음영 (그림자)	동물적 본성을 포함하고, 스스로 인식하기 싫은 자신의 부정적인 측면
	페르소나	자아의 가면으로 개인이 외부에 표출되는 이미지 혹은 가면
개인 무의식	콤플렉스	현실적인 행동이나 지각에 영향을 미치는 무의식의 감정적 관념, 프로이트(Freud)의 전의식과 무의식을 포함하는 개념

04 청소년상담의 목표는 내담자가 충분히 이해할 수 있도록 분명한 진술이 되어야 하며, 세워진 목표에 내담자가 합의하는지 확인해야 한다.

05 상담의 기본원리 중에서 내담자가 자신의 감정을 자유롭게 표현할 수 있도록 상담자가 이를 격려하고 촉진하는 것(부정적 감정까지)을 '의도적 감정 표현의 원리'라고 한다.

06 상담자는 자신이 가진 능력 이상의 것을 주장하거나 암시해서는 안 되며, 타인에 의해 능력이나 자격이 오도되었을 때에는 수정해야 할 의무가 있다.

또한, 능력의 한계나 개인적인 문제로 내담자를 적절하게 도와줄 수 없을 때에는 상담을 시작해서는 안 되며, 다른 상담자나 전문가에게 의뢰하는 등 내담자를 도와줄 수 있는 방법을 강구해야 한다.

07 주어진 보기의 내용은 '반영' 기법에 해당한다. 내담자가 주제에 초점을 맞출 수 있도록 비판적 시각에서 판단해 주어야 하는 것은 상담기법 중 '초점화'에 해당한다.

초점화(Focusing)
내담자가 어떻게 이야기를 시작해야 할지 모르거나 이야기가 산만하여 방향이 없을 때, 이야기의 주제를 바로잡거나 주제의 방향을 바꾸어 줌으로써, 내담자가 특정한 관심사나 주제에 주의를 집중하도록 돕는 기술을 말한다.

08 ㄴ. 상담자는 내담자에게 말과 행동 사이의 불일치나 모순을 직접적으로 지적한다.
ㅁ. 직면은 '중기단계'에서 나타날 수 있는 상담의 개입방법이다.

09 ㄷ. 방어기제 중 '취소'의 예이다.
ㄹ. 방어기제 중 '퇴행'의 예이다.

방어기제의 유형

반동형성	용납하기 어려운 충동이 의식적으로 억압되어, 완전히 반대로 나타나는 것
억 압	용납될 수 없는 충동, 경험 등을 무의식적으로 거부하는 것
취 소	용납할 수 없거나 죄책감을 일으키는 행동, 사고, 감정을 상징적인 방법을 통해 무효화 시키는 것 예 게임만 하는 아이의 뺨을 때린 후 용돈을 뺏는 경우
역전이	전에 다른 사람에게 가졌던 동일한 감정을 아랫사람이나 환자에게 갖는 것 예 업무를 하는 과정 속에서 부하직원으로 인해서 어떤 관리자의 마음속에 분노나 증오심이 현실적으로 타당한 이유 없이 생긴 경우
투 사	자신의 내부에서 일어나는 용납하기 어려운 충동을 다른 사람의 탓으로 돌리는 것

10 ① 내담자의 기능과 과거가 아닌, '지금-여기'의 입장에서 내담자에게 반응하는 것이다.
② 관계 즉시성은 상담관계의 질, 즉 상담관계가 긴장되는지, 지루한지 혹은 생산적인지에 관해 내담자와 논의할 수 있는 상담자의 능력을 의미한다. 현재 발생하고 있는 교류에 관해 논의하는 것은 '지금-여기' 즉시성이다.
③ 상담과정에서 발생한 문제를 개방적이고 직접적으로 다루어 적절한 의사소통 기술을 보여 준다.
⑤ 즉시성이 가장 효과적으로 활용될 수 있는 경우는 상담자가 긴장되었을 때, 상담자와 내담자 간의 신뢰가 상실되었을 때, 내담자의 의존성이 나타나거나 역의존성이 나타날 때 뿐만 아니라 상담자와 내담자가 서로에게 매력적으로 끌리기 시작될 때이다.

11 제시된 내용은 '직면화' 기법이며, 직면화를 시도할 때는 내담자를 평가하거나 비판하는 인상을 주지 않도록 내담자가 보인 객관적인 행동과 인상에 대하여 서술적으로 표현하는 것이 중요하다.

12 정신의 3요소

의 식	어떤 순간에 우리가 알거나 느낄 수 있는 모든 감각과 경험으로, 특정 시점에 인식하는 모든 것이다. 정신생활의 극히 일부분만이 의식의 범위 안에 포함된다.
전의식	의식과 무의식의 교량역할을 하는 것으로서, 현재는 의식하지 못하지만, 주의를 집중하는 경우 의식으로 가져올 수 있는 정신작용의 부분이다.
무의식	의식적 사고와 행동을 전적으로 통제하는 힘으로서, 자신이 전혀 인식하지 못하는 정신작용의 부분이다.

13 '정체감 유예'에 대한 설명이다. '정체감 유실'은 정체성 위기를 경험하지 않았음에도 사회나 부모의 요구와 결정에 따라 행동하는 것을 말한다.

14 엘킨드(Elkind)의 '개인적 우화'는 청소년들이 자신은 다른 사람과 달리 특별하고 독특한 존재라고 생각하며, 다른 사람들이 경험하는 죽음이나 위험

혹은 위기가 자신에게는 일어나지 않을 것이라고 생각하는 것이다.

15 내담자의 내면세계에 접근하는 깊이의 정도는 '감정반영 → 명료화 → 직면 → 해석' 순으로 깊다.

16 인간중심치료 이론의 주요 내용
- 인간은 '자신'이라는 유기체에 대해 신뢰하고 충만한 삶을 위해 무엇이 필요한지, 스스로에게 무엇이 중요한지를 아는 인간의 타고난 능력인 '충분히 기능하는 사람(Fully Functioning Person)'의 특징을 가지고 있으므로, 상담자는 내담자의 유기체적 경험을 왜곡 없이 지각하여 이를 자기개념에 통합할 수 있도록 도와야 한다.
- 인간이 자아에 대한 의식이 생기면 타인으로부터 인정받고 싶은 욕구가 생기는데, 대부분의 성인들은 아동들에게 조건적인 긍정적 관심을 보인다. 즉, "공부를 잘하면, 나는 너를 사랑하고 인정할 것이다."는 표현을 들 수 있다. 이것을 '가치조건화'라고 하는데, 이는 결국 자기가 경험하는 사실을 부정하게 만들며, 갈등·불안·공포 등의 정서적 문제를 유발하기도 한다. 따라서 상담자는 부모가 제공했던 조건적이고 가치평가적인 관계와는 다른 새로운 관계를 제공하도록 한다.
- 상담자는 내담자로 하여금 방어적인 행동을 하게 하는 가치조건들의 해체를 도와서 유기체적 경향에의 개방성을 증대시킬 수 있도록 돕고, 그 결과 자아개념과 유기체의 경험 간의 일치의 정도를 높일 수 있도록 도움으로써 자기(Self)의 진정한 모습을 수용하여 실현경향성을 발현하도록 도와야 한다.

현상학적 장
로저스(Rogers)는 현재 행동을 결정하는 것은 과거 그 자체가 아니라 과거에 대한 각 개인의 현재의 해석이라고 할 정도로 현재의 현상학적 장을 중시하였다. 동일한 사건을 경험한 두 사람도 각기 다르게 행동할 수 있고, 이러한 속성 때문에 모든 개인은 서로 다른 독특한 특성을 보인다.

17 인간은 외부적 요인보다 자기 자신의 사고에 지배를 받는다.

18 ② 게임 : 초기결정을 지지할 목적에서 이루어지며, 유쾌한 감정을 가장하고 인생각본을 추진시키기 위한 교류를 말한다.
③ 이중자아 : 주인공이 내면세계의 또 다른 모습을 보조자아가 주인공과 더불어 표현해주는 심리극 기법 중 하나이다.
④ 라켓감정 : 게임 뒤에 맛보는 불쾌하고 쓰라린 감정으로, 초기결정을 확증하기 위하여 다른 사람을 조작하는 과정과 조작적·파괴적인 행동과 연관된 감정을 말한다.
⑤ 초기결정 : 아동이 부모에게 인정받기 위한 욕구, 신체적·심리적 생존을 위한 욕구에서 동기화된다.

19 '편향'은 감당하기 힘든 외부 환경적 자극에 노출될 때, 이러한 경험으로부터 압도당하지 않기 위해 자신의 감각을 둔화시켜 환경과의 접촉을 약화시키는 것을 말한다.

20 개인심리학의 주요 개념
- 열등감과 보상
- 우월을 향한 노력
- 사회적 관심
- 자아의 창조적 힘
- 가상적 목표
- 생활양식

21 ⑤ 외재화 : 문제를 객관화시켜 표현해줌으로써 문제를 개인과 분리하여 문제 이해와 대처를 위한 관점을 새롭게 구성할 수 있도록 돕는 기법이다.
① 재진술 : 상담자가 내담자의 진술 내용을 다른 동일한 의미의 말로 바꾸어 기술하는 기법이다.
② 초점화 : 내담자가 특정한 관심사나 주제에 주의를 집중하도록 돕는 기술이다.
③ 재구성 : 주어진 상황에 대해 부정적인 생각을 보다 새롭고 긍정적인 시각으로 변화하도록 돕는다.
④ 명료화 : 내담자의 말 중에서 모호한 점이나 모순된 점이 발견될 때 이를 명백히 하기 위해 상담자가 그 점을 질문함으로써 내담자가 그 의미를 명백하게 하는 작업이다.

22 ① 즉시성과 현시기법
② 비유적 언어사용
③ 정서적 표현에 괄호 치기
④ 말줄임표 사용

23 ① 상담 구조화하기 : 초기
② '해석' 기법을 사용하기 : 중기
③ 내담자의 자기탐색 및 통찰 : 중기
⑤ 직면과 저항 다루기 : 중기

초기-중기-종결 단계의 상담자 역할

초기 단계	• 내담자와 관계 형성 • 내담자의 호소문제, 상담에 대한 기대, 변화에 대한 동기 등 탐색 • 내담자의 문제 이해 및 평가 • 내담자의 현재 문제와 관련된 대인관계·가족관계 등 파악 • 상담의 구조화 • 내담자와 협의하여 상담 목표 설정 • 권장 상담 기법 : 경청, 명료화, 구체화, 재진술
중기 단계	• 내담자의 자기문제에 대한 탐색과 통찰을 도움 • 탐색 과정에서 깨달은 사실을 구체적인 행동으로 옮기도록 격려 • 상담진행 상태와 내담자 변화 평가 • 직면과 저항 다루기, 감정의 반영, 해석 기법 등 사용 • 조언과 해결책을 제시가 아닌, 관찰한 내용의 피드백
종결 단계	• 상담성과를 평가하고 점검, 상담목표의 달성정도 파악 • 내담자의 행동변화 요인(상담자 요인, 내담자 요인 등)을 평가 • 종결과 관련된 내담자의 감정 다루기 • 이전 단계에서 얻은 통찰을 실행으로 옮길 수 있도록 격려 • 추후 상담에 대한 조언, 향후 계획에 대한 논의

24 ㄹ. '홍수법'은 행동주의의 기법이다.
ㅁ. '알아차림'은 형태주의의 개념이다.

25 아들러(Adler)에 의하면, 형제간의 개인적 차이는 다른 형제의 존재 유무와 그들 간의 경쟁으로 인해 형성되며, 출생순위로 인해 형제간에 서로 다르게 경험하는 열등의 경험이 생활양식 형성에 영향을 미친다.
② 출생순위가 심리적인 출생순위와 일치할 수도 있고 다를 수도 있다.
③ 보수적이고, 규칙을 중시하는 성향을 보이는 것은 첫째의 특성이다.
④ 중간아의 특성에 해당한다.
⑤ 막내의 특성에 해당한다.

아들러(Adler)의 가족구조와 출생순위

출생순위	특 징
첫 째	• 부모의 사랑과 관심을 받지만, 둘째 아이가 태어나면 '폐위된 왕'이 된다. • 권위의 중요성을 동생보다 더 잘 이해한다. • 책임감, 타인 배려의 모습, 보수적이며 규칙을 중시하는 성향이 나타난다. • 부정적 요소로 퇴행적인 행동, 권위적 인물이나 규율에 쉽게 동조하는 행동, 자신감 상실, 언제나 일이 나빠질 것에 대한 두려움, 적대적이며 비관적인 성향 등을 나타낸다.
둘 째	• 가장 큰 특성은 '경쟁'이다. 즉, 태어나면서 첫째와의 경쟁 그리고 막내가 태어나면서 막내와의 경쟁적인 관계에 있게 된다. • 야심적이고 공동체 지향적이며 적응력이 뛰어나다. • 부정적 요소로 반항적이며 질투가 심하고, 항상 이기려 하고 추종자가 되기를 거부한다.
막 내	• 과잉보호될 가능성이 크며, 과잉보호 때문에 의존적이 된다. • 항상 많은 자극과 많은 경쟁 속에 성장하게 되고, 형제를 앞지르고자 하는 욕구가 강하게 된다. • 부정적 요소로 응석받이 행동, 낮은 독립심, 열등감 등이 있다.
외동 (독자)	• 가족 내에서 경쟁할 사람이 없기 때문에 경쟁 대상이 될 가능성은 약하다. • 남자아이의 경우 때때로 아버지와 경쟁하려 하고, 부모들의 지나친 애정을 받게 되는 경우가 많다. • 자부심이 강하고, 자기중심적이며 독립적으로 일을 추진하려는 성향을 나타낸다. • 남들과 경쟁을 피하려 하고 항상 자신만이 옳은 듯이 행동하려는 경향을 나타낼 수 있다.

01	02	03	04	05	06	07	08	09	10
②	③	④	③	①	③	①	④	⑤	④
11	12	13	14	15	16	17	18	19	20
⑤	①	①	②	①	①	①	①	④	⑤
21	22	23	24	25					
⑤	③	②	④	③					

01 셰퍼(Scheffe) 검증법은 두 개의 실험집단 평균들 사이의 차이에 대한 비교뿐만 아니라 모든 가능한 유형의 대비에 의한 비교들에도 적용되는 사후비교방법이다. 검증력이 가장 엄격하며, 1종 오류의 가능성은 낮지만, 2종 오류가 일어날 확률이 높다.

02 대응표본 t-검정은 한 집단을 대상으로 어떤 개입의 효과를 측정하기 위해 개입 전과 개입 후의 값을 비교하는 방법을 말한다.

통계분석방법
- 단일집단 전후검사 설계의 효과검증 : 대응표본 t-검정
- 이질집단 전후검사 설계의 효과검증 : 공변량 분석, 중다회귀분석

03 공변인에 대한 종속변인의 회귀계수가 처치집단 간에 동일해야 한다.

04 층화 표본추출 방법은 모집단을 보다 동질적인 몇 개의 층으로 나누고, 이러한 각 층으로부터 단순무작위 표본추출을 하는 방법이다.

05 크기가 n인 표본의 신뢰도에서의 신뢰구간의 길이(l_1)는, $l_1 = 2 \times 2.58 \dfrac{\sigma}{\sqrt{n}}$ … ㄱ

크기가 16n인 표본의 신뢰도 99%에서의 신뢰구간의 길이(l_2)는 $l_2 = 2 \times 2.58 \dfrac{\sigma}{\sqrt{16n}}$

$= 2 \times 2.58 \dfrac{\sigma}{4\sqrt{n}}$ … ㄴ

ㄱ, ㄴ에서 99%일때, 표본의 크기 n인 신뢰구간의 길이는 표본의 크기가 16n인 신뢰구간의 길이의 4배이다.

06 크론바흐 알파계수(Cronbach's α Coefficient)
- 내적 일관성 분석방법에 따라 신뢰도를 측정하는 척도이다.
- 신뢰도가 낮은 경우 신뢰도를 저해하는 항목을 찾을 수 있다.
- 신뢰도 측정의 계수를 '크론바흐 알파값'이라 한다.
- 계수는 0~1의 값을 가지며, 값이 높을수록 신뢰도가 높다.
- Hoyt 신뢰도와 동일한 값이 산출된다. Hoyt 신뢰도와 Cronbach α 모두 문항점수가 0과 1이거나 1, 2, 3, 4일 때 사용된다.
- 이분문항뿐만 아니라 연속적으로 점수가 부여되는 문항들의 신뢰도 추정이 가능하다.
- 알파값은 0.6~0.7 이상이 바람직하며, 0.8~0.9 정도를 신뢰도가 높은 것으로 본다.
- 신뢰도를 높이기 위해서는 시간이 충분히 주어져야 하므로, 속도검사에는 적합하지 않은 신뢰도 추정방법이다.

07 ㄷ. 개방코딩에서 정보의 범주를 만들어낸다.
ㄹ. 근거이론은 질적 연구의 한 방법으로 비확률 표집을 선호한다.

근거이론
- 근거이론에서는 새로운 개념이나 개념간의 관계(설명)가 나타나지 않을 때까지 새로운 자료를 분석하면서 개념이나 관계를 지속적으로 규정하고 재규정한다. 이를 위해 지속적 비교와 이론적 표집을 활용하여 표본으로부터 얻은 자료를 지속적으로 비교해가면서 분석하였을 때 새로운 내용이 더이상 나타나지 않으면 샘플추출을 중단한다.
- 사회심리학자인 Mead(1934)가 창시하였고, 그의 제자 Blumer(1969)가 발전시킨 상징적 상호작용론에 철학적 근거를 두고 있다.

08 가설 타당도는 통계적 결론 타당도 안에 포함되는 개념으로서, 통계적 결론 타당도의 위협요인과 같다.

타당도의 위협요소

내적 타당도	• 성장요인(성숙요인) • 역사요인(우연한 사건) • 선별요인(선택요인) • 상실요인(실험대상의 탈락) • 통계적 회귀요인 • 검사요인(테스트 효과) • 도구요인 • 모방(개입의 확산) • 인과적 시간–순서
외적 타당도	• 연구표본의 대표성 • 선발과 처치의 상호작용 • 검사경험의 반응적 효과 • 복합적인 실험처치의 간섭 • 호손효과(반동효과) • 플라시보 효과 • 존헨리 효과
통계적 결론 타당도	• 낮은 통계적 검증력 • 통계적 가정의 위반 • 투망질식 검증 • 신뢰도 낮은 측정 • 신뢰롭지 못한 처치 • 반응의 무작위적 다양성 • 피험자의 무작위적 이질성
구성개념 타당도	• 구성개념에 대한 세심한 조작화의 결여 • 변인에 대한 단일조작적 편향 • 한 가지 측정방법만을 사용함 • 피험자가 가설을 추측함 • 평가받는 것을 인식함 • 실험자의 기대 • 변인의 수준을 일부만 적용함 • 여러 처치들 간의 상호작용 • 검사와 처치간의 상호작용 • 중요한 구념을 연구에서 빠드림 (구념간 일반화의 제한)

09 독립변인은 실험 결과에 영향을 줄 수 있는 변인이고, 조작변인은 가설이 확인될 수 있도록 실험자가 의도적으로 변화시키는 변인이다. 서로 다른 피험자들에게 서로 다른 처치를 하여 비교하는 실험 절차는 피험자 간 변인이 된다. 절차통제변인은 일정하게 유지시켜야 하는 변인으로 고정변인이라고도 한다.

10 표집방법

확률적 표집방법	• 행렬표집(Matrix Sampling) • 비율층화표집(Proportional Stratified Sampling) • 군집표집(Cluster Sampling) • 체계적 표집(Systematic Sampling) • 유층표집(Stratified Sampling) • 무선표집(Random Sampling)
비확률적 표집방법	• 편의표집(Convenience Sampling) • 눈덩이표집(Snowball Sampling) • 의도적표집(Judgemental Sampling) • 할당표집(Quota Sampling) • 목적표집(Purposive Sampling)

11 연구참가자를 구하기 위해 어떤 종류의 강제력도 사용되어서는 안 되며, 모든 대상자가 자신의 선택을 이해할 수 있는 충분한 능력이 있어야 한다. 만약 그들이 충분히 이해할 수 없다면(예 미성년자 등), 그들의 법적 보호자가 허가를 해야 하고 대상자들 또한 동의해야 한다. 심지어 미성년 참가자가 조사연구에 참여하는데 부모가 허가를 한 경우라도 미성년 참가자는 참가를 거부할 수 있다.

12 조절변인
• 상호작용 효과를 가지게 하는 독립변인이다. 상호작용 효과는 독립변인(X)가 종속변인에 미치는 영향력이 독립변인(Y)에 따라서 다른 경우를 말한다.
• 예를 들면, 교수방법(A, B)에 따라 학업성취도 달라진다면 이를 '주효과(Main Effect)'라고 하며, 교수방법(A, B)이 학업성취도에 미치는 영향력이 성별에 따라 달라진다고 할 때 이를 '상호작용 효과'라고 한다. 교수방법 A는 남학생에게 더 효과적이고, 교수방법 B가 여학생에게 더욱 효과적이라면, 교수방법과 성별은 학업성취도에 대해 상호작용 효과가 있다고 본다. 이 경우에 성별은 '조절변인'이 된다.

13 표본의 크기는 추정의 확실성(정확성), 비용, 분석방법 등과 관련된다.

표본의 크기의 결정시 고려사항
모집단의 동질성, 표집방법과 절차, 연구방법에 따른 연구유형, 자료분석방법, 조사자의 능력, 통계

적 검정력, 비용·시간 및 인력의 한계, 카테고리의 수, 추정의 정확성(확실성) 등

14 가설(Hypothesis)
- 아직 경험적으로 검정되지 않은 일종의 예비적 이론, 둘 혹은 그 이상의 변인들 간의 관계에 대한 추측적 진술이다.
- 가설은 간명하게 진술하고, 과학적으로 검증될 수 있어야 한다.
- 가설의 내용이 긍정 또는 부정이 가능하도록 진술되어야 한다.
- 실증적으로 검정이 가능하여야 한다.
- 현재 알려져 있는 사실에 대한 설명뿐만 아니라 미래의 사실을 예측할 수 있어야 한다.
- 연구목적 혹은 내용에 대한 하나의 해답을 제안하는 것이어야 한다.
- 가설에 정의가 포함되어서는 안 된다.
- 가설은 동의반복적이어서는 안 된다.
- 가설에는 인과관계가 분명한 내용을 포함시킬 수 없다.

15 ㄹ. 내적 타당도는 각 변수 사이의 인과관계를 추론하여 그것이 실험에 의한 진정한 변화에 의한 것인지를 판단하는 인과조건의 충족 정도를 말한다. 반면, 외적 타당도는 연구의 결과에 의해 기술된 인과관계가 연구대상 이외의 경우로 확대·일반화될 수 있는 정도를 말한다.

16 카이제곱검정의 자유도는 (행의 수 − 1)×(열의 수 − 1)로 구할 수 있다. 따라서 자유도는 1이며, 이때의 유의 확률은 위 표에 따라 0.03이다.

17 ㄷ. 구체적일수록 반복연구의 수행이 쉽다.
ㄹ. 측정하고자 하는 구인과 논리적 관련성이 높다.

조작적 정의
- 추상적인 개념들을 경험적·실증적으로 측정이 가능하도록 구체화한 것이다.
- 한 구인에 다양한 조작적 정의가 존재할 수 있다. 예컨대, 신앙이라는 구인을 교회의 참석 횟수로 측정할 수도 있고, 성경을 읽은 횟수로 측정할 수도 있다.

- 될 수 있는 한 실행 가능하고 관찰 가능한 조작을 좀 더 명확하게 표현한 용어로 구성된 것이며, 확인이 가능한 정의에 불과하다.
- 대체로 자기가 확인하고자 하는 의미의 정확한 전달 및 행동의 지침이 되는 용어로서의 재생가능성의 두 가지 기능을 한다.
- 지식이 축적되어 새로운 연구성과가 나오거나 새로운 측정방법이나 측정도구가 나오면 조작적 정의를 변경해야 하는 경우가 발생할 수 있다.

18 ㄹ. 비확률표집은 모집단이 명료하게 구체화되어 있지 않은 경우 혹은 모집단에 대한 사전지식 및 정보가 없는 경우 이용되는 방법으로서, 표본선정이 편리하나 연구결과를 일반화하는 데 한계가 있다.

19 지지율의 차이가 줄어들었는지를 알아보기 위한 검정이므로 단측검정을 실시해야 한다.
$$\therefore H_0 : p_1 - p_2 = 0.033, \ H_1 : p_1 - p_2 < 0.033$$

20 정규성 검정을 통해 정규성을 지니지 않은 것으로 결과가 나온 한 개의 집단, 3개 이상의 측정 결과를 분석하는 통계 방법으로서 대응 K-표본이라고도 한다.

21 ⑤ A집단 그래프는 좌우 대칭을 보이는 반면 B그래프는 오른쪽으로 치우친 그래프의 형태이므로 두 그래프의 왜도는 다르다.
① A집단의 평균은
$$\frac{1\times1+2\times2+3\times4+4\times2+5\times1}{10} = 3 \text{이다.}$$
② A집단은 평균과 중앙값이 모두 3이다.
③ B집단의 평균은
$$\frac{1\times1+2\times1+3\times3+4\times4+5\times1}{10} = 3.3 \text{으로}$$
A집단의 평균보다 크다.
④ B집단의 중앙값은 3.5이므로 A집단의 중앙값보다 크다.

22 기초선을 여러 개 설정하여 관찰하는 설계로서, 하나의 동일한 개입방법을 여러 문제, 여러 상황, 여러 사람들에게 적용하여 같은 효과를 얻음으로써 표적행동에 대한 개입효과를 정하는 데 신빙성을 높이려는 것이다.

23 스피어만(Spearman)의 상관계수는 각 순위에 대한 편차제곱의 합이다.

학 생	학생1	학생2	학생3	학생4	학생5
학업순위 (X)	1	2	3	4	5
체력순위 (Y)	3	1	4	2	5
di	−2	1	−1	2	0
di^2	4	1	1	4	0

스피어만(Spearman) 순위상관계수

$$= r_s = 1 - \frac{6\sum d^2 i}{n^3 - n} = 1 - \frac{6 \times 10}{125 - 5} = 0.5$$

24 ① 표본으로부터 확실한 근거에 의하여 입증하고자 하는 가설을 '대립가설'이라 한다.
② 유의수준은 1종 오류를 범할 확률의 최대 허용 한계이다.
③ 귀무가설을 채택하게 하는 검정통계량의 영역을 '채택역'이라 한다.
⑤ 귀무가설이 거짓인데도 불구하고 귀무가설을 채택하는 과오를 '2종 오류'라 한다.

25 ① 가설검정에 이용되는 카이제곱 통계량의 자유도는 (행의 수−1)×(열의 수−1)이므로, 위 문제에서 자유도는 1이다.
② 찬성과 반대의견 외에 중립의견을 갖는 사람들이 존재한다면 성별은 남자와 여자로 변함이 없으나, 찬성여부는 찬성과 반대, 중립 세 개로 늘어나므로 자유도가 (2−1)×(3−1)로 2로 늘어난다.
③·⑤ H_0 : 성별에 따른 찬성여부 차이가 없다.
vs H_1 : 성별에 따른 찬성여부 차이가 있다.
이 문제에서 성별에 따른 찬성여부의 차이가 존재하므로, H_0가 기각되고 H_1가 채택되어야 한다. 유의확률 p값이 유의수준보다 작을 때

H_0가 기각되며, p값은 0.05보다 작아야 한다.
- $p - value < \alpha$: H_0 기각
- $p - value \geq \alpha$: H_0 채택
④ 남자와 여자의 찬성율비에 대한 오즈비는

$$\frac{P(찬성|남자)/P(반대|남자)}{P(찬성|여자)/P(반대|여자)} = \frac{0.4/0.6}{0.6/0.4}$$

$$= 0.44 이다.$$

필수과목 03 **심리측정 평가의 활용**

01	02	03	04	05	06	07	08	09	10
②	②	③	②	④	②	③	⑤	③	③
11	12	13	14	15	16	17	18	19	20
④	④	④	④	④	④	③	④	③	⑤
21	22	23	24	25					
⑤	④	①	④	①					

01 객관적인 검사는 검사 과제가 구조화되어 있다. 즉, 검사에서 평가되는 내용이 검사목적에 따라 흐름이나 절차가 규칙적으로 준비되어 있고, 일정한 형식에 따라 반응한다. 따라서 개인의 독특성이 아닌 개인마다 공통적으로 지니고 있는 특성 등을 기준으로 하여 개인들을 상대적으로 비교하려는 목적을 지닌 구조적 검사라고 할 수 있다.

02 검사문항 작성 시 유의사항
- 문장은 현재시제로 작성한다.
- 수검자가 사실적인 것으로 해석할 수 있는 문장은 삼간다.
- 하나 이상의 해석이 가능한 중의적인 문장은 삼간다.
- 거의 모든 사람들이 '예' 또는 '아니오'라고 답할 가능성이 높은 문장은 삼간다.
- 문장은 가급적 짧고 이해하기 쉽도록 한다.
- 문장은 문법상 오류가 없어야 한다.
- 긍정적 또는 부정적인 감정을 표현하는 문항 수는 가급적 유사한 비율로 구성한다.
- '반드시', '모두', '결코', '전혀' 등 강한 긍정이나 강한 부정은 가급적 삼간다.
- '거의', '단지' 등 애매모호한 형용사의 사용은 가급적 삼간다.

- '~하지 않을 수 없다', '~ 없지 않다' 등 이중부정은 가급적 삼간다.
- '만약 ~한다면'의 조건절이나 '~이기 때문에'의 원인·이유절의 사용은 가급적 삼간다.

03 4가지 수준 척도의 서열은 '명명(명목)척도 → 서열척도 → 등간척도 → 비율척도'이다. 비율측정으로 갈수록 사칙연산이 가능해 높은 수준의 통계적 분석이 가능하다. 즉, 수량화 가능성이 가장 낮은 수준은 명명척도이고, 가장 높은 수준은 비율척도이다.
- ㄴ. 명명척도 : 단순한 분류의 목적을 위해 측정대상의 속성에 수치를 부여한 척도 → 성, 인종, 종교, 결혼여부, 직업 등
- ㄹ. 서열척도 : 일종의 순위척도로서, 그 측정 대상을 속성에 따라 서열이나 순위를 매길 수 있도록 수치를 부여한 척도 → 사회계층, 선호도, 수여받은 학위, 변화에 대한 평가, 서비스 효율성 평가, 청소년상담사 자격등급 등
- ㄷ. 등간척도 : 일종의 구간척도로서, 측정하고자 하는 사물대상이나 현상을 분류하고 서열을 정할 수 있을 뿐만 아니라, 이들 분류된 범주 간의 간격까지도 측정할 수 있는 척도 → 지능, 온도, 시험점수 등
- ㄱ. 비율척도 : 척도를 나타내는 수가 등간일 뿐만 아니라 의미 있는 절대영점을 가지고 있는 경우에 이용되는 척도 → 연령, 무게, 키, 수입, 출생률, 이혼율, 가족 수, 심리학과 졸업생 수 등

04 지시문이나 질문은 정해져 있다.

검사의 실시에 있어서 유의해야 할 점
- 검사자는 검사요강에 제시된 검사 실시 관련 정보들을 숙지하고 실제 검사 장면에서 다양한 조건들을 정확하게 적용해야 한다.
- 검사 실시 과정상의 전반적인 환경에 익숙해지기 위해 검사 시행 전 검사자가 수검자의 입장에서 미리 해당 심리검사를 받아보는 것도 효과적이다.
- 표준화된 심리검사에서 검사자는 원칙적으로 검사요강의 지시문을 그대로 따라야 하며, 검사자가 임의로 지시문을 첨가하거나 자의적으로 해석하는 태도는 삼가야 한다.
- 검사자는 수검자의 응답에 영향을 미치지 않도록 과도한 친밀감이나 냉정함을 보이지 않도록 하

며, 수검자를 어떤 특정한 방향으로 인도하려는 태도를 삼가야 한다.
- 검사자는 최적의 환경에서 검사가 실시되도록 노력해야 한다. 적절한 채광 및 온도를 유지하고 소음이 발생하지 않도록 하며, 수검자의 검사로 인한 피로를 최소화해야 한다.

05 **지능의 일반적 정의**

구 분	주요 학자
학습능력	게이츠(Gates), 디어본(Dearborn) 등
적응능력	피아제(Piaget), 스턴(Stern), 핀트너(Pintner) 등
추상적 사고능력	터만(Terman), 스피어만(Spearman), 써스톤(Thurston) 등
종합적·전체적 능력(포괄적 정의)	웩슬러(Wechsler) 등
조작적 정의	프리만(Freeman), 보링(Boring) 등

06 ① RCd : 전반적인 정서적 불편감이 심하다.
③ RC3 : 남을 믿지 못하고 타인을 배려하지 않는다.
④ RC6 : 피해사고와 의심이 많다.
⑤ RC8 : 환각 및 기태적인 지각 경험이 존재한다.

07 **로샤(Rorschach) 검사의 우울증 지표**
7개 변인 중 5개 변인이 충족되면 우울증이 고려된다.
- FV + VF + V > 0 또는 FD > 2
- 색채–음영혼합 > 0 혹은 S > 2
- [3r + (2)/R > .44 그리고 Fr + F = 0] 혹은 [3r + (2)/R < .33]
- Afr(정서비) < .46 혹은 혼합반응 < 4
- 음영혼합반응 > FM + m 혹은 SumC' > 2
- MOR > 2 또는 주지화 > 3
- COP < 2 또는 소외지표 > .24

08 대부분의 질문지형 성격검사가 '그렇다-아니다'의 양분법적 반응양식으로 되어 있으나, 성격평가질문지(PAI)는 4점 평정척도("전혀 그렇지 않다", "약간 그렇다", "중간 정도이다", "매우 그렇다")로 이루어져 있어서 행동의 손상정도 또는 주관적 불편감 수준을 정확히 측정하고 평가할 수 있다.

09 '무게비교'는 보충 소검사에 해당한다.

웩슬러 성인용 지능검사 4판(WAIS-Ⅳ)의 핵심 소검사
- 언어이해 : 공통성, 어휘, 상식
- 지각추론 : 토막짜기, 행렬추론, 퍼즐
- 작업기억 : 숫자, 산수
- 처리속도 : 동형찾기, 기호쓰기

10 웩슬러 지능검사는 검사자가 모든 문제를 구두 언어나 동작으로 제시하고, 수검자의 반응을 직접 기록할 수 있도록 함으로써, 글을 모르는 수검자라도 검사를 받는 것이 가능하다.

11 K-WISC-Ⅳ에서 역으로 검사문항을 실시하는 소검사는 공통성, 어휘, 이해, 상식, 단어추리, 토막짜기, 공통그림찾기, 행렬추리, 빠진곳찾기 등이 있다. 역순 규칙은 처음 제시되는 두 문항 중 어느 한 문항에서 0점 또는 1점을 받을 경우, 역으로 검사문항을 실시하는 것이다.

12 로샤 검사와 주제통각검사는 상호보완적으로 사용된다. 로샤 검사가 주로 사고의 형식적·구조적 측면을 밝히는 데 반해, 주제통각검사는 주로 사고의 내용을 규명한다.

주제통각검사(TAT ; Thematic Apperception Test)
- 로샤(Rorschach) 검사와 더불어 전 세계적으로 널리 사용되고 있는 대표적인 투사적 검사이다.
- 1935년 하버드대학의 머레이와 모건(Murray & Morgan)이 『공상연구방법론 A Method for Investigating Fantasies』을 통해 처음 소개하였다.
- 머레이(Murray)는 기존의 아카데믹한 심리학이 인간 본성에 대한 실제적인 내용을 알려주지 못한다고 주장하며, 상상을 통해 인간 내면의 내용들을 탐구하는 새로운 검사방식을 고안하였다.

- 머레이는 프로이트(Freud)와 융(Jung)의 정신분석이론을 통해 '지각(Perception)'보다는 '상상(Imagination)'에 의한 반응이 우선한다는 점을 강조하였다.
- 머레이는 융의 정신분석을 연구하던 모건과 함께 카드 형태의 TAT 도구를 개발하였으며, 이 카드는 1936년 처음 배포되기 시작하여 1943년 하버드 출판부에서 출판되었다.
- 3회의 개정을 거쳐 1943년에 출판된 31개 도판의 TAT 도구는 현재까지 그대로 사용되고 있다.

13 언어이해 소검사(VCI), 작업기억 소검사(WMI)는 반복 시행할 경우 피험자의 수행이 향상되는 효과를 기대할 수 있지만, 지각추론 소검사(PRI)와 처리속도 소검사(PSI)는 연습을 통해 점진적인 진보를 이루는데 한계가 있다. 즉, 연습효과에 취약한 검사이다.

웩슬러 성인용 지능검사 4판(WAIS-Ⅳ)의 채점

언어이해 소검사 (VCI)	개인의 언어적 개념형성 능력, 언어적 추론 능력, 환경에서 획득된 지식에 대한 측정치로 정제되고 순수한 언어추론과 개념형성을 측정한다.
작업기억 소검사 (WMI)	수검자의 작업기억 능력에 대한 측정치로 정보를 일시적으로 기억 속에 보유하고 정신적 조작을 수행하며, 기억을 조정하고 결과를 산출하는 능력을 필요로 한다.
지각추론 소검사 (PRI)	지각적·유동적 추론, 공간처리, 시각-운동 통합에 대한 측정치로 토막짜기와 행렬추론, 퍼즐이 포함된다.
처리속도 소검사 (PSI)	단순한 시각정보를 빠르고 정확하게 훑어보고, 차례를 밝히고, 변별하는 수검자의 능력을 측정한다.
전체척도 IQ	모든 인지적 능력의 측정치 중 가장 타당한 것으로 여겨지며, 언어이해지수, 지각추론지수, 작업기억지수, 처리속도지수의 합으로 표현된다.

14 ㄴ. 생존분석 : 생존기간을 분석하여 생존함수(Survival Function) 또는 생존곡선(Survival Curve)을 예측하는 통계기법이다.
ㄹ. ROC 분석 : 주로 의학 분야에서 사용되며 검사수치의 민감도, 특이도로 곡선을 질병인지 아닌지 예측하고자 하는 통계기법이다.

ㄹ. 로지스틱 회귀분석 : 로지스틱 회귀의 목적은 일반적인 회귀분석의 목표와 동일하게 종속변수와 독립변수 간의 관계를 구체적인 함수로 나타내어 향후 예측 모델에 사용하는 것이다.
ㄱ. 고유치 : 각 요인이 설명할 수 있는 변수들의 분산의 총합으로서, 구성타당도의 요인분석에 사용된다.
ㄷ. 요인분석 : 구인타당도의 이해타당도를 알아볼 때 적용한다.

15 19세 이상의 성인을 대상으로 한다.

16 ① 임상척도 : 반사회성 척도
② 임상소척도 : 주관적 우울감 척도
③ 내용척도 : 분노 척도
⑤ 보충척도 : 억압 척도

MMPI-2의 각 척도와 하위영역 소척도

RC	• 의기소침 척도 • 신체증상 호소 척도 • 낮은 긍정 정서 척도 • 냉소적 태도 척도 • 반사회적 행동 척도 • 피해의식 척도 • 역기능적 부정 정서 척도 • 기태적 경험 척도 • 경조증적 상태 척도
임상척도	• 건강염려 척도 • 우울증 척도 • 히스테리 척도 • 반사회성 척도 • 남성성/여성성 척도 • 편집증 척도 • 강박증 척도 • 정신분열증 척도 • 경조증 척도 • 내향성 척도
임상소척도	• 주관적 우울감 척도 • 정신운동 지체 척도 • 신체적 기능장애 척도 • 둔감성 척도 • 깊은 근심 척도 • 사회적 불안의 부인 척도 • 애정 욕구 척도 • 권태-무기력 척도 • 신체증상 호소 척도 • 공격성의 억제 척도
임상소척도	• 가정불화 척도 • 권위불화 척도 • 사회적 침착성 척도 • 사회적 소외 척도 • 내적 소외 척도 • 피해의식 척도 • 예민성 척도 • 순진성 척도 • 사회적 소외 척도 • 정서적 소외 척도 • 자아통합 결여-인지적 척도 • 자아통합 결여-동기적 척도 • 자아통합 결여-억제부진 척도 • 기태적 감각경험 척도 • 비도덕성 척도 • 심신운동 항진 척도 • 냉정함 척도 • 자아팽창 척도
내용척도	• 불안 척도 • 공포 척도 • 강박성 척도 • 우울 척도 • 건강염려 척도 • 기태적 정신상태 척도 • 분노 척도 • 냉소적 태도 척도 • 반사회적 특성 척도 • A유형 행동 척도 • 낮은 자존감 척도 • 사회적 불편감 척도 • 가정문제 척도 • 직업적 곤란 척도 • 부정적 치료 지표 척도
보충척도	• 불안 척도 • 억압 척도 • 자아 강도척도 • 지배성 척도 • 사회적 책임감 척도 • 대학생활 부적응 척도 • 외상 후 스트레스 장애척도 • 결혼생활 부적응 척도 • 적대감 척도 • 적대감 과잉통제 척도 • 알콜중독 척도 • 중독 인정 척도 • 중독가능성 척도 • 남성적 성역할 척도와 여성적 성역할 척도 • 모호-명백 소척도

성격병리 척도	• 공격성 척도 • 정신증 척도 • 통제 결여 척도 • 부정적 정서성/신경증 척도 • 내향성/낮은 긍정적 정서성 척도

17 척도 4 Pd 반사회성 척도에 대한 설명이다. 정상적인 사람으로서 척도 4의 점수가 약간 높은 경우 자기주장적이고 솔직하며 진취적이고 정력적이지만, 실망스러운 상황이나 좌절에 처하게 되면, 공격적이고 부적응적인 모습으로 변하게 된다.

18 투사적 검사의 특징이다.

객관적 검사의 장 · 단점

장 점	• 신뢰도와 타당도 수준이 비교적 높다. • 검사의 시행 · 채점 · 해석이 용이하다. • 검사자나 상황 변인의 영향을 덜 받는다. • 검사자의 주관성이 배제되어 객관성이 보장된다.
단 점	• 사회적 바람직성(Social Desirability), 반응 경향성(Orientation), 묵종 경향성(Acquiescence)에 영향을 받는다. • 수검자의 감정이나 신념, 무의식적 요인을 다루는 데 한계가 있다. • 문항 내용 및 응답의 범위가 제한된다.

19 ㄴ. 'Blends < 4'는 복잡한 정서 자극을 다루는데 있어 어려움을 겪는 것을 뜻하며, 정서적인 표현의 지나친 통제를 나타내는 것은 'FC > 1.5 CF + C, C = 0'이다.
ㄹ. 'Isol/R > .24'는 사회적 상호작용에 참여가 낮은 것을 의미하며, 사회적 상호작용에서 공격성 표현 예상을 나타내는 것은 'AG > 3'이다.

20 써스톤(L. Thurstone)의 7가지 기초 정신능력

언어이해 (V Factor)	• 언어의 개념화, 추리 및 활용 등에 대한 능력이다. • 어휘력 검사와 독해력 검사로 측정한다.
수 (N Factor)	• 계산 및 추리력, 즉 수를 다루며 계산하는 능력이다. • 더하기나 곱하기, 큰 숫자나 작은 숫자 찾기 등의 기초적인 산수문제로 측정한다.
공간시각 (S Factor)	• 공간을 상상하고 물체를 시각화할 수 있는 능력이다. • 상징물이나 기하학적 도형에 대한 정신적 조작을 요하는 검사로 측정한다.
지각속도 (P Factor)	• 어떤 대상이나 현상을 빠르고 정확하며, 구체적이고 객관적으로 파악하는 능력이다. • 상징들의 신속한 재인을 요하는 검사로 측정한다.
기억 (M Factor)	• 지각적 · 개념적 자료들을 명확히 기억하고 재생할 수 있는 능력이다. • 단어, 문자 등을 이용한 회상 검사로 측정한다.
추리 (R Factor)	• 주어진 자료로써 일반원칙을 밝히며, 이를 목표달성을 위해 생산적으로 적용 · 추리하는 능력이다. • 유추검사나 수열완성형 검사로 측정한다.
단어유창성 (W Factor)	• 상황에 부합하는 유효적절한 단어를 빠르게 산출해낼 수 있는 능력이다. • 제한시간 내에 특정문자(예를 들어, '가' 또는 'A')로 시작하는 단어를 최대한 많이 제시하도록 요구하는 방식의 검사로 측정한다.

21 바넘 효과(Barnum Effect)는 사람들이 보편적으로 가지고 있는 성격이나 심리적 특징을 자신만의 특성으로 여기는 심리적 경향이므로, 임상적 판단의 기초로 삼는 것은 옳지 않다.

바넘 효과(포러 효과)
사람들이 막연하고 일반적인 성격 묘사를 다른 어떤 사람에게도 맞는다는 것을 알지 못하고 그들 자신에게 유일한 것으로 받아들이는 경향을 말한다. 바넘 효과(Barnum Effect)라는 이름의 유래는 서커스 단장 겸 흥행업자였던 P.T. 바넘에서 유래하는데, 바넘은 "모두를 만족시킬 수 있는 무언가가 있습니다(We've got something for everyone)."란 문구를 사용했고, 이 말이 바넘 효과의 기본 명제와 잘 맞아떨어져서 그의 이름이 붙은 것으로 알려져 있다.

포러 효과는, 왜 많은 사람이 사이비과학이 "잘 들어 맞는다."라고 믿는가에 대해서 적어도 부분적으로는 설명해 준다. 점성술, 아스트로세라피, 카드 점치기, 손금보기, 미래 점, 필상학 등은 그것이 정확한 것 같은 성격 진단을 제공하기 때문에 마치 효과가 있는 것으로 보인다. 과학적 연구에 의해 이러한 사이비과학은 성격 진단에는 도움이 되지 않는다는 것이 명백하게 밝혀졌다.

22 주제통각검사(TAT)에서 나타나는 진단별 반응에 대한 특징

정신분열증	• 이야기 구조의 와해, 지각의 오지각, 기괴한 언어화, 일관된 주제의 결여, 환자 자신과 그림의 사건을 구별하지 못하는 거리감의 상실 등이 나타난다. • 내용상에서는 사회적으로 수용될 수 없는 이야기(금기된 공격, 성적 도착 등), 불합리하고 기괴한 요소, 상반되는 내용, 망상적 자료, 엉뚱한 독백이나 상징주의 등이 표현된다. • 인물의 감정 깊이가 결여되어 있고, 고립되거나 철수되어 있다.
우울증	• 사고가 위축되어 있고 반응과 언어가 느리고 정동이 가라앉아 있다. • 이야기는 대개 자살사고, 고립감, 거부당함, 무가치함, 인물들의 무능력 등에 관한 주제를 포함한다.
경조증	• 언어방출에 대한 압력, 사고 비약, 다행증 등으로 이야기를 굉장히 빨리 말한다. • 정신증적 수준에서 현실검증력을 상실한 조증환자들은 부인(Denial)이라는 원시적 방어기제를 자주 사용하는데, 내용상 우울·죄책감·분노·무기력 등이 부인되고 유쾌함·평온함·좋은 감정 등이 교대로 출현한다.
히스테리적 성격	• 두드러진 특징으로 정서적 가변성을 들 수 있다. 공포스럽거나 또는 예쁜 장면들에 대한 정서적인 반응이 급변하여 나타난다. • 언어적 표현에 있어서는 서술 자료를 지나치게 많이 사용하고, 이야기가 양가적이다. • 내용상 피상적이고 성적인 내용이 많이 나타난다.
강박장애	• 이야기 길이가 길고, 수정을 많이 한다. • 검사자극에 대한 불확신감으로 인해서 지루하고 반추적이며 현학적인 이야기를 만들어낸다. • 어떤 경우에는 객관적으로 나타난 세부적인 것만 기술하고 이야기를 만들 수 없다고 하기도 한다. • 내용도 주로 인물들의 주저와 망설임으로 표현하는 경우가 많고, 주제도 부지런함과 복종, 완벽함이 강조된다.
편집증	• 일반적으로 회피적이고 검사의 목적을 의심한다. • 이야기가 자기 개인적인 것이 아님을 강조한다. • 단서에 과도하게 민감하고 방어가 심하다. • 이야기가 매우 간결하며 의심과 방어적 특성이 나타날 수 있고, 어떤 경우에도 이야기가 과대적이고 확산적인 조증 경향을 드러낼 수도 있다. 아니면 허위 논리를 중심으로 세세한 증거들을 수집, 언어화하여 자신의 결론을 정당화 할 수도 있다. • 불신, 교활함, 사악한 외부의 힘에 대한 강조, 갑작스러운 인물의 변화 등이 나타난다. • 인물의 성이나 연령 등을 오지각하는 경우를 자주 보인다.
불안상태	• 이야기가 간결하고, 행동이 극적이며, 강박적이다. • 양자택일의 상황이 자주 나타난다. • 모호, 주저, 당황을 암시하는 표현이 많다. • 도판 내의 인물과 직접적 동일시를 한다. • 검사자에게 불안 섞인 질문을 자주 한다. • 내용상으로 갈등, 욕구좌절, 비극 등이 흔히 나타난다.

23 지배성(Do)은 보충척도에 해당한다.

MMPI-2에 포함된 성격병리 5요인 척도(PSY-5 척도)

• 공격성(AGGR, Aggressiveness)
• 정신증(PSYC, Psychoticism)

- 통제 결여(DISC, Disconstraint)
- 부정적 정서성/신경증(Negative Emotionality/Neuroticism)
- 내향성/낮은 긍정적 정서성(Introversion/Low Positive Emotionality)

24 수검자가 그림을 빈번하게 지우는 경우 내적 갈등이나 불안정, 자신에 대한 불만을 반영한다.

25 SCT의 해석 요인

성격적 요인	• 지적 능력 요인 • 정의적 요인 • 가치 지향적 요인 • 정신역동적 요인
결정적 요인	• 신체적 요인 • 가정적 · 성장적 요인 • 대인적 · 사회적 요인

필수과목 04　이상심리

01	02	03	04	05	06	07	08	09	10
⑤	②	①	⑤	④	③	④	③	⑤	⑤
11	12	13	14	15	16	17	18	19	20
④	①	④	②	④	①	④	①	④	③
21	22	23	24	25					
②	③	⑤	③	④					

01 ① 통합이론으로서 '생물심리사회적 모델'에 대한 설명이다. 사회문화적 이론에 의하면, 이상행동은 사회문화적 요인에 의해 유발될 수 있다.
② 소거, 강화, 처벌, 체계적 둔감법, 모방학습 등 기술을 활용하는 것은 '행동주의 이론'이다.
③ 합리적 정서치료, 인지치료, 자기교습훈련 등의 기술을 활용하는 것은 '인지행동 이론'이다. '인본주의 이론'에서는 공감적 이해와 경청, 긍정적 관심을 통해 부적응 상태를 극복할 수 있다고 본다.
④ 어린 시절 자기 욕구를 부모의 기대 · 가치와 맞추려는 조건적 수용으로 인해 부적응 상태가 초래된다고 보는 것은 '인본주의 이론'이다. '정신분석 이론'에서는 이상행동의 원인을 어린 시절의 경험과 무의식의 갈등에 의한 것으로 본다.

02 성격장애의 구분

분 류	특 징	종 류
A군 성격장애	사회적으로 고립되어 있고, 기이한 성격특성을 나타내는 성격장애	• 편집성 성격장애 • 조현성 성격장애 • 조현형 성격장애
B군 성격장애	감정적이며, 변화가 많은 극적인 성격특성을 나타내는 성격장애	• 반사회성 성격장애 • 연극성(히스테리성) 성격장애 • 경계선 성격장애 • 자기애성 성격장애
C군 성격장애	불안하고 두려움을 많이 느끼는 성격특성을 나타내는 성격장애	• 의존성 성격장애 • 강박성 성격장애 • 회피성 성격장애

03 ② 편집성 성격장애는 타인에 대한 강한 불신과 의심을 지니고 적대적인 태도를 나타내어 사회적 부적응을 나타내는 성격특성을 보인다.
③ 연극성(히스테리성) 성격장애는 여러 성격장애 중에서도 감정의 표현이 과장되고, 주변의 시선을 받으려는 일관된 성격상의 특징을 가지며, 이로 인해 환자의 전반적인 기능이 저하되고 주관적인 고통이 초래되는 경우를 일컫는다.
④ 반사회성 성격장애는 사회규범에 적응하지 못하며, 타인의 권리를 무시하거나 침범하는 양상을 보인다. 아동기의 품행장애나 주의력 결핍 및 과잉행동장애(ADHD)가 성인기에 이르러 반사회성 성격장애로 진행될 가능성이 높고, 성적 일탈이나 약물남용에 빠지기 쉽다.
⑤ 자기애성 성격장애는 왜곡된 자아상을 통해 자신이 대단한 사람인 듯 과대평가를 하는 양상을 보인다.

04 우울증 성향의 사람들은 자기 실패경험에 대해 '내부적, 안정적, 전반적' 요인으로 귀인하는 경향이 있다.

05 ㄹ. '지속성 우울장애'에 대한 설명이다.

ㅁ. '파괴적 기분조절부전장애'에 대한 설명으로, 분노폭발이 평균적으로 주 3회 이상 12개월 이상 지속적으로 나타난다.

06 불안위계표를 작성한 후 위계별 이완과 불안을 반복적으로 짝지으면서 공포증을 감소시키는 것은 '체계적 둔감법'이다. '점진적 노출법'은 노출치료 방법의 한 가지로서, 공포자극에 조금씩 노출시켜 공포자극에 적응하도록 유도하는 치료방법이다. 노출치료 방법으로 실제적 노출법, 심상적 노출법, 점진적 노출법, 홍수법이 있다.

07 취약성 - 스트레스 모델

	유전적 요인	• 부모나 가족의 병력
취약성 요인	신경생리 학적 요인	• 뇌의 구조적 결함이나 기능적 이상
	발달적 요인	• 출생 후 3세까지의 기간 동안 주양육자와의 밀접한 관계 부족, 입양 가정이나 보호시설에서 성장 • 부모-자녀 의사소통에서 혼란과 적대감, 어린 시절의 학대
	개인의 성격 특성	• 아동기의 산만성과 주의집중의 문제, 언어성 지능의 상대적 저하, 영아기의 운동협응 부족 등
스트레스 요인	물리생물 학적 요인	• 바이러스 감염, 병균침입, 화학물질 등
	심리사회 적 요인	• 생활사건(실직, 이혼, 사별), 천재지변

08 ① 장애로 인해 대인관계가 어렵고 학교 적응에 문제가 생긴다.

② '적대적 반항장애'에 대한 설명이다.

④ 상해를 입히지 않는 신체적 공격성이나 언어적 공격성이 3개월 동안 주 2회 이상 발생하거나, 상해를 입히는 신체적 폭행을 포함하는 폭발행동을 12개월 이내에 3회 보일 때 간헐적 폭발장애로 진단한다.

⑤ 공격적 발작을 하듯이 폭발적인 행동을 하기 전에 긴장감이나 각성상태를 먼저 느끼고, 행동을 하고 나서는 즉각적인 안도감을 느낀다. 그렇지만 곧이어 공격적 행동으로 인해 동요하고 후회하며 당혹스러움을 느끼게 된다.

09 ① 순환성 장애는 아동·청소년의 경우 적어도 1년 동안(성인의 경우 2년) 다수의 경조증 기간과 우울증 기간이 있다.

② 순환성 장애를 가진 사람은 제1형 양극성 장애나 제2형 양극성 장애로 발전될 확률이 매우 높다.

③ 제2형 양극성 장애는 DSM-5 경조증삽화 진단기준에 적어도 1회 부합하고, 주요 우울삽화 진단기준에 부합한다. 단 조증삽화는 1회도 없어야 한다.

④ 순환성 장애는 불안증을 동반할 수 있지만, 주요 우울삽화, 조증삽화, 경조증삽화는 존재하지 않는다.

10 ㄷ. 신경성 폭식증은 일반적으로 후기 청소년기 또는 초기 성인기에 시작하는 경우가 대부분이다.

ㅁ. 폭식장애에 대한 설명이다. 신경성 폭식증과 달리 폭식장애에 보상행동은 수반되지 않는다.

11 공황발작은 전조증상 없이 갑작스럽게 나타나고 10분 이내에 최고조에 달하여 극심한 공포를 야기하게 되는데, 대략 10~20분간 지속된다.

12 중독성 물질의 분류

흥분제	코카인, 암페타민(필로폰), 카페인, 니코틴
진정제	알코올, 아편, 모르핀, 헤로인
환각제	LSD, 메스칼린, 대마초, 살로사이빈, 엑스터시, 펜시클리딘
아편유사제 (Opioids)	아편, 코데인, 펜타닐, 헤로인, 하이드로 코데인, 메사돈, 모르핀

13 망상장애의 유형

색정형 (애정형)	• 중심이 되는 망상은 보통 영화의 스타와 같은 유명한 사람이나 유력한 사람이 자기를 열렬하게 사랑하고 있다는 것이다. • 이런 환자에게서 흔히 볼 수 있는 역설적 행동은 망상의 대상이 되는 사람이 말이나 신체적으로 사랑을 부정하는데도 이 모든 것이 애정을 비밀스럽게 나타내는 증거라고 해석하는 것이다.
과대형	• 가장 흔한 형태의 과대망상은 자신이 어떤 위대한, 그렇지만 알려지지 않은 능력을 가졌다거나 대통령과 특별한 관계를 가지고 있다고 주장하는 경우이다. • 과대망상은 종교적인 내용을 가질 수도 있어 망상을 가진 환자가 종교집단의 지도자가 될 수도 있다.
질투형	• 망상이 배우자의 부정과 연관될 때 부부 간의 편집증이라고 불린다. • 남자가 여자보다 흔하고, 심해지면 배우자를 말로 혹은 신체적으로 학대를 하기도 한다.
피해형	• 가장 높은 유병률을 보이는 망상장애로 자신이 음모의 대상이 되거나, 속임을 당하고 있다거나, 추적을 당하고 있다거나, 자신도 모르게 약물이나 독약을 먹고 있다고 생각하거나, 악의적으로 중상을 당하고 있다거나, 어떤 장기적인 목표를 추구하는 데 있어서 방해를 받고 있다고 생각한다.
신체형	• 가장 흔한 망상은 감염, 피부에 벌레가 서식한다는 생각, 피부나 입, 자궁에서 나는 체취에 관한 망상, 신체의 일부가 제대로 기능을 못하고 있다는 망상 등이다. • 약물남용이 흔하며, 증상으로 인한 좌절로 자살을 기도하기도 한다.

14

경계선 성격장애는 대인관계의 자아상 및 정동의 불안정성, 심한 충동성을 보이는 광범위한 행동양상으로 인해 사회적 부적응이 초래되는 성격장애이다.

15 급성스트레스 장애의 주요 증상

• 침습증상 : 외상사건의 반복적 기억, 고통스러운 꿈, 플래시백과 같은 해리 반응, 외상 사건과 관련된 단서에 대한 강렬한 반응
• 부정적 기분 : 긍정적 감정을 잘 느끼지 못함
• 해리증상 : 자신의 주변세계나 자신에 대한 변형된 인식, 외상 사건의 중요한 측면에 대한 기억불능
• 회피증상 : 외상과 관련된 기억이나 감정에 대한 회피, 외상과 관련된 단서들에 대한 회피
• 각성증상 : 수면장애, 짜증이나 분노폭발, 과잉경계, 집중곤란, 과장된 놀람반응

16

ㄱ. 해리장애는 대부분 매우 충격적인 스트레스 사건이나 고통스러운 경험으로 촉발되어 나타나며, 뇌손상이나 신체적 질병과는 관계가 없다.
ㄹ. 해리는 감당하기 어려운 충격적 경험으로부터 자신을 보호하는 기능을 지니고 있으며, 진화론적으로 적응적 가치가 있는 기능이라고 할 수 있다. 그러나 이러한 해리현상이 지나치거나 부적응인 양상으로 나타날 경우에 '해리장애'가 나타난다.

17

신경발달장애에는 지적장애, 의사소통장애, 자폐스펙트럼 장애, 주의력 결핍 및 과잉행동장애, 특정 학습장애, 운동장애가 있다.

18

DSM-5에서 비물질 관련 장애(Non-Substance Related Disorders)에 포함된다.

19 단기 정신병적 장애의 특징

• 대개 정서적 시련을 겪는다.
• 장애가 짧기는 하지만, 손상의 수준은 심각할 수 있다.
• 자살 행동의 위험성이 증가할 수 있다.
• 남성보다는 여성에게서 2배 더 흔하다.
• 평균 발병연령은 30대 중반이지만, 생애 전반에 걸쳐서 생길 수 있다.
• 성격장애, 취약한 성격을 가진 이들에게 이 장애가 생겨날 수 있다.

20 현재의 분류체계는 의학적 모델로서 환경적 영향을 무시하고 창조적 사고를 억제한다.

이상행동의 분류 및 진단의 장·단점

장 점	• 해당 분야의 연구자나 임상가들이 사용하는 용어의 통일을 기할 수 있다. • 연구자나 임상가에게 효과적인 정보를 제공해 주므로 임상적 활용도가 높다. • 정신장애에 대한 과학적 연구와 이론개발을 위한 유용한 기초를 제공해 주고, 분류체계에 따라 축적된 연구결과와 임상적 지식을 체계적으로 정리하고 전달할 수 있게 한다. • 진단은 어떤 증상을 나타내는 환자를 분류체계에 따라 특정한 장애에 할당하는 분류작업으로서, 심리장애를 지닌 환자들 간의 유사성과 차이점을 인식하는 데에 도움을 준다. 이를 통해 그 환자의 다른 특성들(주요 증상, 예후 등)을 쉽게 추정할 수 있다. • 장애의 진행과정을 예측 가능하게 함으로써 가장 효과적인 치료를 제공할 수 있다.
단 점	• 분류나 진단을 통해서 환자의 개인적 정보가 유실되고 환자에 대한 고정관념이 형성될 수 있다. • 환자개인은 진단된 장애 외에 독특한 증상과 특성을 지닐 수 있으나 이러한 특성이 무시될 수 있다. • 환자에 대한 낙인이 될 수 있다(주변의 편견 등). • 진단명이 환자를 그 진단명에 맞도록 변화시켜 나가는 자기충족(이행)적 예언의 결과가 초래될 수 있다. • 환자의 예후나 치료효과에 대한 선입견을 줄 수 있다. 환자의 실제적 증상이 아닌 진단에 따라 치료함으로써 개인을 비인격화하고 사회적 제약과 통제를 가하는 수단이 될 수 있다. • 현재의 분류체계는 의학적 모델로서 환경적 영향을 무시하고 창조적 사고를 억제한다.

21 외상 후 스트레스 장애의 발생 및 악화에 기여하는 위험요인

외상 전 요인	정신장애 가족력, 아동기의 다른 외상 경험, 의존적 성격, 정서적 불안정성, 자신의 운명이 외부요인에 의해 결정된다는 통제소재의 외부성
외상 중 요인	외상경험 자체의 특성(외상사건의 강도가 심할수록, 타인의 악의에 의한 것일수록, 가까운 사람에 의해 발생할수록 증세가 심함)
외상 후 요인	사회적 지지체계나 친밀한 관계의 부족, 추가적인 생활스트레스, 결혼과 직장생활의 불안정, 심한 음주와 도박 등

22 비REM 수면각성 장애는 수면에서 불완전하게 깨는 경험을 반복하는 경우로서, 수면 중 보행형과 경악형으로 나누어볼 수 있다. '수면 중 보행형'은 수면 중 잠자리에서 일어나서 걸어다니는 일을 반복하는 경우를 말하고, '수면 중 경악형'은 수면 중 비명을 지르거나 울면서 갑자기 벌떡 일어나는 것을 반복하는 경우를 말한다. 비REM 수면각성 장애는 수면 중에 있었던 일이나 꿈을 전혀 또는 거의 기억하지 못한다.

23 ㄹ. 적응장애는 '외상 및 스트레스 관련 장애'의 하위유형이다.
ㅂ. 다른 정신장애 진단기준을 만족하지 않으며, 이전에 존재하던 정신장애가 악화된 것이 아니다.

24 탈억제 사회관여장애
• 사회적 방임이나 정서박탈을 경험한 생후 9개월 이상의 아동에게 진단된다.
• 적어도 5세 이전에 발병하고, 자폐스펙트럼 장애에 해당되지 않는다.
• 낯선 성인에게 거리낌이 없고, 과도한 신체적 친밀행동을 나타낸다.

25 ① 기민성을 활성화시키는 신경전달물질은 노르에피네프린(Norepinephrine)과 도파민(Dopamine)이며, 세로토닌(Serotonin)은 기분, 식욕억제, 감정의 평정 및 충동 억제를 담당한다.

② 이인증은 비현실감이 동반될 수 있으며 익숙한 사람이나 사물이 낯설게 보이고 세상이 생소하거나 비현실적인 것으로 지각한다. 물체의 크기와 형태가 다르게 보이는 변화(거시증 또는 미시증)를 경험할 수 있으며, 청각적 증상도 경험할 수 있다.

③ 자신이 기억하지 못하는 부분을 조작적으로 메우는 현상은 '작화증'이다. '기시현상'은 처음 경험하는 일을 마치 과거에 경험한 것처럼 느끼는 현상으로서, 그 반대되는 현상을 '미시현상'이라 한다.

⑤ 틱은 비의도적이고 급작스러운 방식으로 나타나는 반면, 상동적(정형적) 행동은 다분히 의도성이 있고 율동적이며 자해적인 측면이 있다.

선택과목 01 진로상담

01	02	03	04	05	06	07	08	09	10
③	③	①	③	④	③	④	⑤	④	⑤
11	12	13	14	15	16	17	18	19	20
①	③	⑤	①	⑤	①	⑤	④	③	⑤
21	22	23	24	25					
⑤	③	④	①	②					

01 ① 대학생, ④ 초등학생, ②·⑤ 고등학생의 진로상담에 대한 목표이다.

02 진로상담은 항상 '차별적인 진단과 처치' 즉, 개인차를 고려해야 한다.

03 ㄱ. 이론의 기저를 이루는 것은 자아개념이다.
ㄹ. 정착, 공고화, 발전의 발달과업이 수행되는 것은 확립기 때이다.

04 윌리암슨의 상담 모형 6단계 중 ① 종합단계, ② 분석단계, ④ 상담단계, ⑤ 예측단계에 대한 설명이다.

05 ㄴ. 특성-요인 이론의 핵심적 요소에는 개인에 대한 이해, 직업세계에 대한 이해, 과학적 조언을 통한 매칭이 포함된다.
ㄹ. '요인'에 해당된다. '특성'은 검사를 통해서 측정 가능한 개인의 특성과 자기 자신에 대한 이해를 말한다. 예로는 적성, 능력, 흥미, 가치관, 성격, 포부, 자원의 한계와 원인 등이 있다.

06 학교 밖 청소년지원센터 꿈드림(구, 두드림 해밀 사업)
• 대상 : 만 9~24세 청소년(검정고시 지원이나 복교지원을 원할 경우 만 13세부터 가능)
  – 정규학교를 그만 둔 청소년, 학업중단 숙려대상 청소년, 자립준비가 필요한 취약계층 청소년
• 내용 : 다양한 교육 및 체험프로그램을 통해 역량과 자립심을 키워주며, 학업복귀 및 사회진입을 할 수 있도록 지원하는 사업

07 '정체성'은 자신에 대한 종합적인 인식으로서 일치성과 일관성 및 변별성에 의해 영향을 받는다. 개인적 측면에서 정체성이란 개인의 목표, 흥미, 재능에 대한 명확한 청사진을 말하고, 환경적 측면에서 정체성이란 조직의 투명성, 안정성, 목표·일·보상의 통합을 말한다.

08 사회인지 진로이론의 대표자는 렌트(Lent), 브라운(Brown), 해킷(Hackett) 등이다.

사회인지 진로이론
• 반두라(Bandura)의 사회인지이론에서 파생된 이론으로서, 문화, 성(Gender), 유전, 사회적 환경, 자아효능감 등이 개인의 진로 관련 선택과 관련이 있다는 이론이다.
• 여성의 진로발달은 사회·문화적인 여건에 좌우될 가능성이 높고 취업결과도 상이할 수 있다.
• 여성의 진로발달을 설명하기 위해 자기효능감이론을 도입한 논문에서 기원된 이론이다.
• 자기효능감과 결과기대, 개인적 목표 등의 인지적 측면과 진로와 관련된 개인특성, 환경 그리고 행동요인들을 이론적 틀 안에 포함시키고 이들 간의 관계를 설명하는 데 기여한 이론이다.

09 일관성이란 서로 다른 유형 간의 관계에 대한 것으로, 첫 두 문자가 육각형에 인접할 때 높은 일관성을 보이며, 일관성 있는 흥미 유형을 보이는 사람은 대체로 안정된 직업 경력을 가진다.

10 생애진로사정(LCA), 진로가계도, 직업카드 분류법, 표준화된 검사는 내담자의 특성 파악을 위한 것이며 현실치료의 WDEP기법은 목표수립을 위한 진로상담에서 활용된다.

11 구성주의에서는 개인의 경험이 상이하므로 외부 세계에 대한 지식도 매우 다양하게 인식된다. 즉, 각 개인의 지식의 구성은 개인의 경험을 기반으로 하여 외부 세계를 해석해 가는 역동적인 과정으로 이해된다.

12 ㄴ. 개인이 갖고 있는 여러 가지 잠재적 특성의 발달에는 한계가 있으며, 그 한계의 정도는 개인에 따라 다르다.
ㄹ. 차가운 부모-자녀의 관계에서 성장한 사람은 어렸을 때부터 부모의 자상한 배려나 관심을 받지 못하고 자랐기 때문에, 자신에게 어떤 문제가 있을 때 부모나 주위 사람의 도움을 청하지 않고 사람과의 접촉이 개재되지 않는 다른 수단을 통해서 해결하는 방법을 터득하게 된다. 그 결과 그들은 자연히 비인간 지향적인 직업(기술직, 옥외 활동직, 연구직, 과학직)을 선택하게 된다.
ㅁ. 책임, 능력, 기술의 정도를 기준으로 하여 각각 6단계의 직업수준을 제시하였다.

13 하렌(Harren)의 진로의사결정 과정순서
• 인식단계 : 자아와 진로의사결정과 관련된 대안들을 인식
• 계획단계 : 대안들의 상호관계를 인식하고 그 가치에 대한 평가
• 확신단계 : 잠정적인 의사결정 및 주변 사람들의 피드백
• 실행단계 : 잠정적 결정을 실천에 옮김

14 ① 3단계 : 사회적 가치 지향성(9~13세)
② 1단계 : 힘과 크기(서열) 지향성(3~5세)
③ 2단계 : 성역할 지향성(6~8세)
④ · ⑤ 4단계 : 내적이며 고유한 자아에 대한 지향성(14세 이후)

15 ㄱ. 유리천장, 경력단절, 다중역할 갈등은 여성 진로문제 특징이다.
ㄴ. 직업흥미 탐색에 적합한 활동은 직업카드 분류활동이다.
ㄹ. 커리어넷은 고용노동부 산하 한국직업능력개발원에서 운영하고 있다.

16 **직업적응 이론**
1964년 장애인들을 대상으로 한 미네소타 직업재활 연구의 일부로 처음 발표된 이후 다위스(Dawis)와 롭퀴스트(Lofquist)가 이론으로 정교화하고 경험적인 연구들을 종합하여 책으로 발간하였다. 이 이론은 개인이 직업 환경과 조화를 이루어 만족하고 유지하도록 노력하는 계속적 · 역동적인 과정이라고 할 수 있다.

17 ⑤ 진로사고검사는 3개의 하위척도 점수를 분석함으로써, 내담자가 가지고 있는 진로문제의 특성을 구체적으로 이해할 수 있다.
① 지금까지의 진로와 관련된 검사들이 초등학생에서 대학생까지만 사용할 수 있도록 개발된데 반해, 이 검사는 일반 성인도 사용할 수 있다.
② 하위척도에는 수행불안, 외적 갈등, 의사결정 혼란이 포함된다.
③ · ④ 진로사고란 진로선택이나 진로결정과정에서 나타나는 여러 가지 생각들로서, 진로관련 정보를 어떻게 활용하는지와 관련된 인지적 정보처리로 볼 수 있다. 진로사고검사(CTI)는 인지적 정보처리이론(CIP)과 인지치료를 이론적 근거로 하여 진로에서의 부정적인 인지를 측정한다.

18 직업선택의 3단계

- 환상기 : 아동은 자기가 원하는 직업이면 무엇이든 하고 싶고, 하면 된다는 식의 환상 속에서 비현실적인 선택을 하는 경향을 갖게 된다.
- 잠정기 : 이 시기에 개인은 자신의 흥미, 능력, 취미에 따라 직업선택을 하려는 경향을 갖는다.

흥미단계 (11~12세)	• 자신의 흥미나 취미에 따라 직업을 선택하려고 한다.
능력단계 (13~14세)	• 자신이 흥미를 느끼는 분야에서 성공을 거둘 수 있는 능력을 지니고 있는지 시험해 보기 시작한다. • 다양한 직업이 있고 직업에 따라 보수나 훈련조건, 작업조건 등이 다르다는 것을 처음으로 의식하게 된다.
가치단계 (15~16세)	• 직업선택 시 다양한 요인을 고려해야 함을 인식한다.
전환단계 (17~18세)	• 주관적 요소에서 현실적인 외부요인으로 관심이 전환되며, 현실적인 외부요인이 직업선택의 주요인이 된다.

- 현실기 : 직업에서 요구하는 조건과 자신의 개인적 요구와 능력을 고려하여 현명한 선택을 하고자 한다.

탐색단계	취업기회를 탐색하고 직업선택을 위해 필요하다고 판단되는 교육이나 경험을 쌓으려고 하는 단계이다.
결정화 (구체화) 단계	자신의 직업 목표를 구체화하고 직업선택의 문제에서 내·외적 요인들을 두루 고려하게 되며, 이 단계에서는 타협이 중요한 요인이 된다.
특수화 단계	자신의 결정을 구체화시키고 보다 세밀한 계획을 세우며, 고도로 세분화·전문화된 의사결정을 하게 된다.

19 유전적 요인과 특별한 능력, 환경적 조건과 사건, 학습경험, 과제접근기술 등으로 자기관찰 일반화 및 세계관 일반화의 결과가 나타나며 행위의 산출로 이어진다.

20 크롬볼츠(J. Krumboltz)는 사회학습이론/진로신념검사와 관련이 있다.

21 적성분류검사에 대한 설명이다.

적성분류검사

- 수리력, 추리력, 공간관계, 언어추리, 기계추리, 사무능력, 언어철자, 언어문장의 8개 하위검사로 구성된다.
- 고등학교에서 학업지도 및 직업지도를 위해 제작한 것이지만, 타당도, 신뢰도가 높아 성인용으로도 사용한다.

22 미국의 진로발달학회(NCDA)에서 제시한 진로상담자의 역할

- 개인상담과 집단상담을 진행하여 내담자의 삶과 진로목표의 구체화를 돕는다.
- 능력, 흥미 등의 평가를 위해 심리검사를 실시·해석하고, 진로선택 대안을 확인한다.
- 과제 부여, 계획 경험하기 등을 통해 탐색활동을 격려한다.
- 직업세계를 이해하도록 진로설계시스템, 직업정보시스템을 활용한다.
- 개인의 의사결정기술 향상을 위한 기회를 제공한다.
- 개인의 진로계획을 지원한다.
- 대인관계 기술의 향상을 도와 직장에서 잠재적인 개인갈등을 해결하도록 돕는다.
- 내담자의 직업과 삶에서의 다른 역할들 사이에 통합을 이해하고 수용할 수 있도록 돕는다.
- 직무 스트레스, 실직, 직업전환을 경험하는 개인에게 심리적 지지를 제공한다.
- 성에 대한 정체성 확립과 동시에 성역할에 대해 올바르게 인식함으로써 성 역할 고정관념을 깨도록 돕는다.

23 '실재적 유형 – 사회적 유형 – 기업적 유형 – 관습적 유형 – 탐구적 유형 – 예술적 유형'의 순이다. 내담자는 실재적 유형으로 기술자, 자동차 및 항공기 조종사, 농부, 엔지니어와 같은 직업이 적합하며, 1차 유형을 대체할 수 있는 것은 사회적 유형으로서, 교사, 간호사, 상담가와 같은 직업이 적합하다.

24 미네소타 중요도검사(MIQ)는 직업과 관련된 가치체계를 측정하기 위해 개발된 검사이다.

25 각종 검사들의 결과는 이해하기 위한 수단일 뿐 규정짓는 판결이 아니기 때문에, 검사결과를 확실하게 규정짓는 것은 피해야 한다.

선택과목 02 집단상담

01	02	03	04	05	06	07	08	09	10
③	④	②	⑤	②	⑤	①	④	⑤	⑤
11	12	13	14	15	16	17	18	19	20
⑤	⑤	④	④	②	③	③	④	⑤	⑤
21	22	23	24	25					
⑤	⑤	①	⑤	②					

01 ㄱ・ㄴ・ㅁ 행동주의 기법에 해당한다.

형태주의(게슈탈트) 접근의 집단상담 기법

뜨거운 자리	집단상담자가 문제의 해결을 희망하는 사람을 빈자리로 맞아들이며, 집단원과 집단상담자 두 사람이 문제해결의 결론에 도달했다고 느낄 때까지 적극적인 상호작용을 통해 직접적으로 문제에 접근한다.
차례로 돌아가기 (순회하기)	집단원들이 한 사람씩 차례로 돌아가면서 문제에 대한 자신들의 감정이나 행동을 표현하도록 한다.
신체활동 과장하기	행동이나 언어를 과장하게 표현하도록 함으로써, 신체언어로 보내는 미묘한 신호와 단서를 잘 지각한다.
질문형을 진술형으로 고치기	보다 직접적인 표현방식으로의 전환을 통해 순간 경험의 보다 명확한 각성이 이루어지도록 하며, 스스로의 행동에 책임을 지도록 한다.

02 ㄱ. 스톨러(Stoller)의 모형으로 '마라톤 참만남 집단'이라고도 한다. 시간적 집중과 참가자의 피로가 오히려 있는 그대로의 모습을 드러내도록 한다.
ㄷ. 슈츠(Schutz)의 모형으로 '개방적 참만남 집단'에 해당한다. 신체적 느낌과 신체적 에너지의 이완을 통한 개인의 정서적 문제의 해방에 관심을 갖는다.

로저스(Rogers)의 참만남 집단의 15단계 과정
• 혼돈과 무질서(떼 지어 기웃거리는 양식)
• 사적인 자기노출 혹은 탐색에 대한 저항
• 과거의 느낌과 기술
• 부정적 감정의 표현
• 사적으로 의미 있는 자료의 표현과 탐색
• 집단 내에서의 즉시적인 대인간 감정의 표현
• 집단 내에서의 상담능력의 발달
• 자기 수용과 변화의 시작
• 가면의 파괴
• 피드백 주고받기
• 직면 혹은 맞닥뜨림
• 집단과정 밖에서의 조력관계 형성
• 기초적 참만남
• 긍정적 감정과 친근감의 표현
• 집단 내에서의 행동 변화

03 자아구조를 욕동과 그 파생물로 보는 전통적인 자아 심리학과 달리 자아구조가 대상이미지, 자기이미지, 그리고 이 둘을 연결하는 정서 등의 3가지 요소로 이루어진 대상관계 단위에서 비롯된다고 생각하였다.

04 ① 구조분석, ② 의사교류분석, ③ 구조분석, ④ 인생각본분석에 대한 설명이다.

교류분석 집단상담의 기술

구조분석	• 각 집단원들로 하여금 각 개인의 자아구조 상태를 검토해볼 수 있도록 돕는 과정이다. • 과거의 경험적 자료들에 의한 자아구조의 혼합 등을 살핀다. • 교류분석에서 가장 기본적인 개념이 성격구조의 3가지, 부모・성인・아동 자아상태이다. 특히, 개인이 갖는 부모 자아 상태는 그가 속한 문화 및 가치의 영향에 대한 반영이라고 할 수 있으며, 구조분석은 문화적 적응을 돕는 상담기법이다.
의사교류 분석	• 구조분석을 기초로 하여 집단원 각 개인이 집단상담자나 다른 집단원과의 관계에서 행하고 있는 의사교류 혹은 의사소통의 양상과 성질을 파악하는 분석법이다.

의사교류분석	• 의사교류의 기본유형은 상보적 의사교류, 교차적 의사교류, 암시적 의사교류로 구분할 수 있다. • 교류분석의 상담목표는 개인을 독특한 문화적 존재로 보고, 그가 자율성을 성취하도록 돕는 것이다. • 교류분석은 다문화사회에서 필요한 상호존중의 삶의 태도를 강조한다. • 교류분석은 계약기법을 통해 민주사회에서 자율적 인간으로서의 책임감을 갖고 실천하게 한다.
게임분석	• 숨겨진 일련의 암시적 · 이중적 의사거래를 분석한다. • 암시적인 의사교류를 게임의 종류 및 만성부정감정의 유형과 연관지어 분석한다.
인생각본분석	• 인생각본은 생의 초기에 있어서 개인이 경험하는 외적 사태들에 대한 자신의 해석을 바탕으로 하여 결정 · 형성된 반응양식이다. • 집단원 개인의 인생계획이나 이전 결정의 내용 등을 면밀히 검토한다.

05 재결정에 대한 설명으로 초기결정이 내려졌을지라도 그 결정을 뒤엎지 못하는 것이 아니라고 보며, 초기결정에 반응하여 새로운 결정을 내릴 수 있다고 본다.

06 ① 개방적인 집단은 허용하는 한도 내에서 새로운 사람을 받아들이는 집단형태이므로 집단의 응집성은 낮다. 집단의 응집성은 집단원들이 하나의 통합된 전체로 묶어진 유대관계의 정도를 말한다.
② 집단상담자의 운영방식에 대한 집단원의 불만은 집단상담의 과정 중 갈등의 단계에서 다룬다. 집단상담자와 집단원들은 이러한 갈등을 수용하고, 서로 간의 차이에 대해 정직하게 상호 작용할 때 보다 바람직한 방향으로 상담이 진행될 수 있다.
③ 기관 의뢰 집단상담을 진행할 때, 집단 진행과 관련된 기관의 정책과 윤리지침을 집단원에게 알려야 한다.
④ 집단상담의 평가에 있어서 가장 중요한 요소는 '정직성'과 '솔직성'이다.

07 침묵하는 집단원이 말을 할 수 있도록 적절한 조치를 취하는 것이 바람직하며 표정 · 몸짓 등 비언어적 행동에 대해 언급하며 자연스러운 참여를 유도한다.

08 집단상담에 대한 설명이다.

집단상담과 유사개념의 비교

집단상담	• 중심은 어떤 주제가 아닌 집단원 개개인 자체이므로 그들의 행동변화가 중심이다. • 정상적이고 발달적인 문제를 주로 취급한다. • 자기이해의 증진, 태도의 변화 및 직업선택과 관련하여 일어나기 쉬운 갈등들을 취급하는 과정이다. • 개인적 · 정서적 문제의 해결에 치중하며 현재의 문제나 병을 해결하고 치료하는 데 관심을 기울이며 개인의 성장과 변화를 목적으로 한다. • 집단원 간의 상호작용을 통해 집단원의 감정 및 행동양식을 탐색한다.
집단지도	• 정보를 제공하는 일종의 직접적이고 인지적인 과정이며 교육적 경험의 내용을 주제로 취급한다. • 직접적인 정보의 획득, 새로운 문제에 관한 오리엔테이션, 학생활동의 계획 실천, 직업 및 교육적 결정에 필요한 자료수집 활동에 직접 관여한다. • 적극적이고 예방적 입장을 취한다.
집단치료	• 무의식적 동기에 관심을 두며 보다 깊은 수준의 성격구조의 변화에 관여하는 과정이다. • 성격장애의 문제를 다루고 심각한 신경증적 갈등을 경험하는 집단원을 대상으로 한다. • 현재나 미래보다는 과거(즉, 부정적 행동의 원인)에 더 강조점을 두지만, 현재의 문제나 병을 해결하고 치료하는 데 관심을 기울인다.
집단훈련	• 어떤 특정한 영역에 대한 기술을 익히는 과정으로 되어 있으며, 구성원들에게 필요한 기술을 체계적으로 교육하고 연습시키는 과정이 포함된다. • 집단지도와 집단상담의 중간 지점에 위치하면서 양자의 특성을 공유한다고 볼 수 있다. 즉, 집단지도와 같이 구성원들은 공동의 목적을 가지고 필요한 정보를 얻는 동시에 집단상담과 같이 구성원 각자가 자신의 어려운 문제와 고민을 털어놓는다.

집단훈련	• 집단훈련의 규모는 8~30명 정도이고, 훈련기간은 4~12회, 1회에 2~3시간 정도로 한다. • 취업 면접 훈련, 발표력, 창의성 훈련, 사회성 훈련, 감수성 훈련, T-집단 등과 같은 집단 훈련이 보편화되고 있다.

09 ① 성장집단, ② 치유집단, ③ 교육집단, ④ 지지집단에 대한 설명이다.

치료집단의 예시

교육집단	부모역할 훈련집단, 청소년 성교육집단, 위탁가정의 부모가 되려는 집단, 입양에 관심을 갖는 부모의 집단, 특정 질병에 대해 정보를 얻고자 하는 집단
성장집단	부부의 결혼생활 향상집단, 청소년 대상 가치명료화 집단, 여성을 위한 의식 고양집단, 퇴직을 준비하는 집단, 잠재력 개발집단 등
치유집단	외상후 스트레스장애 치유집단, 정신역동 치유집단, 인지행동 치유집단, 마약중독자 치료집단, 금연집단 등
사회화 집단	과거 정신장애 환자였던 사람들의 모임, 공격성을 가진 아동들의 집단, 자기주장 훈련집단, 악기연주 또는 등산 등 여가활동을 포함하는 한부모집단 등
지지집단	이혼가정의 취학아동모임, 암환자가족 모임, 자녀양육의 어려움에 대해 공유하는 한부모집단 등

10 ⑤ 폐쇄집단에 대한 설명이다.
①・②・③・④ 개방집단에 대한 설명이다.

11 젠킨스(Jenkins)의 집단 자체에 대한 평가내용
• 목표지향적인 방향성
• 집단토의나 활동의 성취도
• 성취 혹은 진전의 속도
• 집단 자원의 활용도
• 집단활동의 개선책

12 집단상담자의 역할
• 집단의 목표 및 세부계획을 수립한다.
• 집단 활동의 시작을 돕는다.
• 집단원들을 선별하고 선발한다.
• 집단을 구조화한다.
• 집단규범을 설정하고 발달을 돕는다.
• 집단의 방향 및 기준을 분명하고 명백하게 제시하는 것은 집단의 진행에 도움이 된다.
• 집단의 분위기 조성을 돕고 집단의 흐름을 적절히 통제한다.
• 집단원들이 건설적이고 직접적인 방식으로 상호작용하도록 조력하면서 의사소통 및 상호작용을 촉진한다. 또한 집단의 상호작용을 면밀히 관찰하여 시의 적절하게 의미 있는 반응을 보인다.
• 집단원들의 음성 언어와 비음성 언어에 적절한 반응을 보인다.
• 집단원들을 보호・격려・수용한다. 이때 상담자의 수용적인 반응은 집단원의 자기개방에 도움을 준다.
• 적절한 집단작업을 주도적으로 실행하고 관찰 결과를 토대로 집단과정을 해석한다.
• 집단 활동의 종결을 돕는다.

13 가치관 명료화
• 자신의 가치가 어떠한가를 확인하고 지금까지 자신이 가치있다고 생각하고 있던 것들이 자신의 '참 가치'인지 아닌지를 판단해본다. 다양한 대안들 중에서 나의 가치를 선택하고, 이에 대해 확신을 가지며 행동화하고 반복하여 안전하고 지속적인 행동의 유형으로 정립하는 과정이다.
• 가치관 명료화의 목적은 목표의식이나 방향 감각 없이 혼돈과 모순, 도덕적 냉담성, 불확실성 속에서 생활하는 사람들에게 또는 극도로 일관성 없이 행동하거나 자신의 생각과 무관하게 타의에 순응하는 사람들에게 그러한 상태에서 벗어날 수 있도록 도와줌으로써 개인적・사회적 성취에 공헌하게 하는 것이다.

14 ① 개인상담에 비해 집단상담은 특정 내담자의 개인적인 문제가 충분히 깊게 다루어지지 않을 가능성이 있다.
② 내담자가 사생활 관련 질문을 할 경우, 상담자는 시간적 여유를 확보하여 내담자의 질문이 내담자의 입장에서 어떤 의미가 있는지 충분히 생각해 보도록 한다.

③ 집단상담 시 비밀보장과 관련하여 내담자나 내담자 주변에 닥칠 위험이 분명하고 위급한 경우 또는 법원의 명령이 있는 경우에 집단상담자는 내담자의 비밀을 사전 동의 없이 관련자에게 공개할 수 있다.
⑤ 가치관 경매, 문장완성, 추웠던 기억 · 따뜻했던 기억 나누기는 중기활동에 속한다.

15 ① 집단지도자가 집단의 목적, 규정, 한계 등에 관해 집단의 틀(Frame)을 잡아주는 구조화를 실시하는 것이 좋다.
③ 개인상담을 통해 상담자가 되고자 하는 동기에 대해 탐색하고, 내담자로서 상담의 효과를 몸소 체험해 보면서 전문적 자질을 갖출 수 있다.
④ 상담자는 그와 같은 행동이 집단활동에 어떠한 영향을 미치는지를 부드럽고 솔직하게 얘기해야 한다. '주지화'는 불안을 통제하고 긴장을 감소시키기 위해 본능적 욕동을 지적활동에 묶어두는 심리적 작용을 말한다.
⑤ 집단상담자의 자기노출을 통해 집단원에게 유사성과 친근함을 전달할 수 있고, 집단상담자와 집단원간의 보다 깊은 이해를 발달시킬 수 있다.

16 평가는 매 모임이 끝날 무렵, 집단상담 기간의 중간과 마지막 그리고 추후평가에 실시할 수 있다.

17 청소년 집단상담은 구조적 집단상담의 형태로 진행하는 것이 더 효과적이며, 집단이 유지되기 위해서 집단은 동질적이면서 이질적이어야 한다.

18 보기는 '인지적 집중'에 대한 설명으로서, 경험한 것을 회상하되, 같은 감정이 일어나지는 않도록 한다.

19 ① 신체활동 과장하기 : 신체언어로 보내는 미묘한 신호와 단서를 지각할 수 있게 한다.
② 환상대화법 : 내적 분열과 궁극적인 성격을 통합하여 자각하는 것이다.
③ 순회하기 : 집단원들이 돌아가면서 평소에 표현하지 않았던 것을 이야기하는 것이다.

④ 질문형을 진술형으로 고치기 : 보다 직접적인 표현방식으로서의 전환을 통해 스스로의 행동에 책임을 지도록 한다.

20 알코올 중독자라고 보이지 않는 창이 존재하지 않는 것은 아니다.

조하리(Johari)의 창

	자신이 아는 영역	자신이 모르는 영역
타인에게 알려진 영역	I 공개 영역	II 맹인 영역
타인에게 알려지지 않은 영역	III 비밀 영역	IV 미지 영역

I 영역	느낌, 행동, 태도, 감정, 욕구, 종교 등 자신과 다른 사람들이 모두 아는 정보 즉, 자신과 타인에게 함께 알려져 있는 개방된 영역
II 영역	생각, 행동, 느낌 등이 타인에게는 알려져 있지만, 자기 자신은 지각하지 못하고 있는 영역
III 영역	겉으로 표현하지 않은 생각, 느낌, 나만이 지닌 나 자신의 약점, 비밀, 콤플렉스 등 자신은 알고 있지만, 타인에게는 은폐된 영역
IV 영역	자기 자신에 대한 느낌, 행동, 생각 등 자신이나 타인도 전혀 모르는 알려지지 않은 영역

21 '생활양식'에 대한 설명이다.

자기보호 성향
아들러(Adler)의 자기보호 성향은 프로이트(Freud)의 자기방어기제에 대응하는 개념이지만, 프로이트의 방어기제가 개인 내적인 상황에서 무의식적으로 작동하는 반면에, 아들러의 자기보호 성향은 사회적 상황에서 의식적 또는 무의식으로 작동한다고 보았다. 참고로, 아들러는 인간을 통합된 존재로 보고 성격의 통일성을 강조하였기 때문에 프로이트처럼 의식과 무의식의 구별을 중요하게 생각하지 않았다.

22 현실치료 집단상담에서는 우리가 전행동(Total Behavior)을 변화시키고자 할 때, '행동'과 '사고'를 먼저 변화시키면, '감정'이나 '생리작용'도 따라오게 된다고 보았다(행동 → 사고 → 감정 → 생리반응).

23 ② '이중자아 기법'에 대한 설명이다. '거울기법'은 주인공이 지켜보고 있는 가운데 보조자아가 주인공의 역할을 대신함으로써, 주인공이 관중의 입장에서 자신의 행동을 이해하고 평가하도록 하는 기법이다.
③ 연출자는 집단지도자, 치료자, 교사 또는 상담자로서 일하고 있는 사람이 맡을 수 있다.
④ 관객은 주인공이 자신의 감정들을 탐구하는 과정에 직접 참가하는 적극적인 역할을 맡는다.
⑤ 심리극의 구성요소는 주인공, 보조자아, 연출자, 관객, 무대이다.

24 집단원을 선발할 때 청소년의 호소문제와 특성은 알아야 하지만, 가족관계까지 반드시 파악해야 하는 것은 아니다.

25 실존적 요인은 삶의 불안정성에 대한 인식이다.

선택과목 03 가족상담

01	02	03	04	05	06	07	08	09	10
④	③	②	①	②	②	③	⑤	④	④
11	12	13	14	15	16	17	18	19	20
④	③	③	③	⑤	④	⑤	④	②	④
21	22	23	24	25					
④	①	④	②	②					

01 가족치료의 주관심의 대상은 문제나 문제의 원인이 아니라 문제와 연관되어 일어나는 연쇄고리이다.

02 가족의 목표가 개인의 목표보다 우선시된다는 것을 알린다.

03 보기는 '기적질문'에 관한 내용이다.
① 척도질문, ③·④ 예외질문, ⑤ 대처질문에 대한 설명이다.

04 ② 경계선 : 가족구성원 간의 분화정도 즉, 가족구성원 간의 허용할 수 있는 접촉의 양과 종류 또는 얼마나 자유롭게 서로 관여할 수 있는가 하는 침투성을 규정하는 가족규칙이다.
③ 부적(Negative) 피드백 : 가족체계가 안정지향적으로 작동하는 것이다.
④ 체계의 전체성(Wholeness) : 체계가 하나의 전체로 존재하고 작동하는 것이다.
⑤ 유기체의 동일 결과성(Equifinality) : 다양한 출발에서 동일한 결과에 이르는 것이다.

05 **상담 시 가족관계 관찰을 위한 상담자 질문**
• 가족의 외적인 모습에서 무엇을 파악할 수 있는가?
• 가족구성원들이 서로 얼마나 멀리 앉아 있고, 누가 누구 옆에 앉아있는가?
• 가족에게서 파악될 수 있는 인지적 기능이 무엇인가?
• 가족성원들이 얼마나 명확하고 솔직하게 의사소통을 하는가?
• 의사소통 패턴이 서로 주고받는 패턴인가? 일방적인가?
• 반복적이고 비생산적인 의사소통 방식을 발견하는가?

- 특별한 행동 후에 어떤 방법으로 부모가 자녀들을 꾸짖고 칭찬하는가?
- 가족 내의 기본적인 감정상태는 무엇이며, 누가 그 감정을 전하는가?
- 어떤 하위체계가 이 가족에서 작용하고 있는가?

06 ① 상담자가 객관성과 전문적인 판단에 영향을 미칠 수 있는 다중관계는 피한다는 원칙이다.
③ 고지된 동의에는 치료자가 아니라 내담자의 치료중단 권리가 포함된다.
④ 치료자는 내담자가 책임 있는 결정을 내릴 수 있도록 도와야 한다.
⑤ 상담을 시작하기 전 비밀유지에 대한 입장을 표명함으로써, 내담자가 개인적 비밀을 털어놓을 수 있는 신뢰감 형성이 가장 중요하다.

07 ③ 가족상담의 기본이론은 '체계이론'이며, 대표적인 배경이론으로는 사이버네틱스, 생태체계이론, 일반체계이론 등이 있다.
① 이야기치료, 해결중심 가족상담은 후기 가족상담모델에 해당한다.
② 부부균열은 부부가 서로 역할을 교환할 수 없고 목표를 공유하거나 보완할 수 없다.
④ 치료자의 개입기술을 중요시하였다.
⑤ 2차 사이버네틱스의 특성이다.

08 ① 언어가 실재를 반영하는 표상주의 입장이 아닌 언어가 실재를 구성한다.
② 문제행동을 제거하는 것에서 대화의 자유로운 과정을 통해 새로운 견해를 발견하도록 한다.
③ 모더니즘의 한계를 탈피하는 포스트모더니즘의 영향을 받았다.
④ 치료자는 주도적 전문가가 아니라 내담자가 경험세계를 재창조하도록 협력하는 동반자의 관계이다.

09 가족상담의 이론적 기초

초기 가족상담	20세기 중반 체계이론의 도입과 심리치료의 확대, 가족치료에 영향을 미치는 이론의 정립 등에 의해 태동하게 되었고, 이때 영향을 미친 이론으로는 집단역동 운동, 아동상담소 지도운동, 부부상담, 사회복지실천 등이 있다.
후기 가족상담	포스트모더니즘 영향(구성주의, 사회구성주의 이론의 등장)과 2차 사이버네틱스, 후기 구조주의, 구성주의와 사회구성주의, 언어의 역할, 페미니즘, 울트라 모더니즘 시대의 가족치료

10 ① '탈삼각화 기법'은 가족원의 자아분화를 높이는 기법이다.
② '관계실험'은 주로 삼각관계를 구조적으로 변화시키기 위해 사용하며, 가족들로 하여금 체계과정을 인식하고 그 과정 내에서 자신의 역할을 깨닫도록 학습시키는 것이다.
③ '자기입장(I-Position) 지키기'에서 자신의 견해를 피력하는 방법은 정서적 충동에 의해 반응하려는 경향을 막는다.
⑤ '코칭'은 가족문제를 해결하기 위해 상담자가 조언(격려)하는 것이다.

11 ㄴ. 초기단계, ㅁ. 종기단계에 해당한다.

가족상담 단계별 특징

초 기	• 고지된 동의 절차 실시 • 단기목표와 장기목표로 구분 • 가족구성원들의 저항극복 • 합류하기
중 기	• 주변의 가족원 참여시키기 • 가족원들을 적절하게 연결시키기 • 계약과 교환관계 향상시키기 • 가족체계 내의 특정변화 강조하기 • 가족원의 새로운 행동강화하기 • 변화가능성에 대해 낙관적 태도 유지하기 • 가족을 적절한 외부체계와 연결시키기 • 과정에 초점 두기 • 적절한 때에 유머 사용하기 • 가족 내에서 변화단서 찾기

<table>
<tr><td rowspan="5">종 기</td><td>• 장기목표에 대한 토론</td></tr>
<tr><td>• 종결에 대한 오리엔테이션</td></tr>
<tr><td>• 요 약</td></tr>
<tr><td>• 추수상담</td></tr>
<tr><td>• 필요한 변화에 대한 평가</td></tr>
</table>

12 ① 내적인 불안을 인내할 수 있고, 다른 사람의 불안에 전염되지 않는 사람은 분화수준이 높다.
② 분화수준이 높은 사람도 스트레스를 받지만, 가족동맹을 발달시키지 않고도 적응적이고 융통성이 있다.
④ 분화 수준이 낮은 사람은 감정에 의해 지배되는 삶을 살거나 감정 반사적인 행동을 많이 한다.
⑤ 자아분화는 정서적이고 지적인 것의 분화를 의미하며, 감정과 사고가 적절히 분리되어 있는 경우 자아분화 수준이 높은 것으로 간주한다.

13 ① 가족생활주기의 첫 단계는 '아직 결혼하지 않은 자녀가 자신의 원가족을 떠나 결혼하기 이전까지' 단계이다.
② 발달적 요인과 외적요인으로 나누는 것은 '수평적 스트레스'이다.
④ '결혼적응기'에 대한 설명이다.
⑤ '자녀청소년기'에 해당한다.

14 구조적 가족상담모델의 주요 개념은 가족구조, 하위체계, 경계, 경계선, 제휴, 권력, 가족규범, 가족항상성, 가족순환성 등이다.

15 합류는 라포(Rapport)와 비슷한 개념이지만, 라포가 치료적 관계 상태를 의미하는 반면, 합류는 치료적 관계형성을 위한 치료자의 자발적 행동을 표현하는 의미를 지닌다.

16 '가장기법'(위장기법)에 대한 설명이다. '역설적 기법'은 문제행동을 유지하거나 더 강화하는 행동을 수행하도록 지시하여 역으로 저항을 통한 변화를 이끌어 내고자 하는 방법이다.

17 ① 마다네스(Madanes) : 가장(Pretend) 기법
② 헤일리(Haley) : 역설적 기법
③ 파라졸리(Palazzoli) : 가족게임
④ MRI 학파 : 피드백 고리(Feedback Loop) 변화

18 청소년들의 가장 큰 고민이 진로문제이므로, 가족문제와 함께 잘 해결되도록 도와주어야 한다.

19 제1차적 변화와 제2차적 변화
• 제1차적 변화 : 체계의 근본적인 조직은 변화하지 않고 행동의 변화를 의미한다.
• 제2차적 변화 : 체계의 근본적인 조직을 변화시키는 변화를 의미한다. 즉, 2차적인 변화에서는 가족의 구조 혹은 가족구성원 간의 의사소통 패턴에 있어서의 변화를 추구한다.

20 '기적질문'은 문제가 해결된 상황을 상상해 봄으로써 해결하기 원하는 것을 구체화·명료화 하는데 도움이 된다.

21 하위체계는 구조적 가족상담모델의 주요 개념 중 하나로서, 구조적 가족치료는 가족이 부부 하위체계, 형제 하위체계, 부모 하위체계 등의 3가지 하위체계로 구성되어 있다고 보며, 이 하위체계 간의 규칙은 위계질서이고, 이 이론은 세대 간의 적합한 경계선을 주장한다.

22 불균형 기법 중 '가족구성원과의 제휴의 교체기법'에 해당한다.

불균형 기법
• 불균형이란 가족의 역기능을 바꾸기 위해 사용하는 기법으로서, 여기에는 불공평하고 비민주적이라고 생각되는 방법들이 포함된다.
• 불균형 기법은 상담자에 의해 가족의 위기가 촉발되어 가족의 현재 상태가 깨어지고, 새로운 가족구조를 형성시키려 할 때 사용되는 기법이다.

불균형 기법 유형(미누친과 피시먼)

가족 구성원과의 제휴기법	• 가족 내의 위계적인 위치를 변화시키기 위하여 가족의 한 구성원과 제휴하는 것이다. • 예컨대, 엄마에게 가족의 힘이 주어져 있는 경우 아빠에게 힘을 실어 준다거나 또는 다른 가족들의 관심에서 소외된 가족 구성원과 제휴할 수도 있다. 이것은 가족들의 내면에 깔린 인간관계를 탐색함으로써 가능해진다.
제휴의 교체기법	• 가족 구성원 중 한 사람과 제휴하다가 그 대상을 바꾸어 다른 구성원과 제휴하는 것이다. 이 방법은 청소년기 자녀를 둔 가정에 문제나 갈등이 있을 때 적절하게 사용될 수 있다. • 상담자는 잠시 부모와 제휴하여 부모는 자녀에 대해 권위를 갖고 통제할 수 있는 규칙을 가질 수 있다고 지지한 다음, 방향을 바꾸어 자녀 편에 서서 자녀들이 자율성을 갖기 위하여 부모와 타협할 권리가 있다고 지지해 줄 수 있다.
가족 구성원의 무시기법	• 상담자가 가족 구성원 중 누군가가 마치 없는 것처럼, 상담에 참여하지 않은 사람처럼 무시하는 것이다. 당연히 이러한 무시는 상담자의 계획된 의도로서 무시를 당한 구성원은 상담자의 주의를 끌기 위하여 어떠한 형태의 행동이든 할 것이라고 기대된다. • 보통 치료효과를 높이기 위하여 상담자는 가족의 불쾌감을 고조시키는 행동을 취한다.

23 ④ 외재화하기(Externalizing) : 문제와 사람을 분리하기 위해 문제에 이름을 붙이고 의인화시키는 작업을 수행하는 것이다.

① 역설적 개입(Paradoxical Intervention) : 헤일리의 전략적 치료기법에 해당하며, 내담자에게 문제행동을 계속 유지하라고 지시함으로써 그의 통제 밖에 있었던 문제행동을 그의 통제권 안으로 끌어들이고 문제행동을 포기함으로써만 벗어날 수 있는 치료적 역설상황을 만드는 것이다.

② 재정의하기(Reframing) : 구조적 가족치료의 치료기법으로 어머니의 잔소리를 자식에 대한 간섭으로 재정의하는 것이 그 예이다.

③ 공명 : 내담자가 특정한 이야기나 표현을 들었을 때, 내 삶의 경험 가운데 어떤 것이 떠올랐는지 이야기하는 것이다.

⑤ 모방 : 치료자가 가족의 행동유형, 속도, 감정을 판토마임처럼 하는 것이다.

24 ① 치료자는 변화는 문제시되는 행동을 하지 않는 것이 아니고, 아주 작고 긍정적인 것을 시작하는 데서 일어난다는 것을 내담자가 인식하게 한다.

③ "하지 말아야 한다"는 것을 목표로 할 때 내담자는 그 문제에 더욱 생각하고 집착하게 된다. 따라서 문제시 되는 것을 없애는 것보다 하기 바라는 행동에 관심을 두고, 긍정적인 단어로 치료목표를 규정한다.

④ 내담자의 생활에서 현실적으로 성취 가능한 것을 목표로 한다.

⑤ 문제의 원인이나 문제의 성질을 파악하는 것보다, 가족이 적용해 왔던 또는 적용 가능한 해결책 등에 초점을 맞추어 질문을 하며, 문제해결을 위해 반드시 문제가 무엇인가를 밝힐 필요가 없다고 생각한다.

25 ① '가족구조'란 가족성원들이 상호작용하는 방법을 조직하는 것으로서, 눈으로 볼 수 없는 기능적 요소를 말한다.

③ 합류는 라포(Rapport)와 비슷한 개념이지만 라포가 치료적 관계 상태를 의미하는 반면, 합류는 치료적 관계형성을 위한 치료자의 자발적 행동을 표현하는 의미를 지닌다.

④ '실연화'는 가족에게 역기능적인 가족성원간의 교류를 실제로 재현시킴으로써 역기능적 상호작용을 교정하기 위한 것이다. '추적하기', '적응하기', '흉내내기'는 교류와 합류를 촉진하는 방법으로 사용된다.

⑤ 미누친(Minuchin)의 명료한 경계선이 정상적 가족에 해당하는 것은 맞지만, 세대 간 전수는 보웬(Bowen)의 가족치료에 해당한다.

01	02	03	04	05	06	07	08	09	10
②	⑤	⑤	③	④	①	②	⑤	①	④
11	12	13	14	15	16	17	18	19	20
⑤	②	④	①	④	⑤	②	⑤	④	①
21	22	23	24	25					
⑤	④	③	④	④					

01 적성, 능력, 학습지속력은 학습자 변인이고, 교수의 질(수업의 질)과 학습기회는 수업(교수)변인에 속한다.

캐롤(Carroll)이 제안한 학교학습모형

적성	최적의 학습조건하에서 주어진 학습과제를 일정한 수준으로 성취하는데 필요한 시간(학습자 변인)
능력 (수업이해력)	수업내용이나 수업에서 사용되는 여타 자료나 학습절차를 이해하는 학습자의 능력(학습자 변인)
교수의 질 (수업의 질)	교수변인으로 학습과제의 제시, 설명 및 구성이 학습자에게 최적의 상태로 접근된 정도(수업변인)
학습지속력	학습자가 인내심을 발휘하여 학습에 더욱 많은 시간을 보내려고 하며, 학습과정에서의 불편과 고통을 이겨내고 실제로 학습하는데 사용한 시간(학습자 변인)
학습기회	수업변인의 하나로 어떤 과제의 학습을 위해 학생에게 실제로 주어지는 시간량(수업변인)

02 학습전략 향상
- 어휘력과 독해력을 우선적으로 신장한다.
- 특정 능력 저하로 인해 특정 영역의 학습 장면에서 주의집중 능력이 저하되는 학습자의 경우, 특정인지 능력을 높이기 위한 노력을 병행한다.
- 일반적인 방해 요인뿐만 아니라 내담자에게 해당되는 집중 방해 요인을 찾는다.

03 자기결정성 이론에서의 동기조절 유형

무동기	• 외부의 어떠한 유인이나 보상에도 동기화 되지 못하고 행동하려는 의지가 결핍된 상태로 행동을 하지 않거나 의도 없이 행동을 한다. • 학습된 무기력 상태에 있는 학습자들에게서 볼 수 있는 특성이다. • "공부는 왜 하는지 모르겠다"와 같은 진술에서 볼 수 있듯이, 무동기 상태에 있는 학습자들은 과제수행에 가치를 두지 않으며, 자신이 그 과제를 성공적으로 수행할 수 있을 것이라고 기대하지도 않는다.
내적 동기 (내재적 조절)	• 자신의 내·외적 세계를 탐구하고 숙달하기 위한 선천적 동기이다. • 내재적으로 동기화된 학습자는 학습활동에 참여하는 과정에서 갖게 되는 만족이나 즐거움, 재미 등을 얻기 위해 과제를 수행한다. • 학습자는 도전감을 주는 과제를 선호하고, 호기심 때문에 과제를 수행하기도 하며, 과제수행의 결과를 자신의 내부적 기준에 의해 판단하는 경향이 있다.
외적 조절	• 외적 보상이나 압력, 혹은 제약에 순응하기 위해 행동을 한다. • 이러한 행동에는 자기결정이 전혀 포함되어 있지 않은 타율적 행동이다. • 학습자는 부모나 교사가 제공하는 외적 보상을 얻거나 벌을 피하기 위하여 과제를 수행한다.
확인된 조절 (동일시)	• 내적 흥미보다는 개인적 중요성이나 자신이 설정한 목표를 추구하기 위해 동기화된 행동이다. • 자기결정성의 정도가 가장 높은 동기유형으로 이전에는 외적으로 조절되었던 가치나 목표를 자신의 것으로 수용하고 선택해서 행동을 하게 된다. • 학습자는 그 과목에 대해 이해하기를 원해서, 대학 진학에 중요하다고 생각하기 때문에, 새로운 것을 배우기를 원해서와 같이 개인적 중요성이나 자신이 설정한 목표를 추구하기 위해 과제를 수행한다.

부과된 조절 (투사)	• 자신이나 타인의 인정을 추구하며 죄책감이나 불안 혹은 자기 비난을 피하기 위하여 동기화된 행동을 한다. • 교사가 자신을 좋은 학생으로 생각하기를 원하기 때문이라든지, 과제를 하지 않는 것을 스스로 용납하지 못하기 때문이라든지, 하지 않으면 수치스럽기 때문이라든지 등의 이유로 과제를 수행한다.
통합된 조절	• 특정 행동이 갖는 바람직한 측면을 받아들여 자신의 가치체계에 통합하여 발현된 행동이다. • "공부하는 것이 나에게 가치 있는 일이라고 믿기 때문에 공부한다"와 "사회에 필요한 사람이 되고 싶어서 공부한다"와 같은 진술에서 볼 수 있듯이 통합된 조절은 환경에 의해 강요되거나 방해되는 것이 아니라 내면화의 자연스러운 결과이다. • 통합은 자기조절이 매우 성숙된 단계이기 때문에 자기반성적 사고가 가능한 청소년기 이후에나 획득할 가능성이 있다. • 통합된 동기에 따른 행동은 내재적 동기와 공통점이 많지만, 특정한 과제수행 자체에 내재해 있는 즐거움보다는 그 밖의 다른 결과를 얻기 위해 행동을 하기 때문에 여전히 외적 동기에 의한 행동으로 간주한다.

04 교사의 긍정적인 피드백 유형
• 학생들에게 학습 또는 수행의 적절한 혹은 정확한 측면에 관해 정보를 주기 위한 것으로 교사들은 "맞았어", 혹은 "훌륭한 대답이구나"와 같은 말을 사용해서 학생의 반응이 적절함을 학생들에게 알리는 것이다.
• 수행 피드백 : 과제수행의 정확성, 학습 수정에 대한 피드백
• 동기 피드백 : 과제를 잘하는지에 대한 평가 피드백
• 귀인 피드백 : 열심히 해서 좋은 결과를 얻은 경우와 같은 피드백
• 전략 피드백 : 사용한 전략이 효과적이었는지에 대한 피드백

05 높은 점수를 통제 가능한 노력으로 귀인할 때 자부심을 느끼게 된다.

와이너(Weiner)의 귀인 속성

귀인요소	원인소재	안정성 여부	통제가능성 여부
능 력	내 적	안정적	통제 불가능
노 력	내 적	불안정적	통제 가능
과제 난이도	외 적	안정적	통제 불가능
운	외 적	불안정적	통제 불가능

06 시험불안에 관한 개입전략 중에서 자기대화하기는 자신이 불안한 상황을 상상해 보게 한 후, 그 상황에서 유용한 자기대화를 찾아 연습하고, 불안한 상황과 유사한 상황이 발생하거나 불안한 장면을 상상할 때 자기대화를 하는 연습을 하여, 실제 상황에서도 자동적으로 자기대화 할 수 있도록 훈련시키는 방법이다.

07 자녀의 학습과 관련 있는 부모의 태도(Eccles, Wigfield & Schiefele)
• 자녀의 학업수행에 대한 귀인
• 과제난이도에 대한 인식
• 자녀의 능력에 대한 기대와 확신
• 학업에 대한 가치부여
• 실제적인 성취 수준
• 성공하는 데는 장해물이 있으므로, 이를 극복하기 위한 전략이 필요하다는 신념

08 ① 빈약한 자아개념으로 사회성 발달에 부정적이다.
② 실패의 원인을 남 탓으로 돌려 자기노력이 부족하다.
③ 일반학생의 평균보다 낮고, 협응, 균형, 소근육 운동기능이 떨어진다.
④ 표준화된 지능검사 결과 지능지수 70 혹은 그 이하를 말한다.

09 두정엽은 감각정보의 통합 및 판단을 담당하며, 다양한 형태의 감각정보를 통해 사물을 인식한다. 전두엽은 주의, 계획, 사고 기능과 발성 등 운동기능을 담당하는 브로카 영역이 있으며, 브로카 영역이 손상된 환자에게 운동성 실어증이 나타난다.

10 ① · ② · ③ 점검전략, ⑤ 조절전략에 해당한다.
상위(초)인지전략

계 획	대강 훑어보기, 문제 풀기 전에 추측하기
점검 (조정)	학습내용에 집중하기, 이해정도를 스스로 평가해보기, 시험치는 동안 문제푸는 속도 체크하기
조 절	모르는 부분 다시 돌아가 확인하기, 이해하기 어려운 부분 속도를 줄이기

11 로빈슨(H. M. Robinson)의 'SQ3R'
- 훑어보기(Survey) : 글을 자세히 읽기 전에 중요 부분만을 훑어보고, 그 내용을 미리 생각해 보는 것이다. 즉, 제목, 그림, 삽화나 사진, 도표 등을 살펴본다.
- 질문하기(Question) : 글의 제목이나 소제목 등과 관련지어 글의 중심 내용이 무엇인지 마음속으로 물어본다. 자신의 배경지식을 활용하면서 글 내용을 능동적으로 탐색할 수 있다.
- 자세히 읽기(Read) : 차분히 읽어 가면서 책의 내용을 하나하나 확인하고, 이해하며, 중요한 내용을 파악한다.
- 되새기기(Recite) : 지금까지 읽은 내용들을 요약하여 정리하여, 글을 쓴 동기나 목적, 독자에게 전달하고자 하는 중심 내용을 떠올려 본다.
- 다시 보기(Review) : 전체 내용을 정리하는 단계로서, 글을 읽기 전에 생각했던 질문에 대해 충분한 답을 얻었는지 확인하고, 답이 충분하지 않다면 그 이유도 생각해 본다.

12 시험불안의 인지주의적 접근
- 인지적 간섭모델 : 시험불안이 높은 사람은 시험 상황을 더 위협적인 상황이라고 해석하고, 자신의 능력을 평가절하하여 시험을 제대로 보지 못할 것이라는 내적 대화를 하면서 걱정, 염려를 활성화시켜 결국 정보처리 속도가 떨어진다고 본다.

- 인지적 결핍모델 : 시험불안은 학습전략이 부족하고 결과적으로 시험을 제대로 준비하지 못했다는 것을 인식한 결과로 본다.

13 ㄱ. 학습부진 : 정상적인 지적 능력과 잠재적인 능력을 가지고 있으나, 전학 · 가정불화 같은 사회환경적 요인과 불안 · 우울 같은 정서적 요인에 의해 학업이 떨어지는 것을 의미한다.
ㄴ. 학습장애 : 전반적인 지능은 정상 범위에 있지만 특정 영역의 이상으로 학습능력의 결손, 즉 말하기 · 읽기 · 쓰기 · 추론 · 산수계산 등에서 결손이 나타나는 장애를 말한다.

14 ② 숫자 정렬의 어려움은 시공간적 처리 문제에 해당한다.
③ 수를 세어서 합산하기의 어려움은 청각적 처리 문제에 해당한다.
④ 단계의 순서를 잊어버리는 것은 순차적 처리문제에 해당한다.
⑤ 수업시간 동안 주의 집중의 어려움은 주의 문제에 해당한다.

15 조건화된 학습의 결과로서, 과거에 발표를 했을 때 교사의 핀잔 또는 친구들의 부정적인 피드백으로 인하여 발표하는 상황에 불안을 느낄 수 있다.

16 하이디(Heidi)와 레닝거(Renninger)가 제시한 흥미발달 단계

단 계	정 의	필요한 지원의 유형	특 징
제1단계 상황적 흥미의 촉발	정서적 · 인지적 과정으로 인한 단기간의 변화에서 야기한 심리적 상태	퍼즐, 모둠활동, 컴퓨터 등 흥미를 유발할 수 있는 환경적 조건	관심의 집중과 정서적 반응, 초기에는 부정적인 정서반응이 나올 수도 있음

제2단계 상황적 흥미의 유지	관심이 촉발된 이후의 심리적 상태, 집중과 관심을 유지하는 단계	협동학습과 일대일 학습 등 개인적으로 학습 내용을 의미 있게 받아들일 수 있도록 교육적 환경을 조성함	관심의 집중과 정서적 반응, 만일 부정적인 정서가 있다면 개인적 흥미로 발전되기 전에 바뀌어야 함
제3단계 개인적 흥미의 등장	내용에 대한 지속적인 관심이 나타나 흥미가 개인의 성향이 되는 초기단계	또래나 전문가 등의 지원이 있기는 하지만 스스로도 흥미를 갖게 되는 초기단계	긍정적인 관심과 내용 관련 지식의 축적이 이루어지며, 호기심 어린 질문을 하게 되는 초기 단계
제4단계 개인적 흥미로 자리잡음	시간이 지나도 특정한 주제에 대해 지속적인 흥미를 보임	상당한 정도로 자발적 흥미를 보이며, 외적인 지원도 이를 유지하는 데 도움이 됨	긍정적 감정, 지식의 증가 및 축적, 자기조절 및 자기성찰의 증가

17 기록(Record), 축약(Reduce), 암송(Recite), 반성(Reflect), 복습(Review)의 5R로 정리하여야 한다.

코넬(Cornell)식 노트정리방법(가장 효과적인 노트정리 방법)

- 핵심 내용 정리 칸(단서란)을 왼쪽에, 수업 내용 정리 칸(노트 필기란)을 오른쪽에 나누기
- 수업 내용 받아 적기
- 핵심단어를 왼쪽 칸에 적기
- 중요한 내용 및 강조한 내용 표시
- 수업이 끝나면 페이지 하단에 위에 적은 필기 내용을 요약하여 적어두기
- 기록(Record), 축약(Reduce), 암송(Recite), 반성(Reflect), 복습(Review)의 5R로 이루어져 있다.

18 ① 많은 학습부진 영재아는 비언어적 영역에서 강점을 가지고 있으므로, 주로 언어적 재능을 요구하는 학교에서 부적응할 확률이 높다. 따라서 비언어적 영역의 강점을 가진 학습장애 영재아를 위해 영상적 사고, 공간설계, 극적인 표현 등의 활동을 구성하는 것이 좋다.

② 개인교수의 담당은 교사나 카운슬러가 담당하는 것이 아니라 가정, 가정교사, 학업성적이 우수한 급우 중의 한 학생이 담당하는 것이 좋다.
③ 학습부진 영재아를 판별할 때는 특정한 능력이나 흥미에 대한 확인만이 아니라, 추상적 사고 과정에서 평균 이상의 능력을 확인하여야 한다.
④ 특수교육 서비스를 고려하고 정서적 지지를 경험할 수 있는 집단상담을 제공할 수 있다.

19 ① 과거수행에 가치를 두지 않는다.
② 주변 세계에 대한 호기심이 없고 겁도 많다.
③ 외부로부터 주어지는 강화 혹은 처벌에 무감각할수록 학습동기는 낮아진다.
④ 실패에 대한 귀인을 외부에서 찾는다.

20 자기조절 학습에서는 자기 지향적 피드백(Feedback) 과정이 있다. 이 과정을 통해 학습자는 그들이 사용하는 전략의 효과를 평가하고 수정함으로써 전략을 변화시키고, 자기 지식, 자기 지각을 하도록 다시 피드백한다.
② 자기조절 학습전략은 아동의 충동성을 감소시키고, 아동의 자기통제력을 향상시키는데 효과적이다.
③ 자신의 힘으로 해결하기 어려운 학습장애에 직면할 경우 자신보다 유능한 친구, 부모, 교사에게 도움을 요청한다.
④ 짐머만(Zimmerman)은 개인, 환경, 행동의 3차원적 상호작용에 의해 발달된다고 보았다.
⑤ 새로 습득한 학습전략은 과제와 상황에 따라 적용되어야 한다.

21 ① 심리검사 결과가 평소의 행동관찰 결과와 다를 때, 이러한 차이를 보이는 이유에 대해 궁금해하고 탐색한다.
② 검사자와 피검자 간의 라포(Rapport) 형성에 유의한다.
③ 내담자에게 불필요한 불안감이나 의혹을 안겨주지 않기 위해 검사의 목적이나 진행방법을 충분히 설명한다.
④ 검사의 목적은 '차이점의 발견과 이해'에 있으므로, 학생의 특성을 명명해버리는데 사용하지 않는다. 검사 결과는 하나의 잠정적인 결과임을 인식하고 학생에게 알려 준다.

22 조직화 전략은 학습내용의 요소간의 관계를 논리적으로 구성해 보는 것으로서, 중요한 개념을 중심으로 내용을 분석해 보거나 이들 간에 어떤 관계가 존재하는지를 추론하여 복잡한 내용을 보다 쉽게 이해할 수 있도록 돕는 인지전략이다.

23 기어리(Geary)가 제시한 수학 학습장애

절차적 결함	• 개념적 지식, 신경심리의 측면에서 나타나며, 연산문제를 해결하는 데 있어 오류를 많이 범한다. • 기초적인 수학 개념(수, 기호 등)에 대한 낮은 이해능력을 가지고 있으며, 이로 인하여 복잡한 절차가 요구되는 문제를 해결하는데 있어 발달지체를 경험하며 절차적 오류를 탐색하는데 낮은 능력을 갖게 된다. • 아동의 우반구에 손상이 발생하면 세기 절차에 어려움이 발생하고, 복잡한 연산문제를 해결하는데 많은 어려움을 가지게 된다.
기억인출 결함 (의미론적 결함)	• 수학 학습과정에서 기억에 중심을 둔 문제해결을 잘 하지 못한다. • 실제로 학습장애 학생은 수학개념과 수학식을 인출하는데 문제를 가지고 있으며, 인출하는 시간도 오래 걸린다.
시공간 결함	• 시공간적 결함은 기하학과 복잡한 문장제 문제의 해결에 상당한 영향을 준다.

24 학업동기검사(AMT)는 크게 학업적 자기효능감 척도와 학업적 실패내성척도로 구성되어 있다.

25 맥키치(McKeachie)의 인지전략

시 연	단기기억 속에서 정보가 사라지지 않도록 하기 위한 인지전략 예 읽기, 베끼기, 자구적 노트하기, 밑줄 긋기, 덧칠하기
정교화	학습 자료를 의미 있게 하기 위하여 새 정보를 이전 정보와 관련시켜서 특정한 관계를 지니도록 하는 인지전략 즉, 기존의 지식과 새로운 정보의 통합을 촉진하는 것으로써 학습한 내용에 대해 심상을 형성하는 것 예 학습한 내용에 대한 심상의 형성과 의역하기, 요약하기, 유추하기, 창의적(생성적) 노트하기, 질의·응답하기, 매개단어법, 장소법
조직화	새로운 지식을 기존의 더 큰 개념틀 속으로 통합하기 위해 문항을 군집화하는 것 예 핵심 아이디어의 선택, 개요화, 군집화, 도표화 등의 행동

제3회 정답 및 해설

↻ 최종모의고사 제3회 **p.125**

필수과목 01 | 청소년상담의 이론과 실제

01	02	03	04	05	06	07	08	09	10
④	⑤	③	②	②	①	④	②	⑤	①
11	12	13	14	15	16	17	18	19	20
③	⑤	①	⑤	①	④	②	②	②	②
21	22	23	24	25					
②	①	②	④	③					

01 청소년은 상상적 청중을 만들어내어 자신을 무대 위의 주인공으로 생각하고 행동하며, 다른 사람들을 모두 구경꾼으로 생각한다.

02 청소년기의 인지발달
- 추상적·연역적 사고 : 추상적 사고, 가설적·연역적 사고, 체계적·조합적 사고, 논리적 추론, 미래사건 예측 등이 가능하다.
- 자아정체감 : 청소년기는 아동에서 성인으로 발달하는 과도기의 단계로서 이성문제, 진학문제 등의 다양한 선택과 결정을 내리는 과정에서 자아정체감을 형성해나간다.
- 상대론적 사고 : 자신과 자신이 속한 세계에 대해 상대론적 입장에서 사고할 수 있다.
- 사회인지 : 사회적 관계를 이해하는 능력인 사회인지를 통해 다른 사람의 감정, 생각, 의도, 사회적 행동을 이해한다.
- 인상형성 : 다른 사람에게서 어떤 인상을 받는가, 즉 다른 사람에 대한 판단은 어떻게 이루어지는가 하는 인상형성이 급속도로 발달한다.
- 역할수용 : 역할수용을 통해 다른 사람의 입장이 되어 그 기분을 이해할 수 있다.

03 내담자에게 상담자가 능력의 한계를 느낄 때에는 내담자 동의 하에 다른 전문가에게 의뢰할 수 있다.

04 수용의 원리
- 내담자의 '있는 그대로의 모습'을 이해하고 다루어 나가는 것이다.
- 수용의 대상은 선한 것(The good)이 아니라 있는 그대로의 것(The real)이다.
- 내담자의 일탈태도나 행동을 허용한다는 것을 의미하지는 않으며, 그것에 대해 '좋다/나쁘다' 등을 비판하지 않고, 일단 아무런 판단도 하지 않는다는 정도이다.
- 상담자는 윤리와 법, 전문적 가치에 의거하여 바람직한 것과 수용할 수 있는 것에 대한 기준을 가져야 한다.

05 구조화의 단계
- 구조화의 단계에서 상담자는 내담자가 목표에 도달하는 단계를 알도록 함으로써 어느 방향으로 상담이 전개될 것이며, 또 최종목표에 도달하기 위해서 얼마나 오랜 시간이 걸릴 것이냐에 대해 어느 정도 분명한 생각을 가지도록 하는 것이 좋다.
- 구체적으로는 상담시간, 유료상담의 경우 상담요금, 공격적 욕구를 표현하는 행동의 한계점, 상담자 역할의 제한점 등을 논의하게 된다.

06 '공감'에 대한 설명이다.

07 새로운 방식을 자주 사용하는 것은 자칫 내담자의 저항을 이끌어낼 수 있으므로 지양해야 한다.

08 정신분석 상담이론에 대한 설명이다.

09 프리맥(Premack)의 원리에 대한 설명이다. '체계적 둔감법'은 행동주의 상담에서 널리 사용되고 있는 고전적 조건형성의 기법으로서, 혐오스런 느낌이나 불안한 자극에 대한 위계목록을 작성한 다음, 낮은 수준의 자극에서 높은 수준의 자극으로 상상

을 유도함으로써 혐오나 불안에서 서서히 벗어나
도록 유도한다.

10 ㄹ. '이분법적 사고'에 대한 설명으로서, 모든 경험
을 한두 개의 범주로만 이해하고 중간지대가
없이 흑백논리로써 현실을 파악한다.

11 ①·② 정체감 성취, ④ 정체감 상실(유실), ⑤ 정
체감 혼란에 대한 설명이다.

마샤(Marcia)의 청소년 정체성 이론

정체감 성취	청소년은 어느 사회에서나 안정된 참여를 할 수 있고, 상황 변화에 따른 동요 없이 성숙한 정체감을 소유할 수 있다.
정체감 유예	정체성 위기로 격렬한 불안을 경험하지만 아직 명확한 역할에 전념하지 못한다.
정체감 상실	청소년은 외면적으로는 본인의 결단의 지점을 통과한 것처럼 보이지만, 내면적으로는 통과하지 못한 상태이다.
정체감 혼란	정체성 위기를 경험하지 않았으며, 명확한 역할에 대한 노력도 없다.

12 도덕성의 발달단계

구 분	시 기	내 용
타율적 도덕성	전조작기 후기 (4~7세)	• 성인이 정한 규칙에 맹목적으로 복종하는 시기 • 규칙은 불변적이며 지키지 않으면 벌을 받기 때문에 절대적으로 지켜야 한다고 생각함 • 아동이 저지른 잘못이 크면 클수록 의도가 어떻든 간에 더 나쁘다고 생각함
공존기	7~10세	• 타율적 도덕성과 자율적 도덕성이 혼재하는 시기
자율적 도덕성	구체적 조작기 후기 (10세 이후)	• 규칙이 제정되었더라도 서로가 동의하면 언제든지 자율적으로 변화될 수 있다고 생각함 • 행위의 결과보다 행위자의 의도에 따라 옳고 그름을 판단 • 규칙을 어겼다고 반드시 처벌받는 것은 아니며, 정상 참작이 필요함을 인정함

13 인지적 능력은 급격히 발달하지만 아직 부족하여
현실과 동떨어진 이상주의를 보인다.

14 합리적·정서적 행동치료(REBT)에서 제시하는 합
리적 사고는 인간의 비합리적 사고 또는 신념이 부
적응을 유발한다고 보고, 비합리적 사고를 합리적
인 사고로 대치하고자 하는 상담치료이다. 합리적
사고는 적절한 정서를 유발하는데, 적절한 정서에
는 긍정적 정서, 부정적 정서가 포함된다. 따라서
합리적 사고가 부정적 정서를 유발하기도 하며, 신
념은 변화할 수 있는 것으로 본다.

15 인지치료상담 과정의 8단계
• 제1단계 : 내담자가 느끼는 부정적 감정의 속성
이 무엇인지 파악한다.
• 제2단계 : 감정과 연관된 사고, 신념, 태도 등을
확인한다.
• 제3단계 : 내담자의 사고들을 1~2개의 문장으로
요약 정리한다.
• 제4단계 : 내담자를 도와 현실과 이성의 사고를
조사해 보도록 개입한다.
• 제5단계 : 과제를 부여하고, 신념들과 생각의 적
절성을 검증하게 한다.
• 제6단계 : 긍정적 대안 사고를 찾도록 유도한다
(과거의 칭찬기억, 자신의 장점찾기).
• 제7단계 : 부정적 사고의 중지와 긍정적 사고로
의 전환·행동을 실천한다.
• 제8단계 : 원하는 목표설정 후 실천계획을 세우
고 행동실천에 매진한다.

16 상담자는 내담자가 감정을 체험하지만, 그 정도와
깊이가 약한 경우 행동이나 언어를 과장되게 표현
하도록 하여 감정 자각을 돕는다.

17 대상관계 이론에서는 인간은 선한 존재도 아니며,
악한 존재도 아니다. 다만, 대상과의 거래에 의해
서 그 특성이 결정되는 유동적인 존재로 보았다.

18 가상적 목표
- 아들러가 독일 철학자 바이힝거(Vaihinger)의 저서 「마치 ~처럼」의 철학」으로부터 받은 영감에 근거한다.
- 바이힝거(H. Vaihinger)는 인간은 누구나 허구적인 이상을 추구하며 살아가는데, 이러한 허구적 이상은 실제적인 대응물을 갖지 못하는 관념에 불과하지만, 개인의 삶에 강력한 영향을 미칠 뿐만 아니라 중요한 실제적인 유용성을 지닌다고 보았다.
- 개인의 성격을 이해하는데 있어서 그가 지닌 허구적 이상, 즉 가상적 최종목표를 인식하는 것이 중요하다고 생각하였다.

19 심리극의 기본적인 기법

역할연기	자기가 위치한 장면에서 어떤 역할을 선택하여 그것을 연기하는 것이다.
역할바꾸기	주인공이 심리극 진행 중에 갈등상황을 연기하고 있을 때 극중 상대역과 하던 역할을 바꾸어 보는 것이다.
이중자아	주인공의 내면세계의 또 다른 모습을 보조자아가 주인공과 더불어 표현해 주는 것이다.
거울기법	주인공이 자기 행동을 거울에 비추어 보이듯 관찰할 수 있도록 보조자아가 주인공의 행동을 똑같이 재현해 내는 기법이다.
빈 의자 기법	상대인물을 등장시키는 대신에 빈 의자를 사용하여 주로 주인공의 내적 갈등을 극화시켜 다룰 수 있는 기법이다.
상상기법	상상 속의 인물이 되든지 상상 속의 활동이나 상황을 꾸며 보는 것이다. 이 기법은 특히 주인공이 직접 자기 삶을 표현하기 어려울 때 상상을 통하여 간접적으로 자신의 꿈이나 환상을 표현해 보는 것이다.
독백기법	일상적으로는 말하지 않지만, 그 순간 머릿속에 떠오르는 생각이나 느낌을 혼자서 말하도록 하는 것이다.
미래투사 기법	상상의 세계에 있는 자신의 미래 상황을 무대에서 현실로 경험하는 것이다.

20 '해석' 기법은 내담자로 하여금 자기의 문제를 새로운 각도에서 이해하도록 그의 생활경험과 행동의 의미에 대해 상담자가 설명해 주는 기법이다.

21 ② 자기실현 경향촉진은 로저스(Rogers)의 인간중심 상담이론이며, 소거는 행동주의 상담이론의 상담기법이다.
① 비합리적 신념의 변화 – 합리적 정서행동 상담(REBT)
③ 학습된 경험의 재학습 – 행동주의 상담
④ 환경과의 접촉을 통한 알아차림 – 형태주의 상담
⑤ 무의식적 갈등의 의식화 – 정신분석 상담

22 '반전'(Retroflection)은 자신이 다른 사람이나 환경에 대하여 하고 싶은 행동을 자기 자신에게 하는 것, 혹은 타인이 자기에게 해주기를 바라는 행동을 스스로 자기 자신에게 하는 것을 말한다.

23 ② 청소년의 자아중심성은 형식적 조작사고가 발달하는 11, 12세 경에 시작되어 15, 16세 경에 정점을 이루다가 청소년들이 다양한 대인관계의 경험을 통해 자신과 타인에 대한 객관적인 이해를 증가시켜 나가면서 점차 사라지게 된다.
①·③·④ 전 조작기 아동의 자아중심성이다.
⑤ 청소년의 자아중심성은 '개인적 우화'의 형태로 나타난다. 청소년들은 자신이 특별하고 독특한 존재라고 생각하며, 자신의 감정이나 경험세계는 다른 사람의 그것과 근본적으로 다르다고 믿는다.

24 '초점화'에 대한 설명이다. 상담자가 간접적인 유도를 하여 내담자의 횡설수설이 심해질 수 있다. 이 때 상담자는 내담자의 말을 중단시키고 대화의 초점을 분명히 해준다.

25 ① 전이의 분석 : '전이'는 내담자가 어릴 때 어떤 중요한 인물에 대하여 가졌던 사랑이나 증오의 감정을 상담자에게 전위시킬 때 나타나는 현상이다.
② 수렁피하기 : 아들러(Adler)의 심리치료 기법의 하나로서, 사람들이 흔히 빠지는 함정과 난처한 상황을 피하도록 돕는 기법이다.
④ 비합리적 신념 논박하기 : 엘리스(Ellis)의 합리적 정서 행동치료 기법으로 자신과 외부 현실에 대한 내담자의 비합리적 신념을 논박하는 것을 의미하며, 상담자는 이러한 논박을 통해 내담자의 비합리적 신념을 합리적 신념으로 수정한다.
⑤ '지금-여기'의 체험에 초점 맞추기 : 게슈탈트 치료기법으로 현재 상황에서 새롭게 일어나는 욕구와 감정 알아차리기('지금 원하는 것', '지금 느끼는 감정', 신체감각 알아차리기, '자신의 심호흡을 느껴보기'), 언어와 행위 알아차리기(책임의식 높이기 : '우리' 대신 '나', '~해야 될 것이다' 대신에 '하겠다'), 환경 알아차리기(자연경관, 주위 사물의 모습, 맛, 냄새 등) 등을 통해 건강한 게슈탈트를 형성하고, 스스로 문제를 발견하고 해결해 나가도록 하며, 자립적 태도나 행동은 격려해주고, 의존적이거나 회피 행동은 좌절시키는 방법이다.

| 필수과목 02 | 상담연구방법론의 기초 |

01	02	03	04	05	06	07	08	09	10
④	②	③	②	①	①	①	②	③	④
11	12	13	14	15	16	17	18	19	20
④	⑤	⑤	③	①	③	⑤	②	③	⑤
21	22	23	24	25
②	⑤	①	④	⑤

01 스피어만-브라운(Spearman-Brown) 교정공식은 실제 사용되는 전체검사의 신뢰도를 추정하기 위해서 사용된다. 흔히 사용되는 사후검정방법은 Tukey의 HSD 검정, Fisher LSD 검정, Duncan 검정, Scheffe 검정, Dunnett 검정, Newman-Keuls 검정 등이 있다.

02 ㄴ・ㄹ 횡단연구에 관한 설명이다.

동년배 연구(Cohort Study)
동년배(코호트) 연구는 종단연구의 한 종류이다. 종단연구는 연구마다 새롭게 표집된 표본에 관한 자료를 제공하며, 유형에 따라 서로 다른 시점에서 동일 대상자를 추적해 연구하는 것이다.

03 표본조사의 장점은 표집오차가 있으나 비표집오차가 전수조사에 비해 작으므로, 전수조사보다 더 정확한 자료를 얻을 수 있다는 점이다. 그러나 표본의 크기가 커질수록 표집오차는 감소할 수 있으나 반대로 조사에 투여되는 시간과 인력이 많아짐으로써 비표집오차는 증가할 수 있다.

04 가설은 변수 간 관계의 성격에 따라 정(+)의 관계로도, 부(−)의 관계로도 기술될 수 있다.

가설(Hypothesis)의 작성
• 2개 이상의 변수나 현상 간의 특별한 관계를 검증 가능한 형태로 서술하여 이들의 관계를 예측하려는 진술이나 문장이다.
• 이론적인 근거를 토대로 해야 하며, 경험적인 검증이 가능해야 한다.
• 구체적이어야 하고, 현상과 관련성을 가져야 한다.
• 간단명료하며 계량화가 가능해야 한다.
• 조건문 형태의 복문으로 나타낸다.
• 광범위한 범위에 적용 가능해야 한다.
• 변수 간의 관계를 기술하여야 한다.

05 **내용 타당도**
• 측정도구가 일반화하려고 하는 내용영역과 행동영역을 어느 정도로 잘 반영해 주고 있는가를 말해준다. 따라서 조사를 위해 작성되어진 문항들이 조사자가 측정하고자 하는 내용을 제대로 포함하고 있느냐 아니냐를 논리적으로 검토해 보는 것이다.
• 조사자가 만든 측정도구(척도)가 조사하고자 하는 대상의 속성들을 어느 정도 대표성 있게 포함하고 있으면, 그 측정은 논리적으로 타당하다고 볼 수 있다.
• 연구자의 직관이나 전문가의 의견을 통해 파악하는 방식이다.
• 성취도검사에서 특히 중요한 타당도이다.

확률적 표집	• 단순무선표집 : 모집단 내의 개별적인 관찰이나 개인이 표본으로 선택될 확률이 동일하고 각각의 선택이 서로 간에 영향을 미치지 않도록 표본을 추출하는 방법이다. • 유층표집 : 모집단을 일정한 기준에 따라 2개 이상의 동질적인 층(strata)으로 구분하고, 각 층별로 단순무작위 추출방법을 적용하는 방법이다. • 군집표집 : 모집단을 이질적인 구성요소를 포함하는 여러 개의 집락으로 구분한 다음, 구분된 집락을 표출단위로 하여 무작위로 몇 개의 집락을 표본으로 추출하고, 이를 표본으로 추출된 집락에 대하여 그 구성단위를 전수조사하는 방법이다. • 체계적 표집 : 모집단을 구성하는 구성요소들이 배열된 목록에서 매 k번째 요소를 추출하여 표본을 형성하는 표출방법이다.
비확률적 표집	• 목적표집(판단표집) : 연구자의 주관적 판단에 의해 모집단을 잘 대표할 수 있다고 생각되는 대상들을 표본으로 추출하는 방법이다. • 할당표집 : 모집단을 일정한 카테고리로 나눈 다음, 이들 카테고리에서 정해진 요소를 작위적으로 표본추출하는 방법이다. • 눈덩이표집 : 첫 단계에서 연구자가 임의로 선정한 제한된 표본에 해당하는 사람으로부터 추천을 받아 다른 표본을 선정하는 과정을 되풀이하여, 마치 눈덩이를 굴리듯이 표본을 누적해 가는 방법이다. • 임의표집 : 정해진 크기의 표본을 선정할 때까지 조사자가 모집단의 일정단위 또는 사례를 표집하며, 일정한 표집의 크기가 결정되면 그 표집을 중지하는 방법이다.

07 ㄹ. Kolmogorov-Smirnov 검증법은 적합도 검정법으로 주어진 어떤 표본분포가 이론적으로 기대되는 분포(이항분포, 정규분포, 포와송분포)와 일치하는지의 여부를 검정할 때 이용된다. 동변량성 검증법에는 Hartley의 Fmax검증법, Cochran검증법, Levene검증법, Bartlett 구형성 검증법이 있다.

08 단일대상연구는 적은 수의 대상에 대한 반복적인 행동관찰과 측정을 통하여 이루어지기 때문에 연구방법이나 절차에 대한 체계적인 계획이 필요하다. 종속변인(목표행동)의 작은 변화도 민감하게 측정할 수 있는 측정단위(빈도, 백분율, 비율, 지속시간 등)로 계속적인 측정을 하여 행동의 변화 추세를 분석하고, 중재 전과 중재 중에 매 회기마다 그 행동을 측정함으로써 변화하는 추세나 경향을 분석한다. 이러한 계속적인 측정은 목표행동의 변화가 독립변인에 의한 것인지 여부를 밝혀준다.

09 ③ 요인설계 : 2가지 이상의 독립변인이 개입되는 설계이기 때문에 다양한 형태를 취하며, 그 이름도 다양하다. 설문의 경우 교과태도에 대한 교수방법이라는 독립변인과 성(남성과 여성)이라는 독립변인이 개입되어 있는 요인설계에 해당한다.

① 배속설계 : 한 독립변수의 각 처치조건이 다른 독립변수의 처치조건에 배속되어 있는 설계를 말한다.

② 구획설계 : 연구자가 관심 있는 독립변수의 효과를 검정함에 있어서 종속변수에 영향을 미칠 수 있는 또다른 독립변수의 영향을 통제하기위해 통제하고자 할 때 사용된다. 3개의 교수방법(X)이 학업성취도(Y)에 미치는 효과를 검정할 때 지능(A)의 영향을 통제하기 위한 설계가 구획설계이며, 지능을 구획변수라 한다.

④ 피험자 내 설계 : 동일한 참가자를 실험처치 이전에 관찰하고, 실험처치 후에 또 관찰하는 방법이다. 예를 들어, 고혈압 특효약을 주기 전이 사람의 한 달 간 병의 호전세와, 약을 준 후한 달 간 병의 호전세를 보는 것이다. 이때 약을 주기 전과 준 후를 구분하는 선을 기저선이라 하며, 주기 전을 보통 A라 하고, 준 후를 B라 한다. 즉, 피험자 내 설계는 A와 B를 비교하는 것이 된다.

⑤ 라틴정방형 설계 : 실험처치의 조합을 행과 열에 균형 있게 안배하여 특정한 실험처치의 주효과를 효율적으로 검증할 수 있는 연구방법이다. 모든 변인의 실험처치 수준이 동일해야 되며, 실험처치 수준이 p개라고 하면 p개의 문자를 각 행과 열에 한 번씩만 나타나도록 $p \times p$ 정방행렬에 배치하는 방식이다. 즉, 모든 변인은 동일한 수준의 수를 가지게 된다.

10 모의상담이 실제상황보다 지나치게 단순화되므로, 연구결과를 일반화시키기 어렵다.

11 ㄱ : $\dfrac{8-4}{2} = 2$

ㄴ : $\dfrac{0.8-0.6}{0.4} = 0.5$

ㄷ : $\dfrac{4-2}{0.5} = 4$

ES(효과크기)

효과크기(ES) $= \dfrac{\overline{X_E} - \overline{X_C}}{S_P}$

$\overline{X_E}$ = 실험집단 평균치

$\overline{X_C}$ = 비교집단 평균치

S_p = 통합표준편차

12 ⑤ 예측타당도 또는 예언타당도(Predictive Validity)는 어떠한 행위가 일어날 것이라고 예측한 것과 실제 대상자 또는 집단이 나타낸 행위 간의 관계를 측정하는 것이다.

① 내용타당도(Content Validity)는 '논리적 타당도(Logical Validity)'라고도 하며, 측정항목이 연구자가 의도한 내용대로 실제로 측정되고 있는가 하는 문제와 연관된다. 즉, 측정도구의 내용타당도는 문항구성 과정이 그 개념을 얼마나 잘 반영하고 있는지, 그리고 해당 문항들이 각 내용 영역들의 독특한 의미를 얼마나 잘 나타내 주고 있는지를 의미한다.

② 동시타당도(Concurrent Validity)는 새로운 검사를 제작했을 때 새로 제작한 검사의 타당도를 위해 기존에 타당도를 보장받고 있는 검사와의 유사성 혹은 연관성에 의해 타당도를 검증하는 방법이다.

③ 수렴타당도(Convergent Validity)는 '개념타당도 또는 구성타당도(Construct Validity)'에 포함되는 것으로서, 동일한 이념적 틀 속에 있는 관련 개념들을 측정하는 경우 상이한 측정도구를 사용하더라도 그 결과가 유사해야 한다는 점에 착안한 방법이다.

④ 판별타당도(Discriminant Validity)는 개념타당도 또는 구성타당도에 포함되는 것으로서, 다른 특성을 측정하는 다른 종류의 검사와의 상관계수를 구하는 방법이다.

13 ⑤ 실시한 측정도구의 모든 하위요인에 대해 통계적 검증을 실시하는 것은 오류를 범할 확률이 크므로 계획된 검증만을 실시하는 것이 바람직하다.

① 상담 매뉴얼을 활용하면 연구자의 주관적인 개입을 줄일 수 있고, 중구난방식의 검증을 피할 수 있다.

② 참여자가 많을수록 얻을 수 있는 자료가 많으며, 자료가 많이 확보될 때 통계적 검증을 높일 수 있다.

③ 신뢰도 높은 측정도구를 사용하면 자료 측정이 정확해진다.

④ 자료가 정확하고 자료가 많이 확보될 때 올바른 결론을 내릴 수 있다.

14 ㄱ. 집단의 능력의 범위가 넓을 때가 능력의 범위가 좁을 때보다 신뢰도는 올라간다.

ㄴ. 검사도구의 측정 내용이 보다 좁은 범위의 내용일 때 검사의 신뢰도는 증가한다.

신뢰도를 높이는 방법
- 적은 수의 문항보다 많은 수의 문항으로 구성한다.
- 난이도가 50% 수준의 것을 많이 쓴다.
- 문항의 변별도를 높인다.
- 집단의 능력의 범위가 넓을 때가 능력의 범위가 좁을 때보다 신뢰도는 올라간다.
- 검사 시간의 제한을 엄격히 할 때 신뢰도를 높일 수 있다.
- 검사도구의 측정 내용이 보다 좁은 범위의 내용일 때 검사의 신뢰도는 증가한다.
- 피험자들이 검사에 대한 흥미가 높고 검사 선택 동기가 높을 때 신뢰도가 증가한다.

15 통제집단 사전사후 실험설계는 무작위할당으로 실험집단과 통제집단을 구분한 후 실험집단에 대해서는 독립변수조작을 가하고, 통제집단에 대해서는 아무런 조작을 가하지 않은 채 두 집단 간의 차이를 전후로 비교하는 방법이다. 개입 전 종속변수의 측정을 위해 사전검사를 실시한다. 두 집단의 동질성을 확보할 수 있으며, 외생변수를 통제할 수 있다. 그러나 검사요인을 통제할 수 없으며, 외부변수의 작용이 개입될 여지가 많다. 또한, 내적타당도는 높으나 외적타당도가 낮다.

16 t-검정은 두 집단 간의 평균 차이를 분석하고자 하는 경우에 이용하는 분석방법으로서, 독립된 두 집단 간의 관찰치에 대한 모평균이 같다는 가설을 검정하는 t통계량을 계산한다. 대응표본 t-검정은 훈련효과, 정책효과 등 처리효과를 분석하고자 하는 경우에만 주로 사용된다.

17 횡단조사와 종단조사

횡단조사	• 일정시점에 특정표본이 가지고 있는 특성을 파악하거나 이 특성에 따라 집단을 분류하는 것이다.
종단조사	• 패널조사 : 동일한 주제와 동일한 응답자에 대해 장기간 반복적으로 면접, 관찰하는 조사이다. • 경향조사/추세연구 : 동일한 주제로 장기간 반복적으로 실시하지만, 응답자가 매 조사마다 동일하지 않다. • 동년배조사/동시집단연구 : 보다 좁고 구체적인 인구 집단의 변화를 조사한다.

18 $\mu = 80, \sigma = 20$ 이므로

$P(60 \leq X \leq 100)$

$= P(\dfrac{60 - 80}{20} \leq Z \leq \dfrac{100 - 80}{20})$

$= P(-1 \leq Z \leq 1) = 2P(0 \leq Z \leq 1)$

$P(Z \leq 1.0)$

$= P(Z < 0) + P(0 \leq Z \leq 1) = 0.84$이므로

$P(0 \leq Z \leq 1) = 0.84 - 0.5 = 0.34$에서

$2P(0 \leq Z \leq 1) = 0.68$이 된다.

∴ 60점 이상 100점 이하의 점수를 얻은 학생은 $0.68 \times 100 = 680$명이다.

19 새로운 가설 H5와 H6를 추가하여 다시 검정하여도 H4는 변함없이 지지되었으므로, H4가 새로운 가설 H5보다 더 타당하다.

20 검정통계량

$= \dfrac{\overline{X}(\text{표본평균}) - \mu(\text{모평균})}{S(\text{표본표준편차})/\sqrt{n}\,(\text{표본수})}$

$= \dfrac{9 - 10}{2.5/5} = \dfrac{-1}{0.5} = -2$

21 ㄴ · ㄹ 표본오차를 추정할 때 영향을 주는 요인은 표본의 크기, 신뢰구간 등이다. 신뢰수준을 높게 잡으면 오차가 커지고, 표본의 크기가 커지면 표본오차는 작아진다.

표본오차
• 조사 대상 전체 가운데 일부분을 표본으로 추출함에 따라 발생하는 오차이다.
• 모집단 값과 표본의 값 간의 차이를 말한다.
• 실질적인 의미에서는 모집단 전체의 값을 알 수 없기 때문에 표본으로부터 얻어진 값을 토대로 연구자가 정한 일정한 신뢰수준(예 : 95% 또는 99%) 하에서 나타날 수 있는 오차의 범위를 추정하게 된다.
• 일반적으로 표본오차는 표준오차(Standard Error)를 계산하여 표준오차에 일정한 신뢰수준에서의 Z 값(모집단의 표준편차를 알 때)이나 t값(모집단의 표준편차를 모를 때)을 곱해서 추정한다.
• 편의(Bias)와 우연(Chance)에 의해 모집단을 대표할 수 있는 전형적인 구성요소가 선택되지 못한 것이다.

22 표본크기의 실제적 결정요인으로는 모집단의 동질성, 표집방법 및 조사방법의 유형, 이론과 표본설계, 분석범주 및 변수의 수, 소요비용, 시간, 연령 등이 있다.

23 플라시보 효과(Placebo Effect)
• 외적 타당도를 저해하는 요인 가운데 하나로, '위약효과'라고도 한다.
• 약효가 전혀 없는 거짓약을 진짜 약으로 가장하여 환자에게 복용하도록 했을 때, 환자의 병세가 호전되는 효과를 말한다.
• 대상자가 주위의 특별한 관심을 받고 있다고 인식하는 경우 심리적인 반응에 의해 변화가 나타나는 것을 말한다.

24 ④ 두 변인이 공유하고 있는 변량의 비(공유하는 점수의 분산 비율)를 나타내는 것은 결정계수이며, 결정계수는 상관계수의 제곱이다. 상관계수가 0.5일 때, 결정계수는 0.25이므로 A척도와 B척도가 공유하는 점수의 분산 비율은 0.25이다.

① 타당하지 못한 점수의 분산 비율
= 1 − 결정계수 = 1 − 0.25 = 0.75

② 상관계수

$$= \frac{공분산}{A척도의 표준편차 \times B척도의 표준편차}$$

$$= \frac{공분산}{5 \times 1}$$

∴ 공분산 = 2.5

③ 공유하지 않는 점수의 분산 = 총 변량 − 공분산

$$총 변량 = \frac{공분산}{결정계수} = 10$$

∴ 공유하지 않는 점수의 분산
= 10 − 2.5 = 7.5

⑤ A척도의 점수로 B척도의 점수를 예언할 때, 예언된 점수와 실제 점수 간 차이의 표준편차는 추정의 표준오차 (SEE)공식에 의하여 구하며 공식은 다음과 같다.

$$SEE = SD(실제\ 점수의\ 표준편차)$$
$$\times \sqrt{(1-상관계수^2)}$$
$$≒ 1 \times 0.87$$
$$≒ 0.87$$

따라서 실제 점수의 표준편차는 1보다 작다.

25 집단 간 자유도가 2이므로 집단의 수는 3이다.

이때, F(2, 6) = $\frac{87.5}{12}$ ≒ 7.29이며, 유의확률이 0.02로 0.05보다 작으므로 세 집단 간 유의한 차이가 있다고 볼 수 있다.

01	02	03	04	05	06	07	08	09	10
④	③	①	①	②	②	⑤	③	②	②
11	12	13	14	15	16	17	18	19	20
③	③	③	⑤	③	①	③	②	①	②
21	22	23	24	25					
⑤	③	⑤	①	①					

01 ㅁ. 심리검사는 내담자에 대한 적절한 치료 유형을 제시하는 것이지 치료를 하는 것은 아니다.

02 심리평가보고서의 형식
- 제목 및 내담자에 관한 정보 : 제목, 작성자 및 내담자의 이름, 평가한 날짜 및 장소, 내담자의 성별, 생년월일, 결혼상태, 참고자료, 의학적 기록 등
- 의뢰된 이유 및 원천 : 내담자의 의뢰와 연관된 사람, 장소(기관), 의뢰된 이유, 특별히 의뢰된 질문 등
- 평가도구 및 절차 : 사용되는 평가의 목록, 평가의 절차 등
- 행동관찰 : 내담자의 용모 및 외모, 말과 표현, 면담 태도, 언어적・비언어적 의사소통능력 등
- 평가 결과에 대한 해석 : 내담자의 신체적・정신적・정서적 기능, 인지능력, 행동수행능력, 대인관계능력 등
- 생활사적 정보와 평가결과의 통합 : 내담자의 현재 상태에 대한 심리적 평가, 잠정적 결론을 유추하기 위한 과정

03 표준화 검사의 기능
- 예언의 기능 : 검사결과를 검토하여 미래를 예언할 수 있게 한다.
- 진단의 기능 : 수검자의 장점과 단점을 파악하고 판단할 수 있게 한다.
- 조사적 기능 : 검사를 통하여 집단의 일반적 경향을 알아볼 수 있게 한다.
- 개성 및 적성의 발견 : 개성과 적성을 발견해서 그것에 맞는 지도와 적성배치를 할 수 있게 한다.
- 프로그램 평가 : 프로그램의 효과를 평가하고, 그 결과를 통해 의사결정에 체계적인 자료를 제공한다.

04 동등한 것으로 추정되는 2개의 측정도구를 사용하여 평가하는 방법은 내적 일관성 신뢰도(Internal Consistency Reliability)가 아닌, 동형검사 신뢰도(Equivalent-form Reliability)에 해당한다. 동형검사 신뢰도는 동일한 수검자에게 첫 번째 시행한 검사와 동등한 유형의 검사를 실시하여 두 검사 점수 간의 상관계수에 의해 신뢰도를 추정하는 방법이다.

05 최대수행검사(인지적 검사)
- 일정한 시간 내에 자신의 능력을 최대한 발휘하도록 하는 '극대수행검사'에 해당한다.
- 개인의 능력 전체가 아닌, 일부의 능력을 측정하는 능력검사이다.
- 일반적으로 문항에 정답이 있으며, 응답에 시간 제한이 있다.
- 정확한 측정을 위해 검사실시 전 상담자는 내담자와의 최대한의 상호작용이 필요하다.
- 지능검사, 적성검사, 성취도검사, 운동능력검사, 신경심리검사 등이 해당한다.
- 신경심리검사는 행동 상으로 나타나게 되는 두뇌의 손상정도를 판단하기 위한 도구로써, 운동영역·촉각·시각·언어능력·쓰기·읽기·기억 등의 평가가 이루어진다.

06 L, K, S 척도

부인척도 (L척도)	• L척도는 사회적으로 찬양할만하나, 실제로는 극도의 양심적인 사람에게서 발견되는 태도나 행동을 측정한다. • 본래 수검자가 자신을 좋게 보이려고 하는 다소 고의적이고 부정직하며 세련되지 못한 시도를 측정하려는 척도이다.
고정척도 (K척도)	• K척도는 분명한 정신적인 장애를 지니면서도 정상적인 프로파일을 보이는 사람들을 식별하기 위한 것이다. • 심리적인 약점에 대한 방어적 태도를 탐지하기 위한 것으로서, 수검자가 자신을 바람직한 방향으로 왜곡하여 좋은 인상을 주려고 하는지 혹은 검사에 대한 저항의 표시로 나쁜 인상을 주려고 하는지 파악하는 데 유효하다.
	• L척도의 측정내용과 중복되기도 하지만, L척도보다는 은밀하게, 그리고 보다 세련된 사람들에게서 측정한다는 점이 다르다.
과장된 자기제시척도 (S척도)	• 자신을 매우 정직하고, 책임감 있고, 심리적 문제가 없고, 도덕적 결함이 없고 남들과 잘 어울리는 원만한 사람인 것처럼 보이려는 경향성을 측정하는 척도이다. • K척도와 함께 방어성을 측정하는 척도로 두 척도 간 상관이 상당히 높은 특징을 보인다.

07 동형찾기와 행렬추리는 핵심 소검사이다.

K-WAIS-Ⅳ의 주요 변경사항
- 언어성 IQ와 동작성 IQ산출 방식 폐기
- 전체 IQ와 네 가지 합성 점수에 근거한 해석
  - WAIS-Ⅲ의 네 가지 지표 유지
  - '지각적 조직화 지표'를 '지각적 추리 지표'로 명칭 변경
- 부가적인 지표로 일반적인 능력지표(GAI) 추가
- 합성 점수측정을 강화하기 위해 일부 소검사 추가 및 폐기
  - 총 15개 소검사로 구성 : 10개의 핵심 소검사 + 5개의 보충 소검사
  - 소검사 추가 : 퍼즐, 무게 비교, 지우기, 행렬추론, 동형찾기, 순서화

08 ㄱ. 웩슬러 지능검사는 데이비드 웩슬러(David Wechsler)가 제작한 개인 지능검사이다.
　ㄷ. 비율 지능지수는 생활연령 수준에 따른 정신연령 범위의 증감폭을 충분히 고려하지 못함으로써 다른 연령대의 대상자와 비교가 곤란하다. 다시 말해, 7세 아동의 지능지수 '100'이 해당 연령대에서 가지는 상대적인 위치와 10세 아동의 지능지수 '100'이 동일 연령대에서 가지는 상대적인 위치는 동일하지 않다.

09 ② D4 둔감성 : 일상생활에서 일어나는 문제들을 처리할 힘이 모자란다/ 긴장한다/ 정신을 집중하기 어렵다/ 기억 및 판단력이 떨어진다/ 자신감이 부족하다.

① Pd1 가정불화 : 자신의 가정 및 가족 분위기가 유쾌하지 않다고 본다/ 자신의 가정을 떠나고 싶어한다/ 자신의 가정은 사랑, 이해 및 지지가 부족하다고 본다/ 자신의 가족들이 비판적이고 걸핏하면 싸우며, 적당한 자유 및 독립성을 보장하지 않는다고 느낀다.

③ Hy3 권태-무기력 : 불편하고 건강이 좋지 않다고 느낀다/ 허약하고 쉽게 피로감을 느끼거나 지친다/ 특별한 신체증상을 호소하지 않는다/ 정신집중이 어렵고, 식욕부진과 수면장애가 있다/ 불행감 및 우울감을 느낀다. 자신의 집안환경이 유쾌하지 않으며 재미도 없다고 본다.

④ Sc2 정서적 소외 : 우울 및 절망감을 경험하며, 죽어버렸으면 하는 마음이 있을 수 있다/ 냉담하며 겁을 먹는다/ 가학적인 혹은 피학적인 욕구가 있다.

⑤ Pa2 예민성 : 다른 사람들보다 신경이 과민하거나 흥분을 잘하며 더 민감하다/ 다른 사람들에 비해 더 강렬한 감정을 느낀다/ 외롭고 이해받지 못한다고 느낀다/ 기분전환을 위해 위험하거나 자극적인 행위를 찾는다.

10 MMPI-2의 척도 8 Sc(Schizophrenia, 정신분열증)
• 정신적 혼란과 불안정 상태를 반영하며 사회적·정서적 소외를 느낀다.
• 높은 점수는 전통적인 규범에서 벗어나는 정신분열성 생활방식을 반영한다. 이들은 위축되어 있고 수줍어하며 우울하다. 또한 열등감과 부족감을 느끼고 긴장되며 혼란되어 있다. 이들은 흔치 않은 이상한 생각을 품고 있다.

로샤검사의 지각적 사고 지표(PTI)
• XA% < .70 and WDA% < .75
• X-% > .29
• LVL2 > 2 and FAB2 > 0
• R < 17 and WSUM6 > 12 or R > 16 and WSUM6 > 17
• M- > 1 or X-% > .40

11 • Z점수 = (원점수 - 평균) ÷ 표준편차
= (30 - 22) ÷ 4 = 2
• T점수 = 10 × Z점수(2) + 50 = 70

12 언어적 이해와 표현, 과거 경험을 활용하고 평가하는 능력, 실질적인 지식, 판단력을 측정하는 소검사이므로, 문항에 제시된 단어의 의미는 수검자가 요청해도 설명하지 않는다.

13 ① 2-7 또는 7-2코드(D & Pt)
② 6-8 또는 8-6코드(Pa & Sc)
④ 2-8 또는 8-2코드(D & Sc)
⑤ 4-6 또는 6-4코드(Pd & Pa)

1-9 또는 9-1코드(Hs & Ma)
• 소화기 장애, 두통, 피로감 등과 같은 신체증상과 심한 마음의 고통을 호소한다.
• 외향적이고 수다스러워 보이지만 내면적으로는 수동-의존적이며 긴장되어 있다.
• 안절부절 못하며 정서적 불안과 고통을 경험한다.
• 자신의 심리적 특성을 인정하지 않고, 포부수준이 높지만 확고한 목표를 설정하지 못하고 자신의 무능함에 좌절하게 된다.

14 한계음미단계에서는 색채와 음영반응, 움직임 등에 대하여 직접적인 질문을 한다. 한계음미단계에서는 질문단계 이후 정보가 부정확한 내용에 관해 질문한다.

로샤 검사단계

구 분	내 용
자유연상 단계	• 지시문은 간단한 것이 좋으며, 로샤 검사가 상상력 검사라는 잘못된 인상을 주어서는 안 된다. 상상력 검사라고 생각하는 경우, 피검자는 그들이 지각한 것을 반응하기 보다는 연상한 것을 반응할 수 있기 때문이다. • X번 카드까지 표준적인 방법으로 실시했는데 전체 반응 수가 14개 미만인 짧은 기록일 경우 해석적인 가치가 줄어들 수 있으므로, 반응을 더 해 달라고 부탁하고 검사를 다시 할 수 있다. • 반대로 피검자가 카드 I에 대해 5개의 반응을 한 후 더 많은 반응을 하려고 하면 다음 카드로 넘어간다. II번 카드까지는 5개 이상의 반응을 하려고 하면 이와 동일하게 개입한다.

질문 단계	• 질문단계의 목적은 반응을 정확하게 기호화하고 채점하려는 것이다. • 검사자는 피검자가 어떤 결정인에 의해 해당 반응을 형성한 것인지 확인할 수 있는 질문을 한다. • 개방적인 질문을 통해 어떤 영역을 무엇 때문에 그렇게 보았는지 질문한다. • 검사자는 피검자의 이야기를 반응기록지에 기재한다. • 과도한 질문은 피검자의 저항과 거부감을 유발할 수 있으므로 삼간다. • 직접적으로 반응을 유도하는 질문은 적절하지 않다. 이는 이후 반응을 기술할 때 영향을 미칠 수 있다.
한계음미 단계	• 이 단계에서는 채점에 포함시키지는 않지만, 수검자의 상태를 좀 더 정확히 파악하기 위하여 사용하는 절차이다. • 대부분의 사람들이 많이 보고하는 평범반응을 수검자가 보고하지 않는 경우, 수검자가 그러한 반응을 볼 수 있는지를 평가할 수 있다. • 검사자는 평범반응이 나타나지 않은 2~3개의 잉크 반점을 선택한 후, 피검자에게 평범반응을 알려주고 피검자가 평범반응을 볼 수 있는지 확인할 수 있다. • 독창적인 반응을 하느라 평범반응을 하지 않은 수검자는 쉽게 평범반응을 지각하지만, 심하게 손상된 정신과 환자는 다른 사람들의 반응을 의아하게 생각함을 알 수 있다.

15 수검자의 반응에 제한을 가하지 않으며 검사지시문 또한 매우 단순하다.

16 로샤 검사와 주제통각검사는 상호보완적으로 사용된다. 로샤 검사가 주로 사고의 형식적·구조적 측면을 밝히는 데 반해 주제통각검사는 주로 사고의 내용을 규명한다.

17 K척도의 점수를 반영하는 5가지 임상척도는 척도 1 Hs(건강염려증), 척도 4 Pd(반사회성), 척도 7 Pt(강박증), 척도 8 Sc(정신분열증), 척도 9 Ma(경조증)이다. 그 중 척도 7 Pt, 척도 8 Sc에는 K척도의 원점수 전부를 더하고, 척도 1 Hs, 척도 4 Pd, 척도 9 Ma에는 K척도의 점수 일부를 더한다.

18 L척도(부인척도, Lie)
• L척도는 사회적으로 찬양할 만하나, 실제로는 극도의 양심적인 사람에게서 발견되는 태도나 행동을 측정한다.
• 본래 수검자가 자신을 좋게 보이려고 하는 다소 고의적이고 부정직하며 세련되지 못한 시도를 측정하려는 척도이다.

19 ② L척도와 K척도가 T점수 50 이하 / F척도는 T점수 60 이상일 경우
③ L척도와 K척도는 T점수 60~70까지 상승, F척도는 T점수 50 이하인 경우
④ L척도는 F척도 보다 낮고, F척도는 K척도보다 낮은 상태(L척도의 T점수는 40 정도이며, F척도는 T점수 50~55, K척도는 T점수 60~70)
⑤ K, F, L 순서로 상승되어 있는 상태(L척도 T점수 60 이상이며, F척도 T점수 50 정도, K척도는 T점수 40~45인 경우)

20 ① 척도 4 Pd(Psychopathic Deviate) : 반사회성 척도는 가정이나 권위적 대상 일반에 대한 불만, 자신 및 사회와의 괴리, 권태는 물론 반항, 충동성, 학업이나 진로문제, 범법행위, 알코올이나 약물남용 등을 반영한다.
③ 척도 8 Sc(Schizophrenia) : 정신분열증 척도는 정신적 혼란과 불안정 상태, 자폐적 사고와 왜곡된 행동을 반영한다.
④ 척도 9 Ma(Hypomania) : 경조증 척도는 사고의 비약이나 과장, 과잉활동적 성향, 과도한 흥분상태나 민감성, 불안정성을 반영한다.
⑤ 척도 0 Si(Social Introversion) : 내향성 척도는 혼자 있는 것을 좋아하는지 또는 타인과 함께 있는 것을 좋아하는지와 같은 대인관계형성 양상을 반영한다.

21 C요인(성실성)
- 자신에 대한 능력을 믿고 계획적이고 조직적으로 일을 수행하며, 자기 통제를 잘하여 책임감 있게 생활하는가의 정도를 의미한다.
- 높은 점수의 사람은 목적지향적이고, 조직력이 뛰어나며, 시간을 엄수하고 자신의 의무 이행에 철저하다.
- 낮은 점수의 사람은 게으르고 원칙 없이 행동하는 것이 아니라, 정해진 원칙을 정확히 적용하기를 힘들어 하거나 주어진 목표 달성을 하려는 의지가 부족한 특성을 보인다.

22 3-4 또는 4-3
- 공격성과 적개심을 통제할 수 있는가 그렇지 않은가의 지표이다.
- 만성적이고 강한 적개심이 있으며 자기중심적이다.

23 로샤 검사는 주관적 검사로서 신뢰도 및 타당도가 검증되지 못했으므로, 객관적·심리측정적 측면에서는 부적합하다.

24 HTP의 사람에 대한 내용적 해석 중 얼굴 부위의 주요 해석 내용
- 눈 : 기본적 성향 및 현재의 기분
- 코 : 성적 상징, 외모에 대한 태도, 타인과의 관계 형성
- 입 : 심리적 성향, 타인과의 의사소통
- 귀 : 정서자극에 대한 반응
- 턱 : 공격성, 자기주장적 성향
- 목 : 지적 영역, 충동적 성향

25 웩슬러 성인용 지능검사 4판(WAIS-Ⅳ)의 소검사

지각 추론	토막짜기 (Block Design)	정해진 제한시간 내에 제시된 모형과 그림, 또는 그림만 보고 빨간색과 흰색으로 이루어진 토막을 사용하여 제시된 모형이나 그림과 똑같은 모양을 만들어야 한다.
	행렬추론 (Matrix Reasoning)	일부가 빠져있는 행렬을 보고 이를 완성할 수 있는 반응 선택지를 골라야 한다.
	퍼즐 (Visual puzzles)	완성된 퍼즐을 보고 제한시간 내에 그 퍼즐을 만들 수 있는 세 개의 반응을 찾는다.
	무게비교 (Figure Weights)	정해진 제한시간 내에 양쪽 무게가 달라 균형이 맞지 않는 저울을 보고 균형을 맞추는데 필요한 반응을 찾는다.
	빠진 곳 찾기 (Picture Completion)	정해진 제한시간 내에 중요한 부분이 빠져있는 그림을 보고 빠진 부분을 찾아야 한다.

필수과목 04 이상심리

01	02	03	04	05	06	07	08	09	10
⑤	③	①	②	④	⑤	⑤	②	④	④
11	12	13	14	15	16	17	18	19	20
②	⑤	⑤	⑤	②	①	①	④	⑤	②
21	22	23	24	25					
⑤	②	④	⑤	③					

01 DSM-5 A군 성격장애에는 편집성 성격장애, 조현성 성격장애, 조현형 성격장애를 포함한다.

02 아동이 성인양육자에 대해서 거의 항상 정서적으로 억제되고 위축된 행동을 나타내는 반응성 애착장애는 외상 및 스트레스 관련 장애의 하위유형에 해당한다.

03 전환장애는 유의미한 신체증상을 보이나, 그 원인이 신체적인 손상에 의한 것이 아닌 무의식적·심리적 갈등에서 기인한다. A양은 평소 가지고 있던 심리적 갈등이 신체적 증상으로 전환되어 문제의 증상을 나타내 보이는 것이다.

04 정신분열증의 양성증상과 음성증상

양성증상 (Positive Symptom)	• 정상적·적응적 기능의 과잉 또는 왜곡을 나타냄 • 도파민 등 신경전달물질의 이상에 의한 것으로 추정함 • 스트레스 사건에 의해 급격히 발생함 • 약물치료에 의해 호전되며, 인지적 손상이 적음 • 망상, 환각, 와해된 언어나 행동 등
음성증상 (Negative Symptom)	• 정상적·적응적 기능의 결여를 나 타냄 • 유전적 소인이나 뇌세포 상실에 의 한 것으로 추정함 • 스트레스 사건과의 특별한 연관성 없이 서서히 진행됨 • 약물치료로도 쉽게 호전되지 않으 며, 인지적 손상이 큼 • 무감동, 무언어증, 무욕증 등

05 스트레스에 의한 망상적 사고나 심한 해리 증상을 보이는 것은 경계선 성격장애의 특징에 해당한다.

06 DSM-5 진단기준에 의하면, 해리성 기억상실은 신경학적 상태 또는 기타 의학적 상태로 인한 것이 아니다. 즉, 뇌손상이나 뇌기능 손상으로 유발되지 않는다.

07 DSM-5는 일차적으로 범주적 평가를 기초하고, 그와 더불어 차원적 평가를 도입했다. 이상행동의 분류체계로서 범주적 평가는 이상행동과 정상행동을 질적으로 명백히 구분하는 데 반해, 차원적 평가는 이상행동과 정상행동을 질적 차이로 인정하지 않고 부적응성의 정도 차이로 본다.

08 장애를 일으키는 과잉행동-충동 또는 부주의 증상이 12세 이전에 있었어야 한다.

09 역학(Epidemiology)은 특정한 이상행동과 정신장애의 분포 양상에 관한 연구이다.

10 DSM-Ⅳ에서 '광범위한 발달장애'에 포함되었던 '자폐성 장애'가 '자폐 스펙트럼 장애'로 명칭이 변경되고 신경발달장애의 하위유형으로 분류되었다. '아동기 붕괴성 장애', '아스퍼거 장애' 등이 통합되었다. 레트 장애는 고유한 유전적 원인이 밝혀졌기 때문에 자폐 스펙트럼 장애에서 제외되었다.

11 ㄴ. 지속성 운동 또는 음성 틱 장애는 18세 이전에 발병한다.
ㄷ. 잠정적 틱 장애는 처음 틱이 나타난 시점으로부터 1년 미만 나타난다.
ㄹ. 투렛장애는 틱 장애 중 가장 심각한 유형으로서, 여러 '운동성 틱(Motor Tic)'과 한 가지 이상 '음성 틱(Vocal Tic)'이 일정 기간 나타난다. 두 가지 틱이 반드시 동시에 나타날 필요는 없다.

12 선택적 함구증(무언증)의 DSM-5 진단기준에 관한 내용이다.

13 '조현병 스펙트럼 및 기타 정신병적 장애'는 기괴한 사고와 와해된 언어를 특징으로 하는 다양한 장애의 통합적 범주이다. 그 증상의 심각도와 지속기간 또는 기분삽화의 경험여부를 기준으로 동일선상의 스펙트럼으로 배열할 수 있다.

심각도 낮음 ←				→ 심각도 높음
조현형 성격 장애	망상 장애	단기 정신병적 장애	조현 양상 장애	조현병 및 조현정동 장애

14 망상장애 중 가장 높은 유병률을 보이는 유형은 '피해형'이다.

15 '과잉 일반화'는 한두 번의 사건에 근거하여 일반적인 결론을 내리고 무관한 상황에 그 결론을 적용시키는 오류이다. 어떤 상황에서 일어난 여러 가지 일 중에서 일부만을 뽑아내어 상황 전체를 판단하는 오류는 '정신적 여과' 오류이다.

16 ① 편집성 성격장애가 있는 내담자의 신념이다. 편집성 성격장애는 타인에 대한 강한 불신과 의심을 지니고 적대적인 태도를 나타내어 사회적 부적응을 나타내는 성격특성을 말한다.

② · ③ · ④ · ⑤ '회피성 성격장애'에 속한다. 회피성 성격장애는 타인으로부터 부정적 평가를 받는 것에 대해 과도하게 예민하며, 사회적 상황에서 지나치게 감정을 억제하고 부적절감을 많이 느끼게 되어 대인관계를 회피하는 성격장애를 말한다.

17 주요 우울장애에 동반되는 세부 양상 유형으로, 불안증, 혼재성 양상, 멜랑콜리아 양상, 비전형적 양상, 기분과 일치하는 또는 일치하지 않는 정신병적 양상, 긴장증 양상, 계절성 양상, 주산기 발병 등이다. '급속 순환성'은 제1형 · 제2형 양극성 장애에 동반되는 세부 양상 유형 중 하나이다.

18 ④ '사회적 유발설'은 낮은 사회계층에 속하는 사람은 타인으로부터의 부당한 대우, 낮은 교육 수준, 낮은 취업기회 및 취업조건 등으로 많은 스트레스와 좌절 경험을 하게 되며, 그 결과 정신장애로 발전할 수 있다는 설명이다.

① 통합이론의 생물심리사회적 모델에 대한 설명이다.

② 사회적 선택설에 대한 설명이다.

③ 사회적 낙인설에 대한 설명이다.

⑤ 취약성–스트레스 모델에 대한 설명이다.

19 강박장애 환자는 침투적 사고에 대한 위협을 과대평가할 뿐만 아니라 자신의 책임감을 과도하게 평가한다. 강박장애를 가진 사람들은 침투적 사고를 과도하게 위협적인 것으로 받아들이고 중요하게 여길 뿐만 아니라 그러한 사고에 대한 책임감과 통제 필요성을 강렬하게 느낀다.

강박장애의 치료법

노출 및 반응방지법	• 학습이론에 근거한 행동치료적 기법이다. • 불안을 초래하는 자극(버스 손잡이)이나 사고(손에 병균이 묻었다는 생각)에 노출시키되 강박행동(손 씻는 행동)을 하지 못하게 하는 방법이다.
	• 두려워하는 자극과 사고를 강박행동 없이 견디어 내는 둔감화 효과가 나타날 뿐만 아니라 강박행동을 하지 않아도 두려워하는 결과(병에 전염됨)가 일어나지 않는다는 것을 체험할 수 있게 된다.
인지적 치료기법	• 침투적 사고에 대해서 과도한 책임감과 통제의무감을 느끼게 만드는 자동적 사고를 확인하고 변화시킴으로써 강박적 사고와 행동을 감소시키는 방법이다. • 침투적 사고는 그 내용이 아무리 비윤리적이고 위험적인 것이라 하더라도 누구나 경험하는 보편적 현상이므로 자연스러운 것으로 받아들이면서 통제하려 들지 않으면 저절로 사라지게 됨을 인식하게 한다.

20 ② 범불안장애는 최소 6개월 동안 주요 증상이 나타나는 경우에 진단되며, 불안이 특정 주제에 국한되는 것이 아닌 광범위한 주제를 포괄한다.

① 위험한 사건이 실제 발생했을 경우 나타날 수 있는 부정적인 결과를 지나치게 치명적인 것으로 평가하며, 이에 대한 자신의 대처 능력을 과소평가하는 경향이 있다.

③ 유병률은 높은 편이나 그에 비해 치료기관을 찾는 비율은 낮다.

④ 인지적 특성으로 기억과제 수행에서 중성자극보다 위협자극을 더 잘 기억한다.

⑤ 행동적 관점에서는 불안촉발 조건자극이 광범위하게 일반화된 다중 공포증으로 설명된다.

21 ① 청소년기가 아닌 아동기에 발병한다.

② 자폐 스펙트럼 장애의 특징에 해당된다.

③ 말소리 장애의 치료는 두 가지 방법이 있다. 하나는 음성학적 문제를 유발하는 신체적 또는 심리적 문제를 해결하는 방법으로 수술을 통해 발성기관을 치료하거나 정서적 불안과 긴장을 완화할 수 있도록 심리치료를 하는 방법이 있다. 또다른 방법은 올바른 발성습관을 교육하는 것으로, 언어치료사를 통해 정확한 발음을 가르치고 올바른 발성을 위한 호흡조절 능력을 키워주며 정확한 발음을 일상적 대화에서 사용할 수 있도록 지도하는 것이 바람직하다.

④ 언어장애나 정서장애, 행동장애 등은 3~4세 이전에는 발견하기 힘들어 조기에 진단하기 어렵다.

22 **품행장애**
- 지나친 공격성, 타인을 해치는 행위, 자기 물건이나 남의 물건을 파괴하는 행동, 사기와 도둑질, 그 나이에 지켜야 할 규칙들을 빈번히 어기는 것 등을 특징으로 한다.
- 중요한 특징은 공격성과 타인의 권리를 침해하는 것, 규칙을 지키지 않는 것으로 정의할 수 있다.

23 ① 질병불안장애에 관한 내용이다.
② 신체증상장애는 사회문화적 요인에 의해서도 많은 영향을 받는다.
③ 신체증상장애는 한 개 이상의 신체적 증상을 고통스럽게 호소하거나 그로 인해 일상생활에서 현저한 지장을 받는 것을 말한다.
⑤ 신체증상에 대한 이러한 걱정과 염려가 6개월 이상 지속될 때 신체증상장애로 진단된다.

24 유분증은 4세 이상의 아동이 대변을 적절치 않은 곳에 반복적으로 배설하는 경우이다. 반면, 유뇨증은 실제연령(또는 동등 발달수준)이 최소 5세 이상이 되어야 진단된다.

유뇨증과 유분증

유뇨증	• 배변훈련이 끝나게 되는 5세 이상의 아동이 신체적인 이상이 없음에도 옷이나 침구에 반복적으로 소변을 보는 경우 • 연속 3개월 동안 주 2회 이상의 빈도로 나타난다.
유분증	• 4세 이상의 아동이 대변을 적절치 않은 곳에 반복적으로 배설하는 경우 • 3개월 이상 매월 1회 이상 나타날 경우에 진단된다.

25 ① 이식증(Pica)은 비영양성·비음식 물질을 1개월 이상 지속적으로 먹는 경우를 말한다.
② 회피적/제한적 음식섭취 장애는 음식을 구할 수 없는 상황 또는 문화적인 관행으로 설명 되지 않는다.

④ 신경성 식욕부진증에 대한 설명이다.
⑤ 신경성 폭식증에 대한 설명이다. 폭식장애는 보상행동이 나타나지 않는다.

선택과목 01 **진로상담**

01	02	03	04	05	06	07	08	09	10
⑤	③	⑤	③	②	⑤	③	①	②	④
11	12	13	14	15	16	17	18	19	20
⑤	④	③	⑤	②	①	④	③	①	③
21	22	23	24	25					
④	②	⑤	①	④					

01 • 타이드만과 오하라(Tiedeman & O'Hara)의 진로발달이론 : ㄱ·ㄷ·ㄹ
• 터크만(Tuckman)의 발달이론 : ㄴ
• 크롬볼츠(Krumboltz)의 사회학습이론 : ㅁ

02 **진로의사결정이론의 주요 내용**
• 하렌(Harren)은 의사결정이 필요한 과제를 인식하고 그에 반응하는 개인의 특징적 유형, 개인이 의사결정을 내리는 방식으로 정의하고, 의사결정 과정에 영향을 미치는 의사결정자의 개인적인 특징으로 자아개념과 의사결정유형을 제안하였다.
• 의사결정유형은 개인이 의사결정과제를 지각하고 그에 반응하는 특징적인 방식으로 합리적 유형, 직관적 유형, 의존적 유형이 있다.

03 **적응방식적 측면**
• 반응성 : 개인이 작업성격의 변화로 인해 작업환경에 반응하는 정도
• 적극성 : 개인이 작업환경을 개인적 방식과 좀 더 조화롭게 만들어 가려고 노력하는 정도
• 유연성 : 작업과 개인의 부조화를 참아내는 정도
• 인내성 : 환경이 자신에게 맞지 않아도 개인이 견뎌낼 수 있는 정도

직업성격적 측면
• 민첩성 : 과제를 얼마나 일찍 완성하느냐의 정도
• 역량(속도) : 근로자의 평균 활동수준을 말하고, 개인의 에너지 소비량을 의미

- 리듬 : 활동에 대한 다양성
- 지구력 : 개인이 환경과 상호작용하는 다양한 활동수준의 기간

04 진로사정에 대한 내용이다.

05 내담자에 대한 정서적 이해보다 문제의 객관적 이해에 중점을 둔다. 특성–요인상담은 개인의 특성과 직업을 구성하는 요인에 관심을 둔 이론이다.

06 **크롬볼츠(Krumboltz)의 계획된 우연이론**
- 계획된 우연은 사람들에게는 예측할 수 없는 다양한 사건들이 일어날 수 있으며, 삶에서 우연적 사건을 긍정적 또는 부정적 기회로 만들 수 있는 가능성이 개인에게 열려 있다고 전제한다.
- 개인이 우연적 사건에 대한 준비와 대응에서 필요한 5가지 지각 요인이 호기심, 인내심, 유연성, 낙관성, 위험감수이다.

07 보딘(Bordin)은 의존성, 정보의 부족, 내적 갈등, 선택에 대한 불안, 확신의 결여 등 다섯 가지로 분류하였다.

직업선택의 문제영역 5가지
- 의존성 : 다른 사람에게 지나치게 의존하거나 자신들의 욕구 중재를 다른 사람에게 의존하려 한다.
- 정보의 부족 : 그들은 의존적인 것처럼 보이지만, 실제로는 정보가 부족한 사람들이다.
- 자아갈등(내적갈등) : 둘 혹은 그 이상의 자아개념과 관련된 반응기능 사이의 갈등이다.
- 선택에 대한 불안 : 여러 가지 대안들 가운데 선택을 못하고 불안해한다.
- 문제가 없음(확신의 결여) : 내담자가 현실적인 직업선택을 하고도 자신의 선택에 대한 확신의 부족으로 인해 직업상담사를 찾아오는 경우이다.

08 **홀랜드(Holland) 흥미이론의 하위개념**
- 일관성 : 성격과 환경유형 모두에 적용되는 것으로서, 유형들의 어떤 쌍은 다른 유형의 쌍들보다 공통점을 더 많이 가지고 있다.

- 일치성 : 개인의 흥미 유형과 개인이 몸담고 있거나 소속되고자 하는 환경의 유형이 서로 부합하는 정도를 말한다.
- 차별성(변별성) : 어떤 사람 또는 환경은 매우 단순하여 어느 유형과는 매우 유사한 반면 다른 유형과는 차별적인 모습을 보인다.
- 정체성 : 성격적 측면에서의 정체성은 개인의 목표·흥미·재능에 대한 명확하고 견고한 청사진을 말하는 반면, 환경적 측면에서의 정체성은 조직의 투명성 및 안정성, 목표·일·보상의 통합을 의미한다.
- 계측성(타산성) : 유형들 내 또는 유형들 간의 관계는 육각형 모델에 의해 정리되며, 육각형 모델에서의 유형들 간의 거리는 그 이론적인 관계에 반비례한다.

09 **크롬볼츠(Krumboltz)의 학습경험 2가지**
- 연상적 학습경험 : 이전에 경험한 감정적으로 중립인 사건이나 자극을 정서적으로 비중립적인 사건이나 자극과 연결시킬 때 일어나는 것이다.
- 도구적 학습경험 : 주로 어떤 행동이나 인지적인 활동에 대한 정적인 또는 부적인 강화를 받을 때 일어난다.

10 **직업적응이론에서 직업성격적 측면**
- 민첩성 : 과제를 얼마나 일찍 완성하느냐와 관계되는 것으로서, 정확성보다는 속도를 중시한다. 민첩성이 없다는 것은 반응의 신중함, 지연, 반응의 긴 잠재기를 뜻한다.
- 역량 : 근로자의 평균 활동 수준을 말하고, 개인의 에너지 소비량을 의미한다.
- 리듬 : 활동의 다양성을 의미한다.
- 지구력 : 개인이 환경과 상호작용하는 시간의 양을 의미한다.

11 **수퍼(Super)의 이론에서 진로성숙(Career Maturity)의 구성요인**
- 선택하고자 하는 직업의 일관성 : 선택하고자 하는 직업의 분야 및 수준의 일관성
- 선택하고자 하는 직업에 관한 정보수집 및 계획성 : 직업에 대한 정보수집의 면밀함 및 진로계획의 치밀성과 진로계획의 참여도

- 진로선택에 대한 태도 : 진로문제에 대한 관심도 및 진로선택에 필요한 자료이용의 효율성
- 진로문제에 있어서의 이해 : 능력과 흥미의 일치도
- 자기 특성의 구체적 이해 : 흥미의 성숙과 유형화, 진로문제에서의 독자성, 진로계획에 대한 책임감 수용 및 일로부터의 보상에 관한 관심

12 잠정기의 발달단계

흥미단계(11~12세) → 능력단계(13~14세) → 가치단계(15~16세) → 전환단계(17~18세)

13 진로발달이론의 11가지 기본요소

- 개인차
- 다양한 가능성
- 직무능력의 유형
- 동일시와 모델의 역할
- 적응의 계속성
- 생애단계
- 진로유형
- 발달의 지도가능성
- 직무만족
- 진로유형의 역동성
- 개인과 환경의 상호작용의 결과로서의 발달

14 진로성숙도에 대한 설명이다.

진로성숙도의 6가지 구성

진로결정성	자신의 진로선택과 진로 방향 설정에 대한 결정의 확신이 드는 정도
진로확신성	자신감이라고도 표현할 수 있으며, 자신의 진로 선택문제에 대한 믿음과 확신을 가지고 있는 정도
진로목적성	자신의 욕구와 현실사이에서 타협이 이루어지는 정도를 말하며, 구체적으로 추구하려는 내용이 무엇인지 선택한 진로를 통하여 알아보는 것
진로준비성	진로를 결정하는데 있어서 필요한 사전이해, 준비, 계획 정도 또는 참여와 관심 정도
진로독립성	진로를 선택할 때, 자신이 독립적으로 결정하는지 아니면, 타인에 의존하여 결정하는지에 대한 태도를 측정하는 정도

가족일치성	자신의 진로와 가족 간의 의견 일치 정도이며, 가족과의 친밀감 및 상호 간의 믿음이 바탕

15 갓프레드슨(Gottfredson)의 직업포부의 발달단계 중 사회적 가치지향성 단계(9~13세)

- 사회계층에 대한 개념이 생기면서 상황 속에서 자아를 인식(타인이 아님)하게 되고, 일의 수준에 대한 이해를 확장시킨다.
- 사회계층이나 지능을 진로선택의 주요 요소로 인식하게 되고, 직업의 사회적 지위에 눈을 뜬다.
- 직업에 대한 평가에 보다 많은 기준들을 갖게 된다.

16 상담자 자신이 속해 있는 문화 특성에 관한 자각능력을 키운다.

17 진로발달 8단계

발달단계	시 기	특 징
제1단계	유치원~ 초등학교 1학년	일방적인 의존성의 단계
제2단계	초등학교 2학년	자아주장의 단계
제3단계	초등학교 3학년	조건적 의존성의 단계
제4단계	초등학교 4학년	독립성의 단계
제5단계	초등학교 5~6학년	외부지원의 단계
제6단계	중학교 1~2학년	자기결정의 단계
제7단계	중학교 3학년~ 고등학교 1학년	상호관계의 단계
제8단계	고등학교 2~3학년	자율성의 단계

18 인지적 정보처리과정

- 의사소통(Communication) : 질문들을 받아들여 부호화하며 송출한다.
- 분석(Analysis) : 한 개념적 틀 안에서 문제를 찾아 분류한다.
- 통합(Synthesis) : 일련의 행위를 형성한다.

- 평가(Valuing) : 성공과 실패의 확률에 관해 각각의 행위를 판단하고, 다른 사람에게 미칠 파급효과를 판단한다.
- 실행(Execution) : 책략을 통해 계획을 실행한다.

19 개인이 우선권을 부여하는 가치들은 그리 많지 않다고 본다.

20 사회인지 진로이론의 대표자는 렌트(Lent), 브라운(Brown), 해킷(Hackett) 등이다.

21 ① 자신의 선택이 잘 된 것인지 명료화하기를 원하는 내담자
② 자신의 선택을 이행하기 위해 도움이 필요한 내담자
③ 진로의사가 결정된 것처럼 보이나 실제로는 결정을 하지 못하는 내담자
⑤ 다양한 능력으로 지나치게 많은 기회를 갖게 되어 진로결정을 하기 어려운 내담자

22 R형과 I형은 사물과 아이디어로 직업활동을 하며, E와 S형은 사람들과 함께 일한다.

23 상담의 성공여부는 진로결정에서 내담자가 드러내 보인 기술에 의해 평가된다.

24 C-DAC(Career Development Assessment and Counseling)모형은 수퍼(Super)의 발달이론의 개념을 사용하여 개발된 것이다.

진로발달의 상담과 평가모델(C-DAC)의 평가내용
- 내담자의 생애구조와 직업적 역할의 중요성에 대한 평가 : 직업인으로서의 역할이 자녀, 학생, 배우자, 시민, 여가인 등 다른 역할들보다 얼마나 더 중요한 지에 대해 탐색하고 생애역할의 우선순위를 결정할 수 있도록 돕는다.
- 진로발달의 수준과 자원을 평가 : 상담자는 어떤 발달과업이 내담자와 연관되어 있는지 확인하고, 이 문제를 해결할 수 있는 자원에 대한 평가로 넘어간다.

- 직업적 정체성에 대한 평가(가치, 능력, 흥미에 대한 평가) : 가치, 능력, 흥미의 측면에서 내담자의 직업적 정체성의 내용을 파악하고, 이러한 정체성이 내담자의 다양한 생애역할에 어떻게 나타나는지 탐색하는 것이다.
- 직업적 자아개념과 생애주제에 대한 평가 : 이전 단계까지의 객관적인 평가에서 내담자의 주관적인 자아개념에 대한 평가로 옮겨간다.
- 이러한 평가내용을 근거로 상담자는 내담자의 생애사에 대한 통합적인 해석을 하고, 이를 통해 상담단계로 넘어간다.
- 상담목표는 내담자 스스로 그들의 생애 역할에 대한 통합적이고 적합한 개념을 형성하고 자아개념을 실현시켜 일에서의 성공, 사회적 기여, 개인적 만족을 이끄는 진로선택을 하게 하는 것이다.

25 긴즈버그(Ginzberg)는 직업선택의 단계를 환상기, 잠정기, 현실기의 3단계로 구분하였다.

긴즈버그(Ginzberg)의 직업선택의 '현실기'
직업에서 요구하는 조건과 자신의 개인적 요구와 능력을 고려하여 현명한 선택을 하고자 한다.

탐색 단계	취업기회를 탐색하고 직업선택을 위해 필요하다고 판단되는 교육이나 경험을 쌓으려고 하는 단계이다.
구체화 단계	자신의 직업목표를 구체화하고 직업선택의 문제에서 내·외적 요인들을 두루 고려하게 되며, 이 단계에서는 타협이 중요한 요인이 된다.
특수화 단계	자신의 결정을 구체화하고 보다 세밀한 계획을 세워 고도로 세분화·전문화된 의사결정을 하게 된다.

01	02	03	04	05	06	07	08	09	10
②	③	④	①	⑤	③	④	①	④	⑤
11	12	13	14	15	16	17	18	19	20
④	④	③	④	④	②	③	④	②	③
21	22	23	24	25					
③	⑤	①	③	④					

01 보편성에 대한 설명이다. 이타심은 집단원들이 위로 · 지지 · 제안 등을 통해 서로 도움을 주고받음으로써 타인에게 중요한 존재가 될 수 있다는 자존감 향상이 가능하도록 한다.

02 집단상담자의 자질

배경적 자질	• 집단상담에 대한 사명의식 • 바람직한 인간관(존엄성과 가치성, 도덕적 신뢰성, 발달의 가능성, 자유와 책임, 사회적 상호작용 능력, 고유한 개성, 전인적 존재 등)
인간적 자질	• 인간에 대한 선의와 관심, 자기수용, 진실성, 용기, 창의성, 새로운 경험, 공감적 이해, 가치개방적 태도, 인내심, 유머 감각, 자발적 모범, 심리적 에너지 등
전문적 자질	• 개인상담의 경험(내담자로서의 경험, 상담자로서의 경험) • 집단상담의 참여 경험(자기탐색집단, 교육지도 실습집단, 집단실습) • 집단상담 계획과 조직능력 • 상담이론에 관한 지식과 이해 • 상담주제에 관한 지식과 이해 • 인간에 관한 폭넓은 지식과 경험

03 젠킨스(Jenkins)가 주장한 집단 자체에 대한 평가 내용은 NTL(National Tranining Laboratory) 방법의 효율적인 집단기능, 보다 광범위한 사회적 목표에 대한 인식, 집단 자원의 충분한 활용, 집단원 성장의 증진의 내용과 비교하여 이해할 수 있다.

04 행동주의 집단상담에 대한 설명이다. 합리 · 정서행동(REBT) 집단상담은 집단원들의 바람직하지 못한 행동의 근거가 되는 생각을 찾아내어, 그것이 비논리적임을 밝혀주고 합리적으로 생각하는 방법을 가르쳐 준다.

05 상담자는 문서 · 사진 · 컴퓨터 파일형태로 된 내담자의 정보에 대해 비밀보장의 한계 · 정보를 얻어야 하는 목적 및 활용에 대해 구체적으로 알려야 한다.

06 합리 · 정서행동치료(REBT)에서 사용하는 방법이다.

07 간접질문에 대한 예시로서, 이 질문법은 넌지시 물어보는 것을 말한다. 직접 질문과 비교해서 이해할 수 있는데, 직접질문이란 직접적 · 직선적으로 물어 보는 것으로서, "친구가 가출했다는 소식을 들었을 때 어떤 기분이 들었나요?"라는 예시를 들 수 있다.

08 ㄹ. 사실적인 진술을 하되 가치판단을 하거나 변화를 강요하지 않는다.

피드백을 주고받을 때 유의할 점
• 사실적인 진술을 하되, 가치판단을 하거나 변화를 강요하지 않는다.
• 구체적으로 관찰 가능한 행동에 대해 그 행동이 일어난 직후 적용하는 것이 효과적이다.
• 피드백을 주는 이와 받는 이가 모두 피드백을 생산적으로 활용할 마음의 준비가 되어있는가를 충분히 고려한 후 적용한다.
• 변화 가능한 행동에 대해 피드백을 주어야 하며, 가능한 경우 대안도 함께 제시해주는 것이 좋다.
• 한 사람에게서 보다는 집단의 여러 사람들에게서 온 피드백이 더욱 의미가 있다.
• 피드백을 받을 때는 겸허해야 한다.

09 ① 집단상담은 90분에서 120분의 모임시간이 적당하다.
② 집단평가의 방법으로는 공개토의 방식, 단어연상법, 관찰자 혹은 기록자를 이용하는 방법,

녹음이나 녹화장치를 이용하는 방법, 측정도구
를 이용하는 방법이 있다.
③ 아동의 경우 남아와 여아를 따로 모집하여 동
성의 집단을 이루는 것이 효과적이고, 서로의
경험을 교환할 수 있도록 다양한 연령층으로
구성하는 것은 성인의 경우에 해당한다.
⑤ 15세 이전 청소년의 경우 그들의 성적인 정체
감에 몰두하여 다른 동성의 또래들과 비교하려
는 욕구가 강하므로, 혼성집단보다는 동성집단
이 더 바람직하다.

10 높은 응집력 집단과 집단원
- 집단원들은 집단에 대하여 높은 책임감을 느끼
고, 다른 집단원들에게 영향을 주기 위해 더 열심
히 노력한다.
- 집단규범을 잘 지키고, 집단규범 일탈자에게 압
력을 가한다.
- 응집력이 높은 집단은 집단의 붕괴에 대해 덜 민
감하게 반응한다.
- 긍정적인 감정뿐만 아니라 부정적인 생각과 감정
들까지도 솔직하게 자신을 드러내고, 더 많은 자
기개방을 한다.
- 상호 의존적인 협동적 관계에서 공동으로 효과적
인 집단활동을 할 수 있게 한다.

11 ㄴ. 상담자의 적극적인 참여는 집단원의 참여 기회
를 부여하고, 집단원간의 상호작용을 활발히 할
수 있는 방향으로 이루어지도록 해야 한다.
ㅁ. 갈등은 상담과정 중 자연스러운 것으로 집단
원들이 표출할 수 있게 해야 한다.

12 의사교류 분석적 모형의 집단기술
- 구조분석 : 각 집단원들로 하여금 각 개인의 자아
구조 상태를 검토해볼 수 있도록 돕는 과정이다.
- 의사교류분석 : 구조분석을 기초로 하여 집단원
각 개인이 집단상담자나 다른 집단원과의 관계에
서 행하고 있는 의사교류 혹은 의사소통의 양상
과 성질을 파악하는 분석법이다.
- 게임분석 : 숨겨진 일련의 암시적 · 이중적 의사
거래를 분석한다.
- 생활(인생)각본분석 : 생활각본은 생의 초기에
있어서 개인이 경험하는 외적 사태에 대한 자
신의 해석을 바탕으로 하여 결정 · 형성된 반응
양식이다.

13 ① 교류분석, ② 참만남집단, ④ 게슈탈트 접근,
⑤ 합리 · 정서행동상담에 대한 설명이다.

14 ㄱ. 집단이 뚜렷한 목적이나 결론도 없이 지나치
게 피상적인 대화의 수렁에 빠져 헤어날 수 없
는 경지에 도달했을 때 집단상담자는 지도적
기능을 수행한다.

15 개인중심의 역할행동
- 참여하지 않기
- 독점하기
- 충고하기
- 상처 싸매기
- 공격하기
- 도움을 구걸하기
- 문제없는 사람으로 자처하기
- 지성에만 호소하기
- 다른 사람들의 기분 맞추기
- 집단과 관계없는 이야기하기
- 세월의 경험이 약이라고 치부하기

16 생산 단계의 주요 개념
- 직면 : 집단이 발달하여 집단원 상호간의 응집력
이 강해지면 직선적인 직면이 허용될 정도에 이
른다.
- 모험 시도 : 집단원들이 각자 중요하게 여기는 부
분들을 집단에서 함께하게 되면, 그들은 모험을
요하는 행동을 시도할 수 있게 된다. 이러한 모험
적인 시도를 진지하게 받아들이고 지지하며 격려
할 때, 집단원들은 긍정적인 강화를 받는다.
- 대인관계 학습 : 집단상담을 통해서 집단 참여자
들은 사람들과 관계 맺는 방법을 배우고, 인간관
계 형성 능력을 기를 수 있다.

17 초기 단계에 해당하는 설명이다.
코리(Corey)의 집단발달 4단계 중 과도기 단계
- 집단상담의 시작 단계가 오리엔테이션과 탐색의
시기이고, 작업 단계가 문제에 대한 보다 깊이 있
는 탐색과 바람직한 행동변화의 시기라면, 과도
기 단계는 시작 단계에서 작업 단계로 나아가는
데 있어 거쳐야 하는 단계이다.

- 과도기 단계를 어떻게 다루고 해결해 가느냐에 따라 작업 단계로의 순조로운 이행이 이루어 질 수 있다. 만약 구성원과 상담자가 과도기 단계의 특징들을 적절히 다루지 못한다면 집단은 그 목적을 달성하지 못하고 불신과 좌절 속에서 표류하게 된다.
- 불안, 방어, 상담자에 대한 저항, 통제에 대한 투쟁, 집단원들 간의 갈등, 기타 여러 문제행동들이 나타나는 단계로 요약할 수 있다.
- 저항과 갈등은 침묵과 참여부족, 독점적 행동, 이 야기하기, 질문하기, 충고하기, 덮어두기, 적대행동, 의존심, 우월한 행동 취하기, 사교모임 갖기, 주지화, 감정화 등의 행동으로 나타난다.

18 집단상담 초기에 성급한 해석을 내리는 경우, 침묵하는 집단원이 더 방어적으로 나올 수 있으므로 유념해야 한다.

19 '편향'에 대한 설명이다. '투사'는 내담자들이 흔히 자신의 생각이나 욕구, 감정 등을 타인의 것으로 지각하거나 책임소재를 타인에게 돌리는 경우를 말한다. 예를 들면, 집단 통제 경향을 보이는 집단원이 자신이 아니라 다른 집단원이 그렇다고 주장하는 경우가 이에 해당한다.

20 집단상담 계획을 위한 진행과정
욕구 파악 → 계획안 작성 → 사전 면담 → 집단원 선정 → 사전 검사 → 집단활동 → 사후 검사 → 추후 지도 및 평가

21 ① 역전이 : 집단상담자가 집단원의 태도나 외형적 행동에 자신의 개인적인 정서를 투사하는 것이다.
② 환언 : 명료화와 비슷하지만 내담자의 말을 종합하여 다른 말(용어나 개념)로 바꾸어 표현한다는 점에서 약간의 차이가 있다. 즉 내담자가 한 말을 간략하게 반복함으로써 내담자의 생각을 구체화할 수 있고 내담자가 말하고 있는 바를 상담자가 바르게 이해하고 있는지를 확인할 수 있다.
④ 공감적 반응하기 : 집단원의 입장에서 그의 느낌 또는 내적 경험을 이해하고, 이를 직접 말로 전달하는 것이어야 한다.

⑤ 문제축약 : 내담자가 아주 다양한 문제 증상들을 호소했을 때, 이러한 증상들을 몇 가지 중요한 공통된 것들로 묶어서 다루는 방법이다.

22 ㄴ. 종결단계에서는 자기노출이 줄어드는 단계이다.
ㄹ. 집단원을 설득해서까지 문제를 해결하지 않고 개인상담으로 하도록 권유한다.

23 집단상담은 다수의 집단원들이 상담의 전 과정에 함께 참여하므로, 개인상담에 비해 심리적인 위험에 더 많이 노출되어 있다.

24 성장집단은 다양한 집단활동의 체험을 원하거나 자신에 대해 좀 더 알기를 원하거나, 자신의 잠재력 개발에 관심 있는 사람들의 성장과 발달을 촉진하기 위해 구성된 집단으로, 상담자는 집단규범 형성을 위해 자기개방의 격려, 솔직한 표현의 격려, 비생산적인 행동에 대한 개입, '지금-여기'의 자각의 촉진 등의 역할을 한다.

25 다문화가정 청소년 집단상담자에게 필요한 역량

기본 상담 역량	• 전문성 : 상담전문가로서의 태도 및 윤리 • 지식 : 상담을 하기 위한 이론적 지식 • 기술 : 실제적인 상담 능력 • 다문화적 상담요소 이해 : 상담과정에서 문화적 민감성과 적용 • 가족 체계 고려 : 가족 체계를 고려한 다문화 내담자 이해와 상담
다문화 역량	• 인식 : 자신의 문화적 배경에 대한 자기인식과 타 집단문화의 다양성에 대한 인식 • 지식 : 다양한 문화와 문화집단에 관한 지식 • 기술 : 문화적으로 적절한 개입 기술 • 한국 문화에서 다문화 특성 이해 : 한국 다문화 내담자들의 특성과 어려움 이해
지역사회 연계 역량	• 지식 : 지역사회 자원에 대한 정보 • 기술 : 연계망 구축과 연계 지원 기술

01	02	03	04	05	06	07	08	09	10
②	②	③	③	②	②	③	②	②	②
11	12	13	14	15	16	17	18	19	20
③	③	⑤	③	②	③	③	②	④	⑤
21	22	23	24	25					
②	①	③	①	⑤					

01 명료한 경계선의 가족원은 자율적이고 독립적이면서도 필요할 때 서로의 안녕과 행복을 위하여 협동하고 지지하며 서로의 삶에 관여한다. 그리하여 명확한 경계의 구성원들은 '우리'라는 집단의식과 함께 '나 자신임'의 감정을 잃지 않는다.

02 해결중심 가족치료이론의 주요 원리
- 병리적인 것 대신에 건강한 것, 성공한 것에 초점을 둔다.
- 내담자는 진정으로 변화를 원하며, 변화는 알게 모르게 지속적으로 일어나고 불가피하며, 연쇄적이다.
- 현재와 미래를 지향한다.
- 내담자는 문제 해결을 위해 필요한 것을 가지고 있고 알고 있다.
- 치료자가 할 일은 내담자가 이미 갖고 있는 내담자의 자원·기술·지식·믿음·동기·행동·사회적 관계망·환경·증상 등을 발견하여 이를 치료에 활용한다.
- 치료자는 내담자의 목표성취를 돕기 위하여 내담자 자원을 신뢰하고 사용한다.
- 간단하고 단순한 것에서 출발하며, 작은 변화는 큰 변화의 모체가 되는 해결을 위한 출발이다.
- 내담자의 자율적인 협력을 중요시 한다.
- 문제의 원인이나 문제의 성질을 파악하는 것보다 해결을 아는 것이 더 유용하다.
- 내담자에게 과거에 성공했던 해결방안을 계속 유용하게 사용하며, 효과가 없는 것에 집착하던 사고방식을 바꿀 수 있다.
- 내담자가 문제시 하지 않는 것을 다룰 필요가 없다.
- 탈이론적이고, 규범에 메이지 않으며 내담자의 견해를 존중한다.

03 2차적 사이버네틱스에 관한 설명이다. 1차적 사이버네틱스에서의 치료자는 가족의 밖에 존재하여 체계를 관찰하는 외부의 관찰자 역할을 한다.

04 ① 은유적 기법 : 내담가족 구성원들이 성에 관한 문제처럼 자신들의 문제를 밝히기 수치스럽다고 생각하여 상담자와 의논하기를 원하지 않을 때 유사한 다른 문제에 대해 이야기하여 성에 관한 문제까지 접근해가는 방법이다.
② 재정의 기법 : '재규정'이라고도 하며, 가족구성원이 문제를 다른 시각에서 이해할 수 있도록 돕는 방법이다.
④ 역설적 기법 : 치료자가 문제행동을 유지하거나 더 강화하는 행동을 수행하도록 지시하여 역으로 저항을 통한 변화를 이끌어내고자 하는 방법이다.
⑤ 시련 기법 : 내담가족이 현재 겪고 있는 증상 또는 고통과 같거나, 현재의 고통보다 더 심한 시련을 체험하도록 과제를 주어서 그 증상을 포기하도록 유도하는 기법이다.

05 ㄴ. 가족규칙은 경험적 가족상담이론의 주요 개념 중 하나로서, 가족행동을 규정하고 제한하며 가족생활을 이끌어가는 가족원의 역할·활동·행동 등 중요한 면에 대한 상호 간의 기대를 말하며, 가족규칙은 의사소통을 관찰함으로써 발견할 수 있다.

06 ㄹ. 보웬(Bowen)의 다세대 모델에 해당하는 내용으로 개인의 정신내적 과정에 초점을 둔다. 치료기법으로는 가계도, 치료적 삼각관계, 코칭 등이 있다.

07 비버스(BEAVERS)의 4가지 가족체계유형에 대한 내용이다.
예 건강한 가족, 중간범위 가족, 경계선 상의 가족, 심하게 혼란스러운 가족 등

08 ㄴ. FEM(가족환경모델)은 객관적(양적) 가족평가 방법 중 하나로서, 1974년 무스(Moos) 등이

제3회 정답 및 해설

사회생태학적 관점에서 하나의 사회집단인 가족에 대해 그 기능을 측정하고자 하였다. 그 결과 가족의 기능에 관계된 90개 항목을 추출하여 요인 분석을 통해 10개 항목 군을 정하고 가족환경척도로 제작하였는데, 이것을 다시 관계 차원, 개인성장 차원, 체계유지 차원으로 구분하였다.

09 사람들이 빈약한 서술에 의해 자신을 보기 시작하면 자신의 약점·장애·부족과 허약한 부분들을 보게 된다. 반대로, 자신의 능력·강점·자질 및 기술들은 뒷전에 물러나 잘 드러나지 않고 감춰져 버린다. 그러므로 이러한 빈약한 서술은 사람들의 행위에 부정적인 결과들을 이끌어낸다. 이것을 내재화된 대화(Internalizing Conversations, 문제를 자신의 안에 놓는 대화)라고 이야기한다.

10 ㄷ. 사티어(Satir)에 대한 내용이다. 헤일리(Hailey)는 전략적 가족상담 모델에서 초기 상담이론을 주장한 학자이며, 초기 상담이론은 관계규정에 의한 '의사소통'에 초점을 두었고, 후기에는 '가족의 위계질서'에 초점을 두고 발전시켰다.

11 정서적 단절체계
- 세대 간의 잠재된 융해의 문제를 반영하는 것이므로, 세대 간의 정서적 융해가 심할수록 정서적 단절의 가능성 또한 높다.
- 융해가 심한 사람은 가족과의 정서적 접촉을 회피함으로써 문제를 해결하려고 하지만, 고립된 소외에서 오는 불안으로 다른 사람과의 관계를 맺으면 또 다른 융해를 초래한다.

12 ① 역설적 의사소통 : 메시지 간에 상호 모순되고 일치되지 않는 것이다.
② 치료적 이중구속 : 한 사람이 다른 사람에게 논리적으로 상호 모순되고 일치하지 않는 두 가지 메시지를 동시에 전달하는 것이다.
④ 대칭적 관계와 보완적 관계 : 대칭적 관계는 평등성에 기초하지만, 병리적 관계로 발전할 가능성이 있고, 보완적 관계는 의사교환자가 우월-열등의 관계에 놓여 있어서 경직될 경우 병리적 관계로 발전한다.

⑤ 정상적 가족발달 : 가족을 부정적 환류와 긍정적 환류과정의 적절한 조화로 유지되는 기능적 체계로 보았다.

13 치료과정 4단계

단계	내용
1단계	• 문제이야기를 경청하고 내담자의 문제를 확인하고 공감한다. • 내담자의 정체성과 문제를 분리하도록 돕는다. • 표출적 대화를 통해 내담자가 자신의 정체성에서 문제 자체를 분리하며 생각하도록 한다.
2단계	• 외재화하기 : 문제에 이름을 붙여서 객관화시킨다(예 "늦은 밤까지 게임을 하고 늦잠을 자서 아침 수업시간에 지각하거나 결석하는 것에 이름을 붙인다면 뭐라고 할까?"). • 문제 이름을 붙이면, 그것의 영향력을 탐구하고 더 나아가 더 큰 맥락에 올려놓고 해체작업을 할 수 있게 된다.
3단계	• 사람들은 이야기를 하는 가운데 새로운 경험을 맞이하도록 초청되며, 이러한 새로운 경험을 '독특한 결과'라는 용어로 표현한다. • 독특한 결과를 발견하도록 돕는다. • 독특한 결과란 이름 붙여진 문제 이야기의 계열에 속하지 않는 혹은 반대되는 사건을 말한다.
4단계	• 독특한 결과를 통해 개발된 대안적 이야기에 이름을 붙인다. • 문제 이야기와 대안적 이야기를 자유롭게 비교하며 선택과 평가의 준거로 삼을 수 있다.

14 ① 가족조각기법 : 집단이나 가족의 한 구성원에게 다른 가족구성원들과의 관계를 어느 정도 이해하는가를 알아보기 위한 기법이다.
②·⑤ 시련기법과 은유적 기법은 전략적 가족상담 모델의 상담기법에 해당한다.
④ 원가족도표 : 스타의 원가족도표, 스타의 어머니 원가족도표, 스타의 아버지 원가족도표의 세 장으로 구성되며, 주로 가족재구성을 위해 사용한다.

15 역기능적 의사소통 유형의 회유형(위로형)

구 분	내 용
단 어	• 동의하는 단어를 사용한다. • "내 잘못이다. 네가 없으면 난 아무 것도 아니다"
정 서	• 구걸하는 마음, 변명하는 표현과 목 소리, 약한 신체적 자세를 보인다.
행 동	• 의존적·순교적이며 착한 행동을 한다. • 사죄·변명·애걸·양보의 행동을 한다.
내면의 경험	• 나는 아무 것도 아닌 것 같이 느낀다.
자 원	• 돌보는 것, 민감성
관 계	• 자신을 무시하고, 타인과 상황은 중 요시한다.
예 시	• "제발 용서해 주세요. 제가 시간을 잘 봤어야 했는데, … 모든 것이 다 제 잘못이에요."
치료목표	• 단계적 분노의 감정훈련, 자기주장 훈련, 차이점 인식, 자기존중감

16 휘태커(Whitaker)는 경험적 가족상담이론의 창시자 로서, 조현병 환자와 가족에 대한 선구자적 연구를 하였다.

17 미국정신의학협회(APA)에 따르면, 가족상담이란 '가족 중 한 사람의 정신장애는 다른 가족들에게도 존재할 수 있으며, 상호관계와 기능에 영향을 줄 수 있다.'라고 정의한다.

18 '결혼전기'는 부모-자녀 관계의 분리를 받아들이 는 단계이다. 원가족과의 관계로부터 분화하고, 친 밀한 이성관계를 발전시키며, 일과 재정적 독립 측 면에서 자신을 확립하는 단계이다.

19 가족상담 첫 회기에 전체 가족이 참여하는 것을 권 장하나, 최근에는 상담자가 판단해서 문제에 따라 참가하는 가족원과 시기를 융통성 있게 정하는 추 세이다.

20 ㄹ. 상담목표가 달성되지는 않았지만, 가족기능에 충분한 변화가 있다고 판단되는 경우이다.

21 맥락적 가족치료에서 다루는 회전판(Revolving Slate)은 부모로부터 물려받은 파괴적 행동양식으 로서, 자녀들에게 이 행동을 되풀이함으로써 역기 능의 가족 속에서 살아가도록 한다. 회전판으로부 터의 해방은 가족들로 하여금 단지 부정적 관계를 청산하는 치료의 의미에서 한 걸음 더 나아가 서로 관계를 돕고 배려하는 관계로 만들어가도록 한다.

22 ① 개인상담의 내용이고, ②·③·④·⑤ 가족상 담에 대한 내용이다.

23 주요 기법은 합류(Joining)와 실연(Enactment)이다.

24 ② 가족규칙 : 가족행동을 설정하는 관계상의 합 의이다.
③ 가족투사과정 : 가족 내에서 불안이 투사되는 과정이다.
④ 가족전체성 : 체계는 부분들의 단순한 합보다 크다는 점에 착안하여 가족 간 상호작용을 중 시하는 특성을 말한다.
⑤ 가족응집성 : 가족 개개인의 자율성과 가족원 가운데 정서적 유대간의 균형의 정도를 말한다.

25 ① 상담자는 탈중심적이고 영향력 있는 입장을 취한다.
② 내담자나 그의 가족을 문제를 보지 않으며, 문 제를 사람들의 밖에 존재하도록 하여 관계적인 측면으로 보려 하는 것이다.
③ 내담자를 문제의 소유자가 아니라 문제를 바라 보는 관찰자로서 대화를 시작하게 한다. 대화 는 내담자와 문제와의 관계를 다시 정의하여 문제에 새롭게 접근하는 길을 열어준다.
④ 이야기치료는 화이트(White)와 앱스톤(Epston) 에 의해 발전되었고, 다양성·상대성·비본질 주의를 강조하는 포스트모더니즘 사조에서 발 달하였다.

01	02	03	04	05	06	07	08	09	10
④	③	③	③	④	①	④	①	②	③
11	12	13	14	15	16	17	18	19	20
②	③	⑤	⑤	①	②	③	②	③	③
21	22	23	24	25
①	③	④	③	⑤

01 학습과 동기유발의 4가지 기능

활성적 기능	동기는 행동을 유발시키고 지속시키며 성공적으로 추진하는 힘을 준다.
지향적 기능	행동의 방향을 어느 쪽으로 결정짓느냐는 동기에 따라 달라진다.
조절적 기능	다양한 분절 동작을 선택하고 수행하는 과정의 동기이다.
강화적 기능	행동의 수행이 행위자에 어떠한 효과를 미치는가에 따라 그 행동이 일어날 확률이 증가하기도 하고 감소하기도 한다.

02 로크와 라뎀(1990)이 언급한 목표의 3가지 조건
- 근접성 : 지나치게 먼 장래에 이루어질 수 있는 목표가 아니라 가까운 시일 내에 이룰 수 있는 단기 목표의 형태
- 구체성 : 막연하고 모호한 형태가 아니라 구체적으로 명확한 형태
- 난이도 : 상당히 어렵게 느껴지지만, 학습자의 능력 범위 안에서 도달 가능한 정도의 형태

03 학습은 인간의 성향(Disposition)이나 능력(Capability)의 변화가 일정 기간 지속적으로 유지되는 상태를 말하며, 단순히 성장의 과정에 따른 행동 변화는 포함하지 않는다.

04 자기조절 학습전략에 관해 주장한 학자이다.

자기조절학습

정 의	• 학습자들이 학습의 목적을 달성하기 위하여 체계적으로 인지, 행동, 정의적 특성을 가동하고 유지하는 과정 (Schunk & Zimmerman)
	• 학습자가 자신이 설정한 목표를 달성하기 위하여 자신의 사고, 감정, 그리고 행동을 체계적으로 관리하는 과정 (Schunk)
의 미	• 학습의 성패를 결정짓는 또 하나의 독립변인 – 기존의 노력, 사전 지식, 동기 수준, 학습양식과 다른 별개의 변인

05 학업상담 과정에는 부모와의 관계도 매우 중요하다. 상담에 학업문제를 호소하는 사람은 대부분 부모이기 때문이다. 따라서 부모가 상담에 대해 무엇을 기대하고 있는지를 파악하고 이를 현실적으로 잘 조절할 수 있어야 부모의 지속적인 상담 참여를 이끌어 낼 수 있다.

06 인지전략은 주어진 과제를 기억하고 이해하고 필요한 곳에 사용하는 실제적 전략이 포함되는데, 주어진 정보를 잘 부호화해서 저장하고 필요한 경우에 인출하는 정보처리 과정이 이에 해당한다. 댄서로우(Dansereau)는 이러한 정보처리 과정을 이해전략, 파지전략, 회상전략, 사용전략으로 구분하고 있다.

07 상위인지전략

계획전략	학습할 때 어떤 인지전략을 사용할 것인지 계획하는 것으로 목차살피기, 대강 훑어보기, 문제 풀기 전에 무엇을 묻는지 추측하기가 이에 속한다.
점검전략	자신의 학습과정을 점검하는 인지전략으로 학습내용에 집중하기, 자신의 이해 정도를 스스로 평가해보기, 시험 치는 동안 문제 푸는 속도 체크하기 등이 이에 해당된다.
조절전략	점검과 밀접한 관계가 있는 것으로 자신의 학습활동을 점검하다가 문제가 생기게 되면 앞으로 돌아가 다시공부하기, 이해하기 어려운부분이 있으면 속도를 줄이기 등이 이에 속한다.

08 ㄴ. 학업문제와 관련된 인지적 요인에 해당하는 것으로서 지능, 기초학습기능, 선행학습, 학습전략 등의 종류가 포함된다.

09 ㄱ · ㄷ 사례관리에서 관찰에 대한 내용으로서, 일반적으로 학업문제는 상담을 하러 오기 전까지 오랜 시간 동안 누적되어 온 경우가 많으므로 단시간의 개입으로 그 효과를 얻기는 어려우며, 일시적으로 바람직한 변화를 보이더라도 다시 문제가 재발할 확률이 높다.

10 ① · ② · ④ Recite(암송하기), ⑤ Question(질문하기)

Review(복습하기)
- 개념 : 정교화 질문을 할 수 없거나 자신이 만든 질문에 대한 답을 할 수 없는 부분들을 다시 읽어보는 단계
- 전략 : 주어진 자료를 바로 또는 나중에 다시 훑어보기, 머릿속으로 전체 내용 그리기, 주제를 소리 내어 말하거나 자신의 질문에 답하기, 비교하고 대조해 보며 내용을 재조직하고 범주화 등

11 공부 방법문제, 집중력 부족은 인지적 문제에 관한 것이다.

학습문제 분류
- 인지적 문제 : 지적능력 부족의 문제, 학습전략문제
- 정의적 문제 : 학습동기, 공부태도, 학습관련 스트레스와 시험불안

12 ① 학습지진에 대한 설명이다. 학습부진은 정상적인 지적 능력을 가지고 있으나 전학, 가정불화 등과 같은 사회 환경적 요인과 불안이나 우울과 같은 정서적 요인에 의해 학업이 떨어진 것을 말한다.
② 학습부진으로 분류되려면 최소한의 학습능력을 갖추고 있어야 한다.
④ 학습부진의 요건으로 지능보다는 환경적 조건의 결함이 더 중요하다.
⑤ 교과학습부진은 해당 학년 교과 교육과정에 제시된 최소 수준의 목표를 도달하지 못한 경우이다.

13 ① 중요하지 않은 정보를 회상하는 데 정상아와 차이를 보이지 않지만, 중요 정보를 회상하는 데는 정상아보다 뒤떨어진다.
② 학습장애아에 대한 설명이다. 학습부진아는 전 영역에서 뒤떨어진다.
③ 학습부진아는 장기기억에서는 정상아에 비해 별다른 차이를 보이지 않지만, 단기기억에서는 부진아가 정상아보다 낮은 경향을 지닌다.
④ 학습부진아의 정의적 특징으로 원인귀속을 외부로 돌린다.

학습부진아
학습 가능성에 비하여 기대되는 학업성취 수준에 못 미치는 아동을 말한다. 즉, 보통수준의 지능을 지니고 있으면서, 어떤 원인에 의해 학습 능률이 향상되지 못해 학업성적이 저조한 아동이다. 학습부진아가 흔히 보이는 인지적 특성으로는 낮은 기억력, 기초 학습능력 및 학습전략 부족, 언어능력 빈약 등이 대표적이고, 정의적 특성으로는 주의력 결핍, 부정적 자아개념, 낮은 학습동기, 낮은 지적 호기심, 사회적 부적응성 등이 있다.

14 학습장애(S. Kirk & J. Chalfant)
- 발달적 학습장애
  - 1차 장애 : 주의장애, 기억장애, 지각장애
  - 2차 장애 : 사고장애, 구어장애
- 학업적 학습장애 : 읽기장애, 글씨 쓰기장애, 수학장애, 철자/작문장애

15 ② 가정 내의 추상적인 언어 사용이 부족하다.
③ 학습결과에 대한 피드백(Feedback)이 부족하거나 과잉학습을 요구받는다.
④ 불안정한 가족분위기가 조성되어 있고, 가족 간에 정서적 공감대 형성이 부족하다.
⑤ 부모의 과잉기대 경향이 강하다.

16 인지전략(Cognitive Strategies)

조직화 전략	학습내용의 요소 간의 관계를 논리적으로 구성해 보는 것으로서, 중요한 개념을 중심으로 내용을 분석해 보거나, 이들 간에 어떤 관계가 존재하는지를 추론하는 것이다.
시연전략	단기기억 속에서 정보가 사라지지 않게 하기 위한 전략으로서, 학습내용을 외우거나 소리 내어 읽는 것을 말한다.
정교화 전략	학습자료를 의미 있게 하기 위하여 새 정보를 이전정보와 관련시켜 특정한 관계를 지니도록 하는 방법이다.

17 시간관리 학습전략
- 시간계획의 시작 : 학습목표 설정, 우선순위 정하기, 학습목표의 중요도와 긴급도에 따른 시간계획과 활용방향, 소요되는 시간의 추정
- 시간계획의 작성 : 한 학기 달력을 사용한 시간계획, 주별 시간계획, 일일 시간계획
- 시작하는 방법 : 정신적·신체적으로 준비, 마음의 지도 그리기, 어떤 장소에서건 출발, 어떤 방식으로든 출발, 비판 묻어두기
- 계획한 시간계획대로 실천하고 관리하는 방법 : 작게 시작, 시간계획대로 했을 때와 하지 않았을 때의 결과 떠올리기, 낭비하고 있는 시간에 대해 스스로에게 말하기, 다른 누군가에게 나의 시간계획 말하기 등
- 시간 절약법 : 자투리 시간 활용, 일의 순서 정하기, 중요도가 큰 일을 먼저 하기, 시간이 적게 걸리는 일 먼저 하기, 일을 '동시에' 하는 습관들이기 등

18 ㄹ. 피드백을 준비하는 단계는 2단계에 해당하는 내용이며, 4단계의 진단 내용은 치료적 진단과정에 추가되는 단계로서 진단을 통해 내담자가 발전하게 된 점을 정리하고 이를 문서화하여 내담자에게 제공하는 단계이다. 또한, 진단과정이 보다 효과적이려면 상담자는 내담자로 하여금 진단 결과에 대해 이해하고 자기생각을 이야기하게 하며, 진단 결과에 대해 깊이 있게 의견을 나누는 것이 중요하다.

19 충동성에 대한 설명이며, '복합형'이란 지난 6개월 동안 주의력 결핍 증상과 과잉 행동 증상이 복합적으로 나타나는 유형이다.

20 자녀의 학업동기를 높일 수 있는 의사소통(J. Meece)
- 자녀의 자율성 존중
- 지시적보다 제안하는 형태로 부모가 원하는 것을 전달
- 자녀의 감정과 욕구를 잘 알아주면서 소통
- 여러 대안들을 제시하면서 선택할 여지를 주는 것

21 상위(초)인지전략(Metacognitive Strategies)

계획전략	학습을 할 때 어떤 인지전략을 사용할 것인지를 계획하는 것을 말한다.
조절전략	점검과 밀접한 관계가 있는 것으로 자신의 학습활동을 점검하다가 문제가 생기게 되면 앞으로 다시 돌아가 공부하기, 이해하기 어려운 부분이 있으면 속도를 줄이는 것 등이 이에 해당한다.
점검(조정) 전략	자신의 학습과정을 점검하는 인지활동으로서 학습내용에 집중하기, 자신의 이해 정도를 스스로 평가해 보기, 시험을 치르는 동안 문제 푸는 속도 체크하기 등이 해당된다.

22 ② 상담구조화 : 앞으로 상담을 어떻게 진행해 나갈 것이며, 상담에서 내담자와 상담자는 어떤 역할을 해야 하는지에 대한 지침을 내담자에게 전달하는 것이다.
④ 상담목표의 설정 : 집중력 향상, 학습습관 기르기, 학습동기 향상, 긍정적 자아개념, 자기관리 능력 향상, 대인관계 기술 습득, 정서적 안정 등 매우 다양할 수 있으며, 무엇보다 내담자의 학업문제에 맞는 목표가 설정될 수 있도록 해야 한다.
⑤ 개입전략설정 및 개입 : 현재 호소하고 있는 학업문제가 구체적으로 무엇이며, 그 문제가 언제부터, 왜 발생하게 되었는지, 학업문제로 인해 파생된 다른 문제는 무엇인지를 정확히 파악하는 동시에, 내담자가 지닌 강점과 자원은 무엇인지도 반드시 파악한 다음 각각의 유형에 따라 각기 다른 전략적 접근을 제시하는 방법이 있다.

23 앳킨슨(Atkinson)은 성취동기가 높은 학생은 너무 쉽기 때문에 성공이 보장되거나 성공할 가능성이 희박한 어려운 과제는 회피할 가능성이 높다고 보았다.

24 ㄹ. 생성적 노트정리는 인지전략에서 '정교화'에 해당한다.

자기자원관리전략
- 시간관리전략 : 시간표 작성, 목표설정
- 공부환경관리전략 : 장소 정리, 조용한 장소확보, 조직적인 장소 조성
- 노력관리전략 : 자기효능감을 높이는 노력에 대한 귀인, 학습분위기 조성, 자기강화
- 타인의 조력추구전략 : 교사, 동료로부터 조력을 추구, 집단학습, 개인지도받기 등

25 ① 모든 학생들을 대상으로 평가를 실시한다.
② 특정 교과 영역에서 학습에 어려움을 겪을 가능성이 있는 학생을 가려내기 위해 사용한다.
③ 학생의 개별화 교육 프로그램의 효과를 평가하는데 일차적인 목적을 두고 실시하는 경우에는 주로 특수교육 대상자를 선별할 때이다. 학습부진 평가 유형의 선별에서 일차적인 목적은 학습부진 학생의 유형을 분석하여 맞춤형 지도를 하기 위함이다.
④ 단 시간 안에 여러 명의 학생들을 대상으로 실시한다.

제4회 정답 및 해설

↻ 최종모의고사 제4회 **p.185**

필수과목 01 청소년상담의 이론과 실제

01	02	03	04	05	06	07	08	09	10
③	⑤	⑤	①	①	④	④	④	③	②
11	12	13	14	15	16	17	18	19	20
①	③	⑤	⑤	⑤	②	③	①	②	⑤
21	22	23	24	25
④	②	⑤	③	⑤

01 ㄱ. 감정의 반영은 내담자가 걱정으로 인한 불안감을 어느 한쪽으로 밀쳐 버리지 않고 충분히 경험할 수 있도록 하고, 그 고통을 피하지 않고 받아들이며 끊임없이 탐색할 수 있도록 용기를 북돋아 준다.
ㄷ. 상담자는 모든 감정을 반영하려 하기보다는 가장 현저한 감정을 끄집어 내야 한다.
ㅁ. 확실히 가장 중요한 감정을 선별하기 위하여 상담자는 내담자의 언어적·비언어적 행동에 주의를 기울여야 한다.

02 사이버 상담의 장·단점

장점	• 내담자의 자발적 참여 • 시간과 공간의 제약 극복 • 다양한 정보 획득의 용이함 • 익명성으로 인한 자기개방 증가 (감정정화 기능)
단점	• 의사소통의 제약 • 응급상담 시 적극적 대처곤란 • 신뢰문제 • 상담의 연속성 문제 • 대화예절의 파괴

03 ① 콜버그(Kohlberg) : 인간의 도덕성 추론 능력의 발달은 인지적 발달과 관련되어 있기 때문에 도덕성 발달도 단계적이며, 이러한 발달 순서는 모든 사람과 모든 문화에서 동일하게 나타난다고 생각하였다.

② 로렌츠(Lorenz) : 제한된 시간 내에 아동이 특정한 적응행동을 습득하도록 생물학적으로 준비되어 있기 때문에 적절하고 자극적인 환경이 지원되어야 한다는 결정적 시기를 주장하였다.
③ 에릭슨(Erilson) : 역할실험은 성인기의 직업적 탐색에 필수적인 과정이지만, 이상에 치우쳐 지나치게 높은 역할실험은 자신의 가능성과 잠재력을 충분히 탐색할 수 없게 되어 부정적 정체성을 갖게 될 수 있다고 하였다.
④ 반두라(Bandura) : 다양한 사회학습경험이 성격을 형성하는 중요한 역할을 하지만, 아울러 유전적인 소질, 보상, 벌 등도 성격을 형성하는 데 중요한 역할을 한다고 하였다.

벡(Aron Beck)의 자동적 사고
한 개인이 어떤 상황에 대해 내리는 즉각적이고 자발적인 평가를 의미한다. 즉, 선생님이 인사를 받지 않고 지나간 경우, 개인의 자동적 사고에 따라 순간적으로 어떤 학생은 자기를 무시한다고 생각하는 반면에, 어떤 학생은 불안을 느끼는 상황이 발생한다.

04 ㄹ. 실제로 청소년기에 경험하는 정서 혹은 감정의 내용은 성인기의 그것과 거의 유사하나, 청소년들은 그러한 감정들을 훨씬 더 강렬하게 경험한다는 데에 차이점이 있다.

05 청소년상담은 청소년의 심리적 역기능 상태의 치료 및 문제해결뿐만 아니라 그러한 문제의 예방 및 발달과 성장을 목적으로 하는데, 문제 발생 후 그 문제를 치료하는 것보다는 그 발생을 예견하여 적절하게 사전 조치를 취하는 예방적 접근이 보다 효과적이고 경제적이라고 할 수 있다.

06 ① 격려하기 : 상담자의 격려를 통해서 내담자는 자기신뢰와 변화의 용기를 갖도록 한다.
② 역설기법 : 자신의 잘못된 행동을 객관적인 입장에서 확인하도록 하여 그러한 행동의 책임이 자신에게 있음을 깨닫도록 한다.
③ 수프에 침 뱉기 : 내담자의 자기 패배적 행동 뒤에 감춰진 의도나 목적을 드러내 밝힘으로써 내담자가 그 행동을 하는 것을 주저하게 하는 기법을 말한다.
⑤ 마치 ~인 것처럼 행동하기 : 상담자는 두려워하는 내담자에게 문제가 해결된 것처럼 상상하고 행동하도록 역할놀이 상황을 설정한다.

07 ① 실제 인물이 아닌, 소설 속의 주인공도 관찰학습의 모델로서의 역할이 가능하다.
② 목표는 구체적인 행동 변화를 나타낼 수 있도록 설정해야 한다.
③ 상담자의 전문적 자질에 속한다.
⑤ '의도적 감정표현의 원리'에 해당한다.

08 관계심화의 단계에서는 내담자가 상담자의 전문적 자질과 심리적 조력의 방법에 대한 신뢰를 갖는 것이 무척 중요한 역할을 하는데, 피시(Fish)는 일반적 관계의 심화만으로도 문제가 해결되고 행동의 변화가 이루어질 수 있으며, 이러한 현상을 플라시보 치료(Placebo Therapy)라고 명명하였다.

09 ① 1단계, ②·④ 2단계, ⑤ 4단계

10 소크라테스 질문법
• 내담자의 문제를 논박을 통해 인지적 왜곡이나 오류가 있음을 밝혀내고, 질문을 통해 자기발견과 타당화의 과정을 거치게 되어 사건이나 행동의 의미를 재발견하는 기법이다.
• 상대에게 여러 방향의 질문을 계속 던져서 스스로 생각하여 답을 찾아낼 수 있도록 한다.

11 현실주의 상담이론
• 1950년대에 글래서(Glasser)가 정신분석의 결정론적 입장에 반대하여, 그에 반대되는 치료적 접근방법을 개발하였다.

• 인간이 자신의 욕구를 충족하기 위해 행동하며, 그러한 행동은 인간이 스스로 선택하고 결정한 것이라는 점을 강조한다.
• 내담자로 하여금 스스로의 삶을 더욱 효과적으로 통제할 수 있도록 하며, 결과에 대해 스스로 책임질 것을 강조한다.
• 과거나 미래보다 현재에 초점을 두며, 무의식적 행동보다 행동 선택에 대한 평가에 초점을 둔다.
• 도덕성을 강조하며, 개인의 효과적인 욕구 충족을 위해 새로운 방법을 교육시키고자 한다.

12 스트로크(Stroke)의 유형
• 긍정적 스트로크 : "참 잘했어요.", "정말 멋있네요." 등
• 부정적 스트로크 : "정말 실망스럽네요.", "그게 당신의 한계로군요." 등
• 조건적 스트로크 : "만약 공부를 열심히 한다면 용돈을 올려줄게." 등
• 무조건적 스트로크 : "당신은 사랑받기 위해 태어난 사람입니다." 등
• 신체적 스트로크 : 안아주고, 쓰다듬어주는 등의 신체적 접촉
• 상징적 스트로크 : 얼굴 표정, 대화 태도, 사용하는 말투 등

13 방어기제의 분류

기민형	• 자신에 대한 위협을 느끼지 않기 위하여 자기의 감정과 태도를 변경시키는 자기 기만적인 적응기제 • 이것들은 기만적인 방법으로 불안을 일시적으로 제거해 줌 • 합리화, 투사, 억제, 억압 등
대체형	• 장애물 등으로 인해 당초의 욕구가 충족이 불가능할 때, 접근 가능한 다른 대상에서 욕구를 간접적으로 충족시키는 적응기제 • 승화, 보상, 전이-대치, 반동형성 등
도피형	• 위협적인 상태로부터 자기를 도피시킴으로써 심리적 안정감을 유지하려는 적응기제 • 부정, 동일시, 퇴행 등

14 ① 전이는 보통 아랫사람 또는 환자에게 많은 반면, 역전이는 관리자나 치료자에게 많으며, 전에 다른 사람에게 가졌던 동일한 감정을 아랫사람이나 환자에게 갖게 되는 현상(업무를 하는 과정 속에서 부하직원으로 인해서 어떤 관리자의 마음속에 분노나 증오심이 현실적으로 타당한 이유 없이 생긴 경우)을 말한다.
② 상담자는 자신의 과거 경험이 현재 자신에게 미치는 영향에 대해 지속적으로 점검을 하여 역전이가 일어나는 것을 방지한다.
③ 방어기제 중 투입에 대한 설명이다.
④ 상담자가 자각하지 못하면 상담과정에 부정적이다.

15 마샤(Marcia)의 청소년 정체성 이론

정체감 성취	• 정체성 위기와 함께 정체감 성취에 도달하기 위한 격렬한 결정과정을 경험한다. • 청소년은 어느 사회에서나 안정된 참여를 할 수 있고, 상황 변화에 따른 동요 없이 성숙한 정체감을 소유할 수 있다.
정체감 유예	• 정체성 위기로 격렬한 불안을 경험하지만 아직 명확한 역할에 전념하지 못한다. • 청소년은 자신의 능력과 사회적 요구, 부모의 기대 사이에서 고민한다.
정체감 상실	• 정체성 위기를 경험하지 않았음에도 사회나 부모의 요구와 결정에 따라 행동한다. • 청소년은 외면적으로는 본인의 결단의 지점을 통과한 것처럼 보이지만, 내면적으로는 통과하지 못한 상태이다.
정체감 혼란	• 정체성 위기를 경험하지 않았으며, 명확한 역할에 대한 노력도 없다. • 청소년은 일을 저지르지도, 책임을 지려 하지도, 의심하지도 않으며, 어떻게 살아야 하는지에 대해서도 관심이 없다.

16 ① 내사 : 타인의 행동이나 가치관을 무비판적으로 받아들임으로써 자기 것으로 동화하지 못한 채 자신의 행동이나 사고방식에 악영향을 미치는 타인의 행동이나 가치관을 말한다.
③ 편향 : 감당하기 힘든 외부 환경적 자극에 노출될 때, 이러한 경험으로부터 압도당하지 않기 위해 자신의 감각을 둔화시킴으로써 환경과의 접촉을 약화시키는 것을 말한다.

④ 투사 : 내담자들이 흔히 자신의 생각이나 욕구, 감정 등을 타인의 것으로 지각하거나 책임소재를 타인에게 돌리는 경우를 말한다.
⑤ 융합 : 밀접한 관계에 있는 두 사람이 서로 간에 차이점이 없다고 느끼도록 합의함으로써 발생한다.

17 합리적 사고는 적절한 정서를 유발하는데, 적절한 정서에는 긍정적 정서, 부정적 정서가 포함된다. 따라서 합리적 사고가 부정적 정서를 유발하기도 한다.

18 블로스(Blos)의 적응체계 이론에 의하면, 2차 개체화를 거쳐 독립된 청소년의 자아는 스스로 신체 및 성적 변화에서 오는 갈등을 극복하고 안정된 자아의 적응체계를 확립해 가기 시작한다.

19 '변별자극'이란 어떤 반응이 보상될 것이라는 단서 혹은 신호로 작용하는 자극을 말한다.

20 ⑤ 자아의 창조적인 힘은 아들러의 개인심리학의 주요한 개념에 해당한다.
① '충분히 기능하는 사람'은 창조적으로 자신의 선택에 따라 실존적인 삶을 추구하는 사람이다.
② 로저스(Rogers)에 의하면, '지금-여기'는 주관적인 현실을 의미한다.
③ 내적 준거틀의 개념은 자기개념 혹은 자기 구조라고 하는 자기(Self)에 대한 조직화된 인식의 형태를 말한다.
④ 로저스는 상담목표에 내담자의 어떤 행위나 말도 있는 그대로 수용하고 존중한다는 무조건인 긍정적 존중을 가장 중요시한다.

21 상담 초기단계에서 상담자가 해야 할 과제이다.

22 성격변화의 단계

피상층	• 형식적이고 의례적인 규범에 따라 피상적으로 만나는 단계
공포층 (연기층)	• 개인이 자신의 고유한 모습으로 살아가지 않고, 부모나 주위 환경의 기대역할에 따라 행동하며 살아가는 단계
교착층 (막다른 골목)	• 개인이 자신의 욕구를 나타내고자 하나 불안상태에서 어쩔 줄 모르는 상태 • 역할연기를 그만두고 자립을 시도하는 동시에 심한 공포, 실존적인 딜레마를 느끼는 단계
내파층	• 자신이 욕구를 인식하지만, 겉으로 나타내지 못하고 안으로 억압하는 상태
폭발층	• 감정이나 욕구를 더 이상 억압하지 하지 않고 표출하는 상태

23 인간의 전체 행동은 활동하기·생각하기·느끼기·생리기능의 4가지로 구성된다. 모든 행동은 선택되는데 활동하기와 생각하기는 직접적인 통제가 가능하지만, 느끼기와 생리(신체)기능은 간접적으로 통제가 가능하다.

24 인간은 정적인 존재가 아니라, 의미 있는 전체로서 끊임없이 생성되고 변천되는 상태에 놓여있다.

25 상담 목표의 특성
• 상담자와 내담자 모두 목표에 동의해야 한다.
• 목표가 구체적이어야 한다.
• 자기 파괴적인 행동에 관련된 것이어야 한다.
• 목표가 성취 지향적이어야 하고, 측정 가능해야 한다.
• 행동적이고 관찰 가능한 목표이어야 한다.
• 목표는 이해되고 분명하게 재진술될 수 있어야 한다.

필수과목 02 상담연구방법론의 기초

01	02	03	04	05	06	07	08	09	10
④	①	④	①	④	⑤	②	④	③	⑤
11	12	13	14	15	16	17	18	19	20
③	②	⑤	①	①	①	①	②	②	③
21	22	23	24	25					
④	①	①	④	③					

01 코호트 설계는 통제집단과 실험집단을 구분할 수 있을 때 사용한다.

코호트 설계(Cohort Study)
연구를 시작할 때 연구대상인 코호트 구성원으로부터 요인노출에 대한 자료를 수집하고, 그 시점 이후부터는 전향적으로 추적조사하면서 기대되는 사건의 발생여부를 조사하는 설계를 말한다.

02 가치 중립적이다.

연구방법

구 분	양적 연구	질적 연구
실재의 본질	• 객관적 실재를 형성하는 인간의 특성과 본질이 존재한다고 가정 • 복잡한 패러다임에 관계된 변인들에 대한 연구가 가능	• 객관적 실재를 일반화시킬 수 있는 인간의 속성과 본성은 없다고 가정 • 단편적인 연구가 아닌, 총체적 연구의 필요성을 주장
가치의 개입	• 가치중립적 연구 • 설문지, 구조화된 면접, 관찰을 통하여 측정하며, 통계를 이용한 양적 분석을 함	• 가치개입적 연구 • 심층면접, 참여관찰, 그리고 문서연구를 통하여 해석적, 서술적 분석을 함
인과관계	• 결과에 시간적으로 선행되거나 동시에 일어나는 원인이 실재	• 원인과 결과의 구분이 불가능
연구목적	• 일반적 원리와 법칙 발견 • 인과관계 혹은 상관관계 파악 • 현상들 간의 관련성을 탐색	• 특정현상에 대한 이해 • 특정현상에 대한 해석이나 의미의 차이 이해

연구대상	• 대표성을 갖는 많은 수의 표본 • 확률적 표집방법 주로 사용(비확률적 표집방법도 사용할 수 있음)	• 적은 수의 표본 • 비확률적 표집 방법 주로 사용

03 유사실험설계(Quasi-Experimental Design)에서 진실험설계(True-Experimental Design)를 구분하는 제일 중요한 기준은 무선할당 처치 조건의 사용유무이다. 무선할당을 통해서 내적 타당도 확립에 대한 기대가 있느냐와 없느냐를 판단한다. 즉, 연구의 내적 타당도를 확보해야 한다면, 각 처치 조건의 피험자를 무선할당한다는 것이다.

유사실험설계(Quasi-Experimental Design)
• 실험 대상자를 실험집단과 통제집단에 무선배치하기 어려운 경우 사용한다.
• 실험처치 전 무선배치를 하지 않는다.
• 내적 타당도가 상대적으로 낮다.
• 자연적으로 나뉘어진 집단 간의 비교의 기초해 진실험설계에 비해 높은 외적 타당도를 보장한다.

04 사례연구는 하나의 대상을 깊이 있게 연구하고, 변수들이 어떻게 작용하는지를 상세히 파악할 수 있어 복잡한 행동을 집중적으로 연구할 수 있다.

사례연구
• 개인이나 집단 등을 하나의 단위로 선택하여 정밀하게 조사·연구하는 질적연구방법을 말한다.
• 한 대상의 여러 가지 변수를 동시에 심층적으로 연구한다는 특징을 가진다.
• 연구자의 참여 관찰·청취·면접 등이 중요한 수단으로 사용된다.
• 하나의 대상을 깊이 있게 연구하고, 변수들이 어떻게 작용하는지를 상세히 파악할 수 있다.
• 시간의 흐름에 따라 대상이 어떻게 변화하는지도 관찰할 수 있다.
• 인과적 결론을 내리기 어렵고, 연구자의 주관이 개입될 수 있다.
• 자료가 잘못된 기억에 의존할 수 있다.
• 변인의 통제는 불가능하지만 변수들이 어떻게 작용하는지를 상세히 알 수 있다.

05 ㄹ. 연구자의 수가 표본의 크기에 영향을 미쳐서는 안 된다.

표본의 크기를 결정하는 요인

내적요인	신뢰도의 정확도
외적요인	모집단의 동질성, 연구방법에 따른 연구유형, 자료분석 방법, 시간, 예산, 조사자의 능력, 수집된 자료가 분석되는 카테고리의 수 등

06 **연구윤리의 일반 원칙**
• 무피해의 원칙 : 피험자는 연구에 참여함으로 인해 피해를 입어서는 안 된다.
• 이익의 원칙 : 상담연구는 상담의 기술, 체제, 이론의 개발과 검증과정에 기여하고 이를 더 발전시켜야하며, 인류의 건강과 안녕에 기여해야 한다.
• 자율성의 원칙 : 연구에 참여하느냐 안하느냐는 피험자의 자발적 의사에 의한다.
• 신용의 원칙 : 연구시 불가피하게 기만이 사용된 경우에도 실험과 자료수집을 마친 후에 '디브리핑' 절차를 이행하는 등 피험자에게 한 약속을 지켜야 한다.

07 가설검정에서 유의수준과 일치하는 것은 1종 오류이다.

유의수준과 유의확률
• 유의수준(α) : 가설을 기각 혹은 채택하는 판단 기준이 되는 것을 말한다.
• 유의확률 : 영가설이 참임에도 불구하고 이를 기각할 확률을 뜻한다(1종 오류).
• 유의수준 > 유의확률 : 영가설 기각
유의수준 < 유의확률 : 영가설 채택

08 ㄹ. 일반적으로 무선표집(표본을 무작위로 선택)은 외적 타당도와 관련되며, 무선배치(무선할당)는 집단의 동질성을 가정함으로써 내적 타당도와 관련된다.

09 **확률표집과 비확률표집**
• 확률표집 : 단순무작위 표집, 계통표집, 층화표집, 군집표집(집락표집)

- 비확률표집 : 가용표집, 자원자표집, 의도적 표집, 편의표집(임의표집), 판단표집(유의표집), 할당표집, 누적표집(눈덩이표집)

10 수정된 R제곱은 독립변인의 수, 사례수, 중다상관제곱의 영향을 받는다.

수정 중다결정계수
일반적으로 표본의 자료에서 얻어진 중다결정계수의 값은 모집단을 대상으로 한 모중다결정계수보다 약간 커지는 경향을 말한다. 이에 따라 회귀모형의 모집단에 대한 적합도를 고려하여 자유도를 반영시키면, 보다 정확한 추정 값을 획득한다.

$$\text{Adjusted } R^2 = R^2 - \frac{k(1-R^2)}{n-k-1}$$

R^2 : 중다결정계수(중다상관제곱)
k : 회귀모형에 포함된 독립변인의 수
n : 사례 수

11 설문의 경우, 선택대상의 성격이 실험처치의 효과에 영향을 미치고, 연구결과의 일반화를 제한한다.

외적타당도 저해요인

피험자 선발과 실험처치 간의 상호작용	• 실험처치의 효과가 특정 피험자에게 나타남, 피험자 유형에 따라 실험처치의 영향이 다름 • 선택대상의 성격이 실험처치의 효과에 영향, 연구결과의 일반화 제한 • 피험자의 특성에 따라 효과성 검증이 곤란
사전검사와 실험처치 간의 상호작용	• 사전검사를 실시했을 때에만 실험처치의 효과가 있는 경우와 같이, 사전검사 실시로 인하여 실험처치에 대한 관심이 증가, 감소함에 따른 일반화의 한계
실험상황에 대한 반동효과	• 실험상황과 일상생활 사이의 이질성으로 인한 일반화 한계

12 '통계적 회귀'는 최초의 측정에서 극단적인 측정값을 보인 경우, 이후 재측정의 과정에서는 평균값으로 회귀하는 것이다.

13 변수의 종류
- 독립변수 : 원인을 가져다주는 기능을 하는 변수
- 종속변수 : 결과를 나타내는 기능을 하는 변수
- 조절변수 : 독립변수와 종속변수 간 관계의 강도를 조절해주는 변수
- 통제변수 : 제3의 변수를 통제하는 변수
- 매개변수 : 두 변수의 중간에서 매개자 역할을 하는 변수
- 외생변수(가외변수) : 두 개의 변수 간에 마치 상관관계가 있는 것처럼 가식적인 관계를 만드는 제3의 변수
- 왜곡변수 : 두 개의 변수 간의 관계를 정반대의 관계로 나타나게 하는 제3의 변수
- 억압변수 : 두 개의 변수 간에 상관관계가 있으나 그와 같은 관계가 없는 것처럼 보이게 하는 제3의 변수

14 가설이란 둘 이상의 변수의 관계에 대한 잠정적인 진술로서, 주목적은 문제의 해결이다.

15 표집틀은 모집단 내에 포함된 조사대상자들의 명단이 수록된 목록을 말한다. 표집틀이 부적절하면 대표성이 결여된다.

16 메타분석
어떤 주제에 관한 선행연구 결과들을 양적으로 분석하기 위해 각 연구들로부터 얻은 효과크기(ES)를 평균화하고, ES의 분석결과를 기초로 연구의 주요특성에 따라 ES가 어떻게 달라지는가를 검토해봄으로써 지식과 이론의 확장에 기여하는 분석이다.

$$\text{ES(효과크기)} = \frac{\text{실험집단의 평균치} - \text{비교집단의 평균치}}{\text{통합표준편차}}$$

$$= \frac{43-30}{10} = 1.3$$

17 확률표집방법과 비확률표집방법의 비교

구 분	확률표집방법	비확률 표집방법
연구대상이 표본으로 추출될 확률	모집단의 모든 요소들이 동일 하게 추출될 확률이 확실할 때	모든 요소들이 표본으로 추출 될 확률을 알 수 없을 때
표집 (표본추출)	무작위적 표집	인위적 표집
모수치 추정 가능성	추정 가능	추정 불가능
오차 측정 가능성	측정 가능	측정 불가능
시간과 비용	많이 소요	절 약
모집단의 규모와 성격	명확히 규정	불명확 또는 불가능
종 류	단순무작위표집, 체계적 표집, 층화표집, 집락표집 등	편의표집, 유의표집, 눈덩이 표집, 할당표집 등

18 ㄴ. 상담심리치료 성과연구의 메타분석이란 상담 혹은 심리치료의 성과를 연구한 많은 개별연구로부터 효과의 크기를 계산해 내고, 그것을 하나로 요약하는 것이다.

ㄹ. 메타분석의 장점은 많은 개별연구 결과를 근거로 가설을 검증하기 때문에 높은 통계적 검증력을 갖는다.

19 과학적 연구의 특징
- 논리성 : 과학은 근본적으로 합리적인 사고활동으로서, 과학적 설명은 이치에 맞아야 한다. 즉, 과학은 논리적 사고에 의존한다.
- 일반성 : 일반성은 경험을 통해 얻은 구체적인 사실들을 바탕으로 보편적인 원리를 추구하는 것을 말한다.
- 간결성 : 종속변수의 변화를 잘 설명해줄 수 있고, 핵심적 내용의 설명이 가능한 독립변수를 최소화하여야 한다.
- 구체성 : 과학적 연구는 과학자가 자신의 연구에 있어서 개념을 보다 정확하고 구체적으로 정의해야 한다.

- 검증가능성 : 과학적 연구는 경험적으로 검증가능하여야 한다.
- 항상성 : 과학적 연구는 연구과정이 같으면 같은 결론을 얻어야 한다.
- 결정론적 : 과학에서의 모든 현상은 자연발생적인 것이 아니라 원인에 의해 나타난 결과이며 이 원인과 결과는 논리적으로 설명될 수 있어야 한다.
- 수정가능성 : 과거 과학적이라고 인정받던 이론들이 시간이 흐름에 따라 잘못된 것으로 확인되거나 다른 이론들로 대체되는 경우가 많으므로, 연구자들은 현존하는 모든 이론이 새로운 이론으로 대체될 수 있음을 인정해야 한다.
- 효용성 : 효용의 추구는 과학적 이론들이 진리인가 아닌가를 따지기보다 과학적 이론이 우리의 주변세계를 이해하는 데 얼마나 유용한가를 가지고 평가 되어져야 한다는 것이다.
- 연구과정이 같으면 같은 결론을 얻어야 한다.

20 수렴타당도
- 집중타당도라고도 하며, 동일한 개념을 측정하기 위해 서로 다른 측정방법을 사용한 측정으로 얻은 측정치들 간에 높은 상관관계가 존재해야 함을 전제로 한다.
- 예를 들어, 새로 개발한 지능검사를 기존의 지능검사와 비교하여 두 검사 간의 상관계수가 높게 나타났다면, 새로운 지능검사는 지능이라는 개념을 잘 측정한 것으로 간접적인 결론을 내릴 수 있다. 이 경우 수렴타당도가 높다고 한다.

21 ④ A집단의 평균은 3이므로 중앙값인 3과 동일하다.
① A집단의 그래프는 좌우 대칭을 이루고 있으므로 표준정규분포와 왜도가 같다.
② A집단의 중앙값은 3이다.
③ B집단의 중앙값은 4이므로 A집단보다 크다.
⑤ 4점 이상의 응답자 수는 A집단이 5명 B집단이 11명으로 만족한 사람의 수는 B집단에 더 많다.

22 표의 합계를 넣어 작성할 경우 다음과 같다.

구 분	안경착용	안경미착용	합 계
남 자	10	30	40
여 자	30	10	40
합 계	40	40	80

1) 각 셀에 대한 기댓값 (40 × 40)/80 = 20
2) 카이제곱 통계량

$$= \frac{(10-20)^2}{20} + \frac{(30-20)^2}{20} + \frac{(30-20)^2}{20}$$

$$+ \frac{(10-20)^2}{20} = 20$$

23 $F = \frac{MSR}{MSE} = \frac{10.95/1}{73/10} = 1.5$

24 ㄴ. 요인분석은 검사의 구성타당도를 알아보기 위해 가장 많이 사용되는 통계방법으로, 검사의 문항들 간의 상관관계를 분석하여 상관이 높은 문항들을 요인으로 묶어주는 통계방법이다.

25 집단의 수가 4이므로 (a)는 4 − 1 = 3이고, 측정시점의 수가 5이므로 (b)는 5 − 1 = 4이다. (c)는 오차의 자유도로, (a)×(b)로 구할 수 있으므로 12이다. 따라서 (a) + (b) + (c) = 19이다.

필수과목 03 심리측정 평가의 활용

01	02	03	04	05	06	07	08	09	10
③	②	②	②	②	④	④	④	④	③
11	12	13	14	15	16	17	18	19	20
①	⑤	⑤	⑤	③	④	①	⑤	⑤	①
21	22	23	24	25					
③	⑤	④	②	②					

01 검사를 개발한 해당 전문가의 시각에 근거한 것은 내용타당도이고, 안면타당도는 검사문항을 전문가가 아닌 일반인들이 읽고 그 검사가 얼마나 타당해 보이는지를 평가하는 방법이다.

02 심리검사 선택 시 고려사항
- 검사의 신뢰도와 타당도가 충분히 높은가를 고려한다.
- 검사가 수검자의 교육수준에 맞는가를 고려한다.
- 수검 대상자와 검사의 규준집단이 유사한가를 고려한다.
- 검사의 사용여부를 결정할 수 있는가를 고려한다.
- 측정하고자 하는 구성개념을 검사가 측정하는가를 고려한다.
- 내담자와 함께 검사를 선택할 수 있는가를 고려한다.
- 내담자의 특성에 적합한가를 고려한다.
- 상담목적에 부합하는가를 고려한다.

03 ㄴ. 로샤 검사는 1921년 스위스 정신과 의사인 로샤(Rorschach)가 개발한 성격검사 방법으로서, 개발 당시 좌우 대칭의 잉크 얼룩이 있는 10장의 카드로 이루어졌다. 형태가 뚜렷하지 않은 카드의 그림을 보면서 무엇처럼 보이는지, 무슨 생각이 나는지 등을 자유롭게 말하여 그 사람의 성격을 테스트하였다.
ㄹ. 현대적인 의미의 지능검사는 1905년 프랑스의 비네(Binet)와 시몽(Simon)이 처음 개발했다. 프랑스 정부로부터 정상적인 학교교육을 받기 어려운 저능아 선발도구 개발을 의뢰 받은 비네는 지능을 기억·판단·이해·주의·추리하는 능력으로 정의하고, 그것을 재기 위한 측정도구로 비네-시몽(Binet-Simon) 검사를 제작하였다.

04 ㄴ. 1919년 : 터만(Terman)이 비네-시몽 검사를 발전시켜 지능검사 도구인 '스탠포드-비네검사(Stanford-Binet Intelligence Scale)'를 개발하였다.

ㄷ. 1939년 : '웩슬러-벨류브(Wechsler-Bellevue) 성인용 지능척도'가 개발되었다.

ㄱ. 1943년 : 미네소타 다면적 인성검사(MMPI ; Minnesota Multiphastic Personality Inventory)가 개발되었다.

ㄹ. 1957년 : '마이어스-브릭스 성격유형검사(MBTI ; Myers-Briggs Type Indicator)'가 개발되었다.

05 평범반응(P)

- 수검자 집단에서 반응 빈도가 높은 13개의 반응을 말하며, P로 기호화하고 반응내용의 기호 뒤에 기록한다.
- 평범반응과 매우 비슷하지만, 실제 평범반응과 완전히 일치하지 않는 경우, 또는 반응내용과 사용한 영역이 완전히 일치하지 않는 경우는 P로 채점하지 않는다.
- P로 기호화하기 위해서는 꼭 카드를 똑바로 보고 반응할 필요는 없으나, 인간이나 동물의 머리가 포함되어 있는 반응이라면 머리의 위치가 반점을 바로 세웠을 때의 위치와 같아야 한다.
- Ⅰ번과 Ⅴ번 카드를 뒤집어서 박쥐라고 했다면 W로 채점할 수 있는데, 머리의 위치가 카드를 바로 세웠을 때의 위치와 동일하다면 P로 기호화한다.

기 호	정 의	기준 내용
W	전체 반응	• 반점 전체를 보고 반응하는 경우 • 아주 작은 부분이 제외되어도 W로 기호화할 수 없음
D	흔히 사용하는 부분에 대해 반응 또는 보통 부분반응	• 자주 사용되는 반점 영역을 보는 경우
Dd	드문 부분반응 또는 이상부분 반응	• 남들이 잘 보지 않는 부분이지만 검사자의 판단상 그럴듯하게 보일 경우 • W반응, D반응이 아니면 자동적으로 Dd로 기호화 함

S	흰 공간 부분이 사용되었을 경우의 공백반응 또는 간격반응	• 카드의 여백을 본 경우 • 흰 공간은 다른 영역과 함께 사용하는 경우도 있고 흰 공간만을 사용할 수도 있음 • 어떤 경우에도 S는 단독으로 기호화할 수는 없으며, WS, DS 또는 DdS처럼 항상 다른 기호와 같이 사용함

06 MMPI-2의 임상척도 중 범법행위나 약물남용을 반영하는 것은 척도 4 Pd(Psychopathic Deviate)이다. 즉, 반사회성 척도는 가정이나 권위적 대상 일반에 대한 불만, 자신 및 사회와의 괴리, 권태는 물론 반항, 충동성, 학업이나 진로문제, 범법행위, 알코올이나 약물남용 등을 반영한다.

07 BGT검사는 특별한 시간제한을 두지 않는다.

BGT의 특징

- BGT는 형태심리학과 정신역동이론을 기초로 한다.
- 검사자는 수검자에게 약 '11㎝×10㎝' 크기의 카드 9장으로 구성된 도형들을 제시한다. 카드는 도형 A를 포함하여 도형 1~8까지로 구성된다.
- 검사자는 수검자가 해당 도형들을 어떻게 지각하여 재생하는지 관찰함으로써 성격을 추론할 수 있으며, 수검자에 대한 정신병리적 진단 및 뇌손상 여부도 탐지할 수 있다.
- 언어표현이 아닌 단순한 도형 그림 작성 방식이므로, 언어능력이나 언어표현이 제한적인 사람, 언어적인 방어가 심한 환자에게 효과적으로 적용할 수 있다.
- 정신지체나 뇌기능장애를 진단하는 데 효과적으로 적용할 수 있다.
- 일종의 투사적 검사로서, 시각-운동 협응능력 및 시지각 능력을 측정한다.
- 수검자의 수검 공포와 검사자의 관계형성을 위한 완충검사로서의 역할을 한다.
- 특별한 시간제한을 두지 않는다.

08 법정신감정을 목적으로 MMPI를 활용할 때, 수검자가 법적 처벌을 피하기 위해 정신병리를 실제보다 과장해서 표현하는지 살펴보아야 한다.

MMPI 해석 시 유의해야 할 조합
- F척도가 상승하였을 경우 : 수검자가 심각한 정신병적 상태에 있음을 통해 나쁘게 보이려는 의도를 드러냈는지 확인해야 한다. F척도를 확인하면 실제 정신병 때문인지, 나쁘게 보이려는 의도 때문인지를 판단하는 데 도움이 된다.
- F−K척도 : F척도 원점수에서 K척도 원점수를 뺀 점수로 좋게 보이려고 하거나 나쁘게 보이려는 태도를 탐지할 때 사용한다. 따라서 나쁘게 보임으로써 얻는 이득이 보일 때 사용하므로 이 지표의 상승은 유의미한 해석을 얻을 수 있다.
- 8번 척도 : 정신분열증으로 척도가 상승하는 수검자는 정신병적 사고를 하고 실제적인 대인관계보다 백일몽, 환상을 즐기고 열등감, 고립감, 자기불만감을 가지고 있다. 따라서 정상인이 법적 처벌을 피하기 위해 의도적으로 8번 척도의 점수를 상승시키는지 확인해야 한다.

09 비구조화된 면담기법이다. 비구조화된 면담은 면담자의 숙련된 전문성이 필요하고 심리검사 자료로서의 신뢰도가 낮을 가능성이 있다.

비구조화된 면담
- 특별한 형식과 절차를 미리 정해 두지 않고 면담 상황과 내담자 반응에 대한 임상가의 판단에 따라 유연성 있게 진행한다.
- 내담자의 상황과 문제, 진술에 따라 융통성 있게 진행되고 초점과 시간을 달리할 수 있다.
- 면담자에 따라 절차가 상이하게 진행되고 내용이 달라질 수 있다.
- 면담자의 숙련된 전문성이 필요하고 심리검사 자료로서의 신뢰도가 낮을 가능성이 있다.

10 ㄷ. 상황이 달라지더라도 안정성 있게 유지되는 개인의 특성을 전제로 하는 '성격이론'과 다르게, 행동주의적 입장은 행동이 상황적 결정요인에 영향을 받아 유동적이다.

11 문항변별지수의 값이 +1에 가까울수록 변별력이 높은 문항이고, 0에 가까울수록 변별력이 낮은 문항이다.

문항분석(Item Analysis)
- 문항변별도는 피검사자들의 능력을 변별하는 정도를 말하며, 측정대상 능력의 상하를 예리하게 구분해 주는 정도를 말한다.
- 문항변별지수는 −1.0~+1.0 사이의 값을 갖고, +1.0에 가까울수록 변별력이 높은 문항이다.
- 변별도 지수는 문항이 상위와 하위집단의 능력을 변별하는 정도를 보는 경우로서, 문항변별도 지수는 D로 나타낸다.

12 할로(Halo) 효과는 인물이나 제품을 평가할 때 첫인상이 평가에 이어져 판단의 객관성을 잃어버리는 현상을 말한다. 따라서 측정하고자 하는 변인이 분명하면 할로 효과는 감소한다.

13 3−8 또는 8−3코드(Hy & Sc)
- 심각한 불안과 긴장, 우울감과 무기력감을 호소한다.
- 주의력 장애 및 집중력 장애, 지남력 상실, 망상 및 환각 등의 사고장애를 보인다.
- 정서적으로 취약하고 다른 사람에 대해 애정과 관심의 욕구를 가진다.
- 자신의 욕구가 좌절되는 경우 자기 처벌적인 양상을 보이며, 상동증적 방식으로 문제에 접근한다.
- 과도한 정신적 고통이 두통이나 현기증, 흉통, 위장장애 등의 신체적 증상으로 나타나기도 한다.
- 정신분열증(Schizophrenia), 신체형 장애(Somatoform Disorder)의 가능성이 있다.

14 검사자는 수검자의 응답상 불완전한 부분에 대해 중간질문을 할 수 있다. 다만, 이 경우 수검자의 연상의 흐름을 방해해서는 안 된다.

15 ㄴ. 객관적 검사에 대한 설명이다.
ㅁ. 투사적 검사는 신뢰도와 타당도의 검증이 어렵다.

16 허트(M. Hutt)의 BGT 평가항목

평가항목	내용
조직화 (Organization)	• 배열순서 • 도형 A의 위치 • 공간의 사용 • 공간의 크기 • 도형 간의 중첩 • 가장자리의 사용 • 용지의 회전 • 자극도형의 위치변경

크기의 일탈
(Deviation in Size)
	• 전체적으로 크거나 작은
	  그림
	• 점진적으로 커지거나 작
	  아지는 그림
	• 고립된 큰 그림 또는 작
	  은 그림

형태의 일탈 (Deviation of Form)	• 폐쇄의 어려움 • 교차의 어려움 • 곡선 모사의 어려움 • 각도의 변화
형태의 왜곡 (Distortion of Form)	• 지각적 회전 • 퇴영 • 단순화 • 파편화 또는 단편화 • 중첩의 어려움 • 정교함 또는 조악함 • 보속성 • 도형의 재모사
움직임 및 묘사요인 (Movement and Drawing)	• 운동방향에서의 일탈 • 운동방향의 비일관성 • 선 또는 점의 질

17 ② 웩슬러(Wechsler) : "지능은 개인이 합목적적
으로 행동하고 합리적으로 사고하며, 환경을
효율적으로 다룰 수 있는 총체적인 능력이다."
③ 스피어만(Spearman) : "지능은 사물의 관련성
을 추출할 수 있도록 하는 정신작용이다."
④ 터만(Terman) : "지능은 추상적 사고를 하는
능력, 즉 다양한 문제들을 해결하기 위해 추상
적 상징을 사용하는 능력이다."
⑤ 프리만(Freeman) : "지능은 지능검사에 의해
측정된 것이다."

18 로샤 검사의 결정인

기호	정의	해석
F	형태(Form)	통제, 지연
M, FM, m	운동(Movement)	개념화, 욕구, 스트레스
C, CF, FC, Cn	유채색 (Chromatic Color)	정서 표현의 조정
C', C'F, FC'	무채색 (Achromatic Color)	정서 억제
T, TF, FT	음영–재질 (Shading–Texture)	애정 욕구
V, VF, FV	음영–차원 (Shading–Dimension)	부정적 자기 평가
Y, YF, FY	음영–확산 (Shading–Diffuse)	불안감, 무력감
FD	형태차원 (Form Dimension)	내성
(2) / rF, Fr	쌍반응(Pairs) / 반사반응(Reflections)	자기초점, 자아중심성

19 퍼즐은 K–WAIS–IV의 지각추론에 추가된 검사
이다.

20 20세기 초반 대다수의 심리검사들이 이론적 제작
방법에 의해 고안된 반면, MMPI는 실제 환자들
의 반응을 토대로 경험적 제작방법에 의해 만들
어졌다.

21 처음 집을 그리도록 할 때에는 용지를 가로로 제시
하며, 이후 나무나, 사람, 반대 성(性)의 사람을 그
리도록 할 때에는 용지를 세로로 제시한다.

22 수검자의 언어표현능력이 검사 결과에 영향을 미
치므로, 언어발달이 완성되지 못한 아동에게는 적
용하기 어렵다.

23 BGT의 시행방법

구 분	내 용
모 사	• 검사자는 수검자에게 모사할 용지, 연필과 지우개를 주며, 9장의 카드를 책상 위에 엎어둔 채 기본적인 지시사항을 안내한다. • 수검자는 검사자의 지시에 따라 주어진 그림을 보고 따라 그린다.
변용묘사 또는 정교화	• 검사자는 모사 단계에서 수검자가 그린 그림을 치운 후 새로운 용지를 수검자에게 제시한다. • 수검자는 검사자의 지시에 따라 앞서 모사한 그림을 자신이 원하는 방식으로 고쳐 그린다.
연 상	• 검사자는 수검자로 하여금 원 도형과 변형된 도형에 대해 이야기 하도록 요구한다. • 이 단계에서는 수검자의 성격적 특성 및 역동적 측면에 대해 많은 정보를 입수할 수 있다.
순간노출	• 모사와 흡사하나 보통 5초 정도의 짧은 시간 동안 그림을 노출한 후 수검자에게 해당 그림을 기억을 통해 그리도록 한다. • 뇌기능 장애가 의심되는 경우 이를 감별하기 위한 보충적인 자료로 활용된다.
회 상	• 모사로 그린 그림을 다시 회상하면서 그리도록 한다. • 수검자의 기질적 손상 유무를 변별하는 데 유효하다.
재모사 또는 한계음미	• 그려진 도형이 일탈한 경우, 그것이 단순한 실수인지 뇌기능 장애에서 비롯된 것인지 판단하기 위해 수행한다. • 기질적 장애가 있는 경우 수검자가 일탈된 도형을 수정하지 못하는 반면, 정서장애가 있는 경우 자발적인 주의를 통해 수정이 가능하다.

24 남성성-여성성(Mf) 척도의 경우 측정결과가 70T 이상인 남성의 경우 예민하고 탐미적이며 여성적이거나 수동적인 성향이 있고, 측정결과가 40T 이하인 남성의 경우 능동적이고 공격적이다.
측정결과가 60T 이상인 여성의 경우 남성적이고 거칠며 공격적이고 자신감이 있으며, 측정결과가 34T 이하인 여성의 경우 수동적이고 복종적이며, 스스로 무력하다고 생각한다.

25 MMPI와 달리 MBTI는 인간의 건강한 심리에 기초를 두어 만들어진 심리검사 도구이다.

필수과목 04 이상심리

01	02	03	04	05	06	07	08	09	10
②	②	①	④	①	④	②	③	④	⑤
11	12	13	14	15	16	17	18	19	20
④	②	⑤	②	④	③	②	①	②	③
21	22	23	24	25					
④	①	④	③	④					

01 ① 해리장애 : 강한 심리적 충격이나 외상을 경험한 후 개인의 통합적인 기능, 즉 의식, 기억, 자기정체감 그리고 환경에 대한 지각 등에서 붕괴가 나타나는 정신장애이다.
③ 가성장애 : 의도적으로 아픈 것을 가장하기 위해 만들어낸 신체적·심리적 증상을 말한다. 우울, 자살에 대한 생각, 기억상실, 환각, 해리상태 등의 심리적 증상과 구토, 어지러움, 고열, 소화불량 등의 신체적 증상이 있다.
④ 공황장애 : 예기치 못한 강렬한 불안, 즉 공황발작을 반복적으로 경험하는 장애를 말한다.
⑤ 적응장애 : 주요한 생활사건에 대한 적응실패로 나타나는 정서적 또는 행동적 증상을 말한다. 주요한 생활사건이란 가족의 죽음, 심각한 질병, 이혼, 사업의 실패와 같은 갑자기 발생하는 사건과 학교입학 및 졸업 등과 같은 발달과정에서 일반적으로 겪는 것도 있다.

02 조현양상장애는 조현병과 동일한 임상적 증상을 나타내지만, 장애의 지속기간이 1개월 이상 6개월 이하인 경우를 말한다. 장애 지속기간이 6개월 이상일 경우에는 진단이 조현병으로 바뀌게 된다.

03 전환장애의 자동적 사고는 운동 또는 감각적 이상에 대한 믿음이다.

04 블루러(Bleuler)의 정신분열증 1차 증상은 정서의 장애, 연상의 장애, 양가성, 자폐증이다.

05 병적도벽(도벽증)은 '파괴적, 충동조절 및 품행장애'의 하위유형이다.

임상적 주의가 필요한 기타 문제

관계문제	• 가족 양육과 관련된 문제 • 일차 지지 집단과 관련된 기타 문제
학대와 방임	• 아동학대와 방임 문제 • 성인 학대와 방임 문제
교육과 직업문제	• 교육 문제 • 직업 문제 : 고용과 관련된 기타 문제
주거와 경제문제	• 주거 문제 : 노숙, 부적절한 주거, 이웃·세입자 및 임대주 등과의 불화, 기숙시설 관련 문제 등 • 경제 문제 : 음식·식수 부족, 극도의 가난, 불충분한 사회보험이나 복지지원 등
사회환경과 연관된 기타문제	• 생의 단계 문제, 혼자 살기와 연관된 문제, 문화 적응의 어려움, 사회적 배척이나 거부, 부정적 차별이나 박해의 표적, 사회환경과 관련된 명시되지 않은 문제
범죄 또는 법체계와의 상호작용과 연관된 문제	• 범죄의 피해자, 불구속 상태의 민사 또는 형사소송에서의 유죄 판결, 구속 또는 기타 구금, 출감과 관련된 문제, 기타 법적 상황과 관련된 문제

06 되새김장애(반추장애)에 대한 설명이다. 되새김장애는 위장 상태가 나쁘거나 다른 질병이 있는 경우가 아닌데도, 1개월 이상 음식물 역류와 되씹기 또는 뱉어내는 행동을 반복하는 경우를 말한다.

07 코르사코프 증후군(Korsakoff Syndrome)
1887년 러시아의 정신병리학자인 코르사코프에 의해 제기된 것으로서, 건망증, 기억력 장애, 작화증, 작어증 등의 증상을 특징으로 한다. 지속적인 알코올 사용으로 인해 중추신경계가 손상하면서 기억력, 판단력, 주의력 등에 이상이 생기는 질병이다. 새로운 경험을 기억하지 못하는 알코올성 기억장애에 해당하며, 기억 기능을 담당하는 해마가 손상되어 발생하는 것으로 알려져 있다.

08 보기에서 A양은 여러 가지 성격장애의 경계선에 서 있다. 우울한 상태일 때는 심각한 우울증 환자처럼 보이며, 실제로 자살을 기도하기도 한다. 하지만 기분이 고조되어 신이 날 때는 조현병 환자의 증세를 보이면서 세상에서 안되는 일은 아무 것도 없다는 듯 마구잡이로 자신감을 드러낸다. 이렇게 여러 가지 성격장애의 경계선 위에서 이리저리 왔다갔다 하기 때문에 이런 성격을 '경계선 성격장애'라고 부른다.

09 경도 신경인지장애의 경우, 인지 결손은 독립적인 일상 활동을 방해하지 않는다.

10 공황발작 시 도움 받기 곤란한 백화점·영화관 같은 곳이나, 탈출하기 어려운 엘리베이터, 버스, 지하철 같은 공간에 대해 과도한 공포를 느끼는 것은 광장공포증에 해당한다.

특정공포증 종류

상황형	교통수단, 터널, 다리, 엘리베이터, 비행기 등에 공포를 느끼는 유형으로 아동기와 20대 중반에 흔히 발병한다.
자연환경형	폭풍, 높은 곳, 물과 같은 자연환경에 대한 공포이다.
혈액-주사-상처형	피를 보거나 주사를 맞거나 기타 의학적 검사를 두려워하는 경우로써, 혈관 미주신경 반사가 매우 예민하며, 주로 초등학교 아동기에 발병한다.
동물형	대개 아동기에 시작되는데 동물이나 곤충을 두려워하는 것이다.

11 ① 자폐증은 캐너증후군(Kanner's Syndrome)이라고도 하며, 사회적 상호작용과 의사소통에서 장애를 나타낼 뿐만 아니라 제한된 관심과 흥미를 지니며 상동적인 행동을 반복적으로 나타내는 장애들을 포함한다.
② 레트장애는 고유한 유전적 원인이 밝혀졌기 때문에 자폐 스펙트럼 장애에서 제외되었다.

③ 자폐 스펙트럼 장애가 부모의 성격이나 양육방식에 의해서 유발될 수 있다는 주장이 제기된 바 있지만 입증되지 않았다.
⑤ 자폐증 아이에서 정신지체가 75%에 이를 정도로 흔하다.

12 ① A군 성격장애에 대한 설명이다.
④ C군 성격장애에 대한 설명이다.
③·⑤ B군 성격장애는 반사회성 성격장애, 연극성 성격장애, 경계선 성격장애, 자기애성 성격장애로 구분하고, C군 성격장애는 의존성 성격장애, 강박성 성격장애, 회피성 성격장애로 구분한다.

13 담배 관련 장애 하위유형으로는 담배사용장애, 담배 금단, 기타 담배로 유발된 장애, 명시되지 않은 담배 관련 장애가 있다. 담배(타바코) 중독은 포함되지 않는다.

카페인 관련 장애	카페인 중독, 카페인 금단, 기타 카페인으로 유발된 장애, 명시되지 않은 카페인 관련 장애
대마계 (칸나비스) 관련 장애	대마사용장애, 대마 중독, 대마 금단, 기타 대마로 유발된 장애, 명시되지 않은 대마 관련 장애
환각제 관련 장애	펜시클리딘 사용장애, 기타 환각제 사용장애, 펜시클리딘 중독, 기타 환각제 중독, 환각제 지속성 지각장애, 기타 펜시클리딘으로 유발된 장애, 기타 환각제로 유발된 장애, 명시되지 않는 펜시클리딘 관련 장애, 명시되지 않은 환각제 관련 장애

14 ② 지적장애를 유발하는 원인으로는 유전자 이상, 임신 및 출산과정의 이상, 후천성 아동기 질환, 임신 중 태내환경의 이상, 열악한 환경적 요인이므로 사전의 예방이 최선이다.
① 가벼운 정도의 지적장애에 대한 설명이다.
③ 중도의 지적장애의 특징이다. 경도의 지적장애는 10대 후반에 6학년 정도의 지적수준을 유지한다.
④ 지적장애 치료 자체보다는 2차적인 정신질환과 후유증 및 사회적응에 대한 치료가 필수적이다.

⑤ 개인정신치료를 포함한 가족치료와 행동치료 시 문제되는 행동에 대한 약물치료를 시행할 수 있다.

15 여성극치감 장애는 성기능부전의 하위유형이다. 변태성욕장애의 하위유형은 관음장애, 노출장애, 마찰도착장애, 성적피학장애, 성적가학장애, 아동성애장애, 물품음란장애, 복장도착장애 등이다.

16 취약성-스트레스 모형

취약성 요인	유전적 요인	• 부모나 가족의 병력
	신경생리학적 요인	• 뇌의 구조적 결함이나 기능적 이상
	발달적 요인	• 출생 후 3세까지의 기간 동안 주양육자와의 밀접한 관계 부족, 입양가정이나 보호시설에서 성장 • 부모-자녀 의사소통에서 혼란과 적대감, 어린 시절의 학대
	개인의 성격 특성	• 아동기의 산만성과 주의집중의 문제, 언어성 지능의 상대적 저하, 영아기의 운동협응 부족 등
스트레스 요인	물리생물학적 요인	• 바이러스 감염, 병균 침입, 화학물질 등
	심리사회적 요인	• 생활사건(실직, 이혼, 사별), 천재지변

17 DSM-5의 조증삽화
• 비정상적으로 의기양양하고 아무런 거리낌이 없으며, 과도하게 고양된 기분이 최소 1주 간 지속되어야 한다. 또한, 다음의 조증 상태가 3개 이상 심각한 정도로 나타나거나, 4개 이상 과민한 정도로 나타나야 한다.
 - 자기존중감이 팽창하거나 지나치게 과장된 자신감을 느낀다.
 - 수면에 대한 욕구가 감소한다.
 - 평소보다 말이 많아지거나 말을 계속한다.

- '사고의 비약(Flight of Ideas)'이 있거나 사고가 연이어 나타난다.
- 주의산만으로 자질구레한 외부 자극에 쉽게 주의를 빼앗긴다.
- 목표 지향적 활동의 증가 또는 정신 운동성의 초조가 나타난다.
- 고통스러운 결과에 이르는 쾌락적 활동에 과도하게 몰두한다.
• 증상이 혼재성 삽화의 기준을 충족시키지 않는다.
• 기분장애가 직업적 기능이나 통상적인 사회활동 또는 다른 사람과의 관계가 심각한 장애를 초래할 만큼 심하거나, 자신이나 타인에게 해를 입히는 것을 방지하기 위하여 입원을 요할 만큼 심하거나 또는 정신병적 증상을 동반한다.
• 증상이 물질(예 약물남용, 투약)이나 일반적인 의학적 상태(예 갑상선 기능항진증)의 직접적인 생리적 효과에 의한 것이 아니다.

18 유분증은 장애 행동이 매달 1회 이상 빈도로 적어도 3개월 동안 연속 일어난다.

19 인지적 입장에서는 우리가 경험한 사건을 잘못 해석하기 때문에 또는 우리의 잘못된 신념체계나 역기능적인 태도 때문에 심리적 장애가 유발된다고 본다.

20 수면 각성 장애

불면증	자고자 하는 시간에 잠을 이루지 못하거나, 밤중에 자주 깨어 1개월 이상 수면 부족상태가 지속되는 장애
과다수면증	충분히 수면을 취했음에도 불구하고 조는 상태가 지속되거나, 지나치게 많은 잠을 자게 되는 장애
기면증	발작적으로 억제할 수 없는 수면에 빠지는 현상으로서 무기력증을 동반함
호흡관련 수면장애	수면 중 자주 호흡곤란이 나타나 수면이 방해를 받게 되는 장애
일주기 리듬수면 장애	야간근무로 인해 낮에 수면을 취해야 하는 경우와 같이 평소의 수면 주기와 맞지 않는 수면상황에서 수면에 곤란을 경험하게 되는 장애

21 적응장애 증상은 보통 스트레스 후 3개월 이내에 발생하며, 스트레스가 사라진 후 6개월 이내에 증상도 소실된다. 전 연령대에서 발생 가능하지만, 청소년에게서 가장 흔히 진단되고, 독신 여성이 가장 적응장애 위험도가 높은 것으로 알려져 있다.

22 파괴적 기분조절 곤란장애의 진단은 6~18세 이전에만 적용될 수 있다.

23 ① 2016년 우리나라 정신질환 유병률은 불안장애 → 알코올 의존·남용 → 니코틴 의존·남용 → 주요 우울장애 → 양극성 장애·정신분열병 순이다.
② 꾀병은 의도적으로 증상을 만들거나 과장하지만 목적을 지니고 있는 반면, 허위성 장애는 환자 역할을 하게 되는 것 이외에는 어떠한 현실적 이득이나 목적이 발견되지 않는다.
③ 불안장애의 하위유형에는 특정 공포증, 공황장애, 사회불안장애(사회공포증), 일반 불안장애(범불안장애)가 포함된다.
⑤ 전반적인 지능은 정상 범위에 있지만 특정 영역의 이상으로 학습능력의 결손, 즉 말하기, 읽기, 쓰기, 추론, 산수계산 등에서 결손이 나타나는 장애가 특정 학습장애이다.

24 섬 망
• 단기간에 발생하는 의식장애 및 인지기능장애를 특징으로 한다.
• 특히 노년기에 발생의 위험성이 높으며, 노령화에 따라 여성의 발병률이 남성에 비해 높게 나타난다.
• 최근 기억에 대한 기억력장애가 두드러지게 나타나며, 시간과 장소에 대한 인식의 장애로서 지남력장애를 보인다.
• 열성 질환과 함께 항콜린제(Anticholinergic) 등의 약물사용과 밀접한 연관이 있다.
• 증상은 급작스럽게 나타나서 원인의 제거와 함께 갑자기 사라지는 경우가 대부분이다.
• 섬망이 있는 사람은 불안이나 공포감, 우울감, 자극과민성 등을 나타내 보이기도 한다.

25 지적장애의 구분

구 분	지능수준	특 징
가벼운 정도의 지적장애 (Mild Mental Retardation)	IQ 50~55에서 70까지 (정신지체자의 약 85%)	• 교육 가능한 범주 • 독립적 생활 또는 지도나 지원에 의한 일상생활 가능
중간 정도의 지적장애 (Moderate Mental Retardation)	IQ 35~40에서 50~55까지 (정신지체자의 약 10%)	• 초등학교 2학년 이하 수준 • 지도나 감독에 의한 사회적·작업적 기술 습득
심한 정도의 지적장애 (Severe Mental Retardation)	IQ 20~25에서 35~40까지 (정신지체자의 약 3~4%)	• 간단한 셈 철자의 제한적 습득 • 밀착된 지도감독에 의한 단순 작업 수행
아주 심한 정도의 지적장애 (Profound Mental Retardation)	IQ 20~25 이하 (정신지체자의 약 1~2%)	• 지적 학습 및 사회적 적응이 거의 불가능함 • 지속적인 도움과 지도감독을 요함

선택과목 01 진로상담

01	02	03	04	05	06	07	08	09	10
②	②	⑤	③	①	③	④	④	④	③
11	12	13	14	15	16	17	18	19	20
②	④	②	③	②	④	②	④	①	④
21	22	23	24	25					
④	③	①	①	⑤					

01 ① 진로발달(Career Development)의 개념이다.
③ 진로교육(Career Education)의 개념이다.
④ 직업상담(Vocational Counseling)의 개념이다.
⑤ 진로수정(Career Change)의 개념이다.

02 보딘(Bodin)의 정신역동적 직업상담기법
• 명료화 : 내담자의 진로문제에 대해서 명료하게 재인식시켜 줌으로써, 상담의 시작 단계에 가장 많이 사용된다.
• 비교 : 개인과 진로발달의 관계를 설명하는데 있어서 중점을 두고 있으며, 내담자의 문제와 역동적인 현상 간의 유사점과 차이점을 비교하는 방법이다.
• 소망·방어체계에 대한 해석 : 내담자의 욕구나 소망, 그리고 그것에 대한 방어체계를 해석해주는 방법이다.

03 ⑤ 미선택(무선택) : 선호하는 장래 직업이 있더라도 어느 것을 선택해야 할지 모르며, 심지어 직업선택보다 자신의 흥밋거리에 관심을 집중하기도 한다.
① 불확실한 선택 : 내담자는 교육수준 부족, 자기이해 부족, 직업세계에 대한 이해 부족, 실패에 대한 두려움, 자신의 적성에 대한 불신 등으로 인해 직업선택에 대해 확신을 가지지 못한다.
②·③ 어리석은 선택(현명하지 않은 선택) : 내담자는 목표에 부합하지 않는 적성이나 자신의 흥미와 관계없는 목표를 가지고 있을 수 있다.
④ 흥미와 적성의 불일치 : 내담자가 흥미를 느끼는 직업에 적성이 없거나, 적성을 가지고 있는 직업에 흥미를 느끼지 못하는 등 흥미와 적성이 일치하지 않는 경우를 말한다.

04 특성-요인이론 상담
• 상담자 중심의 상담방법이다.
• 내담자에 대한 정서적 이해보다 문제의 객관적 이해에 중점을 둔다.
• 내담자에게 정보를 제공하고 학습기술과 사회적 적응기술을 알려주는 것을 중요시한다.
• 내담자를 객관적으로 이해하고, 올바른 예언을 하기 위해 사례나 사례연구를 상담의 중요한 자료로 삼는다.
• 내담자의 자기이해, 자기지도, 자기성장을 촉진한다.

05 하렌(Harren)의 효과적인 의사결정자
- 적절한 자아존중감과 통합된 자아개념을 가진다.
- 합리적 의사결정 유형을 활용한다.
- 의사결정에 대해 스스로 책임진다.
- 성숙한 대인관계와 분명한 목적의식을 가진다.

06 ③ 변별성(차별성)은 흥미의 차별성에 대한 측정치로서, 6가지 흥미 유형 중 특정 흥미 유형의 점수가 다른 흥미 유형의 점수보다 높으면 변별성이 높고, 이들의 점수가 대부분 비슷하면 변별성이 낮다고 할 수 있다. 보기의 학생은 I, C 에서 뚜렷한 높은 점수를 보이므로 변별성이 높다.
① 높은 일관성 : 첫 두 문자가 육각형에 인접할 때 나타난다(RI 또는 SE).
② 높은 일치성 : 자신의 유형과 비슷하거나 정체성이 있는 환경유형에서 일하거나 생활할 때 일치성이 높아지는데 위의 정보만으로는 확인할 수 없다.
④ 화학자, 생물학자, 물리학자, 의료기술자, 인류학자, 지질학자, 디자인 기술자를 추천한다.
⑤ 이 학생은 I유형이 높으므로 논리적·분석적·합리적·비판적·내성적이며 신중한 성격이다. 또한, S유형이 낮은 학생이므로 이기적이며, 이성적인 성격이다.

07 홀랜드(Holland)의 이론은 진로상담에 적용할 수 있는 구체적인 절차를 제공해 주지 못하고 있다. 특히 상담자가 내담자와의 대면관계에서 사용할 수 있는 과정과 기법에 관한 절차가 없다.

08 ㄱ. 각 직업에서의 곤란도와 책무성을 고려하여 여덟 개의 단계(Level)를 설정하여 8×8의 분류체계를 완성했는데, 두 가지 단계를 탈락시키고 결국 8×6의 구조를 만들었다.

09 홀랜드(Holland)의 인성이론에 속한다.

수퍼(Super)의 직업발달이론
- 긴즈버그의 진로발달이론을 비판하고 보완하면서 발전된 이론이다.
- 이 이론에서 가장 중요한 부분이 자기개념이론이며, 이는 개인의 속성과 직업에서 요구되는 속성을 고려하여 연결시켜 주는 것이라고 하였다. 진로성숙도검사를 주로 활용한다.

10 ㄱ. 아치웨이(Archway)의 상층부 중심에는 자기(Self)를 배치하였다.
ㄷ. 전 생애 동안 이어지는 진로발달의 종단적 과정과 특정시기의 횡단적 과정을 표현한다.

11 학습경험

도구적 학습경험	• 주로 어떤 행동이나 인지적인 활동에 대한 정적인 또는 부적인 강화를 받을 때 나타난다. • 과거의 학습경험이 교육적·직업적 행동에 대한 도구로 작용하는 것이다. • 일반적으로 도구적 학습경험은 '선행사건 → 행동 → 결과의 순서'에 의해서 학습된다.
연상적 학습경험	• 이전에 경험한 감정적으로 중립인(Neutral) 사건이나 자극을 정서적으로 비중립적인 사건이나 자극과 연결시킬 때 일어난다.

12 ㄹ. 직업지도를 위해 제작된 것은 쿠더 흥미검사이다.

스트롱 흥미검사	• 피검자에게 수백 개의 직업적 및 부업적 활동에 관한 질문을 목록으로 만들어 제시한 후, 각 질문에 대한 선호도를 파악하여 특정 직업군에 대한 흥미 형태를 결정한다.
쿠더 흥미검사	• 직업지도를 위해 제작되었다. • 피검자에게 직업이나 학교 및 여가생활에서 행해지는 여러 가지 특정 활동과 관련된 3가지의 가능한 생활 중에서 가장 좋아하는 것과 가장 싫어하는 것을 선택하게 하여 피검자의 흥미 영역을 결정한다.
홀랜드 직업탐색 검사	• 사람들의 성격유형과 생활환경을 실재형, 탐구형, 예술형, 사회형, 기업형, 관습형의 6가지로 구분하고, 개인의 행동은 성격 특성과 환경 특성의 상호작용에 의해 결정된다고 가정한다.

13 사회적 유형(S) : 사회복지사, 간호사, 언어치료사 등

14 ㄴ. 탐색기는 잠정기, 전환기, 시행기로 나뉜다.
- 잠정기(15~17세) : 자신의 욕구, 흥미, 능력, 가치, 직업적인 기회 등을 고려
- 전환기(18~21세) : 개인이 직업세계나 교육, 훈련에 들어갈 때 필요한 과정을 받음
- 시행기(22~24세) : 개인이 자신에게 적합해 보이는 직업을 선택

ㅁ. 성장기에 대한 설명이며, 탐색기는 학교·여가생활·시간제의 일 등을 통한 경험으로 자신에 대한 탐색을 시도하려는 단계이다.

대순환과 소순환
일생에 걸쳐 경험하게 되는 '성장기 – 탐색기 – 확립기 – 유지기 – 쇠퇴기'라는 일련의 진로발달 단계를 '대순환'이라 하였고, 각각의 발달단계마다 다시 반복적으로 '탐색기 – 확립기 – 유지기 – 쇠퇴기'가 존재한다는 가정 하에 이를 '소순환'이라 하였다.

15 **포부의 제한과 타협**
- 갓프레드슨(Gottfredson)은 사람들의 진로기대가 어릴 때부터 성별, 인종별, 사회계층별로 차이가 나는 이유를 설명하기 위해 제한(Circumscription) 및 타협(Compromise)이론을 개발하였다.
- '제한'은 자기개념과 일치하지 않는 직업들을 배제하는 과정으로 자기개념의 발달단계에 따라 이루어지는 것이다.
- '타협'은 제한을 통해 선택된 선호하는 직업대안들 중 자신이 극복할 수 없는 문제를 가진 직업을 어쩔 수 없이 포기하고 자신에게 덜 적합하지만 현실적으로 가능한 것을 선택하는 과정이다. 즉, 사람들은 최고의 선택보다는 최선의 선택을 하며, 제한 과정에 이어 타협과정이 진행된다고 볼 수 있다.

16 적응기(Adjustment Period)의 하위단계인 '개혁기'에 대한 설명이다. 즉, 적응기는 실천기(Implementation Period)라고도 하는데, 앞에서 내린 잠정적 결정을 실천에 옮기는 과정으로 '순응기 – 개혁기 – 통합기'의 3가지 하위단계로 구분된다.

17 인지적 정보처리이론은 피터슨(Peterson), 샘슨(Sampson), 리어든(Reardon)에 의해서 개발된 것이며, 개인이 어떻게 정보를 이용해서 자신의 진로에 관한 문제해결 능력과 의사결정 능력을 향상시킬 수 있는가에 대한 종합적인 시각을 제공하며 진로사고검사(CTI)가 이루어진다.

18 진로의사 결정에서 인지적 영역이 중요하지만 그 과정에서 정의적(Affective)인 측면도 인정되므로, 진로 선택은 인지적 과정과 정의적 과정의 상호 작용의 결과이다.

19 경력단절의 가능성을 고려하여 생애 전체에 대한 진로설계가 강화되어야 한다. 이를 위해 수퍼(Super)가 전 생애에 걸친 다중적인 역할을 형상화한 생애진로 무지개를 활용하는 것도 도움이 된다.

20 **한국직업사전에서 정의하는 직업의 개념 5요인**
- 생계의 유지(생업) : 본인 및 가족의 생계를 유지시킨다.
- 사회적 역할의 분담(직분) : 사회적 존재로서의 개인이 분담된 역할을 충분히 수행해야만 사회가 유지될 수 있다.
- 개성의 발휘 및 자아의 실현 : 직업을 통해 자기의 존재에 대한 의의를 실감하고 긍지를 지닐 수 있다.
- 계속적인 활동 : 계속성이 없는 일시적 행위는 직업이라고 할 수 없다. 그러나 일용근로자와 같이 매일 그 작업내용이 바뀌더라도 노동력의 제공이 계속적으로 이루어지는 경우에는 직업이다.
- 노동행위의 수반 : 정신적·육체적 노동이 수반되지 않는 이익배당, 투기 등은 직업이 아니다.

21 수퍼(Super)의 직업발달과정과 과업

성장기 (Growth Stage, 출생~14세)	• 욕구와 환상이 지배적이나 사회참여 활동이 증가하고 현실검증이 생김에 따라 흥미와 능력을 중시하는 단계이다. • 환상기(4~10세) : 욕구가 지배적이며 자신의 역할수행을 중시 • 흥미기(11~12세) : 개인의 취향에 따라 목표와 내용을 결정 • 능력기(13~14세) : 능력을 보다 중요시함
탐색기 (Exploration Stage, 15~24세)	• 학교・여가생활, 시간제의 일 등을 통한 경험으로 자신에 대한 탐색과 역할에 대해 수행해야 할 것을 찾으며 직업에 대한 탐색을 시도하려는 단계이다. • 잠정기(15~17세) : 자신의 욕구, 흥미, 능력, 가치, 직업적인 기회 등을 고려 • 전환기(18~21세) : 개인이 직업세계나 교육, 훈련에 들어갈 때 필요한 과정을 받음 • 시행기(22~24세) : 개인이 자신에게 적합해 보이는 직업을 선택
확립기 (Establishment Stage, 25~44세)	• 자신에게 적합한 직업분야를 발견하고 자신의 생활의 안정을 위해 노력하는 단계이다. • 확립기의 초반과 중반에는 안정화(Stabilization, 25~30세), 확립기 후반부터는 공고화(Consolidation, 35세 이후)가 주된 과업이다. • 시행기 및 안정화(25~30세) : 자신이 선택한 직업의 세계가 자신에게 어울리지 않을 경우 자신에게 적합한 일을 발견할 때까지 몇 차례의 변화를 경험한다. • 공고화(35세 이후) : 자신의 진로에 대한 유형이 분명해짐에 따라 직업세계에서의 안정과 만족, 소속감을 가진다.
유지기 (Maintenance Stage, 45~64세)	• 직업세계에서 자신의 위치가 확고해지고 자신의 자리를 유지하기 위해 노력하며 안정된 삶을 살아가는 시기이다. • 개인은 유지, 보존, 혁신의 진로발달 과제를 포함한다. 만일 이 기간에 현재의 직업 혹은 조직을 유지하기로 결정을 내리면, 개인은 자신이 성취한 것을 유지하고, 지식과 기술을 새롭게 하며, 일상적인 일을 하는 새로운 방법을 고안해 내는 것이다.
쇠퇴기 (Decline Stage, 65세 이후)	• 감속기(65~70세) : 일의 수행 속도가 느려지고, 직무에 변화가 오거나 혹은 일의 능력이 쇠퇴하는데 따른 적절한 변화가 요구된다. • 은퇴기(71세 이후) : 시간제 일, 자원봉사 혹은 여가활동 등으로 이직하게 된다.

22 진로상담의 절차
- 1단계 : 상담자 – 내담자 관계 수립
- 2단계 : 정보수집 → 진로계획, 내담자에 대한 것, 환경적 정보
- 3단계 : 문제의 평가
- 4단계 : 상담목표 설정
- 5단계 : 상담개입 → 차별적 진단과 차별적 처치
- 6단계 : 훈 습
- 7단계 : 종결과 추수지도

23 ② 힘과 크기(서열)지향성
③ 내적이며 고유한 자아에 대한 지향성
④・⑤ 성역할 지향성

24 ② 직업가치관은 직업포부와 직무만족에 영향을 미친다.
③ 워크넷(http://work.go.kr)에서 직업가치관검사를 할 수 있다. 커리어넷(http://career.go.kr)에서는 진로심리검사가 가능하다.
④ 직업가치관 검사는 진로 목표가 불분명한 내담자에게 유용하다.

⑤ WVI(Work Value Inventory)는 중학교 1학년부터 고등학교 3학년을 대상으로 진로발달 연구와 진로상담을 위해 개발되었다.

25 ㄱ. 아직까지 자신의 진로계획을 위한 방법이나 준비에 대해 확고한 신념을 지니고 있지 않으므로, 상담에 대한 동기가 구체적이지 못하다.
　ㄴ. 진로전환은 현재 직업을 가지고 있는 사람들이 고려할 수 있는 사항이다.

선택과목 02 　집단상담

01	02	03	04	05	06	07	08	09	10
①	⑤	③	②	⑤	②	⑤	④	①	③
11	12	13	14	15	16	17	18	19	20
②	③	④	④	②	③	⑤	③	④	④
21	22	23	24	25					
①	⑤	⑤	①	⑤					

01 행동이나 태도의 변화를 위한 공동 목표를 가진다.

로에저(Loeser)의 집단의 속성
• 공동 목표
• 집단원들의 의욕과 참여
• 역동적 상호작용
• 집단규준의 발달
• 자기지도를 위한 능력

02 ① 사회화집단 : 사회관계에 어려움이 있는 집단원들이 사회생활에 필요한 사회적 기술을 배우거나 증진시키는 것을 목적으로 하는 집단
② 지지집단 : 장차 일어날 사건에 좀 더 효과적인 적응을 하기 위하여 대처 기술을 발전시킴으로써 성원들이 삶의 위기에 대처하도록 돕는 집단
③ 치유집단 : 집단원 스스로 자신의 행동을 바꾸고 개인적 문제를 완화하거나 대처하는 집단
④ 교육집단 : 집단원들의 지식과 정보 및 기술향상을 목적으로 하는 집단

03 한 명의 상담자가 여러 내담자를 동시에 만날 수 있어 시간, 에너지, 경제적인 면에서 효과적이다.

집단상담의 장·단점

장 점	• 다양한 성격의 소유자들과 접하게 됨으로써 학습경험을 풍부히 할 수 있다. • 현실적이고 실제 생활에 근접한 사회 장면이 이루어져 실제적인 대인관계 패턴, 태도, 사고가 반영된다. • 개인으로 하여금 어떤 외적인 비난이나 징벌에 대한 두려움 없이 새로운 행동에 대하여 현실검증을 해 볼 수 있는 기회를 제공한다. • 상담자의 지시나 조언이 없이도 참여자들이 상호간의 깊은 사회적 교류 경험을 가질 수 있다.
단 점	• 참여자들이 심리적으로 준비가 되기 전에 자기의 마음을 털어놓아야 한다는 집단 압력을 받기 쉽다. • 장기집단이 아니라면 특정 내담자의 개인적인 문제가 충분히 다루어지지 않을 가능성이 많다. • 집단상담 경험에 도취되어 집단경험 자체를 목적으로 삼는 경우가 있으며, 이는 현실도피의 기회가 될 우려가 있다. • 비밀 보장이 철저하게 이루어지지 않을 때 후유증을 낳을 수도 있다. • 생활양식 및 가치관의 변화를 초래하여 개인은 안정감을 상실하고, 개인생활에 균열을 경험할 가능성이 있다.

04 ㄴ·ㄹ 집단상담이 필요한 내담자에 대한 설명이다.

말러(Mahler)의 집단상담이 부적합한 경우
• 내담자가 위기에 처해 있을 겨우
• 자아개념과 관련된 검사를 해석할 경우
• 내담자의 인식, 자신의 감정·동기·행동에 대한 인식이 매우 부족할 경우
• 일탈적인 성적 행동의 가능성을 가지고 있는 경우
• 주의집중에 대한 내담자의 요구가 집단에서 다루어지기 어려운 경우

05 구조와 형태에 따른 집단의 유형

구조화 집단	특정 주제와 목표를 달성하기 위하여 일련의 구체적 활동으로 구성되고, 집단 리더가 정해진 계획과 절차에 따라 진행하는 집단의 형태이다.
비구조화 집단	사전에 정해진 활동은 없으며, 구성원 개개인의 경험과 관심을 토대로 상호 작용함으로써 집단의 치료적 효과를 얻고자 하는 집단의 형태이다.
동질집단	동질적인 사람들로 구성되거나 집단원 들의 배경이 비슷하고 결속력·응집 력이 높으며, 상호간에 즉각적인 지지 가 가능하여 갈등 수준이 비교적 낮은 집단의 형태이다.
이질집단	개인적·경험적 배경, 학력, 연령 등 서로 배경이 다른 집단원들로 구성된 집단의 형태이다.
집중집단	2박 3일 혹은 3박 4일 등 일정기간 동 안 집중적으로 상담을 실시한다.
분산집단	사전에 계획된 전체 회기가 끝날 때까 지 일반적으로 주 1회의 형태로 나누어 서 집단상담을 실시한다.
자발적 집단	스스로의 성장과 변화의 동기를 가지 고 자발적으로 집단에 참여한다.
비자발적 집단	자신의 의지와 동기와는 무관하게 의 무적으로 집단에 참여한다.

06 상담기법
- 명료화 : 어떤 중요한 문제의 밑바닥에 깔려 있는 혼동되고 갈등적인 느낌을 가려내어 분명히 해주 는 기술이다.
- 해석 : 집단원이 표면적으로 표현하거나 인식한 내용을 뛰어넘어, 집단상담자가 그에게 새로운 방식으로 자신의 문제를 바라볼 수 있도록 행동· 사고·감정에 대해서 새로운 의미를 부여하거나 새롭게 설명하는 것을 말한다.
- 반영 : 집단원이 전달하고자 하는 의사의 본질을 스스로 볼 수 있도록 집단원의 말과 행동에서 표 현되는 감정·생각·태도를 상담자가 다른 참신 한 말로 하는 기술을 말한다.

07 ㄷ. 뜨거운 자리(The Hot Seat)에 대한 설명이다.

빈 의자 기법
현재 치료 장면에 없는 사람과 상호작용할 필요가 있는 경우, 내담자에게 그 인물이 맞은편 빈 의자 에 앉아 있다고 상상하도록 하여 대화하는 기법으 로서, 상대 인물을 등장시키는 대신에 빈 의자를 사용하여 주로 주인공의 내적 갈등을 극화시켜 다 룰 수 있다.

08
① 치유집단 : 외상 후 스트레스장애 치유집단, 정 신역동 치유집단, 인지행동 치유집단, 마약중 독자 치료집단, 금연집단 등이 포함된다.
② 성장집단 : 부부의 결혼생활 향상집단, 청소년 대상 가치명료화 집단, 여성을 위한 의식고양 집단, 퇴직을 준비하는 집단, 잠재력 개발집단 등이 포함된다.
③ 지지집단 : 장차 일어날 사건에 좀 더 효과적으 로 적응하기 위하여 대처기술을 발전시킴으로 써 성원들이 삶의 위기에 대처하도록 돕는 집 단이다.
⑤ 일반 토의집단 : 토의집단은 분명한 주제를 가 지고 모이므로 토의될 내용을 중시하며 양극성 과 형식성, 객관성을 내포하며 형식에 따른 지 도자의 역할이 있어 목적 달성을 위해 토의를 인도하고 집단을 통제한다.

참만남집단
- 참만남집단은 다른 사람과의 의미 있는 만남을 통해 인간관계 및 인간 실존에 대해 자각하도록 한다.
- 소집단 활동이 주이며, 개방성과 솔직성·대인 적 직면·자기노출·직접적인 정서적 표현을 격 려한다.
- '지금 – 여기'의 경험을 통해 자유로운 대화를 전 개하며, 다른 사람과의 교류능력을 증진하고 잠 재력을 발휘하도록 한다.

09
② 행동주의 접근모형의 특징이다.
③ 실존주의 접근모형의 특징이다.
④ 합리정서행동 상담 및 치료모형(REBT)의 특징 이다.
⑤ 현실치료적 접근모형의 특징이다.

형태주의적 접근모형(게슈탈트 집단상담)
- 인간생활을 지각형태(도형과 배경으로 구성)의 점진적 생성과 소멸의 과정으로 본다.

- 지각형태의 생성과 소멸의 과정 자체가 바로 적응에 대한 기준이 된다.
- 정신적으로 건강한 사람은 지각형태의 생성 – 소멸의 과정이 순조롭게 진행된다.

10 ㄴ. 집단원이 말한 내용을 좀 더 구체적으로 인식하도록 반사해 주는 기법은 '반영하기'에 해당한다. '적극적 경청' 기법은 관심을 가지고 상대방의 말을 듣고 상대방의 생각과 감정을 상대의 입장에서 이해하는 것을 의미한다.
　　ㅁ. 집단상담 시 피해야 할 질문에는 유도질문, 모호한 질문, 이중질문, '왜' 질문 등이 있다.

11 1950년대 초에 미국의 정신과 의사인 번(Berne)에 의해 개발된 집단치료의 방법으로서, 인간의 약점이나 결함보다는 강점에 초점을 두는 이론이다.

12 ③ '개방'이 아닌 '폐쇄(철회, Withdrawal)'가 시간을 구조화하는 방법으로 적절하다. '폐쇄'란 대부분의 시간을 공상이나 상상으로 지냄으로써 자기를 타인으로부터 멀리하고 자기애의 껍질 속에 숨어서 다른 사람과의 관계를 차단하는 것을 말한다.
　① 의례(Ritual) : 일상적인 인사에서부터 복잡한 결혼식이나 종교적 의식 등 전통이나 습관에 따름으로써 간신히 스트로크를 유지한다.
　② 활동(Activity) : 창조적이고 생산적인 목적을 위해 문제를 해결하는 활동으로써 어떤 결실을 얻기 위해 에너지를 투입하는 것이다.
　④ 친교(Intimacy) : 상대방에 대한 신뢰를 바탕으로 서로의 감정을 자연스럽게 표현하는 것이며, 가장 이상적인 시간의 구조화 방법이다.
　⑤ 게임(Games) : 표면적으로 나타나는 행동과는 달리 숨은 의도를 가진 시간구조로서 진실한 의사 교류가 이루어지지 않는다.

13 의사교류 분석적 모형 – 성격의 구조와 기능

부모 자아	• 비판에 의한 교정됨이 없이 바로 받아들여져서 내면화되어 형성된다. • 양육적 기능과 통제적 혹은 비판적 기능의 두 가지 기능을 하고, 도덕과 가치판단의 모체가 내포되어 있다.
어른 자아	• 합리적인 사고를 하고 현실지향적인 행동을 하며, 내적 욕구와 외적 욕구를 중재하는 중재자로서의 역할을 한다. • 상황에 따라 각 자아가 적합한 기능을 할 수 있도록 하며, 어른 자아가 기능을 제대로 할 수 있을 때 개인은 잘 적응하는 생활을 영위할 수 있다.
어린이 자아	• 어린 시절에 실제로 느꼈거나 행동했던 것과 똑같은 감정이나 행동을 나타내는 자아 상태를 말한다. • 순응적 어린이 자아와 자연적 혹은 자유 어린이 자아로 구분된다.

14 모든 문제가 존재하고 통제할 수 있는 시기는 현재이므로, 과거에는 관심을 두지 않는다.

15 모방에 의한 사회적 학습 또는 관찰학습이론이 집단상담에 효과적으로 적용될 수 있다.

16 ① 빈 의자 기법 : 연출자는 빈 의자를 무대 중앙에 놓은 채 주인공에게 그 의자에 누가 앉아 있는지, 그 사람은 누구인지 상상해보도록 하여 그동안 마음속으로 하고 싶었으나 실행에 옮기지 못한 말과 감정을 표현하도록 유도한다.
　② 이중자아 기법 : 자신의 감정을 명확히 표현하지 못하는 주인공에게 매우 유효한 기법으로, 보조자가 주인공의 뒤에서 주인공의 또 다른 자아로서의 역할을 수행하며, 주인공이 실제로 표현하기 주저하는 내면심리를 대신하여 표현한다.
　④ 암전기법 : 전 극장을 어둡게 하여 비록 행동은 하고 있으나 주인공이 고통스러운 경험을 관찰당하지 않고, 혼자 있는 경험을 유지할 수 있다.
　⑤ 독백기법 : 주인공의 숨겨진 생각이나 감정이 말을 통해 드러남으로써 주인공의 감정을 이해하는 데 도움을 준다.

심리극(Psychodrama)

모레노(Moreno)가 개발한 심리요법으로, 내담자인 집단원의 심리적인 긴장이나 갈등을 상상력을 동원하여 가상의 드라마적인 상황으로 표현하는 것이다.

17 실존주의 접근 모형으로 내담자가 자기존재의 본질에 대하여 각성하고, 현재 자기가 경험하고 있는 정서적 장애의 원인이 자기상실 내지 논리의 불합리성에 있다는 것을 각성하게 해주는 데 상담의 목표가 있다.

아들러(A. Adler)의 개인심리학 접근모형
• '개인 심리학'의 원리들에 기초하여 집단에서 개인들의 문제를 다루고 있다.
• 모든 인간의 행동은 목표 지향적이므로, 그 개인을 이해하기 위해서는 그의 목표가 무엇인가를 알아야 한다고 본다. 또한 내담자의 견해나 목표를 수정하여 그들의 생활방식을 변화시키며 잘못된 동기를 변화시키려 한다.
• 상담자는 집단 내에서 일어나는 개인들의 '지금 – 여기'의 행동과 열등감 자각과 우월성 추구에 초점을 맞추면서, 집단원들 스스로 그 행동의 목적과 결과에 대해 이해하도록 격려하고 도와주며 용기를 준다.

18 집단의 역사적 배경과 집단원의 특징에 따라 집단의 역동이 달라질 수 있다.

집단역동에 관계되는 요인들
• 집단의 응집성 : 집단원들이 참여하고 있는 집단 활동에 대한 관심도, 사기, 집단정신 등을 말한다.
• 집단의 분위기 : 집단의 분위기는 심리적인 안정감을 주면서도 집단원들이 자유롭게 신체적 활동을 할 수 있도록 해야 한다.
• 집단규범 : 집단규범은 집단원들이 활동하는 데 있어서의 활동규약을 말한다.
• 주제의 회피 : 난처한 문제나 갈등의 무조건적인 회피는 집단에 부정적인 영향을 끼치게 되므로 충분히 취급해야 한다.
• 지도성(영향력) 경쟁 : 상담원은 집단원들의 경쟁이 부정적으로 흐를 경우, 각자가 상대방의 지도성을 인정하고 수용하는 포용력을 갖도록 조력해야 한다.
• 숨겨진 안건 : 비공개된 중요한 의도나 안건은 이를 표면화시켜 취급해야 한다.

• 제안의 묵살 : 집단구성원들은 적절한 제안을 할 수 있는 능력이 요구되며, 제안이 여러 번 묵살되는 경우 묵살 당한 본인이 집단 앞에 자기제안을 표현하도록 조력해야 한다.
• 신뢰수준 : 집단상담의 성패에 관건이 되는 요소이므로, 보다 높은 신뢰수준을 위해 노력해야 한다.

19 **비구조화 · 구조화된 집단상담의 초기단계**

비구조화 집단상담 초기단계	• 오리엔테이션 • 집단의 분위기 조성 • 의사소통 및 상호작용 촉진 • 집단원의 보호 • 집단초기의 스트레스 다루기 • 출석의 강조와 탈락자 예방 • 목소리가 큰 집단원 다루기 • 허례적인 대화양식 다루기 • 하위집단(Subgroups)의 형성 방지
구조화된 집단상담 초기단계	• 집단원들에 대한 규범의 수립 • 목표의 확인과 명료화 • 집단 활동에 대한 안내

20 ① 심한 성격적 문제를 갖고 있을 때 연합(Conjoint) 상담이 단독상담보다 효과적일 가능성이 크다.
② 병행상담과 연합상담 모두 단독상담보다 중도 탈락자가 발생하는 비율이 낮다.
③ 한 상담자에게 개인상담과 집단상담을 모두 받을 때 '병행상담'이라 한다.
⑤ 둘 이상의 집단상담자가 협력해서 함께 상담하는 경우를 '협동상담'이라 한다.

21 ㄷ. 자기노출 감소 : 목적을 달성하고 과정의 종결 단계에 이르면, 유대관계의 분리에 대한 아쉬움 등과 함께 자기 노출이 감소되는 경향을 보인다.
ㄹ. 직면 : 집단이 발달하여 집단원 상호 간의 응집력이 강해지면 직선적인 직면이 허용될 정도에 이르게 되는데, 이러한 과정은 생산 단계에서 나타난다.

22 ① 과도기 단계, ②·④ 작업 단계, ③ 통합과 종결 단계에 대한 설명이다.

코리(Corey)의 집단상담의 4단계 발달과정 중 초기단계
- 신뢰를 쌓고, 현재 상황에 초점을 맞추도록 하는 것이다. 상담자는 기초적인 규범을 탐색하고 집단원을 지지하는 상황을 설정한다.
- 상담자는 집단상담을 위한 사전준비를 철저히 한 후 첫 번째 모임을 시작한다. 상담자는 첫 번째 모임이 시작하기 전에 사전면담을 통하여 개별적인 집단원의 특징을 미리 파악하고 있어야 한다. 상담자는 첫 모임에서 집단원들 서로가 자기소개를 통해 친숙해지도록하며, 집단원들에게 집단의 목적과 기본 원칙을 확인시킨다.
- 참여단계에서는 집단의 목적을 명료화하고, 집단 구성원들이 서로 친숙해지고, 신뢰적·수용적인 관계를 맺으면서 자신의 느낌과 행동에 관하여 토의하기 시작한다.

23 **집단과업 성취를 위한 역할행동**
- 솔선해서 제안하기
- 정보를 요구하고 제시하기
- 의견을 묻고 제공하기
- 상세히 설명하기
- 조정하기
- 방향을 제시하기
- 평가하기
- 활기를 띠게 하기
- 진행을 돕기

24 ㄹ. 연령이 어릴수록 적은 수로 구성하고, 성인에 가까울수록 다소 많은 수로 조직할 수 있다.

25 **공동지도력의 장·단점**

장 점	• 한 상담자가 직접 집단활동에 참여하거나 집단을 지도하는 동안, 다른 상담자는 집단 전체를 객관적인 입장에서 관찰할 수 있다. • 한 상담자는 과업목표에 치중하고, 다른 상담자는 사회정서적 문제에 집중하는 식으로 역할분담이 가능하다. • 상담자의 탈진을 예방할 수 있다. • 두 상담자 간의 피드백을 통해 서로 다른 관점에서 상호작용을 할 수 있으므로, 집단 내 전문성 향상을 가져올 수 있다. • 두 상담자 간의 상호작용을 통해 집단원들에게 시범을 보임으로써, 집단원들 간 갈등상황에서 적절한 갈등 해결방법의 모델이 될 수 있다. • 공동지도자가 참석해 있으므로, 역전이를 어느 정도 방지할 수 있다. • 초보지도자의 훈련에 가장 효과적인 방법이 될 수 있다. • 집단원의 욕구를 충족시키기 위한 역할을 구조화하는 기회를 갖는다.
단 점	• 상담자들 간 화합이 이루어지지 않은 채 의견충돌이 일어나는 경우 집단이 양극화될 수 있다. • 상담자들이 각자 자신의 역할과 기능을 제대로 발휘하지 못하는 경우, 치료적 역할모델로서 기능할 수 없다. • 상담자들이 자신의 입장을 고수하거나 상대방의 능력을 인정하지 않는 경우, 권력다툼이나 갈등·경쟁관계가 발생할 수 있다. • 한 상담자가 집단원들과 결탁하여 다른 상담자에 대항할 수 있다. • 절친한 상담자들의 경우, 자신들의 사적인 문제를 해결하기 위해 집단을 이용할 수 있다. • 집단의 유지 및 발전에 지장을 초래하기도 한다. • 비용이 많이 든다.

01	02	03	04	05	06	07	08	09	10
③	②	⑤	②	③	①	③	①	③	⑤
11	12	13	14	15	16	17	18	19	20
②	①	②	③	①	①	②	④	⑤	③
21	22	23	24	25
②	③	①	④	②

01 '디지털 양식의 의사소통'은 1 : 1 실시간 의사소통 방식으로 시간과 공간에 제약을 받지 않으며 다양한 매체를 통해 전달된다.

02 평온해 보이는 가족 이면에 심각한 긴장감이 존재한다.

03 빈약한 서술 찾아내기
- 빈약한 서술이란 내담자의 내부 사정을 외면하고 이해를 배제하는 것을 의미한다.
- 밖으로 드러난 실패나 장애, 부족함 등을 객관화된 사실로 표현해 내는 외부적 관점에서의 서술이라고 할 수 있다.
- 빈약한 서술 안에서는 속사정을 잘 알고 있는 당사자들이 자신들의 상황을 밝힐 수 있는 여유를 얻지 못한다.
- 내담자들이 겪는 문제적 경험은 쉽게 그들을 빈약한 서술로 유도하고, 타인들에 의해 왜곡된 자신을 받아들여 그들의 삶을 제한해 버린다. 사람들은 이런 빈약한 서술을 쉽게 아무런 저항 없이 자신의 행위와 정체성으로 받아들인다.
- 빈약한 서술은 사람들의 행위에 부정적인 결과들을 이끌어낸다. 이것을 내재화된 대화라고 이야기 한다.

04 목표는 큰 것이 아닌, 작고 간단한 행동이어야 한다.

05 ① 고객형, ② 방문형에 해당한다.
④ 치료자는 불평형 가족을 치료받아야 할 대상으로 생각하기 보다는 치료에 활용할 수 있는 자원으로 생각해야 한다.

⑤ 자신을 위해서가 아니라 다른 사람을 위한 목표를 가지고 있을 때 발생한다.

06 개인상담과 가족상담

구 분	개인상담	가족상담
세계관	기계론적 세계관	유기체적 세계관
상담의 대상	개인이 가지고 있는 문제를 개인의 내적·심리적 요소에 의한 것으로 파악하기 때문에 개인의 내적·심리적 요소를 상담 대상으로 한다.	개인이 가지고 있는 문제점을 가족성원간의 상호작용에서 발생하는 부작용으로 파악하기 때문에, 상담의 대상은 가족성원의 관계 및 기능이 된다.
상담의 목표	상담을 통하여 내담자가 문제의 원인에 대한 통찰력을 갖도록 돕는다.	문제의 원인이 가족성원과 가족기능의 부작용에 있으므로, 가족성원과 가족기능상의 변화를 목표로 한다.
상담자의 역할	상담자가 문제의 진단자 및 해결자의 역할을 한다.	상담자는 조정자, 안내자·조력자의 역할에 해당하며, 가족성원은 문제 해결자의 역할을 한다.
문제의 초점	내담자의 특성과 행동을 파악하는 데 주의를 기울이기 때문에, 내담자가 맺고 있는 관계나 맥락은 일차적인 초점이 아니다.	내담자의 문제나 증상은 그가 속한 가족이나 관계의 역기능과 직접적으로 연관된다고 보며, 내담자의 문제 해결을 위해서 내담자의 가족관계나 맥락을 일차적으로 고려한다.
문제의 진단과 해결	내담자의 문제를 객관적이고 정확하게 진단하고 평가할 수 있다고 보고 이를 중시한다.	내담자의 인식행위에 초점을 두며, 동일한 상황에 대해서도 내담자마다의 인식행위에 따라 다르게 이해되고 경험될 수 있다고 가정한다.

07 가족상담의 주요 유형

합동상담	• 1인의 상담자가 전 가족구성원을 동시에 면접한다. • 반드시 혈육이 아닐지라도 긴밀한 관계자는 포함된다. • 가족 상호작용이나 기능, 역할, 균형상태 등을 빨리 이해할 수 있다. • 질병, 실직, 전직, 출산 등 외형적 스트레스에 효과적이다.
협동상담	• 별도의 상담자가 할당되어 개별적인 면접 후 정기적 회합을 통해 필요한 정보를 교환하고 협동적으로 상담한다. • 지리적 조건이 나쁘거나 특정의 상담자를 꺼릴 때, 과도한 동일화의 방지와 새로운 시각적 정보획득이 용이하다.
병행상담	• 합동면접 후 각각의 가족 성원에 대한 개별면접을 병행한다. • 개인의 정신내적 문제에 대한 깊은 내성이 필요한 경우이다. • 내담자가 가진 감정이나 생각의 표현에 비밀을 보장할 필요가 있을 때이다. • 상담의 이중성을 고려하여 객관적이고 타당성있는 설득력이 요구된다.
혼합상담	• 케이스의 변화에 따라 적절한 상담방법을 선택하면서 문제를 해결한다. • 원조방법의 객관화·표준화가 어렵다.

08 ②·③·④·⑤ 가족상담이 필요한 경우에 해당한다.

09 1차적 사이버네틱스의 한계점을 설명하고 있다.

2차적 사이버네틱스(Cybernetics)
• 치료자는 관찰자인 동시에 관찰 대상자이다.
• 치료자는 자기준거적인 특성으로 인해 절대적인 결정여부의 어려움을 겪는다.
• 치료자는 인간이 실제로 구성하는 것을 사회적·문화적인 환경에 의해 구성된다.
• 치료자가 아닌, 내담자의 자기준거틀에 기반을 둔 목표 준거틀이다.

10 ① 해결중심모델에 대한 설명으로 문제해결을 위해 반드시 문제가 무엇인가를 밝힐 필요가 없다고 생각한다.
② '전략적 모델'에 대한 설명이다.
③ '다세대모델'에 대한 설명이다.
④ '밀란모델'에 대한 설명이다.

11 보웬의 체계적 가족치료에 대한 내용이다.

정신역동적 모델(대상관계이론)
• 정신장애는 개인의 내적인 갈등의 산물이다.
• 개인이 사용하는 과다한 방어(Defense)는 병리로 나타난다.
• 신체 내의 과도한 긴장은 유기체 내의 정신신체적 장애를 유발한다.
• 자아가 더 이상 현실에 대응할 수 있는 능력을 상실하였을 때 개인은 정신병적인 반응을 보인다.

12 ② 역설적 명령 혹은 증상처방 : 의사소통 가족상담
③ 자유연상 : 정신역동적 이론
④ 빈약한 서술 찾아내기 : 이야기 치료기법
⑤ 은유적 기법 : 전략적 가족치료기법

13 ㄱ. 자유연상 : 내담자로 하여금 마음 속에 떠오르는 것이면 무엇이든지 이야기하도록 함으로써, 무의식적인 사건을 표면으로 끌어내기 위한 최고의 방법이다.
ㄴ. 경험적 가족상담 이론 : 가족체계 내의 관찰할 수 있는 현재 상호작용 관계에 초점을 맞춘 이론으로서, 주요 개념에는 성숙, 자아존중감, 가족규칙이 있다.

14 모든 행동과 의사소통은 '상황' 안에서 검토되어야 하며, 상황에 대한 고려 없이는 완전한 이해가 있을 수 없다.

15 드 세이저(De Shazer)와 김인수 등에 의해 개발된 해결중심적 가족치료는 과거보다 현재와 미래를 중시하고, 인간의 장점과 유용한 자원을 발견하여 작은 변화라도 가져올 수 있는 간단한 전략을 사용하고, 문제해결에 활용하는 것으로, 문제가 무엇인가를 파악하기보다는 가족이 원하는 해결 방안에 관심을 두고 있으며, 태도와 의식구조의 재구성과 행위의 변화를 촉진시킨다.

16 인간의 행동의 원인보다 행동의 변화에만 관심을 갖는다.

17 순환적 질문기법
가족구성원이 문제에 대한 제한적이고 단선적인 시각에서 벗어나 문제의 순환성을 인식하도록 유도하는 방법이다. 치료자는 질문을 통하여 가족구성원이 A의 문제에 대한 이해를 정신과적인 문제에서 가족 구조의 변화의 적응적인 문제로 옮겨가도록 유도함으로써, 단선적인 시각에서 문제의 순환성을 깨닫도록 돕는다.

18 ㄱ. 사티어(Satir)는 개인이 그들 자신의 내적 경험을 개방하여 가족과 자유롭게 상호작용할 때에 개인뿐만 아니라 가족이 함께 기능하고 성장한다고 보았다.

19 가족상담 발달 초기 조현병 환자가족을 대상으로 한 4대 개념
① 이중구속 : 상대방으로부터 이중적인(또는 모순적인) 메시지를 받은 수신자가 이러지도 저러지도 못하는 상황에 처하게 되는 것을 말한다. 이러한 상황이 오래되면 가족구성원은 정신분열증을 갖게 된다.
② 분화 : 개인이 가족이라는 감정 체제로부터 자신을 얼만큼 구분할 수 있는가 하는 정도를 나타내는 개념이다. 자신을 감정체제로부터 분화를 아주 못한 경우 정신분열증을 갖는다.

③ 고무울타리 : 개인이 정체성과 독자성을 억제하고 가족이 함께 해야 한다는 믿음으로 가족의 담장을 늘여가는 관계이다. 겉으로는 가족 간에 갈등이 없지만 내면적으로는 갈등이 존재하는 이중구조로 인해서 가족구성원들은 비현실성을 가지며 결국 정신분열증으로 발전한다.
④ 부부균열과 부부불균형 : 부부가 거의 모든 영역에서 서로 의견을 달리하고 다투는 부부균열이나, 부부간의 힘의 불균형으로 강자가 약자를 지배하는 부부불균형으로 인해, 부모와 자녀 간에 적절한 경계선을 만들지 못하는 경우에 정신분열증으로 발전한다.

20 ① 역기능적 의사소통유형에서 회유형은 다른 사람들만을 즐겁게 하는 사람이며, 다른 사람을 기쁘게 하고 즐겁게 하는 데에서 위안을 얻는다.
② 부모화는 자녀가 오랫동안 부모 역할을 하는 현상을 말한다.
④ 행동 유형이 한 세대에서 다음 세대로 무조건 반복되는 유산인 회전판은 맥락적 가족치료의 용어로서 정신역동적 모델에 속하고, 가족유산은 카터와 맥골드릭의 가족체계에서의 수직적 스트레스원 중 하나이다.
⑤ 순환질문은 내담자가 자신을 다른 가족원들의 관점에서 보게 함으로써, 자기중심에서 벗어나게 하는 전략적 가족상담모델기법 중 하나이다.

21 ① 결혼적응기, ③ 자녀청소년기, ④ 노년기, ⑤ 자녀독립기

22 가족조각기법의 절차
- 제1단계 : 가족의 동의를 얻는 단계
- 제2단계 : 상담자가 4가지 역기능적 의사소통에 대해 조각상을 표현해보도록 하는 단계
- 제3단계 : 가족구성원들이 자신에게 맞는 방식으로 모두 자세를 취해보도록 하는 단계
- 제4단계 : 서로 느끼는 느낌과 체험들을 이야기하도록 하는 단계
- 제5단계 : 가족 중 한 명을 조각가로 선정하는 단계
- 제6단계 : 조각을 만드는 단계
- 제7단계 : 감정을 나누는 단계

23 포스트모더니즘의 중심 사상 중 하나인 사회구성주의의 사상은 내담자가 환경을 창조적으로 재구성하고, 본인이 가지고 있는 능력을 저하시키는 많은 요인을 다른 시각에서 보도록 도와주는 사상적 기반을 제공하며, 문제나 증상은 그 사람을 둘러싼 전체로서의 가족이라는 맥락 속에서 발생한다고 보았다.

24 보웬(Bowen)의 주요 개념
- 행동장애를 '증가된 불안의 산물'로 보았으며, 분화되지 않은 가족자아집합체에서 자신을 분리·독립시켜 정체감을 형성하고, 자기 충동적·정서적 사고와 행동에서 자유를 획득해 나갈 수 있도록 돕는 것을 치료의 목표로 하였다.
- 주요 개념에는 자아분화, 삼각관계, 핵가족 감정체제, 가족의 투사과정체계, 다세대 간 전이과정체계, 출생순위체계 등이 있다.
- 삼각관계의 치료법은 잠정적으로 치료자가 삼각관계에 끼어들거나, 벗어나기도 하면서 탈삼각화하여 가족원의 자아분화를 향상시키려고 하였다.

25 ㄴ. 불평형(Complain Type)에 해당하는 설명이다. 즉, 불평이나 치료목표를 구체적으로 기술하지만 자신이 해결의 실마리를 쥐고 있다고 생각하지 않으며, 증상을 보이는 가족성원 때문에 자신이 희생되었다 생각하여 자신의 힘든 입장·역할에 관해 이해받기를 원한다.

선택과목 04 학업상담

01	02	03	04	05	06	07	08	09	10
⑤	②	⑤	⑤	④	③	④	④	③	③
11	12	13	14	15	16	17	18	19	20
④	④	②	②	④	③	②	②	④	③
21	22	23	24	25					
①	②	④	⑤	②					

01 선택적으로 노트 정리하기는 '시연전략'에 속한다.

정교화 전략
학습자료를 의미 있게 하기 위하여 새 정보를 이전 정보와 관련시켜 특정한 관계를 지니도록 하는 방법이다. 그 방법으로는 다음과 같다.
- 중요한 개념이 있으면 쉬운 말로 풀어본다(의역하기).
- 주요 개념을 공부할 때는 내 말로 바꾸어 본다(매개 단어법).
- 새로운 개념을 배울 때는 이해하기 쉽도록 구체적인 예를 떠올려 본다(심상의 형성).
- 어떤 주제를 공부할 때, 내가 지금까지 알고 있는 것과 관련성을 찾아본다(유추하기).
- 노트필기를 통하여 수강한 강의내용을 다시 반복 연습한다(창의적 노트하기).

02 ㄴ. LCSI : 개인의 성격과 적성을 객관적으로 진단하고, 그 분석결과를 토대로 합리적인 의사결정을 할 수 있도록 도와주는 종합 성격검사이다.
ㄱ. BGT(벤더게슈탈트 검사) : 검사자는 수검자가 해당 도형들을 어떻게 지각하여 재생하는지 관찰함으로써 성격을 추론할 수 있으며, 수검자에 대한 정신병리적 진단 및 뇌손상 여부도 탐지할 수 있다. 일종의 투사적 검사로서, 시각-운동 협응능력 및 시지각 능력을 측정한다.
ㄷ. Rorschach 검사 : 대표적인 투사적·비구조적 검사로서, 지각과 성격의 관계를 상정하고, 추상적·비구성적인 잉크 반점을 자극 자료로 하여 수검자의 학습된 특정 반응이 아닌 여러 가지 다양한 반응을 유도한다.
ㄹ. K-ABC(카우프만 아동용 지능검사) : 전통적인 지능검사의 문제점을 극복하기 위해 카우프만(Kaufman)이 1983년에 개발하였다. 16개의 하위 검사로 이루어지지만, 실제로 아동에게 실시되는 하위 검사수는 연령에 따라 달라진다.

03 ① 마이켄바움(Meichenbaum)과 굿맨(Goodman)은 문제정의, 집중유도, 자기평가, 자기강화 등의 각 단계마다 외현적 모델링에서 시작해서 내재적 시연으로 끝나는 언어의 내재화 과정을 학습한다.

② 켄달(Kendall)과 브라스웰(Braswell)은 사회적 맥락에서의 문제해결 전략과 마이켄바움과 굿맨의 자기교시 훈련을 정교화하여 언어적 자기교시를 통한 문제해결 전략을 지지한다.

③ 외현적 시연은 아동이 혼자서 큰 소리로 말하면서 과제를 수행하는 것이다.

④ 외현적 모델링, 안내를 통한 외현적 모델링, 외현적 시연, 속삭임을 통한 시연, 내재적 시연의 순서로 진행된다.

04 ⑤ 커크(Kirk)와 칼판트(Chalfant)의 학습장애

• 발달적 학습장애 : 학생이 교과를 습득하기 전에 필요한 신체적 기능(주의집중, 기억, 인지기능, 사고기능, 구어기능)

• 학업적 학습장애 : 학교에서 습득하는 학습(읽기, 쓰기, 수학, 철자, 작문 등)

① 학습장애에서 가장 중요한 것은 조기발견과 조기치료이며, 학습을 본인의 능력에 맞게 효과적으로 수행하게 하고, 학습장애에 따른 이차적 심리적 문제를 해결하는 것이며, 필요할 경우 약물치료를 병행할 수 있다.

②·③ 시각장애, 청각장애, 운동장애, 정신지체, 정서장애에 따른 학습결손, 또는 환경, 문화, 경제적 결핍에 따른 학습결손은 학습장애에 포함되지 않는다.

④ 학습장애의 한 특성인 학습전략 결함은 별도의 교육이 없으면 성인이 되어서도 그대로 유지되는 경향이 많다.

05 ① '선(先)중재, 후(後)진단'의 원리에 바탕을 둔 중재와 평가과정이 강조된다.

② 마지막으로 집중적인 중재에도 반응하지 않는 학생들은 학습장애로 판별된다.

③ 학업문제를 가진 학생을 조기에 선별함으로써 학생들이 실패할 때까지 기다리지 않고 조기에 개입(중재)할 수 있다.

⑤ 중재반응모형은 교육적 중재에 대한 아동의 반응을 연속적인 과정으로 평가·진단하는 모형으로써, 아동이 효과적인 중재에 적절하게 반

응을 하지 못하여 또래 아동들보다 현저하게 낮은 성취수준과 느린 진전도(성취기울기)를 보이는 경우, 이중 불일치(Dual Discrepancy)가 발생하였다고 본다.

06 학습부진의 요인 분류

개인 변인	변화	기초학습기능, 선수학습, 학습동기, 학습전략, 성격, 공부에 대한 태도, 부모에 대한 지각, 불안, 우울, 비합리적 신념, 자아개념, 공부시간
	불변	지능, 적성, 기질, 인지양식
환경 변인	변화	부모와의 관계, 부모의 양육태도, 성취압력, 또래관계, 교사와의 관계, 형제와의 경쟁
	불변	부모의 지위변인, 가족구조의 변화, 학교 풍토, 교육과정, 교사의 교수법, 학습과제, 학교시설, 시험형식, 경쟁구조, 사교육

07 '주의력 결핍 우세형'에 포함되는 증상이다.

08 ㄱ. 정적강화는 학습동기에 대한 환경 지향적 접근에 해당한다. 환경 지향적 접근은 학습동기의 형성, 유지, 변화에서 환경이 결정적인 영향을 한다고 주장하는데 대표적인 이론이 행동주의적 학습이론이다.

개인지향적 원인론

• 개인지향적 원인론은 학습동기를 기본적인 학습자 개인의 심리적 속성에 의해서 설명한다.

• 인지적 평형화 경향 : 피아제(Piaget)가 개념화한 것으로 인간이 인간을 둘러싼 환경에 적응하기 위해서 환경과 환경에 대한 개인의 도식을 지속적으로 비교하여, 둘 사이의 불일치를 해결하는 선천적 경향성을 말한다.

• 학습효능감 : 반두라(Bandura)가 개념화한 자기효능감의 하위요소로서, 자기효능감은 개인이 구체적인 영역에서 자신의 수행능력에 대해서 믿고 생각하고 느끼는 바를 칭하는 개념이고, 학습효능감은 학습자가 학습 영역에서 자신의 수행능력에 대해서 믿고 생각하고 느끼는 바를 지칭한다.

- 자기결정성 : 개인은 자신이 선택한 행동에 대해서 높은 동기를 가지나, 자신이 선택하지 않은 행동에 대해서 낮은 동기를 가진다는 것이다.
- 귀인이론 : 인간의 동기는 결과의 원인을 무엇으로 지각하느냐에 따라서 달라진다는 것을 정교화한 이론이다.
- 기대가치 이론 : 인간의 동기는 인간이 '자신의 행동이 미래에 어떤 결과를 가져올 것인가?'를 어떻게 추론하느냐에 따라 영향을 받는다고 간주한 이론이다.

09 ① 외부의 어떠한 유인이나 보상에도 동기화 되지 못하고, 행동하려는 의지가 결핍된 상태로 행동을 하지 않거나 의도 없이 행동을 한다.
② 자신의 내·외적 세계를 탐구하고 숙달하기 위한 선천적 동기이다.
④ 외적 보상이나 압력, 혹은 제약에 순응하기 위해 행동을 하며, 이러한 행동에는 자기결정이 전혀 포함되어 있지 않은 타율적 행동이다.
⑤ 특정 행동이 갖는 바람직한 측면을 받아들여 자신의 가치체계에 통합하여 발현된 행동이다.

10 수학학습장애 유형(Geary)
- 단순 연산의 인출과 장기기억화의 어려움으로 인한 경우
- 주의집중의 부족이나 논리적 연산의 수행에 어려움을 겪는 경우
- 연산 절차상의 어려움을 겪는 경우
- 수리적 정보의 표상과 해석에 있어서 시공간적 기술 사용상 어려움의 경우
- 읽기 장애를 동반하는 경우

11 귀인의 3가지 차원

원인의 소재	• 어떤 일의 성공이나 실패에 대한 책임을 내적인 요인에 두어야 하는지 외적인 요인에 두어야 하는지에 대한 것이다. • 어떠한 결과에 대한 책임을 자기 자신의 노력이나 능력으로 돌리는 경우, 이는 내적 요인으로 볼 수 있다. 이 경우에는 성공하면 자부심과 동기 증진을 가져올 수 있지만, 실패하면 수치감이 증폭된다. • 이에 비해, 어떠한 결과에 대한 책임을 과제의 난이도 혹은 운으로 돌리는 경우, 이는 외적 요인으로 볼 수 있다. 이 경우에는 성공하면 외부의 힘에 감사하지만, 실패하면 분노를 일으키게 된다.
안정성	• 어떠한 일의 원인이 시간의 경과나 특정한 과제에 따라 변화하는가의 여부에 따라 안정과 불안정으로 분류된다. • 노력은 자신의 의지에 따라 노력을 기울일 수 있으므로 불안정적 요인이다. • 반면에 능력은 비교적 고정적이므로 안정적 요인이다. • 안정성의 차원은 미래에 대한 기대와 관련되어 있다. 자신의 성공 또는 실패를 자신의 능력이나 시험의 난이도와 같은 안정적 요인에 귀인하면, 미래에 비슷한 과제에서도 유사한 결과를 기대할 것이다. 그러나 학생들이 불안정적 요인에 귀인하면, 그 결과는 예측할 수 없다.
통제 가능성	• 그 원인이 학생의 의지에 의해 통제될 수 있느냐의 여부에 따라 통제 가능과 통제 불가능으로 분류된다. • 통제가능성 차원은 자신감과 미래에 대한 기대와 관련이 있다. 높은 점수를 통제 가능한 요인으로 귀인하면 자부심을 느끼면서 다음에도 비슷한 결과를 기대할 수 있다. • 반면에 통제 불가능한 요인으로 귀인하면 "정말 운이 너무 좋았어!"라는 식으로 안도하며 앞으로도 그런 행운이 계속되기만 바랄 수밖에 없다.

12 개인적 흥미의 등장 단계(제3단계)
- 정의 : 내용에 대한 지속적인 관심이 나타나 흥미가 개인의 성향이 되는 초기 단계
- 필요한 자원의 유형 : 또래나 전문가 등의 지원이 있기는 하지만, 스스로도 흥미를 갖게 되는 초기 단계
- 특징 : 긍정적인 관심과 내용 관련 지식의 축적이 이루어지며, 호기심 어린 질문을 하게 되는 초기 단계

13 ㄹ. 바꿔쓰기(Digit Symbol) : 웩슬러 지능검사의 구성 중 '동작성'에 해당하는 내용으로서, '바꿔쓰기'는 모방운동이 필요하며 토막짜기, 모양 맞추기와 같이 시각–운동 협응능력을 측정한다.

14 ㄷ. 학습기초능력은 한 과목에 관계없이 학업성취 전반에 영향을 미치는 중요한 요인이다.

15 학습장애의 다양성을 인정하고 보다 나은 중재를 위하여 다른 외부 전문가들과의 네트워크를 형성한다.

16 맥키치(Makeachie)는 학습전략을 인지전략, 상위 (초)인지 전략, 자원관리 전략으로 나누었는데 정교화, 시연, 조직화는 인지전략에 속한다.

17 청소년기 자아정체감 형성과정에서 부모와의 잦은 갈등은 인간관계 능력의 발달을 지연시킬 수는 있어도 발표불안과는 직접적인 관련이 없다.

발표불안의 원인
• 유전적 원인
• 부모의 양육 태도
• 조건화된 학습의 결과
• 비합리적 사고
• 사회적 기술부족 등

18 ① 많은 학습부진 영재아는 비언어적인 영역에서 강점을 가지고 있으므로, 주로 언어적 재능을 요구하는 학교에서 부적응할 확률이 높다.
③ 창의적인 학습부진 영재아는 단순 암기를 싫어하고 회피하는 경향이 있다.
④ 학습에서의 실패 경험으로 파괴적 행동, 낮은 자기효능감, 주의력 결핍 및 과잉행동 등의 문제로 나타나기도 한다.
⑤ 개인교수의 담당은 교사나 카운슬러가 담당하기보다는 가정, 가정교사, 학업성적이 우수한 급우 중 한 학생이 담당하는 것이 좋다.

19 ㄱ. 과제가치는 교과목의 내용에 대한 흥미 및 교과목의 중요성과 관련한 학생들의 지각으로, 내재적 가치와 실용적 가치가 있다. 내재적 가치란 학생들이 과제에 참여함으로써 느끼는 만족과 기쁨에 영향을 주며, 실용적 가치란 과제와 자신의 미래의 목표와의 관계를 의미한다.

20 좌뇌와 우뇌의 기능적 특성

좌 뇌	• 주지적이고 이름을 잘 파악한다. • 언어적인 지시와 설명에 잘 반응한다. • 문제를 부분적으로 나누어 순서에 따라 논리적으로 해결하려 한다. • 객관적으로 사고하고 판단하며, 계획적이고 구조적이다. • 구체적으로 계획된 과제와 활동을 좋아한다. • 감정을 자제하고 청각적 자극에 잘 반응한다. • 읽기, 쓰기, 말하기, 셈하기 등의 학습의 기본적인 능력을 통제한다.
우 뇌	• 직관적이고 얼굴을 잘 기억한다. • 시각적인 자료에 잘 반응한다. • 문제를 전체적인 구조 속에서 파악하며, 예감이나 육감을 가지고 해결하려 한다. • 주관적으로 사고하고 판단하며, 유동적이고 자발적이다. • 개방적이고, 주관적인 과제나 활동을 좋아한다. • 자유로운 감정을 가지고 시각적 자극에 잘 반응한다. • 음악, 미술 등의 예술적인 기능을 통제한다.

21 귀인 이론의 기본가정
• 사람들은 자신의 성공 또는 실패의 원인을 알고자 하는 특성이 있다.
• 성공 또는 실패를 자신의 과업수행 중에 있었던 특정한 어떤 일의 탓으로 돌린다.
• 행운 및 불운, 과업의 난이도, 호의적 · 적대적 인간관계, 자신이 어려워하는 일, 자신이 가지고 있는 능력의 정도 등이 주요 요소가 된다.

22 ① 생리적 욕구, ③ · ④ 안전의 욕구, ⑤ 자아실현의 욕구

23 ㄱ. 성공의 기회 제시의 전략 : 학습동기를 유발하고 유지시키는 변인 중 '자신감(Confidence)'과 관련된 전략으로서, 쉬운 것에서 어려운 것으로 과제 제시, 적정 수준의 난이도 유지, 다양한 수준의 시작점 제공, 무작위의 다양한 사건 제시, 다양한 수준의 난이도 제공을 말한다.

ㄷ. 공정성 강조의 전략 : 학습동기를 유발하고 유지시키는 변인 중 '만족감(Satisfaction)'과 관련된 전략으로서, 수업 목표와 내용의 일관성 유지, 연습과 시험 내용의 일치를 말한다.

24 댄서로우(Dansereau)는 정보의 획득, 저장, 그리고 그 활용을 촉진할 수 있는 일련의 과정 또는 단계를 말하며 주전략으로서 정보처리 과정을 이해, 파지, 회상, 사용 전략으로 구분하였다.

25 학업문제 진단의 절차

제1단계 (예비단계)	• 초기면접으로 신뢰관계를 형성하고 진단목적을 명확히 하는 단계이다.
제2단계	• 진단결과에 대한 피드백을 준비하는 단계이다. • 진단결과의 내용과 전달형태를 어떻게 할 것인지를 결정하는 단계이다.
제3단계	• 피드백을 제공하는 단계이다. • 제공된 해석에 대해 내담자가 자신의 실제 생활모습 또는 사례를 연결 짓도록 하는 과정이 중요하다.
제4단계	• 치료적 진단과정에 추가되는 단계이다. • 진단을 통해 내담자가 발전하게 된 점을 정리하고 이를 문서화하여 내담자에게 제공하는 단계이다. • 진단과정이 보다 효과적이려면 상담자는 내담자로 하여금 진단결과에 대해 이해하고 자기생각을 이야기하게 하며, 진단결과에 대해 깊이 있게 의견을 나누는 것이 중요하다.

제5회 정답 및 해설

↻ 최종모의고사 제5회 **p.249**

필수과목 01 청소년상담의 이론과 실제

01	02	03	04	05	06	07	08	09	10
④	③	④	②	③	①	④	②	③	③
11	12	13	14	15	16	17	18	19	20
②	①	④	③	②	④	①	③	②	①
21	22	23	24	25					
①	⑤	①	④	①					

01 ㄴ. 실존주의 상담에서 상담자는 내담자가 자기존재의 본질에 대하여 각성하고, 현재 자기가 경험하고 있는 정서적 장애의 원인이 자기상실 내지 논리의 불합리성에 있다는 것을 각성하게 해주는 데 있다.

실존주의 상담의 원리
- 내담자가 존재하는 세계를 있는 그대로 이해하려는 입장에서 생겨났다.
- 실존적 관계란, 능률이나 생산성을 강조하는 기술적 관계가 아니다.
- 실존주의 상담의 초점은 내담자의 자아에 있으며, 현상학적 입장에 기반한다.
- 실존적 상담관계에서는 '지금 – 여기'의 현실을 강조한다.
- 실존주의 상담의 목적은 위기의 극복이 아닌, 인간 존재의 순정성 회복에 있다.
- 추상적인 측면이 강하여 보다 구체적으로 상담장면에서 적용할 수 있는 방법이 요구된다.
- 실존주의 상담의 주장자에는 메이(Rollo May), 보스(Medard Boss), 얄롬(Irvin Yalom), 프랭클(Viktor Frankl), 빈스반거(Binswanger) 등이 있다.

02 ㄹ. 청소년기는 피아제(Piaget)의 인지발달 4단계 중 형식적 조작기에 해당한다. 청소년기는 현실적 세계를 넘어 추상적으로 사고를 할 수 있는 단계이다.

03 마샤(Marcia)의 청소년 정체성 이론

정체감 성취	• 정체성 위기와 함께 정체감 성취에 도달하기 위한 격렬한 결정과정을 경험한다. • 청소년은 어느 사회에서나 안정된 참여를 할 수 있고, 상황 변화에 따른 동요 없이 성숙한 정체감을 소유할 수 있다.
정체감 유예	• 정체성 위기로 격렬한 불안을 경험하지만, 아직 명확한 역할에 전념하지 못한다. • 청소년은 자신의 능력과 사회적 요구, 부모의 기대 사이에서 고민한다.
정체감 상실	• 정체성 위기를 경험하지 않았음에도 사회나 부모의 요구와 결정에 따라 행동한다. • 청소년은 외면적으로는 본인의 결단의 지점을 통과한 것처럼 보이지만, 내면적으로는 통과하지 못한 상태이다.
정체감 혼란	• 정체성 위기를 경험하지 않았으며 명확한 역할에 대한 노력도 없다. • 청소년은 일을 저지르지도, 책임을 지려하지도, 의심하지도 않으며, 어떻게 살아야 하는지에 대해서도 관심이 없다.

04 개인심리학 상담자는 내담자에게 자신의 생활양식, 현재의 심리적인 문제, 잘못된 신념 즉 '기본적 오류'를 깨닫도록 해주고, 그것이 어떻게 해서 내담자에게 문제가 되는지를 해석해 준다. 또한 해석을 통하여 특히 내담자의 장점을 지적하고 격려해야 한다.

05 인간은 자기를 이해하고 자아개념과 기본적 태도를 변경시킬 수 있는 방대한 자원들을 가지고 있으며, 동일한 현상에 대해 개인의 주관적 경험을 토대로 인식하는 '창조적 존재'이다.

06 ② '체계적 둔감법'에 대한 설명이다. '혐오치료'는 역조건 형성의 일종으로서, 바람직하지 못한 행동에 혐오자극을 제시함으로써 부적응적인 행동을 제거한다.

③ '타임아웃'은 바람직하지 못한 행동을 한 아동에게 정해진 기간 동안 어떤 강화장소로부터 비강화장소에 고립시키는 방법이다.

④ '행동조성(조형)'은 행동을 구체적으로 세분화하여 단계별로 구분한 후, 각 단계마다 강화를 제공함으로써 바람직한 행동을 학습하도록 하는 것이다.

⑤ '프리맥의 원리'는 강화의 상대성을 이용한 것으로써, 선호하는 반응은 덜 선호하는 반응을 강화하여 행동의 발생빈도를 증가시킨다.

07 ① 격려하기 : 상담자의 격려를 통해서 내담자는 자기신뢰와 변화의 용기를 갖도록 한다.

② 역설기법 : 자신의 잘못된 행동을 객관적인 입장에서 확인하도록 하여 그러한 행동의 책임이 자신에게 있음을 깨닫도록 한다.

③ 수프에 침 뱉기 : 내담자의 자기패배적 행동 뒤에 감춰진 의도나 목적을 드러내 밝힘으로써 내담자가 그 행동을 하는 것을 주저하게 하는 기법이다.

⑤ '마치 ~인 것처럼' 행동하기 : 상담자는 두려워하는 내담자에게 문제가 해결된 것처럼 상상하고 행동하도록 역할놀이 상황을 설정한다.

08 ㄴ. 교류분석 이론에서의 인간은 반결정론적·가변적·자율적인 존재이다.

교류분석의 주요 개념

생활자세	기본적 생활자세 또는 인생태도란, 어릴 때 양친과의 상보교류를 바탕으로 하여 배양되는 자기나 타인 또는 세계에 대한 기본적인 반응태도 또는 그것에 기인하는 자기상이나 타인상을 말한다.
자아상태	교류분석 상담에서는 초기에 정신과 신체간의 관계, 특히 인간의 직관에 흥미를 가졌고, 프로이트(Freud) 이론에서 분리되어 자아의 상태를 부모자아, 어른자아, 어린이자아로 나누었으며, 이 자아상태를 관찰 가능한 현상으로 보았다.

각본분석	생활각본은 생의 초기에 있어서 개인이 경험하는 외적 사태들에 대한 자신의 해석을 바탕으로 하여 형성·결정된 환경에 대한 반응행동 양식이다.
게임분석	게임이란, 일련의 연속적 교류가 이루어진 결과로서 두 사람이 모두 나쁜 감정으로 끝나는 심리적 교류이다.
성격 구조	인간의 성격 구조에 대해 세 가지 자아 상태, 즉 부모자아 상태, 성인자아 상태, 아동자아 상태를 가지고 있다고 가정한다.
스트로크	사회적 행동의 동기를 제공하는 요인으로 평생 지속되는 인정자극, 즉 서로 주기도 하고 받기도 하는 것이다.
구조분석	구조분석(Structural Analysis)은 주로 부모(P), 성인(A), 아동(C)의 3가지 자아 상태가 어떻게 구성되어 있는지 분석하는 것을 의미한다.

09 청소년상담자의 '인간적인 자질'에 해당된다.

청소년상담자의 전문가적인 자질
- 전문가적 소양, 객관적 평가능력
- 심리학적 지식
- 사회학 및 문화인류학적인 지식
- 시대감각 및 사회환경에 대한 지식
- 상담이론에 관한 이해
- 내담자의 문화적 차이에 대한 이해
- 심리검사, 진단분류체계에 대한 이해
- 상담을 효율적으로 진행하는 방법과 절차에 관한 이해
- 상담 상황에서 지켜야 할 윤리규정의 숙지
- 실제적인 상담기술 훈련을 포함한 지속적인 자기개발

10 상담자는 스스로에게 취약한 부분이 있으며, 내담자의 모든 문제를 해결해 주는 것은 불가능하다는 것을 인지한다.

청소년상담자의 태도
- 공감적 이해 : 상대방이 경험하고 있는 것에 관하여 정확하게 지각하고, 그 지각에 관해서 의사전달을 할 수 있는 능력이다.
- 존중 : 내담자를 그들의 행동과 분리시켜서 인간 그 자체의 가치를 순수하고 깊게 수용해주어야 한다.

- 따뜻한 태도 : 내담자에 대한 관심과 애착을 긍정적으로 표현함으로써 가능하다.
- 솔직한 태도 : 언어적 행동과 비언어적 행동이 일치하게 행동해야 한다.
- 구체성을 지닌 태도 : 이해되지 않았을 때 다시 이야기해 줄 것을 솔직히 요구하고, 어떤 사건이나 감정에 대하여 구체적인 예를 들게 한다.
- 직면 : 상대방의 말과 행동이 서로 모순되는 점을 지적하는 것으로, 즉각적인 직면은 위험하며 내담자와의 좋은 관계가 형성된 후에 해야 한다.
- 유머의 사용 : 다양한 익살이나 농담을 적극적으로 사용하는 것이 좋다.
- 적극적이고 지시적인 태도 : 청소년상담에서는 상당한 교육과 훈련이 포함되어야 하므로, 상담자가 어느 정도 교사의 역할을 하면서 적극적이고 지시적일 때 상담의 효과는 극대화된다.
- 피드백을 통한 점검 : 상담자가 말한 것을 청소년내담자가 이해하고 있는지 피드백을 통해 점검한다.

11 인간중심상담에서 인간은 자기실현을 위해 끊임없이 노력하는 '성장지향적 성향'을 타고나며, 반결정론적인 입장에서 자유로운 존재로 개인의 부적응으로부터 건전한 상태로 회복할 수 있고, 나아가서는 자신의 능력을 최대한으로 발달시킬 수 있다고 본다.

12 초기-중기-종결 단계의 상담자 역할

초기단계	• 내담자와 관계를 형성한다. • 내담자의 호소문제와 관련된 감정을 탐색하여 내담자의 문제를 이해하고 평가한다. • 상담의 구조화를 진행한다. • 내담자와 협의하여 상담의 목표를 설정한다.
중기단계	• 내담자가 자기문제에 대한 탐색과 통찰을 하도록 한다. • 탐색 과정에서 깨달은 사실을 구체적인 행동으로 옮기도록 격려한다. • 상담진행 상태와 내담자 변화를 평가한다. • 내담자의 자신감과 변화된 행동을 지지한다. • 조언과 해결책을 제시하는 것을 삼가고, 관찰한 내용을 피드백 해준다.
종결단계	• 상담성과를 평가하고 점검한다. • 내담자의 행동변화 요인(상담자 요인, 내담자 요인 등)을 평가한다. • 종결과 관련된 내담자의 감정을 파악한다. • 내담자가 이전 단계에서 얻은 통찰을 실행으로 옮길 수 있도록 돕는다. • 추수상담에 대해 조언한다.

13 상담자는 필요시에 내담자의 요구나 기대, 내담자의 문제해결에 도움을 줄 수 있는 적절한 상담자나 기관으로 의뢰할 수 있어야 한다.

14 키치너(K. Kitchener)의 윤리적 의사결정을 위한 도덕원칙
- 자율성(Autonomy) : 상담자는 권리를 해치지 않는 범위에서 내담자의 자율적 선택과 행동을 최대한으로 존중한다.
- 선의(덕행, Beneficence) : 상담자는 내담자의 정신건강이나 복지에 최선을 다해서 그들이 긍정적 방향으로 성장할 수 있게끔 도와야 한다.
- 무해성(Nonmaleficence) : 상담자는 상담윤리 결정에 있어 다른 사람(내담자)에게 피해를 주지 않아야 한다.
- 공정성(정의, Justice) : 내담자가 어떤 경우(성, 인종, 지위 등)라도 다른 사람과 다르게 취급받아서는 안 된다.
- 충실성(성실성, Fidelity) : 상담자는 내담자와 맺은 약속을 지키며 믿음과 신뢰를 주는 행동을 해야 한다. 계약위반과 같은 내담자의 신뢰를 저버리는 행위를 하지 않는다.

15 현실치료 이론의 상담과정 중 자기행동 평가를 위한 내담자 초청 단계에서 현재 내담자의 행동이 욕구충족에 도움이 되는지 또는 방해가 되는지 내담자 스스로 평가하도록 돕기 위해서는 옳고 그름에 대한 가치판단이 불가피하다.

16 ㄱ. 사이버 상담은 사이버 상에서 이루어지기 때문에 위기상황에 대한 즉각적인 파악이 어렵다.

ㄴ. 음악치료에서 사용되는 음악은 내담자의 선호도가 개입되지 않은 객관적 기준으로 음악을 선정하여 심리치료의 도구로 활용하는 것이다.

ㄷ. 미술치료에서 미술 매체는 내담자의 인지수준에 따라 재료를 제한해 주어야 한다.

17 상담의 구조화는 심리적 조력관계의 본질, 제한점, 목표 등을 규정하고, 상담자와 내담자의 역할과 책임, 그리고 가능한 약속 등의 윤곽을 명백하게 하는 것을 말하는 것이지 강의식으로 명확히 전달하는 것이 아니다.

18 ㄱ. 내담자 편에서 자기 이해가 이루어지지 않았을 때 성급한 해석을 내리는 경우, 내담자가 방어적으로 나올 수 있으므로 해석의 시기에 유념해야 한다. 따라서 불안이 심하여 저항이 뚜렷한 경우 해석을 해주는 것은 바람직하지 않다.

ㄷ. 저항을 직면할 수 있는 자아강도가 있을 때 해석해준다.

19 상담 초기의 탐색단계에서 상담자가 할 수 있는 행동이다.

20 ① 선택적 추상화 : 다른 중요한 요소들은 무시한 채 사소한 부분에 초점을 맞추고, 그 부분적인 것에 근거하여 전체 경험을 이해한다.

② 임의적 추론 : 어떤 결론을 지지하는 증거가 없거나 그 증거가 결론에 위배됨에도 불구하고 그와 같은 결론을 내린다.

③ 과도한 일반화 : 한두 가지의 고립된 사건에 근거해서 일반적인 결론을 내리고, 그것을 서로 관계없는 상황에 적용한다.

④ 개인화 : 자신과 관련시킬 근거가 없는 외부사건을 자신과 관련시키는 성향이다.

⑤ 이분법적 사고 : 모든 경험을 한두 개의 범주로만 이해하고, 중간지대가 없이 흑백논리로써 현실을 파악한다.

21 게슈탈트 상담자의 과제와 태도

	관심과 감동 능력	• 상담자는 내담자의 존재와 그의 삶의 이야기에 대해 진지한 흥미와 관심을 보일 수 있어야 한다. • 내담자의 이야기에 심취하고 감동할 수 있는 능력을 갖고 있어야 한다.
	존재 허용적 태도	• 내담자 스스로 자신의 삶을 살도록 허용해 주어야 한다. • 상담자의 가치관이나 계획에 따라서가 아니라 내담자 스스로의 본성에 따라 자신의 존재를 실현해나가도록 허용해주어야 한다.
태 도	현상학적 태도	• 상담자는 모든 상담행위를 내담자에게서 나타나는 생명현상의 흐름을 따라가면서 진행해야 한다. • 상담자는 항상 내담자로 하여금 스스로 문제를 발견하게 하고 탐색과 실험을 통하여 스스로 문제를 해결해 나가도록 도와주어야 한다.
	저항의 수용	• 상담자는 저항에 맞서 싸우기보다는 내담자의 저항을 받아들이는 것이 저항을 극복하는 길이다.
	창조적 대응	• 내담자를 따라가라는 것은 내담자의 생명현상을 따라가라는 뜻이지, 상담자가 내담자의 생각이나 시각을 그대로 받아들이라는 뜻은 아니다. • 만약 상담자가 내담자의 생각이나 시각을 그대로 채택한다면, 상담자도 내담자와 함께 그의 문제에 빠져 헤어나오지 못하게 될 가능성이 높다. • 상담자는 내담자가 갖고 있는 고정된 시각에 대안을 제시해 줄 수 있어야 한다. 즉 상담자는 내담자를 내담자 자신과는 다른 눈으로 볼 수 있어야 한다.

과제	알아차림과 접촉의 증진	• 알아차림과 접촉을 통해 전경과 배경을 교체한다. • 알아차림은 게슈탈트 형성과 관계하며, 접촉은 게슈탈트의 해소에 관계한다.
	좌절과 지지	• 상담자는 내담자의 자립적인 태도나 행동은 격려하고 지지해 주되, 의존적인 태도나 회피행동은 좌절시켜야 한다.

22 '너 전달법(You-Message)'에 대한 설명이다.

나 전달법(I-Message)
생각이나 감정을 표현하는 데에 있어서 그 상대방이 나에게 미친 영향을 효과적으로 전달하되, 전달과정에서 상대방을 비난하지 않고 공격하지 않기 때문에 상대방의 방어적인 태도를 풀어서 상대방이 나를 이해할 수 있도록 도와준다.

23 내담자와 내담자 간 충분한 라포(Rapport)관계가 형성되어 있을 때 해석을 실시해야 하므로, 상담초기에는 효과적이지 않다.

24 '바꾸어 말하기(Paraphrasing)'는 내담자가 사용한 용어와 같은 뜻을 가진 다른 말을 사용하여 내담자의 말을 간단하게 확인하는 기법으로서, 내담자의 생각을 구체화할 수 있고, 내담자가 말하고 있는 바를 상담자가 올바로 이해하고 있는지 확인할 수 있다.

25 안나 프로이트(A. Freud)는 청소년은 기본적으로 자기 갈등적이고 모순적인 행동을 보이는데, 이것은 청소년기에 일어나는 성적인 성숙, 즉 생식기의 발달과 성적인 욕구에 따르는 내적인 갈등과 심리적 불안정 때문이라고 진단하였다. 청소년 시기를 '자아정체감을 형성하는 시기 대 자아정체감의 혼란을 느끼는 시기'라고 표현한 사람은 에릭슨(Erikson)이다.

필수과목 02 **상담연구방법론의 기초**

01	02	03	04	05	06	07	08	09	10
①	⑤	③	④	①	②	②	①	①	①
11	12	13	14	15	16	17	18	19	20
①	①	⑤	④	③	①	①	②	⑤	③
21	22	23	24	25					
⑤	②	②	④	②					

01 사례연구의 특징
• 구체적인 현상이나 사회적 단위, 즉 사례들에 대해 상세하고 심층적인 자료수집을 하고 이를 집중적으로 탐구하는 것이다.
• 사례연구로 밝혀진 것은 특정 개체나 단체에 관한 것이므로 일반화하는데 한계가 있다.
• 사례연구에서는 현상이나 사회적 단위를 총체적으로 기술하고 설명하려고 노력한다.
• 사례연구에서의 자료의 수집은 참여관찰, 면담, 저널, 각종 문서, 시청각 자료 등과 같은 다양한 정보원을 통해 광범위하게 이루어진다.
• 연구자는 분석된 자료를 가지고 사례가 존재하는 맥락 내에서 심층적으로 기술하고 해석하고 이론을 생성한다.

02 실험설계의 타당도를 저해하는 요인

내적 타당도를 저해하는 요인	• 성장요인(성숙 또는 시간의 경과 요인) • 역사요인(우연한 사건) • 선별요인(선택요인) • 상실요인(실험대상의 탈락) • 통계적 회귀요인 • 검사요인(테스트 효과) • 도구요인 • 모방(개입의 확산) • 인과적 시간-순서
외적 타당도를 저해하는 요인	• 연구표본의 대표성 • 선발과 처치의 상호작용 • 검사경험의 반응적 효과 • 복합적인 실험처치의 간섭 • 호손효과(반동효과) • 존 헨리효과 • 플라시보 효과(Placebo Effect)

03 ㄷ・ㅁ 결과에 포함되는 내용이다. 결과는 연구자의 실험이나 연구 등을 통하여 얻은 정보를 서술하여 보고하는 과정이다.

논문에서의 '논의'
- 결과에서 나온 내용들의 의미를 부여하는 것이다.
- 연구결과가 가설을 지지하는지의 여부를 설명한다.
- 연구결과에 근거하여 연구의 결론을 진술한다.
- 경우에 따라 연구의 한계점을 제시한다.
- 연구결과의 의미는 무엇이며, 가능한 추론은 무엇인지 서술한다.
- 향후 어떠한 연구가 더 필요한가를 서술한다.
- 연구자의 학문적인 깊이를 드러내는 영역이기도 하다.
- 자신의 연구가치를 부각할 수 있는 영역이다.
- 결과를 근거로 하여 추가적인 추론도 할 수 있다.
- 결과가 제공하는 이론적 및 실제적 함의를 제공한다.

04 통계적 회귀는 사전검사에서 극단적인 점수를 받은 대상에 대해 독립변수를 도입할 경우 점수가 정상적인 점수로 수렴되는 경향을 말한다.

05 피험자를 속이는 경우에는 실험과 자료수집을 마친 후 디브리핑을 한다. 연구결과에 영향을 미칠 수 있는 요인이 있지만, 연구자는 최소한의 윤리적인 문제에서 벗어나기 위해서 철저한 디브리핑 과정을 거쳐야 한다. 특히, 피험자가 실험과정에서 감정적인 손상 등을 입을 경우 이를 회복시켜주기 위해 노력해야 한다.

06 수행이 척도의 상한에 있을 때 천장 효과(Ceiling Effect)가 있다고 말한다. 반면, 수행이 척도의 하한에 있을 때 바닥 효과(Floor Effect)가 있다고 말한다. 천장 효과와 바닥 효과를 합쳐서 척도 희석화 효과(Scale-Attenuation Effects) 문제라고 한다.

07 혼합요인 설계(Mixed Factorial Design)는 집단 간 피험자 변인과 집단 내 피험자 변인을 모두 포함하는 요인 설계이다. 즉, 두 종류의 요인이 하나의 실험에 모두 포함하는 설계이다.

08 역사요인은 측정기간 도중에 발생한 사건에 의해 결과에 영향을 미치는 효과를 말한다. 어린이 축구교실의 단일집단을 일정한 기간을 사이에 두고 전후로 측정하는 경우, 그 기간 중 측정결과에 영향을 미칠 수 있는 요소들을 확실히 통제하기 어려우며, 그로 인해 왜곡된 결과가 나타날 수 있다.

09 과학적 방법의 윤리문제

연구내용상의 윤리문제	• 연구대상은 사회적 통념이 허용하는 범위 내의 것이어야 한다. • 인간생활에 해를 주기보다는 이익을 주는 것이어야 한다.
연구과정상의 윤리문제	• 타당한 결과를 얻어내기 위해 연구대상으로서의 인간을 조작해야 하는 경우, 과학자는 어떠한 태도를 취해야 하는지, 연구활동 중 습득한 사실들에 대해 어느 정도의 수준에서 비밀을 보장해야 하는지 의문을 가진다.
연구결과상의 윤리문제	• 개인의 프라이버시를 어떻게 보장할 것인지, 연구결과를 다른 목적에 사용할 수 있는지, 연구결과에 대한 책임이나 이익은 어떻게 분배해야 하는지 의문을 가진다.

10 재검사 신뢰도는 동일한 측정도구를 가지고 동일한 대상에게 시간적 간격을 두고 반복 측정하여 신뢰도를 평가하는 방법이다. 반면에, 반분신뢰도는 측정도구를 임의대로 반으로 나누고, 그 각각을 독립된 척도로 간주하여 이들의 측정결과를 서로 비교하는 방법이다.

11 ㄴ・ㄷ 점이연계수, ㄹ. 피어슨(Pearson) 상관계수
상관계수의 종류

파이(phi) 계수	• 두 변수가 이분변수 일 때 두 변수 간의 상관관계를 나타내는 지수 • 예컨대, 성별과 산아제한에 대한 찬반의 상관연구에서 성별(남, 녀)이라는 변수와 찬반(찬성, 반대)이라는 변수가 모두 이분변수일 때 사용

스피어만 (Spearman) 등위상관계수	• 측정형 변수나 순서형 분류형 변수들의 상관관계 정도를 자료의 순위 값에 의하여 계산하는 계수
점이연계수	• 하나가 연속변수이고, 다른 하나가 이분변수일 때 사용하는 상관계수 • 이분변수를 0과 1로 코딩한 다음 피어슨 상관계수를 계산하면 이 상관계수가 됨 • 검사에서 총점과 문항 간의 상관계수를 구할 때 자주 사용됨 • 두 집단의 t-검증과 밀접히 관련되어 있음
이연계수	• 하나가 연속변수이고 다른 하나가 이분변수일 때 사용하는 상관계수이지만, 이분변수가 원래 연속변수인데 이분화한 경우에 사용 • 이는 이분화되지 않았을 때 두 연속변수들 간의 상관계수를 추정하는 방식으로 상관이 구해짐
피어슨 (Pearson) 상관계수	• 등간척도 및 비율척도로 이루어진 변수들 간의 관계를 분석하는 상관계수

12 쿠더-리차드슨(Kuder-Richardson) 20(KR-20)은 쿠더와 리차드슨이 개발한 공식으로 이분채점 문항에만 사용될 수 있는 문항내적합치도이다. 즉, 적성검사의 사지선다형에서와 같이 정답과 오답이 있어 특정 문항에서 정답을 한 경우는 1점, 오답을 한 경우는 0점으로 점수를 할당하는 경우의 내적 일관성계수를 구할 때 사용하는 방법이다.

신뢰도 추정방법

조사자 간 신뢰도	조사자 또는 평가자가 2명 이상인 경우, 이들 간의 평가점수가 일치해야 신뢰도가 있다는 것을 나타낸다.
재검사 신뢰도	동일한 측정도구를 가지고 동일한 대상에게 시간적 간격을 두고 반복 측정하여 신뢰도를 평가하는 방법이다.
동형검사 신뢰도 (대안신뢰도)	유사한 형태의 둘 이상의 측정도구를 사용하여 동일한 표본에 적용한 결과를 서로 비교하여 신뢰도를 측정하는 방법이다.

반분신뢰도	측정도구를 임의대로 반으로 나누고, 그 각각을 독립된 척도로 간주하여 이들의 측정결과를 서로 비교하는 방법이다.
내적 일관성 신뢰도 (Cronbach α)	단일의 신뢰도 계수를 계산할 수 없는 반분법의 단점을 고려하여, 가능한 모든 반분신뢰도를 구한 다음 그 평균값을 신뢰도로 추정하는 방법이다.

13 'T-검정'은 두 모집단의 평균의 차이 유무를 판단하는 통계적 검정 방법으로서, 두 집단 간의 차이의 여부를 분석할 때 사용하는 것이므로, 독립변수는 2개이며, 종속변수가 하나인 경우 사용한다.

14 할당표집은 비확률표집이다.

15 반분신뢰도나 내적일관성 신뢰도는 1번 실시해서 신뢰도를 구하는 방법으로서, 반복검사에서 나타나는 학습효과를 배재할 수 있는 신뢰도 검증방법이다.

16 연구의 결과에 의해 기술된 인과관계가 연구대상 이외의 경우로 확대·일반화될 수 있는 정도를 외적 타당도라고 한다. 이러한 외적 타당도를 저해하는 요인으로는 표본의 대표성, 조사대상자의 반응성, 호손효과 등이 있으며, 표본의 크기는 대표성의 문제와 연관된다.

17
$$E(X) = 1 \times \frac{1}{n} + 2 \times \frac{1}{n} + \cdots + n \times \frac{1}{n}$$
$$= \frac{1}{n}(1 + 2 + \cdots + n)$$
$$= \frac{1}{n} \times \frac{n(n+1)}{2} = \frac{n+1}{2}$$
$$E(X^2) = 1^2 \times \frac{1}{n} + 2^2 \times \frac{1}{n} + \cdots + n^2 \times \frac{1}{n}$$
$$= \frac{1}{n} \times \frac{n(n+1)(2n+1)}{6}$$
$$= \frac{(n+1)(2n+1)}{6}$$

이때, $V(X) = E(X^2) - \{E(X)\}^2$

$\qquad = \dfrac{(n+1)(2n+1)}{6} - \dfrac{(n+1)^2}{4}$ 이고,

$V(X) = 2E(X)$ 이므로

$\dfrac{(n+1)(2n+1)}{6} - \dfrac{(n+1)^2}{4} = n+1$

$4n + 2 - 3n - 3 = 12$

$\therefore n = 13$

18 $(15 + 6) \div (18 + 18) \fallingdotseq 0.58$

19 '과도한 일반화의 오류'란 소수의 사례를 가지고 일반적인 사실로 받아들일 때 발생하는 오류를 말한다.

20 일원분산분석표의 해석에서 전체 표본 수를 n, 실험 집단의 수를 k라 할 때 각 값은 다음과 같이 산출 가능하다.

구 분	SS	df	MS	F
집단 간	SSR	$k-1$	$MSR = \dfrac{SSR}{k-1}$	$F = \dfrac{MSR}{MSE}$
집단 내	SSE	$n-k$	$MSE = \dfrac{SSE}{n-k}$	$-$

따라서 (A) = 8, (B) = 2, (C) = 10이므로 (A) + (B) + (C) = 110이다.

21 $\dfrac{350 - 200}{\sigma} = 1.645$

$\therefore \sigma = \dfrac{350 - 200}{\sigma} \fallingdotseq 91.19$

22 상관계수^2 = 결정계수 → $0.9^2 = 0.81$

23 카이제곱검정의 자유도는 (행의 수 $-$ 1) $\times$ (열의 수 $-$ 1)로 구할 수 있다.
따라서 자유도는 $(5-1) \times (2-1) = 4$이며, 이때의 유의 확률은 위 표에 따라 0.29이다.

24 ④ 'H₀ 각 처리별 평균값의 차이가 없고 H₁ 각 처리별 평균값의 차이가 있다.'일 때, 유의확률 0.00000이 유의수준 0.05보다 작으므로 H₀를 기각한다. 따라서 각 처리별 평균값의 차이가 있다고 할 수 있다.
① 분산분석표에서 처리의 자유도가 n−1=4 이므로, 분산분석에 사용된 집단의 수는 5개이다.
② 분산분석표에서 총 제곱합의 자유도는 N(총 관측 자료수)−1이므로, 분산분석에 사용된 관찰값의 수는 30개이다.
③ 평균제곱은 3836.55 ÷ 4 ≒ 959.14
⑤ F값은 959.14 ÷ 61.97 ≒ 15.48

25 허위적 상관이란 높은 상관도일지라도 두 변수 간에 인과관계가 있다는 것을 의미하지 않는 것을 말한다. 실질적으로 아무런 의미도 갖지 않는 관계에서도 높은 상관도를 얻을 수 있음을 의미한다.

01	02	03	04	05	06	07	08	09	10
⑤	①	①	④	⑤	④	③	④	③	③
11	12	13	14	15	16	17	18	19	20
③	⑤	④	④	⑤	③	①	②	④	④
21	22	23	24	25					
②	③	④	①	③					

01 심리평가의 주요 내용

인지기능에 대한 평가	• 전반적인 지적 기능에 대한 평가 • 논리적 · 추상적 사고능력, 주의집중력 등에 대한 평가 • 문제 상황이나 스트레스 상황에서의 인지적 대처양식에 대한 평가 • 인지적 능력의 결함이나 장애, 취약성 등에 대한 평가
성격역동에 대한 평가	• 불안, 우울, 충동성, 공격성 등 현재 정서 상태에 대한 평가 • 내담자의 문제에 영향을 미치는 정서적 측면에 대한 평가 • 내담자의 문제와 성격적인 특성의 관련성에 대한 평가 • 자아강도, 정서조절, 충동통제력에 대한 평가
대인관계에 대한 평가	• 가족, 친구, 동료, 타인과의 상호적 대인관계에 대한 평가 • 대인관계의 양상 및 패턴에 대한 평가 • 대인관계에서의 기능 및 역할 수행에 대한 평가
진단 및 감별진단	• 검사 결과 및 검사 수행시 나타난 정서적 · 행동적 양상에 대한 평가 • 생활사적 정보 등을 포함한 종합적 평가 • 성격장애, 기분장애, 정신지체 등 정신의학적 진단분류
예후 및 방향 제시	• 문제의 해결을 위한 적절한 치료 유형 및 치료 전략의 제시 • 치료적 경과 및 앞으로의 행동에 대한 예측

02 ㄴ. 비네(Binet) 검사 : 1905년
　ㄱ. 로샤(Rorschach) 검사 : 1921년
　ㄷ. 벤더게슈탈트 검사(BGT) : 1938년
　ㄹ. 미네소타 다면적 인성검사(MMPI) : 1943년
　ㅁ. 아동용 주제통각검사(CAT) : 1949년

03 ① 검사자는 수검자에게 검사용지를 주어 집에서 하게 할 수도 있으나, 가능한 한 검사자가 지정하는 곳에서 검사자의 감독 하에 실시하는 것이 바람직하다.
② 검사자는 수검자에게 실시하는 이유, 검사결과 및 해석이 어떤 절차를 거쳐 수검자에게 통보되는지, 수검 태도가 결과에 미치는 영향 등을 충분히 설명해야 하나 문항의 뜻을 알려주면 안 된다.
③ 무응답 수가 10개 이상인 자료는 매우 조심스럽게 해석하고, 30개 이상인 경우는 더 이상 해석하지 않는다.
④ 수검자는 모든 문항을 정확히 읽고 이해할 수 있는 독해력은 물론이고, 문항 내용에 부합하게 자신의 상태를 확인하여 보고할 수 있는 판단력을 갖추어야 한다. 이를 위해서는 먼저 일반적인 초등학교 6학년 수준의 독해력을 갖추고 있음이 확인되어야 한다.
⑤ 내용 소척도는 모척도인 내용척도의 T점수가 60 이상일 때만 해석해야 한다.

04 ㄴ. 언어표현에 어려움을 겪는 사람들에게도 실시가 가능하며, 모든 문화를 수용할 수 있는 연구도구로서 가치가 있다.
　ㄹ. 검사는 '집 → 나무 → 사람' 순으로 한다. 특히, 중성적 자극에서부터 점진적으로 자기상으로 접근하는 방향으로 전개한다.
　ㄱ. HTP를 통해 개인의 무의식이나 방어기제를 탐색하는 것이 가능하며, 아동의 성격을 이해하는 데 매우 유효하다. 특히, 나무 그림은 무의식 수준의 자기 모습과 감정을 반영한다.
　ㄷ. 처음 집을 그리도록 할때에는 용지를 가로로 제시하며, 이후 나무나 사람, 반대 성(性)의 사람을 그리도록 할 때에는 용지를 세로로 제시한다.

ㄷ. 20cm 정도의 크기에, 용지의 2/3 정도를 활용하여 그리는 것이 일반적이다. 그림의 크기를 통하여 수검자의 자존감, 자기상, 자기 확대의 욕구, 공상적 자아 등에 대한 단서를 제공받을 수 있다.

05 ⑤ 형태차원 FD는 반점의 크기, 모양에 기초하여 거리를 입체적으로 지각한 경우이다. 또한, 대상의 일부가 제외되어 있는 경우에도 FD로 채점한다.
① 조직화 활동이란 자극 간에 관계를 형성할 때 나타나는 것으로 본다. 조직화 활동은 Z점수를 통해 값을 매기는 데, Z점수를 채점하기 위해서 반드시 형태가 사용되어야 한다.
② 질문단계에서는 피검자의 반응을 정확히 기호화하고 채점하려는 데 목적이 있다.
③ 반응단계에서는 그림에 대한 수검자의 지각 및 자유연상이 이루어지는 단계로 자세하게 말하도록 지시하는 것이 아니라 수검자 있는 그대로를 기록한다.
④ 반응빈도가 5% 미만으로 드물게 반응하는 영역은 Dd로 채점한다. 이 반응은 대부분 크기가 작은 영역에서 응답되지만 반드시 그렇지는 않다. 때로는 전체 반응에서 일부를 제외한 큰 부분에서 반응되는 경우도 있다.

06 ㄴ. Ma : Ma 척도만 단독으로 상승하는 사람들은 충동적이고 과격한 행동을 보이기 때문에 공격성을 직접적으로 표현한다.
ㄷ. Hs : 척도 3(Hy)과 함께 상승될 때는 다른 사람을 향한 공격성이 간접표현되고, 척도 5(Mf)와 함께 상승될 때 자기 자신에게로 향하는 공격성이 나타난다.

07 기질 및 성격검사(TCI)의 척도구성

기질척도	자극추구, 위험회피, 사회적 민감성, 인내력
성격척도	자율성, 연대감, 자기 초월

08 관찰자가 상황에서 일어나는 행동을 사실적으로 기록하는 것이 아니라, 일어나기를 기대하는 방향으로 결과를 기록하는 경우 오류가 발생할 수 있다.

행동관찰에서 나타날 수 있는 오류의 원인
• 표적행동에 대한 명확성 : 관찰내용(표적행동)이 명확하지 못해서 오류가 발생할 수 있다. 즉, 관찰 범주체계 설정에서 오류가 발생하여 관찰하고자 하는 것을 실제로 관찰하고 있느냐의 문제이다.
• 관찰자로 인한 반응 억제 수준 : 피관찰자가 관찰자를 의식하여 평소의 행동을 억제하는 경우 오류가 발생할 수 있다.
• 관찰자의 민감성 : 피관찰자의 행동이나 움직임 또는 표정을 포착하여 기술할 수 있는 민감성은 개인의 특징에 많이 의존하지만 훈련을 통해 개선될 수 있다.
• 관찰자의 개인적인 편견, 후광효과 : 관찰대상에 대한 관찰자의 사전정보나 인식이 긍정적이면 관찰자는 관찰대상을 우호적인 관점에서 바라보게 되는데 이를 '후광효과'라고 하며, 이와 반대될 때는 '편견'이 될 것이다.
• 관찰자의 불충분한 훈련 : 관찰도구 및 관찰매체들은 사용하기 전에 실제로 충분한 훈련을 해야 중요한 관찰에 집중할 수 있다. 또한, 관찰자의 훈련수준과 관심에 따라 선택적 관찰이 이루어지므로, 중요한 객관적 사항을 빠트리는 경우가 발생한다.
• 관찰자 개인의 특성 : 지나치게 관대하거나 엄격하여 관찰에 영향을 미치는 경우이다.
• 측정할 준거의 일관성 수준 : 관찰자가 동일한 장면이나 행동을 다시 관찰했을 때도 동일한 평가를 내리는 정도의 일관성이 유지되지 못해 오류가 발생할 수 있다.
• 기록 및 해석의 오류 : 같은 기록이라도 관찰정보를 빠트리는 '생략오류', 실제로 본 상황 이상의 정보를 담는 '첨가오류', 일어난 행동의 순서를 부적절한 순서로 계열화시키는 '전환오류'가 있을 수 있다.

09 ㄱ. 언어이해와 관련된 소검사이다.

ㄴ·ㅁ 유동추론과 관련된 소검사이다.

한국판 웩슬러 아동지능검사 5판(K-WISC-Ⅴ)의
5개 지수영역 소검사
- 언어이해 : 공통성, 어휘, 상식, 이해
- 시각공간 : 토막짜기, 퍼즐
- 유동추론 : 행렬추리, 무게비교, 공통그림찾기, 산수
- 작업기억 : 숫자, 그림기억, 순차연결
- 처리속도 : 기호쓰기, 동형찾기, 선택

10 최대수행검사와 습관적(전형적) 수행검사

최대 수행검사 (인지적 검사)	- 일정한 시간이 주어지고 그 시간 내에 내담자가 자신이 지닌 최대한의 능력을 발휘하려고 노력한다는 전제하에 능력을 측정하고자 하는 검사 - 개인이 특정 분야에서 얼마나 잘 하는지 또는 얼마나 많이 알고 있는지의 능력을 측정하는 것으로써, 각 문항마다 정답이 있어서 그 점수로써 내담자의 능력을 결정함 - 정확한 측정을 위해 검사 실시 전 상담자는 최대한 내담자와의 상호작용이 필요함 - 지능검사, 적성검사, 심리검사, 성취검사 등과 같은 일반적인 능력검사
습관적 수행검사 (정서적 검사)	- 개인이 평소에 전형적으로 보이는 행동을 측정하고자 하는 검사 - 개인의 흥미, 태도, 인성, 가치관 등에서 전형적이고 대표적인 모습을 파악할 목적으로 실시하는 검사 - 일정한 시간제한이 없고, 각 문항도 정답 또는 오답의 개념이 없이 하나의 진술문에 대해 개인이 맞다 또는 틀리다, 동의 또는 부동의로 답함 - 성격검사, 흥미검사, 태도검사 등

11 한국판 웩슬러 아동지능검사 5판(K-WISC-Ⅴ)은
언어이해, 시각공간, 유동추론, 작업기억, 처리속
도의 5가지 척도로 구성되어 있다.

12 심리적 속성의 특성
- 추상적 개념(개인의 지능, 학력, 적성, 성격, 흥미, 가치관 등)이다.

- 직접측정이 불가능하므로 조작적 정의를 통해 수량화해서 간접적으로 측정해야 한다.
- 수량화하는 도구로서 심리검사들이 개발되어야 한다.
- 심리적 측정을 통해 객관화가 가능하다.

13 심리평가 과정은 각 수검자마다 적절한 평가절차
와 심리검사 실시 등을 위해 어떠한 방법을 선택할
것인가를 결정한 후에 검사를 시행, 채점하여서 그
결과를 해석하는 과정이다.

심리평가의 목적
- 내담자 및 주변 환경에 대한 이해 : 심리평가는 내담자와 그의 주변에 대한 다양한 정보를 증가시킴으로써 이해의 폭을 넓힌다.
- 문제의 명료화 및 세분화 : 과학적·합리적·전문적인 조사연구를 통해 문제를 명료화·세분화함으로써 문제 해결에 기여하는 전문적 활동이다.
- 내담자에 대한 이해 : 내담자의 인지적 기능 및 강점을 평가하여 심리적 부적응이나 문제 상황을 스스로 극복할 수 있는 계기를 마련한다.
- 치료계획 및 치료전략의 제시 : 내담자가 직면한 문제를 해결하기 위한 적절한 치료계획 및 치료전략을 제시한다.
- 치료적 관계의 유도 : 내담자에게 문제 상황의 심각성 정도를 인식시킴으로써 문제 해결을 위한 치료적 관계를 유도한다.
- 치료결과 및 효과에 대한 평가 : 치료적 개입에 의해 발생할 수 있는 효과에 대해 평가하여 내담자 개인의 유효한 변화가 이루어지도록 한다.

14 TCI의 4가지 기질차원
- 자극 추구 : 새롭거나 신기한 자극, 잠재적인 보상 단서 등에 강하게 반응하는 유전적 경향성으로 흥분과 보상을 추구하는 탐색 활동을 하며, 단조로움과 처벌은 적극적으로 회피한다. 두뇌의 행동 활성화 시스템과 도파민 기제와 관련되어 있다.
- 위험 회피 : 위험하거나 혐오스러운 자극에 강하게 반응하는 유전적 경향성으로 처벌이나 위험을 회피하기 위해 행동을 억제하며, 이전에 하던 행동도 중단한다. 두뇌의 행동 억제 시스템과 세로토닌 기제와 관련되어 있다.

- 사회적 민감성 : 사회적인 보상 신호에 대해 강하게 반응하는 유전적 경향성으로 사회적인 보상 신호에 의해 이전의 보상 또는 처벌 감소와 연합되었던 행동이 유지된다. 두뇌의 행동 유지 시스템과 노어에피네프린 기제와 관련되어 있다.
- 인내력 : 보상이 없을 때 혹은 간헐적으로만 강화되는 경우에도 한 번 보상된 행동을 꾸준히 지속하는 경향성을 말한다. 두뇌의 행동유지 시스템과 관련되어 있다.

15 성격병리 5요인에 공격성, 정신증, 통제결여, 부정적 정서성/신경증, 내향성/낮은 긍정적 정서성 척도가 속한다.

16 '나무기둥'은 자아 강도, 내면화의 힘을 의미하며, 안정성 여부나 현실과의 접촉수준을 의미하는 것은 '뿌리'이다.

17 편차지능지수는 웩슬러(Wechsler) 검사 계열에서 사용하는 방식이다. 기존의 스탠포드-비네(Stanford-Binet) 검사에서 적용하던 비율지능지수의 한계에 대한 인식에서 비롯되었다.

18 신뢰도 검사
- 문항내적 합치도 : 한 검사에 있는 문항 하나하나를 모두 한 개의 독립된 검사로 생각하고 그 합치성, 동질성, 일치성을 종합하는 방법으로 계산은 쿠더-리차드슨 공식(KR-21)이나 크론바흐 알파(Cronbach α)를 사용한다.
- 반분 신뢰도(동질성 계수) : 한 개의 검사를 어떤 대상에서 실시한 후 이를 적절히 두 부분으로 나누어 독립된 검사로 취급하여 두 검사 조사를 기초로 하여 상관계수를 산출하는 것으로 신뢰도는 스피어만-브라운 공식을 이용하여 산출한다.
- 동형검사(동형성, 동등성 계수) : 미리 문항의 내용, 문항 수, 문항변별도가 동일한 유형의 두 개의 동형검사를 제작하여, 그것을 같은 대상에 실시하여 상관계수를 산출하는 방법으로 두 검사의 유사성을 측정한다.

19 구인타당도를 제시하는 방법의 하나이다. 캠벨(Campbell)과 피스크(Fiske)가 제시한 것으로서 두 개 이상의 심리적 특성을 두 가지 이상의 방법으로 측정하여 수렴타당도와 변별타당도를 확인하는 것이다.

20 요인분석 절차
1. 문항 간 상관계수 산출 : 문항간의 상관계수를 계산한 후 상관계수가 높은 문항들을 묶음
2. 요인 수 추정 : 가능한 한 적은 요인을 추정
3. 요인의 회전 : 요인의 회전으로 어떤 변수가 어떤 요인에서 높게 나타나는지 파악
4. 요인 간 상관계수 산출

요인분석을 실시할 경우 주의할 점
- 문항들 간의 상관계수를 어떻게 구하는 것이 바람직할지 고려한다.
- 주성분 분석과 요인분석의 용도를 구분하여 사용한다.
- 요인에 대한 해석 가능성을 높이기 위해 요인회전 방법을 사용할 때 직교회전과 사교회전을 어떤 맥락에서 사용해야 하는지 명백히 이해한다.

21 로샤 검사의 채점 - 발달질

기 호	정 의	기준내용
+	통합반응 (Synthesized Response)	반점의 단일하거나 구분된 부분이 관련이 있는 하나의 반응에 조직되어 묘사된 것으로서, 구체적인 형태특성으로 나타나는 경우
v/+	모호-통합반응 (Vague-Synthesized Response)	반점의 단일하거나 구분된 부분이 관련이 있는 하나의 반응에 조직되어 묘사된 것으로서, 구체적인 형태특성으로 나타나지 않는 경우
o	보통반응 (Ordinary Response)	잉크반점이 구체적인 형체특성으로 묘사되어 대상의 윤곽과 함께 구조적인 양상을 보이는 경우
v	모호반응 (Vague Response)	잉크반점이 구체적인 형체특성 없이 묘사되어 대상의 윤곽이나 구조적인 양상을 보이지 않는 경우

22 HTP의 집, 나무, 사람은 수검자의 연령과 지식수준 등을 고려할 때 다른 어떠한 주제보다도 받아들이기 쉽다. 즉, HTP는 사실상 모든 연령의 수검자에게 실시가 가능하며, 특히 문맹자에게 적합하다.

23 13개 검사척도(?척도를 제외한 3개의 타당도 척도와 10개의 임상척도)의 원점수를 T점수로 환산하며, 해당 값에 따라 프로파일 용지 위에 프로파일을 그린다.

24 BGT 검사의 실시단계
- 일반적 검사의 경우 : 모사단계 → 회상단계 → 재모사단계
- 뇌손상 검사의 경우 : 순간노출단계 → 회상단계 → 한계음미단계
- 투사적 검사의 경우 : 모사단계 → 변용묘사단계 → 연상단계

25 ① 3GF : 한 여인이 고개를 숙인 채 오른손으로는 자신의 얼굴을 가리고, 왼손으로는 나무로 된 문을 잡고 있다.
② 6BM : 키 작고 나이든 여인이 등을 돌린 채 창 밖을 바라보고 있는 반면, 키 크고 젊은 남자는 약간 어두운 표정으로 여인의 옆에 서있다.
④ 7GF : 나이든 여인이 어린 소녀에게 책을 읽어주고 있고, 그 소녀는 인형을 안은 채 다른 곳을 응시하고 있다.
⑤ 8BM : 한 청년이 정면을 응시하고 있고, 그 옆에 엽총의 총신이 보인다. 그 뒤로 마치 수술 장면인듯한 사람이 누워있고 몇 명의 남자들이 그 앞에 서있다.

필수과목 04 이상심리

01	02	03	04	05	06	07	08	09	10
④	③	⑤	③	②	②	②	②	③	③
11	12	13	14	15	16	17	18	19	20
①	②	①	③	①	②	④	④	①	②
21	22	23	24	25					
①	③	④	②	①					

01 장애가 사회적·직업적 또는 다른 중요한 기능 영역에서 임상적으로 유의미한 고통이나 손상을 초래한다.

02 인지적·지각적 왜곡, 관계망상적 사고, 기이한 행동 등은 조현형 성격장애(Schizotypal Personality Disorder)의 특징에 해당한다.

조현성(Schizoid) 성격장애의 DSM-5 진단기준
조현성 성격장애는 다음의 특성 중 4개 이상의 항목에 해당해야 한다.
- 타인이나 심지어 가족성원과도 친밀한 관계를 맺고자 하지 않는다.
- 거의 모든 활동에 있어서 혼자 선택하며 홀로 행동한다.
- 타인과 성적 관계를 가지는 것에 흥미가 없다.
- 즐거움을 주는 활동이 거의 없으며, 극히 소수의 활동에서 즐거움을 얻는다.
- 자신의 가족 이외에 속내를 털어놓을 수 있는 친구가 없다.
- 타인의 칭찬이나 비난에 무관심한 반응을 보인다.
- 정서적으로 냉담하고 고립적이며 단조로운 정동을 보인다.

03 경계선 성격장애
경계선 성격장애는 다음의 특성 중 5개 이상의 항목에 해당해야 한다.
- 실제적이거나 가상적인 유기를 피하기 위해 필사적으로 노력한다.
- 대인관계에 있어서 상대방에 대한 이상화와 평가절하의 교차가 극단적이고 반복적으로 나타난다.
- 자아상이나 자기지각이 지속적으로 심각한 불안정성을 보인다.

- 낭비, 물질 남용, 성관계, 난폭운전, 폭식 또는 폭음 등 자신에게 손상을 줄 수 있는 충동성을 2가지 이상의 영역에서 나타내 보인다.
- 반복적으로 자해나 자살의 위협을 보이며, 실제로 자해 행위를 시도한다.
- 현저한 기분 변화로 인해 정서가 불안정하다.
- 만성적인 공허감을 느낀다.
- 부적절하고 심한 분노를 느끼거나, 분노를 조절하는 데 어려움을 느낀다.
- 스트레스에 의한 망상적 사고 또는 심한 해리 증상이 있다.

04 강박장애를 가진 사람은 자신의 강박사고나 강박행동이 어떠한 합리적인 근거나 의미가 없음을 알고 있으면서도 그러한 사고나 행동을 반복하는 경향이 있다. 이는 강박행동을 중지하는 경우 불안 증상이 나타나므로 이를 회피하기 위해 반복적으로 사고하며 행동하는 것이다.

05 간헐적 폭발성 장애는 공격적 발작을 하듯이 폭발적인 행동을 하기 전에 긴장감이나 각성상태를 먼저 느끼고, 행동을 하고 나서는 즉각적인 안도감을 느낀다. 그렇지만 곧이어 공격적 행동으로 인해 동요하고 후회하며 당혹스럽게 느끼게 된다. 이러한 문제로 인하여 직업상실, 학교적응 곤란(정학), 이혼, 대인관계의 문제, 사고, 입원, 투옥 등을 겪을 수 있다.

06 부정적 측면만 보고 최악의 상태를 생각하는 것은 '파국적 사고'이다. '의미확대'는 어떤 사건의 의미나 중요성을 실제보다 지나치게 확대 해석하는 것이다.

07 모르핀은 진정제이다.

중독성 물질의 분류
- 흥분제 : 코카인, 암페타민(필로폰), 카페인, 니코틴 등
- 진정제 : 알코올, 아편, 모르핀, 헤로인 등
- 환각제 : LSD, 메스칼린, 대마초, 살로사이빈, 엑스터시, 펜시클리딘
- 아편유사제(Opioids) : 아편, 코데인, 펜타닐, 헤로인, 하이드로 코데인, 메사돈, 모르핀

08 성격장애의 분류

분류	특징	종류
A군 성격장애	사회적으로 고립되어 있고 기이한 성격특성을 나타내는 성격장애	• 편집성 성격장애 • 조현성 성격장애 • 조현형 성격장애
B군 성격장애	감정적이며 변화가 많은 극적인 성격특성을 나타내는 성격장애	• 반사회성 성격장애 • 연극성(히스테리성) 성격장애 • 경계선 성격장애 • 자기애성 성격장애
C군 성격장애	불안하고 두려움을 많이 느끼는 성격특성을 나타내는 성격장애	• 의존성 성격장애 • 강박성 성격장애 • 회피성 성격장애

09 해리성 기억상실에는 주로 특별한 사건이나 사건들에 대한 국소적 또는 선택적 기억상실이다. 또한 정체성과 생활사에 대한 전반적 기억상실도 있다.

10 ㄱ. 강박장애는 '강박 및 관련 장애'의 하위유형으로, 원하지 않는 생각과 행동을 반복하는 장애이다.
ㄹ. 공황장애는 '불안장애'의 하위유형으로, 예기치 못한 강렬한 불안 즉 공황발작을 반복적으로 경험하는 장애를 말한다.

조현병 스펙트럼 및 기타 정신병적 장애의 하위 유형
- 조현병
- 조현정동장애
- 조현양상 장애
- 단기 정신병적 장애
- 망상장애
- 조현형 성격장애

11 강박장애는 원하지 않는 생각과 행동을 반복하게 되는 장애로서, 심각한 불안이나 고통을 유발하는 강박사고와 이를 중화하기 위한 강박행동을 특징으로 한다. 강박장애는 강박사고와 강박행동이 둘 다 나타나기도 하지만, 둘 중 어느 하나만 존재할 수도 있다.

12 우울증 성향의 사람들은 자신의 실패경험에 대해 내부적·안정적·전반적 요인으로 귀인하는 경향이 있다.

내부적 요인	실패의 원인을 자신의 능력 또는 노력의 부족, 성격상의 결함 등 내부적 요인으로 귀인하는 경우 우울감이 증폭된다.
안정적 요인	실패의 원인을 자신의 능력 부족이나 성격상의 결함 등 안정적 요인으로 귀인하는 경우 우울감은 만성화·장기화된다.
전반적 요인	실패의 원인을 자신의 전반적인 능력 부족이나 성격 전체의 문제 등으로 귀인하는 경우 우울증이 일반화된다.

13 신경성 식욕부진증은 대표적인 섭식장애의 하나로서, 살을 빼려는 지속적인 행동, 체중감소, 음식과 체중과 연관된 부적절한 집착, 음식을 다루는 기이한 행동, 살이 찌는 것에 대한 강한 두려움 등을 주요 특징으로 한다.

14 해리성 정체감 장애는 '다중 인격 장애' 또는 '다중 성격 장애'라고도 하며, 한 사람에게 둘 이상의 서로 다른 정체성을 지닌 인격(예 지킬 박사와 하이드)이 존재하는 장애를 말한다.

15 영양분이 없는 물질이나 먹지 못할 것(예 종이, 천, 흙, 머리카락)을 적어도 1개월 이상 지속적으로 먹는 경우를 '이식증'이라 하고, 가정의 경제적 빈곤, 부모의 무지와 무관심, 아동의 발달지체와 관련되는 경우가 흔하다.

16 ② 조현양상장애는 장애의 지속기간이 6개월 이상 지속될 경우에는 진단이 조현병으로 바뀌게 되며, 유병률은 조현병의 절반 정도로 추정되고 있다.
① 조현정동장애는 조현병증상과 기분삽화(주요 우울 또는 조증삽화)가 일정기간 동안 지속적으로 나타나는 경우를 말한다. 기분삽화가 없는 상태에서 망상이나 환각이 적어도 2주 이상 나타나야 한다.
③ 망상장애는 환자의 현실 판단력에 장애가 생겨서 망상이 생기는 질환을 말한다.

④ 조현형 성격장애는 친밀한 인간관계를 불편해하고, 인지적 또는 지각적 왜곡과 더불어 기이한 행동을 하는 장애로서, '조현병 스펙트럼 및 기타 정신병적 장애'에 속하는 동시에 '성격장애'에도 속한다.
⑤ 단기 정신병적 장애는 조현병의 주요 증상 중 한 가지 이상이 하루 이상 1개월 이내로 짧게 나타나며, 병전상태로 완전히 회복되는 경우를 말한다.

17 투렛장애는 틱 장애 중 가장 심각한 유형으로서, 여러 '운동성 틱(Motor Tic)'과 한 가지 이상 '음성 틱(Vocal Tic)'이 일정 기간 나타나는데, 두 가지 틱이 반드시 동시에 나타날 필요는 없다. 틱은 1년 이상 거의 매일 또는 간헐적으로 하루에 몇 차례씩(대개 발작적으로) 일어난다.

18 주의력 결핍 및 과잉행동장애의 경우, DSM-5에서는 장애를 일으키는 과잉행동-충동 또는 부주의 증상이 12세 이전에 있었던 경우에 진단한다. DSM-IV에서는 7세로 규정하고 있다.

19 허위성 장애는 꾀병과는 달리 외부로 드러나는 외적보상(경제적 이득, 법적 책임의 회피 등)이 없어야 한다.

허위성 장애
• 환자의 역할을 하기 위해 신체적 또는 심리적인 증상을 의도적으로 만들어 내거나 위장하는 경우를 말한다.
• 꾀병은 의도적으로 증상을 만들거나 과장하지만 목적을 지니고 있는 반면, 허위성 장애는 환자 역할을 하게 되는 것 이외에는 어떠한 현실적 이득이나 목적이 발견되지 않는다.
• 자기파괴적인 행동이나 피학적 행동을 통해 죄책감을 덜거나 다른 사람을 향한 증오나 적개심을 내면화한다.

20 이인증은 자기 자신이 평소와 다르게 낯선 상태로 변화되었다고 느끼는 것이고, 비현실감은 자신이 아닌 외부세계가 이전과 다르게 변화되었다고 느끼는 것이다.

21 신경성 폭식증은 단시간 내에 일반인들이 먹는 양보다 명백히 많은 양을 먹는 폭식행동과 그로 인한 체중 증가를 막기 위한 보상행동을 반복하는 경우를 말한다. 자신의 체중과 체형에 대하여 과도하게 집착하고, 우울증을 동반하는 경우가 많다. 신경성 식욕부진증에서 발전하기도 한다.

22 ㄹ. 커스터(Custer)는 여성일수록 도박을 더 늦게 시작하는 경향이 있다고 보았다.

비물질 관련 장애(도박중독 장애)
• 노름이나 도박을 하고 싶은 충동으로 반복적인 도박을 하게 되는 정신장애이다.
• 병적 도박자들은 도박을 하면서 엄청난 스트레스를 받기 때문에 스트레스로 인한 고혈압이나 소화성 궤양, 편두통과 같은 질병을 가지고 있기도 한다.

23 증상이 10세 이전에 시작되어야 한다.

파괴적 기분조절부전장애 DSM-5 진단기준
• 언어 또는 행동을 통하여 심한 분노폭발을 반복적으로 나타낸다. 분노는 상황이나 촉발자극의 강도나 기간에 비해서 현저하게 과도한 것이다.
• 분노폭발은 발달수준에 부적합한 것이다.
• 분노폭발은 평균적으로 매주 3회 이상 나타난다.
• 분노폭발 사이에 거의 매일 하루 대부분 짜증이나 화를 낸다.
• 증상이 12개월 이상 지속적으로 나타나야 한다.
• 증상이 3가지 상황(가정, 학교 등) 중 2개 이상에서 나타나며, 1개 이상에서 심하게 나타난다.
• 이 진단은 6~18세 이전에만 적용될 수 있다.
• 증상이 10세 이전에 시작되어야 한다.

24 신체이형장애는 객관적으로 정상 용모를 가진 사람이 자신의 외모가 심한 문제가 있다고 생각하면서 사소한 외모문제를 과도하고 왜곡되게 집착하는 장애이다. 대부분 15~20세 사이의 청소년기에 많이 발생하며, 미혼의 여성에게 특히 많이 발생한다. 장애증상의 심리적 원인을 받아들이지 않고 성형수술을 원하는 경향이 있다.

25 수면 중 보행현상은 '비REM 수면각성 장애'의 한 유형이다. '비REM 수면각성 장애'는 주된 수면 시간의 첫 1/3 기간에 수면에서 불완전하게 깨는 경험을 반복하는 경우로서, 수면 중 보행이나 수면 중 경악의 형태로 나타난다. 'REM수면 행동장애'는 수면 중 소리를 내거나 옆 사람을 다치게 할 수 있는 복잡한 동작을 반복적으로 나타내며 깨어나는 경우를 말한다.

선택과목 01 진로상담

01	02	03	04	05	06	07	08	09	10
④	⑤	③	④	③	②	⑤	③	③	①
11	12	13	14	15	16	17	18	19	20
①	②	③	④	⑤	①	②	④	①	④
21	22	23	24	25					
②	⑤	①	①	②					

01 전문직업능력의 배양은 성인이 된 후의 진로상담의 목표로 볼 수 있다.

청소년 진로상담의 목표
• 자신에 대한 올바른 이해 확립 : 한 개인에게 적절한 일과 직업을 선택하기 위해서는 무엇보다도 개인의 가치관, 능력, 성격, 적성, 흥미, 신체적 특성 및 주변 환경 등에 대하여 올바르게 이해할 수 있도록 한다.
• 일과 직업세계에 대한 이해 증진 : 물질문명의 눈부신 발전은 생활패턴뿐만 아니라 직업의 유형과 특성 등을 급격하게 변화시켰으며, 진로상담은 급변하는 직업세계에 대하여 올바르고 객관적으로 이해할 수 있도록 해준다.
• 정보탐색 및 활용능력의 함양 : 진로상담과정에서 자신에 대한 이해 및 직업의 세계에 대한 올바른 이해를 위해서 정보의 수집 및 활용능력은 매우 중요하다.
• 올바른 직업관과 직업의식 형성 : 내담자들이 올바른 직업관과 직업의식, 나아가 직업에 대한 올바른 태도와 가치관을 형성할 수 있도록 직업을 목적보다는 수단으로 여기는 생각과 직업 자체에 대한 편견을 버리도록 하고 성 역할에 대한 고정관념에서 벗어나도록 하는데 있다.

- 합리적인 의사결정 능력의 증진 : 진로상담의 최종결과도 다른 모든 활동들과 마찬가지로 '결정'이라는 과정을 통해서 나타난다.

02 직업적응이론은 개인은 환경과 조화를 이루려 하고 이를 유지하려는 기본적인 동기를 가진다고 가정한다. 따라서 개인-환경 간 부조화의 정도가 수용할 수 없는 범위이면, 개인은 환경의 요구조건을 변화시키거나 자신의 욕구 구조를 변화시켜 조화 상태에 이르려고 한다.

03 갓프레드슨(Gottfredson)은 자아발달의 과정에서 포부에 대한 점진적인 제한을 가하는 것이 직업선호를 결정하게 되며, 자신의 포부를 실현하고자 할 때 개인이 현실과 조화를 이루는 과정에 관심을 두었다. 반면, 타이드만(Tiedeman)은 진로발달이란 직업정체감을 형성해 가는 과정으로 보았으며, 새로운 경험을 쌓을수록 개인의 정체감은 발달한다고 하였다.

04 진로발달 성숙은 종합하고 타협하여 가는 과정 속에서 유전된 적성, 신체적 형성, 다양한 역할을 해볼 수 있는 기회, 역할수행의 결과가 선배와 동료들을 얼마나 만족시켰는가의 정도 등이 상호작용하면서 일어난다.

05 진로선택에서 자기효능감, 결과기대, 개인목표의 역할을 강조한다.

사회인지 진로이론
진로의사결정 과정과 관련된 사안들에 대해 개인 내적 요인에만 초점을 두었던 이론들의 한계점을 지적하면서 맥락에도 초점을 두는 새로운 관점을 취하는 이론이다. 성, 인종, 사회계층과 같이 개인이 선택할 수 없는 인구학적 특성을 포함하는 개인 특성과 이런 인구학적 특성에 의해 개인에게 이익과 불이익을 주는 환경적 배경이 개인의 진로발달 및 선택에 어떤 영향을 미치는가를 설명하기 위해 이론적 범위를 확장하였다.

06 매슬로우(Maslow)의 욕구위계에서는 하위 욕구일수록 충족시키고자 하는 강도가 보다 강하다. 매슬로우는 이러한 하위욕구들이 선천적이고 본능적이지만 생리적인 욕구를 제외한 나머지 욕구들은 조절 가능한 것이라고 생각했다.

07 단체직(Organization)은 사업, 제조업, 행정에 종사하는 관리직 화이트칼라가 해당되며, 기업의 조직과 효율적인 기능에 주로 관련된 직업들이다. 인간관계의 질은 대개 형식화되어 있다.

08 개개인은 신뢰할 만하고 타당하게 측정될 수 있는 고유한 특성을 갖는다고 보았다.

특성-요인이론의 특징
- 개개인은 신뢰할 만하고 타당하게 측정될 수 있는 고유한 특성을 갖는다.
- 모든 직업은 그 직업에서 성공을 하는 데 필요한 특성을 지닌 근로자를 요구한다.
- 개인의 특성을 파악하고 직업에 대한 이해의 과정을 거친 뒤, 이 두 가지 요소에 근거하여 각 개인의 특성과 적절한 직업을 과학적 조언을 통한 매칭을 주장한다.
- 개인의 특성과 직업의 요구 간에 매칭이 잘 될수록 성공 또는 만족의 가능성은 커진다.
- 특성-요인 이론에서는 개인의 제 특성에 대한 객관적인 특성-요인 이론 이해를 기초로 하는 개인 분석, 직업의 특성과 요구되는 직업능력을 분석하는 직업 분석, 상담을 통해 개인과 직업을 연결하는 합리적 추론을 중시한다.
- 따라서 개인의 지능, 적성, 흥미, 포부, 학업성취, 환경 등의 개인특성과 관련된 이해를 중시하며, 이를 위해 표준화된 검사의 실시와 결과의 해석을 진로상담 과정에서 강조한다.
- 직업선택은 직접적인 인지과정이기 때문에 개인은 자신의 특성과 직업이 요구하는 특성을 연결할 수 있다.

09 홀랜드(Holland)는 개인의 행동을 그 사람의 성격과 환경 간의 상호작용에 의한 것으로 보았다.

10 ② 직업탐색검사(VEIK) : 진로문제에 대한 스트레스의 정도를 측정하는 검사로 내담자가 추가적으로 관심을 갖는 직업을 84카드로 분류하여 그들의 관심직업을 분석한 것이다.

③ 직업선호도 검사 : 내담자가 160개의 직업목록에 흥미정도를 표시하는 것이다.

④ 자기직업상황 : 20개의 질문으로 구성되어 있으며 직업정체성, 직업정보에 대한 필요, 선택된 직업목표에 대한 장애 등을 측정하는 것이다.

⑤ 경력의사결정검사 : 홀랜드의 6각형 모델에 따라 도출된 가장 흥미가 높은 2~3가지 척도가 탐색대상 직업군이 되며, 능력, 근로가치, 미래계획, 선호하는 교과목 등을 자가 평정한 결과를 직업관련 의사결정시스템 전반에 통합시킨다.

11 ② 갓프레드슨(Gottfredson)의 제한-타협이론 : 사람들의 진로기대가 어릴 때부터 성별, 인종별, 사회계층별로 차이가 나는 이유를 설명하기 위해 개발하였다.

③ 홀랜드(Holland)의 인성이론 : 개인의 특성과 직업세계의 특징의 최적의 조화를 가장 강조하였으며, 개인의 직업적 적응 또는 직업적 적합성은 그 개인의 초기경험의 산물인 인성에 따라 이루어진다는 이론적 전제 아래 사람들은 자신의 인성을 표현할 수 있는 적합한 환경을 추구한다는 것이다.

④ 로(Roe)의 욕구이론 : 여러 가지 다른 직업에 종사하고 있는 사람들은 각기 다른 욕구를 가지고 있으며, 이러한 욕구의 차이는 어린 시절의 부모-자녀관계에 기인한다고 보고 욕구가 직업선택에 큰 영향을 미친다고 여겼다.

⑤ 크롬볼츠(Krumboltz)의 사회학습이론 : 교육적·직업적 선호 및 기술이 어떻게 획득되며, 교육프로그램, 직업, 현장의 일들이 어떻게 선택되는가를 설명하기 위하여 발달된 이론이다.

12 갓프레드슨(Gottfredson)이 제시한 직업포부의 발달단계

힘과 크기 지향성	3~5세	• 사고과정이 구체화되며, 어른이 된다는 것의 의미를 알게 된다. • 자신이 생각하는 직업에 대해서 긍정적인 입장을 취한다.
성역할 지향성	6~8세	• 자아개념이 성의 발달에 의해서 영향을 받게 된다. • 자신이 선호하는 직업에 대해서 보다 엄격한 평가를 할 수 있다.
사회적 가치 지향성	9~13세	• 사회계층에 대한 개념이 생기면서 상황 속에서 자아를 인식(타인이 아님)하게 되고, 일의 수준에 대한 이해를 확장시킨다. • 직업에 대한 평가에 보다 많은 기준들을 갖게 된다.
내적이며 고유한 자아에 대한 지향성	14세 이후	• 자아성찰과 사회계층의 맥락에서 직업적 포부가 더욱 발달한다. • 추상적인 사고를 하게 되고 개인적 흥미나 가치, 능력을 바탕으로 자신의 성격 유형에 관심을 갖게 되며, 그에 따른 직업 분야를 탐색해 나가는 한편 진로포부 수준도 점차 현실화해간다.

13 갓프레드슨(Gottfredson)의 제한-타협이론

성(性), 인종, 사회계층 등 사회적 요인과 함께 개인의 언어능력, 추론능력 등 인지적 요인을 추가로 통합하여 직업포부의 발달에 관한 이론을 개발하였다.

14 ① 자기결정의 단계, ② 외부지원의 단계, ③ 일방적인 의존성의 단계, ⑤ 자율성의 단계

15 수퍼(Super)가 제시한 여성의 진로유형에 해당한다.

진로발달의 상담과 평가모델(C-DAC)

• 내담자의 생애구조와 직업적 역할의 중요성에 대한 평가
• 진로발달의 수준과 자원을 평가
• 직업적 정체성에 대한 평가(가치, 능력, 흥미에 대한 평가)
• 직업적 자아개념과 생애주제에 대한 평가

16 ② 사회인지 진로이론 : 렌트(Lent)
③ 가치중심 진로모델 : 브라운(Brown)
④ 진로의사결정유형이론 : 하렌(Harren)
⑤ 인지적 정보처리모델 : 피터슨(Peterson) 외 처리기술

17 가치중심적 진로접근 모형의 기본 명제
- 개인이 우선권을 부여하는 가치들은 그리 많지 않다.
- 우선순위가 높은 가치들은 아래와 같은 조건들을 만족시킬 경우 생애역할 선택에 있어서 가장 중요한 결정요인이 된다.
  - 생애역할 가치를 만족시키려면 한 가지의 선택권만 이용할 수 있어야 한다.
  - 생애역할 가치를 실행하기 위한 선택권은 명확하게 그려져야 한다.
  - 각 선택권을 실행에 옮기는 난이도는 동일하다.
- 가치는 환경 속에서 가치를 담은 정보를 획득함으로써 학습된다.
- 생애만족은 모든 필수적인 가치들을 만족시키는 생애역할에 달려 있다.
- 한 역할의 현저성은 역할 내에 있는 필수적인 가치들의 만족 정도와 직접 관련된다.
- 생애역할에서의 성공은 많은 요인들에 의해 결정되는데 이들 중에는 학습된 기술도 있고, 인지적·정의적·신체적 적성 등도 있다.

18 ④ 보기는 브룩스(Brooks)가 주장한 '기대-유인가 모델'에 대한 내용이다.
① 매틀린(Matlin)은 대학교에 재학 중인 여성들을 대상으로 조사했을 때, 대학에서 시험 볼 경우의 결과 또는 성취수준 등에 대하여 갖게 되는 기대감이 낮은 것으로 나타났다고 주장하였다.
② 라이언스(Lyons)는 여성은 타인과 동일시하거나 감정이입적인 반응 등 관계를 갖는 방법을 중요시 한다고 하였다.
③ 에클스(Eccles)와 베츠(Betz)는 젊은 여성이 비전통적인 분야에서 자기효능감을 형성할 수 있도록 도와주는 중요한 효과로서 역할모델을 제시하였다.
⑤ 길리건(Gilligan)은 남성은 발달측면에서 독립적인 역할을 강조하는데, 자신을 명확히 하며 자신에게 힘을 줄 수 있도록 한다고 주장하였다.

19 의사결정 유형은 개인이 의사결정과제를 지각하고 그에 반응하는 특징적인 방식으로 합리적 유형, 직관적 유형, 의존적 유형이 있다. 그 중에서 의존적 유형은 의사결정에 대한 개인적 책임을 부정하고, 그 책임을 외부로 돌린다.

20 구성주의 진로이론의 주창자인 사비카스(Savickas)는 내담자가 자신만의 진로이야기를 만들어 나가는데, 이야기에는 직업적 성격, 진로적응성, 생애주제의 3가지 주된 영역이 포함되어 있다고 하였다.

21 긴즈버그(Ginzberg)의 직업선택의 3단계
- 환상기 : 아동은 자기가 원하는 직업이면 무엇이든 하고 싶고, 하면 된다는 식의 환상 속에서 비현실적인 선택을 하는 경향을 갖게 된다.
- 잠정기 : 이 시기에 개인은 자신의 흥미, 능력, 취미에 따라 직업선택을 하려는 경향을 갖는다.

흥미단계 (11~12세)	자신의 흥미나 취미에 따라 직업을 선택하려고 한다.
능력단계 (13~14세)	자신이 흥미를 느끼는 분야에서 성공을 거둘 수 있는 능력을 지니고 있는지 시험해 보기 시작한다.
가치단계 (15~16세)	직업선택 시 다양한 요인을 고려해야 함을 인식한다.
전환단계 (17~18세)	주관적 요소에서 현실적인 외부요인으로 관심이 전환되며, 현실적인 외부요인이 직업선택의 주요인이 된다.

- 현실기 : 직업에서 요구하는 조건과 자신의 개인적 요구와 능력을 고려하여 현명한 선택을 하고자 한다.

탐색단계	취업기회를 탐색하고 직업선택을 위해 필요하다고 판단되는 교육이나 경험을 쌓으려고 하는 단계이다.
결정화 (구체화) 단계	자신의 직업 목표를 구체화하고 직업선택의 문제에서 내·외적 요인들을 두루 고려하게 되며, 이 단계에서는 타협이 중요한 요인이 된다.
특수화단계	자신의 결정을 구체화시키고 보다 세밀한 계획을 세우며, 고도로 세분화·전문화된 의사결정을 하게 된다.

22 크롬볼츠(Krumboltz)는 삶에서 나타나는 다양하고 우연적인 사건에 주목하면서 한 사람의 진로발달과정에서 예기치 않은 사건이 일어날 수밖에 없고, 이러한 사건은 그 사람의 진로에 긍정적 또는 부정적으로 작용하게 된다고 주장한다.

23 ① 사회인지 진로이론 : 대표자는 렌트(Lent), 브라운(Brown), 해킷(Hackett) 등이다.
② 자기효능감 이론 : 해킷(Hackett)과 베츠(Betz)에 의하면, 효능감이 낮은 여성들은 진로이동뿐 아니라 진로선택에 있어서도 제약을 받는다. 또한 성취에 대한 보상을 남성과 동등하게 받지 못하는 작업환경에 있을 때 여성들은 자기효능감 개발에 방해를 받게 된다.
③ 인지적 정보처리이론 : 피터슨(Peterson), 샘슨(Sampson), 리어든(Reardon)에 의해서 개발된 것이며, 개인이 정보를 어떻게 이용해서 자신의 진로에 관한 문제해결능력과 의사결정 능력을 향상시킬 수 있는가에 대한 종합적인 시각을 제공하고 있다.
④ 생애진로이론 : 긴즈버그(Ginzberg)의 진로발달이론을 비판하고 보완하면서 발전된 이론으로서, 가장 중요한 부분이 자아개념이론이며 이는 개인의 속성과 직업에서 요구되는 속성을 고려하여 연결시켜주는 것이라고 하였다.
⑤ 가치중심적 진로접근모형 : 브라운(Brown)이 제안한 진로발달에 관한 가치중심적 접근 모델은 인간행동이 개인의 가치에 의해 상당부분 영향을 받는다는 가정에서 출발한다.

24 ② 제2단계 종합단계
③ 제3단계 진단단계
④ 제5단계 상담단계
⑤ 제6단계 추후단계

25 ㄷ. 이 시기는 긴즈버그(Ginzberg)의 진로선택 3단계 중 '환상적 단계'에 해당하고, 수퍼(Super)의 이론에 따르면 '성장기'에 해당한다.

선택과목 02 집단상담

01	02	03	04	05	06	07	08	09	10
④	①	③	③	⑤	②	②	⑤	④	②
11	12	13	14	15	16	17	18	19	20
④	④	③	③	⑤	④	④	⑤	③	①
21	22	23	24	25					
①	②	③	①	⑤					

01 정신질환과 같은 비정상적이며 병적인 문제들을 주로 다루는 심리치료적 기능보다는 대부분 일상생활의 적응이나 대인관계 등 정상적 청소년들이 그들의 자아정체감 발달 과정에서 겪고 있거나 관심을 두는 문제들을 다룬다.

02 ① 개방집단, ②·③·④·⑤ 폐쇄집단

집단의 개방성에 따른 분류

개방집단	• 또래와 어울리면서 의사소통, 팀워크 등과 같은 사회적 기술을 익히는 것이 집단의 목적일 경우 적합하다. • 새로운 성원의 아이디어나 자원을 활용할 수 있으며, 다른 관점으로의 피드백도 받을 수 있다. • 새 집단원들은 기존의 집단원을 모방하여 집단의 과정과 집단기술에 대하여 배울 수 있다. • 새로운 성원의 참여로 집단 전체의 분위기를 조성할 수 있다. • 성원 교체에 따른 안정성이나 집단 정체성에 문제가 발생할 수 있다. • 새로운 성원의 참여가 기존 성원의 집단과업 과정에 방해요소가 될 수 있다. • 새 집단원은 이미 토의한 내용과 집단의 기능에 대하여 생소하기 때문에, 집단과정에 대한 관여수준과 발달단계의 차이를 일으켜 갈등을 초래하기 쉽다. • 집단원이 다양한 사람들과 어울릴 기회가 늘어난다. • 집단 참여 오리엔테이션이 중요하다. • 일상생활의 인간관계 모습을 폐쇄집단보다 더 잘 반영한다.

개방집단	• 한 회기나 제한된 시간 내에 다루기 어려운 문제탐색은 피하는 것이 좋다. • 유치원 아동이나 초등학교 저학년 집단 또는 장기적으로 운영되는 치료집단에 적합하다.
폐쇄집단	• 같은 성원의 지속적인 유지로 인해 결속력이 매우 높다. • 안정적인 구성으로 집단원의 역할행동을 예측할 수 있다. • 성원의 결석이나 탈락으로 집단의 크기가 작아지는 등 집단에 부정적인 영향을 미친다. • 새로운 정보의 유입이 이루어지지 않으므로 효율성이 떨어질 수 있다. • 소수 의견이 집단의 논리에 의해 무시될 수 있다.

03 ① 보편성 : 다른 집단원들도 자신과 비슷한 환경이나 문제를 가지고 있다는 것을 깨달음으로써 불필요한 방어를 줄이고 위로를 받는다.

② 응집력 : 집단 내에서 자신이 인정받고 수용된다는 소속감은 그 자체로서 집단원의 긍정적인 변화에 영향을 미친다.

④ 희망의 주입 : 집단은 집단원들에게 문제가 개선될 수 있다는 희망을 심어주는데, 이때 희망 그 자체가 치료적 효과를 가질 수 있다.

⑤ 이타심 : 집단원들은 위로 · 지지 · 제안 등을 통해 서로 도움을 주고받는다. 자신도 누군가에게 도움을 줄 수 있고, 타인에게 중요할 수 있다는 발견은 자존감을 높여준다.

얄롬(Yalom)의 집단의 치료적 요인
• 희망의 주입
• 보편성
• 정보공유
• 이타심
• 1차 가족집단의 교정적 재현
• 사회화 기술의 발달
• 모방행동
• 대인관계학습
• 집단응집력
• 정화(Catharsis)
• 실존적 요인

04 ㄱ. 공동상담자의 인간적 성향과 이론적 배경이 상반될수록 집단응집력이 저하되어 집단에 도움이 되지 않는다. 즉 공동상담자의 이론적 배경이 같아야 집단에 도움이 되며, 상담의 전후에 공동상담자 간 토의하는 시간을 갖는 것이 도움이 된다.

ㄷ. 상담자들이 각자 자신의 역할과 기능을 제대로 발휘하지 못하는 경우, 치료적 역할모델로서 기능할 수 없다.

05 자유연상 방법의 하나인 돌림차례법에 대한 설명이다. 투사적 동일시는 자기의 부정적 감정을 상대방이 실제로 가지도록 만드는 현상으로, 자기의 부정적 감정이 다른 사람에게 실제로 있다고 믿고 그러한 행동을 하도록 만드는 현상이다.

정신분석적 접근 모형
• 정신분석적 기법들을 이용하여, 8~11명의 내담자들을 집단으로 면접하는 것으로 집단원의 성장과 발달을 저해하는 신경증적 갈등을 경감시켜서 집단원의 인격적 성숙을 도모한다.
• 인간에 관한 두 가지 기본가정인 심적 결정론(Psychic Determinism)과 무의식의 정신분석 이론이 정신분석적 집단상담의 기본을 이룬다.
• 어렸을 때부터 생긴 무의식적 동기와 갈등을 자유연상, 해석 등의 기법을 통해 의식화시킴으로써, 집단원들의 통찰을 가져오게 하여 구성원 개개인의 건전한 자아발달을 촉진시키는 것을 목적으로 한다.
• '건전한 자아'란 자아(Ego)가 초자아(Superego)와 원초아(Id)의 기능을 조정 능력이 있어서 적절한 심적 균형을 유지하는 것을 말하며, 집단원의 의사소통이나 상호작용이 한 영역에 고착되었을 때 이를 확장시키기 위하여 의식적 자아와 무의식적 자아를 관련짓는 역할을 한다.
• 전이와 저항에 주의를 기울이며 해석을 통해 집단원의 통찰을 돕고, 집단원들이 다른 집단원의 문제를 듣고 반응하면서 보조 혹은 공동상담자 역할을 수행하기도 한다.

06 ㄴ. 재결정 : 적절한 초기결정이 후기에는 부적절할 수 있으므로, 교류분석 이론에서는 이러한 초기결정의 특성을 자각하고, 새로운 결정(재결정)을 내리도록 함으로써 개인을 변화시키고자 한다.

ㄷ. 각본 분석 : 인생각본은 생의 초기에 있어서 개인이 경험하는 외적 사태들에 대한 자신의 해석을 바탕으로 하여 결정·형성된 반응양식으로서, 집단원 개인의 인생계획이나 이전 결정의 내용 등을 면밀히 검토한다.

ㅁ. 게임 분석 : 숨겨진 일련의 암시적·이중적 의사거래를 분석하는 것으로서, 암시적인 의사교류를 게임의 종류 및 만성부정감정의 유형과 연관지어 분석한다.

07 ② 스톨러(Stoller)의 모형에 해당하는 설명으로 '마라톤 참만남집단'이라고도 불린다. 행동으로 모범을 보이거나 설명을 통해 돕는 것을 집단상담자의 가장 중요한 역할로 제시하였다.
① 혼돈과 무질서(1단계), ③ 가면의 파괴(9단계), ④ 기초적 참만남(13단계), ⑤ 과거의 느낌과 기술(3단계)

로저스(Rogers)의 참만남집단의 15단계 과정
혼돈과 무질서(떼 지어 기웃거리는 양식) – 사적인 자기노출 혹은 탐색에 대한 저항 – 과거의 느낌과 기술 – 부정적 감정의 표현 – 사적으로 의미 있는 자료의 표현과 탐색 – 집단내에서의 즉시적인 대인 간 감정의 표현 – 집단내에서의 상담능력의 발달 – 자기 수용과 변화의 시작 – 가면의 파괴 – 피드백 주고받기 – 직면 혹은 맞닥뜨림 – 집단 과정 밖에서의 조력관계 형성 – 기초적 참만남 – 긍정적 감정과 친근감의 표현 – 집단내에서의 행동변화

08 ㄴ·ㄷ 행동주의 집단상담 기법에 해당한다.

09 합리정서행동 상담 및 치료모형 – 집단의 기술
• 인지적 치료법 : 집단원의 비합리적인 용어 사용('절대로', '반드시' 등)에 주목하여 비합리적인 생각과 합리적인 생각을 구별하도록 지도한다.

• 감정적–환기적 방법 : 집단원의 가치관에 변화를 주기 위한 것으로 역할 놀이나 시범보이기 등을 동원한다. 여기서 역할놀이는 행동을 연습하기 위한 것이 아니며, 그 역할과 관련된 감정을 각성하고 극복하도록 하는 것이다.
• 행동치료 방법 : 집단원 자신 또는 다른 구성원들에 대한 의식의 극적인 변화를 일으키도록 돕기 위한 노력이다.
• 그 외 논박, 강의, 행동수정, 독서치료, 시청각적 자료, 활동중심의 과제 등 여러 가지 방법들과 함께 역할놀이, 자기주장훈련, 감정둔화, 유머, 조작적 조건화, 암시, 지지 등 여러 가지 기술들을 활용한다.

10 ㄷ. 코리 등(Corey & Corey)이 주장한 집단상담자의 역할에 대한 설명이다.

집단상담자의 역할과 기능
• 코리 등(Corey & Corey)의 집단상담자 역할
  – 집단상담자는 전이와 저항에 대해 항상 주의를 기울인다.
  – 집단상담자는 적절한 때에 내담자에게 해석해주고, 언어화를 통해 통찰하도록 돕는다.
  – 집단상담자는 집단원들이 어린 시절의 경험을 재생할 수 있도록 돕는다.
• 슬라브슨(Slavson)에 의한 집단상담자의 기능
  – 지도적 기능 : 집단이 뚜렷한 목적이나 결론도 없이 지나치게 피상적인 대화의 수렁에 빠져 헤어날 수 없는 경지에 도달했을 때 집단상담자는 지도적 기능을 수행한다.
  – 자극적 기능 : 억압, 저항, 정서적 피로, 혹은 흥미의 상실 등으로 인해 그 집단이 무감각 상태에 빠지거나 활기를 상실할 때 집단상담자는 이 기능을 수행한다.
  – 확충적 기능 : 집단의 의사소통이나 상호작용이 한 영역에 고착되어 있을 때, 이를 확장시키는 데 힘쓴다.
  – 해석적 기능 : 집단상담자는 해석적 기능을 잘 이행할 수 있어야 한다. 여기서 해석이란 집단원들의 마음속에 숨은 무의식을 의식화시키려는 집단상담자의 노력으로 볼 수 있다.

11 ㄱ. 교차교류, ㄷ. 이면교류에 대한 설명이다.

자극과 반응의 소통 양상에 따른 교류의 분류

상보교류	• 상보교류는 어떤 자아 상태에서 보내지는 메시지에 대해 예상대로의 반응이 되어 돌아오는 것이다. • 단지 두 개의 자아 상태만이 관련되며, 자극과 반응의 방향이 수평적이다. • 자극을 직접 받은 자아 상태에서 자극이 나온 자아 상태로 반응을 하며, 의사소통의 언어적-비언어적 측면이 일치한다. • 인간관계의 측면에서 이러한 교류는 솔직하고 자연스러우며 이치에 맞는 것이라고 할 수 있다.
교차교류	• 교차교류는 다른 사람의 어떤 반응을 기대하기 시작한 교류에 대해 예상 외의 반응이 되돌아오는 것이다. • 3~4개의 자아상태가 관련되며, 자극과 반응의 방향은 항상은 아니지만 자주 교차된다. • 자극을 직접 받은 자아 상태에서 반응을 하지 않으며, 언어적-비언어적 의사소통이 일치한다. • 인간관계의 측면에서 이러한 교류는 고통의 근원이 된다.
이면교류	• 이면교류는 상대방의 하나 이상의 자아 상태를 향해서 현재적인 교류와 잠재적인 교류의 양쪽이 동시에 작용하는 복잡한 교류로서, 가식적인 메시지가 전달되는 것이다. • 3~4개의 자아상태가 관련되며, 메시지에 두 가지 수준, 즉 언어적 수준(사회적 수준)과 비언어적 수준(심리학적 수준)이 있다. • 메시지의 사회적-심리적 수준이 일치하지 않은 채 종종 상반된다. • 표면적으로 당연해 보이는 메시지를 보내고 있는 것 같으나, 그 주된 욕구나 의도 또는 진의 같은 것이 이면에 숨겨져 있는 것이 특색이다.

12 이야기치료
• 이야기치료는 단기적으로는 호소하는 문제의 감소를 목표로 하고 장기적으로는 내담자가 지배적인 문화로부터 벗어나 자신이 선호하는 방향으로 자기의 이야기를 쓰는 데 있다.

• 사람을 문제와 분리하여 개인의 역사를 철저히 살펴 독특한 결과를 찾아 새로운 이야기를 구성하는 것이다.
• 상담자는 중심에서 벗어나 영향력 있는 위치로 대화를 이끄는 것이 아니라 대화가 어느 방향으로 갈지 알지 못하지만 호기심을 가지고 가정하는 대신 질문을 한다. 즉 내담자의 삶이나 문제를 분석하고 해결의 답을 제공하는 것이 아니라 호기심을 가지고 질문을 하는 것으로 드러나지 않고 숨겨진 이야기를 끌어내는 것이다.
• 치료의 과정

문제의 경청과 해체	문제이야기를 경청하고 사람과 문제를 분리하여 문제의 영향력을 탐색·평가하고 그것을 정당화한다.
독특한 결과의 해체	독특한 결과를 경청하고 외재화하여 그 영향력을 탐색·평가하고 정당화한다. 여기서 외재화란 자신의 정체성을 문제로부터 분리하기 위해 문제에 이름을 붙이고 의인화하는 작업을 수행하는 것으로 이때 내담자가 문제로 이야기한 표현을 사용하는 것이다.
대안적 이야기의 구축	확고한 문제 이야기에 대항하여 긍정적 변화를 가져오기 위해 튼튼한 줄거리의 대안적 이야기가 필요로 한다.
대안적 정체성의 구축	내담자가 자신이 선호하는 삶의 이야기를 청중 앞에서 사회적으로 인정받는 경험을 하도록 한다.

13 우볼딩(Wubbolding)의 WDEP 체계과정

제1단계 Want (바람)	• 자신이 원하는 것을 정확하게 이해할수록 그것을 얻을 수 있는 가능성도 높아진다. • 자신이 진정 원하는 바람이 무엇인지 적어보고, 가장 원하는 것부터 상대적으로 덜 중요한 바람까지 순서를 정해보고, 각각의 바람이 얼마나 실현가능한지도 생각해본다.
제2단계 Doing (행동)	• 현재 자신의 행동을 관찰한다. • 하루의 일과를 꼼꼼히 리뷰해 보고, 다른 사람들과 어떻게 소통하고 있으며 시간은 어떻게 사용하고 있는지 등을 확인한다.

제3단계 Evaluation (자기 행동 평가)	• 두 번째 단계에서 관찰한 자신의 행동들이 자신에게 어떤 도움 혹은 해가 되는지 평가한다. • 현재의 행동들이 자신이 진정으로 원하는 것을 얻는데 도움이 되는지 또는 해가 되는지 자기평가를 한다.
제4단계 Planning (계획)	• 자신이 진정으로 원하는 것을 얻을 수 있도록 새로운 계획을 세운다. • 계획은 구체적이고(언제, 무엇을, 어디서, 얼마나 할 것인가) 현실적이어야 하며, 즉시 실행할 수 있는 것이어야 한다(오늘 당장 할 수 있는 일은 무엇인가?). • 반복해서 할 수 있는 계획을 세우는 것이 좋다.

14 비구조화 집단상담 초기단계
- 오리엔테이션
- 집단의 분위기 조성
- 의사소통 및 상호작용 촉진
- 집단원의 보호
- 집단초기의 스트레스 다루기
- 출석의 강조와 탈락자 예방
- 목소리가 큰 집단원 다루기
- 허례적인 대화양식 다루기
- 하위집단(Subgroups)의 형성 방지

15 집단상담의 평가는 매 회기마다 평가를 할 수 있지만, 반드시 해야 하는 것은 아니다.

집단상담의 평가
- '집단상담의 평가'란 집단활동을 통해 어느 정도 목표가 달성되었으며, 얼마만큼의 진전이 이루어졌는가에 대해 알아보는 과정이다.
- 집단상담 평가는 목적지향적 활동으로서, 일차적인 목적은 목표관리에 있다.
- 평가를 집단 활동의 일부분으로 포함시킴으로써, 집단기술의 발달 및 개인행동의 변화 등 긍정적인 효과를 얻을 수 있다. 또한, 그러한 과정을 통해 집단의 분위기와 응집성을 높이며, 집단원 상호간에 우호적인 관계를 발전시킬 수 있다.
- 평가는 일종의 자기개선의 방안이다. 이를 통해 집단은 자체의 문제점을 발견하게 되고, 필요한 개선방안에 대해 학습하게 된다.

- 집단상담의 평가에 있어서 가장 중요한 요소는 '정직성'과 '솔직성'이다.
- 일반적으로 집단상담 평가의 주체는 집단상담자이며, 평가 대상은 집단원이다.
- 평가의 내용에는 집단의 분위기, 응집성, 의사소통 형태, 인간관계 형태 등이 포함된다.
- 평가의 주체와 대상이 다르다는 것은, 상담자와 집단원이 서로 협력하여 집단상담을 진행해야 함을 의미한다.

16 인간행동의 대부분은 학습된 것이므로 수정이 가능하다.

행동주의적 접근모형
- 기본적으로 내담자의 행동을 수정시키려는 목적에서 고안된 것이다.
- 모방에 의한 사회적 학습 또는 관찰학습이론이 집단상담에 효과적으로 적용될 수 있다.
- 정적 행동의 강화와 부적응 행동의 약화를 통해 행동의 바람직한 수정을 도모한다.
- 바람직한 행동 습득을 위해 역할연습과 숙제를 활용한다.

17 명령이나 강제로 참여하게 된 집단원에게는 상담 내용과 목표에 대해 정확히 알려주어 적극적으로 참여할 수 있도록 도와야 한다.

18 ⑤ 자기노출하기 : 집단상담자가 상담을 효과적으로 이끌기 위해 상담에 참여한 집단원에게 자신에 대한 주관적인 정보를 노출하는 기술이다. 집단상담자의 자기노출을 통해 집단원에게 유사성과 친근감을 전달할 수 있고, 집단상담자와 집단원간의 보다 깊은 이해가 가능해질 수 있다.
① 명료화 : 어떤 중요한 문제의 밑바닥에 깔려 있는 혼동되고 갈등적인 느낌을 가려내어 분명히 해주는 기술로써, 명료화를 위한 기법으로는 질문, 재진술, 다른 집단원들을 활용하여 명료화하게 하는 방법들이 있다.
② 직면하기 : 집단원의 말이나 행동이 일치하지 않거나 모순점이 있을 때 그것을 지적해주는 기술이다.

③ 연결짓기 : 한 집단원의 말과 행동을 다른 집단원의 관심과 연결하고 관련짓는 기술로써, 집단원이 제기하는 여러 가지 문제의 관련 정보나 자료들을 서로 연관시키며, 자신의 문제를 다른 각도에서 보거나 미처 의식하지 못했던 문제의 진정한 원인 및 해결책을 찾는 데 도움을 얻을 수 있다.

④ 저항의 처리 : 집단상담자는 집단원이 저항적인 자세를 보이는 경우, 그로 하여금 자신의 감정을 이야기하도록 하거나, 모임이 끝난 후에 그러한 저항의 이유에 대해 묻도록 하는 것이다.

19 적극적인 참여를 요구할 경우, 침묵하는 집단원이 부담을 느껴 참여가 어려워질 수 있다. 침묵의 시간을 집단원들을 이해·관찰하는 시간으로 활용하며, 집단상담자가 항상 침묵을 깨트리는 입장이 되지 않도록 한다.

20 ② 시작 단계, ③ 생산 단계, ④ 종결 단계, ⑤ 갈등 단계에 관한 설명이다.

한센 등(Hansen et al.)이 주장한 집단발달 5단계 중 응집단계
집단이 갈등 단계를 넘어서면 부정적인 감정이 극복되고, 조화적이고 협력적인 집단 분위기가 발전되면서 점차 집단원들 간에 응집력이 발달하게 된다. 이는 적극적인 관심과 애착으로 나타나며, 집단 상담자와 집단 그리고 자신을 서로 동일시하게 된다.

21 ㄹ. 일반적으로 청소년집단상담은 성인 집단상담에 비해 집단상담자의 적극적인 역할과 자세가 요구되며, 연령이 낮을수록 부모나 보호자에게 집단의 목적과 진행과정, 절차 등에 대해 알려주어야 한다.

22 게슈탈트 집단상담
• 형태주의적 접근모형은 펄스(Perls)에 의해 개발되고 보급되었다.
• '그것' 혹은 '그사람'(3인칭) 대신에 '나'(1인칭)를 사용하도록 함으로써, 계속적인 현재의 자기각성이 이루어지도록 한다.

• 일종의 저항에 해당하는 봉쇄된 에너지를 보다 적극적인 행동으로 전환하도록 돕는다.
• 집단 내에서의 활동과 상호작용이 집단상담자에 의해 주도적으로 진행된다.
• 뜨거운 자리, 차례로 돌아가기(순회하기), 신체활동 과장하기, 질문형을 진술형으로 고치기, 빈 의자 기법, 꿈 작업, 환상대화, 반전기법 등의 집단의 기술이 있다.

23 ① 역할놀이 : 연출자(상담자)는 주인공(내담자)으로 하여금 자신의 위치에서 어떠한 역할을 선택하여 연기하도록 요구하는 기법이다.
② 역할전환 : 일상생활 속에서 역할을 바꾸어 연기해봄으로써, 상대방을 이해하는 동시에 자기중심적인 사고에서 벗어날 수 있게 하는 기법이다.
④ 미래투사 기법 : 주인공이 생각할 수 있는 장래의 범위 또는 가능한 행위의 범위를 탐색하여 이를 현실과 결부시킴으로써, 주인공의 현재 상황이나 문제를 볼 수 있도록 하는 기법이다.
⑤ 마술상점 기법 : 주인공이 바라는 것을 자신의 소중한 무언가와 교환하는 기법이다.

24 참여자들이 집단에서 안정감을 느낄 때 자신의 본래 모습과 느낌을 솔직하게 드러낸다. 또한, 일시적으로 긴장감을 나타낼 수도 있지만 이것은 변화의 시초일 수 있다.

25 갈등은 필연적인 것이며, 잘 관리할 경우 신뢰성을 강화하는 계기가 된다는 사실을 인정하게 하고 이를 성공적으로 취급하도록 돕는다.

집단상담자의 역할
• 집단의 목표 및 세부계획을 수립한다.
• 집단의 규준을 정하고 구조화한다.
• 집단과정을 해석한다.
• 집단 흐름을 적절하게 통제한다.
• 집단원들을 보호(윤리)·격려하며, 무비판적으로 수용한다.
• 집단활동의 종결을 돕는다.
• 집단상담자가 집단에서 무엇을 어떻게 말하고 행동하는가 하는 것이 집단원들에게 강력한 학습경험을 제공한다는 점에서 집단상담자의 행동을 집단원들의 강력한 모델이 된다.

01	02	03	04	05	06	07	08	09	10
③	⑤	⑤	②	③	⑤	③	⑤	①	②
11	12	13	14	15	16	17	18	19	20
①	④	③	②	③	②	④	③	①	①
21	22	23	24	25					
③	②	④	④	③					

01 ㄴ. 가족구성원이 단위가 되지만, 문제나 증상을 가지고 있는 가족구성원만 대상이 되거나 가족 전원을 대상으로 하는 것이 아니며, 현재 문제와 관련된 상호작용 양상을 바꾸는 데 꼭 필요한 가족원을 대상으로 한다.

02 부모나 조부모의 무능력과 죽음에 대처해야 하는 단계는 노년기가 아니라 자녀독립기이다.

03 역설적 개입, 지시, 은유적 기법 등의 치료기법은 전략적 가족모델에 속한다. 경험적 가족상담이론은 원가족 도표, 가족조각, 가족재구조화, 역할극, 빙산탐색 등의 상담기법을 사용한다.

04 가계도는 보웬(Bowen)의 가족상담의 주요 기법이다.

05 ㄹ. 정신역동적 가족상담은 가족을 대상으로 정신역동적 상담을 하는 것이며, 체계적 가족상담에 정신역동적 통찰과 개입을 선택적으로 도입한 모델로 경청, 감정이입, 해석, 분석, 자유연상 등이 상담 기법이며 원가족 도표, 가족조각기법, 가족재구조화, 빙산탐색은 경험적 가족상담의 모델이다.

06 경험적 가족치료모델은 개인의 역사적 분석에 초점을 두는 것이 아니라, 가족체계 내의 관찰할 수 있는 현재 상호작용 관계에 초점을 맞춘 이론이다.

07 ㄷ. 가족의 역기능적 상호작용의 개선을 주요 상담 목표로 한 이론은 구조적 가족상담 이론이다.

08 가족상담 이론가의 주요 개념 혹은 기법

이론가	주요 개념	주요 기법
사티어 (Satir)	성숙, 자아존중감, 가족규칙	원가족 도표, 가족조각기법, 가족재구조화, 역할극, 빙산탐색
미누친 (Minuchin)	가족구조, 하위체계, 경계, 경계선, 제휴, 권력	교류와의 합류, 교류의 창조, 교류의 재구성
베이트슨 (Bateson)	역설적 의사소통, 이중구속, 가족항상성, 정상적 가족발달	직접적 기법, 역설적 개입, 보상, 평가
헤일리 (Haley)	권력과 통제, 위계, 기능적 가족과 역기능적 가족	역설적 기법, 은유적 기법, 순환적 질문기법, 재구성기법, 가장기법(위장 기법), 시련기법
보웬 (Bowen)	자아분화, 삼각관계, 핵가족 감정체계, 삼각관계	과정질문, 치료적 삼각화, 관계실험, 자기입장, 코칭, 가계도

09 ② 독특한 결과는 이름 붙여진 문제 이야기의 계열에 속하지 않는 혹은 반대되는 사건을 말한다. 시간에 걸쳐 가족행동을 제한하는 관계상의 합의는 가족규칙에 대한 개념이다.
③ 순환질문(Circular Questioning)은 내담자가 자신을 다른 가족원들의 관점에서 보게 함으로써 자기중심에서 벗어나게 한다.
④ 초이성형(Super-Reasonable)의 의사소통 유형은 자기 자신과 다른 사람을 무시하고, 상황만 중시한다.
⑤ 사티어는 인간의 특성은 '심리적 존재'라고 전제하고, 이러한 심리적인 내면을 '빙산'으로 비유하였다.

10 마침표는 인간관계를 바라보는 관찰에 따라 다르며, 마침표를 찍는 사람에 따라 원인을 식별해 내는 행위도 달라진다.

11 ㄹ. 생태체계이론은 진화적 시간에 따른 유전적 변화뿐 아니라 성숙 및 선택과정에 의해 인간이 형성된다는 발달관을 가지고 있다. 이러한 관점에서는 인간은 환경과의 상호교류를 지지 또는 방해하는 유전적 잠재력을 가지고 태어난다고 보고 있다.

12 ㄱ. 가족상담 치료에서 관심 대상은 문제나 문제의 원인이 아니라, 문제와 관련되어 일어나는 관계의 연쇄고리이다.

13 이야기치료는 후기 가족상담 모델에 해당한다.

14 ㄴ. 치료자는 가족체계로부터 거리를 둔 채 객관적 관찰 및 의도적인 개입으로 변화를 시도하며, 체계를 관찰하는 외부의 관찰자 역할(가족의 밖에 존재, 가족과 분리되어 조정 가능)을 한다.

15 ㄱ. 가족상담의 대상은 개인이 되기도 하고 가족구성원 모두가 되기도 하는데, 개별상담과 집단상담이 필요에 따라 절충된다.

16 이야기치료의 기법 중 문제의 외재화는 내면화된 증상을 인격화하는 것으로서 외재화의 질문을 진지하게 한다면 내담자들은 문제가 자신들 밖의 것이라는 생각을 하게 된다.

문제의 외재화
• 문제를 객관화시키는 대화로 구성하는 것을 말한다.
• 문제에 의해 지배되는 이야기로부터 벗어나기 위해 문제를 외부로 표출시키는 의인화 기법이다.
• 문제를 내담자의 자기 정체성으로부터 언어적으로 분리하는 것을 말한다.

17 ㄱ. 헤일리(Haley)는 기능이 잘 되는 가족일수록 가족 내 위계질서가 제대로 서 있다고 보고 윗세대가 더 많은 권력과 통제를 가지고 규칙을 집행할 수 있어야 하며, 세대 간 구조와 경계를 분명히 갖고 서로를 침범하지 않은 채 가족원은 각각의 위치를 구조적으로 유지하는 상태를 기능적인 것으로 보았다.

18 ㄴ·ㄹ 질적 평가도구이다.

가족체계의 사정 평가도구

구 분	자료유형		평가방법
주관적 (질적) 가족 평가방법	내부자	자기 보고식 방법	면접(인터뷰)과 관찰, 동적가족화(KFD), 합동가족화, 가계도, 가족조각
	외부자	관찰자의 주관적 보고	
객관적 (양적) 가족 평가방법	내부자	행동에 대한 자기보고	ENRICH (인리치)기법, 가족환경모델, BEAVERS (비버스)모델, 순환모델, McMaster (맥매스터)모델
	외부자	행동적 방법	

19 ㄷ·ㄹ 사티어(Satir)의 경험적 가족상담에 해당한다.

20 불균형 기법 중 제휴의 교체기법에 해당한다.

불균형 기법
• 불균형이란 가족의 역기능을 바꾸기 위해 사용하는 기법으로써, 여기에는 불공평하고 비민주적이라고 생각되는 방법들이 포함된다.
• 불균형 기법은 상담자에 의해 가족의 위기가 촉발되어 가족의 현재 상태가 깨어지고, 새로운 가족구조를 형성시키려 할 때 사용되는 기법이다.

21 ㄴ. MRI 학파 : 문제를 일으키고 유지하는 정적 환류고리(Feedback Loop)를 찾아 상호작용을 유지하는 규칙을 발견, 환류고리 혹은 규칙을 변화시키는 방법을 찾는 것으로써, 가장 직접

적인 방법은 어떤 이에게 똑같은 것을 덜하도
록 하기 위하여 어떤 상황 하에서 어떤 행동을
제안하는 것
ㄹ. 밀란 학파 : 가족들이 가지고 있는 게임을 무
력화시키는 일 → 긍정적 의미부여, 의식 처
방, 불변처방, 협동치료

22 가족조각(Family Sculpture) 기법

가족들은 가족조각을 시도함으로써 가족 간의 위
계질서, 연합, 거리감 또는 친밀감, 보이지 않는 힘
의 작용과 같은 상호작용을 직접 느끼고 체험할 수
있게 되고, 치료자는 가족의 역동성을 파악하고 직
접적 또는 간접적으로 치료개입을 하므로 치료의
효과를 가져올 수 있다.

23 기적질문

- 문제가 해결된 상황을 상상해 봄으로써 해결하기
  원하는 것을 구체화·명료화 하는데 도움이 된다.
- 가족은 치료자의 질문에 대답하는 동안 기적을
  만드는 사람은 바로 자신임을 알게 되고, 작은 일
  에서부터 시작해야 한다는 것을 점차 인식하며,
  변화된 생각을 구체적으로 상상한다.
- 이러한 과정을 겪으면서 가족은 그 자체가 자신
  의 치료목표라는 사실을 재인식한다.

24 역설적 의사소통

메시지 간에 상호 모순되고 일치되지 않는 것을 말
한다. 예를 들면, 말로는 반갑다고 하면서 눈으로
는 냉담한 표정을 짓는 경우를 들 수 있는데, 이럴
경우에 의사소통의 수신자는 어떤 메시지를 따를
것인지 혼란스럽다.

25 목표는 큰 것이 아닌, 작고 간단한 행동이어야 한다.

해결중심 단기치료의 목표

- 내담자에게 중요한 것이어야 하고, 또는 협상을
  통해 치료자에게도 중요해야 한다.
- 상황적 맥락을 갖는 사회적 상호작용 용어로 기
  술된다.
- 목표는 큰 것이 아닌, 작고 간단한 행동이어야 한다.
- 문제의 제거나 소멸이 아닌, 성공의 긍정적 지표
  로 기술된다.

- 목표는 최종 결과가 아닌, 처음의 시작이나 신호
  에 둔다.
- 특정의 구체적이고 명확하고 측정할 수 있는 행
  동용어로 기술한다.
- 내담자의 생활에서 현실적이면서 성취 가능한 것
  이어야 한다.
- 목표 달성은 힘들고 어려운 일이라고 인식한다.

선택과목 04 학업상담

01	02	03	04	05	06	07	08	09	10
②	②	①	③	⑤	⑤	①	②	②	②
11	12	13	14	15	16	17	18	19	20
②	②	⑤	④	②	④	③	④	①	⑤
21	22	23	24	25					
②	③	②	①	③					

01 시험불안의 증상

- 생리학적 증상 : 머리가 아프다, 배가 아프고 소
  화가 잘 안 된다, 가슴이 두근거린다 등
- 인지적 증상 : 시험을 잘 못 볼 것 같아 걱정이다,
  이번 시험은 꼭 잘 봐야한다 등
- 행동적 증상 : 시험 전날 하루 종일 잠만 잔다, 불
  안한 마음에 TV를 계속 보거나 게임을 한다, 시
  험 전날 학교를 안 간다 등

02 학습동기 원인론

환경지향적 원인론	• 학습동기의 형성, 유지, 변화에서 환경이 결정적인 영향을 한다고 주장한다. • 고전적 조건형성 이론, 조작적 조건형성 이론
개인지향적 원인론	• 학습동기를 기본적인 학습자 개인의 심리적 속성에 의해서 설명한다. • 인지적 평형화 경향, 학습효능감, 자기결정성, 귀인이론, 기대가치
체제이론적 접근 (생태학적 접근)	• 개인 지향적 원인론과 환경 지향적 원인론을 통합하고 발전시킨 원인론이다.

03 성취 전략 유형에 따른 시험준비 행동

낙관주의 전략	• 시험에 대해 낙관적 기대를 하고 시험 준비를 열심히 하지만, 시험과 관련된 부정적인 생각들을 의도적으로 피하려고 하는 성취 전략 • 시험을 준비하면서 마음의 안정과 자신감을 유지하고 대체적으로 열심히 공부하고 시험에서 보통 이상의 수행을 보임 • 성과에 대해서는 내적으로 귀인하나, 실패에 대해서는 자신이 통제할 수 없었다고 생각함
방어적 비관주의 전략	• 해당 학습자가 과거에 좋은 성적을 얻었음에도, 다가올 시험에 대해 좋은 성적을 얻지 못할 것이라는 비관적인 기대를 하면서 마주칠지도 모르는 곤란한 상황들을 예상하고 미리 대비하는 성취 전략 • 시험을 잘 보지 못할 것이라는 불안에 대처하기 위하여 더욱 열심히 준비하여 보통 수준 이상의 결과를 보임
자기손상 전략	• 시험에 실패할 경우 자신의 능력이나 지능 부족으로 귀인하지 않기 위해 시험 전에 전략적으로 시험에 방해가 될 만한 행동을 하거나 방해가 될 만한 이유가 있음을 호소하는 성취전략(예 시험 전에 파티하기, 일부러 다른 일 하기) • 시험 성적이 안 좋을 경우, 노력하지 않았기 때문이라고 합리화하는 반면, 노력하지 않았음에도 만족할 만한 결과가 나왔을 때는 자신의 능력 때문이라고 지각함
방관적 전략	• 시험에 대하여 아무런 준비를 하지 않는 것 • 규준 지향평가가 만연하는 사회에서 학업성취도를 통하여 유능감을 나타내고자 하는 학생의 욕구가 거듭되는 실패로 좌절 경험을 갖게 될 때, 학습된 무기력이 발생한 후, 무기력 때문에 다른 것은 시도조차 하지 않을 경우 방관적 전략을 취할 가능성이 높음

04 캐롤(Carroll)이 제안한 학교학습모형

적성	특정의 학습과제를 학습하는 데 필요한 시간
능력 (수업이해력)	수업내용이나 수업에서 사용되는 여타 자료나 학습절차를 이해하는 학습자의 능력
교수의 질 (수업의 질)	교수변인으로 학습과제의 제시, 설명 및 구성이 학습자에게 최적의 상태로 접근된 정도
학습지속력	학습자가 인내심을 발휘하여 학습에 더욱 많은 시간을 보내려고 하며, 학습과정에서의 불편과 고통을 이겨내고 실제로 학습하는데 사용한 시간
학습기회	수업변인의 하나로 어떤 과제의 학습을 위해 학생에게 실제로 주어지는 시간량

05 자신의 과거경험 중 꾸준한 노력을 통해 즉각적인 보상보다 더 큰 보상을 나중에 받았던 기억을 떠올려 현재에 적용하고, 현재의 노력이 미래에 어떤 결과로 이어질지를 예견하며 현재의 행동을 조절한다.

06 ① 외적 조절(Extrinsic Motivation) : 외적 보상이나 압력, 혹은 제약에 순응하기 위해 행동을 하며, 이러한 행동에는 자기결정이 전혀 포함되어 있지 않은 타율적 행동이다.
② 통합된 조절(Integrated Regulation) : 특정 행동이 갖는 바람직한 측면을 받아들여 자신의 가치체계에 통합하여 발현된 행동이다. 통합은 자기조절이 매우 성숙된 단계이기 때문에 자기반성적 사고가 가능한 청소년기 이후에나 획득할 가능성이 있다.
③ 확인된 조절(Identified Regulation) : 내적 흥미보다는 개인적 중요성이나 자신이 설정한 목표를 추구하기 위해 동기화된 행동으로 특정 행동이나 과제를 의식적으로 선택한다. 자기결정성의 정도가 가장 높은 동기유형으로 이전에는 외적으로 조절되었던 가치나 목표를 자신의 것으로 수용하고 선택해서 행동을 하게 된다.

④ 내적 동기(Intrinsic Motivation) : 자신의 내·외적 세계를 탐구하고 숙달하기 위한 선천적 동기이다. 내재적으로 동기화된 학습자는 학습활동에 참여하는 과정에서 갖게 되는 만족이나 즐거움, 재미 등을 얻기 위해 과제를 수행한다.

07 ② 긍정적 피드백 중 동기 피드백
③ 긍정적 피드백 중 귀인 피드백
④ 긍정적 피드백 중 전략 피드백
⑤ 평가적 피드백

긍정적 피드백의 종류
- 수행 피드백 : 과제수행의 정확성, 학습수정에 대한 피드백
- 동기 피드백 : 과제를 잘하는지에 대한 평가 피드백
- 귀인 피드백 : 열심히 해서 좋은 결과를 얻은 경우와 같은 피드백
- 전략 피드백 : 사용한 전략이 효과적이었는지에 대한 피드백

08 학습장애의 한 특성인 학습전략의 결함은 별도의 교육이 없으면 성인이 되어서도 그대로 유지되는 경향이 많다.

학습장애
- 인지적 특성 : 지적능력은 평균적인 지능을 보이고 주의집중력이 떨어지며 인지처리 과정에 결함을 보인다.
- 정서적 특징 : 부정적 자아개념을 가지며 좌절 극복 의지가 약하고, 사회적으로 위축되어 있으며 불안 수준이 높고 자기관리 능력이 부족하다.
- 행동적 특성 : 충동적 과잉행동의 문제를 보이고 협응 능력이 떨어져 동작이 전반적으로 어설프고 부자연스럽다.

09 핵심 아이디어 선택은 조직화 전략에 해당된다.

맥키치(McKeachie)의 인지전략

인지전략	시 연	단기기억 속에서 정보가 사라지지 않도록 하기 위한 인지전략 예 읽기, 베끼기, 자구적 노트하기, 밑줄 긋기, 덧칠하기
	정교화	학습 자료를 의미 있게 하기 위하여 새 정보를 이전 정보와 관련시켜서 특정한 관계를 지니도록 하는 인지전략, 즉 기존의 지식과 새로운 정보의 통합을 촉진하는 것으로써 학습한 내용에 대해 심상을 형성하는 것 예 학습한 내용에 대한 심상의 형성과 의역하기, 요약하기, 유추하기, 창의적(생성적) 노트하기, 질의·응답하기, 매개단어법, 장소법
	조직화	새로운 지식을 기존의 더 큰 개념틀 속으로 통합하기 위해 문항을 군집화하는 것 예 핵심 아이디어의 선택, 개요화, 군집화, 도표화 등의 행동
상위인지전략	계 획	목표 설정, 대충 훑어 봄, 질문 생성
	점 검	자기검사, 시험 전략
	조 정	독서속도 조절, 재독서, 복습, 수검 전략
자기관리전략	시 간	시간표 작성, 목표 설정
	공부환경	장소 정리, 조용한 장소, 조직적인 장소
	노력관리	노력에 대한 귀인, 기분, 스스로에게 이야기하기, 끈기 가짐, 자기 강화
	타인의 조력	교사로부터의 조력 추구, 동료로부터의 조력 추구, 동료/집단 학습, 개인지도

10 ADHD 학생은 하나 이상의 과목에서 낙제 점수를 받고, 표준화된 성취도검사에서 또래보다 심각하게 낮은 점수를 받는다. 또한, ADHD 학생의 고등학교 중퇴율은 일반 모집단에 비해 높은 편이다.

11 ㄴ·ㄹ 읽기, ㅁ. 숙고하기

PQ4R 단계

Preview (예습하기)	• 공부할 내용이 어떻게 구성되어 있는지 전반적으로 살펴보는 단계 • 전략 : 앞으로 읽을 내용을 한번 살펴본다. 읽을 분량을 확인, 다루기 쉬운 단원 확인, 제목, 서론, 굵은 글씨체의 표 제목 읽기, 요약된 단락 읽기 등
Question (질문하기)	• 내용을 살펴보면서 정교화 질문들을 만드는 단계 • 전략 : 예습하기를 기반으로 텍스트에 기초하여 해답을 얻고 싶은 질문 적기, 각 장·각 절의 소제목을 육하원칙에 따라 의문문으로 바꾸어 포함, 굵은 글씨체의 표제를 질문으로 변형 등
Read (읽기)	• 공부할 내용을 처음부터 끝까지 읽는 것과 동시에 질문하기 단계에서 만든 정교화 질문들에 답을 찾고자 노력하는 단계 • 전략 : 주요 아이디어, 보조 자료, 변화의 추이 읽기, 제시된 내용의 특징과 윤곽을 그리기, 책에 표시하면서 이러한 특징들이 의미하는 것을 기록, 읽고 표시하면서 주제, 논지의 전개, 매 단락에서 알아야 할 것을 질문 등
Reflectioin (숙고하기)	• 다 읽고 난 후에 답을 살피며 추가적으로 정교화 질문들을 만들어 보고 그 질문들에 대답하는 단계 • 전략 : 질문에 대한 답 정리, 읽은 내용들을 머릿속으로 구조화시키고 이전에 알고 있는 내용과 관련짓기 등
Recite (암송하기)	• 읽은 것을 요약하고 그전에 읽은 내용들과의 관계도 포함시키는 단계 • 전략 : 소리 내어 크게 읽고 주제 적기, 시선을 다른 곳에 두고 책을 덮은 뒤 주제나 세부적인 내용을 자신의 언어로 표현, 이미 만들었던 질문에 답하기, 정확하게 기록했는지 점검, 빠뜨린 정보는 없는지 찾기 등
Review (복습하기)	• 정교화 질문을 할 수 없거나 자신이 만든 질문에 대한 답을 할 수 없는 부분들을 다시 읽어 보는 단계 • 전략 : 주어진 자료를 바로 또는 나중에 다시 훑어보기, 머릿속으로 전체 내용 그리기, 주제를 소리 내어 말하거나 자신의 질문에 답하기, 비교하고 대조해 보며 내용을 재조직하고 범주화 등

12 학교에 가고 싶지 않은 이유로서 학교 상황에 대해 갖가지 비판을 하는 경향을 보인다.

학교공포증
• 애매모호한 신체증상을 호소하면서 학교를 여러 번 결석하고 가기를 거부하는 증상을 말하며, 학교거부증, 등교거부증, 학교기피증이라는 용어로 사용하기도 한다.
• 아동의 심리사회적 발달과정에서 학교공포증을 유발하는 가장 중요한 요인은 지나친 의존심을 낳게 하는 가족 상호작용의 형태이다. 부모들 가운데 과보호적이며 너무 많은 간섭을 하여 아이들이 부모로부터 떨어지는 것을 어렵게 하는 경우가 있다.
• 이 외에도 새학교로 전학을 가는 경우, 엄격한 선생님, 어려운 시험, 이해되지 않는 수업, 학교 폭력배 등의 이유로 학교공포증이 생긴다.

13 동기에 대한 자기결정성 이론에서는 학습목표를 스스로 결정하였을 때 학습목표는 학습동기를 증가시키나, 학습목표가 타인에 의해서 설정되었을 때는 학습동기를 오히려 감소시킬 수 있다.

학습 무동기
• 외부의 어떠한 유인이나 보상에도 동기화 되지 못하고, 행동하려는 의지가 결핍된 상태로 행동을 하지 않거나 의도 없이 행동을 한다.
• 학습된 무기력 상태에 있는 학습자들에게서 볼 수 있는 특성이다.
• '공부는 왜 하는지 모르겠다'와 같은 진술에서 볼 수 있듯이, 무동기 상태에 있는 학습자들은 과제 수행에 가치를 두지 않으며, 자신이 그 과제를 성공적으로 수행할 수 있을 것이라고 기대하지도 않는다.

14 ㄴ. 적절한 운동 협응하기는 운동기술 장애가 있는 아동 및 청소년들이 경험하는 어려움이다.

수학(산술)장애

- 개별적으로 실시된 표준화 검사에서, 수학 능력이 개인의 생활 연령, 측정된 지능, 그리고 나이에 적합한 교육에 비해 기대되는 정도보다 현저하게 낮다.
- 기준 A항의 장애가 계산이 요구되는 학업의 성취나 일상생활의 활동을 현저하게 방해한다.
- 만약 감각 결함이 있다면, 수학 능력 장애는 통상적으로 감각 결함에 동반되는 정도를 초과해서 심한 정도로 나타난다.
- 수학장애가 있는 아동 및 청소년의 경우 개념을 이해하고 명명, 산술부호를 인식하거나 읽기, 공식기호 인식하기, 구구단 외우기 등에서 어려움을 경험하게 된다.

15 인지전략은 주어진 과제를 기억하고 이해하고 필요한 곳에 사용하는 실제적 전략이 포함되는데, 주어진 정보를 잘 부호화해서 저장하고 필요한 경우에 인출하는 정보처리 과정이 이에 해당한다. 댄서로우(Dansereau)는 이러한 정보처리 과정을 이해전략, 파지전략, 회상전략, 사용전략으로 구분하고 있다.

16 많은 학습부진 영재아는 비언어적 영역에서 강점을 가지고 있으므로, 주로 언어적 재능을 요구하는 학교에서 부적응할 확률이 높다. 따라서 비언어적 영역의 강점을 가진 학습장애 영재아를 위해 영상적 사고, 공간설계, 극적인 표현 등의 활동을 구성하는 것이 좋다.

17 자녀의 학업에 영향을 주는 부모의 태도 6가지
- 자녀의 학업수행에 대한 귀인
- 과제 난이도에 대한 인식
- 자녀의 능력에 대한 기대와 확신
- 학업에 대한 가치부여
- 실제적인 성취 수준
- 성공하는 데는 장해물이 있으므로 이를 극복하기 위한 전략이 필요하다는 신념

18 중재-반응 모형

교육적 중재에 대한 아동의 반응을 연속적인 과정으로 평가·진단하는 모형으로써, 아동이 효과적인 중재에 적절하게 반응을 하지 못하여 또래 아동들보다 현저하게 낮은 성취수준과 느린 진전도(성취기울기)를 보이는 경우, 이중 불일치(Dual Discrepancy)가 발생하였다고 보고, 이를 학습장애로 진단한다. '선(先)중재, 후(後)진단'의 원리에 바탕을 둔 중재와 평가과정이 강조되며, 일회적 평가결과에 근거한 장애 진단을 지양하고, 중재와 반응의 상호 역동적인 과정과 계속적인 학습평가 과정을 중요시한다. 또, 중재-반응 모형을 통해 중재과정에서 환경적 요인에 의한 학습문제와 개인 내적 요인(중추신경계 기능장애로 추정)에 의한 학습문제를 변별할 수 있다.

19 기어리(Geary)가 제시한 수학 학습장애

절차적 결함	• 개념적 지식, 신경심리의 측면에서 나타나며, 연산문제를 해결하는 데 있어 오류를 많이 범한다. • 기초적인 수학 개념(예 수, 기호)에 대한 낮은 이해능력을 가지고 있으며, 이로 인하여 복잡한 절차가 요구되는 문제를 해결하는데 있어 발달지체를 경험하며 절차적 오류를 탐색하는데 낮은 능력을 갖게 된다. • 아동의 우반구에 손상이 발생하면 세기 절차에 어려움이 발생하고, 복잡한 연산문제를 해결하는데 많은 어려움을 가지게 된다.
기억인출 결함 (의미론적 결함)	• 수학 학습과정에서 기억에 중심을 둔 문제해결을 잘 하지 못한다. • 실제로 학습장애 학생은 수학개념과 수학식을 인출하는데 문제를 가지고 있으며, 인출하는 시간도 오래 걸린다.
시공간 결함	• 시공간적 결함은 기하학과 복잡한 문장제 문제의 해결에 상당한 영향을 준다.

20 주의집중이 필요할 때 교사가 사용하는 신호나 몸짓 등을 미리 가르친다. 몇몇 교사들은 연령에 따라서 수업 집중을 위해 작은 벨을 사용하기도 한다.

벤더(Bender)의 주의력 집중을 위한 10가지 기법
- 학생들을 가까이서 지켜보기
- 교실의 공간을 세밀하게 구조화하기
- 수업자료는 색상별로 제공하기
- 주의집중이 필요할 때 교사가 사용하는 신호나 몸짓 등을 미리 가르치기
- 학급규칙 게시하기
- 학급일과표 게시하기
- 2개의 책상 사용하기
- 의도적인 산만함을 유도하기
- 책상을 깨끗하게 유지하기
- 학급짝꿍 이용하기

21 드 보노(de Bono)의 PMI기법
- 드 보노(de Bono)가 개발한 인지사고 프로그램 속의 사고기법으로서, 어떤 아이디어나 제안을 다룰 때 열린 마음의 태도로 다루게 하기 위하여 의도적으로 사용하는 방법이다.
- 좋은 점(Plus : P), 나쁜 점(Minus : M), 재미있다고 생각되는 점(Interesting : I) 의 첫 문자로 만든 사고방법이다.
- 긍정적인 측면(Plus), 부정적인 측면(Minus), 흥미로운 측면(Interest), 대안의 모든 측면들을 고려해 본 다음 결정하게 하는 것이다.

22 자기결정성 이론에서 상정하는 동기조절의 유형

무동기		• 외부의 어떠한 유인이나 보상에도 동기화 되지 못하고, 행동하려는 의지가 결핍된 상태로 행동을 하지 않거나 의도 없이 행동을 한다. • 학습된 무기력 상태에 있는 학습자들에게서 볼 수 있는 특성이다. • '공부는 왜 하는지 모르겠다'와 같은 진술에서 볼 수 있듯이, 무동기 상태에 있는 학습자들은 과제수행에 가치를 두지 않으며, 자신이 그 과제를 성공적으로 수행할 수 있을 것이라고 기대하지도 않는다.
외적동기	외적조절	• 외적 보상이나 압력, 혹은 제약에 순응하기 위해 행동을 한다. • 이러한 행동에는 자기결정이 전혀 포함되어 있지 않은 타율적 행동이다. • 학습자는 부모나 교사가 제공하는 외적 보상을 얻거나 벌을 피하기 위하여 과제를 수행한다.
	확인된 조절 (동일시)	• 내적 흥미보다는 개인적 중요성이나 자신이 설정한 목표를 추구하기 위해 동기화된 행동이다. • 자기결정성의 정도가 가장 높은 동기유형으로 이전에는 외적으로 조절되었던 가치나 목표를 자신의 것으로 수용하고 선택해서 행동을 하게 된다. • 학습자는 그 과목에 대해 이해하기를 원해서 대학 진학을 중요하다고 생각하기 때문에, 새로운 것을 배우기 원해서와 같이 개인적 중요성이나 자신이 설정한 목표를 추구하기 위해 과제를 수행한다.
	부과된 조절 (투사)	• 자신이나 타인의 인정을 추구하며, 죄책감이나 불안 혹은 자기 비난을 피하기 위하여 동기화된 행동을 한다. • 부과된 조절에 의해 동기화 된 학습자는 교사가 자신을 좋은 학생으로 생각하기를 원하기 때문이라든지, 과제를 하지 않는 것을 스스로 용납하지 못하기 때문이라든지, 하지 않으면 수치스럽기 때문이라든지 등의 이유로 과제를 수행한다.
	통합된 조절	• 특정 행동이 갖는 바람직한 측면을 받아들여 자신의 가치체계에 통합하여 발현된 행동이다. • '공부하는 것이 나에게 가치 있는 일이라고 믿기 때문에 공부한다'와 '사회에 필요한 사람이 되고 싶어서 공부한다'와 같은 진술에서 볼 수 있듯이, 통합된 조절은 환경에 의해 강요되거나 방해되는 것이 아니라, 내면화의 자연스러운 결과이다. • 통합은 자기조절이 매우 성숙된 단계이기 때문에 자기반성적 사고가 가능한 청소년기 이후에나 획득할 가능성이 있다. • 통합된 동기에 따른 행동은 내재적 동기와 공통점이 많지만, 특정한 과제수행 자체에 내재해 있는 즐거움보다는 그 밖의 다른 결과를 얻기 위해 행동하기 때문에 여전히 외적 동기에 의한 행동으로 간주한다.

내적동기	내재적조절	• 자신의 내·외적 세계를 탐구하고 숙달하기 위한 선천적 동기이다. • 내재적으로 동기화된 학습자는 학습활동에 참여하는 과정에서 갖게 되는 만족이나 즐거움, 재미 등을 얻기 위해 과제를 수행한다. • 학습자는 도전감을 주는 과제를 선호하고, 호기심 때문에 과제를 수행하기도 하며, 과제수행의 결과를 자신의 내부적 기준에 의해 판단하는 경향이 있다.

23 학습부진아는 정상아와 중요하지 않은 정보를 회상하는 데는 별다른 차이를 보이지 않지만, 중요한 정보를 회상하는 데는 정상아보다 뒤떨어진다.

24 맥키치(Mckeachie)의 학습전략
• 인지전략 : 시연전략, 정교화전략, 조직화전략
• 상위(초)인지전략 : 계획전략, 점검(조정)전략, 조절전략
• 자기자원관리전략 : 시간관리전략, 공부환경관리전략, 노력관리 전략, 타인의 조력추구전략

25 발표불안을 겪는 내담자를 위한 개입방법

합리적으로 생각하기	• 비합리적이고 왜곡된 사고를 합리적인 사고로 변화시키기 – 제1단계 : 시험불안을 느꼈던 상황 생각 – 제2단계 : 내담자가 가지고 있는 비합리적 사고 찾기 – 제3단계 : 내담자가 가지고 있는 비합리적 사고의 인지적 오류 찾기 – 제4단계 : 비합리적 사고의 근거 찾기 – 제5단계 : 합리적 사고로 변화시키기
자기대화하기	• 불안한 상황과 유사한 상황이 발생하거나 불안한 장면을 상상할 때 자기대화를 하는 연습을 하여 실제 상황에서도 자동적으로 자기대화 할 수 있도록 훈련시키기
이완 훈련	• 불안한 상태에서 긴장이 극도로 달하게 되므로, 긴장을 줄이기 위한 이완 훈련을 실시, 온몸의 긴장을 풀어 주고 마음을 편하게 해주는 효과
사전학습 강화	• 시험공부를 많이 하여 어려운 문제도 쉬운 문제로 지각할 수 있도록 훈련
부모의 지지	• 부모의 적절한 지지와 말과 일치된 행동이 발표불안을 줄이는 데 효과

작은 기회로부터 종종 위대한 업적이 시작된다.

– 데모스테네스 –

( )년도 ( ) 제( )차 국가전문자격시험 답안카드

성 명

교시(차수)기재란

( )교시 · 차 ① ② ③

문제지 형별기재란

( )형 Ⓐ Ⓑ

선택과목1

선택과목2

수험번호

	0	1	2	3	4	5	6	7	8	9
0	1	2	3	4	5	6	7	8	9
0	1	2	3	4	5	6	7	8	9
0	1	2	3	4	5	6	7	8	9
0	1	2	3	4	5	6	7	8	9
0	1	2	3	4	5	6	7	8	9
0	1	2	3	4	5	6	7	8	9
0	1	2	3	4	5	6	7	8	9

감독위원 확인

(인)

1	① ② ③ ④ ⑤	21	① ② ③ ④ ⑤	41	① ② ③ ④ ⑤	61	① ② ③ ④ ⑤	81	① ② ③ ④ ⑤	101	① ② ③ ④ ⑤	121	① ② ③ ④ ⑤
2	① ② ③ ④ ⑤	22	① ② ③ ④ ⑤	42	① ② ③ ④ ⑤	62	① ② ③ ④ ⑤	82	① ② ③ ④ ⑤	102	① ② ③ ④ ⑤	122	① ② ③ ④ ⑤
3	① ② ③ ④ ⑤	23	① ② ③ ④ ⑤	43	① ② ③ ④ ⑤	63	① ② ③ ④ ⑤	83	① ② ③ ④ ⑤	103	① ② ③ ④ ⑤	123	① ② ③ ④ ⑤
4	① ② ③ ④ ⑤	24	① ② ③ ④ ⑤	44	① ② ③ ④ ⑤	64	① ② ③ ④ ⑤	84	① ② ③ ④ ⑤	104	① ② ③ ④ ⑤	124	① ② ③ ④ ⑤
5	① ② ③ ④ ⑤	25	① ② ③ ④ ⑤	45	① ② ③ ④ ⑤	65	① ② ③ ④ ⑤	85	① ② ③ ④ ⑤	105	① ② ③ ④ ⑤	125	① ② ③ ④ ⑤
6	① ② ③ ④ ⑤	26	① ② ③ ④ ⑤	46	① ② ③ ④ ⑤	66	① ② ③ ④ ⑤	86	① ② ③ ④ ⑤	106	① ② ③ ④ ⑤		
7	① ② ③ ④ ⑤	27	① ② ③ ④ ⑤	47	① ② ③ ④ ⑤	67	① ② ③ ④ ⑤	87	① ② ③ ④ ⑤	107	① ② ③ ④ ⑤		
8	① ② ③ ④ ⑤	28	① ② ③ ④ ⑤	48	① ② ③ ④ ⑤	68	① ② ③ ④ ⑤	88	① ② ③ ④ ⑤	108	① ② ③ ④ ⑤		
9	① ② ③ ④ ⑤	29	① ② ③ ④ ⑤	49	① ② ③ ④ ⑤	69	① ② ③ ④ ⑤	89	① ② ③ ④ ⑤	109	① ② ③ ④ ⑤		
10	① ② ③ ④ ⑤	30	① ② ③ ④ ⑤	50	① ② ③ ④ ⑤	70	① ② ③ ④ ⑤	90	① ② ③ ④ ⑤	110	① ② ③ ④ ⑤		
11	① ② ③ ④ ⑤	31	① ② ③ ④ ⑤	51	① ② ③ ④ ⑤	71	① ② ③ ④ ⑤	91	① ② ③ ④ ⑤	111	① ② ③ ④ ⑤		
12	① ② ③ ④ ⑤	32	① ② ③ ④ ⑤	52	① ② ③ ④ ⑤	72	① ② ③ ④ ⑤	92	① ② ③ ④ ⑤	112	① ② ③ ④ ⑤		
13	① ② ③ ④ ⑤	33	① ② ③ ④ ⑤	53	① ② ③ ④ ⑤	73	① ② ③ ④ ⑤	93	① ② ③ ④ ⑤	113	① ② ③ ④ ⑤		
14	① ② ③ ④ ⑤	34	① ② ③ ④ ⑤	54	① ② ③ ④ ⑤	74	① ② ③ ④ ⑤	94	① ② ③ ④ ⑤	114	① ② ③ ④ ⑤		
15	① ② ③ ④ ⑤	35	① ② ③ ④ ⑤	55	① ② ③ ④ ⑤	75	① ② ③ ④ ⑤	95	① ② ③ ④ ⑤	115	① ② ③ ④ ⑤		
16	① ② ③ ④ ⑤	36	① ② ③ ④ ⑤	56	① ② ③ ④ ⑤	76	① ② ③ ④ ⑤	96	① ② ③ ④ ⑤	116	① ② ③ ④ ⑤		
17	① ② ③ ④ ⑤	37	① ② ③ ④ ⑤	57	① ② ③ ④ ⑤	77	① ② ③ ④ ⑤	97	① ② ③ ④ ⑤	117	① ② ③ ④ ⑤		
18	① ② ③ ④ ⑤	38	① ② ③ ④ ⑤	58	① ② ③ ④ ⑤	78	① ② ③ ④ ⑤	98	① ② ③ ④ ⑤	118	① ② ③ ④ ⑤		
19	① ② ③ ④ ⑤	39	① ② ③ ④ ⑤	59	① ② ③ ④ ⑤	79	① ② ③ ④ ⑤	99	① ② ③ ④ ⑤	119	① ② ③ ④ ⑤		
20	① ② ③ ④ ⑤	40	① ② ③ ④ ⑤	60	① ② ③ ④ ⑤	80	① ② ③ ④ ⑤	100	① ② ③ ④ ⑤	120	① ② ③ ④ ⑤		

[이 답안지는 마킹연습용 모의 답안지입니다.]

( )년도 ( ) 제( )차 국가전문자격시험 답안카드

성명	

교시(차수)기재란	
( )교시 · 차	① ② ③

문제지 형별기재란	
( )형	Ⓐ Ⓑ

선택과목1	
선택과목2	

수험번호

0	1	2	3	4	5	6	7	8	9
0	1	2	3	4	5	6	7	8	9
0	1	2	3	4	5	6	7	8	9
0	1	2	3	4	5	6	7	8	9
0	1	2	3	4	5	6	7	8	9
0	1	2	3	4	5	6	7	8	9
0	1	2	3	4	5	6	7	8	9
0	1	2	3	4	5	6	7	8	9

감독위원 확인	
(인)	

1	① ② ③ ④ ⑤	21	① ② ③ ④ ⑤	41	① ② ③ ④ ⑤	61	① ② ③ ④ ⑤	81	① ② ③ ④ ⑤	101	① ② ③ ④ ⑤	121	① ② ③ ④ ⑤
2	① ② ③ ④ ⑤	22	① ② ③ ④ ⑤	42	① ② ③ ④ ⑤	62	① ② ③ ④ ⑤	82	① ② ③ ④ ⑤	102	① ② ③ ④ ⑤	122	① ② ③ ④ ⑤
3	① ② ③ ④ ⑤	23	① ② ③ ④ ⑤	43	① ② ③ ④ ⑤	63	① ② ③ ④ ⑤	83	① ② ③ ④ ⑤	103	① ② ③ ④ ⑤	123	① ② ③ ④ ⑤
4	① ② ③ ④ ⑤	24	① ② ③ ④ ⑤	44	① ② ③ ④ ⑤	64	① ② ③ ④ ⑤	84	① ② ③ ④ ⑤	104	① ② ③ ④ ⑤	124	① ② ③ ④ ⑤
5	① ② ③ ④ ⑤	25	① ② ③ ④ ⑤	45	① ② ③ ④ ⑤	65	① ② ③ ④ ⑤	85	① ② ③ ④ ⑤	105	① ② ③ ④ ⑤	125	① ② ③ ④ ⑤
6	① ② ③ ④ ⑤	26	① ② ③ ④ ⑤	46	① ② ③ ④ ⑤	66	① ② ③ ④ ⑤	86	① ② ③ ④ ⑤	106	① ② ③ ④ ⑤		
7	① ② ③ ④ ⑤	27	① ② ③ ④ ⑤	47	① ② ③ ④ ⑤	67	① ② ③ ④ ⑤	87	① ② ③ ④ ⑤	107	① ② ③ ④ ⑤		
8	① ② ③ ④ ⑤	28	① ② ③ ④ ⑤	48	① ② ③ ④ ⑤	68	① ② ③ ④ ⑤	88	① ② ③ ④ ⑤	108	① ② ③ ④ ⑤		
9	① ② ③ ④ ⑤	29	① ② ③ ④ ⑤	49	① ② ③ ④ ⑤	69	① ② ③ ④ ⑤	89	① ② ③ ④ ⑤	109	① ② ③ ④ ⑤		
10	① ② ③ ④ ⑤	30	① ② ③ ④ ⑤	50	① ② ③ ④ ⑤	70	① ② ③ ④ ⑤	90	① ② ③ ④ ⑤	110	① ② ③ ④ ⑤		
11	① ② ③ ④ ⑤	31	① ② ③ ④ ⑤	51	① ② ③ ④ ⑤	71	① ② ③ ④ ⑤	91	① ② ③ ④ ⑤	111	① ② ③ ④ ⑤		
12	① ② ③ ④ ⑤	32	① ② ③ ④ ⑤	52	① ② ③ ④ ⑤	72	① ② ③ ④ ⑤	92	① ② ③ ④ ⑤	112	① ② ③ ④ ⑤		
13	① ② ③ ④ ⑤	33	① ② ③ ④ ⑤	53	① ② ③ ④ ⑤	73	① ② ③ ④ ⑤	93	① ② ③ ④ ⑤	113	① ② ③ ④ ⑤		
14	① ② ③ ④ ⑤	34	① ② ③ ④ ⑤	54	① ② ③ ④ ⑤	74	① ② ③ ④ ⑤	94	① ② ③ ④ ⑤	114	① ② ③ ④ ⑤		
15	① ② ③ ④ ⑤	35	① ② ③ ④ ⑤	55	① ② ③ ④ ⑤	75	① ② ③ ④ ⑤	95	① ② ③ ④ ⑤	115	① ② ③ ④ ⑤		
16	① ② ③ ④ ⑤	36	① ② ③ ④ ⑤	56	① ② ③ ④ ⑤	76	① ② ③ ④ ⑤	96	① ② ③ ④ ⑤	116	① ② ③ ④ ⑤		
17	① ② ③ ④ ⑤	37	① ② ③ ④ ⑤	57	① ② ③ ④ ⑤	77	① ② ③ ④ ⑤	97	① ② ③ ④ ⑤	117	① ② ③ ④ ⑤		
18	① ② ③ ④ ⑤	38	① ② ③ ④ ⑤	58	① ② ③ ④ ⑤	78	① ② ③ ④ ⑤	98	① ② ③ ④ ⑤	118	① ② ③ ④ ⑤		
19	① ② ③ ④ ⑤	39	① ② ③ ④ ⑤	59	① ② ③ ④ ⑤	79	① ② ③ ④ ⑤	99	① ② ③ ④ ⑤	119	① ② ③ ④ ⑤		
20	① ② ③ ④ ⑤	40	① ② ③ ④ ⑤	60	① ② ③ ④ ⑤	80	① ② ③ ④ ⑤	100	① ② ③ ④ ⑤	120	① ② ③ ④ ⑤		

2024 SD에듀 청소년상담사 2급 최종모의고사

개정11판1쇄 발행	2024년 05월 10일 (인쇄 2024년 03월 22일)
초 판 발 행	2013년 03월 05일 (인쇄 2013년 01월 21일)
발 행 인	박영일
책 임 편 집	이해욱
편 저	SD 청소년상담사 수험연구소
편 집 진 행	김은영
표지디자인	김지수
편집디자인	차성미 · 채현주
발 행 처	(주)시대고시기획
출 판 등 록	제10-1521호
주 소	서울시 마포구 큰우물로 75 [도화동 538 성지 B/D] 9F
전 화	1600-3600
팩 스	02-701-8823
홈 페 이 지	www.sdedu.co.kr
I S B N	979-11-383-6677-9 (13330)
정 가	30,000원

나는 이렇게 합격했다

당신의 합격 스토리를 들려주세요
추첨을 통해 선물을 드립니다

베스트 리뷰
갤럭시탭 / 버즈 2

상/하반기 추천 리뷰
상품권 / 스벅커피

인터뷰 참여
백화점 상품권

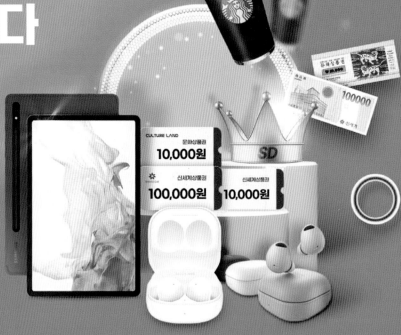

이벤트 참여방법

합격수기

SD에듀와 함께한
도서 or 강의 **선택**

> 나만의 합격 노하우
정성껏 **작성**

> 상반기/하반기
추첨을 통해 선물 증정

인터뷰

SD에듀와 함께한
강의 **선택**

> 합격증명서 or
자격증 사본 **첨부**,
간단한 **소개 작성**

> 인터뷰 완료 후
백화점 상품권 증정

이벤트 참여방법
다음합격의 주인공은 바로 여러분입니다!

QR코드 스캔하고 ▷ ▷ ▶
이벤트 참여하여 푸짐한 경품받자!

합격의 공식
SD에듀

2023년 기출 핵심 키워드를 알차게 담았다!

합격에 맛을 더해줄

기출 레시피

청소년상담사 2급

SD에듀
㈜시대고시기획

2023년 기출 핵심 키워드를 알차게 담았다!

합격에 맛을 더해줄

기출 레시피

청소년상담사 2급

많이 보고 많이 겪고 많이 공부하는 것은 배움의 세 기둥이다.

– 벤자민 디즈라엘리 –

청소년상담의 이론과 실제

※ 2023년 22회 기출문제를 바탕으로 작성되었습니다.

01 방어기제 – 합리화

- 성취되지 않은 욕망에 대해 그럴듯한 핑계를 대고 현재 상태를 정당화하는 것이다.
- 여우가 높이 매달린 신 포도를 '저 포도는 시어서 안 먹는다.'라고 말하는 경우

> 면접 보았던 회사에서 떨어졌어요. 실망이 크고 부모님 뵐 면목이 없었는데 차라리 잘되었다는 생각이 들어요. 그 회사가 임금은 높지만 일을 엄청 많이 시키고, 알고 보니 회사의 복지도 좋지 않대요. 저는 제 시간을 가지고 수준이 맞는 데 가고 싶어요. 그 회사를 안 가서 더 좋아요.

02 청소년 문제의 분류

구 분	내 용	예 시
내현화(내재화) 문제	과잉통제로 느끼게 되는 불안, 우울, 신체적 증상 등의 문제	섭식장애, 자살 등
외현화(외재화) 문제	과소통제로(통제되지 못하고) 표출되는 공격행동, 파괴적 행동, 비행 행동 등의 문제	일탈, 약물 남용 등

03 인간중심 상담이론 – 충분히 기능하는 사람

- 창조적으로 살아간다.
- 개방적으로 체험한다.
- '자신'이라는 유기체에 대해 신뢰한다.
- 자신의 느낌과 반응에 따라 충실하고 자유롭게 산다.
- 자신의 선택에 따른 실존적인 삶을 추구한다.

04 교류분석 상담 과정

계약 → 구조분석 → 교류분석 → 게임분석 → 각본분석 → 재결단

05　실존적 조건의 궁극적 관심사(I. Yalom)

- 죽음, 자유, 고립, 무의미성을 인간의 4가지 궁극적인 관심사로 들고, 인간은 이러한 궁극적 관심사에 대한 자각으로 인해 갈등과 불안을 느낀다고 하였다.
- 죽음은 불안의 가장 기본적 원천이며, 실존적 갈등은 죽음의 불가피성에 대한 자각과 삶을 지속하려는 소망 간의 갈등이라고 보았다.

06　접촉경계혼란 – 반전

- 자신이 다른 사람이나 환경에 대하여 하고 싶은 행동을 자기 자신에게 하는 것, 혹은 타인이 자기에게 해주기를 바라는 행동을 스스로 자기 자신에게 하는 것을 말한다.
- 부모님에 대한 불만의 표시를 직접 표출하지 못하고, 자기 손톱을 물어뜯는 것으로 대신하는 경우

> - 내담자 : 엄마가 저 때문에 사신다며 집착이 심해 너무 힘들어요. 5년간 만나다 결혼하려는 남자친구도 마음에 안 드신다며 결혼을 반대하시는 거예요. 저는 엄마의 강요가 정말 싫고 심지어는 죽어 버리고 싶더라고요. 얼마 전에는 자살 시도도 했어요.
> - 상담자 : 엄마 때문에 생겨난 분노가 자신에게로 향하고 있네요.

07　행동주의 상담이론

행동주의 상담이론은 많은 비정상적인 행동을 정상에서 이탈된 질환이라고 생각하는 것이 아니라 학습에 의하여 획득되고 유지되는 것으로 가정하고, 내담자의 행동을 수정하기 위해 학습의 원리를 적용하는 상담방법이다.

08　현실치료의 특성

- 책임을 강조한다.
- 내담자의 변명을 수용하지 않는다.
- 정신질환을 인정하지 않는다.
- 내담자의 가치판단을 강조한다.
- 처벌이나 비난은 비효과적이라고 본다.

09   여성주의 상담 길리건(C. Gilligan)

길리건(C. Gilligan)은 콜버그의 도덕성 발달 이론이 주로 남성적 특성을 다룬다고 비판하면서, 콜버그가 연구한 도덕성은 '정의의 윤리'지만 자신이 발견한 도덕성은 '배려(Care)와 책임의 윤리'라고 하였다.

10   청소년기 사고의 특징 – 상상적 청중

청소년기의 과장된 자의식으로 인해 자신이 타인의 집중적인 관심과 주의의 대상이 되고 있다고 믿는 것을 말한다.

> "저는 무대에 등장하는 주인공처럼 엘리베이터에서도 사람들이 저만 쳐다보는 것 같고, 전철을 타도 연예인처럼 저를 주목하는 것 같아 외모와 행동에 신경이 쓰여요. 제가 타인의 집중적인 관심의 대상이 되는 것 같아요."

11   벡(Beck)의 인지치료

- 소크라테스식 대화(질문법)를 사용한다.
- 소크라테스식 대화(질문법)는 답을 정해놓고 가르쳐주는 형식이 아니라, 상대에게 여러 방향의 질문을 계속 던져서 스스로 생각하여 답을 찾아낼 수 있도록 하는 방법을 말한다.

12   엘리스(A. Ellis)의 합리정서행동상담

- 스토아학파에서 근원을 찾을 수 있다.
- 고대 로마의 에픽테투스(Epictetus) 사상의 영향을 받았다.
- 인간의 삶에 혼란을 가져올 수 있는 비합리적 신념에 주목한다.
- 철학적 토대에는 책임을 동반한 쾌락주의, 인본주의, 합리성의 개념이 포함되어 있다.

13   상담의 종결 단계

- 종결에 관련된 내담자의 감정을 다룬다.
- 상담을 통해 변화된 행동이 지속되는지 점검한다.
- 종결 이후 진행되는 상담을 추수(추후) 상담이라고 한다.
- 추수(추후) 상담의 진행 시기, 횟수 등은 종결 전에 정한다.

14 　청소년상담의 목표

- 청소년을 둘러싼 적절하지 못한 환경을 개선한다.
- 청소년의 잠재 가능성을 찾아 실현할 수 있도록 지원한다.
- 청소년들이 일상생활에서 직면하는 문제의 해결을 조력한다.
- 경제적·사회적·심리적으로 위기에 처한 청소년의 안정적 생활을 지원한다.
- 청소년의 건전한 발달과 성장을 돕는 예방 및 교육적 측면, 위기에 처한 청소년들에 대한 직접 개입 및 지원, 자립이 포함된다.

15 　청소년상담사의 전문적 자질

- 상담이론 및 개입기술에 대한 지식
- 청소년의 발달 특성을 이해
- 관련법과 윤리에 관한 지식
- 위기나 돌발 상황에 대한 대처능력
- 숙지, 프로그램 실행 및 추진 능력

16 　심리검사 실시와 해석에 관한 윤리적 행동

- 심리검사 실시 전에 내담자 및 보호자(만 14세 미만 내담 청소년의 경우)에게 사전 동의를 받아야 한다.
- 다문화 배경을 가진 내담자를 위한 검사 선택 시 내담자의 사회문화적 맥락을 신중히 고려하였다.
- 심리검사 결과를 다른 사람들이 오용하거나 외부에 유출하지 않도록 하여야 한다.
- 내담자에게 적절한 심리검사를 선택해야 하며 검사의 타당도와 신뢰도, 제한점 등을 고려해야 한다.
- 자신이 모르는 검사일 경우 전문성이 있는 다른 상담자가 검사하고 해석할 수 있도록 의뢰하여야 한다.

17 　청소년상담사 윤리강령

- 상담내용을 기록하고 보관해야 한다.
- 기록 및 녹음에 관해 내담자의 사전 동의를 구한다.
- 청소년상담사는 내담자와 보호자가 상담기록의 삭제를 요청할 경우 법적·윤리적 문제가 없는 한 삭제하여야 한다.
- 상담기록을 삭제하지 못할 경우, 타당한 이유를 내담자와 보호자에게 설명해야 한다.

• 기록의 보관은 공공기관이나 교육기관 등은 각 기관에서 정한 기록보관 연한을 따르고, 이에 해당하지 아니한 경우에는 3년 이내 보관을 원칙으로 한다.

18 대면 접수면접 시 파악해야 할 주요 사항

• 내담자가 상담을 신청한 경위 및 주 호소문제
• 내담자가 가지고 있는 문제
• 내담자 문제의 발달과정
• 가족관계(역동적인 관계, 지원자·원조자, 갈등관계)
• 성장 및 생활 배경
• 이전의 상담경험(누구와 몇 회, 만족 여부, 중단 사유 등)
• 접수면접 시 내담자의 용모 및 행동특성

19 상담기술 – 즉시성

즉시성이란 조력 관계 안에서 상담자와 내담자 간에 '지금' 일어나고 있는 것, 즉 상담의 목적뿐만 아니라 내담자의 감정·인상·기대에 관하여 상담자가 이해하고 의사소통하는 것을 말한다.

> • 내담자 : 저는 상담이 너무 좋은데, 이상하게 자꾸 늦어요(시계를 자꾸 쳐다보며 심드렁하게 앉아 있다).
> • 상담자 : 음… 오늘까지 3주 연속 늦고, 상담 중에도 계속 시계를 보고 있군요, 저는 A가 여기서 얼른 나가고 싶은 것처럼 느껴져서 좀 당황스러워요.

20 상담기술 – 직면

내담자의 말이나 행동이 일치하지 않거나 모순점이 있을 때 그것을 지적해주는 기술이다.

> • 상담자 : 어른에게 예의 바르게 행동해야 한다고 말하면서도, 아버지에 대해서는 '그 인간'이라고 부르며 욕을 하고 있네요.

21 상담기법 - 단추(초인종) 누르기

내담자가 유쾌한 경험과 유쾌하지 않은 경험을 번갈아 가면서 생각하도록 하고, 각 경험과 관련된 감정에 관심을 가지도록 하는 것이며, 이 기법의 목적은 내담자에게 그들이 무엇을 생각할지를 결정하여, 자신이 원하는 감정은 무엇이든지 만들어낼 수 있다는 사실을 가르치려는 것이다.

22 사이버상담

- 익명성이 있다.
- 매체상담의 하나이다.
- 내담자가 적극적으로 자기를 개방하게 된다.
- 스마트기기 및 인터넷 환경의 발달로 더욱 활발해졌다.
- 내담자가 자신의 정보를 제공하지 않고도 상담이 가능하다.

23 지역사회 청소년통합지원체계(CYS-Net)

- 이 체계는 「청소년복지지원법」 제4장에 규정되어 있다.
- 필수연계기관에 지방고용노동청 및 지청이 포함되어 있다.
- 지역사회기반으로 통합서비스를 제공하기 위한 시스템이다.
- 위기청소년을 지원하기 위한 자발적인 지역주민모임이 있다.
- '위기청소년 발견', '상담개입', '통합서비스 제공'이라는 세 가지 운영 모듈을 가지고 있다.

24 상담기술 - 명료화

- 내담자의 말 중에서 모호한 점이나 모순된 점이 발견될 때, 이를 명확히 이해하고 넘어가기 위해서 다시 그 점을 상담자가 질문함으로써 내담자가 그 의미를 명백하게 하도록 돕는 기술이다.
- 명료화는 내담자의 문제를 거울에 비추어 보듯이 분명하게 하는 작업이다.

25 상담기법 – 현재 감정 및 신체의 자각

- 형태주의 상담에서는 현재 상황에서 자신의 욕구와 감정을 자각하는 것이 매우 중요하다.
- 상담자는 내담자에게 현재 상황에서 느끼는 신체 감각을 자각하도록 함으로써 자신의 욕구와 감정을 깨닫도록 도와야 한다.

> - 내담자 : 학교에 가면 너무 좌절스럽고 제가 할 수 있는 게 아무것도 없는 것 같아 화만 나요. 나 자신한테 실망스럽지만 이렇게 생각해 봐야 뭔 소용이 있을까… 그냥 다니는 거죠(무표정한 얼굴로 이야기한다).
> - 상담자 : 지금 어떤 감정이 떠오르나요? 잠깐 생각을 멈추고 지금 느끼는 감정에 집중해서 그 상태에 머물러 보세요.

상담연구방법론의 기초

※ 2023년 22회 기출문제를 바탕으로 작성되었습니다.

01 과학적 연구의 특징

- 결정론적(Deterministic) : 모든 과학적 현상은 스스로 발생할 수 없으며, 그에 상응하는 원인이 존재하므로 모든 현상은 논리적으로 원인과 결과로 이해될 수 있어야 한다.
- 논리적(Logical) : 과학적 연구는 합리적이고 논리적인 사고 활동이어야 하며, 연역법과 귀납법에 의한 과정을 거쳐 사건과 사건의 연결이 객관적 사실에 의해 뒷받침되어야 한다.
- 간결성(Parsimony) : 과학적 연구는 최소한의 정보로 최대한의 설명력을 확보할 수 있어야 하며, 과학자들은 가장 합리적이면서도 간결한 이론을 추구한다.
- 일반화(Generalization) : 과학적 연구는 개별적 현상을 일일이 설명하는 것이 아니라 그것에 대한 일반화를 추구하여야 한다.
- 간주관성(Inter-Subjectivity) : '상호주관성'이라고도 불리는 것으로 과학적 연구는 동일한 조건 아래 동일한 연구방법으로 연구를 수행했을 때는 비록 연구자가 다르다 할지라도 동일한 결론에 이를 수 있어야 한다.

02 연구보고서 - 연구방법

- 연구보고서는 '표제, 목차, 개요(초록), 서론, 이론적 배경, 연구방법, 연구결과, 결론 및 제언, 참고문헌, 부록'으로 구성되어 있다.
- 연구보고서에서 연구방법은 연구대상, 자료수집 방법, 연구절차, 측정도구와 검사도구 등을 자세히 기록하는 것을 말한다.

03 과학으로서의 상담학 연구

- 증거 자료를 확보하여 결론을 도출해야 한다.
- 자료는 합리적이고 체계적으로 수집해야 한다.
- 기존에 확립된 이론은 언제든지 비판하고 수정 및 보완 혹은 교체될 수 있다.

04 조작적 정의

- 개념이 추상적이어서 직접 조사하기 어려운 경우 그것을 측정할 수 있는 형태로 대체하거나 수량화해서 간접적으로 측정하는 것이다.
- 지식이 축적되어 새로운 연구 성과가 나오거나 새로운 측정 방법이나 측정 도구가 나오면 조작적 정의를 변경해야 하는 경우가 발생할 수 있다.
- 일반적으로 동일한 행위 변수나 결과 변수에 대하여 복수의 지표들을 사용하고 있다.

05 가설 및 가설검정

- 가설은 이론의 검증을 위해 수립된 잠정적 진술이다.
- 가설의 도출은 기존의 이론 또는 새로운 현상의 관찰로부터 이루어진다.
- 대립가설은 연구자가 새롭게 주장하는 귀무가설에 대립하는 가설로, 귀무가설이 거짓일 때 채택한다.

06 표본추출기법 – 할당표본추출법

인구통계학적 특성 등과 같은 연구자의 모집단에 대한 사전지식을 기초로 하여 모집단의 특성을 나타내는 모집단의 속성을 미리 파악할 수 있을 때, 각 속성의 구성 비율을 고려해 하위 집단별로 표본 수를 할당한 다음 표본을 추출하는 방식이다.

> 연구자 A는 B시 청소년들의 게임중독 실태를 파악하기 위하여, 전년도 자료를 통해 알려진 B시 청소년들의 성별·연령별·학교급별 분포 자료를 바탕으로 범주별 구성 비율을 적용한 후 총 1,000명 규모의 표본을 추출하여 분석에 활용하였다.

07 척도의 유형

명목(명명)척도	• 측정 대상을 분류하기 위한 것으로, 가장 낮은 수준의 측정이다. • 성별, 인종, 종교, 직업, 전화·우편번호 등이 해당한다.
서열척도	• 측정 대상들의 특성을 서열로 나타낸 것이다. • 학급석차, 키순서, 인기순서 등이 있다.
등간척도	• 서열을 정할 수 있을 뿐만 아니라 이들 분류된 범주 간의 간격까지도 측정할 수 있는 척도이다. • 지능, 온도, 시험점수 등이 해당한다.
비율척도	• 척도를 나타내는 수가 등간일 뿐만 아니라 의미 있는 절대영점을 가지고 있는 경우에 이용되는 척도로, 비율성도 가지고 있다. • 연령, 몸무게, 키, 수입, 출생률, 사망률, 이혼율, 가족 수, 심리학과 졸업생 수 등이 해당한다.

08 양적연구

- 연구자의 가치중립적 입장을 유지하며 객관적 실재가 존재함을 가정한다.
- 자료를 수집하기 전에 구체적인 연구가설을 세운다.
- 현상의 속성을 계량적으로 표현하고 그들의 관계를 통계분석으로 밝혀낸다.
- 연역법에 기초하며 대규모 분석이 유리하고 분석 결과의 일반화 가능성을 중시한다.

09 변 수

- 독립변수 : 다른 것을 설명, 예언하거나 다른 것에 영향을 주는 변수를 말한다.
- 종속변수 : 독립변수에 의해 설명이나 예언이 되는 변수, 영향을 받는 변수를 말한다.
- 매개변수(중재변수) : 독립변수와 종속변수를 연결해 주는 변수를 말한다.

10 준거 관련 타당도(Criterion-Related Validity)

공존(공인)타당도	새로운 검사에 대해 이미 타당도가 인정된 기준의 동일한 속성을 측정하는 검사와의 상관관계를 구하는 것으로, 새로운 검사에서 얻은 점수와 기존의 타당성을 인정받은 검사로부터 얻은 점수와의 상관관계를 측정한다.
예측타당도	미래의 행동 특성을 얼마나 정확하게 예언하는지를 나타내는 것으로, 검사를 실시하여 나온 점수와 시간이 흐른 뒤 피험자의 행위를 측정하여 점수와 행위 간의 상관관계를 측정한다.

11 내적 일관성(Internal Consistency)을 판단하는 신뢰도 측정방법

크론바흐 알파	항목들이 얼마나 동일한 개념이나 특성을 측정하는지를 평가하며, 높은 알파 값은 척도의 신뢰성이 높음을 나타낸다.
KR-20	사지선다형에서와 같이 정답과 오답이 있어 특정 문항에서 정답을 한 경우는 1점, 오답을 한 경우는 0점으로 점수를 할당하는 경우와 같이 이분 채점 문항에만 사용될 수 있는 방법이다.
KR-21	문항 점수가 리커트척도와 같이 1, 2, 3, 4, 5점과 같을 때 검사의 신뢰도를 추정하는 방법이다.
호이트 신뢰도	문항 점수가 0과 1인 이분 문항뿐 아니라 1, 2, 3, 4와 같은 다분 문항의 신뢰도도 추정한다.

12 외적 타당도를 높이는 방법

- 표본의 대표성을 높이기 위해 확률표집 방법을 사용하고 표본의 크기를 확대한다.
- 표본의 특성은 모집단의 특성과 비슷해야 한다.
- 피험자에게 실험 사실을 알리지 않음으로써 실험조사에 대한 호손효과를 줄여 연구 환경이 현실과 최대한 유사하도록 조치한다.
- 연구를 반복적으로 실시하여 결과를 축적한다.

13 측정의 신뢰도와 타당도

- 신뢰도란 측정하고자 하는 현상이나 대상을 일관성 있게 측정하는 정도를 말한다.
- 타당도란 측정하고자 하는 개념을 정확하게 측정하는 정도를 말한다.
- 요인분석을 통해 타당도를 평가할 수 있다.
- 문항들의 내용이 유사할수록 신뢰도가 증가한다.
- 신뢰도를 평가할 수 있는 방법으로는 반분신뢰도, 내적 일관성 신뢰도, 검사-재검사 신뢰도, 동형 검사 신뢰도, 조사자 간 신뢰도 등이 있다.

14 통계적 가설검정

- 유의수준은 1종 오류의 허용 범위이다.
- 유의확률은 검정통계량 값에 대해서 귀무가설을 기각시킬 수 있는 최소의 유의수준으로, 유의확률 값이 유의수준보다 작으면 귀무가설을 기각한다.
- 표본의 크기는 1종 및 2종 오류 확률에 모두 영향을 미친다.
- 2종 오류는 영가설이 틀렸음에도 불구하고 영가설을 채택할 확률이다.

15 분산분석(ANOVA)

분산분석(Analysis of Variance)은 세 집단 이상의 평균 차이가 통계적으로 유의한가를 검정하는 분석 방법이다.

실험설계의 내적타당도를 저해하는 변인

표본 선택의 오류	실험집단과 통제집단의 동등성이 확보되지 못한 경우나 모집단을 정확히 대표하지 못하는 경우 두 집단 간의 차이가 독립변수 때문만으로 볼 수 없으므로 내적타당도가 저해된다.
실험 대상의 탈락	관찰 대상 집단 일부의 탈락 또는 상실로 인해 남아있는 대상이 처음의 관찰 대상 집단과 다른 특성을 갖게 됨으로써 결과가 달라지는 경우이다.
성 숙	시간의 흐름에 따라 발생하는 조사 대상 집단의 신체적·심리적 특성의 변화나 실험집단의 성숙으로 인해 결과가 달라지는 경우이다.
통계적 회귀	같은 현상을 여러 번 측정하면 그 값들이 평균으로 수렴하려는 특성으로 인해 결과가 달라지는 경우이다.
우연적 사건	조사 기간에 연구자의 의도와는 상관없이 통제 불가능한 사건이 일어나 종속변수에 영향을 미치는 경우이다.

17 **사전-사후 측정 통제집단 설계**

- 두 집단에 실험대상자를 무선 배치한다.
- 사전검사 결과를 공변수(Covariate)로 분석에 투입할 수 있다.
- 사후 측정은 통제집단뿐만 아니라 실험집단에도 실시한다.
- 독립변인의 순수 효과 검증에 효과적인 설계이다.

18 **피어슨(Pearson) 적률상관계수**

- 피어슨 적률상관계수의 범위는 −1에서 1 사이이다.
- 피어슨 상관계수는 단위를 갖지 않아서 하나의 변수가 취하는 모든 값에 상수를 더하거나 빼거나 양의 상수를 곱하거나 나누는 변환을 해도 상관계수는 변하지 않는다.
- X와 Y의 공분산이 커질수록 피어슨 적률상관계수는 커진다.

19 **단순회귀 모형과 결정계수**

- 단순회귀 모형 $Y_i = b_0 + b_1 X_i + \varepsilon_i$, 결정계수 R^2
- b_0는 X가 0일 때 Y의 값이다.
- b_1은 독립변수 X가 한 단위 변화할 때 Y가 변화하는 양이다.
- ε의 기댓값은 0이다.
- R^2값은 X에 의해 설명되는 Y분산의 비율을 말한다.
- 1에 가까운 결정계수라도 X와 Y간 인과관계의 충분조건이 되지 못한다.

20 기대빈도

$$기대빈도 = \frac{행의\ 합계 \times 열의\ 합계}{총합계}$$

21 연구패러다임 – 질적연구

- 연구대상의 행위를 연구함에 있어 그들이 어떻게 상황을 정의하고, 또 그들의 행위에 어떤 의미를 스스로 부여했는지를 이해하고자 한다.
- 인간의 행위를 수치화하여 일반적인 경향이나 관계를 파악하고자 하는 시도가 갖는 한계에 주목한다.

22 합의적 질적 연구법(CQR)

- 영역코딩 : 연구자를 포함한 평정자들이 원자료를 바탕으로 각자 영역을 분류한 뒤 함께 모아서 일치, 불일치를 합의하는 과정을 거친다.
- 중심 개념 코딩 : 참여자의 단어를 간결하고 명확하게 하며 편집하는 과정이다.
- 교차분석 : 영역에 대한 중심 개념을 범주화하는 과정으로써, 자료가 더 높은 추상화로 옮겨가는 것을 말한다.
- 감사 : 연구와 관계없는 감사자들이 연구결과를 검토하는 것을 말한다.

23 근거이론 방법론의 코딩순서

개방 코딩	• 면밀한 자료검토를 통해 현상에 이름을 붙이고 범주화하는 과정이다. • 개념을 밝히고, 그 속성과 차원을 자료 안에서 발견해 나가는 분석 과정이다.
축 코딩	• 범주를 하위범주와 연결하는 과정이다. • 코딩이 한 범주의 축을 중심으로 일어나며, 속성과 차원의 수준에서 범주들을 연결하는 작업이다.
선택 코딩	• 마지막 과정으로서 이론을 통합 및 정교화하는 과정이다. • 이때 이론의 통합을 도와주는 기법으로 메모와 도표가 사용된다.

24　중복게재(중복출판)

이미 출판된 자신의 저작물의 전부 또는 일부를 정확한 출처 및 인용 표시 없이 새로운 자신의
저작물로 출판하는 것을 말한다.

25　벨몬트 보고서(The Belmont Report) 기본 윤리원칙

인간존중의 원칙	개인은 자율성을 갖춘 존재로 대우받아야 하며, 그들을 어떤 목적을 위한 수단으로 사용해서는 안 된다는 원칙이다.
정의의 원칙	연구에서 파생되는 부담과 이득이 동등하게 분배될 수 있도록 연구를 설계하고, 사람들을 공정하게 대해야 한다는 원칙이다.
선행의 원칙	피험자의 위험을 최소화하고, 이득을 최대화해야 한다는 원칙이다.

심리측정 평가의 활용

※ 2023년 22회 기출문제를 바탕으로 작성되었습니다.

01 심리검사

- 심리평가를 위한 자료원이다.
- 전체 행동이 아니라 표집된 행동으로 구성된다.
- 심리검사는 심리적 구성개념을 측정하기 위한 도구이다.
- 표준화된 방식으로 심리적 구성개념을 측정한다.
- 검사를 통해 내려지는 결론은 항상 오류가능성을 내포한다.

02 편차지능지수(편차 IQ)

- 웩슬러(Wechsler) 검사 계열에서 사용하는 방식이다.
- 기존의 스탠포드-비네(Stanford-Binet) 검사에서 적용하던 비율지능지수의 한계에 대한 인식에서 비롯되었다.
- 개인의 어떤 시점의 지능을 동일 연령대 집단에서의 상대적인 위치로 규정한 지능지수이다.

03 엑스너(J. Exner) 종합체계 이전 방식 적용기준

기존 로샤검사는 검사나 해석 과정에서 임상가의 주관과 편향이 개입되어 결과가 달라지거나 오도될 가능성이 많고, 해석자 간 의사소통이나 의견일치가 어려운 문제점을 갖고 있었다. 이를 해소하고자 엑스너(J. Exner)는 기존 각 방식들에서 경험적인 근거를 바탕으로 실증적으로 입증된 부분과 연구 결과들만을 채택·종합하여 타당성 있고 신뢰할 수 있는 통합체계를 발전시켰다. 그리하여 과학적인 근거와 풍부한 해석의 틀을 갖게 되었다.

04 심리평가를 위한 면담

- 심리평가를 위한 면담은 보통 구조화된 방식을 사용한다.
- SCID(Structured Clinical Interview for DSM)는 반구조화된 면담도구이다.
- 심리검사는 심리평가를 위한 면담보다 수집할 수 있는 정보의 한계가 더 뚜렷하다.
- 행동관찰은 내담자의 현재 문제행동과 반응양식, 과잉행동 및 연쇄적 행동, 이차적 행동장애, 문제행동의 결정요인에 관한 풍부한 가설을 제공해 준다.

- 심리평가를 위한 면담은 내담자의 심리사회적 문제를 명료화·구체화하면서 내담자의 성격 및 대인관계 양상을 파악하며, 이를 토대로 개입 전략을 구체화하는 것을 목표로 한다.

05 웩슬러(D. Wechsler) 검사배터리 차용 도구

1939년 웩슬러-벨류브(Wechsler-Bellevue) 성인용 지능척도를 개발할 당시 1905년 개발된 '비네-시몽 검사(Binet-Simon Test)와 1917년 미국의 제1차 세계대전 개입과 함께 개발된 집단 심리검사 도구인 '군대 알파(Army α)'와 '군대 베타(Army β)'의 검사 문항을 차용하여 검사배터리를 개발하였다.

06 이야기식 기록(Narrative Recording)

- 관찰자가 관심 있는 행동을 선정해서 추론하는 것이다.
- 관찰을 수량화하기 어렵고 타당도가 낮다.
- 관찰 이후 특정 행동을 구체적 영역에서 양적으로 측정하는 데 도움이 된다.

07 벤더도형검사 2판(BGT-II)

아동 및 성인(4~85세 이상)을 대상으로 시각-운동협응 기술을 측정하는 검사로, 평가의 활용성을 강화하기 위해 원판 9장에 자극카드 7장이 추가적으로 개발되어 총 16장의 카드로 구성되었다. 추가된 자극카드는 4~7세 11개월을 위한 자극카드 4장과 8~85세 이상을 위한 자극카드 3장으로 구성되었다.

08 레이-오스테리스 복합도형(Rey-Osterrieth Complex Figure)

복잡한 도형을 체계적으로 이해하고 처리할 수 있는 능력을 정확하게 평가하는 신경심리학적 검사이다. 복잡한 검사 자극을 모사하고 회상하는 능력, 즉 시공간 능력, 기억력, 주의력, 계획, 작업 기억 및 실행 기능과 같은 다양한 기능을 평가할 수 있는 검사이다.

09 로샤(Rorschach)검사의 반응내용

- Hh가 부여되는 것 : 가정용품, 주방기구, 램프, 양탄자
- Ex가 부여되는 것 : 불꽃놀이, 폭발, 폭풍
- Na가 부여되는 것 : 태양, 달, 하늘
- Sc가 부여되는 것 : 과학 및 과학적 산물(자동차, 빌딩, 무기)
- Xy가 부여되는 것 : 엑스레이 반응에 의한 뼈나 내부기관

10 로샤(Rorschach)검사 구조적 요약에서 람다(L ; Lamda) 값

- 전체반응에서 순수형태반응이 차지하는 비율이다.
- 로샤 검사에서 Lamda는 경험에 대한 개방성 지표이다.
- 심리적 자원을 경제적으로 사용하는 것과 관련이 있다.
- 주변 환경에 관심을 기울이는 정도와 관심의 폭을 평가한다.
- 람다값이 .30~.99에 속하면 평균집단으로 분류되고 주의의 초점이 넓다.

11 각 검사별 실시 방법

- 로샤(Rorschach)검사 : 질문단계는 반응의 영역, 결정인 및 내용을 확인하는 데 초점을 두고 진행한다.
- 주제통각검사(TAT) : 전체 카드 가운데 수검자의 성별과 연령을 고려하여 일부 카드를 선정하여 실시한다.
- 문장완성검사(SCT) : 제한 시간은 없으나, 가능한 한 빨리 문장을 완성하도록 지시한다.
- 집-나무-사람(HTP) 검사 : 나무를 그리는 단계에서는 종이를 세로로 제시한다.

12 주제통각검사(TAT)

- 머레이(H. Murray)는 주제통각검사(TAT)의 수검자 반응을 욕구와 압력의 측면에서 분석하는 해석체계를 제시하였다.
- 주제통각검사의 해석체계 중 욕구-압력 분석법(Murray)은 주인공 중심의 해석방법으로, 주인공의 욕구 및 압력, 욕구방어 및 감정, 다른 등장인물과의 관계 등에 초점을 두어 결과를 분석한다.

13 로샤(Rorschach)검사 구조적 요약의 소외지표(Isolation Index)

구조적 요약 하단부의 대인관계 영역에 포함된 소외지표(Isolation Index)는 사회적 고립과 관련되어 있으며 식물, 구름, 지도, 풍경, 자연 등 다섯 가지 내용 범주를 포함한다.

14 심리검사 도구와 평가목적

- K-WISC-V - 지능 및 인지능력
- MMPI-2 - 주요 정신병리
- Rorschach - 지각 및 통각과정
- MBTI - 16가지 성격차원
- TAT - 대인관계의 역동

15 습관적 수행(Typical Performance) 측정 검사

- 습관적 수행검사는 일상생활에서의 습관적인 행동을 검사하는 정서적 검사(비인지적 검사)이다.
- 정서적 검사에는 성격검사[마이어스-브릭스 성격유형검사(MBTI), 미네소타 다면적 인성검사(MMPI), 로샤 검사(Rorschach Test), 성격평가질문지(PAI), 카텔(R. Cattell)의 16PF], 흥미검사[직업선호도 검사(VPI), 스트롱-캠벨 흥미검사(SCII), 쿠더 직업흥미검사(KOIS)], 태도검사[부모양육 태도검사(PAT), 직무만족도검사(JSS)]가 있다.

16 심리검사 제작 순서

제작 목적의 설정 → 검사 내용의 정의 → 검사 방법의 결정 → 문항의 작성 → 예비(사전)검사의 실시 → 문항 분석과 수정 → 본 검사 실시 → 신뢰도와 타당도 검토 → 규준과 검사요강 작성

17 IQ 분포와 T점수 분포

지능검사도구들은 그 종류에 따라 다른 표준편차를 사용하기도 하는데, 예를 들어 웩슬러 지능검사의 경우 평균을 100, 표준편차를 15로 하는 척도를 사용하는 반면, 개정판 스탠포드-비네 지능검사의 경우 평균을 100, 표준편차를 16으로 하는 척도를 사용한다.

18 Z점수와 T점수

Z점수	• 원점수를 평균이 0, 표준편차가 1인 Z분포상의 점수로 변환한 점수이다. • Z점수 = (원점수 − 평균) ÷ 표준편차
T점수	• 평균이 50, 표준편차가 10이 되도록 Z점수를 변환한 점수이다. • T점수 = 10 × Z점수 + 50

19 K-WAIS-IV

- 행렬추론 소검사 : 지각추론 핵심 소검사로 유동적 지능, 광범위한 시각적 지능, 분류와 공간적 능력, 부분과 전체의 관계를 파악하는 능력, 동시적 처리, 지각적 조직화 능력을 측정한다.
- 공통성 소검사 : 언어이해 핵심 소검사로 언어적 개념 형성 또는 추론의 과정을 측정한다.
- 숫자 소검사 : 작업기억 핵심 소검사로 암기 학습·기억·주의력·부호화·청각적 처리과정과 기억·정보의 변형과 정신적 조작·시공간적 심상화를 측정한다.
- 지우기 소검사 : 처리속도의 보충 소검사로 처리속도, 선택적 주의력, 경계능력, 지각속도, 시각-운동 능력을 측정한다.
- 기호쓰기 소검사 : 처리속도의 핵심 소검사로 단기적 시각 기억력, 학습능력, 정신운동 속도, 시각적 지각능력, 시각-운동 협응 능력, 시각적 탐색 능력, 인지적 유연성, 주의력, 집중력, 동기 등을 측정한다.

20 K-WISC-IV의 동형찾기 소검사

한국판 웩슬러 아동용 지능검사 4판(K-WISC-IV)에서 동형찾기는 처리속도의 핵심 소검사로 시각적 단기기억, 시각-운동 협응, 인지적 유연성, 시각적 변별력, 집중력, 주의력 등을 측정한다.

21 한국판 웩슬러 아동용 지능검사 4판(K-WISC-IV)

- 이해는 언어이해 지표(VCI)의 핵심 소검사이다.
- 산수는 작업기억 지표(WMI)의 보충 소검사이다.
- 선택은 처리속도 지표(PSI)의 보충 소검사이다.
- 토막짜기는 지각추론 지표(PRI)의 핵심 소검사이다.

22   PAI 심리검사 - 대인관계 척도

- 성격평가질문지(PAI)의 대인관계 척도에는 지배성(DOM)과 온정성(WRM)이 있다.
- 지배성(DOM) : 개인이 대인관계에서 통제적, 순종적 또는 자율적인 정도를 평가하기 위한 척도를 말한다.
- 온정성(WRM) : 대인관계에서 관여하고 공감하는 정도와 거절적이고 불신하는 정도를 평가하기 위한 척도를 말한다.

23   MMPI-2에서 F(B) 척도

F(B) 척도는 검사 후반부의 비전형 반응을 탐색하는 척도로, 검사과정에서 수검자의 태도변화를 알 수 있다. 검사 후반부 40문항으로 구성되어 있으며 F척도가 정상범위에 있고, F(B) 척도가 상승되었다면, 수검자의 검사 태도가 검사 후반에 달라졌음을 반영한다. T점수는 수검자의 검사태도가 변화되었는지를 파악하는 목적으로만 사용되며, F(B)척도 점수가 높으면 검사 후반부에 위치한 내용척도들을 해석하는 데 주의해야 한다.

24   MMPI-2의 임상척도 - 건강염려증(Hs)

- 피로감을 자주 호소한다.
- 두통 및 감각 이상을 호소한다.
- 특정 신체기관에 관한 어려움을 호소한다.
- 스트레스를 겪을 때 신체증상을 보일 수 있다.

25   MMPI-2의 해리스-링고스(Harris-Lingoes) 소척도 - Pa3

- 비현실적인 낙관적 태도를 가진다.
- 윤리문제에 엄격한 도덕적 태도를 가진다.
- 타인의 부정적 특성을 부인하며 사람을 의심하지 않는다.

※ 2023년 22회 기출문제를 바탕으로 작성되었습니다.

01 생물학적 이론

- 이상행동을 하나의 질병 과정으로 본다.
- 신체적 원인론의 전통에 뿌리를 둔다.
- 정신장애는 뇌의 생화학적 이상에 의해서 유발된다고 가정한다.

02 이상행동의 기준

- 이상행동 : 개인의 부적응을 초래하는 외현적 행동과 정서, 인지, 동기, 신체적·생리적 특성 등 객관적으로 관찰·측정할 수 있는 심리적 속성을 포함하는 광의의 개념이다.
- 정상과 이상을 구분하는 기준
  - 일상생활 적응을 방해하는 심리적·사회적·기타 영역에서의 기능 저하
  - 개인이 경험하는 주관적인 불편감과 고통
  - 통계적 평균의 일탈
  - 사회문화 규범으로부터의 일탈

03 정신장애의 평가 및 분류체계

분류체계는 정신장애를 치료하는 종사자들이 공통적으로 사용할 수 있는 용어를 제공함으로써 효과적인 의사소통이 가능해지고 불필요한 혼란과 모호함을 감소시켜 주었다. 이를 통해 치료효과를 예상하고 장애의 진행과정을 예측할 수 있게 되었다.

04 DSM-5 특정학습장애

- 읽은 내용의 의미를 이해하기 어렵다.
- 덧셈, 뺄셈 등 연산절차에 어려움을 보인다.
- 철자법에 어려움을 보인다.

05 DSM-5 신경발달장애의 하위범주

지적장애, 의사소통장애, 자폐 스펙트럼 장애, 주의력결핍 및 과잉행동장애, 특정학습장애, 운동장애(틱장애)가 있다.

06 DSM-5 우울장애

- 월경전불쾌감장애는 월경이 시작되기 1주 전에 여러 가지 우울증상이 나타난다.
- 주요우울장애는 우울한 기분 또는 흥미나 즐거움의 상실 증상이 필수적이다.
- 지속성 우울장애는 적어도 2년 동안 하루의 대부분 우울한 기분이 있으며, 증상 없는 기간이 2개월 이상 지속되지 않는다.
- 파괴적 기분조절부전장애의 주요 특징은 만성적인 고도의 지속적 과민성이다.

07 DSM-5 조현병 진단기준

다음 증상 가운데 2개 이상이 해당해야 하는데, 이 중 망상, 환각, 와해된 언어/사고는 반드시 포함된다. 이런 증상이 1개월 중 상당 기간 나타나며, 성공적으로 치료된 경우는 기간이 짧을 수 있다.

- 망 상
- 환 각
- 와해된 언어/사고(예 말할 때 빈번히 주제 이탈 혹은 지리멸렬)
- 심하게 혼란스러운 행동이나 긴장성 행동
- 음성증상(예 정서적 둔마, 무의욕증)

08 DSM-5 주요 우울장애의 진단기준

- '우울 삽화 9개' 중 5개 증상 이상이 거의 매일 연속적으로 최소 2주간 지속되며, 그러한 상태가 이전 기능과의 차이를 나타내야 한다. 해당 증상 중 '우울한 기분'이나 '흥미의 상실'을 반드시 하나 이상 포함한다. 단, 명백한 다른 의학적 상태로 인한 증상은 포함되지 않아야 한다.
  - 하루 중 대부분 거의 매일 지속되는 우울 기분에 대해 주관적으로 보고(예 슬픔, 공허감 또는 절망감)하거나 객관적으로 관찰됨(예 눈물 흘림) 단, 아동·청소년의 경우는 과민한 기분으로 나타나기도 한다.
  - 하루 중 대부분 거의 매일 거의 모든 일상 활동에 대해 흥미나 즐거움 저하
  - 체중 조절을 하지 않는 상태에서 의미 있는 체중 감소나 체중 증가, 거의 매일 나타나는 식욕감소나 증가

- 거의 매일 나타나는 불면이나 과다수면
- 거의 매일 나타나는 정신운동 초조나 지연
- 거의 매일 나타나는 피로 또는 활력 상실
- 거의 매일 나타나는 자기무가치감 또는 부적절한 죄책감
- 거의 매일 나타나는 사고력·집중력·판단력 감소
- 죽음에 대한 반복적인 생각 또는 자살 시도나 자살 수행 계획

• 증상이 물질이나 일반적인 의학 상태의 직접적인 생리적 효과로 인한 것이 아니고, 사회적·직업적 기타 중요한 기능 영역에서 임상적으로 유의미한 고통이나 손상을 초래한다.
• 삽화가 물질의 생리적 영향이나 다른 의학적 상태로 인한 것이 아니다.

09 DSM-5 불안장애의 하위범주

특정공포증, 광장공포증, 사회공포증(사회불안장애), 공황장애, 분리불안장애, 선택적함구증(무언증), 범불안장애

10 DSM-5 제II형 양극성 장애

• 적어도 1회의 '경조증 삽화' 진단기준과, 적어도 1회의 주요 우울 삽화의 진단기준에 부합한다. 단 조증 삽화는 1회도 없어야 한다.
• 경조증과 우울증의 잦은 교체로 인한 예측 불가능성은 사회적·직업적 기능 또는 다른 중요한 기능 영역에서 임상적으로 유의미한 고통이나 손상을 초래한다.
• 제II형 양극성 장애에 동반되는 세부양상 유형 : 불안증 동반, 혼재성 양상 동반, 급속 순환성 동반, 기분과 일치하는 또는 일치하지 않는 정신병적 양상 동반, 긴장증 양상 동반, 계절성 양상 동반, 주산기 발병 동반

11 DSM-5 범불안장애의 진단기준

• (직장이나 학업과 같은) 수많은 일상 활동에 대해 과도한 불안과 걱정을 하며, 그 기간이 6개월 이상 이어진다.
• 자기 스스로 걱정을 통제하는 것이 어렵다고 느낀다.
• 불안과 걱정은 다음 6가지 증상 중 3가지 이상과 연관된다(아동의 경우 1가지 이상).
- 안절부절못함 또는 긴장이 고조되거나 가장자리에 선 듯한 느낌
- 쉽게 피로해짐
- 주의집중이 어렵거나 정신이 멍한 듯한 느낌
- 과민한 기분상태

- 근육 긴장
- 수면 장애
• 불안이나 걱정 또는 신체 증상이 사회적 · 직업적 기능 또는 다른 중요한 기능 영역에서 임상적으로 유의미한 고통이나 손상을 초래한다.

12 DSM-5 공황장애의 진단기준

• 다음 공황발작 13가지 증상 중 4가지 이상이 나타나는 경우 공황장애로 진단한다.
- 가슴 두근거림
- 땀 흘림
- 몸 떨림 또는 손발 떨림
- 숨이 가쁘거나 막히는 느낌
- 질식할 것 같은 느낌
- 흉부 통증 또는 답답함
- 구토감 또는 복부 통증
- 현기증, 비틀거림, 몽롱함, 기절 상태의 느낌
- 몸에 한기나 열기를 느낌
- 감각 이상
- 비현실감 또는 이인증
- 통제불능에 대한 공포
- 죽을 것 같은 두려움
• 최소 1회 이상의 발작 이후 1개월 이상 다음 중 1가지 혹은 2가지의 양상이 나타나야 한다.
- 추가적인 공황발작이나 그로 인한 결과들에 대한 지속적인 염려나 걱정
- 공황발작과 관련된 행동에서의 유의미한 부적응적 변화

13 DSM-5 강박 및 관련 장애의 하위범주

강박장애, 신체이형장애(신체변형장애), 수집광(저장장애), 발모광(털뽑기 장애), 피부뜯기 장애(피부벗기기 장애)

14 DSM-5 해리성 기억상실

• 해리성 둔주를 동반하기도 한다.
• 사회적 · 직업적 기능의 손상을 초래한다.
• 외상이나 아동학대의 과거력과 흔하게 관련된다.

- 상실된 기억이 갑자기 회복되어 감당하기 힘들 때 자살 위험이 높아진다.
- 자신의 생활사에 대한 기억을 전부 잃은 전반적 기억상실도 드물게 일어난다.

15 DSM-5 악몽장애의 진단기준

- 대개 생존, 안전, 신체적 온전함에 대한 위협을 피하고자 노력하는 광범위하고 극도로 불쾌하며 생생하게 기억나는 꿈들의 반복적 발생이 일반적으로 야간 수면 시간의 후기 1/2 동안 일어난다.
- 불쾌한 꿈으로부터 깨어나면 빠르게 지남력을 회복하고 각성한다.
- 수면 교란이 사회적·직업적 또는 다른 중요한 기능 영역에서 임상적으로 유의미한 고통이나 손상을 초래한다.
- 악몽 증상이 물질의 생리적 효과로 인한 것이 아니고, 공존하는 정신질환과 의학적 장애가 악몽에 대한 호소를 충분히 설명할 수 없다.
- 악몽기의 지속 기간에 따라 급성·아급성·지속성을 구분하여 명시하고, 악몽이 발생하는 빈도에 의해 현재의 심각도를 경도·중등도·고도로 명시한다.

16 DSM-5 신경인지장애의 진단기준

- 이전 수행 수준에 비해 1가지 이상 인지영역에서 인지 저하가 경미하게 있다는 증거가 다음에 근거한다.
  - 환자 또는 환자를 잘 아는 사람이 현저한 인지 기능 저하를 걱정함
  - 가급적 표준화된 신경심리검사에 의해 또는 그것이 없다면 다른 정량적 임상평가에 의해 입증된 인지수행의 경미한 손상
- 인지 결손은 독립적인 일상 활동을 방해하지 않는다.
- 인지 결손은 섬망만 있는 상황에서만 발생하는 것이 아니고, 다른 정신질환으로 더 잘 설명되지 않는다.
- 병인에 따라 알츠하이머병, 전두측두엽 변성, 루이소체병, 혈관 질환, 외상성 뇌손상, 물질/치료약물 사용, HIV 감염, 프라이온병, 파킨슨병, 헌팅턴병, 다른 의학적 상태, 다중 병인 등 명시한다.

17 DSM-5 조현성 성격장애의 진단기준

- 다양한 형태의 사회적 유대로부터 반복적으로 유리되고, 대인관계에서 전반적으로 제한된 감정표현이 나타나며, 다음 중 4가지 이상이 나타난다.
  - 타인이나 가족 성원과 친밀한 관계를 맺고자 하지 않는다.
  - 거의 모든 활동에 있어서 혼자 선택하며 홀로 행동한다.
  - 타인과 성적 관계를 가지는 것에 흥미가 없다.
  - 즐거움을 얻는 활동이 거의 없거나 극히 소수이다.
  - 가족 이외에 속내를 털어놓을 수 있는 친구가 없다.
  - 타인의 칭찬이나 비난에 무관심한 반응을 보인다.
  - 정서적으로 냉담하고 고립적이며, 단조로운 정동을 보인다.
- 이러한 양상이 성인기 초기에 주로 시작되며 여러 상황에서 나타난다.

18 DSM-5 물질사용장애와 물질금단을 일으키는 물질

DSM-5에서 물질중독을 일으키지 않지만 물질사용장애와 물질금단을 일으키는 것은 물질 관련 장애 하위유형인 담배(타바코) 관련 장애이다. 담배(타바코) 관련 장애에는 담배사용장애, 담배 금단, 기타 담배로 유발된 장애, 명시되지 않은 담배 관련 장애가 있다.

19 DSM-5 신경성 식욕부진증

DSM-5 신경성 식욕부진증은 음식 섭취를 지나치게 제한함으로써 연령, 성별, 발달 수준의 맥락에서 심각한 저체중 상태를 초래한다. 저체중은 최소한의 정상 수준 또는 최소한의 기대 수치 이하의 체중을 말한다. 전형적으로 청소년기 혹은 성인기 초기에 발병되고, 여성의 발병률이 더 높다.

20 DSM-5 성도착장애(변태성욕장애)

- 변태성욕장애는 성행위 대상이나 성행위 방식에서 비정상성을 나타내는 장애로서 '성도착 장애'라고도 한다.
- 강력한 성적 충동과 함께 성적 흥분을 경험하기 위하여 유별나고 괴이한 비정상적 상상, 대상, 행위 또는 방법을 사용하는 모든 성적 장애가 포함된다.
- 이러한 상상과 행동은 환자의 의도와는 관계없이, 최소 6개월 이상 지속적으로 반복된다.
- 이러한 성적 행동, 성적 충동, 환상이 임상적으로 심각한 고통이나 사회적, 직업적 또는 기타 중요한 영역에서 장애를 일으킨다.

• 노출장애, 관음장애, 마찰도착장애, 소아성애장애, 성적피학장애, 성적가학장애, 물품음란장애, 복장도착장애 등으로 분류된다.

21 DSM-5 의존성 성격장애

• 자신의 능력과 자질을 과소평가하여 자신이 결정을 내려야 할 상황에 처하는 경우 매우 불안해하며, 중요한 결정을 내리거나 책임성을 요하는 일들에 대해 타인에게 그 책임을 넘긴다.
• 동기나 활력이 부족해서라기보다는 판단과 능력에 대한 자신감이 부족하여 자신을 일을 혼자 시작하거나 수행하기 어렵다.
• 의존 상대와의 친밀한 관계가 끝나는 경우 서둘러 다른 지지와 보호의 대상을 찾는다.

22 DSM-5 파괴적, 충동조절 및 품행장애

파괴적, 충동조절 및 품행장애는 정서 및 행동에 대한 자기조절 문제와 관련이 있다. DSM-5의 분류기준에 의한 주요 하위유형으로서 적대적 반항장애, 간헐적 폭발장애, 품행장애, 반사회성 성격장애, 병적 도벽, 병적 방화 등이 있다.

23 아동학대와 방임 문제의 하위유형

• 아동 신체적 학대 확인/의심, 아동 신체적 학대와 관련된 기타 사항
• 아동 성적 학대 확인/의심, 아동 성적 학대와 관련된 기타 사항
• 아동 방임 확인/의심, 아동 방임과 관련된 기타 사항
• 아동 심리적 학대 확인/의심, 아동심리적 학대와 관련된 기타 사항

24 급성 스트레스 장애와 외상 후 스트레스장애의 공통 진단기준

'과도한 놀람 반응'은 DSM-5 급성 스트레스장애의 각성 범주의 증상(수면장애, 과잉경계, 집중곤란, 과도한 놀람 반응, 과민한 행동과 분노)과 외상 후 스트레스장애의 진단기준에 모두 해당된다.

- 쇠약감이나 마비 동반
- 이상 운동 동반(예 떨림, 근육긴장이상, 간대성 근경련, 보행장애)
- 삼키기 증상 동반
- 언어 증상 동반(예 발성곤란, 불분명한 언어)
- 발작 동반
- 무감각증이나 감각 손실 동반
- 특정 감각 증상 동반(예 시각, 후각 또는 청각장애)
- 혼합 증상 동반

※ 2023년 22회 기출문제를 바탕으로 작성되었습니다.

01   파슨스(F. Parsons)의 특성요인이론

구 분	특 성	요 인
의 의	• 검사를 통해 측정할 수 있는 개인의 특성 • 자기 자신에 대한 이해	• 성공적인 특정 직무수행에 필요한 조건 • 직업에 대한 이해와 지식
유 형	• 성격, 적성, 능력, 흥미, 가치관, 포부, 자원의 한계와 원인	• 직업의 요구 및 성공요건(책임, 성실성, 직업 성취도 등), 장·단점, 보수, 고용기회, 전망

02   청소년 진로상담자의 역할

- 합리적인 의사결정 능력을 향상시킨다.
- 진로 관련 검사를 실시하고 해석한다.
- 초등학생에게는 진로인식을 위한 활동을 하도록 한다.
- 중학생에게는 진로탐색을 위한 활동을 하도록 한다.
- 개인의 진로계획 및 준비, 직업준비와 선택, 진로문제의 해결과 적응 등을 돕는다.
- 청소년 내담자의 일생 동안의 진로발달이 잘 이루어질 수 있도록 도와주는 과정이다.

03   홀랜드(J. Holland)의 직업성격유형이론

- 일관성 : 성격유형과 환경모형 간의 관련 정도를 의미하는 것으로, 육각형 모형상의 두 유형 간 근접성에 따라 설명된다.
- 변별성 : 유형 간의 상대적 중요도의 관계를 의미한다. 특정 개인의 성격유형이나 작업환경은 다른 어떤 개인이나 환경보다 더 명확하게 규정할 수 있을 때 변별성이 있다고 해석한다.
- 정체성 : 자신에 대한 종합적인 인식으로서 일치성, 일관성 및 변별성에 의해 영향을 받는데, 변별성, 일관성, 일치성이 모두 높을 때 정체성도 높아진다.
- 일치성 : 성격과 환경 간의 관계로, 개인의 흥미유형과 자신이 속한 직업환경 유형의 유사성을 반영한다. 따라서 개인의 성격특징과 직무환경 특성 간 일치성이 높을 때 직업만족, 직업성취 수준이 높아질 수 있다.
- 계측성 : 유형(환경) 내 또는 유형 간의 관계는 육각형 모델에 따라 정리될 수 있는데, 육각형 모델에서 유형(환경) 간의 거리는 그것들 사이의 이론적인 관계에 반비례한다. 육각형은 개인(환경) 간 또는 개인 내에 있는 일관성의 정도를 나타내 주는 도형으로서, 이론의 본질적 관계를 설명해 주며, 여러 가지 실제적인 용도를 가지고 있다.

04   사회인지진로이론(SCCT)

- 선택모형에서 환경적 배경과 개인적 배경(성격, 성별, 인종, 장애·건강상태)은 학습경험에 영향을 준다.
- 수행모형에서 과거의 수행이 미래 행동의 결과기대와 자기효능감에 영향을 미치고, 결과기대와 자기효능감은 수행목표를 통해 성취수준에 영향을 준다.
- 결과기대는 특정한 과업을 수행했을 때 자신과 주변에 일어날 일에 대한 믿음과 내가 이 일을 하면 어떤 상황이 벌어질까에 대한 예측을 말한다.
- 자기효능감은 목표한 과업을 완성시키기 위해 필요한 행동을 계획하고 수행할 수 있는 자신의 능력에 대한 신념을 말한다.

05   긴즈버그(E. Ginzberg)의 직업선택 3단계

긴즈버그(Ginzberg)는 직업선택의 3단계를 '환상기-잠정기-현실기'로 구분하고, 잠정기를 '흥미단계-능력단계-가치단계-전환단계'의 4가지 하위단계로, 현실기를 '탐색 단계-결정화 단계-특수화 단계'의 3가지 하위단계로 나누었다.

06   슈퍼(D. Super)의 진로발달 – 성장기

성장기(Growth Stage, 출생~14세)는 욕구와 환상이 지배적이나 사회참여 활동이 증가하고, 현실 검증이 생김에 따라 흥미와 능력을 중시하는 단계로서 다시 환상기, 흥미기, 능력기로 구분한다.
- 환상기 : 욕구가 지배적이고 욕구탐색이 중심 과제이다.
- 흥미기 : 좋아하는 것을 활동으로 연결하고 이를 장래희망이라 생각한다.
- 능력기 : 능력을 더욱 중요시하며 직업에 필요한 여건에 관심을 갖는다.

07   갓프레드슨(L. Gottfredson)의 제한 · 타협 이론

- 진로에 대한 발달적 관점과 사회적 관점을 동시에 고려한다.
- 제한과 타협단계는 진로포부가 어떻게 축소되고 조정되는지에 초점을 둔다.
- 주로 취업 가능성과 같은 제한요인에 근거하여 진로선택을 조정하는 과정을 거친다.
- 개인발달단계를 힘과 크기(서열 지향성), 성역할 지향성, 사회적 가치 지향성, 내적이며 고유한 자아에 대한 지향성의 4단계로 구분한다.

- 직장에서의 성불평등적 요소에 대하여 자신의 의견을 표현할 수 있도록 돕는다.
- 수퍼우먼증후군을 앓고 있는 여성에 대해 인지적 재구조화를 시도하도록 한다.
- 직업탐색 기술을 증진시키고자 할 때는 성불평등적인 요소들을 미리 파악하여 대응할 수 있도록 한다.

15 진로상담의 과정 – 상담목표 및 과제 설정

상담자는 내담자가 진로상담을 하려는 이유와 방향을 인식하고 상담목표를 달성할 수 있도록 적극 도와야 하며, 목표 수립 과정에 내담자를 적극 참여시켜야 한다.

> - 상담자 : 상담에서 어떤 변화를 기대하시나요?
> - 내담자 : 글쎄요. 전 정말 무엇을 해야 할지 모르겠어요. 그래도 상담을 받으면 제가 할 수 있는 무언가를 찾게 될 거라고 친구가 추천해서 일단 와봤어요.
> - 상담자 : 네… 상담에서 뭔가 찾을 수 있을 거라 기대하고 오셨군요. 상담에서 스스로에 대해 탐색해 보고, 관심 분야에 대한 방향 설정을 시도해 본다면 자신에게 맞는 진로를 찾을 수 있어요. 물론 이런 작업에는 스스로의 노력과 시간이 필요하죠. 준비가 되었을까요?

16 진로가계도(Career Genogram)

- 보웬(Bowen)의 가계도를 응용한 것으로 3세대에 걸친 내담자 가족의 윤곽을 평가하며, 진로 상담에서 활용하고 정보수집 단계에서 사용한다.
- 가족상담 또는 가족치료에 기원을 둔 것으로 학생의 직업의식과 직업선택, 직업태도에 대한 가족구성원들의 영향력을 분석하는 대표적인 정성적 평가방법의 하나이다.
- 진로가계도는 생애진로사정에서 활용 가능하다.
- 가족구성원 간의 관계가 진로에 미치는 영향을 확인할 수 있다.
- 직업의 종류와 유형을 발견할 수 있고 가족들과의 관계가 학생이 형성한 진로 인식에 어떠한 영향을 미치는지 등을 탐색할 수 있다.
- 가족 구성원의 관계를 정해진 기호와 선으로 도표화한 그림으로 남자는 사각형, 여자는 원으로 표현한다. 이를 통해 가족의 외형적 관계뿐만 아니라 심리적 관계까지도 표현할 수 있는 장점이 있다.

17 생애진로사정(Life Career Assessment)

- 내담자와 환경과의 관계를 이해하는 데 유용하다.
- 아들러(Adler)의 개인심리학에 기초한 것이다.
- 내담자의 정보수집 단계에서 사용할 수 있는 구조화된 면접기법이다.
- 진로사정, 일상적인 하루, 강점과 장애, 요약 등으로 구성된다.
- 내담자의 진로계획을 세우는 데 효과적이다.

18 진로상담에서 사용하는 검사

- 스트롱 흥미검사 : 피검자에게 수백 개의 직업적 및 부업적 활동에 관한 질문을 목록으로 만들어 제시한 후, 각 질문에 대한 선호도(좋아함-무관심-싫어함 정도)를 파악하여 특정 직업군에 대한 흥미 형태를 결정하며, 홀랜드 유형(RIASEC)을 사용하여 결과를 제공한다.
- 진로사고검사(CTI) : 인지적 정보처리이론(CIP)과 인지치료를 이론적 근거로 하여 진로에서의 부정적인 인지를 측정하는 것으로, 하위척도에는 의사결정혼란, 수행불안, 외적갈등이 있다.
- 미네소타 직업가치 검사(MIQ) : 다위스와 롭퀴스트(Dawis & Lofquist)의 직업적응이론에 기초하여 개발되었으며, 일의 환경에 대하여 개인이 지니는 20개 욕구와 6개의 가치요인(성취, 편안함, 지위, 이타성, 안정성, 자율성)을 측정하는 도구로서, 190개의 문항으로 구성되어 있다.
- 미네소타 직무충족 설문지(MSS) : 환경의 충족 정도를 파악하는 검사로, 근로자에 대한 조직의 만족도를 측정한다.

19 커리어넷 직업적성검사

- 청소년(14~19세 중고생)을 대상으로 직업과 관련된 다양한 능력을 스스로 진단 · 점검하여 자기성찰의 기회를 제공하고, 진로 및 직업세계 탐색에 도움을 주기 위한 도구이다.
- 언어나 수리 능력뿐만 아니라 창의력, 대인관계능력, 자연친화력 등 다양한 능력을 하위영역으로 포함한다.

20 　진로정보

- 일과 관련한 교육적·직업적·심리사회적 정보를 의미한다.
- 직업에 대한 이해를 향상시킴으로써 합리적인 의사결정과정을 돕는다.
- 읽기와 이해 수준이 낮은 내담자는 시청각 자료를 중심으로 진로정보를 제공하는 것이 효과적이다.
- 자원봉사, 직업체험, 인턴십 활동 등과 같이 직접적인 경험에 의해 수집한 자료도 포함된다.
- 직업정보뿐만 아니라 내담자 이해와 관련한 다양한 정보를 포함한다.

21 　진로집단상담

- 진로집단상담은 역동적인 대인관계의 과정으로 집단의 응집력과 치료적 분위기를 통해 상호 이해를 촉진함으로써 긍정적 변화를 모색한다.
- 일반적으로 폐쇄집단이 개방집단에 비해 집단의 안정성이 높다.
- 진로집단상담자는 상담이론과 진로이론에 대한 지식을 갖추고 있어야 한다.
- 상담의 목표와 방향성은 진로집단상담의 초기단계에 정한다. 초기단계에서는 집단원과 촉진적인 상담관계를 형성하고, 집단원의 문제를 제대로 이해하고 평가하는 것, 그리고 상담의 목표를 설정하는 것이다.
- 진로집단상담은 구성원들이 공통적으로 필요로 하는 직업정보를 동시에 효율적으로 제공하는 등 집단원 간의 정보교환과 모방이 이루어져 상담의 성과로 이어진다.

22 　장애인 진로상담에서 고려할 내용

- 고용상의 차별이 있는지 알아본다.
- 직업능력개발 및 적응 훈련 기회가 제한적일 수 있다.
- 장애인 고용이 일부 직종에 편중되는 경향이 있다.
- 장애인 진로상담을 위한 인프라 구축 시, 찾아가는 상담 또한 필요하다.

23 다문화 진로상담

- 다문화에 대한 사회인식을 고려한다.
- 다문화에 대한 상담자의 지식과 인식이 상담에 영향을 미칠 수 있다.
- 내담자의 문화에 대한 일반적인 생각을 이해하는 것이 도움이 된다.
- 내담자의 문화적 특성을 고려하여 기존의 상담이론과 기법을 섣불리 적용하지 않도록 유의한다.
- 상담자는 내담자의 가치관이나 문화를 반영한 상담목표를 세우고, 상담방식에 적용해야한다.

24 진학상담

- 내담자가 상급학교에 입학하여 학문적 성취와 직업적 기능을 고양할 수 있도록 돕는 활동이다.
- 진로진학상담교사는 단위학교의 진로진학 업무와 함께 학생 및 학부모 대상 진로 진학 상담 및 교육을 담당한다.
- 진학이란 교육과정을 이수하고 상급학교에 입학하기 위한 일체의 준비 행위를 말한다.
- 최근 학교 교육과정이 다변화하고 고교 및 대학 입학의 의사결정 시기가 빨라지면서 진학상담이 더욱 강조되는 추세이다.

25 진로상담 과정에서 나타나는 저항

- 상담자도 상담 장면에서 다양한 형태의 저항행동을 보이는데 캐버나(M. Cavanagh)는 상담자에게 일어날 수 있는 저항으로 상담을 취소하거나 늦게 오기, 공상하거나 졸기, 불가능한 요구사항 설정하기, 내담자에게 일방적으로 말하기 등 10가지를 제시하였다.
- 진로상담에서 내담자는 자기보호를 위해 저항 성향을 보일 수 있다. 저항은 내담자를 이해하고 변화시키는 데 필요한 과정이므로, 상담자는 내담자의 저항을 자연스러운 반응으로 이해하고 존중해야 한다.
- 상담자는 적극적으로 내담자의 저항 목적이 무엇인지 파악하여 내담자와의 상담관계를 재점검하도록 한다.
- 상담에 오게 된 내담자의 마음을 수용하고 공감하며, 상담 시 자신의 문제를 지각할 수 있는 기회를 늘리면서 자발적으로 상담에 참여할 수 있도록 하는 데 초점을 맞추어야 한다.
- 진로상담을 할 때도 내담자는 생애과제와 연관된 다양한 사건들을 경험하면서 그로 인해 피할 수 없는 고통, 어려움, 긴장 등과 같은 심리적 문제와 결부되어 저항이 나타날 수 있다.

01 집단상담

- 집단상담자는 집단원들의 목표나 특성, 집단상담 이론, 자신의 특성 등을 고려하여 집단이 나아가야 할 방향을 미리 설정하여야 한다.
- 구체적인 목표 설정은 집단상담의 효과와 이에 대한 평가를 위하여 꼭 필요하다.
- 집단 초기에 집단과 집단원의 목표를 확인하고, 집단원과 집단상담자가 의논하고 협력하여 설정한다.
- 집단의 목표는 집단과정 전체에 걸쳐 수정되고 추가될 수 있다.

02 자조집단

- 집단원에게 비슷한 책임과 권위가 주어진다.
- 특정 문제를 이미 겪었거나 극복한 집단원으로 구성된다.
- 치료적 요인의 핵심은 증언이다.

03 집단상담의 치료적 요인 – 정화(Catharsis, 카타르시스)

- 쌓여있던 고통과 누적된 감정 표현으로 신체적·정신적 해방감을 경험한다.
- 집단원 간의 신뢰감과 상호유대감을 높인다.
- 감정적 패턴 아래 놓인 인지와 연관된 통찰을 다루는 것이 중요하다.

04 얄롬(I. Yalom)이 제시한 집단상담의 치료적 요인

실존적 요인, 희망의 주입(희망의 고취), 보편성, 정보공유(전달), 이타심, 1차 가족집단의 교정적 재현, 사회화 기술의 개발, 동일시(모방 행동), 대인관계 학습, 집단응집력, 정화(Catharsis)

05 집단상담 초기단계에서 집단상담자의 역할

- 집단상담의 구조화 : 분명한 집단목표 및 개인 목표, 기본 규칙과 집단규범을 설정하는데, 이때 의존성을 부추기지 않으면서 집단원이 혼란스럽지 않도록 적당히 구조화해야 한다.
- 초기 집단응집력 형성 : 집단상담자를 포함하여 집단원 간에 친밀성과 소속감에 기반을 둔 정서적 유대와 신뢰가 형성되도록 돕는다.
- 상호작용 촉진 : 집단원이 상호작용하면서 유사한 감정과 관심이 있다는 사실을 깨닫도록 돕는다.
- 수용 : 집단상담자는 이 시기 집단원의 불안과 저항이 어떤 모험을 시작하기 전에 자연스럽게 나타내는 반응으로 이해하고 존중하며, 집단원의 이야기에 적극적인 경청과 반응을 하여야 한다.

06 신뢰가 높은 집단의 특징

- 집단원은 집단 활동에 적극적으로 참여한다.
- 자신의 개인적인 측면을 다른 집단원과 나눈다.
- 집단에서 다른 집단원을 지지하거나 그들에게 도전한다.
- 집단의 안과 밖에서 위험을 감수한다.

07 실존주의 집단상담

- 어떠한 사건에 대한 내담자 자신의 확고한 신념이 단지 우연에 의한 것임을 인식시키며, 자유의 상황에서 내담자의 선택 및 그에 따른 책임을 강조한다.
- 인간 실존의 궁극적인 조건을 '자유, 무의미함, 죽음, 실존적 소외'로 보고, 이에 따라 관계, 의미 찾기, 불안, 고통, 죽음과 같은 주제를 다루며, 이러한 실존적 근심을 나눔으로써 집단원이 자신을 발견하게 하는 것이 상담의 중요한 목적이다.
- 인간 존재의 불안의 원인을 본질적인 시간의 유한성과 죽음 또는 부존재의 불안에서 기인하는 것으로 보며, 이러한 불안을 오히려 생산적인 치료를 위한 재료로 활용하여 내담자의 변화를 끌어낸다.
- 집단원 자신이 자기 삶의 주인이어야 한다는 자유를 인식하고 수용하도록 돕는다.
- 치료 기법보다 집단원의 현재 경험을 이해하는 것을 강조한다.

08 집단상담 이론 - 행동주의

- 집단상담자는 지시적이며 조언자이자 문제해결자로서 기능하는 경향이 있다.
- 부적응적 행동을 제거하고 보다 건설적인 행동으로 변화시킨다.
- 각 집단원이 경험하는 구체적인 문제행동에 대해 기능적 분석을 실시한다.

09 정신분석 집단상담

- 과거의 경험이 현재의 성격에 미치는 영향에 초점을 둔다.
- 당면한 문제를 다루기보다 성격을 재구조화하는 것이 목적이다.
- 전이를 다루기 위해 다양한 특성을 지닌 사람들로 구성되는 것이 좋다.
- 상담자는 꿈, 환상, 저항 등을 해석하고 돕는다.

10 아들러(A. Adler)의 집단상담 기법

수렁(악동) 피하기	상담자가 내담자의 자기 패배적 행동을 인정하는 함정에 빠지지 않는 것으로서, 사람들이 흔히 빠지는 함정과 난처한 상황을 피하도록 돕는 기법이다.
역설적 의도(개입)	내담자가 두려워하는 행동이나 사고를 의도적으로 과장하도록 하는 것으로, 내담자가 이러한 행동이 얼마나 어리석은가를 명확히 인식하도록 의도하는 기법이다.
빈 의자 기법	빈 의자에 자신이 생각하고 있는 사람이 앉아 있다고 생각하고 이야기하는 기법이다.
가상행동	내담자가 바라는 행동을 실제가 아닌 가상장면에서 '마치 ~인 것처럼(as If)' 해보게 하는 것이다.
즉시성	현재 이 순간에 무엇이 일어나고 있는지를 다루는 것으로, 내담자가 상담시간에 일어나는 것이 일상생활에서 일어나는 것의 표본이라는 점을 깨닫도록 돕는 기법이다.
수프에 침 뱉기	상담자가 내담자의 수프(부정적 행동)에 침을 뱉음으로써 내담자가 여전히 그 수프를 먹으려고 하지만(그 행동을 수행하려고 하지만), 그 맛이 이전과 같지 않음을 알게 하는 것으로, 내담자의 자기 패배적 행동 뒤에 감춰진 의도나 목적을 드러내 밝힘으로써 내담자가 그 행동을 하는 것을 주저하게 하는 것이다.
단추(초인종) 누르기	내담자가 유쾌한 경험과 유쾌하지 않은 경험을 번갈아 가면서 생각하도록 하고, 각 경험과 관련된 감정에 관심을 가지도록 하는 기법으로, 그 목적은 내담자에게 그들이 무엇을 생각할지를 결정하여, 자신이 원하는 감정은 무엇이든지 만들어 낼 수 있다는 사실을 가르치려는 것이다.

11 현실치료 집단상담에서 집단상담자의 역할

- 집단원을 무비판적이고 수용적인 태도로 상담한다.
- 집단원 모두가 집단과 현실의 문제에 직접 관여하도록 돕는다.
- 집단원의 생각하기와 행동하기를 변화시키려고 노력한다.
- 집단원이 그들이 선택한 행동의 책임을 받아들이도록 하며, 현명한 선택을 통해 자신의 삶을 효과적으로 통제할 수 있다는 점을 깨닫도록 돕는다.
- 이전과 다른 행동 및 생각을 선택함으로써, 그들의 느낌을 통제할 수 있다는 점을 이해하도록 돕는다.
- 집단원의 변명을 수용하지 않으며, 선택한 행동에 책임을 지도록 한다.
- 질문하기, 직면하기, 역설적 기법, 유머 사용하기 등을 상담기법으로 사용할 수 있다.

12 교류분석 집단상담

- 구조분석은 성격 구조의 3가지, 부모·성인·아동의 자아 상태를 검토하도록 돕는 과정이다.
- 교차적 의사교류는 다른 사람의 어떤 반응을 기대하기 시작한 교류에 대해 예상외의 반응이 되돌아오는 것으로 3~4개의 자아 상태가 관련되며, 자극과 반응의 방향이 항상은 아니지만 자주 교차하는 의사교류이다.
- 게임이란 숨겨져 있지만 이득을 얻도록 계획된 이면적 교류의 연속으로, 진실한 의사교류가 이루어지지 않는 시간의 구조화 방법이다.
- 긍정적인 삶의 자세 한 가지(자기긍정-타인긍정)와 부정적인 삶의 자세 세 가지(자기긍정-타인부정, 자기부정-타인긍정, 자기부정-타인부정)가 있다.
- 인간은 인정 자극을 받을 가능성을 높이기 위해 자신의 생활시간을 조직화·구조화하고자 하는 욕구가 있으며, 이러한 욕구를 채우기 위해 개인이 시간을 구조화하는 여섯 가지 방법은 철회, 의례적 행동, 활동, 여흥, 게임, 친밀성이다.

13 합리적 정서 행동치료에 근거한 집단상담 기법

소크라테스식 질문법, 수치공격연습, 상상하기, 논박, 강의, 행동수정, 독서치료, 시청각적 자료, 활동중심의 과제, 자기주장 훈련, 감정둔화, 유머, 조작적 조건화, 암시, 지지 등 여러 가지 기술들을 활용한다.

14 게슈탈트 이론을 적용한 집단상담 기법

자각, 욕구와 감정 및 신체의 자각, 언어 자각, 뜨거운 자리, 차례로 돌아가기(순회하기), 책임지기, 빈 의자 기법, 반전기법, 꿈 작업, 자기 부분과의 대화(내적 대화 기법), 과장하기

15 코리(G. Corey)가 제시한 집단상담자의 인간적 자질

유 머	자신에 대해 웃을 수 있고, 자신의 인간적인 취약점을 유머 감각과 함께 볼 수 있어야 한다.
개인적인 힘	자신이 타인에게 미치는 영향력을 인식하고 집단원들의 역량을 강화할 수 있어야 한다.
용 기	상담자라는 역할 뒤에 숨지 않고, 실수를 인정하며 자신의 통찰과 신념에 따라 행동할 수 있어야 한다.
함께 함	자신의 감정을 자각하고 표현하며, 집단원들과 마음을 함께 나눌 수 있어야 한다.
창의성	의식으로 굳어진 기법이나 습관화된 진행방식을 탈피하고, 새로운 아이디어로 집단을 진행할 수 있어야 한다.
활 력	집단을 이끌어 가는 데는 심리적·신체적 에너지가 많이 소모되므로, 쉽게 지치지 않는 활력이 있어야 한다.
자기 돌봄	집단을 생동감 있게 이끌 수 있는 활력을 얻으려면 여러 가지 면에서 자신를 돌볼 수 있어야 한다.
집단과정에 대한 신뢰	집단의 치료적 힘을 믿고 집단 내에서 발생하는 갈등을 조정하기 위해 노력할 수 있어야 한다.

16 소극적으로 참여하는 집단원을 위한 집단상담자의 반응 예시

- 이 집단에 있다는 것이 영희에게 어떻게 느껴지나요?
- 철수의 이야기를 들으며 영희는 어떤 느낌이 들었나요?
- 이 집단에 참여하기 힘든 이유가 무엇인지 이야기해 줄 수 있나요?

17 청소년 집단상담의 이점

- 또래와의 상호 교류 능력이 개발되어 자기중심적·자기애적 사고 및 태도에 도전하게 한다.
- 안전한 환경에서 자유와 독립성을 시도할 수 있게 한다.
- 외부적 위협을 느끼지 않으면서 현실적 문제 상황에 대한 자기 나름의 적응 및 대처방안을 체득할 수 있다.
- 다른 친구들도 자신과 비슷한 감정과 생각이 있음을 깨닫게 된다.

- 자신의 고민을 드러내 해결해가면서 전보다 더 큰 자신감을 얻게 되고, 자아 강도를 높일 수 있다.
- 또래와의 상호작용을 통해 부정적인 감정을 다루는 방법을 연습할 수 있다.
- 상대방을 향한 관심과 존중, 감정이입 등 사회성 향상 기술을 연마할 수 있다.
- 또래와 함께 참여하면서 성인 상담자의 권위에서 느끼는 불안감이 감소한다.

18 초점 맞추기 기법

내담자의 표현이 혼돈되거나 산만하고 내용이 모호할 때 집단에서 논의되고 있는 대화의 주제에 초점을 맞추는 것으로, 초점 유지·초점 이동·초점 심화의 유형이 있다.

> - 집단원 : 저는 지금 기분이 좋지 않아요. 지금 이 집단에서도 불편합니다. 어제도 친구들과 다툼이 있었는데, 왜 그랬는지 잘 모르겠고, 자꾸만 친구들과 싸우게 되는 것 같아요.
> - 상담자 : 그렇군요. 근데 지금 이 집단에서 불편하다고 하셨는데, 우리 집단에서 어떤 부분이나 누구에게서 그런 느낌이 들었는지 이야기해 주시겠어요?

19 청소년 집단상담

- 집단상담 참여의 자발성 여부와 관계없이 사전 동의 절차를 시행한다.
- 집단 참여서약에 집단을 떠날 수 없음을 명시한다.
- 집단상담 진행 중 개인상담이 필요한 경우 집단상담 종결 이후 권유한다.
- 집단상담실 앞에 집단 명칭, 시간 및 참여자 명단을 제시하여 안내한다.

20 협동상담(공동지도력)

- 협동상담 또는 공동지도력이란 둘 혹은 그 이상의 집단상담자가 협력해서 함께 상담하는 경우를 말한다.
- 집단계획, 목표, 세부목표, 규범에 대해 협의·결정한다.
- 둘 혹은 그 이상의 집단상담자가 동등하게 주 상담자로서 역할을 분담할 수도 있고, 한 사람이 주 상담자, 다른 한 사람이 보조상담자로서 역할을 담당할 수도 있다.
- 한 상담자가 개입 활동에 주력할 때, 다른 상담자는 집단원 관찰에 주의를 기울일 수 있다.
- 공동상담자 간 협의와 상호피드백은 필수적이며, 상담 전후에 공동상담자 간 토의하는 시간을 갖는 것이 도움이 된다.
- 정신 역동적 집단의 경우 한 상담자의 역전이 반응을 다른 상담자가 점검할 수 있다.

21 | 집단상담 평가

- 집단상담 평가의 목적은 집단원의 바람직한 변화를 조력하기 위해서이다.
- 집단 활동을 통해 어느 정도 목표가 달성되었으며, 얼마만큼의 진전이 이루어졌는가에 대해 알아보는 과정이다.
- 집단상담 평가는 목적 지향적 활동으로서, 일차적인 목적은 목표관리에 있다.
- 평가를 집단 활동의 일부분으로 포함함으로써, 집단기술의 발달 및 개인행동의 변화 등 긍정적인 효과를 얻을 수 있고 그러한 과정을 통해 집단의 분위기와 응집성을 높이고, 집단원 상호 간에 우호적인 관계를 발전시킬 수 있다.
- 집단상담의 평가에 있어서 가장 중요한 요소는 '정직성'과 '솔직성'이다.
- 평가는 일종의 자기개선 방안이며, 평가결과는 집단상담의 계획, 유지, 보완, 수정, 폐기 여부에 반영된다.

22 | 학교집단상담 계획서에 반드시 포함되어야 할 내용

집단의 필요성과 목적, 집단의 구성, 집단의 유형, 집단원 선발방법, 집단의 크기, 집단의 일정(회기 수 등), 집단모임 장소, 집단상담자의 수, 집단 홍보, 기대효과와 평가, 집단의 활동내용(집단프로그램 활동) 결정

23 | 청소년 집단원의 특징

- 청소년 집단원이 학교나 부모에 의해 집단에 참여하게 되는 경우, 즉 비자발적으로 참여하게 된 경우, 참여한 집단에 관심이 없거나 집단에 대한 저항감이 클 수 있고 집단에 대한 불편함을 느낄 수 있으므로, 그 감정을 나눌 기회를 얻도록 도와야 한다.
- 청소년 집단원은 성적·공격적 에너지의 불안정성에 따라 교사나 부모와 같은 기성세대에게 반항적인 태도를 보이고 도전할 수 있다.
- 청소년 시기는 또래 집단에 몰입하는 시기이며, 또래와의 관계를 통해 정체감 형성·유지에 필요한 심리적·사회적 지지를 얻으므로, 또래의 기준에 동조하거나 승인받는 것에 관심이 많다.
- 청소년 집단원은 호르몬상의 변화에 따른 신체적·생리적 변화로 외모에 관심을 두게 된다.
- 청소년 집단원은 인지적인 면에서 자아 중심적·자기 의식적 특성을 보인다.

24 비구조화된 동질적 구성의 분산적 집단

- 비구조화 집단 : 사전에 정해진 활동은 없으며, 구성원 개개인의 경험과 관심을 토대로 상호작용함으로써 집단의 치료적 효과를 얻고자 하는 집단 형태이다.
- 동질 집단 : 동질적인 사람들로 구성되거나 집단원의 배경이 비슷한 집단 형태이다.
- 분산 집단 : 사전에 계획된 전체 회기가 끝날 때까지 일반적으로 주 1회의 형태로 나누어서 진행하는 집단 형태이다.

> 중학교 3학년 여학생을 대상으로 대인관계 증진을 위해 집단상담자와 참여자가 매 회기 합의하여 주제를 선정하고, 매주 1회 10주 동안 진행한다.

25 청소년 집단상담과 성인 집단상담의 특성

- 청소년 집단상담의 경우 청소년이 미성년자이기 때문에 비밀보장 원칙의 법적인 한계가 성인 집단상담과는 다르다.
- 성인 집단에도 비자발적으로 참여한 집단원이 있을 수 있다. 이때 집단상담자는 강제적으로 집단상담에 참여하게 된 것에 대한 참여자 자신의 느낌과 생각을 이야기하는 기회를 주어야 한다.
- 두 집단 모두 참여 중 언제든 본인의 의사에 따라 집단참여를 거부할 수 있다.
- 두 집단 모두 사전면담을 통해 집단원을 선별할 수 있다.

※ 2023년 22회 기출문제를 바탕으로 작성되었습니다.

01 보웬(M. Bowen)의 가족상담이론

- 핵가족 정서체계 : 핵가족 내에서 가족이 정서적으로 기능하는 패턴으로, 가족의 정서적 일체감이 독특한 정서체계를 형성함으로써, 가족성원 간에 사고와 감정을 공유하다가 이후 서로를 배척하기에 이르는 정서적 관계를 의미한다.
- 자기분화 : 사고와 감정을 분리하여 자신과 타인을 구분할 수 있는 능력으로, 개인이 가족의 정서적인 혼란으로부터 자유롭고 독립적인 사고나 행동을 할 수 있는 과정을 의미한다.
- 다세대 전수과정 : 여러 세대를 통하여 가족의 정서적 과정이 전수되는 것을 말한다. 다세대 전수과정에서 증상의 유형과 정도는 많은 정서적 변인에 의해 영향을 받으며, 한 세대에서 발생하는 심각한 외부 스트레스나 불안은 분화수준과 상호작용하여 역기능 발생을 촉진한다.
- 가족투사과정 : 가족 내에서 불안이 투사되는 과정으로 미성숙한 부모가 자신의 미분화와 불안을 다루고 부부체계를 안정시키기 위해 무의식적으로 가장 스트레스에 취약한 자녀에게 정서적 에너지를 집중하는 방어기제이다.
- 치료적 삼각관계 : 가족 내에서 갈등을 빚고 있는 사람은 안정성을 되찾기 위해 제삼자를 끌어들여 삼각관계를 형성하려는 경향이 있고, 상담과정에서 치료자까지도 자동적으로 삼각화 과정에 끌어들이려 하여 치료가 교착상태에 빠지게 될 수 있는데, 치료자가 정서적으로 말려들지 않는다면 가족체계와 그 성원들은 평정을 되찾아 자신들의 문제해결 방법을 찾기 시작한다.

02 사티어(V. Satir)의 가족상담이론

- 사티어(V. Satir)는 휘태커(Whitaker)와 함께 경험적 가족상담의 선구자로서 자신의 독자적인 임상경험을 토대로 경험적 가족상담모델을 개발했으며, 가족문제가 잘못된 의사소통에서 기인한다고 생각하고 가족이 바람직한 의사소통 기술을 습득하도록 도와주는 것을 목표로 하였다.
- 사티어(V. Satir)는 자아존중감이 생애 초기 주 양육자와의 관계에서 크게 영향을 받아 학습되고 발달한다고 보았다.
- 사티어(V. Satir)는 부모가 역기능적인 의사소통을 보여주거나 의사소통의 내용이 부정적일 경우 자녀의 자아존중감은 손상될 수 있다고 보았다.
- 은유(Metaphor)기법은 치료자가 간접적이고 비유적인 표현을 사용하기 때문에, 내담자의 자존심이나 모양새 등을 손상시키지 않아 덜 위협적으로 느낄 수 있다.

03　부모 간 폭력이 있는 가정에서 성장한 청소년 자녀의 심리적 어려움

- 심한 수치심을 느끼고 자존감 형성에 부정적 영향을 받는다.
- 폭력, 가출, 비행, 자살시도 등 심각한 부적응 행동을 표출할 가능성이 높아진다.
- 폭력을 행하는 부모뿐 아니라 폭력을 제지할 수 없는 자신의 무력함에도 분노를 느낀다.
- 언제 폭력이 발생할지, 자신이 폭력을 촉발시키지는 않을지 불안해하고 두려움을 느낀다.
- 폭력으로 문제를 해결하려는 부모에 대한 분노는 청소년에게 폭력을 적합한 행동양식으로 인지시킨다.

04　사티어(V. Satir)의 의사소통 및 대처유형

- 회유형의 자원은 돌봄과 예민성이다.
- 비난형은 자아존중감의 요소 중 자기와 상황의 두 요소는 존중되지만 타인은 무시한다.
- 초이성형의 자원은 지식이다.
- 산만형의 행동은 산만, 부적절한 조정, 지나치게 정신이상적인 행동을 특징으로 한다.
- 일치형은 말과 행동이 일치하는 유형으로, 자신의 대화 형태를 스스로 조절할 수 있으며, 이를 통해서 다른 사람들과 좋은 관계를 맺을 수 있는 균형 있는 사람이다.

05　해결중심 단기 가족상담

- 탈이론적이고 비규범적이며 내담자의 견해를 존중한다.
- 내담자의 강점과 자원은 물론 증상까지도 상담에 활용한다.
- 목표 수행은 힘든 일이라는 것을 내담자가 인식하도록 한다.
- 치료적 피드백 메시지는 칭찬, 연결문, 과제의 세 부분으로 구성되어 있다.
- 치료자-내담자 관계유형 중 고객형 내담자는 긍정적이고 협력적인 치료관계를 형성하면서 문제해결을 위해 어떤 것이든 시도하려는 동기가 있다.

06 개인상담과 가족상담 비교

구 분	개인상담(개인심리학의 틀)	가족상담(체계론적 가족상담의 틀)
세계관	• 기계론적 세계관 • 우주는 기본적 물질구성체로 만들어진 거대한 우주기계와 같다.	• 유기체론적 세계관 • 우주는 상호 관련된 체계의 망으로 본질적으로 상호교류하며 역동적이다.
상담의 대상	• 개인의 내적·심리적 요소를 상담 대상으로 한다.	• 상담의 대상은 가족성원의 관계 및 기능이 된다.
상담의 목표	• 상담을 통하여 내담자가 문제의 원인에 대한 통찰력을 갖도록 돕는다.	• 가족성원과 가족기능상의 변화를 목표로 한다.
상담자의 역할	• 상담자가 문제의 진단자 및 해결자의 역할을 한다.	• 상담자는 조정자·안내자·조력자의 역할을 하고, 가족성원은 문제해결자의 역할을 한다.
문제의 초점	• 내담자의 특성은 무엇이며 내담자가 어떠한 행동을 하여 문제가 생겼는지를 파악하는 데 주의를 기울인다. • 내담자가 맺고 있는 관계나 맥락은 일차적인 초점이 아니다.	• 내담자의 문제나 증상은 그가 속한 가족이나 관계의 역기능과 직접적으로 연관된다고 본다. • 내담자의 문제해결을 위해서 내담자의 가족관계나 맥락을 일차적으로 고려한다.
문제의 진단과 해결	• 내담자의 문제를 객관적이고 정확하게 진단하고 평가할 수 있다고 보고 이를 중시한다.	• 내담자의 인식행위에 초점을 두며, 동일한 상황에 대해서도 내담자마다의 인식행위에 따라 다르게 이해되고 경험될 수 있다고 가정한다.

07 가족상담의 주요 개념

• 부부균열 : 부부가 각자 자신의 기대와 욕구를 충족하기 위하여 상대방을 억누르고 상대방의 동기를 믿지 않으려고 하는 것을 말한다.
• 거짓적대성 : 윈(L. Wynne)이 소개한 개념으로, 가족원이 진실한 모습으로 상호작용하는 것이 아니라 겉으로 거리감을 두거나 적대적인 방식으로 상호작용하는 관계를 말한다.
• 가족항상성 : 어떠한 상황에서도 안정성을 유지하려는 가족의 속성을 의미하는 것으로, 가족 안에서 발전시킨 상호작용 규칙에 의해 유지된다.
• 다귀결성 : 시작은 같아도 다른 결과를 가져올 수 있다는 개념이다.
• 동귀결성 : 다양한 출발에서 시작하여 다양한 방식과 동일한 특징적 결과에 이른다는 개념이다.

08 　상담자가 취할 행동

상담사의 윤리 원칙 중 비밀보장에 관한 내용으로, 내담자의 동의 없이는 상담의 기록을 제3자나 기관에 공개하지 않아야 한다. 상담을 시작하기 전 비밀유지에 대한 입장을 표명함으로써, 내담자가 개인적 비밀을 털어놓을 수 있는 신뢰감 형성이 가장 중요하다.

> Y(13세, 여)는 수업시간에 집중하지 못하고 수업을 방해하며 교우관계에 어려움을 보여 상담에 의뢰되었다. 부모님은 자주 부부싸움을 하는데, 어머니는 남편과 갈등이 있을 때마다 Y에게 남편에 대한 비난을 했고, Y의 학업에 대해 집착하는 모습을 보였다. 아버지는 딸의 문제가 아내의 과보호와 부적절한 양육태도 때문이라고 비난하였다.

09 　가족상담기법 – 과정질문

- "아들이 귀가시간을 어겨 불안할 때 어떻게 반응하나요?"
- "당신의 그 불안한 행동에 대하여 아들은 어떻게 반응하지요?"
- "당신과 아들 사이에 다툼이 있을 때 남편은 어떤 반응을 보이나요?"
- "남편의 그러한 반응에 대하여 당신은 어떻게 대응하나요?

10 　해결중심 단기 가족상담의 질문기법

- 보람질문 : "무엇이 좀 좋아지면 상담을 받은 것이 보람 있었다고 말할 수 있을까요?"
- 척도질문 : "엄마가 여기 있다면, 엄마는 그 문제가 해결될 가능성을 몇 점 정도라고 하실까?"
- 관계성질문 : "어머니가 당신의 변화된 부분을 본다면 어떤 부분을 보고 말해줄까요?"
- 예외질문 : "지금까지 생활하면서 문제가 일어나지 않거나 덜 심각한 때는 언제였나요?"
- 첫 상담 전 변화에 관한 질문 : "처음 상담을 약속했을 때부터 오늘 상담에 오기까지 혹시 어떤 변화가 있었나요?

11 　가족생활주기 – 청소년 자녀가 있는 가족의 특성

- 가족경계에 융통성을 발휘해야 하는 시기이다.
- 자녀의 발달과 관심의 변화에 대응하여 부모의 역할도 변화해야 한다.
- 자녀의 자립과 의존 욕구 간의 갈등이 여러 문제행동으로 드러날 수 있다.
- 자녀의 정체성 확립과 독립심 제고를 위해 가족규칙과 역할에 대해 타협한다.
- 자녀가 책임감을 가지도록 가족 조직과 구조를 변화시킨다.
- 가족의 경계를 유연하게 설정하여 자녀가 가족체계에 자유롭게 출입할 수 있도록 한다.

- 자녀가 청소년의 시기에 자신의 실존에 대한 근본적이고 궁극적인 질문을 던지게 되는데, 이 과정에서 가출, 학교생활 부적응문제 등을 초래할 수 있다.
- 부부는 중년기로 접어들면서 자신들의 결혼과 향후 거취문제에 초점을 맞추며, 노인기로 접어든 조부모에 대한 보살핌도 준비해야 한다.

12 가족체계이론

- 체계는 일정한 규칙에 의해 유지되고 기능한다.
- 순환적 인과관계 속에서 증상을 이해하려고 한다.
- 가족원 각각의 개인적 특성보다 상호연결성과 관계에 더 초점을 둔다.
- 가족원들은 개체로서 작용하며 일정한 속성을 가지고 상호작용한다.
- 가족체계가 건강하게 기능하기 위해서는 개방성과 폐쇄성 간의 적절한 균형을 이루어야 한다.
- 체계가 변화나 이탈을 거부하고 안정성을 유지하는 방향으로의 피드백을 부적(Negative) 피드백이라고 한다.
- 체계는 상호작용하는 관계에 있는 부분들의 집합으로서, 가족체계는 가족원 개개인의 특성을 합한 것 그 이상이다.

13 가족상담 모델과 개입방법

> C(15세, 남)는 게임과 핸드폰 사용에 대한 통제로 어머니와 갈등하다 가출 후 쉼터에 자발적으로 찾아 왔다. 부모님은 작년에 이혼했고, 그 후로 C는 어머니와 살고 있다.

- 경험적 가족상담 : 가족조각 작업을 통해 C가 다른 가족원에게 느끼는 정서를 탐색한다.
- 이야기치료 : 재저작 대화를 통해 C가 자신의 문제를 외현화하여 새로운 시각으로 삶의 이야기를 서술하게 한다.
- 해결중심 단기 가족상담 : 기적질문을 통해 문제가 해결되어 있는 상황을 그려보도록 한다.
- 다세대 가족상담 : 관계실험을 통해 가족들이 가족체계의 과정을 인식하고 자신의 역할을 탐색하도록 한다.
- 전략적 가족상담 : 순환질문을 통해 가족들이 서로의 이야기를 경청하며, 관계적 맥락에서 문제를 이해할 수 있도록 한다.

14　이야기치료의 기본 전제

- 개인의 정체성과 문제(증상)는 별개의 것으로 본다.
- 개인적 삶의 이야기는 복합적인 내용을 포함하고 있다.
- 개인이 속한 사회적 전제는 자신을 보는 방식에 영향을 미친다.
- 인간은 자신의 경험을 특정한 방식으로 해석하고 의미를 부여한다.

15　가족상담사의 윤리적 행동

- 내담자에게 상담사의 가치를 강요하지 않는다.
- 사생활과 비밀보장의 원칙과 예외상황을 알린다.
- 내담자가 스스로 의사결정을 할 권리를 존중한다.
- 사적인 친밀관계, 성적 관계, 동업자관계 등의 관계를 맺지 않는다.
- 내담자의 동의 없이는 상담의 기록을 제3자나 기관에 공개하지 않아야 한다.

16　전략적 가족상담모델

- 기본적으로 상담자는 가족문제를 해결하기 위한 전략을 설계하고, 가족의 잘못된 위계질서를 수정하는 데 주안점을 둔다.
- 자녀들은 부모에 의해 돌봄과 보호를 받도록 위계질서를 바로잡는 등 가족 내 잘못된 위계질서를 변화시켜 구성원들이 각자의 위치에서 적절한 힘을 행사하도록 한다.
- 전략적 가족상담자에게 '전략'은 현재 문제를 빠르고 효율적으로 해결하기 위해 상담자가 미리 계획한 구체적인 전략을 말한다.
- 인간의 행동이 왜 일어났는지에 관심이 없고, 단지 행동의 변화에만 관심을 갖는다.
- 의사소통이론에 밀턴 에릭슨(M. Erikson)이 기여함으로써 전략적 상담모델을 만드는 데 초석이 되었다.
- 주요 학자로는 베이트슨(Bateson), MRI 학파(잭슨 등), 헤일리(Haley), 마다네스(Madanes), 밀란(Milan) 학파(파라졸리, 보스콜로, 체친 등) 등이 있다.

17　이야기치료에서 사용하는 기법

- 문제의 해체 : 내담자의 정체성과 문제를 분리하는 것이다.
- 문제의 외재화 : 문제에 이름을 붙여서(문제 명명하기) 객관화하는 것으로, 경험에 가깝게 문제 정의하기 → 문제의 결과 탐색하기 → 문제의 영향력 평가하기 → 평가의 근거 제시하기의 4단계로 구분된다.

- 독특한 결과 탐색 : 이름 붙여진 문제이야기의 계열에 속하지 않거나 반대되는 사건을 뜻하는 독특한 결과를 발견하도록 돕는다.
- 회원 재구성 대화 : 인간의 정체성이 대인관계에 기초하고 있다는 생각에서 비롯되며, 회원은 내담자의 정체성 구성에 영향력을 행사할 수 있는 사람 또는 존재를 말한다.
- 정의 예식과 이야기의 재진술 : 정의 예식은 내담자의 삶을 인정하고 격상시키는 의식으로, 말하기 → 다시 말하기 → 다시 말하기에 대한 다시 말하기의 3단계로 구분된다.

18 미누친(Minuchin)의 구조적 가족상담 치료기법

적 응	• 치료자가 가족 구조를 지각하고, 분석할 때 이를 의도적으로 지지해주는 방법이다. • 가족을 있는 그대로 지지하고 존중해줌으로써 가족들이 편안하게 치료에 임할 수 있다.
추 적	• 치료자가 기존의 가족 상호작용에 거스르지 않고 합류하는 방법이다. • 가족원이 계속 말을 할 수 있도록 물어보고 지지하는 활동이다. • 가족의 언어와 가치에 참여하고, 핵심 내용 반복하기와 명료화하는 질문 등을 한다.
모 방	• 치료자가 가족의 어조, 행동유형, 말의 속도와 억양, 몸짓 등을 따라 하거나 자신과의 유사점을 강조하는 방법이다. • 가족의 언어, 비언어적 행동을 활용해 합류를 촉진하는 것으로, 의식적 또는 무의식적으로 모방하려는 대상의 언어 사용, 동작, 감정의 표현, 비유적 표현 등이 있다.

19 가족상담 모델과 개입방법

K(남, 고1)는 부모에게 반항하고 학교에도 가지 않으려 한다는 이유로 부모님이 상담을 의뢰하였다. 부부는 서로의 역할에 불만을 표현하면서 부부간의 갈등이 심해졌고, 여동생(초4)을 포함한 가족 모두가 참여한 첫 회기에서 K는 계속 아무 말도 하지 않고 앉아 있었다.

- 다세대 가족상담 – 자아분화 탐색
- 경험적 가족상담 – 빙산 치료
- 이야기치료 – 가족갈등의 외재화
- 구조적 가족상담 – 가족 구조의 변화

20 가족생활주기 – 노년기

가족생활주기 중 노년기는 자녀 독립 및 부모 은퇴로 노부부만 남는 가족해체기로, 사회적 역할 축소로 인한 상실의 최소화가 필요하다. 은퇴로 인한 역할 상실감을 겪거나 배우자, 형제, 친구의 죽음에 대처하면서 자신의 죽음을 대비하여 삶을 되돌아보고 통합·평가하는 시기이다.

21 가족상담기법

- 증상처방 : 의사소통 가족상담 기법으로 '역설적 명령' 혹은 '치료적 이중구속'이라고 한다. 내담자에게 문제행동을 계속 유지하라고 지시함으로써, 그의 통제 밖에 있었던 문제행동을 그의 통제권 안으로 끌어들이고, 문제행동을 포기해야만 벗어날 수 있는 치료적 역설상황을 만드는 것이다.
- 의식(Ritual) : 게임을 반복적으로 수행하기 위해 가족들이 일정한 의식을 만들어 게임을 하도록 하는 것이다. 이 과정을 통해 가족들의 게임이 분명하게 드러나고 가족들이 게임을 과장된 것으로 인식하게 된다.
- 대처질문 : 어려운 상황에서의 적절한 대처 경험을 상기시키도록 함으로써, 집단원으로 하여금 스스로의 강점을 발견하도록 돕는 질문이다.
- 실연화 : 가족에게 역기능적인 가족성원 간의 교류를 상담 장면에서 실제로 재현시키는 것으로, 실제 상호작용을 연기하도록 하는 것이다. 상담자는 '문제의 정의ㆍ인식 → 재연 지시 → 관찰 → 재연'을 수정하여 지도한다.

22 가족사정

- 가계도는 가족의 정서과정과 생활주기 및 가족원의 증상 등을 파악할 수 있다.
- ENRICH 검사는 부부관계를 파악하고 원가족을 이해하는 데 도움을 준다.
- 비버즈(W. Beavers) 모델은 관계 양상을 구심성과 원심성, 혼합형으로 분류한다.
- 순환모델(Circumplex Model)은 가족체계이론을 바탕으로 가족기능에 관한 개념을 분석하여 귀납적으로 발전시킨 모델로, '복합구조모델'이라고도 한다.
- 맥매스터(McMaster) 모델은 문제해결, 의사소통, 역할, 정서적 반응, 상호작용, 행동통제, 일반적 기능 등으로 평가한다.

23 가족상담자의 단계별 역할

초기단계	고지된 동의절차 실시, 각 구성원의 목표 탐색 및 합의된 목표 설정, 단기목표와 장기목표로 구분, 가족구성원들의 저항 극복, 가족에 합류하기, 가족구성원 개인에게 공감, 가족 상호작용 패턴 탐색, 상담의 구조화, 치료적 관계를 형성하여 전문가로서의 신뢰구축, 호소문제 탐색 및 명료화
중기단계	주변의 가족원 참여, 가족원들을 적절하게 연결, 계약과 교환관계 향상, 가족체계 내의 특정 변화 강조, 가족원의 새로운 행동 강화, 변화 가능성에 대해 낙관적 태도 유지, 가족을 적절한 외부 체계와 연결, 과정에 초점두기, 전이와 역전이 작업, 적절한 때에 유머 사용, 가족 내에서 변화단서 찾기
종결단계	장기목표에 대한 토론, 종결에 대한 오리엔테이션, 요약, 추수상담, 필요한 변화에 대한 평가

24 가계도 IP(Identified Patient)의 가족역동

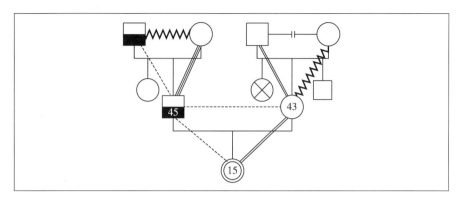

- IP는 모와 정서적으로 친밀하다.
- IP의 모와 외조모는 갈등관계이다.
- IP의 부와 친조모는 밀착된 관계이다.
- IP의 외조부모는 정서적으로 단절되어 있다.
- IP의 조부와 부에게 알코올 문제가 이어지고 있다.

25 구조적 가족상담 이론 – 가족의 재구조화

- 부모 하위체계와 별도로 부부 하위체계가 기능하도록 한다.
- 부모가 서로에게 적응하고 자녀에게 일관된 모습을 보여야 한다.
- 자녀독립기에는 명확하고 독립적인 경계선을 확립하도록 한다.
- 적절한 위계는 부모가 권위와 책임을 바탕으로 세대 간 차이를 인정하는 구조이다.
- 경계선이 밀착된 가족은 개인이나 하위체계가 서로 분화하도록 도와야 한다.

01 학습문제의 원인 – 낮은 이해력의 원인

• 어휘력이 낮은 경우
• 문장 또는 단락 연결에 어려움을 겪는 경우
• 새로운 것에 대한 수용의 폭이 낮은 경우
• 추론 및 원인–결과 인식력이 낮은 경우
• 단기기억 능력이 낮은 경우

02 학습부진 및 유사개념

• 학습장애(Learning Disabilities) : 중재반응모형이나 개인내적 처리과정 결함 접근으로도 판별한다.
• 학습부진(Underachievement) : 기대학령공식으로 정의할 때, 표준화된 학업성취검사 점수의 학년 수준과 개인의 학업 성취의 불일치 수준으로 정의한다.
• 학습지진(Slow Learner) : 지적 능력의 저하로 학습성취가 뒤떨어지는 것으로 지능수준이 하위 3~25% 정도로, 지능지수(IQ)로는 약 70~85 사이에 속한다.
• 저성취(Low Achievement) : 학습부진과 자주 중복하여 쓰는 개념으로서, 일반적으로 하위 5~20%의 성취수준을 보이는 아동으로, 아동의 잠재적인 수준을 고려하지 않고 학업성취의 결과만을 기준으로 삼는다.
• 학업지체(Academic Retardation) : 학습에서의 발달과업을 적절히 성취하지 못하여 규정된 학년이나 학기의 학습목표를 달성하지 못한 경우를 말한다.

03 로크와 라뎀(Locke & Lathem)의 목표설정이론

• 근접성 : 지나치게 먼 장래에 이루어질 수 있는 목표가 아니라 가까운 시일 내에 이룰 수 있는 단기 목표의 형태를 말한다.
• 구체성 : 막연하고 모호한 형태가 아니라 구체적이고 명확한 형태를 말한다.
• 난이도 : 상당히 어렵게 느껴지지만, 학습자의 능력 범위 안에서 도달 가능한 정도의 형태를 말한다.

04 학습자 개인에게 영향을 끼치는 환경

- 부모의 기대가 너무 클 때 성취압력은 커지며, 그에 따라 학업동기나 성취는 낮아지게 된다.
- 가정의 사회경제적 지위는 부모의 교육적 관심을 매개로 하여 자녀의 학업에 영향을 끼칠 수 있다.
- 학생에 대한 교사의 자기충족적 예언은 학생의 학습노력과 성취 수준에 영향을 줄 수 있다.
- 학습태도가 유사한 것으로 지각된 또래집단에서는 학습에 긍정적 또는 부정적 영향을 끼칠 가능성이 커진다.
- 교사의 긍정적 기대에 대한 학생의 반응도는 다시 교사의 기대에 영향을 줄 수 있다.

05 학업성취의 인지적 요인

- 지능검사는 학습자의 학습 취약점들을 보강하는 계획을 세우는 데 유용하다.
- 학업성적이 점차적으로 하락하는 경우 선행학습의 결손이 누적되었을 수도 있다.
- 기초학업능력을 파악하기 위해서는 표준화된 학업성취검사를 활용하는 것이 좋다.
- 개인용 지능검사란 검사자와 피검사자가 1:1로 검사하는 형태로 스탠포드-비네 지능검사, 카우프만 지능검사, 웩슬러 지능검사(K-WAIS) 등이 있다.
- 상담자가 학습자의 선행 학습 수준을 파악하기 어려운 경우, 교사와 부모의 협조를 얻어서 간접적으로 파악할 수 있다.

06 효과적인 기억 증진 전략

- 암기할 때 기억단서를 사용하고 정보를 연합하여 구조화·조직화한다.
- 기억을 방해하는 간섭요인을 최소로 줄인다.
- 학습한 것을 자신의 언어로 반복해서 복습한다.
- 의미를 확대 부여하여 기억한다.
- 흥미를 일으키고 주의집중을 한다.
- 자료를 심상화한다.
- 단어에 운율을 이용하는 단순한 기법을 사용한다.

07　　학습시간 관리전략

- 학습목표의 중요성이나 적절성에 따른 우선순위를 설정한다.
- 공부하는 데 필요한 자신의 최적 시간을 찾는다.
- 선호하는 과목을 먼저 진행하며, 예습과 복습은 모두 중요하기 때문에 예습과 복습의 비율을 적절하게 나누어 학습하는 것이 효과적이다.
- 식사를 정해진 시간에 규칙적으로 하는 올바른 식습관과 충분한 수면시간을 가져야 한다.
- 부족한 학습시간은 이동시간 등 자투리 시간을 활용한다.

08　　학업 지연행동(Procrastination)의 극복전략

- 현실적인 목표를 설정하고 무리한 스케줄을 짜지 않는다.
- 좋은 시간관리 전략을 사용하여 할 일에 대한 우선순위를 정한다.
- 자기조절행동 및 부정적인 자기언어(Self-Talk) 사용을 점검한다.
- 동기부족, 완벽주의, 빈약한 시간 관리 및 조직 기술 등을 점검한다.
- 과제수행에 도움이 되게 해야 할 과제를 적어놓는다(과제를 완성하겠다는 일종의 서약).
- 장기목표를 세우고, 과제에 대해 수용적인 태도를 보인다.
- 큰 과제나 어려운 과제는 쪼개서 하며 즐겁지 않은 과제에 대해서는 보상한다.
- 하고 싶은 행동이 있어도 공부를 하고 난 다음에 한다.
- 지연 행동을 할 때 그 후 발생할 나쁜 결과를 생각한다.

09　　주의력결핍 과잉행동장애(ADHD) 아동 상담

- 강화활동 계약의 사용, 규칙과 짝지어진 정적 강화, 문제행동 전환에 대한 강화활동을 포함한다.
- 학급중심의 토큰 강화프로그램에서는 하나 이상의 문제가 있는 학급상황이 중재의 목표가 된다.
- 행동계약서에는 수행이 요구되는 교실 행동이 유용한 강화활동의 결과로서 명시된다.
- 정적강화로부터의 타임아웃은 유용한 강화물의 박탈이 효과적이라는 점을 전제한다.

10   학습전략의 범주 중 동기조절

- 학습동기는 직접적인 경험, 부모와 교사, 친구 등으로부터의 기대, 지시, 피드백을 통해 발달한다.
- 동기화된 행동은 행동선택, 활동의 수준, 노력 지속 및 관리의 영역을 포함한다.
- 적당히 어렵고 도전할 만한 목표를 선택할 때 최적화된다.
- 성공은 노력과 효과적인 학습전략(통제 가능)에 귀인, 실패는 노력(통제 가능) 부족으로 귀인하면 증가한다.

11   토마스와 로빈슨(Tomas & Robinson)의 PQ4R

Preview (예습하기)	공부할 내용이 어떻게 구성되어 있는지 전반적으로 살펴보는 단계이다.
Question (질문하기)	내용을 살펴보면서 정교화 질문들을 만드는 단계이다.
Read (읽기)	공부할 내용을 처음부터 끝까지 읽는 것과 동시에 질문하기 단계에서 만든 정교화 질문들에 답을 찾고자 노력하는 단계이다.
Reflection (숙고하기)	다 읽고 난 후 답을 살피고 추가로 정교화 질문들을 만들어 보고 그 질문들에 대답하는 단계이다.
Recite (암송하기)	읽은 것을 요약하고, 그전에 읽은 내용과의 관계도 포함시키는 단계이다.
Review (복습하기)	정교화 질문을 할 수 없거나 자신이 만든 질문에 대한 답을 할 수 없는 부분들을 다시 읽어 보는 단계이다.

12   맥키치(W. McKeachie)가 제시한 학습전략

학습자가 학습하면서 자신의 인지과정에 대한 개념을 형성하는 것으로서, 이를 통해 효과적인 인지전략을 선택하여 통제하고 조절하는 전략이다.

계 획	• 학습할 때 어떤 인지 전략을 사용할 것인지 계획하는 것이다. • 목표 설정하기, 목차부터 살펴보기, 무슨 내용에 대한 것인지 대강 훑어보기, 문제를 풀기 전에 무엇을 묻고자 하는지 추측하기가 이에 해당한다.
점 검	• 자신의 학습 과정을 점검하는 인지 활동이다. • 학습 내용에 집중하기, 자신의 이해정도를 스스로 평가해보기, 시험 보는 동안 문제 푸는 속도 체크하기 등이 이에 해당한다.
조 정	• 점검과 밀접한 관계가 있는 인지 활동이다. • 자신의 학습활동을 점검하다가 문제가 생기면 앞으로 다시 돌아가 공부하기(복습하기), 이해하기 어려운 부분이 있으면 속도를 줄이는 것 등이 이에 해당한다.

13   효과적인 노트필기 방법

- 글자는 다른 사람도 알아볼 수 있도록 쓴다.
- 노트필기를 잘하기 위해 듣기 기술을 향상시킨다.
- 날짜를 기록하고 과목은 구분하여 작성한다.
- 학습 내용의 정교화를 위해 자주 반복되는 내용은 약어를 사용하는 등, 자신의 언어로 바꾸어 정리한다.
- 시험이나 과제를 끝낸 후에는 관련 자료를 보충하여 적어둔다.
- 제시된 학습자료에 대해 비판적 평가를 적는다.
- 강의내용의 의미에 주의를 기울이고, 핵심적인 내용들을 기록한다.
- 강의를 잘 이해할 수 있도록 교재로 예습하고 강의노트로 복습한다.
- 수업에서 제시되는 용어의 정의, 법칙, 원리 등을 듣고 정확하게 받아 적는다.

14   학업 관련 호소문제 유형

시험불안 문제, 학업에 대한 회의나 낮은 동기 문제, 집중력 부족, 성적 하락 문제, 공부 방법 문제, 공부에 대한 반감, 학업능률의 저하 문제, 능력 부족, 공부 습관 미형성, 성적에 대한 집착, 학업 관련, 파생 문제

15   DSM-5 주의력결핍 과잉행동장애(ADHD) 진단의 '부주의' 증상

- 세부적인 면에 면밀한 주의를 기울이지 못하거나 학업, 작업, 또는 다른 활동에서 부주의한 실수를 저지른다.
- 흔히 일하거나 놀이를 할 때 지속적으로 주의를 집중할 수 없다.
- 다른 사람이 말을 할 때 경청하지 않는 것으로 보인다.
- 흔히 지시를 완수하지 못하고, 학업, 잡일, 작업장에서의 임무를 수행하지 못한다(반항적 행동이나 지시를 이해하지 못해서가 아님).
- 흔히 과업과 활동을 체계화하지 못한다.
- 흔히 지속적인 정신적 노력을 요구하는 과업(학업 또는 숙제 등)에 참여하기를 피하고 싫어하며 저항한다.
- 흔히 활동하거나 숙제하는 데 필요한 물건들(장난감, 학습 과제, 연필, 책 또는 도구 등)을 잃어버린다.
- 흔히 외부의 자극에 쉽게 산만해진다.
- 흔히 일상적인 활동을 잊어버린다.

16 학업 관련 표준화된 심리검사 선정 시 유의사항

- 실시 목적에 맞는 검사를 선정한다.
- 검사의 신뢰도 정보를 점검한다.
- 검사의 타당화 과정에 대한 정보를 점검한다.
- 검사규준이 있는지 확인한다.

17 학업상담의 절차 중 상담구조화

- 앞으로 상담을 어떻게 진행해 나갈 것이며, 상담에서 내담자와 상담자는 어떤 역할을 해야 하는지에 대한 지침을 내담자에게 전달하는 것이다.
- 상담구조화의 구체적인 내용으로는 상담에 관한 구조화, 상담관계에 대한 구조화, 비밀보장에 대한 구조화 등이 포함된다.

18 학습동기이론

- 매슬로우(A. Maslow)의 소속과 애정의 욕구는 결핍욕구에 해당된다.
- 행동주의적 관점에서 학습동기는 강화와 소거에 의해 조절될 수 있다.
- 학업적 자기효능감이 높아지면 학습동기 향상에 도움이 된다.
- 학습된 무기력(Learned Helplessness)은 변화가 가능하며, 여러 가지 방법으로 극복할 수 있다.
- 동기는 내재적 동기와 외재적 동기로 구분할 수 있다.

19 캔달 & 브라스웰(Kendall & Braswell)의 자기교시 훈련 단계

- 문제 정의 단계
- 문제에 대한 접근단계
- 답의 선택단계
- 답의 검토단계
- 자기 강화단계

20   학습부진 영재아

- 시험성적에서 학령수준에 못 미치는 수행이 나타날 수 있다.
- 신경 체계의 과민성으로 인해 많은 감각자극을 수용하여 지적 능력이 나타나는 반면, 과잉 행동성을 나타낼 수 있다.
- 학습과제 실패에 대한 지각은 높고, 성공에 대한 지각은 낮은 경향이 있다.
- 학습에서의 실패 경험으로 파괴적 행동, 낮은 자기효능감 등의 문제를 보이기도 하고, 자아존중감이 낮아져 자신의 능력을 신뢰하지 못하기도 한다.
- 빠른 지적 성장에 비해 신체적 · 정서적 · 사회적 성장이 늦을 수 있다.
- 사회 정서적으로 적응하는 데 어려움이 있을 수 있다.

21   와이너(B. Weiner)의 귀인 요소와 차원

귀인 요소	원인 소재	안정성 여부	통제 가능성 여부
능 력	내 적	안정적	통제 불가능
노 력	내 적	불안정적	통제 가능
과제 난이도	외 적	안정적	통제 불가능
운	외 적	불안정적	통제 불가능

22   발표불안을 증가시키는 원인

- 유전적 원인 : 수줍음이 많고 내성적인 성향은 유전적인 요인과 관련이 있는 만큼 발표불안 에 있어 유전의 영향을 배제하기 어렵다.
- 부모의 양육 태도 : 부모가 비일관적이거나 무관심할 경우 또는 엄격한 태도를 보이면 자녀의 발표불안으로 이어질 수 있다.
- 조건화된 학습의 결과 : 과거에 발표했을 때 교사의 핀잔 또는 친구들의 부정적인 피드백으로 인하여 발표하는 상황에 불안을 느낄 수 있다.
- 비합리적 사고 : 발표에 대한 비현실적이고 이상적인 기준, 자신에 대한 부정적 지각, 실패 및 타인의 시선에 대한 과도한 지각 등을 가진 경우 발표불안을 겪는다.
- 사회적 기술 부족 : 발표할 기회를 충분히 얻지 못하고, 발표 행동을 할 연습의 기회가 적어서 불안이 생성된다.

23 시험불안 개입방법 – 자기대화(Self-Talk)하기

자신이 불안한 상황을 상상해 보게 한 후 그 상황에서 유용한 자기대화를 찾아 연습하고, 불안한 상황과 유사한 상황이 발생하거나 불안한 장면을 상상할 때 자기대화를 하는 연습을 하여, 실제 상황에서도 자동으로 자기대화를 할 수 있도록 훈련하는 것을 말한다.

청소년상담사는 시험불안이 높은 수연이에게 기말고사 상황을 상상해 보게 하였다. 그 상황에서 불안을 낮추거나 자신감을 높이는 유용하고 긍정적인 문장을 찾게 한 후, 집이나 학교 책상에 문장으로 적어놓고 반복적으로 읽고 내적 언어로 연습하게 하였다. 그리고 실제 시험을 볼 때 이 방법을 활용하게 하였다.

24 학습동기의 개인지향적 원인론

인지적 평형화 경향	피아제(Piaget)가 개념화한 것으로, 인간이 인간을 둘러싼 환경에 적응하기 위해서 환경과 환경에 대한 개인의 도식을 지속적으로 비교하여 둘 사이의 불일치를 해결하는 선천적 경향성이다.
학습효능감	반두라(Bandura)가 개념화한 자기효능감의 하위요소로, 자기효능감은 개인이 구체적인 영역에서 자신의 수행능력에 대해서 믿고 생각하고 느끼는 개념이고, 학습효능감은 학습자가 학습 영역에서 자신의 수행능력에 대해서 믿고 생각하고 느끼는 것을 말한다.
자기결정성	개인은 자신이 선택한 행동에 대해서 높은 동기를 가지나 자신이 선택하지 않은 행동에 대해서 낮은 동기를 가진다는 것이다.
귀인이론	인간의 동기는 결과의 원인을 무엇으로 지각하느냐에 따라서 달라진다는 것을 정교화한 이론이다.
기대가치 이론	인간의 동기는 인간이 '자신의 행동이 미래에 어떤 결과를 가져올 것인가?'를 어떻게 추론하느냐에 따라 영향을 받는다고 간주한 이론이다.

25 반두라(A. Bandura) – 학업적 자기효능감

• 학습자가 과제수행에 필요한 행위를 조직하고 실행해 나가는 자신의 능력에 대한 판단으로, 개인이 구체적인 영역에서 자신의 수행능력에 대해서 믿고 생각하고 느끼는 바를 말한다.
• 언어적 설득, 대리적 경험, 성공경험, 생리적·정서적 상태 등은 이 개념의 원천이다.

배우기만 하고 생각하지 않으면 얻는 것이 없고,

생각만 하고 배우지 않으면 위태롭다.

– 공자 –

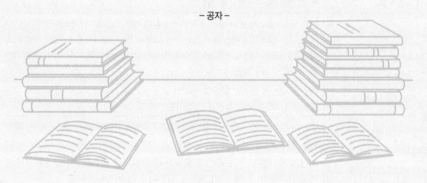

합격에 맛을 더해줄

기출
레시피

청소년상담사 2급